Zeitreihenanalyse

Eine Einführung für Sozialwissenschaftler
und Historiker

Von

Prof. Dr. Helmut Thome

Martin-Luther-Universität Halle-Wittenberg

R. Oldenbourg Verlag München Wien

Bibliografische Information Der Deutschen Bibliothek

Die Deutsche Bibliothek verzeichnet diese Publikation in der Deutschen
Nationalbibliografie; detaillierte bibliografische Daten sind im Internet
über <http://dnb.ddb.de> abrufbar.

© 2005 Oldenbourg Wissenschaftsverlag GmbH
Rosenheimer Straße 145, D-81671 München
Telefon: (089) 45051-0
www.oldenbourg.de

Gedruckt auf säure- und chlorfreiem Papier
Gesamtherstellung: Druckhaus „Thomas Müntzer" GmbH, Bad Langensalza

ISBN 3-486-57871-5

Vorwort

Das vorliegende Lehrbuch hat eine lange Entstehungsgeschichte. Seine didaktische Konzeption hat sich seit Mitte der achtziger Jahre in Lehrveranstaltungen an verschiedenen Orten mit unterschiedlichen Teilnehmerkreisen entwickelt: an Instituten der Technischen und der Freien Universität Berlin sowie der Martin-Luther-Universität in Halle, einem "Frühjahrsseminar" des Zentralarchivs für empirische Sozialforschung an der Universität zu Köln, mehreren "Herbstseminaren" am Zentrum für historische Sozialforschung (ebenfalls Köln), einem Sommerkurs im Rahmen der *Essex Summer School in Social Science Data Analysis and Collection* an der University of Essex, England.

Ein erstes Vorlesungsskript entstand während meiner Tätigkeit als wissenschaftlicher Mitarbeiter am Zentralarchiv für empirische Sozialforschung/Zentrum für historische Sozialforschung in Köln. Die dort gegebenen Arbeitsbedingungen und Kooperationsmöglichkeiten haben das Vorhaben erheblich gefördert; dafür möchte ich dem Geschäftsführer des Instituts, Ekkehard Mochmann, und den dortigen Kolleginnen und Kollegen herzlich danken, vor allem Priv.-Doz. Dr. Rainer Metz für einen anregenden und bis heute fortgesetzten Gedankenaustausch über verschiedene Varianten und Anwendungsmöglichkeiten zeitreihenanalytischer Methoden. Mein besonderer Dank gilt meinem früheren Mitarbeiter, Dr. Thomas Rahlf (heute Bonn), ohne dessen praktische Unterstützung und kritische Begleitung dieses Buch kaum zustande gekommen wäre. Zu den Kapitelabschnitten 2.4 und 3.4.4 hat er eigenständige Textentwürfe ausgearbeitet; weitere Teile des Manuskripts haben von seinen Korrektur- und Verbesserungsvorschlägen an früheren Fassungen profitiert. - Danken möchte ich auch meinen heutigen Mitarbeitern Christoph Birkel und Matthias Henze, die mir in der Endphase des Projekts mit der kritischen Durchsicht des gesamten Manuskripts sehr geholfen haben. Für technische Unterstützung bei der Anfertigung zahlreicher Abbildungen danke ich außerdem Tobias Jaeck. Ein herzliches Dankeschön geht auch an Dorothea Gries, die mit nicht versiegender Geduld immer wieder neu überarbeitete Manuskriptfassungen erstellt hat.

Schließlich möchte ich im voraus schon allen Leserinnen und Lesern danken, die sich der Mühe unterziehen, mich auf Fehler hinzuweisen und sonstige Verbesserungen vorzuschlagen. Sie können dazu die E-Mail-Adresse *helmut.thome@soziologie.uni-halle.de* benutzen.

Die Konzeption dieses Lehrbuchs wird im ersten Kapitel erläutert. Die in den Beispielanalysen verwendeten Daten sind größtenteils *online* über folgende Adresse verfügbar: *www.soziologie.uni-halle.de/thome/Lehrbuch-Zeitreihenanalyse/*. Außerdem kann über diese Adresse auf ein einfach zu handhabendes Analyse-Programm (TISPA) zugegriffen werden, das mir sein Autor, Karl Schableger (Linz), dankenswerterweise für diesen Zweck zugänglich gemacht hat. Es enthält Simulations- und Analyseroutinen, die bei praktischen Anwendungen sehr hilfreich sein können, aber in manchen der gängigen Programmpakete (wie SPSS) nicht angeboten werden. In den entsprechenden Kapitelabschnitten wird verschiedentlich darauf hingewiesen.

Zum Schluß noch eine Bemerkung zu Orthographie und Grammatik: Angesichts des Wirrwarrs, den eine laufende, aber offenkundig nicht abschließbare Debatte zur Rechtschreibreform geschaffen hat, habe ich mich entschieden, vorläufig an den "alten" Rechtschreibregeln festzuhalten. Auf die weitgehend aufgehobene Trennung von grammatikalischem Genus und natürlichem Geschlecht reagiere ich dagegen mit einer gewissen Unentschiedenheit. Ich benutze gelegentlich die wenig ansprechende technische Lösungsform (schreibe z. B. „Soziolog/nnen"), setze in anderen Fällen Femininum und Maskulinum nebeneinander oder verwende nur eine der beiden Formen. Leserinnen und Leser, denen diese Wankelmütigkeit nicht gefällt, bitte ich um Nachsicht.

Halle

Helmut Thome

Inhaltsverzeichnis

Kapitel 1

Einleitung

1.1 Zur Konzeption dieses Lehrbuches

„Zeitreihenanalyse" ist ein Sammelbegriff für eine Gruppe von Modellen und Verfahren, die eingesetzt werden, um einen bestimmten Typus von Daten zu analysieren: eine Serie von zeitlich geordneten Meßergebnissen, die aus Erhebungen stammen, die relativ häufig (mindestens dreißig- oder vierzigmal)[1] in gleichbleibendem Abstand am gleichen „Objekt" zur gleichen Merkmalsdimension vorgenommen worden sind. Formal läßt sich eine Zeitreihe als eine geordnete Folge Z_t, $t \in T = \{1,2,...,n\}$ numerischer Größen definieren, die als Ausprägungen einer bestimmten Variablen beobachtet worden sind. Dabei ist von einer endlichen, diskreten Menge von äquidistanten[2] Meßzeitpunkten auszugehen, die mit $t = 1,2,...,n$ durchnumeriert sind. Die einzelnen „Fälle" einer Zeitreihe sind nicht wie in der Querschnittanalyse durch die verschiedenen Erhebungseinheiten (z. B. Personen), sondern durch die Meßzeitpunkte konstituiert.

Wichtige Quellen für die Konstruktion von Zeitreihen sind (a) die amtliche Statistik (siehe die Beispiele in Abb. 1.1.1 und 1.1.2), (b) die Inhalts- bzw. Dokumentenanalyse (siehe Abb. 1.1.3), (c) kumulierte Umfragedaten (siehe Abb. 1.1.4).

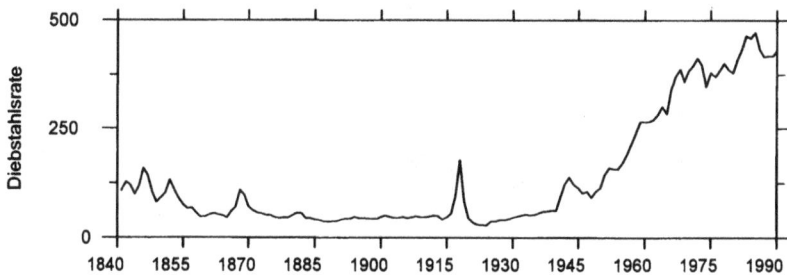

Abb. 1.1.1 *Rate der wegen Diebstahl Verurteilten (pro 100.000 Einwohner) in Schweden, 1841 bis 1990 (Datenquelle: Statistics Sweden, s. von Hofer 1991)*

Zeitreihenanalyse ist somit eine spezielle Form der Längsschnittanalyse. Es interessieren die kurz- und langfristigen Veränderungen im Niveau und in der Schwankungsbreite bestimmter Phänomene, die sich dabei abzeichnenden Strukturbrüche und Kontinuitäten, das Gewicht spezifischer Einflußgrößen und der dynamische Zusammenhang zwischen Zeitreihen verschiedener Indikatoren.

---

[1] Die Mindestgröße hängt einerseits von bestimmten Strukturmerkmalen der Daten, andererseits von formalen Eigenschaften der spezifischen Modelle ab, die bei der Analyse eingesetzt werden. Auch hundert und mehr Meßzeitpunkte können nötig sein, um die Parameter bestimmter Modelle sinnvoll schätzen zu können.

[2] Zeitreihenanalytische Verfahren für nicht gleichabständige Meßzeitpunkte werden in Parzen (1984) behandelt.

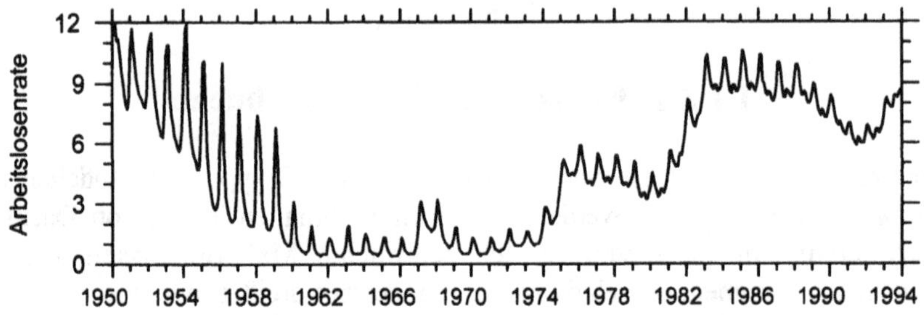

Abb. 1.1.2 *Arbeitslosenrate in der Bundesrepublik Deutschland, Jan. 1950 bis Dez. 1993 (Datenquelle: Zentralarchiv für empirische Sozialforschung Köln, ZA Nr. 0800)*

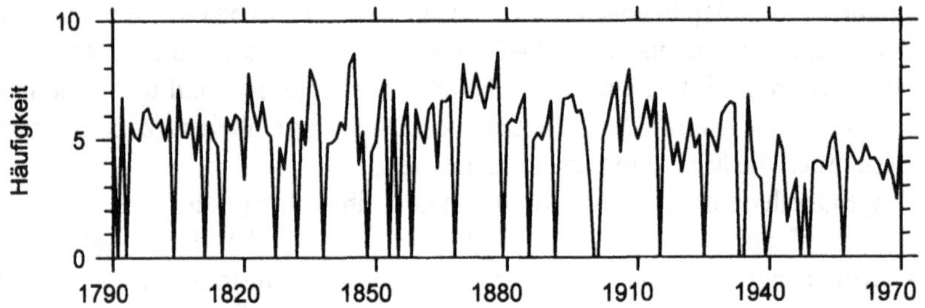

Abb. 1.1.3 *Häufigkeit der Kategorie „Enlightenment Total" in den britischen Thronreden, 1790 bis 1970 (Datenquelle: R. Weber, s. Namenwirth/Weber 1987)*

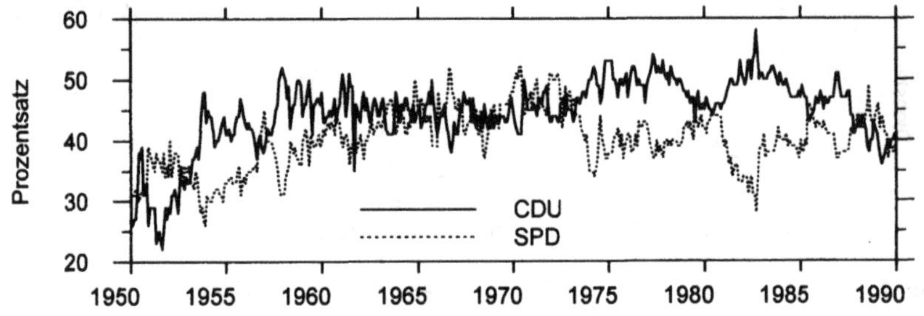

Abb. 1.1.4 *Prozentanteile potentieller CDU- und SPD-Wähler, Jan. 1950 bis Dez. 1989 (Datenquelle: Zentralarchiv für empirische Sozialforschung Köln, ZA Nr. 0800)*

Andere wichtige Formen sind die *Panelanalyse* und die *Verlaufs-* oder Ereignisdatenanalyse (*Event History Analysis*). Bei der Panelanalyse werden Daten untersucht, die bei einer Vielzahl von Objekten wiederholt (aber nicht unbedingt in gleichen zeitlichen Abständen) erhoben worden sind. Solche Erhebungen werden bspw. in der Wahlsoziologie durchgeführt, um festzustellen, wie sich *individuelle* Einstellungen, nicht nur die durchschnittliche Orientierung einer Bevölkerung (bzw. Bevölkerungsgruppe) geändert haben (siehe z. B. Kühnel 1993). Das wahrscheinlich bekannteste „Panel" in der Bundesrepublik ist das „sozio-ökonomische Panel" (s. Hujer/Rendtel/Wagner 1997). Eine Kombination von Längsschnitt- und

Querschnittvariation liegt auch dem Design der *pooled time-series-cross-section analysis* (auch kürzer: *pooled time-series analysis*) zugrunde, wobei die terminologische Abgrenzung zur Panel-Analyse in der Literatur nicht einheitlich getroffen wird. Überwiegend verbindet man mit der *pooled analysis* eine Situation, in der relativ kurze Zeitreihen bei einer überschaubaren Menge von Objekten (meist Regionen oder Organisationen) in gleicher Weise erhoben worden sind. So z. B. untersuchte R. Gartner (1990) für 18 Länder die jährlichen Homizidraten von 1950-1980 in Abhängigkeit von ökonomischen, sozialen und kulturellen Einflußgrößen. Fajnzylber et al. (2002) liefern ein anderes Beispiel, in dem fünf Fünf-Jahres-Durchschnitte der Raubüberfälle in 34 Staaten analysiert werden. Eine Einführung in diese Methode bietet Sayrs (1989); s. auch Stimson (1985), Beck/Katz (1995). Bei der *Event History Analysis* (siehe z. B. Andreß 1992; Blossfeld/Hamerle/Mayer 1986) liegt wiederum eine andere Datenstruktur vor. Typischerweise werden bei einer Vielzahl von Untersuchungsobjekten (Personen, Organisationen etc.) innerhalb einer bestimmten Periode Ereignissequenzen registriert, die „Zustandswechsel" markieren; bei einzelnen Personen bspw. den Wechsel von der Arbeitslosigkeit in ein Beschäftigungsverhältnis, bei Paaren die Geburt von Kindern oder der Bruch von Beziehungen, bei Organisationen der Übergang zu einer neuen Expansionsstufe oder zur Auflösung. Für den Wechsel von einem Zustand in einen anderen können Übergangsraten berechnet (bzw. Wahrscheinlichkeiten geschätzt) werden, die sodann in ihrer Abhängigkeit von bestimmten äußeren Einflußfaktoren (wie Lebensalter, Bildungsniveau, Mitgliederstruktur) sowie von der Dauer des Verweilens in einem vorangegangenen Zustand untersucht werden können.

Bei den längsschnittanalytischen Methoden spielen zeitliche Veränderungen, ihr Ausmaß und ihre Geschwindigkeit eine große Rolle, nicht nur weil sie historisch interessant sind, sondern weil sich kausale Zusammenhänge im allgemeinen sicherer identifizieren lassen, wenn Beobachtungen für einen längeren Zeitraum vorliegen. Dennoch dürfte die Mehrzahl sozialwissenschaftlicher Untersuchungen (außerhalb der Wirtschaftswissenschaft) immer noch in Form von Querschnittanalysen vorgenommen werden, also auf der Basis von Daten, die bei einer Vielzahl von Untersuchungsobjekten nur ein einziges Mal (zum gleichen Zeitpunkt) erhoben werden. Allerdings haben insbesondere die Panel- und die Verlaufsdatenanalyse in jüngerer Zeit erheblich an Gewicht gewonnen. Daß die statistische Zeitreihenanalyse in der soziologischen Forschungspraxis immer noch relativ selten eingesetzt wird, hat verschiedene Gründe. Der vielleicht wichtigste liegt darin, daß „Zeitreihen" im oben angegebenen Sinne immer noch Mangelware sind. Dies beginnt sich allerdings zu ändern. Die sozialgeschichtliche Forschung, die Umfrageforschung und die amtliche Statistik produzieren mehr und mehr Daten, die sich zu langen Zeitreihen zusammenfassen lassen. In der US-amerikanischen Politikwissenschaft gehört die Zeitreihenanalyse bereits zu den Standardverfahren der empirischen Forschung.[3] Zahlreiche Publikationen und Institutionen präsentieren „Soziale Indikatoren" in Form von Zeitreihen, die in unterschiedlichen

---

[3] Siehe die jüngeren Jahrgänge in *American Political Science Review*, zahlreiche Beiträge in den Jahrbüchern von *Political Analysis* (oder der Vorgänger-Zeitschrift *Political Methodology*) oder Editionen wie die von H. Norpoth et al. (1991).

Bereichen gesellschaftlicher Wirklichkeit langfristige Entwicklungsprozesse abbilden, so z. B. ZUMA.[4] Leider werden dabei häufig Informationen durch zu hohe zeitliche Aggregierung verschenkt; wöchentlich oder monatlich vorliegende Daten werden z. B. zu Jahresdaten gemittelt und nur in dieser Form publiziert. Eine bessere Kenntnis zeitreihenanalytischer Verfahren hätte dem mancherorts entgegenwirken können: Verfahrenskenntnisse und die Erhebung adäquater Daten, die sich mit diesen Verfahren analysieren lassen, fördern sich wechselseitig; wenn dagegen das Analysepotential bestimmter Verfahren nicht bekannt ist, kümmert man sich auch nicht um den Aufbau dazu passender, adäquater Datenstrukturen.

Die mathematischen und statistischen Grundlagen der Zeitreihenanalyse sind relativ komplex; auch dies dürfte ein Grund für ihre zögerliche Rezeption unter Soziologen und Historikern sein. Aber für die Zeitreihenanalyse gilt das gleiche wie für andere „fortgeschrittene" statistische Verfahren, derer man sich in den Geschichts- und Sozialwissenschaften bedient: sie lassen sich für spezifische Anwendergruppen unter Berücksichtigung der jeweils gegebenen Voraussetzungen und Analyseziele auf unterschiedlichen Niveaus darstellen. Ein „Statistik"-Lehrbuch, das (wie das vorliegende) für Sozialwissenschaftler und Historiker geschrieben wird, kann die mathematisch-statistischen Grundlagen (etwa im Bereich der Wahrscheinlichkeitstheorie) allenfalls streifen; das entsprechende Fach-Vokabular nur begrenzt heranziehen. Die für den Mathematiker oder die Statistikerin selbstverständliche Einheit von formaler Genauigkeit und Verständlichkeit löst sich dabei bis zu einem gewissen Grade auf; der diskursiv-sprachliche Aufwand steigt; mathematische Ableitungen und Beweisführungen werden nur eingesetzt, wo sie für den Nicht-Mathematiker leicht nachvollziehbar sind. Wir hoffen, einen für die Adressaten dieses Lehrbuchs akzeptablen Kompromiß zwischen den nicht ganz kompatiblen Erfordernissen der Verständlichkeit und der formalen Genauigkeit sowie der Vielfalt der behandelten Themen und der Ausführlichkeit ihrer Darstellung gefunden zu haben. Das vorliegende Lehrbuch setzt somit beim Leser, bei der Leserin keine mathematischen Kenntnisse voraus, die über das durchschnittliche Abiturwissen hinausgehen.[5] Für das Verständnis zeitreihenanalytischer Modelle ist es hilfreich, mit elementaren Formen der Differenzengleichungen vertraut zu sein. Da entsprechende Kenntnisse im Schulunterricht nicht immer erworben werden, bieten wir hierzu in Anhang 4 eine knappe Einführung. Auch andere Anhänge dienen dazu, Schulkenntnisse aufzufrischen oder in einfacher Weise zu ergänzen. Im Bereich der „Statistik" setzen wir lediglich Grundkenntnisse der Inferenzstatistik und der (multiplen) Regressionsanalyse voraus, wie sie üblicherweise in einem sozialwissenschaftlichen Methoden-Curriculum an den Universitäten (oder - für Historiker - bspw. in den „Herbstseminaren" des Zentrums für Historische Sozialforschung) vermittelt werden (s. Kühnel/Krebs 2004;Thome 1990).

Wie schon angedeutet, stehen für die Zeitreihenanalyse verschiedene Modelle und Verfahrensweisen zur Verfügung. Wir halten es für sinnvoll, in einem

---

[4] Zentrum für Umfragen, Methoden und Analysen, Mannheim. Internet Adresse: *http://www.gesis.org/Dauerbeobachtung/Sozialindikatoren/index.htm*
[5] Wer tiefer in die Materie einsteigen will, dem sei das Werk von Schlittgen/Streitberg (2001) empfohlen.

Einführungstext nicht möglichst viele Modelle und „Ansätze" darzustellen, sondern einige auszuwählen und diese dann relativ ausführlich zu erörtern. Die Zeitreihenanalyse ist in ihrer ersten Stufe eher „deskriptiv" angelegt. Dabei stützt sie sich auf graphische Darstellungen und einfache Modelle der Unterscheidung (und Verknüpfung) von „Trend" und „Zyklen", von „glatten" und „irregulären" Komponenten (s. Kap. 2). In dieser Phase wird aber nicht nur die Anwendung komplexerer (stochastischer) Modelle vorbereitet; vielmehr können die dort gewonnenen Einsichten auch in anderer Weise heuristisch genutzt werden. Insbesondere helfen sie dem Soziologen bei der (häufig notwendigen) Historisierung seines Gegenstandes; sie machen die immer wieder angemahnte „historische Perspektive" zu einem realisierbaren Vorhaben und lassen die beiden Disziplinen näher aneinander rücken. Dies verdeutlichen wir einleitend im folgenden Kapitelabschn. 1.2.

Üblicherweise unterscheidet man in der Zeitreihenanalyse „Analysen im Frequenzbereich" von „Analysen im Zeitbereich". Das erste Etikett bezieht sich auf Verfahren, mit denen die Zeitreihen als Kompositum verschiedener Schwingungen mit unterschiedlichen Frequenzen (darstellbar mit Hilfe trigonometrischer Funktionen) modelliert werden. „Periodogramm-" und „Spektralanalyse" sind die bekanntesten Varianten aus dieser Gruppe. Wir geben hier nur eine knappe Einführung in die Periodogrammanalyse (Kap. 2.4), die allerdings so gestaltet wird, daß sie den Zugang zur Literatur über die Spektralanalyse erleichtern dürfte.[6] Im übrigen beschränken wir uns auf Analysen im „Zeitbereich", eine etwas wunderliche Bezeichnung, die wohl andeuten soll, daß die zeitlich diskrete Abfolge der beobachteten Werte nicht in einem Aggregat von Schwingungskomponenten aufgelöst wird. Da SozialwissenschaftlerInnen vor allem daran interessiert sind, strukturelle Zusammenhänge zwischen zwei oder mehreren Variablen(gruppen) zu untersuchen, stehen verschiedene Formen der „dynamischen" Regressionsanalyse im Mittelpunkt unseres Lehrbuches (Kap. 5). Anders als Querschnittdaten bieten Zeitreihen im Prinzip die Möglichkeit, nicht nur Gleichgewichtsbeziehungen zu modellieren („statische" Analyse), sondern den zeitlichen Verlauf der Wirkung verschiedener Einflußgrößen zu rekonstruieren („dynamische" Analyse). Dazu ist es allerdings nötig, zunächst die einzelnen Zeitreihen univariat zu analysieren. In der historischen Entwicklung der Zeitreihenanalyse (s. Rahlf 1998) sind hierzu unterschiedliche Modelle (die sog. *autoregressiven* und die *moving average* Modelle) vorgeschlagen worden, für die Box/Jenkins (1976) schließlich einen vereinheitlichenden Bezugsrahmen geschaffen haben (s. Kap. 3). Die „Box/Jenkins-(*ARIMA*)-Modelle" bieten zudem den Vorteil, daß in sie auch externe Einfluß-größen im Sinne der Regressionsanalyse eingebaut werden können (*Transferfunktionsmodelle*, Kap. 5.5). In Gestalt der *vektorautoregressiven Modelle* (s. Kap. 7) sind sie außerdem zu multivariaten Analyseformen erweiterbar, die ohne die Spezifikation einer einzelnen abhängigen Variablen auskommen und auf diese Weise Rückkopplungsprozesse darstellbar machen. Die „ökonometrische" Tradition hypothesentestender Regressionsanalyse (s. Kap. 5.2 bis 5.4) läßt sich unseres

---

[6] Weitere Hinweise zur frequenzanalytischen Betrachtungsweise werden in Abschn. 3.4.4 gegeben. Zur Einführung in die Spektralanalyse siehe z. B. Leiner (1982), Gottman (1981).

Erachtens fruchtbar verbinden mit dem „statistischen" Ansatz der Box/Jenkins-Methodologie, die versucht, aus der Datenanalyse heraus angemessene Modelle zu identifizieren. Dies gilt sowohl für die einfache Regressionsanalyse als auch für Mehrgleichungssysteme im Sinne der *Strukturgleichungsmodelle*, die ihr Pendant in den *vektorautoregressiven Modellen* finden.

Grundlage all dieser statistischen Modelle ist das Konzept „stochastischer Prozesse", die Idee also, daß sich die in Zeitreihen registrierten Werte als Realisationen von Zufallsprozessen begreifen lassen, die jederzeit auch (etwas) anders hätten ausfallen können (oder in Zukunft ausfallen werden). Zeitreihenanalytische „Modelle" sind somit formalisierte Vorstellungen über nicht-deterministische Prozesse, deren Erzeugungsmechanismen in gewissen Hinsichten als konstant angenommen werden (*Stationaritäts*annahmen), deren zukünftige Realisationen im einzelnen aber unbekannt sind. Dieses grundlegende Konzept werden wir zu Beginn des Kap. 3 relativ ausführlich erörtern.

Die in diesem Einführungstext behandelten Modelle und Verfahren sind so ausgewählt und dargestellt worden, daß sie einerseits eine gute Startposition verschaffen, um weiterführende (komplexere) Modelle bzw. die entsprechende Literatur zu rezipieren, andererseits aber auch selbst schon ein beachtliches Anwendungspotential anbieten. Dazu gehört das breite Feld der Evaluationsforschung, der Analyse von Folgen ungeplanter Ereignisse oder zielgerichtet eingesetzter Maßnahmen. Die von Box und Tiao vorgeschlagenen „Interventionsmodelle" (s. Kap. 4) sind in diesem Bereich in vielfältiger Weise einsetzbar.

Die Zeitreihen, die dem Sozialwissenschaftler oder Historiker zur Verfügung stehen, weisen nicht selten Merkmale auf, die den Anwendungsvoraussetzungen der Modelle widersprechen, die wir im vorliegenden Lehrbuch primär behandeln. Dazu gehören vor allem „Ausreißer" und fehlende Werte sowie Strukturdynamiken, die zu nicht-konstanten Varianzen führen, u. U. auch nicht-konstante Modell-Parameter erfordern. Wir können diese Problematiken aus Platzgründen im Rahmen dieses Buches nicht behandeln. Zur Modellierung von Ausreißern und nicht konstanten Varianzen sei auf die einführenden Texte von Thome (1995b; 1994a) hingewiesen. Zu zeitlich variierenden Modell-Parametern siehe Beck (1983), Isaac/Griffin (1989), Newbold/Bos (1985).

Neben der Spektralanalyse werden in diesem Einführungstext zwei weitere, relativ komplexe „Ansätze" zur Zeitreihenanalyse nicht explizit behandelt: Harveys „struktureller Ansatz" (s. Harvey 1989) sowie „Zustandsraummodelle" und „Kalman-Filter" (s. Aoki 1987). Die hier dargestellten Modelle liefern aber wichtige Bausteine auch für diese umfassenderen Ansätze bzw. Modellklassen. Harveys Ansatz ist z. B. für diejenigen Anwender von Interesse, die die Komponentenzerlegung (die wir hier nur in ihrer „klassisch"-deskriptiven Form darstellen) in einem stochastischen Bezugsrahmen betreiben wollen. Die Zustandsraummodelle bieten u.a. eine Möglichkeit, auch in der Zeitreihenanalyse mit latenten Variablen zu arbeiten, die mit Hilfe beobachtbarer „Indikatoren" (fehlerhaft) gemessen sind (s. Beck 1989). Der Kalman-Filter ist zudem bei der Analyse von Zeitreihen mit fehlenden Werten und nicht gleichabständigen Beobachtungen sowie bei der

Schätzung von zeitabhängigen Modell-Parametern einsetzbar (s. hierzu ebenfalls Beck 1989).

1.2 Zum heuristischen Nutzen der Zeitreihenanalyse

Die Analyse einer Zeitreihe beginnt mit der genauen Betrachtung ihrer Verlaufsform, wie sie in einer angemessenen graphischen Darstellung (s. Cleveland 1994) sichtbar wird. Auch unabhängig vom Ziel einer statistischen Modellierung können auf diesem Wege Einsichten gewonnen werden, die in verschiedenen Untersuchungskontexten zu einer gehaltvolleren Problemkonzeption verhelfen. Wir möchten das anhand zweier Beispiele veranschaulichen.

In einem seiner Bücher zum „Wertewandel" konstatiert Klages (1985) einen Zusammenhang zwischen dem „Wertwandelsschub" von Mitte der 60er bis Mitte der 70er Jahre und der Veränderung der Geburtenrate in der Bundesrepublik Deutschland. Vor allem auf der Basis wiederholter Repräsentativbefragungen wird ein Rückgang der sog. Pflicht- und Akzeptanzwerte und eine stärkere Verbreitung der idealistisch oder hedonistisch ausgerichteten Werte der Selbstverwirklichung registriert, während die Geburtenziffern (pro 1000 Einwohner), wie sie in amtlichen Statistiken erscheinen, im gleichen Zeitraum einen abwärts gerichteten Trend aufweisen (s. Abb. 1.2.1).

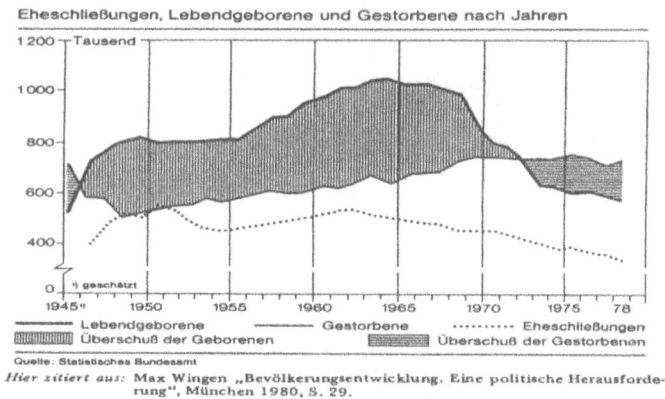

Abb. 1.2.1 *Graphik zur Entwicklung der Geburtenrate (nach Klages 1985: 117)*

Die zeitliche Korrespondenz der lokalen Trendverläufe wird als Indiz, wenn nicht gar als Beleg für einen strukturellen Zusammenhang angesehen; die Rückläufigkeit der Geburtenrate erscheint als Folge veränderter Wertorientierungen.[7] Eine kurzfristige Korrespondenz im Trendverlauf zweier Variablen legt aber ganz andere Interpretationen nahe, wenn man den früheren und den weiteren Verlauf mit in den Blick nimmt. Schon der von Klages betrachtete Zeitabschnitt weist für das

---

[7] Allerdings muß man Klages zugute halten, daß er seine These auch mit Individualdaten zu belegen sucht, die zeigen, daß Personen mit traditionaler Wertorientierung eher den Wunsch nach Kindern überhaupt oder nach einer großen Zahl von Kindern äußern als Personen mit „neuen" Wertorientierungen.

Jahrzehnt zwischen Mitte der fünfziger und Mitte der sechziger Jahre einen Geburten*anstieg* aus, der in das Erklärungsmuster hätte einbezogen werden müssen. Warum wird nur der Rückgang nach 1965, nicht der vorangegangene Anstieg als erklärungsbedürftig angesehen? Wenn man sich nicht von vornherein auf *Ad-hoc-*Erklärungen beschränken will, müßte man den Anstieg mit der gleichen Theorie erklären wie den Abstieg - also annehmen, daß zwischen 1955 und 1965 der Anteil der Leute mit traditioneller Wertorientierung zugenommen hat. Vermutlich resultiert dieser Anstieg aber aus einem „Baby-Boom", der eine Generation vorher (Mitte der dreißiger Jahre) eintrat, aber erst sichtbar wird, wenn man die Zeitreihe der Geburtenrate weiter in die Vergangenheit zurückverfolgt (s. unten, Abb. 1.2.2). Wenn - aus welchen Gründen auch immer - irgendwann einmal ein Baby-Boom stattfindet, wird auch eine Generation später wieder ein gewisser Geburtenanstieg zu verzeichnen sein, weil dann der Anteil an Frauen im gebärfähigen Alter besonders hoch ist. Danach muß dann auch wieder ein Abstieg folgen. Der von Klages mit dem Wertewandel erklärte Abstieg ist sicherlich zu einem größeren Teil eine direkte Folge des vorangegangenen Anstiegs. Könnte man den irgendwie „herausrechnen", wäre der Abstieg weniger steil und läge vieleicht sogar im Trend der ganz langfristigen Entwicklung. Wenn man die Geburtenziffern noch weiter zurückverfolgt, zeigt sich denn auch ein relativ kontinuierlicher Abstieg von etwa der Jahrhundertwende bis zum zweiten Weltkrieg in fast allen europäischen Ländern (s. Abb. 1.2.2, in der die Daten über Fünfjahresintervalle gemittelt wurden).

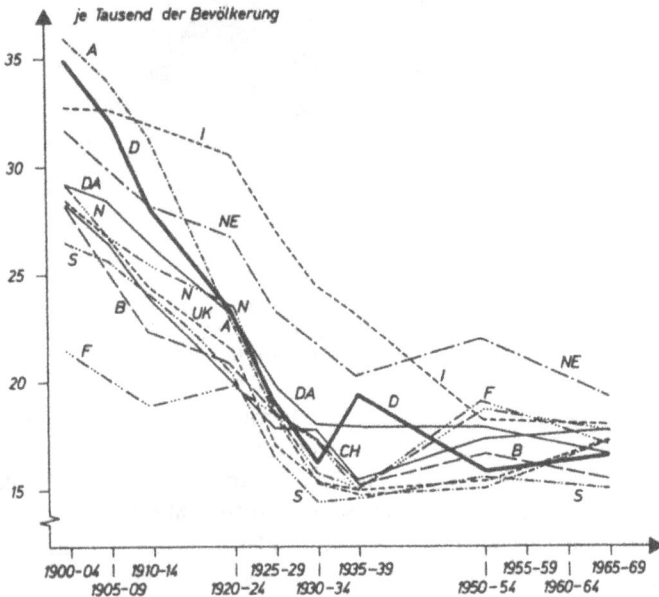

Abb. 1.2.2 *Langfristige Geburtenentwicklung nach Borchardt (1982)*

Dieser langfristig abfallende Trend kann ja nun nicht mehr mit einem Wertwandelsschub erklärt werden, der Mitte der 60er Jahre einsetzt. Was zunächst als „Besonderheit" erschien, der Geburtenrückgang nach 1964, und deshalb mit einer anderen „Besonderheit", nämlich dem Wertwandelsschub, erklärt werden sollte, erscheint nun gar nicht mehr als etwas Besonderes. Möglicherweise sind Wertewandel und Rückgang der Geburtenziffer gemeinsam in eine umfassendere Entwicklungsdynamik einbezogen, die von vielen Soziologen und Historikern bspw. unter dem Etikett gesellschaftlicher Modernisierung interpretiert wird. Darauf wollen wir hier nicht weiter eingehen (s. Hirschmann 1994; Nauck 2001). Es sollte lediglich verdeutlicht werden, wie sich durch die Erweiterung der historischen Perspektive die „Explananda" verändern und kurzschlüssige Erklärungen vermieden werden können. Es ist oft so, daß das, was als erklärungsbedürftig erscheint, erst durch eine Vorstellung von dem langfristigen Trend sinnvoll definiert werden kann. Hierzu noch einmal ein kurzer Blick auf Abb. 1.2.2, insbesondere die fett eingezeichnete Entwicklungslinie für Deutschland. Angenommen man findet eine plausible Erklärung für die stark abfallende Trendentwicklung von 1900 bis 1925. Die Interpretation für den folgenden Zeitabschnitt erscheint dennoch problematisch. Borchardt bemerkt hierzu: „Irgendwo scheint hier im Vergleich zum Trend eine Irregularität zu bestehen, wir wissen nur noch nicht wo. Zwei verschiedene Möglichkeiten der Erklärung gibt es: a) Man hält den Ausschlag 1930-34 für eine Abweichung vom Trend nach unten, weil in der Weltwirtschaftskrise aus wirtschaftlichen und sonstigen Gründen die Geburtenfreudigkeit besonders stark abgenommen hat. b) Man hält demgegenüber den Ausschlag 1935-39 für eine Abweichung vom Trend nach oben, weil man die NS-Bevölkerungspolitik und/oder den Sinneswandel der Bevölkerung in der Phase der NS-Erfolge im Frieden für besonders wichtig hält" (Borchardt 1982: 122 f.). Borchardt glaubt, daß in diesem Falle der internationale Vergleich die Frage entscheidbar macht. Die Trendentwicklung verläuft in den meisten Ländern ziemlich parallel bis zur ersten Hälfte der dreißiger Jahre. Es gibt danach eher eine speziell deutsche Abweichung vom Normaltrend nach oben als zuvor eine national-spezifische Abweichung nach unten. Ähnliche Beispiele lassen sich anführen, die dann die generelle Aussage belegen: „Verschiedene Deutungen der langfristigen Entwicklung implizieren notwendig unterschiedliche Ansichten über die Eigenschaften und die Gründe der Entwicklung in den kürzeren Perioden" (Borchardt 1982: 116). Nicht nur die Trendverläufe, auch die „irregulären" Komponenten, d. h. die Abweichungen vom Langfristmodell können für die Analyse relevant werden, indem sie beispielsweise auf politische Gestaltungseffekte hinweisen, die nicht schon der endogenen Prozeßdynamik enthalten sind. Borchardt diskutiert in dieser Perspektive u. a. den möglichen Einfluß des Nazi-Regimes auf die deutsche Wirtschaftsentwicklung. Die Trennung von langfristigen und kurzfristigen Komponenten ist allerdings per Augenschein nur selten mit ausreichender Sicherheit vorzunehmen, zumal wenn eine langfristige Trendkomponente noch von einer zyklischen Komponente überlagert wird. In Kap. 2 werden relativ einfache Methoden vorgestellt, mit denen dies zu bewerkstelligen ist. Zuvor möchten wir aber die heuristische Funktion der Zeitreihenanalyse noch an einem weiteren Beispiel demonstrieren.

Dabei geht es um den Anstieg der Kriminalitätsraten in der Bundesrepublik von 1964 bis 1984 und die theoretische Deutung bzw. Erklärung dieses Phänomens. Baldo Blinkert (1988) hat hierzu eine sehr interessante Abhandlung verfaßt. Der Autor sieht in der in Abb. 1.2.3 wiedergegebenen Entwicklung[8] einen Beleg für einen exponentiellen Trendanstieg im kriminellen Verhalten.

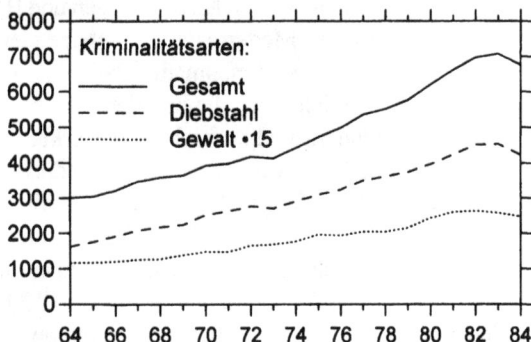

Abb. 1.2.3 *Kriminalitätsraten (Häufigkeitszahlen pro 100.000 Einw.) Bundesrepublik Deutschland 1964-1984 (Quelle: ZUMA-Indikatoren)*

Er deutet diesen Anstieg als Folge eines langfristigen Prozesses der Rationalisierung und Individualisierung. Diese Prozesse führen, so sein Argument, dazu, daß sich traditionale, verinnerlichte Normbindungen auflösen, daß demgemäß normenkonformes Verhalten zunehmend ein Resultat nutzenorientierter Entscheidungen im Verfolgen hedonistischer Motive geworden sei. Weitere strukturelle Bedingungen - wie z. B. sinkende Aufklärungsquoten - sollen dazu führen, daß die Nutzen/Kosten-Kalkulation zunehmend ein normabweichendes, kriminelles Verhalten nahelegt. Außerdem versucht er, durch eine negative Korrelation von Wachstumsraten des Bruttosozialprodukts mit den Wachstumsraten der Kriminalitätsentwicklung eine zyklische, in diesem Falle eine zur Konjunktur antizyklische Komponente der Kriminalitätsentwicklung nachzuweisen. Darüber hinaus deutet er den exponentiellen Anstieg als Hinweis auf autokatalytische Momente, also positive Feedbackbeziehungen: je mehr kriminelle Handlungen vorliegen, desto geringer wird die Präventivwirkung des Nichtwissens, d. h., die Möglichkeiten ungesetzliches Verhalten zu erlernen, verbessern sich. Blinkerts Analyse ist insofern vorbildlich, als sie die Kriminalitätsraten als Kompositum mehrerer Komponenten ansieht, die mit unterschiedlichen Wirkungsfaktoren verknüpft sind. Er unterscheidet (a) eine langfristige Trendkomponente, die er mit den Konzepten der Individualisierung und Rationalisierung erklären möchte; (b) eine langfristige zyklische Komponente, die er auf ökonomische Konjunkturverläufe zurückführt; (c) kurzfristige Fluktuationen, die z. B. durch

---

[8] Da die Abbildung aus dem Originaltext nicht reproduzierbar war, wurde eine entsprechende Abbildung mit den Daten der ZUMA-Indikatoren (s. Anm. 4) erstellt. Die Rate der Gewaltkriminalität wurde mit dem Faktor 15 multipliziert.

besondere polizeiliche Maßnahmen und bestimmte Ereigniskonstellationen
hervorgerufen sein mögen; (d) positive Feedbackmechanismen, die den Prozeß
aufschaukeln und durch einen exponentiellen Verlauf der Zeitreihen indiziert sein
könnten.
Blinkerts Hypothesen sind interessant, aber auch hoch spekulativ. Die Interpretation
greift erheblich über das vorliegende Datenmaterial hinaus. Wenn man von dem
Problem einer adäquaten Operationalisierung der erklärenden Variablen einmal
absieht, ist vor allem zu fragen, ob das Explanandum mit dem Kriminalitätsanstieg
von 1964 bis 1984 ausreichend erfaßt ist. Wäre es noch dasselbe Explanandum,
wenn in einer Periode vor 1964 oder nach 1984 eine abfallende Trendbewegung zu
beobachten wäre, wenn also die aufsteigende Linie, die hier dargestellt ist, lediglich
der aufsteigende Ast einer Wellenbewegung wäre? Könnte es sich hier um eine
relativ kurzfristige Abweichung von einem ganz anders gestalteten langfristigen
Trend handeln? Man muß sich diese Fragen insbesondere dann stellen, wenn man
die relativ kurzfristig beobachtete Trendentwicklung mit einem säkularen Prozeß -
Individualisierung, Rationalisierung - erklären will, der doch wohl eine viel längere
Zeitspanne umfassen soll. Inzwischen liegen längere Datenreihen vor, nicht nur für
Deutschland, sondern auch für andere Länder. Abb. 1.2.4 zeigt eine von Eisner
(1995) vorgelegte Aggregation der Gesamtkriminalitätsraten für sechs europäische
Länder.

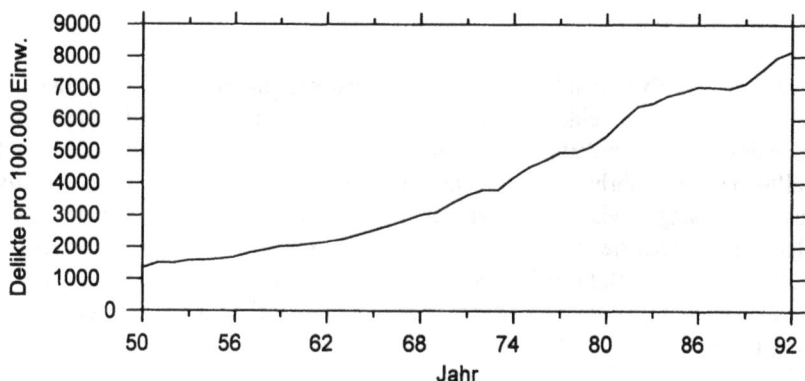

Abb. 1.2.4 *Aggregierte Kriminalitätsraten für 6 Länder (Quelle: Eisner 1995)*

Blinkert hat offenkundig insofern „Glück", als sein Eindruck eines exponentiellen
Wachstums der Kriminalitätsraten mit den Daten eines längeren
Beobachtungszeitraums durchaus bestätigt wird - auch wenn man andere Länder mit
einbezieht. Wenn man aber eine im weitesten Sinne modernisierungstheoretische
Erklärung versuchen will, nimmt man in der Regel auf Prozesse Bezug, die noch
weiter zurückreichen. Das heißt, die aufsteigende Linie der
Kriminalitätsentwicklung müßte sich noch weiter zurückverfolgen lassen - oder man
müßte begründen können, in welchem Sinne die von Blinkert bemühten
Rationalisierungs- und Individualisierungsprozesse nach dem 2. Weltkrieg eine

neue Qualität oder einen entscheidenden Niveauanstieg erfahren. Jedenfalls ist es sinnvoll, die Zeitreihe der Kriminalitätsentwicklung noch früher beginnen zu lassen, bevor man den Anstieg nach 1950 summarisch der sich immer weiter voranschreitenden gesellschaftlichen Modernisierung zurechnet. Hier wird die Datenlage natürlich noch unsicherer. Für Tötungsdelikte ist sie beim internationalen Vergleich über lange Zeiträume noch am günstigsten. Eine Darstellung, die die Trendentwicklung der Tötungsdelikte seit Mitte des 19. Jahrhunderts für mehrere Länder[9] erkennbar macht (s. Abb. 1.2.5), verdanken wir wiederum Eisner (1995).

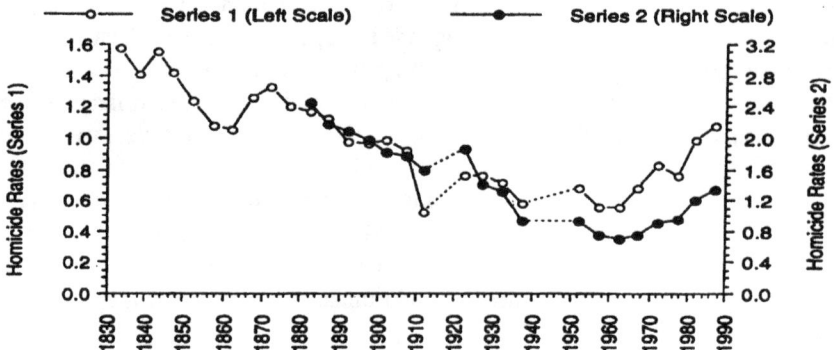

Abb. 1.2.5 *Durchschnittliche Homizidraten in mehreren europäischen Ländern (Quelle: Eisner 1995)*

Jetzt wird das Explanandum doch ein bißchen komplexer, denn eine allgemeine Theorie muß ja nun beides erklären können, den abfallenden Trend spätestens seit Ende des 19. Jahrhunderts wie auch den ansteigenden Trendverlauf in der zweiten Hälfte des 20. Jahrhunderts. Wenn man weiterhin die These eines positiven Zusammenhangs zwischen Individualisierung/Rationalisierung als Element einer allgemeinen Theorie aufrechterhalten will, müßte man belegen können, daß Individualisierung/Rationalisierung zwischen ca. 1830 und 1950/60 ab- und erst danach (wieder?) zunehmen oder man müßte plausibel darlegen können, daß eine nicht-lineare, U-förmige Beziehung zwischen diesen Variablenkomplexen besteht; oder man müßte weitere Erklärungsvariablen einführen, die historisch spezifische Trendentwicklungen aufweisen.

Wir möchten auch hier die inhaltlichen Fragen nicht weiter verfolgen,[10] sondern an dieser Stelle nur ein knappes methodologisches Fazit ziehen: Die Identifikation struktureller Zusammenhänge zwischen verschiedenen Komponenten sozialer Prozesse profitiert davon und ist häufig dringend darauf angewiesen, den langfristigen Verlauf der einzelnen Indikatoren genau zu betrachten. Gelingt es nicht, länger- und kurzfristige Entwicklungsdynamiken, Trend, Zyklen und irreguläre Komponenten auseinanderzuhalten, läuft man Gefahr, die kausalen Mechanismen falsch zuzuordnen,

---

[9] „Serie 1" umfaßt die Länder England/Wales, Frankreich und Schweden, „Serie 2" zusätzlich Belgien, Italien, Niederlande, Schweiz.
[10] Eisner (1997; 2002) stellt einige Erklärungsansätze vor; s. auch Thome (1995a; 2004).

bspw. eine im bisherigen Trend liegende Zunahme des Deliktniveaus ursächlich einer aktuellen, zeitlich eng begrenzten Ereigniskonstellation zuzuschreiben. Gerade aus dem Bereich der Kriminalitätsforschung ließen sich hierzu zahlreiche Beispiele nennen. Demgegenüber läßt sich folgende allgemeine Regel formulieren: Wenn sich für irgendein als erklärungsbedürftig angesehenes soziales Phänomen ein langfristiger Trendverlauf feststellen läßt, kann er nur durch Faktoren erklärt werden, deren Wirkung sich über eine *entsprechend* lange Periode erstreckt. Dies kann bedeuten, daß sich die erklärenden Faktoren selbst in einer korrespondierenden Trendbewegung entwickeln (s. die in Kap. 5.6 dargestellten Kointegrationsmodelle) oder daß sie sich zwar in einer kürzeren Zeitspanne aufbauen, aber aus angebbaren Gründen ihre Wirkung(en) erst längerfristig entfalten (s. bestimmte Varianten der in Kap. 4 dargestellten Interventionsmodelle). Dieses Prinzip paralleler Zeitdimensionalität von Explanandum und Explanans (von abhängigen und von bedingenden Größen) gilt in entsprechender Weise natürlich auch bezüglich der kurzfristigen *Abweichungen* von Trend oder Zyklus, die ebenfalls erklärungsbedürftig sein können.

Die analytische Statistik bietet ein reiches Arsenal von Modellen und Verfahrensweisen an, mit denen man Zeitreihen in verschiedene Komponenten (wie Trend, Zyklus, irreguläre Schwankungen) zerlegen kann. Ihre Anwendung stößt jedoch selbst dann auf große Schwierigkeiten, wenn man Datenlücken und die (hier nicht thematisierten) Probleme der Validitätsprüfung ebenso außer acht läßt wie die in der Sozialgeschichte häufig auftretenden „Ausreißer" und Strukturbrüche. Denn sinnvoll einsetzbar sind diese Modelle nur mit bestimmten theoretischen Vorgaben: z. B. über die lineare oder nicht-lineare Form des Trendverlaufs oder die Länge einer Zyklus-Periode. Hier beißt sich die Katze leider wirklich in den Schwanz; denn solche Theorien (bspw. eine Theorie der langfristigen Kriminalitätsentwicklung) liegt häufig nicht vor. Vielmehr hofft man, mit Hilfe einer mehr oder weniger phantasievollen Interpretation der Datenreihen entsprechende Hypothesen allererst entwickeln zu können. Eine solche „induktiv" gewonnene Hypothese müßte dann allerdings anhand anderer Daten auf ihre Haltbarkeit getestet werden. Das Beispiel der Wirtschaftsgeschichte, die dort geführten Diskussionen über deterministische oder stochastische Wachstumspfade, über lange und kurze Wellen der ökonomischen Entwicklung zeigen, wie schwierig ein solches Unterfangen ist, und wie unwahrscheinlich es ist, auf diesem Wege zu einem Konsens zu gelangen (s. hierzu Metz 2002). Und dort liegen immerhin ausgearbeitete Theorien ökonomischen Wachstums vor; auch die Datenlage ist wesentlich günstiger als - beispielsweise - in der historischen Kriminalitätsforschung. Aber selbst wenn die formalen Modelle der Komponentenzerlegung nicht so recht zum Zuge kommen, kann die Kenntnis dieser Modelle und der mit ihnen verknüpften Analyseverfahren bei der visuellen Inspektion und Interpretation der Daten durchaus von Nutzen sein und vor Fehlinterpretationen schützen.

Kapitel 2

Beschreibende Analyse von Zeitreihen

2.1 Empirische Kennzahlen: Mittelwert, Streuung, Autokorrelation

Aus statistischen Grundkursen sind als beschreibende Kennziffern (empirische „Momente") univariater Verteilungen vor allem das arithmetische Mittel und die Varianz (bzw. die mittlere quadratische Abweichung) bekannt. Sie lassen sich auch mit Zeitreihendaten berechnen und zur Kennzeichnung der „Lage" und der „Streuung" der Beobachtungswerte verwenden:

$$arithm.\ Mittel\ \ \bar{z} = \frac{1}{n} \sum_{t=1}^{n} z_t \ , \ \ n: = Zahl\ der\ Beobachtungen \qquad (2.1.1)$$

$$Varianz\ \ s^2 = \frac{1}{n} \sum_{t=1}^{n} (z_t - \bar{z})^2 \qquad (2.1.2)$$

Diese Meßgrößen sind als summarische Beschreibung der gesamten Reihe offensichtlich nur in dem Maße aussagekräftig, wie sich deren „Systematik" innerhalb des Beobachtungszeitraums nicht verändert. Die hiermit angesprochene „Stationarität" einer Zeitreihe wird erst im 3. Kapitel genauer definiert. Grob gesprochen bedeutet diese Eigenschaft, daß die Kennziffern der Reihe stabil sind, daß sie allenfalls geringfügig variieren, wenn sie für unterschiedliche Abschnitte des Beobachtungszeitraums getrennt berechnet werden. Im Rahmen der deskriptiven Analyse läßt sich dies schon mit Hilfe der grafisch dargestellten Sequenz der Beobachtungswerte hinlänglich überprüfen. Bei den Arbeitslosendaten in Abb. 1.1.2 z. B. ist leicht erkennbar, daß das Jahresniveau der Zeitreihe keineswegs stabil ist; auch die saisonalen Schwankungen sind nicht konstant. Arithmetisches Mittel und Varianz, über den gesamten Zeitraum berechnet, würden diese Reihe nicht angemessen beschreiben.

In der Querschnittanalyse geht man in der Regel davon aus, daß die bei den verschiedenen Erhebungseinheiten („Fällen") erzielten Meßergebnisse unabhängig voneinander realisiert worden sind. Bei Zeitreihen-Daten kann man dies nicht voraussetzen. In der Regel werden die sukzessiv gewonnenen Beobachtungswerte mehr oder weniger stark miteinander korrelieren, die in unmittelbarer zeitlicher Nachbarschaft registrierten Werte normalerweise stärker als die weiter auseinander liegenden Größen. Die Arbeitslosenrate für einen beliebigen Monat t, z_t, hängt mit der Rate des Vormonats, z_{t-1}, eng zusammen und diese wiederum mit der Rate ihres Vormonats, z_{t-2}, usw. Allerdings wäre es keine Überraschung, wenn die Arbeitslosenrate für den Dezember eines Jahres j mit der Dezemberrate des Jahres j-1 stärker korrelierte als mit der Novemberrate des Jahres j (saisonale Effekte). Man benötigt also Maßzahlen, die die interne Abhängigkeitsstruktur einer Zeitreihe differenziert abbilden. Es liegt nahe, dafür den Korrelationskoeffizienten von Bravais-Pearson zu verwenden. In der Querschnittanalyse wird er für zwei Variablen, X und Y, bekanntlich wie folgt definiert:

$$r_{yx} = \frac{\dfrac{1}{n}\sum_{i=1}^{n}(x_i - \bar{x})(y_i - \bar{y})}{\sqrt{\dfrac{1}{n}\sum_{i=1}^{n}(x_i - \bar{x})^2}\sqrt{\dfrac{1}{n}\sum_{i=1}^{n}(y_i - \bar{y})^2}} \qquad (2.1.3)$$

Der Index $i = 1,2,...,n$ steht für die einzelnen Fälle der untersuchten Stichprobe. Im Zähler steht die (empirische) „Kovarianz", $cov(y,x)$, im Nenner das Produkt der Standardabweichungen der beiden Variablen, s_x und s_y. Wie kann man einen solchen Korrelationskoeffizienten berechnen, wenn nur eine einzige Zeitreihe (also nur eine Variable) vorliegt? Die Antwort heißt: kopiere die Zeitreihe $\{Z_t\}$ und verschiebe sie um eine Zeiteinheit (ein Meßintervall) gegenüber dem Original. Verschiebt man sie nach „vorne", erhält man auf diese Weise eine zweite Zeitreihe: $\{Z_{t+1}\}$; verschiebt man sie nach hinten, ergibt sich: $\{Z_{t-1}\}$. Die Zeitreihen lassen sich dann wie in der Querschnittanalyse in einem Streudiagramm darstellen. Die Datenpaare, die dazu die Koordinatenschnittpunkte liefern, sind nun nicht (x_i, y_i), sondern

$$(z_1, z_2), (z_2, z_3), ... (z_t, z_{t+1}), ... (z_{n-1}, z_n),$$

wobei die Ziffern im Index die verschiedenen Meßzeitpunkte $t = 1,2, ... n$ anzeigen. Offensichtlich lassen sich die gleichen Datenpaare auch mit (z_{t-1}, z_t) bezeichnen, sofern der Zeitindex mit $t = 2, ... n$ angegeben wird. Betrachten wir ein Beispiel: In Tab. 2.1.1 sind die ersten elf Beobachtungswerte der in Abb. 1.1.4 wiedergegebenen Reihe der CDU-Präferenzen von Januar bis November 1950 aufgelistet.

Tab. 2.1.1: *Prozentwerte CDU-Anhänger, Jan.-Nov. 1950*

t	1	2	3	4	5	6	7	8	9	10	11
Z_t	26	27	27	32	38	38	39	31	31	33	26

Daraus ergeben sich die folgenden zehn Datenpaare, deren Elemente jeweils um ein Zeitintervall (einen Monat) auseinander liegen:

Tab. 2.1.2: *Die Datenpaare mit zeitlicher Verschiebung, s. Tab. 2.1.1*

t	1	2	3	4	5	6	7	8	9	10	11
CDU (t)	26	27	27	32	38	38	39	31	31	33	26
CDU (t-1)	*	26	27	27	32	38	38	39	31	31	33

Jedes dieser Datenpaare tragen wir in ein Koordinatenkreuz ein und erhalten somit das folgende Streudiagramm.

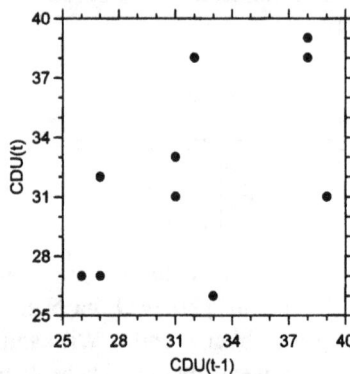

Abb. 2.1.1 *Streudiagramm der Beispieldaten aus Tab. 2.1.2*

Die Punktwolke streut um eine gedachte Linie, die von links unten nach rechts oben ansteigt und somit auf einen positiven Zusammenhang der beiden „Variablen", hier Z_t und Z_{t-1}, hinweist. Man beachte, daß die Zahl der Datenpaare nicht wie in der Querschnittanalyse n, sondern $n-1$ ist. Wenn wir diesen Zusammenhang als lineare Beziehung interpretieren wollen, können wir deren Stärke in Form des Pearsonschen Korrelationskoeffizienten analog zu Formel (2.1.3) darstellen. Der Zählerausdruck, die Auto-Kovarianz, erhält folgende Form:

$$cov(z_t, z_{t-1}) = \frac{1}{n-1} \sum_{t=2}^{n} (z_t - \bar{z}_t)(z_{t-1} - \bar{z}_{t-1}) \quad , \quad t=2,...,n \qquad (2.1.4)$$

In entsprechender Weise läßt sich die Auto-Kovarianz für weiter auseinanderliegende Beobachtungen berechnen. Im folgenden sei die Zahl der Zeitintervalle, die die einzelnen Beobachtungen voneinander trennen, allgemein mit dem Buchstaben k ($k = 0,1,2,...$) angegeben. Man bezeichnet sie als „Verzögerungsspanne" oder „Lag". Aus Gleichung (2.1.4) wird somit:

$$cov(z_t, z_{t-k}) = \frac{1}{n-k} \sum_{k+1}^{n} (z_t - \bar{z}_t)(z_{t-k} - \bar{z}_{t-k}) \quad , \quad 0 < k < n \qquad (2.1.5)$$

Die Zahl der Datenpaare ist $n-k$. In der Regel ermittelt man die Autokovarianzen in einem Bereich $1 \leq k \leq n/4$. In Zeitreihen mit stabilen Mittelwerten gehen die Autokovarianzen sozialwissenschaftlicher Zeitreihen mit zunehmendem k im allgemeinen rasch gegen Null. Es leuchtet unmittelbar ein, daß die Autokovarianz die interne Abhängigkeitsstruktur einer Zeitreihe nur dann gut repräsentiert, wenn dieser Zusammenhang über die gesamte Beobachtungsperiode $t = 1,2,...,n$ einigermaßen konstant ist. Es hätte wenig Sinn, Kreuzprodukte über Datenpaare zu summieren, die am Anfang der Zeitreihe einen engen, gegen Ende der Zeitreihe aber nur einen schwachen Zusammenhang bilden. Dies führt zu der Forderung, die Zeitreihen sollten nicht nur mittelwert-, sondern auch *varianz/kovarianz-stationär* sein. (Den Begriff der Stationarität werden wir eingehender erst in Kap. 3.3 erörtern.) Die schon in Gleichung (2.1.2) definierte *Varianz* ist in Gleichung (2.1.5) als Spezialfall enthalten, wenn $k = 0$ gesetzt wird. Wenn die Zeitreihen im Verhältnis zur Verzögerungsspanne relativ lang sind, werden sich die arithmetischen Mittel (wie auch die Standardabweichungen) der Originalreihe Z_t und der verschobenen Reihe Z_{t+k} kaum unterscheiden. Wir setzen deshalb in den nachfolgenden Definitionsgleichungen wie allgemein üblich sowohl für Z_t als auch für $Z_{t\pm k}$ das arithmetische Mittel der gesamten Reihe ein[11].

Während in der Querschnittanalyse die Standardabweichungen zweier Variablen, s_x und s_y, normalerweise unterschiedlich groß sind, sind sie im Falle der Zeitreihen Z_t und Z_{t-k} als gleich anzusehen, denn es handelt sich ja um ein und dieselbe Zeitreihe (mit einem variablen Stichprobenumfang). Im Nenner des Auto-Korrelationskoeffizienten steht folglich nicht das Produkt zweier Standardabweichungen, sondern die Varianz von Z_t:

$$r_k = \frac{\frac{1}{n-k} \sum_{t=k+1}^{n} (z_t - \bar{z}_t)(z_{t-k} - \bar{z}_t)}{\frac{1}{n} \sum_{t=1}^{n} (z_t - \bar{z}_t)^2} \quad , \quad k>0 \qquad (2.1.6)$$

Wie in der Querschnittanalyse kann er Werte zwischen -1 und +1 annehmen. Bekanntlich ist der Korrelationskoeffizient (anders als der Regressionskoeffizient) ein symmetrisches Maß, das von der Kausalrichtung ($x \rightarrow y$) oder ($y \rightarrow x$) unabhängig ist. Das gilt auch für seine Anwendung auf Zeitreihendaten. Die Stärke der Beziehung zwischen $(z_{t-k} \rightarrow z_t) \rightarrow (z_t \rightarrow z_{t+k})$ ist die gleiche wie die Stärke der reziproken Beziehung $(z_t \rightarrow z_{t-k})$, weshalb man sich die Korrelationsrechnung für die *Lags* $k < 0$ sparen kann (anders als bei den unten dargestellten Kreuzkorrelationsfunktionen, die substantiell unterschiedliche Variablen betreffen). Will man dennoch auch für die Autokorrelation negative *Lags* zulassen, ergibt sich die Definitionsgleichung

$$r_k = \frac{\frac{1}{n-|k|} \sum_{t=1}^{n-|k|} (z_t - \bar{z}_t)(z_{t+k} - \bar{z}_t)}{\frac{1}{n} \sum_{t=1}^{n} (z_t - \bar{z}_t)^2} \quad , \quad k = ...-2,-1,0,1,2,... \qquad (2.1.7)$$

Sie schließt auch den Fall $k=0$ ein, wobei $r_0 = 1$ und $r_k = r_{-k}$ gilt. Betrachtet man den *Lag* k nicht als fixiert, sondern als variable Größe: $k = 1,2,...K$, lassen sich die einzelnen Auto-Korrelationskoeffizienten als Funktion von k schreiben. Abb. 2.1.2 gibt eine graphische Darstellung ("Korrelogramm") der Autokorrelationsfunktion (AKF) der ersten 40 Werte der CDU-Präferenzen aus Abb. 1.1.4 wieder.

---

[11] Häufig wird auch der Divisor nicht mit $n-k$, sondern mit n angegeben. Da die Division durch n jedoch nur im Kontext modelltheoretischer Überlegungen begründet werden kann (sie verbessert die Eigenschaften entsprechender Schätzgrößen, s. Schlittgen/Streitberg 2001: 5), bleiben wir in diesem Kapitel bei der deskriptiv plausibleren Größe $n-k$.

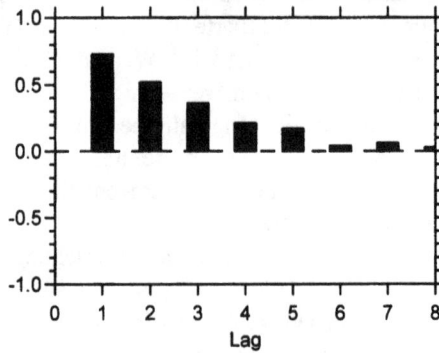

Abb. 2.1.2 *Beispiel-Korrelogramm: AKF der CDU-Präferenzen, 1/1950 bis 4/1954*

Wenn die untersuchte Zeitreihe saisonale oder sonstige zyklische Komponenten aufweist, nimmt ihre Autokorrelationsfunktion eine wellenförmige Gestalt an. Dies zeigt Abb. 2.1.3 für die Arbeitslosenrate der Bundesrepublik Deutschland von Januar 1959 bis Dezember 1964.

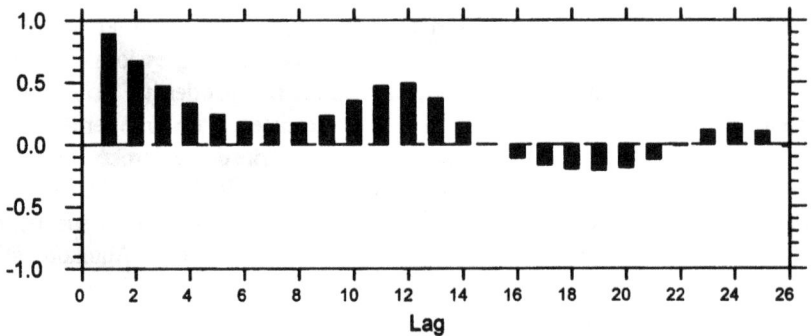

Abb. 2.1.3 *AKF der Arbeitslosenrate, 1959-1964*

Während dieser Teilperiode bleibt das Niveau der Arbeitslosenrate einigermaßen stabil (s. Abb. 1.1.2). Da die Zeitreihe monatliche Beobachtungswerte enthält, treten relativ hohe Korrelationskoeffizienten bei $k = 12$ und $k = 24$ auf. Bei Quartalsdaten würde die saisonale Periodizität 4 Zeit-Intervalle umfassen.

2.2 Charakterisierung des Zusammenhangs zweier Zeitreihen: die Kreuzkorrelationsfunktion

Während die Autokorrelationsfunktion (AKF) die interne Abhängigkeitsstruktur einer Zeitreihe darstellt, gibt die Kreuzkorrelationsfunktion (KKF) an, wie stark der (korrelative) Zusammenhang zwischen zwei Zeitreihen ist. Obwohl dieses Kapitel der Beschreibung einzelner Zeitreihen gewidmet ist, ist es angebracht, die KKF als empirische Kennzahl für den Zusammenhang zweier Zeitreihen, X_t und Y_t, schon jetzt darzustellen, damit die Strukturähnlichkeiten zwischen AKF und KKF deutlich werden. Wir bleiben aber weiterhin im Kontext beschreibender Analyse. Auch die KKF ist im Sinne des Produkt-Moment-Korrelations-Koeffizienten von Pearson definiert, mit ähnlichen Modifikationen wie bei der (univariaten) Autokorrelationsfunktion. Wir betrachten auch hier zunächst wieder den Ausdruck für die (Kreuz-) Kovarianz. Wenn man lediglich ermitteln will, in welchem Ausmaß die *simultan* gemessenen Werte der beiden Zeitreihen miteinander kovariieren, ergibt sich gegenüber der aus der Querschnittanalyse vertrauten Definitionsformel keine wesentliche Änderung; es wird nur der Fallindex i durch den Zeitindex t ersetzt:

$$cov(y,x) = \frac{1}{n}\sum_{t=1}^{t=n}(x_t - \bar{x})(y_t - \bar{y}) \qquad (2.2.1)$$

Anders als in der Querschnittanalyse kann man in der Zeitreihenanalyse aber nicht nur die Kovarianz der simultan gemessenen Daten zweier Variablen, X_t und Y_t, ermitteln, sondern auch prüfen, wie stark Zeitreihen miteinander kovariieren, die um k Meßintervalle ($k > 0$) gegeneinander verschoben sind. Falls X_t die „führende" Variable ist, die die Y-Reihe gleichsam hinter sich herzieht, wird aus Gleichung (2.2.1) die Definitionsformel

$$cov(y,x) = \frac{1}{n-k}\sum_{t=1}^{n-k}(x_t - \bar{x})(y_{t+k} - \bar{y}) \quad , \quad k>0 \qquad (2.2.2)$$

Den gleichen Sachverhalt können wir ausdrücken, indem wir den Zeitindex leicht modifizieren:

$$cov(y,x) = \frac{1}{n-k}\sum_{t=k+1}^{n}(x_{t-k} - \bar{x})(y_t - \bar{y}) \quad , \quad k>0 \qquad (2.2.3)$$

Dies ist die übliche Schreibweise für den Fall einer asymmetrischen Beziehung ($x \to y$). Der zeitliche Abstand, die Verzögerungsspanne k, zwischen den beiden Variablen ist unverändert geblieben. In einem weiteren Schritt können wir den *Lag* k als variable Größe, als Laufindex behandeln. Auf diese Weise kann man die Stärke der einzelnen Kreuz-Kovarianzen als Funktion der Verzögerungsspannen k = 0,1,2,...,K schreiben. Zur Berechnung der Kreuz-Kovarianzfunktion benötigt man also nicht nur die zeitlich simultanen Datenpaare $(x_1; y_1)$, $(x_2; y_2)$, $(x_3; y_3)$ usw., sondern auch die Datenpaare $(x_{t-k}; y_t)$, die bei einem nicht fixierten Anfangszeitpunkt identisch sind mit den Paaren $(x_t; y_{t+k})$. Wir wollen das anhand zweier Zeitreihen verdeutlichen. Die erste Zeitreihe, X_t, generieren wir als eine Folge von $n = 250$ normalverteilten Zufallszahlen mit dem arithmetischen Mittel $\bar{x}$ = 5,0 und der Standardabweichung $s_x = 2,0$. Die zweite Zeitreihe, Y_t, generieren wir als Funktion von X_{t-k} ($t = 6,7,...,250$; $k = 1,2,...,5$) und einem Zufallsfehler $e_t \sim$ N(0,1) gemäß der folgenden Gleichung:

$$y_t = 0,9x_t + 0,8x_{t-1} + 0,65x_{t-2} + 0,43x_{t-3} + 0,20x_{t-4} + 0,05x_{t-5} + e_t \qquad (2.2.4)$$

Die Tabelle 2.2.1 stellt für $t = 51,...,250$ die jeweils ersten 15 Werte dieser beiden Zeitreihen einander gegenüber.[12]

Tab. 2.2.1: *Ausdruck der ersten 15 Werte ab t = 51 der beiden generierten Datenreihen*

t	51	52	53	54	55	56	57	58	59	60	61	62	63	64	65
x	6,9	3,0	6,5	4,1	4,7	6,2	6,0	3,1	4,6	2,9	4,7	5,8	1,2	4,0	4,6
y	20,2	14,8	17,9	14,7	14,4	16,5	17,3	13,4	14,0	10,9	12,1	14,2	8,3	10,4	11,4

Um zu ermitteln, wie stark die beiden Reihen korrelieren, wenn Y gegenüber X bspw. um $k = 2$ Intervalle nach vorne verschoben wird, sind die Datenpaare (y = 17,9; x = 6,9), (y = 14,7; x = 3,0) usw. zu bilden. Für $k = 7$ ergeben sich demgemäß folgende Datenpaare: (y = 13,4; x = 6,9), (y = 14,0; x = 3,0) usw.

Abb. 2.2.1a und 2.2.1b stellen die Streudiagramme für Datenpaare mit der Verzögerung k=2 und k=7 einander gegenüber.

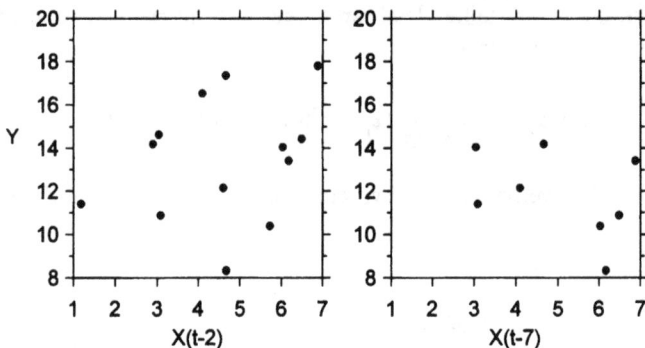

Abb. 2.2.1 *a u. b: Streudiagramme aus den simulierten Zeitreihen, s. Tab.2.2.1*

---

[12] Bei der Simulation von Modellen mit Hilfe von Computer-Algorithmen empfiehlt es sich, eine längere Datenreihe zu generieren und die Anfangswerte (bspw. wie hier: die ersten 50) zu eliminieren. Auf diese Weise vermeidet man mögliche Irregularitäten, die durch rekursive Berechnungen entstehen können.

Im ersten Diagramm (wegen $k = 2$ stehen 13 der 15 Wertepaare zur Verfügung), ist ein positiver Zusammenhang erkennbar, während im zweiten Diagramm (bei $k = 7$ bleiben 8 verwertbare „Fälle" übrig) allenfalls ein minimaler Zusammenhang sichtbar ist. Das war auch zu erwarten, da Y_t als Funktion von X_{t-k}, $k = 1,2,...,5$, nicht aber als Funktion von X_{t-7} generiert wurde. Da aber nur eine kleine Stichprobe betrachtet wird, ist mit relativ großen zufallsgenerierten Abweichungen der empirischen von den theoretisch erwartbaren Werten zu rechnen.

Anders als in unserem Beispiel mit den simulierten Zeitreihen könnte es in der Forschungspraxis unklar sein, welche der beiden Zeitreihen, X_t oder Y_t, die führende Variable (der *leading indicator*) ist. In diesem Falle wäre es sinnvoll, nicht nur die Relation $X_{t-k} \rightarrow Y_t$, sondern auch die Relation $Y_{t-k} \rightarrow X_t$ zu untersuchen. Will man beide Blickrichtungen auf einer einzigen Zeitachse darstellen, muß man negative Verzögerungsintervalle $k = -1, -2, ...$ einführen. Aus $(X_{t-k} \rightarrow Y_t)$ wird im Falle von $k < 0$ $(X_{t+k} \rightarrow Y_t) \Rightarrow (Y_{t-k} \rightarrow X_t)$, d. h., die Reihe X folgt der Reihe Y. Abb. 2.2.2 verdeutlicht diese Darstellungsweise

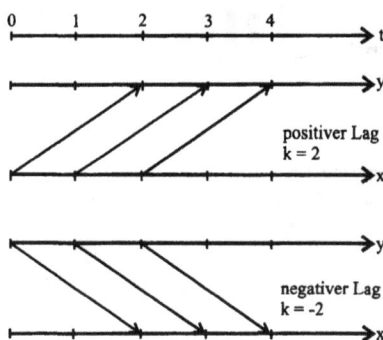

Abb. 2.2.2 *Schema der Kreuzkorrelationen*

Will man neben den positiven auch negative *Lags* (also reziproke Beziehungen) zwischen den beiden Variablen) mit berücksichtigen, kann man dies durch eine Modifikation der Gleichung (2.2.3) wie folgt ausdrücken:

$$cov(y,x) = \frac{1}{n-|k|} \sum_{t=1}^{n-|k|} (x_t - \bar{x})(y_{t+k} - \bar{y}) \ , \quad k = ...,-2,-1,0,1,2,... \qquad (2.2.5)$$

Die Kreuz*korrelations*funktion ergibt sich definitionsgemäß, indem man die Kreuzkovarianzfunktion durch das Produkt der Standardabweichungen der beteiligten Zeitreihen dividiert:

$$r_{yx}(k) = \frac{\dfrac{1}{n-|k|}\sum_{t=1}^{n-|k|}(x_t-\bar{x})(y_{t+k}-\bar{y})}{\dfrac{1}{n}\sqrt{\sum_{t=1}^{n}(x_t-\bar{x})}\;\dfrac{1}{n}\sqrt{\sum_{t=1}^{n}(y_t-\bar{y})}}\quad,\; k=\ldots,-2,-1,0,1,2,\ldots \qquad \textbf{(2.2.6)}$$

Auch für diese Korrelationskoeffizienten gilt $-1 \le r_k \le 1$. Im Unterschied zur Autokorrelationsfunkion verläuft die KKF für positive und negative k nicht symmetrisch. Das zeigt sich deutlich in der graphischen Darstellung der KKF, die sich für die Zeitreihen ergibt, die nach Gleichung (2.2.4) generiert wurden (Abb. 2.2.3):

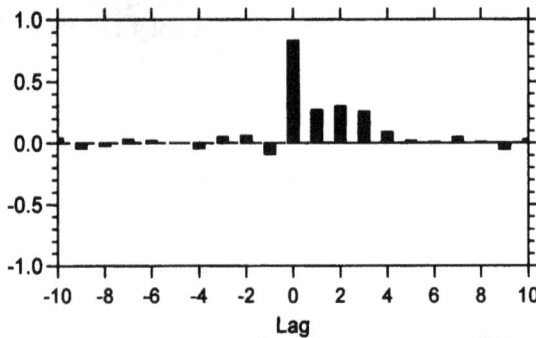

Abb. 2.2.3 *KKF zu den simulierten Reihen aus Gleichung (2.2.4)*

Nur auf der Seite positiver *Lags*, wenn X (wie im simulierten Modell vorgegeben) als führende Variable auftritt, zeigen sich Korrelationskoeffizienten, die deutlich von Null verschieden sind. Das abfallende Muster der vorgegebenen Regressionsgewichte wird im Muster der Kreuzkorrelationskoeffizienten ebenfalls sichtbar, aber nur „so ungefähr". Die Korrelationskoeffizienten folgen nicht dem exponentiellen Muster der vorgegebenen Regressionskoeffizienten, die *Lag*-Spanne von 4 oder 5 Intervallen ist dagegen halbwegs erkennbar. Es liegt somit nahe, die empirische KKF als Erkennungsinstrument einzusetzen, wenn man eine eventuell bestehende strukturelle Beziehung zwischen zwei beobachteten Zeitreihen untersuchen will. Soll die KKF als Sonde für die Entdeckung kausaler Mechanismen eingesetzt werden, ist allerdings Vorsicht geboten, vor allem weil die Größe der Kreuzkorrelationskoeffizienten nicht nur von der Stärke der Kausalbeziehung zwischen den beiden Variablen, sondern auch von der Stärke der Autokorrelation der bedingenden Variablen abhängt. Hinzu kommen Verzerrungseffekte, die durch die Endlichkeit der beobachteten Reihen und den Einfluß von nicht erfaßten oder zufallsbedingten Störgrößen hervorgerufen werden. Diese Thematik geht freilich über den Kontext der beschreibenden Analyse hinaus und wird deshalb erst in Kap. 5 ausführlicher erörtert.

2.3 Komponentenzerlegung

2.3.1 Allgemeines

Wir haben im vorigen Abschnitt darauf hingewiesen, daß empirische Kennzahlen wie arithmetisches Mittel und Autokorrelationskoeffizienten nur aussagekräftig sind, wenn sie sich auf eine Zeitreihe beziehen, die „stationär" ist, also so verläuft, daß sich für verschiedene Teilabschnitte Kennzahlen ungefähr gleicher Größe berechnen lassen. Viele Zeitreihen, die Historiker und Sozialwissenschaftler interessieren, verlaufen jedoch anders: sie weisen langfristig abfallende oder ansteigende oder wechselnde Trendrichtungen auf; und gelegentlich werden diese Trendverläufe auch noch von zyklischen Schwankungen überlagert. Zum Beispiel lassen die in Abb. 1.1.4 wiedergegebenen Parteipräferenzen wechselnde Trendverläufe erkennen. Das gilt auch für die Arbeitslosenrate (Abb. 1.1.2), die zudem von saisonalen Zyklen geprägt ist. SozialwissenschaftlerInnen verbinden mit solchen Beobachtungen Vorstellungen über eine sich langfristig entfaltende Dynamik, deren „Ursache" in bestimmten Merkmalen eines Sozialsystems vermutet wird. Karl Marx z. B. prognostizierte, in kapitalistischen Systemen würden die Profitraten stetig fallen; Kondratieff und andere postulierten, in marktwirtschaftlichen Systemen entfalte sich das ökonomische Wachstum in „langen Wellen"; Soziologen sprechen von langfristigen Trends zunehmender funktionaler Differenzierung, zunehmender Rationalisierung, zunehmender Individualisierung usw. Die Aufdeckung der kausalen Mechanismen, die solchen Entwicklungstendenzen unterliegen, erfordert eine enge Verbindung zwischen theoretischer Reflexion und empirischer Analyse. Wir haben schon in Kapitelabschn. 1.2 anhand einiger Beispiele erläutert, wie notwendig es ist, beobachtete Zeitreihen in unterschiedliche „Komponenten" zu zerlegen, die unterschiedliche zeitliche Dynamiken aufweisen und somit unterschiedlichen Wirkungsmechanismen zuzuordnen sind. Wie aber soll man Daten, Werte, die man beobachtet hat, in Bestandteile zerlegen, die man nicht direkt beobachten kann? Offensichtlich ist so etwas nur auf der Basis bestimmter Modellannahmen möglich, in denen die einzelnen Komponenten - wie „Trend" und „Saison" - formal definiert und die Art ihrer Verknüpfung festgelegt wird. Die empirische Identifikation unbeobachtbarer Komponenten ist unweigerlich mit besonderen Unsicherheiten behaftet. Ein probates Mittel, Unsicherheiten zu berücksichtigen, ist der Einbau stochastischer Elemente in die entsprechenden Modelle. In diesem Kapitel wollen wir jedoch zunächst einen traditionellen Ansatz der deskriptiven Komponentenzerlegung vorstellen, der ohne inferenzstatistische Überlegungen auskommt und auch heute noch häufig praktiziert wird, vermutlich häufiger als zufallstheoretisch fundierte Alternativen. Wir werden an verschiedenen Stellen auf diesbezügliche Unterschiede hinweisen. Der deskriptiv-deterministische Ansatz ist anschaulicher und liefert Basis-Konzepte, die auch in den stochastischen Ansätzen benötigt werden.

In den einfachsten Modellen unterscheidet man nur drei Komponenten, die man als additiv verknüpft betrachtet: Trend, Saison und Rest (bzw. „irreguläre" Komponente). In erweiterten Modellen fügt man noch einen längerfristigen, nicht saisonal bedingten Zyklus hinzu, bspw. in der Wirtschaftsgeschichte die schon erwähnten „Langen Wellen" der ökonomischen Entwicklung. Das Modell kann zudem dadurch komplexer gestaltet werden, daß man die Komponenten nicht additiv, sondern multiplikativ verknüpft oder gemischt additive-multiplikative Modelle konstruiert. Bevor wir uns mit der formalen Struktur der Modelle beschäftigen, sollen die Konzepte für die einzelnen Komponenten kurz erläutert werden.

2.3.2 Konzepterläuterung: Trend, Zyklus, Saison und irreguläre Komponente

Unter dem **Trend** versteht man „eine langfristige systematische Veränderung des mittleren Niveaus der Zeitreihe" (Schlittgen/Streitberg 1989: 9). Eine präzise formale Definition des Trends seitens der Statistik liegt nicht vor. Weder ist allgemein bestimmt, auf welchen Zeitraum sich die „Langfristigkeit" der Veränderung bezieht, noch ist klar festgelegt, welche Art von „Systematik" ihren Verlauf kennzeichnen soll. Hier ist die statistische Analyse auf entsprechende Vorgaben der Substanzwissenschaften angewiesen, die aber oft selbst nicht in der Lage sind, präzise Definitionen zu liefern - wie z. B. die Diskussion über „lange Wellen" in der Ökonomie gezeigt hat (s. Metz 1988; 1995). Keineswegs ist mit dem „Trend" in jedem Fall eine kontinuierliche Zu- oder Abnahme der Werte gemeint, die linear zur Zeitachse verläuft. Die Begriffsbestimmung ist innerhalb der Statistik mit gutem Grund so vage gehalten, weil nur am konkreten Gegenstand und im Hinblick auf einen bestimmten Beobachtungszeitraum zu entscheiden ist, was als eine langfristige Entwicklungstendenz betrachtet werden soll. Was im Ablauf von zehn Jahren wie ein linearer Trend aussieht, mag sich, über ein Jahrhundert betrachtet, als Teil der ansteigenden oder abfallenden Linie einer langfristigen zyklischen Schwankung erweisen. Wie auch immer der Trend in einer konkreten Analyse festgelegt wird, formal ist er als eine Funktion der Zeit oder als gewichteter Durchschnitt mehrerer Beobachtungswerte innerhalb eines bestimmten Zeitraums zu betrachten (s. unten). Das einfachste Modell eines linear verlaufenden Trends läßt sich in Form einer Gleichung schreiben, in der der Zeitindex t als unabhängige Variable auftritt.

$$M_t = a + bt \quad , \quad t = 0,1,2... \tag{2.3.1}$$

Das Kürzel M_t für den zeitabhängigen Trendwert erinnert daran, daß es sich beim Trend um einen sich verändernden (zeitbedingten) Mittelwert handelt; der Buchstabe a bezeichnet den Ordinatenabschnitt, den Trendwert zum Zeitpunkt $t = 0$; der Buchstabe b (Steigungskoeffizient) gibt den Trendanstieg pro Zeiteinheit an.

Diese und andere Formen des Trendverlaufs werden ausführlich in nachfolgenden Abschnitten behandelt.

Mit dem Trendbegriff ist die Vorstellung verbunden, daß die „Zeit" als Variable kausale Größen vertritt, die nicht explizit erfaßt wurden (weil sie nicht genau bekannt sind oder weil für sie keine Daten vorliegen). So können z. B. nicht erfaßte demographische Verschiebungen den Trend sowohl in der Beitragsentwicklung bei der gesetzlichen Altersversorgung als auch in den modalen politischen Einstellungen mit bestimmen. In den Sozialwissenschaften wird auch häufig das Lebensalter als Substitut für nicht aufgeklärte Kausalfaktoren verwendet.

Die längerfristige **zyklische Komponente** ist, wie schon oben angedeutet, sowohl konzeptuell als auch empirisch oft nur schwer vom (nicht-linearen) Trend zu unterscheiden. Hierbei spielt die Länge der Beobachtungsperiode eine besonders wichtige Rolle. Zyklen sind dadurch definiert, daß sich ein bestimmtes Verlaufsmuster periodisch wiederholt. Je häufiger das innerhalb der Beobachtungsperiode geschieht, um so eher werden sie identifizierbar. Formal läßt sich ein deterministischer Zyklus, C_t, wie folgt definieren:

$$C_{t+P} = C_t \quad , \quad t=1,2,\dots \qquad (2.3.2)$$

wobei „P" die Periode angibt, also die Zahl der Beobachtungen, die angehäuft werden müssen, bevor sich ein bestimmter Wert wiederholt. Ihrem Begriff nach sind Zyklen nicht auf wellenförmige Verlaufsmuster beschränkt, sondern können auch eine gezackte Figur (wie ein Sägeblatt zum Beispiel) darstellen. Entscheidend ist nur die periodische Wiederholung des Musters. Gelegentlich faßt man sie gemeinsam mit dem Trend unter dem Terminus *Glatte Komponente* zusammen. Langfristige Zyklen spielen vor allem in den Wirtschaftswissenschaften und der Wirtschaftsgeschichte eine wichtige Rolle. In der allgemeinen Geschichtswissenschaft und in der Soziologie sind zwar ebenfalls zahlreiche „Zyklentheorien" entwickelt worden (s. z. B. Sorokin 1927; Namenwirth/Weber 1987; Bornschier 1988), mathematisierte Zyklen-Modelle sind in diesem Bereich aber selten (s. Thome 1994b; Rahlf 1996a). Formale Analysen über zyklische Verlaufsformen bedienen sich vor allem der Spektralanalyse und der Theorie linearer Filter (s. Schlittgen/Streitberg 2001; Metz/Stier 1991). Dabei handelt es sich um mathematisch anspruchsvolle Methoden, deren Darstellung den Rahmen dieses Einführungstextes sprengen würde. Wir hoffen aber, wie in der Einleitung bereits erwähnt, mit der Periodogrammanalyse in Abschn. 2.4 den Zugang zu diesen Methoden zu erleichtern. Außerdem werden wir in Kapitel 3 zeigen, wie stochastische Zyklen (also zyklische Bewegungen mit nicht-konstanter Periode und veränderbarer Amplitude) im Rahmen der Box/Jenkins-Methode modelliert werden können. Im Rahmen der klassischen Komponentenmodelle werden wir Zyklen nur in der speziellen Form der saisonalen Schwankungen behandeln.

Auch hinter der **Saison** als jahreszeitlicher Schwankungskomponente verbergen sich nicht explizierte Kausalfaktoren wie Temperaturunterschiede, biologische Abläufe, regelmäßige Feiertage und Ferienzeiten, Budget-Terminierungen. Sie sind dadurch charakterisiert, daß sie im Rhythmus der Jahreszeiten variieren, wobei sich diese Variationen - bei der hier praktizierten deterministischen Betrachtungsweise - unverändert jedes Jahr wiederholen. Dadurch führen sie ein zyklisches Verlaufsmuster in die Zeitreihe ein. Die Arbeitslosenzahlen liefern hierzu ein besonders prominentes Beispiel. Die Periode P in Gleichung (2.3.2) beträgt dabei genau ein Jahr; bei Monatsdaten gilt also $P = 12$, bei Vierteljahresdaten $P = 4$.

Unter der **Restkomponente** (Residualkomponente) faßt man die nicht aus der Trend-, Zyklus- oder Saisonentwicklung erklärbaren Varianzanteile einer Zeitreihe zusammen. In der Literatur werden sie auch häufig als „Störungen" oder als „irreguläre" Komponente bezeichnet, der man den Status einer Zufallsvariablen zuspricht (ohne sie unbedingt als solche zu modellieren). Mit dem Terminus der Störgröße wird suggeriert, daß es sich hierbei um eine Komponente handeln soll, die im Gegensatz zu Trend und Saison nicht „substanzwissenschaftlich" erklärbar ist. Folglich wünschen sich die Analytiker Störgrößen, die über alle Meßzeitpunkte unabhängig voneinander sind („weißes Rauschen"), also keine Autokovarianzen aufweisen. In diesem Falle nämlich kann die Komponentenzerlegung in Form einer Regressionsanalyse durchgeführt werden, bei der die für die Trend- und Saisonkomponente ermittelten Größen als Parameterschätzer mit bestimmten statistischen Optimalitätseigenschaften aufgefaßt werden können. Solange wir uns nur im Kontext der beschreibenden Analyse bewegen, brauchen wir hinsichtlich der Residualkomponente allerdings keine speziellen Verteilungsannahmen einzuführen. Ökonometriker führen oft noch ein weiteres Element ein, die sog. **Konjunkturkomponente**, die eine mehrjährige, nicht unbedingt regelmäßige Schwankung darstellt. Gelegentlich wird die Konjunkturkomponente mit dem Trend zur „glatten" Komponente oder mit der Saison zur „zyklischen" Komponente zusammengefaßt. Wir lassen sie im folgenden außer Betracht bzw. subsumieren sie unter die Trendkomponente.

2.3.3 Additive und multiplikative Komponentenmodelle

In der Praxis geht man meistens davon aus, daß sich die Komponenten der Zeitreihe additiv zusammenfügen:

$$Zeitreihe = Trend + Saison + Rest$$
$$Z_t = M_t + S_t + R_t \qquad\qquad (2.3.3)$$

In vielen Fällen ist es jedoch realistischer, davon auszugehen, daß die saisonale Schwankung und die Residuen mit dem Trend wachsen, was formal durch eine multiplikative Verknüpfung der Komponenten dargestellt werden kann. (Es sei daran erinnert, daß in der Regressionsanalyse Interaktionen zwischen Variablen mit Hilfe multiplikativer Terme dargestellt werden können.)

$$Z_t = M_t \cdot S_t \cdot R_t \qquad\qquad (2.3.4)$$

Solche Gleichungen lassen sich durch Logarithmieren in eine additive Form überführen:

$$\log Z_t = \log M_t + \log S_t + \log R_t \qquad (2.3.5)$$

Vorstellbar ist allerdings auch, daß weder ein rein additives noch ein rein
multiplikatives Modell angemessen sind. So könnten z. B. Trend und Saison miteinander „interagieren", die Störgrößen jedoch unabhängig von diesen Komponenten bleiben:

$$Z_t = M_t \cdot S_t + R_t \qquad (2.3.6)$$

Derartige Gleichungen lassen sich nicht durch Logarithmieren in eine additive Form
überführen. Hier können sog. Box/Cox-Transformationen (Box/Cox 1964)
weiterhelfen, die wir in Abschnitt 2.3.3.1 erläutern. Zur Bestimmung der
Komponenten von „Mischmodellen" bieten sich auch Iterationsverfahren an, die
wir hier aber nicht behandeln wollen (s. z. B. Durbin/Murphy 1975).
Die Analyse geht nun im Prinzip so vor sich, daß aus den (evtl. transformierten) Beobachtungswerten die einzelnen Komponenten sukzessive isoliert und eliminiert
werden. Im ersten Schritt wird für jeden Zeitpunkt die Trendkomponente bestimmt
und vom jeweiligen Beobachtungswert abgezogen. Im zweiten Schritt wird auf der
Basis der trendbereinigten Daten die Saisonkomponente bestimmt und ebenfalls
subtrahiert, so daß die Restkomponente übrig bleibt. Dieses subtraktive Vorgehen
setzt voraus, daß die einzelnen Komponenten additiv verknüpft sind, was - wie
bereits angedeutet - u. U. erst nach einer Transformation der Daten der Fall ist. Bei
logarithmierten oder auf andere Weise transformierten Daten müßten die Ergebnisse
möglichst auf die untransformierten Größen „zurückgerechnet" werden (s. unten).
Die Residuen können schließlich auf Unabhängigkeit und andere statistisch
relevante Eigenschaften getestet werden, wie das aus der allgemeinen
Regressionsanalyse bekannt ist (s. Schlittgen/Streitberg 2001: 17 ff.).
Das stufenweise Vorgehen bedeutet, daß jeder nachfolgende Schritt von der
Qualität des vorangegangenen abhängig ist. Dabei kann es passieren, daß die
betreffende Komponente nicht vollständig oder auf eine Weise erfaßt wird, die
artifizielle Strukturelemente in die verbleibende(n) Komponente(n) einschleust.
Schlittgen/Streitberg (2001: 12) weisen darauf hin, daß „das Komponentenmodell
unbestimmt (ist), solange nicht die einzelnen Komponenten präziser durch Modelle
spezifiziert werden. Verschiedene Modellansätze können dabei sehr
unterschiedliche Ergebnisse liefern, so daß bei der Interpretation veröffentlichter
Reihenkomponenten (etwa saisonbereinigter Arbeitslosenziffern) stets nach dem
jeweils benutzten Verfahren zu fragen ist."
Bevor wir die einzelnen Schritte der Komponentenzerlegung darstellen, wollen wir
im nächsten Abschnitt ein Grobverfahren erläutern, mit dem festgestellt werden
kann, ob ein additives oder eher ein multiplikatives oder gemischtes Modell
angemessen ist.

2.3.3.1 Box/Cox-Transformationen

Der Ausdruck „multiplikatives Modell" ist aus der Regressionsanalyse mit Querschnittdaten bekannt. Multiplikative Ausdrücke in der Regressionsgleichung repräsentieren eine vermutete „Interaktion" zwischen unabhängigen Variablen: die Annahme, daß die Wirkung eines Regressors X_1 auf die abhängige Variable davon abhängig ist, welcher Wert eines anderen Regressors X_2 gerade realisiert ist (s. Jaccard et al. 1990; Thome 1991). Übertragen auf das Komponentenmodell der Zeitreihenanalyse bedeutet das: Ein nicht-additives Modell ist angezeigt, wenn die Größe der saisonalen oder/und der Restkomponente davon abhängig ist, welches mittlere Niveau, welcher Trendwert gegeben ist. Da sich die Größen von Saison und Restkomponente unmittelbar als stärkere oder schwächere Streuung zeigen, heißt das: ein nicht-additives Modell ist anzunehmen, wenn die Streuung mit dem Trend der Reihe kovariiert. Ob dies in einem nennenswerten Maße der Fall ist, läßt sich anhand eines einfachen Streudiagramms, des sog. *spread-versus-level-plot (SLP)*, feststellen. Dazu wird die Beobachtungsperiode in K möglichst gleich lange Teilabschnitte eingeteilt.[13] Für jeden Zeitabschnitt $k = 1,2,...,K$ werden ein Streuungsmaß (Spannweite, Standardabweichung oder Interquartilsabstand) und das arithmetische Mittel (oder auch der Median) berechnet.[14] Diese Kennzahlen werden sodann in ein Koordinatenkreuz eingetragen (das Streuungsmaß auf der Ordinate, der Mittelwert auf der Abszisse).

Als Beispiel kann die Reihe der monatlichen Arbeitslosendaten von Jan. 1970 bis Dez. 1982 (Abb. 2.3.1) dienen.

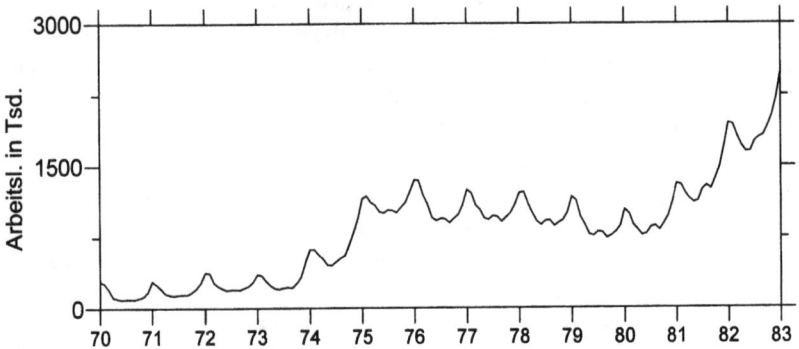

Abb. 2.3.1 *Arbeitslose in Tausend von Jan. 70 bis Dez. 82 (Quelle: s. Abb.1.1.2)*

---

[13] Bei Saisonalität wird die Länge der Teilabschnitte durch die saisonale Periode bestimmt, ansonsten gilt als Daumenregel eine Abschnittlänge von etwa 10 Meßzeitpunkten (s. Mohr 1980: 168).

[14] Das Programmpaket SPSS bietet unter dem Kommando EXAMINE die Möglichkeit, einen „spread-versus-level-plot" zu erhalten, in dem auf der Ordinate die jeweiligen Interquartilsabstände und auf der Abszisse die Medianwerte abgetragen werden. Beide Größen lassen sich auch logarithmieren, die Prozedur liefert dann nicht nur das Streudiagramm, sondern auch einen Schätzer für den Transformationsexponenten λ (s. unten Anm. 17).

Sie zeigt einen (nicht-linearen) ansteigenden Trendverlauf; außerdem dehnen sich die saisonalen Schwankungen parallel dazu aus. Dies legt eher ein multiplikatives als ein additives Komponentenmodell nahe, aber auch ein Mischmodell ist nicht auszuschließen. Wir wollen dies mit Hilfe eines Streudiagramms (*SLP*) näher untersuchen. Dazu teilen wir die Beobachtungsperiode in $K=13$ aufeinanderfolge Zeitabschnitte ein, die jeweils die 12 Monate eines Jahres umfassen. Für jeden Zeitabschnitt werden die Standardabweichung (*STD*) und das arithmetische Mittel der Arbeitslosenzahlen berechnet und in den *SLP* eingetragen (s. Abb. 2.3.2). Die Koordinatenschnittpunkte für die einzelnen Jahresabschnitte sind durch Buchstaben markiert, deren alphabetische Ordnung der Abfolge der Jahre von 1970 bis 1982 entspricht.

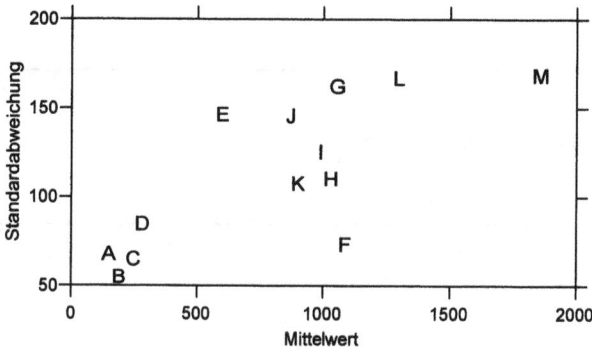

Abb. 2.3.2 *SLP der Arbeitslosendaten*

Allgemein gilt: ein rein additives Modell ist nur dann angemessen, wenn die Punkte des Streudiagramms am ehesten durch eine Gerade zu repräsentieren sind, die parallel zur Abszisse verläuft. Steigen dagegen die Ordinatenwerte gemäß einer Geraden von links unten nach rechts oben an, bedeutet dies, daß die Dispersion der Reihe (hier die saisonalen Schwankungen der Arbeitslosenzahlen) mit dem mittleren Niveau der Zeitreihe proportional zunimmt. In diesem Falle wäre eine multiplikative Verknüpfung zu wählen, die durch Logarithmieren der Werte in eine lineare überführt werden könnte. In Abb. 2.3.2 ist nicht deutlich erkennbar, ob die Steigungstendenz überhaupt geradlinig verläuft oder ob die Punkte mit zunehmendem Mittelwert nach unten von der Geraden abweichen.[15] Letzteres würde ein Mischmodell anzeigen. Wir probieren zunächst ein rein multiplikatives Modell aus, logarithmieren also die Arbeitslosendaten (s. Abb. 2.3.3) und konstruieren ein neues *SLP* für die logarithmierten Daten (s. Abb. 2.3.4).

In Abb. 2.3.3 ist sofort erkennbar, daß nun die Streuung mit dem steigenden Niveau der Reihe abnimmt. Demgemäß ergibt sich im *SLP* (s. Abb. 2.3.4) eine negative Beziehung: Die Punkte streuen um eine Gerade, die von links oben nach rechts

---

[15] Eine formale Regressionsanalyse zur Ermittlung des Steigungskoeffizienten oder zwecks Linearitätstests führt man im allgemeinen nicht durch, da die Schätzergebnisse angesichts der geringen Fallzahl und der Ausreißerphänomene zu instabil wären (s. aber unten, Anm. 17).

unten abfällt. Die Log-Transformation hat also nicht das gewünschte Ergebnis (Stabilität der Streuung) gebracht, denn dann müßten die Punkte um eine Parallele zur X-Achse variieren. Es scheint also ein Mischmodell vorzuliegen. Folglich müssen zusätzliche Möglichkeiten der Datentransformation erkundet werden.

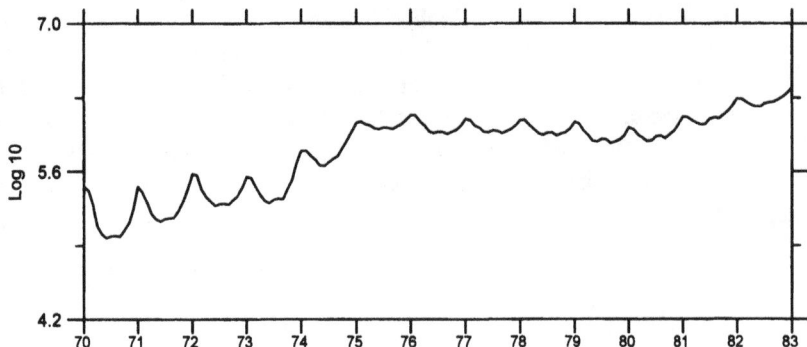

Abb. 2.3.3 *Logarithmierte Arbeitslosendaten*

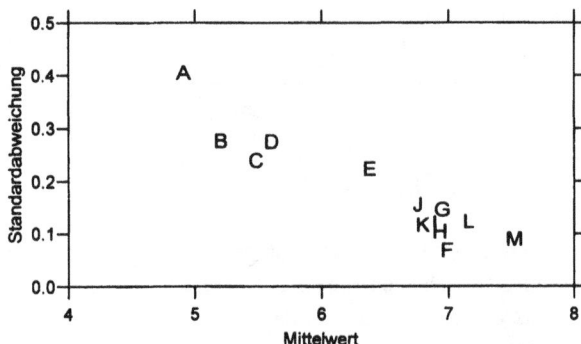

Abb. 2.3.4 *SLP der logarithmierten Arbeitslosendaten*

Box/Cox (1964) haben eine Klasse von Transformationen vorgeschlagen, die hierfür in Frage kommen.[16]

---

[16] Die Box/Cox-Transformationen haben einen breiten Anwendungsbereich auch außerhalb der Zeitreihenanalyse. Box/Cox (1964) haben diese Potenzfunktion nicht spezifisch zur Varianzstabilisierung in der univariaten Zeitreihenanalyse vorgeschlagen, sondern zur Transformation heteroskedastischer Response- bzw. Fehlervariablen, um drei Zwecke gleichzeitig zu erreichen: eine lineare Beziehung zwischen Prädiktor- und Kriteriumsvariable sowie normalverteilte und homoskedastische Fehlerkomponenten. Box/Jenkins (1976) - siehe auch Jenkins (1979) - haben diesen Ansatz dann in die Zeitreihenanalyse übernommen. Zu Extensionen und Modifikationen der Transformationsformel siehe Cook/Weinberg (1982: 60 f.) sowie Emerson/Stoto (1983: 98 - 104). Zu ihrer Verwendung innerhalb der Regressionsanalyse mit Querschnittdaten siehe z. B. Greene (1993: 329 ff.). - Dr. Herbert Stahl, seinerzeit Dozent am Institut für quantitative Methoden der Technischen Universität Berlin, hat uns als erster auf die Möglichkeit hingewiesen, Box/Cox-Transformationen auch als Instrument zur Identifikation multiplikativer oder gemischter Modelle der Komponentenzerlegung einzusetzen.

$$Z_t^* = \begin{cases} \frac{1}{\lambda}(Z_t^\lambda - 1) & , \text{ für } \lambda \neq 0 \\ \ln Z_t & , \text{ für } \lambda = 0 \end{cases} \qquad (2.3.7)$$

Der natürliche Logarithmus von Z_t ist ein Grenzfall der Box/Cox-Transformation, der sich aus dem Grenzwert lim $(Z^\lambda - 1)/\lambda = lnZ$ für $\lambda \to 0$ ergibt. Im allgemeinen leistet eine rechnerisch einfachere Potenztransformation die gleichen Dienste (s. Box/Cox 1964: 214):

$$Z_t^* = \begin{cases} Z_t^\lambda & , \text{ für } \lambda \neq 0 \\ \ln Z_t & , \text{ für } \lambda = 0 \end{cases} \qquad (2.3.8)$$

Box/Cox (1964) stellen eine formale Methode zur Schätzung von λ vor (s. auch Mohr 1980; 1983).[17] Verschiedene Programmpakete (auch SPSS) bieten eine statistische Testmöglichkeit an, mit der dasjenige *Lambda* ermittelt werden kann, das die Varianz gruppierter Daten am ehesten homogenisiert. Wieso die näherungsweise Bestimmung von λ mit Hilfe des *SLP* im allgemeinen funktioniert, zeigen Schlittgen/Streitberg (2001: 102f.). Die rein multiplikativen Modelle ($\lambda = 0$) und die rein additiven Modelle ($\lambda = 1$) haben wir bereits besprochen. Abb. 2.3.5 zeigt darüber hinaus in schematischer Weise die Gestalt der Streudiagramme für diverse Mischmodelle, von denen das in der Wurzeltransformation (Fall 3 in Abb. 2.3.5) implizierte Modell in der Praxis am gebräuchlichsten ist.

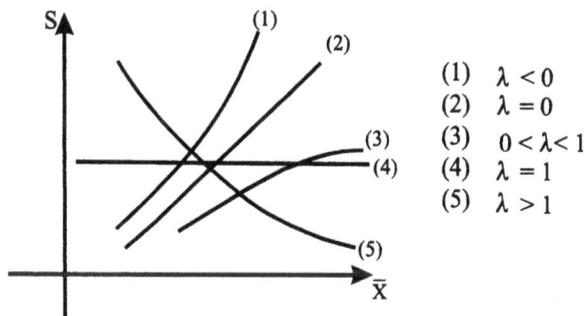

$$
\begin{aligned}
(1) \quad & \lambda < 0 \\
(2) \quad & \lambda = 0 \\
(3) \quad & 0 < \lambda < 1 \\
(4) \quad & \lambda = 1 \\
(5) \quad & \lambda > 1
\end{aligned}
$$

Abb. 2.3.5 *Typische SLP-Muster nach Mohr (1980)*

Wenn nach einer ersten Transformation die Punkte im *SLP* um eine negative Gerade bzw. Kurve streuen (wie in unserem Beispiel nach der Logarithmierung), muß *Lambda* erhöht (hier also größer Null) werden. Wenn die Punkte des Streudiagramms nach einer ersten Transformation um eine positive Gerade streuen, muß λ verringert werden. Der Versuch mit $\lambda = 0{,}5$ (Wurzeltransformation) bringt

---

[17] Falls das Streudiagramm (*Spread-Level Plot*) keine markanten Ausreißer aufweist, läßt sich der Transformationsexponent wie folgt schätzen: Man regrediere linear die logarithmierten Streuungsmaße auf die logarithmierten Mittelwerte. Die Differenz (1 - *Steigungskoeffizient*) ist der gesuchte Schätzer (s. Mohr 1983: 186; Thome 1994a: 84 ff.; dort auch weitere Literaturhinweise).

für die Arbeitslosendaten in unserem Beispiel ein befriedigendes Ergebnis, wie Abb. 2.3.6 und 2.3.7 zeigen. Der Plot der wurzeltransformierten Reihe (Abb. 2.3.6) zeigt, daß durch diese Maßnahme die Varianz hinlänglich stabilisiert werden konnte. Das Streudiagramm (Abb. 2.3.7) läßt zwar immer noch eine leicht negative Neigungstendenz erkennen. Im Kontext einer beschreibenden Analyse beläßt man es jedoch in einem solchen Falle meist bei der anschaulicheren (und leichter invertierbaren) Wurzeltransformation,[18] statt einen *Lambda*-Wert $0,5 < \lambda < 1$ zu wählen. (Nach dem in Anm. 17 erwähnten Verfahren ergibt sich $\lambda = 0,67$). Welches Mischmodell in der Wurzeltransformation impliziert ist, wird deutlich, wenn man die Z^{*}_{t}-Werte wieder in die originalen Z_{t}-Werte zurückrechnet (s. unten). Mit anderen Worten, das Mischmodell für die nicht-transformierte Reihe wird ermittelt, indem man zunächst ein additives Modell für die transformierte Reihe berechnet. Bevor wir diese Schritte im einzelnen durchführen, ist allgemein darzustellen, wie man Trend- und Saisonkomponenten im Rahmen additiver Modelle bestimmen kann.

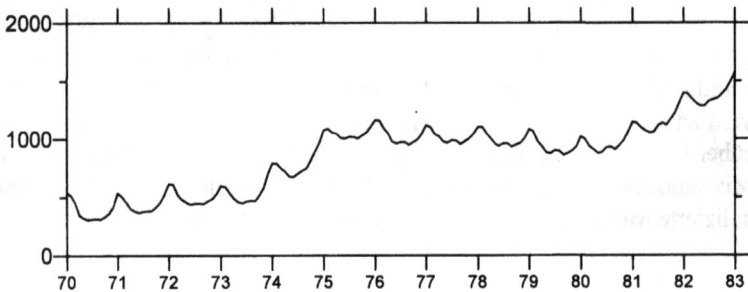

Abb. 2.3.6 *Wurzeltransformierte Arbeitslosendaten*

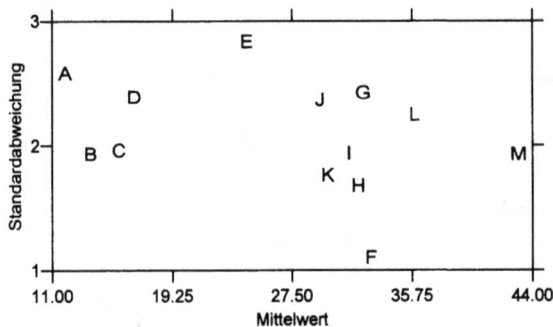

Abb. 2.3.7 *SLP der wurzeltransformierten Arbeitslosendaten*

[18] Zumal die negative Steigungstendenz im Streudiagramm weitgehend verschwindet, wenn man die Standardabweichung durch die Spannweite ersetzt. Unterschiedliche Box/Cox-Transformationen für Arbeitslosendaten diskutiert Mohr (1980).

2.3.4 Bestimmung der Trendkomponente

2.3.4.1 Globale Modelle

Wir beginnen mit dem „globalen" Komponentenmodell, bei dem der Trend über den gesamten Beobachtungszeitraum als Funktion der Zeit dargestellt wird. Verfahren der „lokalen" Trendbestimmung werden in Abschn. 2.3.4.2 behandelt. Substanzwissenschaftliche Erwägungen können einen bestimmten Funktionstyp nahelegen. Häufiger wird der Trend schrittweise durch geeignete Funktionen approximiert. Dabei wird das additive Modell (2.3.3) zunächst vereinfacht, indem man Saison- und Restkomponente zusammenfaßt zu

$$u_t = S_t + R_t \qquad\qquad (2.3.9)$$

Wählt man für die Trendfunktion eine Gerade,

$$M_t = a + bt \quad , \qquad t = 1,2,...,n \qquad\qquad (2.3.10)$$

läßt sich das additive Modell darstellen als

$$Z_t = a + bt + u_t \qquad\qquad (2.3.11)$$

Der Zeitindex t wird nun als Regressorvariable behandelt; die Parameter a und b werden nach dem üblichen Kleinstquadratekriterium,

$$u_t = \sum_{t=1}^{n} (z_t - (a+bt))^2 \doteq min. \qquad\qquad (2.3.12)$$

ermittelt. Nach dem hier als bekannt vorausgesetzten Verfahren der Regressionsrechnung erhält man

$$a = \bar{z} - b\bar{t} \qquad\qquad (2.3.13)$$

und

$$b = \frac{kov(z_t,t)}{s_t^2} \qquad\qquad (2.3.14)$$

$\bar{z}:$ = arithmetisches Mittel der beobachteten Zeitreihenwerte
$\bar{t}:$ = arithm. Mittel des Zeitindex
$kov(z_t,t):$ = Kovarianz der Zeitreihe und des Zeitindex
$s_t^2:$ = Varianz des Zeitindex.

Die Berechnung des Steigungskoeffizienten läßt sich dadurch vereinfachen, daß man zunächst die jeweiligen Mittelwerte von den Beobachtungswerten der Zeitreihe (abhängige Variable) und den festgelegten Größen des Zeitindexes (Prädiktorvariable) abzieht, die Daten also „zentriert".

Bekanntlich können Extremwerte die Bestimmung der Regressionsgeraden ungebührlich beeinflussen. Dies gilt natürlich auch für die regressionsanalytischen Modelle der Komponentenzerlegung. Es empfiehlt sich deshalb, zu Beginn der Analyse den Plot der Zeitreihe nach einzelnen „Ausreißern" abzusuchen. Wenn man sie nicht durch eine externe, in die Regressionsgleichung aufzunehmende Indikator-Variable „erklären" kann, sind sie durch andere Werte zu ersetzen. Traditionellerweise wählt man dazu das arithmetische Mittel aller oder nur der unmittelbar benachbarten Werte; oder man schiebt den Ausreißer näher an die anderen Werte heran, so daß er z. B. nur noch zwei Standardabweichungen vom Mittelwert entfernt ist. Wenn man ein Modell des der Zeitreihe zugrundeliegenden stochastischen Prozesses geschätzt hat (siehe Kap. 3), lassen sich Ausreißer - wie auch fehlende Daten - mit den Mitteln einer Vorwärts- und/oder Rückwärts"prognose" (siehe Kap. 6) durch entsprechende Schätzwerte ersetzen.[19]

Gelegentlich läßt der Plot einer Zeitreihe erkennen, daß die Annahme eines linearen Trends nicht angemessen ist. Abb. 2.3.8 stellt einen Fall dar, in dem eine kubische Trendfunktion

$$M_t = a + b_1 t + b_2 t^2 + b_3 t^3 \qquad (2.3.15)$$

die langfristige Entwicklungstendenz der Reihe besser approximiert.

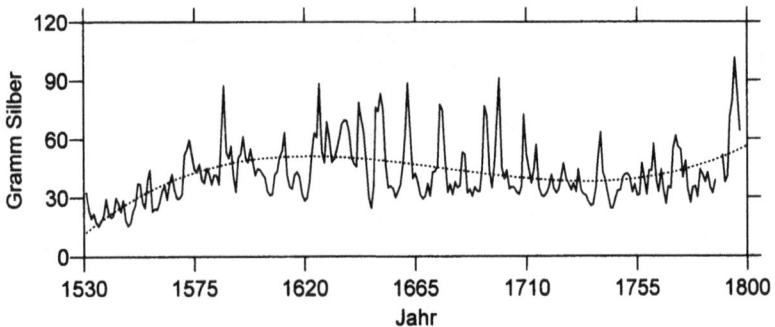

Abb. 2.3.8 *Roggenpreise in Köln mit Trendpolynom 3. Grades, 1531 -1797 (Quelle: Rahlf 1996a: 150ff.)*

Da Gleichung (2.3.15) hinsichtlich der Parameter linear ist, ändert sich an der (multiplen) Regressionsrechnung nichts, wenn man die zwei- und dreifach exponierten Werte des Zeitindexes als zusätzliche Regressoren einsetzt. Für die Zeitreihe der Roggenmengen werden folgende Parameter ermittelt:

$$b_1 = 153{,}74 \quad b_2 = -0{,}092 \quad b_3 = 0{,}00002.$$

---

[19] Zur Behandlung von „Ausreißern" s. Bohley (1985: 244f.); Schmitz (1987: 56 ff.); Schlittgen /Streitberg (2001: 8). Im Rahmen der ARIMA-Modellierung (siehe Kap. 3) bietet das Programmsystem SPSS inzwischen die Möglichkeit an, fehlende Werte mit Hilfe des sog. Kalman-Filters (siehe Schneider 1986) bei der Schätzung zu berücksichtigen. Im Rahmen der Box/Jenkins-Modellierung ist außerdem ein effizientes Verfahren zur Korrektur von Ausreißerwerten entwickelt worden, das auch zur Schätzung fehlender Werte herangezogen werden kann (siehe Thome 1995b).

Die Trendgleichungen (2.3.10) und (2.3.15) sind Spezialfälle der allgemeinen Klasse polynomialer Funktionen:

$$M_t = a + b_1 t + b_2 t^2 + \cdots + b_p t^p \qquad (2.3.16)$$

Der Exponent p bezeichnet den Grad („Ordnungsgrad")[20] des Polynoms. Wenn er nicht aus substanzwissenschaftlichen Erwägungen eindeutig festgelegt werden kann, bietet sich folgende Vorgehensweise an: Man paßt sukzessive Polynome mit ansteigendem Ordnungsgrad p, beginnend mit $p=1$, an und ermittelt jeweils die Summe der Fehlerquadrate:

$$Q_p = \sum_{t=1}^{n} (Z_t - M_t)^2 \qquad (2.3.17)$$

Da Q_p den quadrierten Abstand der Beobachtungswerte zu den geschätzten Trendwerten ausdrückt, eignet es sich als Maß für die Güte der Anpassung. Es ist anzunehmen, daß Q mit wachsendem p zunächst stärker und dann wesentlich langsamer abnimmt. Falls die Voraussetzungen des statistischen Regressionsmodells erfüllt sind, kann man F-Tests durchführen, mit denen sich klären läßt, ob ein zusätzlicher Polynomgrad noch eine signifikante Veränderung in Q herbeiführt. (Für eine genaue Beschreibung des Verfahrens s. Anderson 1971, S. 34ff.) In der Praxis führt diese Methode aber häufig nicht zu einem eindeutigen Ergebnis, da Q in vielen Fällen ziemlich unregelmäßig abnimmt. Als weiteres Hilfsmittel bietet sich die Methode der „variaten Differenzen" an (s. Kendall 1973: 47ff.; Leiner 1982: 50f.; Schlittgen/Streitberg 2001: 39), deren Grundgedanken wir weiter unten noch kurz skizzieren werden.[21]
Mit polynomialen Funktionen lassen sich empirische Zeitreihen oft gut beschreiben; für Trendextrapolationen (Prognosen) sind sie jedoch wenig geeignet, da ihre Werte außerhalb des Anpassungsbereiches ($t = 1,2,...,n$) rasch nach $\pm \infty$ streben.
Soll eine Trendfunktion als theoretisches Modell interpretiert werden, ist zu prüfen, ob die Residualgröße u_t in (2.3.11) die statistisch gewünschten Merkmale aufweist, die dafür sorgen, daß die geschätzten Regressionskoeffizienten optimale Eigenschaften (Erwartungstreue, Effizienz, Konsistenz) besitzen. Die Residuen müßten dann unabhängig voneinander sein, konstante Varianz aufweisen und dürften mit dem Zeitindex t nicht korrelieren. Technisch läßt sich die Residuenanalyse in ähnlicher Weise durchführen wie in der Regressionsanalyse mit Querschnittdaten. Allerdings ist erst mit Zeitreihendaten die Annahme der Unabhängigkeit der Fehler empirisch prüfbar. Dazu sind verschiedene Vorschläge gemacht worden (s. Kendall 1973, Kap. 2), die wir hier nicht referieren wollen. In Kap. 3 werden wir mit der sog. Korrelogrammanalyse ein relativ allgemein anwendbares Verfahren vorstellen. Häufig korreliert die Streuung der Residuen mit dem Niveau der Zeitreihe. In

---

[20] Die Terminologie wird in der Literatur nicht einheitlich gehandhabt. Prozesse oder Prozeßkomponenten (wie z. B. der Trend), die durch ein Polynom p-ten „Grades" charakterisiert sind, bezeichnet man auch als Prozesse p-ter „Ordnung".

[21] Zur allgemeinen Verwendbarkeit der „variate differences" s. Anderson (1971, S. 60 ff.). Mit dem im Vorwort erwähnten, im Internet verfügbaren Programmpaket TISPA lassen sich variate Differenzen berechnen.

diesem Falle lassen sich die Varianzen meist mit Hilfe von Potenzfunktionen, wie z.b. der Box/Cox-Transformation, stabilisieren. Gelegentlich variiert nicht nur das Niveau einer Zeitreihe saisonal, auch die Schwankungen können in bestimmten Monaten (z. B. während des Sommers) stärker ausfallen als in anderen Monaten. In diesem Falle empfiehlt sich eine gewichtete Regression (WLS), wobei die Gewichte mit Hilfe einer monatsspezifischen Schätzung der Residualvarianzen ermittelt werden.[22]

Die bisher besprochenen Trendmodelle sind alle „linear in den Parametern", auch dann, wenn der Zeitindex mit einem Exponenten $p > 1$ auftritt. Modelle, die nicht in diesem Sinne linear sind, lassen sich häufig durch Logarithmieren oder andere Formen der Datentransformation in lineare Modelle überführen. Dazu gehören z. B. *Exponentialmodelle* wie

$$Z_t = e^{a} \cdot e^{bt} \cdot e^{u_t} , \qquad (2.3.18)$$

wobei e die Eulersche Zahl 2,71828... darstellt und u_t die Fehlergröße repräsentiert. Durch Logarithmieren erhält man daraus das lineare Regressionsmodell

$$\ln Z_t = a + bt + u_t , \qquad (2.3.19)$$

dessen Parameter sich wiederum mit Hilfe des üblichen Kleinstquadrateverfahrens schätzen lassen.

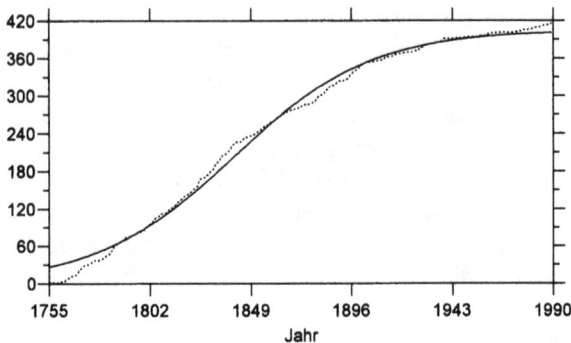

Abb. 2.3.9 *Logistischer Trendverlauf von Innovationsereignissen*

Realistischer als exponentiale Wachstumsmodelle dieser Art sind häufig Modelle, die eine Grenze des Wachstums annehmen, der sie zwar kontinuierlich zustreben, die sie aber nicht erreichen. Abb. 2.3.9 bringt hierzu ein Beispiel aus der Wirtschaftsgeschichte. Die nicht geglättete Reihe stellt die von 1755 bis 1989 jährlich kumulierten Häufigkeiten von „Innovationsereignissen" im Bereich „Textil und Dampf" dar.[23] Metz/Watteler (2002: 64 f.) haben aus theoretischen Erwägungen

---

[22] Ein Analysebeispiel bietet SPSS-X Trends (1993:175 ff.).
[23] Ich bedanke mich bei Rainer Metz, Zentrum für historische Sozialwissenschaften (Köln), der mir die Daten zugänglich gemacht hat.

an diese Reihe eine logistische Trendfunktion (glatte Linie) der folgenden Form angepaßt.[24]

$$z_t = \frac{A}{1 + e^{B-Ct}} + u_t \; ; \; A > 0, C > 0 \qquad\qquad (2.3.20)$$

Dabei stellt der Parameter A den Grenzwert der Wachstumskurve (Erwartungswert) der interessierenden Größe bei $t \to \infty$ dar. In unserem Beispiel werden folgende Parameter geschätzt: $A = 405$, $B = 2,7$ und $C = 0,031$. Bei einer eventuellen statistischen Interpretation eines solchen Modells ist zu beachten, daß die Fehlergrößen u_t bei entsprechenden Zeitreihen-Daten normalerweise nicht unabhängig voneinander sind. Bei einer rein deskriptiven Kurvenanpassung kann dieses Problem vernachlässigt werden.

2.3.4.2 Lokale Trendmodelle: Gleitmittelverfahren

Alle globalen Modelle der Trendbestimmung haben den schon erwähnten Nachteil, daß sich mit jeder neuen Beobachtung, die außerhalb des bisherigen Untersuchungszeitraums liegt, die ermittelten Parameter mehr oder weniger stark ändern, wenn man sie unter Einschluß der hinzugewonnenen Werte neu berechnet. Eine größere Flexibilität wird erreicht, wenn man den Trend jeweils nur „lokal" für einen bestimmten Abschnitt der Zeitreihe, den sog. Stützbereich, bestimmt, der eine relativ eng begrenzte Menge aufeinanderfolgender Meßzeitpunkte umfaßt. Das dazu meist angewandte Verfahren ist das der „gleitenden Durchschnitte" (auch „Gleitmittelwerte" oder *moving averages*), das auch als „Glättungsverfahren" für stark oszillierende Reihen eingesetzt wird. Die Vorgehensweise läßt sich wie folgt skizzieren:
Zunächst wird die Menge von Meßzeitpunkten ausgewählt, die den Stützbereich bilden sollen. Wir gehen bis auf weiteres davon aus, daß er eine ungerade Zahl (2q+1) aufeinanderfolgender Zeitpunkte umfaßt. (Gesichtspunkte für die Wahl des Stützbereichs werden im Laufe der Darstellung noch verdeutlicht.) Die Grundidee des Gleitmittelverfahrens besteht darin, den Trendwert für einen bestimmten Zeitpunkt t als gewichtetes Mittel der Beobachtungswerte $z_{t-q}, ..., z_{t-1}, z_t, z_{t+1}, ..., z_{t+q}$ des Stützbereichs zu definieren. Die einfachste Form der Durchschnittsbildung ist das arithmetische Mittel, bei dem jeder Beobachtungswert das gleiche Gewicht, $1/(2q+1)$, erhält. Wenn wir beispielsweise $q=2$ festlegen und die Mittelung über die ersten fünf Meßzeitpunkte $t = 1,2,3,4,5$ durchführen, erhalten wir als Trendwert für $t=3$:

---

[24] Logistische Trendfunktionen werden in der Literatur in unterschiedlicher Gestalt angeboten. Zur hier angegebenen Form siehe Kmenta (1971: 461), vergl. Schlittgen/Streitberg (2001: 24), Hartung (1986: 643). Mit SPSS kann die logistische Trendfunktion über das Menü der nichtlinearen Regressionsanalyse geschätzt werden (nicht im Menü der linearen Regression über die Option der Anpassung einer logistischen Kurve).

$$M_3 = \frac{1}{5}(z_1 + z_2 + z_3 + z_4 + z_5) = \frac{1}{2 \cdot 2 + 1} \sum_{t=1}^{5} z_t = \frac{1}{2q+1} \sum_{t=1}^{2q+1} z_t \qquad (2.3.21)$$

Den nächsten Trendwert ermitteln wir für $t = 4$, indem wir den Stützbereich um eine Zeiteinheit nach vorne verschieben und den Mittelungsprozeß für die neue Menge von Beobachtungseinheiten durchführen:

$$M_4 = \frac{1}{5}(z_2 + z_3 + z_4 + z_5 + z_6) \qquad (2.3.22)$$

Diesen Vorgang des schrittweisen Verschiebens des Stützbereichs und der Bestimmung des Trendwertes (bzw. des Wertes der „glatten Komponente"[25]) für den jeweils mittleren Zeitpunkt wiederholen wir bis zum Ende der Zeitreihe (s. Abb. 2.3.10).

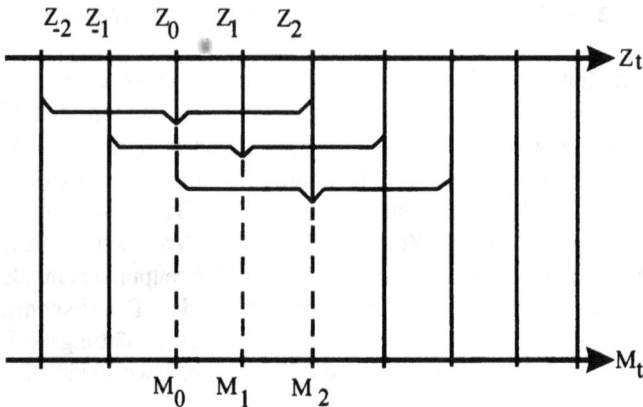

Abb. 2.3.10 *Schema des Verschiebens des Stützbereichs bei der Gleitmittelwertbildung*

Wenn man keine besonderen „Tricks" anwendet („Randausgleich", s. Leiner 1982: 43ff.; Bohley 1985: 248 ff.), gehen am Anfang und am Ende der Reihe jeweils q Meßwerte „verloren".

Auf diese Weise erhält man eine Folge von Trendwerten $M_t = \{M_{1+q}, M_{2+q}, ..., M_{n-q}\}$ die weniger stark fluktuieren als die beobachteten Werte der Zeitreihe Z_t. Die Fluktuation wird um so geringer, d. h. die Reihe wird um so stärker geglättet, je länger der Stützbereich ist. Mit Hilfe eines bekannten Theorems über die Varianzentwicklung transformierter Daten läßt sich die Varianz der geglätteten Reihe M_t leicht aus der Varianz der Originalreihe Z_t berechnen:

$$\text{Var}(M_t) = \sum_{i=1}^{2q+1} b_i^2 \ \text{Var}(Z_t) \qquad (2.3.23)$$

---

[25] Wie oben erwähnt, stellen wir hier nur die Grundform des Komponentenmodells vor, in der wir eventuell vorhandene zyklische Komponenten mit einer mehr als einjährigen Periodizität (z. B. Konjunkturverläufe) dem „Trend" hinzuschlagen.

Die Summe der quadrierten Gewichte - jedes ist kleiner als 1 - bezeichnet man als „Varianzreduktionsfaktor". Im Falle eines zentrierten Gleitmittelwertes mit $q=2$ und einem konstanten Gewicht $b_i = 1/(2q+1)$ ist der Varianzreduktionsfaktor $5(1/5)^2 = 1/5$; die Streuung der geglätteten Reihe beträgt nur noch ein Fünftel der Streuung der Originalreihe. Die Reihe ist allerdings im Normalfalle nicht perfekt geglättet. Trotz der Mittelung der Beobachtungswerte sind irreguläre Schwankungen nicht völlig eliminiert; in der Reihe der gleitenden Durchschnitte bleiben Restkomponenten, wenn auch in geringem Umfange, enthalten.

Gerade Zahl von Stützzeitpunkten

Wenn der Stützbereich eine gerade Zahl m von Zeitpunkten umfaßt, z. B. $m = 4$, liegt der mittlere Zeitpunkt rechnerisch zwischen zwei Beobachtungen, z. B. bei $t = 2{,}5$. Um diese unerwünschte Situation zu vermeiden, kann man den Trendwert über zwei aufeinanderfolgende Stützbereiche mitteln:

$$M_{2.5} = \frac{1}{4}(z_1 + z_2 + z_3 + z_4)$$

$$M_{3.5} = \frac{1}{4}(z_2 + z_3 + z_4 + z_5)$$

(2.3.24)

Der gewichtete Wert M_3 ergibt sich aus

$$M_3 = \frac{1}{2}(\frac{1}{4}z_1 + \frac{1}{4}z_2 + \frac{1}{4}z_3 + \frac{1}{4}z_4 + \frac{1}{4}z_2 + \frac{1}{4}z_3 + \frac{1}{4}z_4 + \frac{1}{4}z_5)$$

$$= \frac{1}{8}z_1 + \frac{1}{4}z_2 + \frac{1}{4}z_3 + \frac{1}{4}z_4 + \frac{1}{8}z_5$$

(2.3.25)

Man errechnet also den „zentrierten" Gleitmittelwert für einen geradzahligen Stützbereich (2q), indem man den Stützbereich über 2q+1 Zeitpunkte festlegt und die Gewichte für den Anfangs- und Endzeitpunkt halbiert.

2.3.4.2.1 Ein Analysebeispiel (Arbeitslosenzahlen)

Wir kehren zu dem Beispiel zurück, das wir in Abschnitt 2.3.3.1 zur Einführung der Box/Cox-Transformation begonnen hatten. Mittels gleitender Durchschnitte wollen wir nun den Trendverlauf der Arbeitslosendaten von Jan. 1970 bis Dez. 1982 (s. oben, Abb. 2.3.1) ermitteln. Um die Trendkomponente von Saisoneinflüssen freizuhalten, ist ein Stützbereich von 12 Monaten zu wählen.[26] Da es sich um einen geradzahligen Stützbereich handelt, berechnen wir den gleitenden Durchschnitt (also die Trendwerte M_t) jeweils über 13 Zeitpunkte und gewichten den ersten und

---

[26] Für allgemeine Gesichtspunkte zur Wahl des Stützbereichs s. Bohley (1985: 251f.).

den dreizehnten Monatswert nicht mit 1/12, sondern, wie im vorigen Abschnitt erläutert, jeweils mit 1/24:

$$M_t = \sum_{i=-6}^{6} b_i z_{t+i} \, , \quad b_i = \begin{cases} \dfrac{1}{12} & \text{für } i = -5, -4, ..., 4, 5 \\[2mm] \dfrac{1}{24} & \text{für } i = -6, +6 \end{cases} \qquad (2.3.26)$$

Die Sternchensymbole zur Kennzeichnung der (wurzeltransformierten) Daten z_t^* lassen wir im folgenden weg. Die Verfahrenstechnik der Trend- und Saisonbestimmung ist unabhängig davon, ob das additive Modell für die Originaldaten oder für die transformierten Reihen berechnet wird. Tab. 2.3.1 enthält die ersten 14 Werte (Jan. 1970 bis Febr. 1971) der wurzeltransformierten Arbeitslosendaten.

Tab. 2.3.1: *Wurzeltransformierte Arbeitslosendaten*

t=1	2	3	4	5	6	7	8	9	10	11	12	13	14
535	514	444	347	321	308	314	315	312	333	360	418	535	505

Daraus ergibt sich folgende Rechnung für den ersten Trendwert (Juli 1970)

$$M_7 = \frac{1}{24} 535 + \frac{1}{12}(514 + \cdots + 418) + \frac{1}{24} 535 \qquad (2.3.27)$$
$$= 376,7$$

Der zweite Trendwert, M_8, für August 1970 wird wie folgt berechnet:

$$M_8 = \frac{1}{24} 514 + \frac{1}{12}(444 + \cdots + 535) + \frac{1}{24} 505 \qquad (2.3.28)$$
$$= 376,3$$

Da wir die Untersuchungsperiode mit dem Dezember 1982 enden lassen, kann nach diesem Schema der letzte „saubere" Trendwert für Juni 1982 ermittelt werden. In der Praxis kann man sich die Rechenarbeit sparen, da die statistischen Programmpakete entsprechende Routinen anbieten, mit denen sich - nach Vorgabe des gewünschten Stützbereichs - die beobachtete Reihe unmittelbar in eine Gleitmittelreihe überführen läßt. Abb. 2.3.11 zeigt die lokalen Trendwerte für die wurzeltransformierten Arbeitslosendaten. In ihnen sind die saisonalen Schwankungen nicht mehr sichtbar (vgl. Abb. 2.3.1).

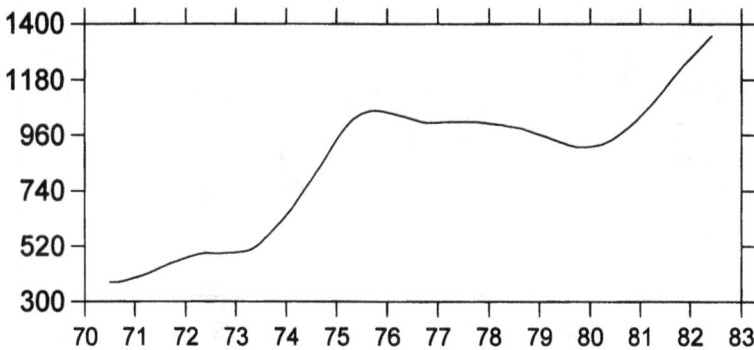

Abb. 2.3.11 *Gleitmittelserie der wurzeltransformierten Arbeitslosendaten*

Als nächstes ist die Saisonkomponente zu bestimmen.

2.3.5 Bestimmung der Saisonkomponente mit Hilfe des Phasendurchschnittsverfahrens

Zur Bestimmung der Saisonfigur sind eine Vielzahl von Verfahren vorgeschlagen worden (siehe Stier 1980). Bei konstanter (starrer, fixer) Saisonfigur können z. B. trigonometrische Funktionen angepaßt (s. unten Kap. 2.4) oder eine Dummy-Regression (s. Kerlinger/Pedhazur 1973; Abraham/Ledolter 1983) durchgeführt werden. Einen sehr einfachen Weg, die Saisonkomponente zu bestimmen, bietet das „Phasendurchschnittsverfahren". Es setzt allerdings voraus, daß kein Trend vorliegt oder die Daten vorgängig trendbereinigt werden. Die trendbereinigte Zeitreihe sei im folgenden als Y-Reihe bezeichnet:

$$Y_t = Z_t - M_t \qquad\qquad (2.3.29)$$

Abb. 2.3.12 zeigt die trendbereinigte Reihe[27] der wurzeltransformierten Arbeitslosendaten.

Das Phasendurchschnittsverfahren setzt voraus, daß die Saisonfigur im Beobachtungszeitraum nicht variiert, so daß sich die einzelnen S_t -Werte als periodische Folge $S_t = S_{t+p}$ schreiben lassen. Wenn Monatsdaten vorliegen, ist $p = 12$, bei Quartalsdaten gilt $p = 4$. Das bedeutet, daß die Saisonkomponente für einen Monat i, $(i = 1,2,...,12)$ in jedem Jahr den gleichen Betrag aufweist. Abweichungen werden der Restkomponente zugeschlagen.[28]

---

[27] In SPSS (Prozedur SAISON) werden die trendbereinigten Daten als „Ratios" bezeichnet, da die Terminologie auf multiplikative Modelle abgestimmt ist.

[28] Die einzelnen Monate haben nicht die gleiche Zahl von Tagen und Feiertagen. Derartige Kalendereffekte können die Saisonfigur geringfügig beeinflussen. Für Verfahren, diese Effekte zu modellieren und die Zeitreihe entsprechend zu bereinigen s. Cleveland/Devlin/Terpenning (1982) oder die Literaturhinweise in Schlittgen/Streitberg (2001:82). Für die kalendarischen Anpassungen stellen auch die statistischen Programmpakete (wie SPSS) zunehmend Standardroutinen zur Verfügung.

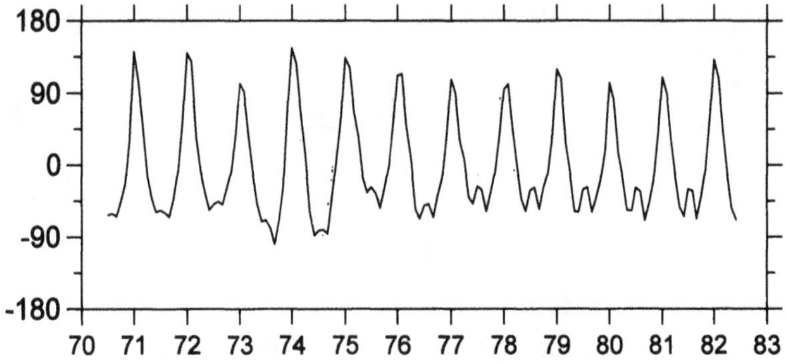

Abb. 2.3.12 *Trendbereinigte Reihe der wurzeltransformierten Arbeitslosendaten*

Es liegt nahe, die Saisonfigur zu berechnen, indem man die trendbereinigten Beobachtungswerte jeweils getrennt für die einzelnen Monate (z. B. den Monat März) über den gesamten Untersuchungszeitraum mittelt. Dabei wird vorausgesetzt, daß sich die monatsspezifischen Restkomponenten zu Null addieren. Als Ergebnis erhält man die sog. Phasendurchschnitte S_i, die man auch als (nicht-normierte) „Saisonveränderungszahlen" bezeichnet:

$$S_i = \frac{1}{K+1} \sum_{k=0}^{K} Y_{i+6+k\cdot12} \quad , \ i = 1,2,...,12 \ ; \ k = 0,1,...,K \qquad \textbf{(2.3.30)}$$

Der umständliche Index ergibt sich daraus, daß wir beim Summieren jeweils 11 Monate überspringen müssen und außerdem berücksichtigen wollen, daß wir durch die vorangegangene Trendbereinigung mit einem Zwölfer-Durchschnitt sechs Fälle am Anfang und am Ende der Reihe verloren haben. In unserem Beispiel beginnt die Ausgangsreihe Z_t der (wurzeltransformierten) Arbeitslosendaten mit dem Januar 1970. Dieser Beobachtungswert hat den Zeitindex $t = 1$. Die trendbereinigte Reihe Y_t beginnt mit dem Wert $y_{t=7}$ für Juli 1970, dem somit der Index $i = 1 = (t-6)$ zugeordnet wird. Der Index k zählt die Jahre, über die die Beobachtungswerte zu ermitteln sind. Da er bei $k=0$ beginnt, ist $K+1$ gleich der Anzahl der Jahre, in denen Beobachtungswerte für einen bestimmten Monat i vorliegen. Der Phasendurchschnitt für den Monat Juli, ermittelt über alle Jahre von 1970 bis 1981, ergibt sich somit aus folgender Rechnung:

$$S_1 = \frac{1}{11+1} \ (Y_{1+6} + Y_{1+6+12} + Y_{1+6+2\cdot12} + \cdots + Y_{1+6+11\cdot12})$$

$$\quad\quad\quad\quad \downarrow \quad\quad \downarrow \quad\quad\quad\quad\quad\quad\quad\quad \downarrow$$

$$\quad\quad\quad \text{Juli 70} \quad \text{Juli 71} \quad\quad\quad\quad\quad\quad \text{Juli 81}$$

$$(2.3.31)$$

Für Juli 1982 liegt nach der Trendbereinigung (ohne Randausgleich) kein Wert mehr vor. Somit sind für die trendbereinigte Reihe der wurzeltransformierten Arbeitslosendaten die folgenden Werte für den Monat Juli von 1970 bis 1981 zu mitteln:

1970	1971	1972	1973	1974	1975	1976	1977	1978	1979	1980	1981
-62,9	-57,3	-49,0	-68,7	-82,2	-27,7	-50,6	-26,7	-31,8	-31,0	-28,0	-30,6

Daraus ergibt sich ein arithmetisches Mittel von S_I = -45,6. Im Juli liegen die Arbeitslosenwerte deutlich unter dem Jahresdurchschnitt. Für die Januar-Werte lautet die Rechnung

$$S_7 = \frac{1}{11+1} \ (Y_{7+6} + Y_{7+6+12} + Y_{7+6+2\cdot12} + \cdots + Y_{7+6+11\cdot12})$$

$$\quad\quad\quad\quad\quad\downarrow \quad\quad\quad \downarrow \quad\quad\quad\quad\quad\quad \downarrow \quad\quad\quad\quad (2.3.32)$$

$$\quad\quad\quad\quad Jan.71 \quad Jan.72 \quad\quad\quad\quad Jan.82$$

Daraus ergibt sich ein Durchschnittswert von S_7 = 120,1. Die Phasendurchschnitte unserer Beispielreihe sind in Tab. 2.3.2 zusammengestellt:

Tab. 2.3.2: *Phasendurchschnitte der Beispielreihe*

Jul	Aug	Sep	Okt	Nov	Dez	Jan	Feb	Mrz	Apr	Mai	Jun
-45,6	-47,2	-66,2	-40,5	-11,8	43,5	120,1	105,4	41,3	-2,0	-46,5	-61,2

Wenn die Menge der Beobachtungswerte (nach der Trendbereinigung) kein ganzzahliges Vielfaches von 2q (hier q=6) ist, ist K (hier K=11) nicht für alle i gleich. Der Wert für K muß dann spezifisch für jeden Monat bestimmt werden. Dabei ist zu berücksichtigen, daß am Anfang und am Ende der Reihe durch eine vorangegangene Trendbereinigung je 6 Werte wegfallen. Allerdings lassen sich diese Werte, wie bereits erwähnt, durch einen sog. Randausgleich zurückgewinnen. Das Verfahren ist anschaulich beschrieben in Bohley (1985: 248ff.).
Wenn die Daten keinen Trend mehr aufweisen (s. Abb. 2.3.12), müßten die Phasendurchschnitte S_i aller Monate zusammengenommen im Mittel den Betrag Null ergeben:

$$\mu_s = \frac{1}{12} \sum_{i=1}^{12} S_i = 0 \ , \quad\quad\quad\quad (2.3.33)$$

falls die Saisonfigur tatsächlich konstant ist und irreguläre Abweichungen sich über die Zeit aufheben (Bohley 1985: 236). Diese Voraussetzung ist jedoch nur selten exakt erfüllt, d.h., in der Regel gilt $\mu_s \neq 0$; in unserem Beispiel (s. oben, Tab. 2.3.2) ist μ_s = -,88. In diesem Falle „standardisiert" (oder „normiert") man die Saisonfigur mit

$$S_i^{(s)} = S_i - \mu_s \ , \ i = 1,2,\ldots,12 \quad\quad\quad (2.3.34)$$

Die Größen $S_i^{(s)}$ werden in der deutschen Literatur als „Saisonindexziffern" bezeichnet.[29] Sie geben für den jeweiligen Zeitpunkt (hier: den jeweiligen Monat) die Stärke saisonaler Einflüsse an. Der Betrag μ_S wird der Trendkomponente zugeschlagen:

$$M_t^{(s)} = M_t + \mu_s \qquad (2.3.35)$$

Demgemäß bezeichnet man $M_t^{(s)}$ als „standardisierte" Trendkomponente. Die standardisierten Saisonbeträge für die einzelnen Monate müssen nun in korrekter Ordnung über den gesamten Zeitraum hintereinander geschrieben werden, so daß $S_t = S_{t+12}$ gilt. Diesen Vorgang bezeichnet man mit folgender Symbolik:[30]

$$\tilde{S}_t = S_{t-6 \; \text{mod}(12)}^{(s)} \quad , \; t = 7, ..., n-6 \qquad (2.3.36)$$

Die standardisierte Saisonfigur ist in Abb. 2.3.13 dargestellt.

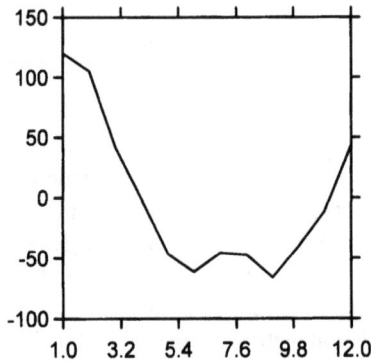

Abb. 2.3.13 *Standardisierte Saisonfigur, Monate Jan. bis Dez.*

Abgesehen von der Standardisierungsproblematik entspricht das Phasendurchschnittsverfahren einer Dummy-Regression, die auf die trendfreie Reihe angewandt wird. Falls die Daten mittelwertzentriert sind (und folglich kein Ordinatenabschnitt zu definieren ist) wird für jeden Monat j, $j = 1,2,...,12$ eine Dummy-Variable $D_{j,t}$ eingerichtet, die wie folgt kodiert wird:

$$D_{j,t} = \begin{cases} 1, & \text{wenn der Zeitpunkt zum Monat } j \text{ gehört} \\ 0 & sonst \end{cases} \qquad (2.3.37)$$

---

[29] Im SPSS-Programmpaket werden sie als „seasonal factors" bezeichnet wegen der dort gegebenen Voreinstellung auf multiplikative Modelle (s. unten).

[30] Der „Modulus" (mod) bezeichnet den Teilerrest, hier den Rest von (t-6)/12. So ist z. B. S_2 mod $(12) = S_{14}$ mod (12), denn 2:12 = 0 „Rest 2" und 14:12 = 1 „Rest 2".

Wird die Regressionsgleichung

$$Y_t = \sum_{1,12} \beta_j D_{j,t} + e_t \qquad (2.3.38)$$

nach dem Kleinstquadrateansatz geschätzt, erhält man den Regressionskoeffizienten $\hat{\beta}_j$ durch das arithmetische Mittel aller im Monat j beobachteten Werte, was der Saisonveränderungszahl im Phasendurchschnittsverfahren entspricht. Falls man den Trend (trotz der oben besprochenen Probleme) global mit Hilfe eines Polynoms schätzen will, ergibt sich als Schätzgleichung für Trend und Saison

$$Z_t = \alpha_0 + \sum_{i=1}^{m} \alpha_i t^i + \sum_{j=1}^{s-1} \beta_j D_{jt} + e_t \qquad (2.3.39)$$

Wenn, wie in diesem Falle, die Schätzgleichung einen Ordinatenabschnitt enthält, reduziert sich die Zahl der Dummy-Variablen auf $s-1$, wenn s die Menge der Beobachtungszeitpunkte (Monate, Quartale) umfaßt, die eine saisonale Periode bilden. Die (geschätzten) Residuen eines solchen Regressionsmodells sollten, wie oben schon erwähnt, sorgfältig analysiert werden. Signifikante Autokorrrelationen z. B. könnten darauf hindeuten, daß die Annahme einer konstanten Saisonfigur zu unrealistisch ist.[31] Das Phasendurchschnittsverfahren läßt sich in modifizierter Form auch bei rein multiplikativen Modellen anwenden (s. Hochstädter 1991: 319 ff.). Nachdem die Trendkomponente M_t - z. B. mit Hilfe des Gleitmittelverfahrens - bestimmt worden ist, wird Gleichung (2.3.29) durch

$$Y_t = \frac{Z_t}{M_t} \qquad (2.3.40)$$

ersetzt. Die Phasendurchschnittsbildung bezieht sich dann auf diesen Quotienten. Das arithmetische Mittel der Phasendurchschnitte muß dann idealerweise nicht „0", sondern „1" betragen. Zu Normierungszwecken wird der Betrag μ_S nicht subtrahiert, sondern die Phasendurchschnitte werden durch diesen Betrag dividiert. Man erhält die saisonal bereinigte Zeitreihe, indem man die (trendbereinigten) Werte durch die normierten Phasendurchschnitte, die sog. „Saisonfaktoren" dividiert. Im folgenden Abschnitt kehren wir aber zum additiven Modell (bezogen auf wurzeltransformierte Daten) zurück.

2.3.6 Bestimmung der Restkomponente und Rücktransformation der Daten

Nach der Bestimmung der Saisonindexwerte sind die standardisierten Saison- und Trendwerte von den wurzeltransformierten Beobachtungswerten zu subtrahieren, so daß die Restkomponente (s. Abb. 2.3.14) sichtbar wird: $R_t = Z_t - M_t^{(s)} - S_t^{(s)}$

---

[31] Siehe Stier (1980) zur Analyse nicht-konstanter Saisonkomponenten. Abraham/Ledolter (1983: 143 ff.) bieten eine, allerdings recht komplexe, Alternative mit *lokal* konstanten Saisonmodellen an.

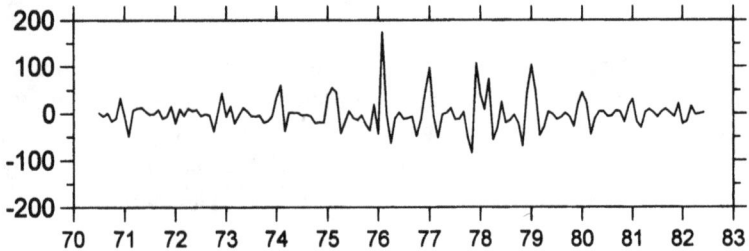

Abb. 2.3.14 *Restkomponente der Arbeitslosenzahlen*

Wie sieht nun dieses Modell aus, wenn wir es auf die (nichttransformierten) Originaldaten beziehen?

Die Z^*_t-Reihe mit den nach (2.3.8) transformierten Daten kann mit Hilfe der inversen Box/Cox-Funktion in die Originalreihe Z_t zurückgerechnet werden:

$$Z_t = \begin{cases} Z_t^{*\frac{1}{\lambda}}, & \lambda \neq 0 \\[2mm] e^{Z_t^*}, & \lambda = 0 \end{cases} \qquad (2.3.41)$$

In unserem Beispiel mit $\lambda = 1/2$ ist die quadratische Funktion anzuwenden:[32]

$$\begin{aligned} Z_t = Z_t^{*2} &= (M_t^* + S_t^* + R_t^*)^2 \\ &= M_t^{*2} + S_t^{*2} + R_t^{*2} + 2M_t^* S_t^* + 2M_t^* R_t^* + 2S_t^* R_t^* \end{aligned} \qquad (2.3.42)$$

Die ausmultiplizierte Gleichung zeigt die Mischform, die für die Originaldaten gilt; es liegt weder ein rein additives noch ein rein multiplikatives Komponentenmodell vor. Wenn man dennoch Trend-, Saison- und Restkomponenten voneinander isolieren möchte, ist dies nur möglich, indem man sie hierarchisiert, die multiplikativen Ausdrücke also jeweils einer der beteiligten Komponenten zuschlägt:

$$\begin{aligned} \hat{M}_t &= (M_t^*)^{\frac{1}{\lambda}} = M_t^{*2} , \quad \lambda = 0,5 \\ \hat{S}_t &= (M_t^* + S_t^*)^2 - \hat{M}_t \\ &= (S_t^*)^2 + 2M_t^* S_t^* \; ; \quad (M_t^*)^2 = \hat{M}_t \\ \hat{R}_t &= Z_t - \hat{M}_t - \hat{S}_t = (R_t^*)^2 + 2M_t^* R_t^* + 2S_t^* R_t^* \end{aligned} \qquad (2.3.43)$$

Daraus ergibt sich wiederum die Grundform des additiven Modells:

---

[32] Verwendet man inverse Box/Cox-Transformationen im Kontext von Prognosemodellen, entstehen gewisse Probleme, auf die wir in Kapitel 6 eingehen (s. Pankratz 1983: 338).

$$Z_t = \hat{M}_t + \hat{S}_t + \hat{R}_t \qquad (2.3.44)$$

wobei die „Hütchen" über den Buchstaben darauf hinweisen sollen, daß die Komponenten nun eine etwas andere Bedeutung haben als in Gleichung (2.3.3); sie sind „künstlich" aus einem Mischmodell isoliert worden. Ebenso hätte man statt der Trend- die Saisonkomponente als erste isolieren können. In der Praxis werden die Komponenten der Mischmodelle gelegentlich noch auf andere Weise berechnet: Man schätzt für die gleiche Zeitreihe sowohl ein rein multiplikatives als auch ein rein additives Modell und mittelt die Ergebnisse.

Die soeben dargestellten Verfahren der schrittweisen Komponentenzerlegung sind zwar „einfach", weisen aber auch einige Nachteile auf, derer man sich bewußt sein sollte:

(1) Wie bereits betont, wird eine konstante Saisonfigur angenommen: die Folge der einzelnen Monatswerte (innerhalb der Saisonkomponente) soll über alle Jahresperioden gleich bleiben. Das führt dazu, daß tatsächlich vorhandene Schwankungen in der Saisonfigur ausgemittelt werden. In Kap. 3 wird gezeigt, wie innerhalb der Box/Jenkins-Methode Saisonkomponenten modelliert werden können, die sich über die Zeit verändern.

(2) In unserem Beispiel haben wir den Trend über einen Stützbereich von 12 Monaten ermittelt, um die Saisonkomponente auszuschalten. Unter Umständen ist aber für die Trendbestimmung ein Stützbereich geboten, der mit der Saisoneliminierung nicht vereinbar ist. In diesem Falle müssen für die Saisonbereinigung andere Verfahren gewählt werden (s. z. B. das unten erwähnte „Berliner Verfahren").

(3) Wegen der Annahme der fixen Saisonfigur können artifizielle systematische Bewegungen in die Restkomponente eingeführt werden, sofern sich die Saisonfigur der beobachteten Reihe entgegen der Annahme über die Zeit verändert. Dies ist vor allem dann zu bedenken, wenn man gerade die Abweichungen von Trend und Saison theoretisch erklären möchte.

(4) Es ist unmittelbar einsehbar, daß gleitende Durchschnitte „Gipfel" abschleifen und „Täler" in den Kurvenverläufen teilweise zuschütten. Diesen Effekt kann man jedoch durch die Wahl entsprechend komplizierter Gewichtungsverfahren mindern. Zu beachten ist auch, daß Umkehrpunkte durch das Glätten zeitlich verschoben werden. Ähnliche Probleme entstehen, wenn die Originalreihe Sprünge aufweist. Auch sie werden in der geglätteten Reihe weder korrekt wiedergegeben noch bleiben sie unberücksichtigt.

(5) Durch gleitende Durchschnitte werden in Zeitreihen, deren Daten stochastisch unabhängig sind, serielle Abhängigkeiten (Autokorrelationen) erzeugt, die zu periodischen Schwingungen führen können (s. Bohley 1985: 253). Auf diesen sog. Slutzky-Effekt (auch Yule-Slutzky-Effekt) werden wir in Kap. 3 noch einmal eingehen.

Wir haben nur die Grundzüge des Verfahrens der gleitenden Durchschnitte bzw. der Approximation der Zeitreihe durch verschiedene Regressionsmodelle besprochen (für zusätzliche Varianten s. Makridakis et al. 1998). Diese Verfahren der Komponentenzerlegung lassen sich durch komplexere „Filter" (zum Filterbegriff s. unten Abschnitt 2.3.8) und zusätzliche Elemente anreichern, durch die die oben genannten Probleme gemildert werden können. Am bekanntesten sind wohl das „Berliner Verfahren" (in mehreren Versionen entwickelt an der Technischen Universität Berlin in Zusammenarbeit mit dem Deutschen Institut für Wirtschaftsforschung) und das amerikanische Census-X-11-Verfahren. Kurzbeschreibungen und Literaturhinweise zu beiden Ansätzen liefert z. B. Leiner (1982: 56 ff; vgl. Schips/Stier 1993).[33]

Wie komplex auch immer diese Verfahren gestaltet werden, ihr mathematisch-statistischer Ansatz ist zumindest umstritten (Schlittgen/Streitberg 2001: 86). Das Glätten der Zeitreihen und ihre Zerlegung in Komponenten bleiben im wesentlichen deskriptiv und explorativ. „*One cannot directly relate the estimated trend to a theory or model for the generation of the observed series. Smoothing leads to an estimated trend that is descriptive rather than analytic or explanatory. Because it is not based on an explicit probabilistic model, the method cannot be treated fully and rigorously in terms of mathematical statistics (at least not succinctly)"*(Anderson 1971: 55).

Beim Komponentenmodell kommt zwar eine stochastische Betrachtungsweise insoweit zum Zuge, als man die „Störungen" (Restgrößen) als Realisationen unabhängiger Zufallsvariablen ansehen kann. Die Voraussetzungen des Regressionsmodells und hier insbesondere die Annahme, die Störgrößen seien unabhängig voneinander, sind jedoch häufig nicht erfüllt, wie sehr man auch immer die Vagheit der Trenddefinition ausnutzt und die Gewichtungsschemata variiert. Deshalb „werden diese Methoden nicht als echte Modellanpassung begriffen, sondern nur als vorläufige, heuristische Approximation der Zeitreihe mit dem Ziel der Entdeckung erster Regelmäßigkeiten" (Schlittgen/Streitberg 2001, S. XI). Dennoch ist einzuräumen, daß diese deskriptiven Verfahren zur Vorbereitung der Analyse mit komplexeren Verfahren durchaus nützlich sind, weil sie erkennen lassen, was ungefähr in der Reihe „drin steckt".

Eine neue Betrachtungsweise wird erreicht, wenn die Zeitreihen insgesamt als Realisationen stochastischer Prozesse konzipiert werden (s. Kap. 3). Bei der Konstruktion dieser probabilistischen Modelle wird insbesondere die Unabhängigkeitsannahme fallengelassen und das Augenmerk gerade auf die Struktur der Abhängigkeiten gerichtet, die zwischen den Werten unterschiedlicher Zeitpunkte bestehen.

Wir wollen zunächst aber noch einige weitere methodische Hilfsmittel besprechen, die sowohl im Kontext der deskriptiven Analyse als auch bei der Konstruktion stochastischer Prozesse einsetzbar sind.

---

[33] Das Census-X-11-Verfahren ist auch in SPSS (Prozedur X11ARIMA) implementiert, ebenso das Vorläufer-Verfahren CENSUSI in der Prozedur SAISON.

2.3.7 Das Gleitmittelverfahren als sukzessive Regressionsanalyse

Das Verfahren der gleitenden Durchschnitte scheint nichts gemein zu haben mit der Anpassung einer polynomialen Funktion, die wir zuvor beschrieben haben. Man könnte es deshalb für schlecht begründet, allenfalls für intuitiv plausibel halten. Es läßt sich aber zeigen, daß dieses Verfahren nichts anderes ist als eine wiederholte Anwendung der Regressionsrechnung auf das durch den wandernden Stützbereich jeweils abgegrenzte Datensegment.

Dazu stellen wir uns die Aufgabe, die Trendfunktion, die in Abschnitt 2.3.4.1 als „globales" Trendmodell eingesetzt wurde, nun „lokal" an die Daten des Stützbereichs anzupassen. Um uns die Arbeit zu erleichtern, ändern wir das Zählsystem für den Zeitindex. Den mittleren Zeitpunkt des jeweiligen Intervalls, über das der Stützbereich definiert ist, bezeichnen wir von nun an mit $t = 0$, die Menge der Zeitpunkte des Stützbereichs folglich mit $t = \{-q,-(q-1), ..., -1, 0, 1, ..., (q-1), q\}$ und die Beobachtungswerte mit $\{z_{-q} ..., z_0, ..., z_q\}$, so daß

$$M_t = a + bt \quad , \quad t = -q, ..., 0, ..., q \qquad (2.3.45)$$

gilt. Diese Transformation der Zeitachse ist legitim; sie verändert nicht den Steigungskoeffizienten b; sie entspricht der Zentrierung von Variablen durch Subtraktion des Mittelwertes von den Beobachtungswerten. Aus $t = 1,2,3,4,5$ wird wegen $\bar{t} = 3$ und $t^* = t - \bar{t} : t^* = -2,-1,0,1,2$. Folglich ist $\overline{t^*} = 0$. Der Einfachheit wegen lassen wir im folgenden das Sternchensymbol wieder weg.

Wie läßt sich nun der Trendwert M_0 für den mittleren Meßzeitpunkt $t = 0$ berechnen? Nach der Zentrierung der Zeitvariable ist M_0 offensichtlich identisch mit dem Ordinatenabschnitt

$$M_0 = a + b \cdot 0 \qquad (2.3.46)$$

Für den Ordinatenabschnitt einer Regressionsgleichung $y = a + bx + u$ mit $\bar{u} = 0$ gilt aber allgemein

$$a = \bar{y} - b\bar{x} \qquad (2.3.47)$$

Dem entspricht in unserer Notation für die Zeitreihenalayse $a = \bar{z} - b \cdot \bar{t}$ oder nach Zentrierung der Zeitvariablen zu $t^* = t - \bar{t}$

$$a = \bar{z} - b \cdot \overline{t^*} = \bar{z} \quad , \quad da \ \overline{t^*} = 0$$

Folglich gilt für den Trendwert in (2.3.46):

$$M_0 = a = \bar{z} = \frac{1}{2q + 1} \sum_{t^* = -q}^{q} z_t. \qquad (2.3.48)$$

Dieser Ausdruck entspricht der Rechenvorschrift in (2.3.21). Der „einfache" gleitende Durchschnitt führt zum gleichen Trendwert wie die Anpassung einer polynomialen Funktion erster Ordnung an die Daten des Stützbereichs, wenn man mit der

Regressionsgleichung lediglich den Erwartungswert der „abhängigen" Variablen Z für den *mittleren* Zeitpunkt im Stützbereich berechnet. Dies gilt auch nach einer beliebigen Verschiebung des Stützbereichs auf der Zeitachse; denn die t-Werte eines aktuellen Stützbereichs können stets zu $t^* = t - \bar{t}$ zentriert werden. Das Verfahren der gleitenden Durchschnitte läßt sich somit als Anwendung des Regressionsmodells interpretieren.

Wie bei der globalen, mag man auch bei der lokalen Trendbestimmung eine polynomiale Funktion höherer Ordnung (bzw. höheren „Grades") mit $p > 1$ vorziehen. Auch in diesem Falle kann man sich die ausführliche Regressionsrechnung sparen und statt dessen wiederum gleitende Durchschnitte ermitteln, allerdings mit veränderten Gewichtungskoeffizienten für die einzelnen Beobachtungswerte. Bei $p = 1$ benutzt man für alle Beobachtungswerte den Gewichtungskoeffizienten $1/(2q+1)$. Für $p = 2 = q$ erhält man dagegen die Gewichte

$$(1/35)\ (-3,\ 12,\ 17,\ 12, -3) \tag{2.3.49}$$

in dieser Reihenfolge für $z_{-q}, \ldots, z_0, \ldots, z_q$ (zur Ableitung dieser Gewichte s. Anhang 1). Wenn wir die Gewichte mit a_u, $u = [(-q, -(q-1), \ldots, (q-1), q]$ abkürzen, so gilt

$$\Sigma a_u = 1 \tag{2.3.50}$$

Die Summe der Gewichte ergibt stets 1. Für einen geradzahligen Ordnungsgrad p gelten die gleichen Gewichtungskoeffizienten wie für den folgenden Ordnungsgrad $p + 1$ (s. Kendall 1973: 30-32). Sie sind bei zentrierten Gleitmittelwerten auch stets symmetrisch. Einige Lehrbücher (so z. B. Kendall 1973: 33ff.) enthalten Tabellen, in denen die Gewichte für verschiedene Ordnungsgrade und wechselnde Stützbereichslängen angegeben sind.

2.3.8 Gleitmittelverfahren und Filterbegriff

Das Gleitmittelverfahren ist eine Technik der „linearen Transformation" einer ursprünglichen Zeitreihe Z_t in eine neue Reihe Y_t mittels eines spezifischen Gewichtungsschemas

$$y_t = \frac{1}{2q+1} \sum_{u=-q}^{+q} z_{t+u}\ , \quad t = q+1, \ldots, n-q \tag{2.3.51}$$

Allgemein bezeichnet man die lineare Transformation L einer Zeitreihe Z_t in eine andere gemäß

$$y_t = L z_t = \sum_{u=-q}^{s} a_u z_{t+u}\ , \quad t = q+1, \ldots, n-s \tag{2.3.52}$$

als „linearen Filter" L, der durch seine Gewichte $\{a_u\}$ angegeben wird (s. Schlittgen/Streitberg 2001: 36). Die Anwendung eines Filters auf eine Zeitreihe wird als „Filtration" dieser Reihe bezeichnet. Die zu transformierende Reihe nennt man auch „Input", die Ergebnisreihe „Output" des Filters. Das Gewichtungsschema muß nicht symmetrisch sein, und die Definition verlangt nicht, daß sich die Gewichte zu „1" summieren müssen. Diese Summe ist aber das Definitionskriterium für „gleitende Durchschnitte", die aber auch asymmetrisch gestaltet werden können. Zur Kennzeichnung der möglichen Asymmetrie ist in Gleichung (2.3.52) die obere Summationsgrenze nicht mit q, sondern mit s angegeben. Bei der in Gleichung (2.3.52) verwendeten Notation gibt $q > 0$ an, wieviele Fälle am Anfang der Zeitreihe und $s > 0$ wieviele Fälle am Ende der Reihe durch die Filtration gekappt werden. Filter spielen auch außerhalb des Gleitmittelverfahrens eine erhebliche Rolle, insbesondere wenn eine Zeitreihe im sog. „Frequenzbereich" analysiert wird. Das wird in Abschn. 2.4 noch deutlich werden. Aber auch bei der Analyse im „Zeitbereich", von der dieser Einführungstext fast ausschließlich handelt, werden wir immer wieder bestimmten Filtertypen begegnen, z. B. den von Box und Jenkins propagierten ARIMA-Filtern.

Ein spezieller linearer Filter Δ definiert die Differenzenbildung:

$$\Delta z_t = z_t - z_{t-1} \quad , \quad t = 2,3,...,n \tag{2.3.53}$$

Er ist durch die Gewichte $a_0 = 1$ und $a_1 = -1$ festgelegt und heißt „Differenzenfilter 1. Ordnung". Der Differenzenfilter 2. Ordnung ist definiert durch

$$\begin{aligned} \Delta^2 z_t &= \Delta z_t - \Delta z_{t-1} \\ &= z_t - z_{t-1} - (z_{t-1} - z_{t-2}) \\ &= z_t - 2z_{t-1} + z_{t-2} \end{aligned} \tag{2.3.54}$$

Er ist somit durch die Gewichte $a_0 = 1$, $a_1 = -2$, $a_2 = 1$ gegeben. Differenzenfilter können zur Trendbereinigung einer Zeitreihe benutzt werden, wie im folgenden Abschn. 2.3.9 gezeigt wird.

Die Differenzenbildung 2. Grades ist nichts anderes als die zweifache Anwendung des Differenzenfilters 1. Ordnung. Das Kombinieren zweier Filter bzw. zweier linearer Gewichteschemata bezeichnet man als *Faltung*. Die Faltung zweier Filter mit den Gewichten $\{a_u\}$ bzw. $\{b_v\}$ ist durch folgende Operation charakterisiert

$$y_t = \Sigma_u \Sigma_v b_v a_u z_{t-v-u} \tag{2.3.55}$$

wobei Z_t die ursprüngliche Input-Reihe und Y_t die Output-Reihe symbolisiert. Im Falle des zweifach angewandten Differenzenfilters ist $\{a_u\} = \{b_v\} = (1, -1)$, so daß sich folgende Rechnung ergibt:

$1\cdot1 = 1$ für $u=v=0$, d. h. als Gewicht für z_t
$1\cdot(-1) = (-1)$ für $u=0$, $v=1$, d. h. als Gewicht für z_{t-1}
$(-1)\cdot1 = (-1)$ für $u=1$, $v=0$, zum zweiten Mal als Gewicht für z_{t-1}
$1\cdot1 = 1$ für $u=v=1$, d. h. als Gewicht für z_{t-2}

Faltungen können somit auf das Ausmultiplizieren von Polynomen zurückgeführt werden, was sich am ehesten zeigen läßt, wenn man ein weiteres Konzept, das der „Verschiebe"- oder „Shift-Operatoren", einführt (siehe Anhang 2). Diese Überlegungen werden im nächsten Abschnitt noch etwas weitergeführt.

2.3.9 Differenzenbildung als Methode der Trendbereinigung

Die Differenzenbildung kann als Mittel der (lokalen) Trend- und Saisonbereinigung eingesetzt werden. Um zu verdeutlichen, was damit gemeint ist, betrachten wir eine Zeitreihe Z_t, die exakt einen linearen Trend aufweist:

$$Z_t = a + bt \, , \quad t = 1,2,...,n \qquad (2.3.56)$$

Die ersten fünf Werte $(z_1,...,z_5)$ seien:

$$(4, 4.5, 5, 5.5, 6)$$

Der Steigungsparameter in Gleichung (2.3.56) beträgt also $b = 0,5$. Wir bilden nun eine zweite Reihe durch Anwendung des Differenzenfilters 1. Ordnung (oder 1. „Grades"):[34]

$$\nabla Z_t = Z_t - Z_{t-1} \qquad (2.3.57)$$

Die „differenzierte" Reihe ∇Z_t enthält nun folgende Werte für $t = 2,3,4,5$:

$$
\begin{aligned}
\nabla z_2 &= 4,5 - 4 = 0,5 \\
\nabla z_3 &= 5 - 4,5 = 0,5 \\
\nabla z_4 &= 5,5 - 5 = 0,5 \\
\nabla z_5 &= 6 - 5,5 = 0,5
\end{aligned}
\qquad (2.3.58)
$$

Die Zeitreihe ∇Z_t verliert gegenüber der Originalreihe Z_t einen Fall; ihr erster Wert wird mit $t = 2$ indiziert. Sie weist in unserem Beispiel konstant den Betrag 0,5 auf, der mit dem Steigungskoeffizienten b der Originalreihe identisch ist. Allgemein läßt sich dieses Ergebnis wie folgt ableiten:

Wenn Gleichung (2.3.56) gilt, dann gilt auch

---

[34] Die Verwendung des Symbols Δ zur Kennzeichnung des Differenzenoperators wird in der Literatur nicht einheitlich gehandhabt. Wir folgen in diesem Abschnitt dem Vorschlag, mit dem Δ die „Vorwärtsdifferenz" $\Delta Z_t = Z_{t+1} - Z_t$ und mit dem umgedrehten *Delta* die „Rückwärtsdifferenz" $\nabla Z_t = Z_t - Z_{t-1}$ zu bezeichnen. In der Literatur wird aber häufig auch das nicht-invertierte *Delta* für die Rückwärtsdifferenz eingesetzt. Diesem Gebrauch werden wir uns in anderen Kapiteln gelegentlich anschließen. Der Ausdruck „differenzierte" Reihe ist üblich, aber problematisch, da es sich ja nicht um eine „abgeleitete" Reihe im Sinne der Differentialrechnung mit kontinuierlichen Variablen handelt.

$$Z_{t-1} = a + b(t-1)$$
$$= a + bt - b \tag{2.3.59}$$

Durch Subtraktion dieses Ausdrucks von (2.3.56) erhält man

$$\nabla Z_t = Z_t - Z_{t-1}$$
$$= a + bt - (a + bt - b)$$
$$= a + bt - a - bt + b \tag{2.3.60}$$
$$= b, \qquad t = 2, \dots, n$$

Durch die Differenzenbildung entfällt also der Ordinatenabschnitt als Niveauparameter a der Originalreihe. Für die differenzierte Reihe wird der Steigungsparameter b zum Niveauparameter, und Z_t ist nicht mehr von t abhängig. Ein Trendpolynom 1. Grades wird somit durch einfache Differenzenbildung auf das Polynom nullten Grades reduziert. Die Originalreihe Z_t läßt sich durch die inverse Operation der Summenbildung aus der differenzierten Reihe ∇Z_t rekonstruieren, wenn man den Anfangswert, hier $z_1 = 4$, kennt:

$$z_t = z_1 + \sum_{j=2}^{t} \nabla z_j, \qquad t = 2,3,\dots,n \tag{2.3.61}$$

Zum Beispiel ist $z_3 = 4 + (0,5 + 0,5) = 5$.

Eine reale Beobachtungsreihe wird natürlich keinen exakten linearen Trend aufweisen, sondern allenfalls um eine Trendgerade streuen. Wir wollen diesen Störbetrag mit dem Symbol e_t bezeichnen:

$$Z_t = a + b \cdot t + e_t, \qquad t = 1,2,\dots,n \tag{2.3.62}$$

Bei der Differenzenbildung wird diese Störgröße mit differenziert:

$$\nabla Z_t = Z_t - Z_{t-1} = a + b \cdot t + e_t - (a + b(t-1) + e_{t-1})$$
$$= b + e_t - e_{t-1} = b + \nabla e_t \tag{2.3.63}$$

Eine einzige Abweichung der Originalreihe Z_t von ihrem Trend führt zu zwei abweichenden Werten mit jeweils entgegengesetztem Vorzeichen in der einfach differenzierten Reihe ∇Z_t. Betrachten wir nochmals eine Originalreihe in ihren ersten fünf Werten $\{z_1,\dots,z_5\} = \{4, 4.5, 5.2, 5.5, 6\}$, so erkennt man bei $t = 3$ eine Abweichung von $e_3 = 0,2$ vom linearen Trend. Für die differenzierte Reihe ergeben sich demgemäß folgende Werte:

$$\nabla z_2 = 4,5 - 4 = 0,5 = b$$
$$\nabla z_3 = 5,2 - 4,5 = 0,7 = b + e_t$$
$$\nabla z_4 = 5,5 - 5,2 = 0,3 = b - e_t \tag{2.3.64}$$
$$\nabla z_5 = 6 \quad - 5,5 = 0,5 = b$$

Auch in diesem Beispiel ist der Mittelwert der einfach differenzierten Reihe ∇Z_t identisch mit dem Steigungskoeffizienten des linearen Trends der Ausgangsreihe Z_t:

$$b = \overline{\nabla z_t} = \frac{1}{n-1}\sum_{t=2}^{n} \nabla z_t \qquad (2.3.65)$$

Dies muß aber nicht bei allen Reihen der Fall sein (näheres hierzu unten, Kap. 3). Als nächstes betrachten wir eine Zeitreihe mit einem quadratischen Trend, lassen aber die Fehlerkomponente zunächst wieder außer acht:

$$Z_t = a + b_1 t + b_2 t^2 \quad , t = 1,2,...,n \qquad (2.3.66)$$

In einem ersten Zahlenbeispiel setzen wir $b_1 = 0$, $b_2 = 1$, $a = 0$. Damit ergibt sich die Folge

$$\{Z_t\} = \{1,4,9,16,...,(n-1)^2,n^2\} \ , t = 1,2,...,n$$

Demnach erhält man die ersten Differenzen

$$\{\nabla Z_t\} = \{3,5,7,...,(n^2-(n-1)^2)\}, \quad t = 2,3,...,n$$

Diese Reihe läßt sich erneut differenzieren

$$\{\nabla^2 Z_t\} = \{2,2,...,2\}, \quad t = 3,4,...,n$$

Durch die erste Differenzenbildung wird das Trendpolynom 2. Grades zu einem Trendpolynom 1. Grades und durch nochmaliges Differenzieren schließlich zu einer Konstanten (Polynom nullten Grades). Die Konstante entspricht nun dem doppelten Betrag des Steigungskoeffizienten b_2. Daran ändert sich nichts, wenn man für b_1 in Gleichung (2.3.66) einen Betrag ungleich Null einsetzt.

Somit kann man die sukzessive Differenzenbildung dazu benutzen, den Grad eines Trendpolynoms zu bestimmen, das an eine Zeitreihe angepaßt werden soll. Das ist der Grundgedanke der oben erwähnten *Methode der variaten Differenzen*: Es wird geprüft, wieviele Differenzenbildungen man nacheinander vornehmen muß, bis die Reihe um einen konstanten Wert fluktuiert. Daraus ergibt sich der Grad des gesuchten Polynoms (s. Schlittgen/Streitberg 2001: 39, 297). Die Methode beruht auf dem allgemeinen Lehrsatz, daß die ersten Differenzen eines Polynoms p-ten Grades eine Polynomfunktion vom Grade höchstens $p-1$ bilden.

Die Differenzenfilter p-ter Ordnung mit $p > 1$, sind rekursiv definiert durch

$$\nabla^p Z_t = (\nabla^{p-1} Z_t) - (\nabla^{p-1} Z_{t-1}) \ , t = p+1, p+2,...,n \qquad (2.3.67)$$

Für $p = 2$ ergibt sich

$$\begin{aligned}\nabla^2 Z_t &= \nabla Z_t - \nabla Z_{t-1} \\ &= (Z_t - Z_{t-1}) - (Z_{t-1} - Z_{t-2}) \\ &= Z_t - 2Z_{t-1} + Z_{t-2} \ ; \ t = 3,4,...,n \end{aligned} \qquad (2.3.68)$$

Wir wollen dieses Ergebnis anhand der Beispielreihe

$$\{z_i\} = \{1,4,9,16,25,...\}$$

nachvollziehen, indem wir den Wert $\nabla^2 z_3$ berechnen:

$$
\begin{aligned}
\nabla^2 z_3 &= (z_3 - z_2) - (z_2 - z_1) \\
&= (9-4) - (4-1) \\
&= 9 - 8 + 1 \\
&= 2
\end{aligned}
\tag{2.3.69}
$$

Der Differenzenfilter läßt sich auch mit Hilfe des sog. Verschiebe-Operators definieren, den wir in Anhang 2 einführen. Dort wird auch gezeigt, wie einfache und saisonale Differenzenbildung miteinander kombiniert werden können.

2.4 Analyse deterministischer Zyklen: Regressionsansatz und Periodogrammanalyse[35]

Zeitreihen können neben der Saison auch andere zyklische Komponenten aufweisen. Da sie von weiteren Komponenten und stochastischen Störgrößen in der Regel überlagert sind, ist ihre Periodizität nicht immer klar erkennbar. Es bedarf also formaler Hilfsmittel, sie zu identifizieren. Das geschieht am besten, nachdem die Trendkomponente aus den Daten entfernt worden ist (s. Kap. 2.3). Wir beschäftigen uns in diesem Kapitel nur mit „deterministischen" Zyklen (oder „harmonischen" Wellen bzw. Schwingungen), deren Periode, Amplitude und Phase über die Zeit stabil bleiben. Sog. „pseudoperiodische" Schwingungen, die diese Stabilität nicht aufweisen, behandeln wir im Kontext univariater ARIMA-Prozesse (siehe Kap. 3).

Ein wichtiges mathematisches Hilfsmittel für die Darstellung von Zyklen sind trigonometrische Funktionen der Form

$$y = A \cdot \sin(\omega x + \tau) \quad \text{oder} \quad y = A \cdot \cos(\omega x + \tau) \tag{2.4.1}$$

In Anhang 3 werden diese Funktionen erläutert. Dort wird auch gezeigt, wie die allgemeine Form der Sinus- bzw. Kosinuslinie zu spezifizieren ist, um eine gegebene empirische Zeitreihe durch eine harmonische Schwingung der Form

$$z_t = c + a \cdot \cos(\omega t) + b \cdot \sin(\omega t) + e_t \tag{2.4.2}$$

anzupassen. Die Ausdrücke $cos(\omega t)$ und $sin(\omega t)$ stellen die Regressoren und e_t den stochastischen Fehlerterm (Residualgrößen) dar. Die Steigungskoeffizienten a und b sowie der Ordinatenabschnitt c können nach der üblichen Kleinstquadrate-Methode ermittelt werden. In Anhang 3 wird gezeigt, wie auf dieser Basis die Amplitude

---

[35] Diesem Kapitelabschnitt lag ein Entwurf von Thomas Ralph zugrunde.

A sowie die Phase τ zu berechnen sind. Um die Regressoren bilden zu können, muss die Kreisfrequenz ω, also die Periodenlänge P, festgelegt werden. (Wie in Anhang 3 erläutert, gilt die Beziehung $\omega = 2\pi/P = 2\pi f$, wobei die Kreiszahl $\pi = 3,1459...$ das Verhältnis des Kreisumfangs zum Kreisdurchmesser bezeichnet und die Frequenz mit $f = 1/P$ gegeben ist).

In der Regel wird man nicht wissen, welche Schwingung dem Verlauf einer Reihe am ehesten entspricht. Welche Frequenz bzw. welche Periode soll also angenommen werden? Grundsätzlich gibt es zwei mögliche Strategien. Entweder man testet eine theoretisch abgeleitete Hypothese über die Periodizität einer Reihe oder man geht explorativ vor und versucht, Schritt für Schritt die am ehesten „passende(n)" Periode(n) herauszufinden. Die erste Alternative ist mittels Regressionsanalyse nur dann durchführbar, wenn die üblichen Voraussetzungen, insbesondere korrekte Modellspezifikation und Unabhängigkeit der Residuen, erfüllt sind. Im Rahmen dieses Kapitels über beschreibende Zeitreihenanalyse verfolgen wir die zweite Alternative, bei der das Regressionsverfahren als Suchstrategie angewandt wird. Es liegt nahe, für mehrere Frequenzen/Perioden die entsprechenden Regressionsparameter zu berechnen und anschließend die Ergebnisse miteinander zu vergleichen. Das übliche Kriterium für einen solchen Vergleich ist die Summe der Abweichungsquadrate, SAQ, zwischen der jeweiligen harmonischen Schwingung und der Reihe Z_t.

Die Sinuswerte und Kosinuswerte für die Produkte $\omega_j t$ ($t = 1,2,...,n$) lassen sich mit dem Taschenrechner bestimmen oder mit Hilfe geeigneter Computer-Software errechnen. Die folgende Tabelle verdeutlicht diese Rechnung für eine Reihe mit $n = 150$ hinsichtlich zweier Perioden $P_j = n/k_j$, die so gewählt sind, dass die Länge der Zeitreihe (die Anzahl n der Beobachtungen) ein ganzzahliges Vielfaches der jeweiligen Periodenlänge ist (sog. *Fourierfrequenzen*, s. unten).

Tab. 2.4.1: *Beispielrechnung zur Bestimmung der Sinus- und Kosinuswerte*

			$\omega_j t$ für		$\sin(\omega_j t)$		$\cos(\omega_j t)$	
k_j	$P_j = n/k_j$	$\omega_j = 2\pi/P_j$	$t = 3$	$t = 14$	$t = 3$	$t = 14$	$t = 3$	$t = 14$
3	50	0,126	0,377	1,759	0,37	0,98	0,93	-0,19
15	10	0,628	1,885	8,797	0,95	0,59	-0,30	-0,81

Nehmen wir an, die Beispielreihe mit $n = 150$ Zeitpunkten setze sich exakt aus zwei harmonischen Schwingungen zusammen, deren erste eine Periode von $P_1 = 10$ Zeiteinheiten und deren zweite eine Periode von $P_2 = 50$ Zeiteinheiten aufweise.

Die erste Schwingung habe zusätzlich im Vergleich zur zweiten eine stärkere Amplitude. Die Gleichungen lauten:

$$y_1(t) = 1 \cdot \cos\left(2\pi\frac{1}{10}t\right) + 6 \cdot \sin\left(2\pi\frac{1}{10}t\right)$$

$$y_2(t) = 1 \cdot \cos\left(2\pi\frac{1}{50}t\right) + 3 \cdot \sin\left(2\pi\frac{1}{50}t\right) \qquad (2.4.3)$$

$$y_{1+2}(t) = y_1(t) + y_2(t) = z_t$$

Der (willkürlich gewählte) Steigungskoeffizient für den Kosinusterm ist in beiden Fällen $a = 1$, der Steigungskoeffizient für den Sinusterm ist $b = 6$ bzw. $b = 3$. Somit ist $A_1 = \sqrt{(a^2 + b^2)} = \sqrt{37} = 6,08276$ und $A_2 = \sqrt{10} = 3,16228$. Die Phase ergibt sich aus $\tau = arctan(a/b)$. Für die erste Reihe ist die Phase $\tau_1 = 1,40565$, für die zweite $\tau_2 = 1,24905$. Die harmonischen Schwingungen, die den Funktionen (2.4.3) entsprechen, lassen sich also wie folgt angeben:

$$f_1(t) = 6,08276 \sin\left(2\frac{\pi}{10}t + 1,40565\right)$$

$$f_2(t) = 3,16228 \sin\left(2\frac{\pi}{50}t + 1,24905\right) \qquad (2.4.4)$$

Beide Reihen sowie ihre Summe sind in Abb. 2.4.1 dargestellt.

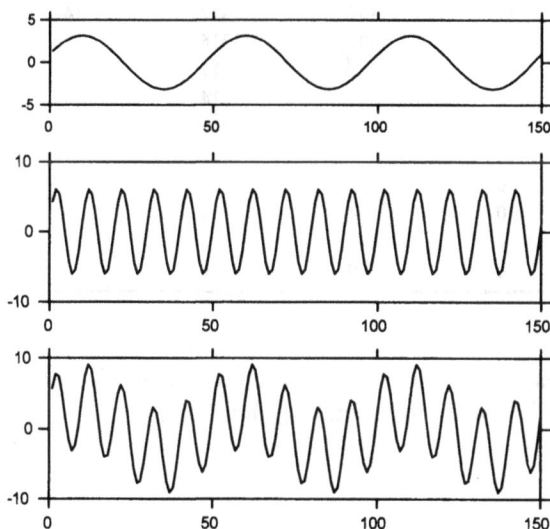

Abb. 2.4.1 *Überlagerungen zweier Sinus-Schwingungen*

Da normalerweise zunächst nicht klar ist, aus welchen Schwingungskomponenten sich eine Zeitreihe zusammensetzt, könnte eine Suchstrategie wie folgt aussehen: Die kürzeste mögliche Periodenlänge (bei diskreten Zeitpunkten) ist offenkundig P = 2; dem entspricht eine Frequenz von $f = 1/P = 0,5$ (sog. *Nyquistfrequenz*). Nach oben ist die Länge theoretisch unbegrenzt. In einer Zeitreihe der Länge $n = 150$ könnte auch ein Zyklus mit einer Länge $P > 150$ teilweise enthalten sein. Wir beschränken uns im folgenden aber auf Zyklenlängen bis einschließlich $P = 150$. Wir führen also insgesamt 149 Regressionen durch. Das Ergebnis ist ausschnittweise in Tab. 2.4.2 dargestellt. Für verschiedene Zyklenlängen $P = \{2,3,...,150\}$ werden die errechneten Kosinus- und Sinuskoeffizienten a_j und b_j sowie die daraus resultierenden Amplituden A_j und Phasen τ_j sowie die Fehlerquadratsummen SAQ_j jeder einzelnen Sinusschwingung aufgelistet.

Tab. 2.4.2: *Koeffizienten und Fehlerquadratsumme n verschiedener Zykluslängen für die Reihe $y_{1+2}(t)$ aus Gleichung (2.4.3)*

P	a_j	b_j	A_j	τ_j	SAQ_j
7	-21	13	25	-56	352041
8	-29	-16	33	52	351687
9	-91	-29	96	31	345568
10	100	600	608	141	75002
11	126	40	132	31	339344
12	81	-6	81	-8	347533
...	.....	.....	.....	.....	....
46	-120	235	264	-110	302472
47	-76	276	286	-130	293495
48	-20	303	302	-150	286151
49	41	309	312	144	280803
50	100	300	316	125	277504
51	153	277	317	107	276091
52	198	244	314	89	276299
53	232	204	309	72	277840
...	.....	.....	.....	.....	....
147	0	-7	7	155	352474
148	0	-4	4	153	352492
149	0	-2	2	151	352502
150	0	0	0	4	352506

Wir erhalten einen anschaulichen Vergleich, wenn wir die Fehlerquadratsummen jeweils gegen die Zykluslänge abbilden (Abb. 2.4.2).

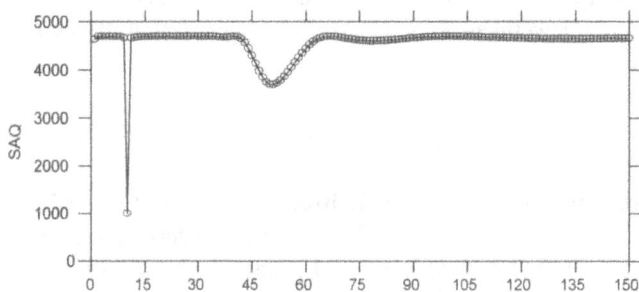

Abb. 2.4.2 *Fehlerquadratsummen für unterschiedliche Zykluslängen (s. Tab. 2.4.2)*

Man sieht auf den ersten Blick einen scharfen Einbruch bei $P = 10$. Diese Periode wurde also richtig „erkannt". Auch bei $P \approx 50$ zeigt sich ein (lokales) Minimum. Interessanterweise ist es aber längst nicht so stark ausgeprägt, wie das Minimum bei $P = 10$. Vielmehr sinkt die Fehlerquadratsumme ab $P > 40$ langsam ab, erreicht ein Minimum und steigt danach wieder an. Wir würden also selbst bei diesem rein deterministischen Prozess noch eine recht gute Anpassung erhalten, wenn wir beispielsweise eine Zyklenlänge von $P = 47$ oder $P = 55$ statt $P = 50$ unterstellten. Ein Blick auf Tab. 2.4.2 zeigt außerdem, dass das Minimum der SAQ nicht exakt bei $P = 50$, sondern bei $P = 51$ erreicht wird. Diese „Unsauberkeit" hängt damit zusammen, dass die Regressoren nicht orthogonal sind, wenn sie Schwingungen repräsentieren, deren Periode sich nicht ohne Rest im Beobachtungszeitraum wiederholt, z.B. $P = 51$. Darauf werden wir unten noch näher eingehen.

Natürlich wird man es in den Geschichts- und Sozialwissenschaften nicht mit zyklischen Prozessen zu tun haben, die rein deterministisch verlaufen. Selbst wenn eine harmonische Schwingung in einer Reihe vorhanden sein sollte, wird diese Reihe von Zufallseinflüssen zumindest additiv überlagert sein. Werden harmonische Schwingungen auch hier nach obigem Muster angepaßt, sind die Fehlerquadratsummen bei den einzelnen Anpassungen natürlich insgesamt höher als im ersten Beispiel. Außerdem sind die Minima in dem Diagramm nicht so markant ausgeprägt wie zuvor, sondern von erratischen Schwankungen umgeben. Noch komplexer wird die Situation, wenn der zyklische Prozess sozusagen „außer Takt" gerät, wenn Amplitude und Periode im Zeitablauf variieren (sog. pseudo-periodische Schwingungen, s. Kap. 3).

Grundsätzlich können mit dem Regressionsansatz Schwingungen beliebiger Frequenz an eine gegebene Reihe angepaßt werden. Für den hier verfolgten Zweck (die Bestimmung des sog. „Periodogramms") reicht es jedoch, Frequenzen innerhalb des Intervalls [0, 0.5] zu betrachten. Dabei stellt die Nullfrequenz den Grenzfall einer Schwingung mit „unendlich" langer Periode dar, die von einem linearen Trend nicht mehr zu unterscheiden ist. Innerhalb des genannten Intervalls spielen die sog.

Fourierfrequenzen $\lambda(j)$ eine besondere Rolle. Sie sind so definiert, dass die Reihenlänge n bzw. - bei nicht geradzahliger Reihenlänge - n-1 ein ganzzahliges Vielfaches der jeweiligen Periode ist. Bei ungeradem n ergibt sich somit die Definition.

$$\lambda_j = \frac{j}{n} \, , \, j = 1,2,3,\ldots,\frac{(n-1)}{2} \tag{2.4.5}$$

In dem obigen Beispiel einer Zeitreihe mit $n = 150$ ergeben sich die Fourierfrequenzen zu $\lambda_j = \{1/n, 2/n, 3/n,\ldots,75/n\}$. Die entsprechenden („diskreten") Perioden sind durch $P_j = n/j$ definiert. Der längste Zyklus in dieser Menge hat somit die Periode $P = n$ bzw. $P = (n$-$1)$. Der kürzeste (oder „schnellste") Zyklus ist, wie schon erwähnt, derjenige, dessen Periode zwei Zeiteinheiten umfaßt, also eine Frequenz von $\lambda = 0.5$ aufweist. Schwingungen mit Fourierfrequenzen haben vor allem den Vorteil, dass sie sich völlig unabhängig voneinander an eine gegebene Zeitreihe anpassen lassen; sämtliche Regressoren $cos(\omega_j t)$ und $sin(\omega_j t)$ sind orthogonal, ihre Kovarianzen sind gleich Null. Das bedeutet auch, dass man mehrere (r) Schwingungen simultan an eine Zeitreihe anpassen und dabei ihre Parameter unabhängig voneinander schätzen kann. Die Gleichung (2.4.2) läßt sich also erweitern zu

$$z_t = c + \sum_{j=1}^{r} \left[a_j \cdot \cos(\omega_j t) + b_j \cdot \sin(\omega_j t) \right] + e_t \tag{2.4.6}$$

Im Extremfall läßt sich die Regressionsgleichung so erweitern, dass ein Modell mit genau n orthogonalen Regressoren angepaßt wird. In diesem Fall wird die Zeitreihe „ohne Rest" (mit einer Fehlerquadratsumme gleich Null) in (additiv zusammengefügte) Schwingungskomponenten zerlegt und zwar in der Weise, dass jeder Schwingung ein spezifischer Beitrag zur „Erklärung" der Variation der beobachteten Reihe eindeutig zugewiesen werden kann. Wenn die Länge der Zeitreihe mit einem ungeradzahligen $n = 2m + 1$ gegeben ist, lautet das „vollständige" Modell (s. Schlittgen/Streitberg 2001: 63):

$$z_t = c + \sum_{j=1}^{m} \left[a_j \cos(2\pi\frac{j}{n} t) + b_j \sin(2\pi\frac{j}{n} t) \right] + e_t \tag{2.4.7}$$

Für ein geradzahliges $n = 2m$ ergibt sich die folgende Modifikation:

$$z_t = c + \sum_{j=1}^{m-1} \left[a_j \cos(2\pi\frac{j}{n} t) + b_j \sin(2\pi\frac{j}{n} t) \right] + a_m \cos(2\pi\frac{m}{n} t) + e_t \tag{2.4.8}$$

Außerdem vereinfacht sich bei den Fourierfrequenzen die Berechnung der Regressionskoeffizienten, die sich nunmehr wie folgt ausführen läßt:[36]

$$a_j = \frac{2}{n}\sum_{i=1}^{t}(z - \bar{z}) \cdot \cos(2\pi\lambda_j t) \qquad (2.4.9)$$

$$b_j = \frac{2}{n}\sum_{i=1}^{t}(z - \bar{z}) \cdot \sin(2\pi\lambda_j t) \qquad (2.4.10)$$

Bisher haben wir die relative Anpassungsgüte der einzelnen Schwingungen durch einen Vergleich der Fehlerquadratsummen ermittelt. Es liegt nahe, einen Schritt weiter zu gehen und, wie in anderen Zusammenhängen auch, die Anpassungsgüte mit Hilfe einer standardisierten Kennzahl anzugeben. Hierfür bietet sich zunächst die Korrelation zwischen der beobachteten Reihe Z_t und der aus ihr destillierten harmonischen Welle einer bestimmten Periode P_j an: je stärker die Korrelation, um so besser die Anpassung. Man kann zeigen (s. T. W. Anderson 1971: 107-110), dass der Korrelationskoeffizient r_j bei gegebener Zeitreihe Z_t proportional zur Amplitude A_j ist, genauer:[37]

$$r_j = A_j\left(\frac{\frac{n}{2}}{\sum_{t=1}^{n}(z_t-\bar{z})^2}\right), \ A_j = \sqrt{(a_j^2 + b_j^2)} \qquad (2.4.11)$$

Da der Determinationskoeffizient r^2 bekanntlich den Anteil der erklärten Abweichungsquadrate an der Gesamtsumme der Abweichungsquadrate wiedergibt und diese im Nenner des rechtsseitigen Ausdrucks in (2.4.11) steht, muss der Zähler die erklärte Summe der Abweichungsquadrate angeben:

$$\frac{n}{2}A_j^2 \hat{=} \text{ erklärte Summe der Abweichungsquadrate} \qquad (2.4.12)$$

In der sog. **Periodogrammanalyse** spricht man bezüglich der jeweils erklärten Summe der Abweichungsquadrate von „Intensitäten", $I(\lambda_j)$. Das „Periodogramm" stellt die Intensitäten (als Ordinatenwerte) in Abhängigkeit von der jeweiligen Periode P_j (auf der Abszisse) graphisch dar. Dabei werden nur Perioden berücksichtigt, die den Fourierfrequenzen entsprechen. Das Periodogramm zeigt auf einen Blick, welche Zyklen für eine bestimmte Reihe bedeutender sind als andere. Seine

---

[36] Nach SPSS (*Algorithms*) wird der Wert x_t für $t=1$ der jeweiligen trigonometrischen Schwingung zum Zeitpunkt $t=0$ zugeordnet. Läßt man also die Indizierung der Zeitreihenwerte unverändert, sind die trigonometrische Funktion und die Zeitreihe um ein Intervall verschoben.

[37] Man beachte aber, daß harmonische Wellen mit gleicher Frequenz und gleicher Phase auch dann (untereinander) mit $r = 1$ korrelieren, wenn ihre Amplituden unterschiedlich groß sind.

Lesbarkeit wird erhöht, wenn man die Intensitäten nicht gegen die zu prüfenden Perioden (die nicht gleichabständig sind), sondern gegen die (gleichabständigen) Frequenzen plottet. Man spricht dann auch von einem *Spektogramm* oder einem *Stichprobenspektrum*. Hier hat sich noch keine einheitliche Sprachregelung durchgesetzt; „Periodogramm" und „Stichprobenspektrum" werden gelegentlich synonym verwendet (s. Schlittgen/Streitberg 2001: 59).[38] Auch die Definitionsgleichungen für die Intensitäten werden in unterschiedlicher Gestalt angeboten. Die einfachste Form ergibt sich aus Gleichung (2.4.11) in Verbindung mit (2.4.12):

$$I(\lambda_j) = \frac{n}{2}(a_j^2 + b_j^2) \qquad\qquad (2.4.13)$$

Daraus wird unmittelbar deutlich, dass der Funktionswert des Periodogramms neben der Amplitude auch von der Länge der Zeitreihe abhängig ist. Relevant sind allerdings weniger die genauen numerischen Größen als die „Peaks", die sich möglicherweise bei einer oder bei mehreren bestimmten Perioden zeigen. Zwar kann, wie wir sahen, jede gegebene Zeitreihe komplett als Kompositum von Schwingungen dargestellt werden (auch wenn eine zyklische Komponente weder visuell erkennbar ist noch theoretisch erwartet wird). Wer substanzwissenschaftlich eine Zyklentheorie vertreten will, geht aber davon aus, dass nur eine oder wenige bestimmte Schwingungen (z. B. Konjunkturzyklen oder „Lange Wellen" in der Wirtschaftsentwicklung) dominant vertreten sind und dass alle anderen Perioden (bzw. Frequenzen) keinen besonderen Beitrag zur Varianz der Zeitreihe leisten. Umgekehrt wäre eine solche zyklentheoretische Hypothese stark in Frage gestellt, wenn „alle" Frequenzen mit etwa gleich großen Intensitäten vertreten wären. Betrachten wir hierzu eine Beispielreihe Z_t, für die zwanzig Messungen vorliegen:

$$Z_t = \{-0.298, 1.518, 1.251, 1.749, 1.202, -0.233, -0.323, 1.920, 1.903, 0.190,$$
$$-1.89, -2.00, -1.33, 1.435, 2.783, 0.749, -0.758, -1.71, -1.11, 0.530\}$$

Abb. 2.4.3 zeigt den Verlauf dieser Reihe.

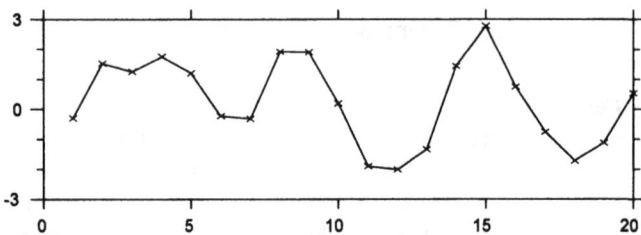

Abb. 2.4.3 *Zeitreihe mit zyklischen Schwankungen*

---

[38] Schlittgen/Streitberg (2001: 60) definieren das Periodogramm für beliebige Frequenzen $f \in \mathbb{R}$. Sie begründen das u. a. damit, dass sich für genügend großes n jede reelle Frequenz f durch die nächstgelegene rationale Fourierfrequenz $\lambda \approx j/n$ approximieren läßt.

Aufgrund des visuellen Eindrucks läßt sich eine dominante Periode von etwas über 5 Zeiteinheiten erwarten. Für $n = 20$ ergeben sich folgende Fourierfrequenzen: $\lambda = \{0.05, 0.1, 0.15, 0.2, 0.25, 0.3, 0.35, 0.4, 0.45, 0.5\}$. Die Schwingungsparameter der ersten vier Frequenzen sowie die Intensitäten, die sich daraus ergeben, sind in Tab. 2.4.3 dargestellt (wegen einer Mittelwertbereinigung entfällt der Ordinatenabschnitt c).

Tab. 2.4.3: *Fourierfrequenzen, Perioden, Kosinus- und Sinuskoeffizienten sowie Intensitäten der Beispielzeitreihe aus Abb. 2.4.3*

λ_j	Periode	a_j	b_j	$I(\lambda_j) = \frac{n}{2}\left(a_j^2 + b_j^2\right)$
0,05	20	0,05659	0,58857	349
0,1	10	-0,71302	0,0097	508
0,15	6,66	-0,3557	1,34609	1939
0,2	5	0,65856	-0,63515	837

Ihnen entsprechen folgende vier Funktionen (bei mittelwertzentrierten Reihen):

$$
\begin{aligned}
y_1(t) &= 0.05659\cos(2\pi 0.05t) + 0.58857\sin(2\pi 0.05t) \\
y_2(t) &= -0.71302\cos(2\pi 0.10t) + 0.00972\sin(2\pi 0.10t) \\
y_3(t) &= -0.35570\cos(2\pi 0.15t) + 1.34609\sin(2\pi 0.15t) \\
y_4(t) &= 0.65856\cos(2\pi 0.20t) - 0.63515\sin(2\pi 0.20t)
\end{aligned}
\qquad (2.4.14)
$$

Die weiteren Frequenzen $\lambda_j \geq 0.25$ erreichen jeweils nur sehr geringe Intensitäten $I(\lambda)$ $< 1{,}0$. Das heißt, die Schwingung mit einer Frequenz $\lambda_3 = 0.15 \rightarrow P_3 = 6{,}66...$ ist klar dominant. Das wird auch im Periodogramm deutlich (s. Abb. 2.4.4).

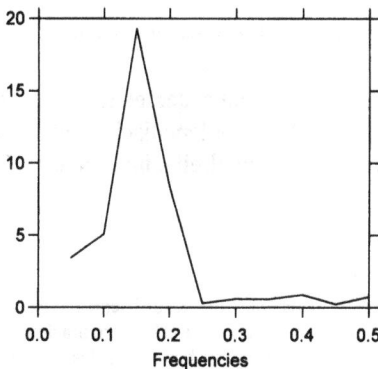

Abb. 2.4.4 *Periodogramm der Beispielreihe aus Abb. 2.4.3*

Die ersten vier Schwingungen sind als Funktion einer *kontinuierlichen* Zeitvariablen in Abb. 2.4.5 dargestellt.[39]

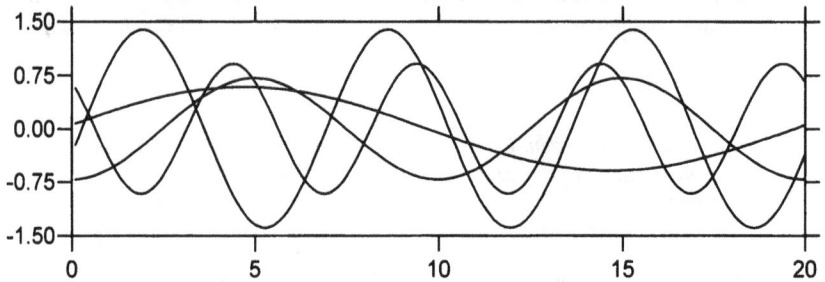

Abb. 2.4.5 *Schwingungen gemäß Gleichung (2.4.14)*

Wenn man die Schwingungen als Funktion einer *diskreten* Zeitvariable darstellt, verlaufen die Wellen natürlich nicht so glatt, wie Abb. 2.4.6 zeigt. Diese Abbildung enthält sowohl die reine Sinusschwingung zur Frequenz $\lambda_2 = 0,10$ (gestrichelte Linie) wie auch die regressionsanalytisch angepaßte Schwingung $y_2(t)$, die eine andere Amplitude und Phase aufweist (Zur Berechnung der Amplitude und der Phase aus den Regressionskoeffizienten siehe Anhang 3).

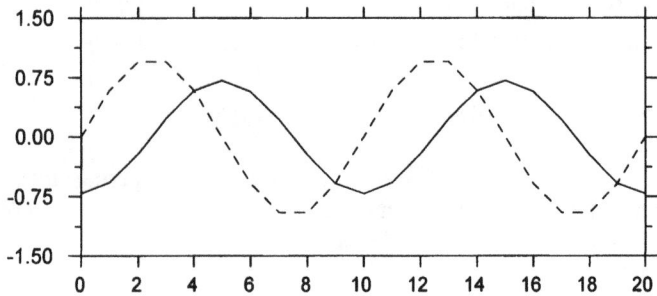

Abb. 2.4.6 *Reine Sinusschwingung und eine regressionsanalytisch angepaßte Schwingung*

Abb. 2.4.7 zeigt, wie weit mit der Summe der ersten vier Schwingungen eine Anpassung an die Reihe gelingt. Als problematisch erweist sich vor allem der Tatbestand, dass die Amplitude der Originalreihe im Zeitverlauf zunimmt.

---

[39] Die meisten Computerprogramme berechnen die Koeffizienten über eine sog. *Fast Fourier Transformation*. Bei diesem Algorithmus, der eine Rechenvereinfachung darstellt, beginnen die entsprechenden Summationen bei $t=0$ und gehen bis zu $n-1$. Dadurch weisen sie auch andere Werte für die Kosinus- und Sinus-Koeffizienten aus. Rekonstruiert man die Reihe aus der Summe der dort angegebenen trigonometrischen Funktionen, ist die Ergebnisreihe daher um einen Wert verschoben (gelagt). Die aus den Sinus- und Kosinus-Koeffizienten errechneten Periodogrammwerte sind natürlich identisch.

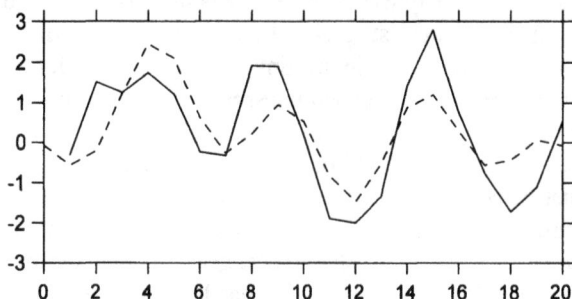

Abb. 2.4.7 *Originäre Reihe (durchgez. Linie, s. Abb. 2.4.3) und angepaßte Reihe (Summe von 4 Schwingungskomponenten)*

Unsere Beispielreihe ließe sich vollständig aus der Summe der trigonometrischen Schwingungen (s. Gleichung 2.4.8) plus dem wieder hinzugefügten arithmetischen Mittel der Reihe rekonstruieren:

$$z_t = \bar{z} + y_1(t) + y_2(t) + \cdots + y_{m-1}(t) + a_m \cos(2\pi\frac{m}{n}t) \ , \quad m = \frac{n}{2} \qquad (2.4.15)$$

Würde man die trigonometrischen Funktionen nicht nur an den Fourierfrequenzen, sondern auch an anderen Stellen anpassen, wäre die Orthogonalität der Regressorvariablen als Voraussetzung für die einfache Addition der Schwingungskomponenten nicht mehr gegeben. Wollte man eine Zeitreihe aus Schwingungen zusammensetzen, die nicht unkorreliert sind, müsste man ihre Kovarianzen berücksichtigen. Dennoch liegt der Einwand nahe, dass eine beobachtete Zeitreihe „in Wirklichkeit" Schwingungskomponenten enthalten könnte, die außerhalb der Fourierfrequenzen liegen. Hierauf kann man zunächst mit dem Hinweis antworten, dass sich bei genügend großer „Länge" n der Zeitreihe jede reelle Frequenz f durch die nächstgelegene rationale Fourierfrequenz $\lambda_j = j/n$ approximieren läßt. Darüber hinaus kann man folgende Überlegung anstellen: Die Menge der vorliegenden (gleichabständigen) Beobachtungen, also die Messergebnisse, aus denen sich eine empirische Zeitreihe zusammensetzt, stellen nur eine *Auswahl möglicher* Messergebnisse dar. Der eigentlich interessierende „Erzeugungsmechanismus", der diese „Realisationen" hervorgebracht hat, ist ein fortlaufender Prozess, der den Beobachtungszeitraum in der Regel überschreitet und bei anders gewählten zeitlichen Intervallen und anderen Meßtechniken vermutlich eine etwas andere Reihe von Daten geliefert hätte. Die „Vorstellung", die man sich von diesem Prozess bilden kann, das „Modell", das ihn darstellen soll, muss davon ausgehen, dass nicht alle Einflussgrößen benennbar sind, dass einige „Unbekannte" im Spiel sind, dass die beobachteten Größen „zufällig" um einen zentralen Wert streuen. Dies bedeutet, eine beobachtete Zeitreihe als Realisation eines „stochastischen Prozesses" aufzufassen und die empirisch ermittelten Größen zur Basis für die Schätzung der Parameter des stochastischen Prozesses zu machen. Dieses Konzept wird in Kap. 3 näher erläutert. Im jetzigen Zusammenhang heißt das zum Beispiel zu fragen, ob das Periodogramm als „*Stichproben*spektrum" eine geeignete Basis für die Schätzung des theoretischen

Spektrums (des frequenzanalytischen Modells des stochastischen Prozesses) liefert. Die Antwort der Statistiker ist „nein" bzw.: nur nach Modifikationen. Diese Modifikationen bestehen u. a. in bestimmten Varianten der „Glättung" des Periodogramms mit Hilfe von Gewichtungsschemata (den sog. „windows"). Dies führt in die Feinheiten der Spektralanalyse, die wir in diesem Buch nicht behandeln (siehe Schlittgen/Streitberg 2001: 68ff., 155 ff., 353 ff.). Erwähnt sei lediglich, dass bei der mathematischen Bearbeitung dieser Problematiken die Idee der Überlagerung von Schwingungen nicht nur auf endlich viele Frequenzpunkte, sondern auf sämtliche Frequenzen im Intervall [0; 0.5] bezogen wird. Statt diskreter „Zeitpunkte" betrachtet man „kleine" Frequenzintervalle, das Integrieren ersetzt das Summieren von Schwingungsfunktionen. Das Periodogramm läßt sich dabei als Transformation („Fouriertransformation") der *empirischen* Autokovarianzfunktion, die „Spektraldichte" als Transformation der *theoretischen* Autokovarianzfunktion (s. Kap.3) darstellen.

Wir wollen das hier nicht weiter ausführen, sondern zum Schluß nur noch summarisch auf einige Probleme hinweisen, die sich bei der Interpretation des Periodogramms ergeben (vergl. Schlittgen/Streitberg 2001: 63 ff.):

(1) Wenn in einer Zeitreihe eine relevante Schwingungskomponente der Periode P (bzw. der Frequenz f) vorliegt, so sind nicht nur die Ordinatenwerte (Intensitäten) dieser einen Periode (Frequenz), sondern auch die der Umgebung erhöht. Diesen Effekt bezeichnet man als „Durchsickern" (*leakage*). Er ist im wesentlichen darauf zurückzuführen, dass die beobachtete Reihe endlich ist.

(2) Ein sog. Maskierungseffekt (*aliasing*) entsteht dadurch, dass die in der Zeitreihe beobachtete Variable nicht kontinuierlich, sondern nur zu bestimmten Zeitpunkten (diskret) erhoben, sozusagen „abgetastet" wird. Das hat zur Folge, dass kurzwellige Schwingungen als langwellige erscheinen können. Abb. 2.4.8 demonstriert diesen Effekt
Das Diagramm zeigt (durchgezogene Linie) eine Schwingung der Frequenz f = 5/6, die zu den Zeitpunkten t = 1,2,3,... beobachtet wurde (mit * gekennzeichnete Werte). Verbindet man die Symbole (*), zeigt sich eine relativ langwellige Schwingung der Frequenz f = 1/6 (Periode P = 6). Auch Schwingungen weiterer Frequenzen (z.B. f = 7/6, 11/6, 13/6) können „maskiert" als Schwingung der Frequenz f = 1/6 erscheinen. Aus den Eigenschaften des Periodogramms läßt sich ableiten, dass alle Frequenzen der Form $k+f$ und $k-f$ ($k \in \mathbb{Z}$) identische Periodogramm-Ordinaten („Aliases") besitzen.

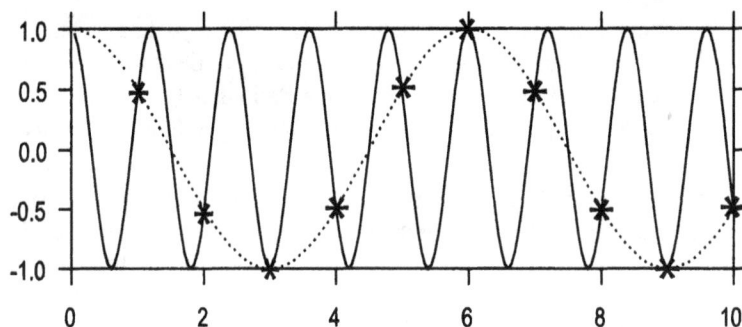

Abb. 2.4.8 *Demonstrationsbeispiel zum Aliasing-Effekt*

Als „Hauptalias" aus dieser Menge wird jene eindeutig bestimmte Frequenz bezeichnet, die im Intervall [0; 0.5] liegt. Eine mit Jahresdaten beobachtete Periodizität von 10 Jahren ($f = 1/10$) kann also auch durch Schwingungen mit den folgenden Frequenzen (Perioden) erzeugt sein:

1,10	(0,90 Jahre)	0,90	(1,11 Jahre)
2,10	(0,48 Jahre)	1,90	(0,53 Jahre)
3,10	(0,32 Jahre)	2,90	(0,34 Jahre) *usw.*

Nur kürzere Beobachtungsintervalle könnten hier weitere Aufklärung bieten. Um diese Problematik zu veranschaulichen, führen Schlittgen/Streitberg (2001: 66) das Beispiel des klassischen Konjunkturzyklus an, den man mit einer Periode von 7 Jahren identifiziert haben will. Die Frequenz beträgt also bei Jahresdaten $f = 1/7 = 0,142857$. Wegen der arbeitsfreien Samstage und Sonntage weisen ökonomische Indikatoren aber auch eine wöchentliche Periodizität auf. Bei Jahresdaten entspricht dies einer Frequenz von $f = 52,142857$ (= 365/7) Zyklen pro Jahr. Schwingungen dieser Frequenz könnten aber, wie wir sahen, auch eine Schwingung mit $f = 0,142857$ hervorgerufen haben. Ironisch-scherzhaft kommentieren Schlittgen/Streitberg (2001: 66) diesen Befund: „Der Konjunkturzyklus ist also in Wirklichkeit darauf zurückzuführen, daß an Samstagen nicht gearbeitet wird (oder ...?)."

(3)   Die periodischen Komponenten von Zeitreihen können auch einen nicht-sinusförmigen Charakter aufweisen. Das ist z.B. bei saisonalen Schwankungen in ökonomischen oder sozialwissenschaftlichen Zeitreihen meistens der Fall. Man kann sie, wie wir sahen, dennoch als Überlagerung harmonischer Wellen darstellen, die zwar unterschiedliche Perioden aufweisen, die sich aber alle in die Saisonperiode P_s „einpassen" lassen. Das sind Zyklen mit der Grundperiode $P_s/2$, $P_s/3$ usw. Folglich treten im Periodogramm bzw. im Spektrum relativ hohe Ordinatenwerte nicht nur bei der „eigentlichen" Saisonfrequenz („Fundamentalfrequenz") $f = 1/12$ (bei

Monatsdaten), sondern auch bei $f = 2/12, 3/12, ..., 6/12$ auf. Man bezeichnet dieses Phänomen als das Auftauchen von *Oberschwingungen*. Diese „Peaks" sind nicht als eigenständige Periodizitäten zu verstehen, können aber Anhaltspunkte für die Form der jeweiligen Saisonfigur liefern.

Hinzuweisen ist auch auf filtertheoretische Verfahren, die es ermöglichen, Schwingungskomponenten eines bestimmten, vorgegebenen Frequenzbereichs relativ exakt aus einer Zeitreihe zu extrahieren (s. Stier 1978; 1991; Schulte 1981; Schmidt 1984). Diese Verfahren sind bisher vor allem zur Saison- und Trendbereinigung (s. Stier 1980) sowie in Studien über „Lange Wellen" der ökonomischen Entwicklung eingesetzt worden (s. Metz 1988; 1995; Spree 1991). Da auch in der Soziologie Zyklentheorien - vornehmlich über die langfristige kulturelle Entwicklung - gelegentlich vorgeschlagen werden (s. Namenwirth/Weber 1987; Thome 1994b), ergeben sich auch hier Anwendungsmöglichkeiten für diese Klasse von Verfahren (s. Thome 1996).

Kapitel 3

Statistische Analyse einzelner Zeitreihen:

Univariate Box/Jenkins-Modelle

3.1 Einleitende Bemerkungen

Im vorangegangenen Kapitel sind Zeitreihendaten lediglich „beschrieben" und mit bestimmten Kennzahlen charakterisiert worden; irgendwelche inferenzstatistischen Schlüsse wurden nicht gezogen. Wir haben z. B. nicht gefragt, ob ein bestimmter Autokorrelationskoeffizient als „signifikant" anzusehen sei. Zwar sind bestimmte modelltheoretische Vorstellungen eingeführt, Zeitreihen als additiv oder multiplikativ zusammengesetzte Komposita betrachtet worden; aber wir haben keine Konfidenzintervalle um Trendwerte gelegt, und die Unsicherheiten, die mit extrapolierten Trendwerten verbunden sind, wurden nicht formal präzisiert und „berechnet". Wäre dies überhaupt möglich? Inferenzstatistische Überlegungen sind mit der Idee verbunden, vorliegende Meßergebnisse als Daten einer „Stichprobe" anzusehen, einer zufallsgesteuerten Auswahl aus der Gesamtheit aller interessierenden Fälle (der *Grundgesamtheit* oder *Population*). In welchem Sinne aber können Zeitreihen als Stichprobendaten gelten? Sind bspw. die monatlichen Arbeitslosenzahlen der Bundesrepublik Deutschland, gesammelt über mehrere Jahre, nicht unmittelbar die Daten der interessierenden Gesamtheit? Kann man sich somit nicht die Mühe sparen, inferenzstatistische Konzepte für ihre Analyse zu erarbeiten? In welchem Sinne Zeitreihendaten als Realisationen von „Zufallsexperimenten" und damit als Stichprobendaten anzusehen sind, werden wir in Abschnitt 3.2 erörtern. Zuvor soll wenigstens angedeutet werden, wozu man inferenzstatistische Überlegungen benötigt und weshalb wir uns so ausgiebig mit der univariaten Zeitreihenanalyse beschäftigen müssen, obwohl wir als Sozialwissenschaftler stärker an der Frage interessiert sind, ob zwei oder mehr Zeitreihen strukturell zusammenhängen. Man kann z. B. fragen, ob die Entwicklung der Kriminalitätsraten etwas zu tun hat mit der Entwicklung der allgemeinen Wohlfahrt, der Zahl der Arbeitslosen oder der Zahl der Polizisten. Man mag daran denken, derartige Beziehungen mit Hilfe von Regressionsmodellen zu untersuchen, in denen Zeitreihen mit Kriminalitätsraten als abhängige Variablen und Zeitreihen mutmaßlicher Einflußfaktoren als unabhängige Variablen auftreten. Eine solche Untersuchung stieße jedoch auf besondere Probleme, die in der Natur der Zeitreihen liegen, also von Daten, die durch ihren Zeitindex (den Meßzeitpunkt) geordnet sind. Für solche Daten kann man z. B. nicht annehmen, daß die „Residuen" („Fehler") unkorreliert sind, wie wir das in einer „normalen" Regressionsanalyse mit Querschnittdaten voraussetzen (Gründe hierfür werden noch erläutert.) Es wird also nötig sein, die interne Abhängigkeitsstruktur (Autokorrelation) der Fehlergrößen in irgendeiner Weise zu berücksichtigen, sie zu „modellieren". Ein weiteres Problem stellt die mögliche „Scheinkausalität" dar. Zwei Zeitreihen, die beide einen ähnlichen (oder entgegengesetzten) Trendverlauf aufweisen, sind auch dann miteinander korreliert, wenn keinerlei direkte Kausalbeziehung zwischen ihnen besteht. Die Vermutung einer kausalen Beziehung wäre dagegen empirisch gestützt, wenn die Trend*abweichungen* beider Zeitreihen miteinander korrelierten. Noch allgemeiner läßt sich feststellen: Eine Kausalbeziehung zwischen zwei Variablen ist erst dann belegt, wenn die eine Variable X_t dazu beiträgt, zukünftige Werte von Y_t besser vorauszusagen, als dies allein auf der Basis der vergangenen Werte von Y_t möglich wäre. Das heißt, wer den Zusammenhang zwischen Zeitreihen untersuchen will, muß sich zunächst um Modelle kümmern, mit deren Hilfe man die interne, die univariate Abhängigkeitsstruktur, den korrelativen Zusammenhang zwischen aufeinanderfolgenden Meßwerten einer einzelnen Zeitreihe identifizieren kann. Davon handelt dieses Kapitel.

In der (einfachen, linearen) Regressionsanalyse mit Querschnittdaten wird ein Zusammenhang zwischen zwei Variablen Y und X dadurch demonstriert, daß die beobachteten Werte y_i, $i = 1,2,...,n$, um die Regressionsgerade $\hat{y}_i = a + bx_i$ „signifikant" weniger streuen als um das arithmetische Mittel $\bar{y}$. Das heißt, die einzelnen y_i lassen sich mit Hilfe der entsprechenden Werte x_i besser „prognostizieren" als ohne deren Kenntnis. Die „Prognose" ist in diesem Zusammenhang ein Hilfskonzept der Kausalanalyse. Man bezeichnet $\hat{y}_i$ als den *bedingten* Erwartungswert der Zufallsvariablen Y: $\hat{y}_i = E(Y|x_i)$. Um die Zunahme der Prognosefähigkeit auf ihre statistische „Signifikanz" testen zu können, ist es bekanntlich notwendig, die beobachteten Y-Werte als Realisationen eines Zufallsexperiments zu verstehen und für die Fehler eine bestimmte Wahrscheinlichkeitsverteilung (wie die Normalverteilung) anzunehmen.

Anders als in der Querschnittanalyse ist in der Zeitreihenanalyse der beste Prognosewert, der sich *allein* aus den beobachteten Y-Werten gewinnen läßt, in der Regel nicht das einfache arithmetische Mittel $\bar{y} = 1/n(y_1 + ... + y_t + ... + y_n)$. Wenn die einzelnen Werte einer Zeitreihe in einer bestimmten Weise voneinander abhängig sind, lassen sich Informationen darüber zur Verbesserung der Prognose nutzen, indem man auch in dem univariaten Kontext einen *bedingten* Erwartungswert $E(Y_t|y_{t-1}, y_{t-2}, ...)$ definiert und ihn statt $\bar{y}$ als Prognosewert einsetzt. Die „Bedingung" ist allgemein mit der Menge der vergangenen Y-Werte gegeben. Wie weit man in die Vergangenheit zurückgehen muß, um eine optimale Prognose zu erreichen, läßt sich nur selten theoretisch bestimmen, sondern muß empirisch herausgefunden werden (wobei man natürlich auch theoretisch begründeten Vermutungen nachgehen kann). Die folgende Gleichung formuliert z. B. eine Abhängigkeitsstruktur, die man als Autoregression 1. Ordnung bezeichnet, da man lediglich die Information über den Zeitreihenwert nutzt, der ein einziges Meßintervall zurückliegt:

$$y_t = \varphi y_{t-1} + a_t \qquad\qquad (3.1.1)$$

Wir werden uns mit diesem Modell in späteren Abschnitten noch näher beschäftigen. An dieser Stelle genügen einige wenige Bemerkungen. Die Gleichung besagt, daß sich jeder Wert y_t aus zwei Komponenten zusammensetzt: dem unmittelbar vorangegangen, mit einem bestimmten Gewicht φ versehenen Wert y_{t-1} und einer reinen Zufallskomponente a_t. Es wird also kein „deterministischer" Zusammenhang zwischen aufeinanderfolgenden Beobachtungen angenommen, sondern ein zufallsgeprägter, ein „stochastischer" Zusammenhang. Wenn wir für die Zufallskomponenten einen Erwartungswert $E(a_t) = 0$ annehmen, ergibt sich in dem vorliegenden Beispiel für Y_t der Erwartungswert $E(Y_t) = \varphi y_{t-1}$ - unter der Bedingung, daß y_{t-1} bereits vorliegt. Für den Zeitreihenanalytiker stellt sich also die Aufgabe, aus einer beobachteten Zeitreihe die interne Abhängigkeitsstruktur zu ermitteln, sie in einem Modell wie Gleichung (3.1.1) zu formalisieren und die entsprechenden Parameter zu schätzen. Er kann dieses Modell zur Prognose über den Beobachtungszeitraum hinaus benutzen oder als Basis, um den Einfluß exogener Variablen untersuchen zu können: Sollte Kausalität vorliegen, müßte sich, wie bereits erwähnt, die Prognose signifikant verbessern, wenn in den „Bedingungsset" für den Erwartungswert $E(Y_t)$ entsprechende Informationen über die Werte der exogenen Variablen aufgenommen würden. All dies setzt voraus, daß die beobachtete Reihe als Realisation eines stochastischen Prozesses betrachtet wird. Dieses Konzept ist nun etwas eingehender zu erörtern.

3.2 Zum Begriff stochastischer Prozesse

Wenn wir in der Regressionsanalyse mit Querschnittdaten den strukturellen Zusammenhang zwischen zwei Variablen Y und X ermitteln, betrachten wir die abhängige Variable Y als eine Zufallsvariable, für die n (die Anzahl der Fälle) unabhängige Realisationen vorliegen. Auch wenn wir die interne Abhängigkeitsstruktur der einzelnen Zeitreihenwerte feststellen und sie als nicht-deterministisch ansehen wollen, müssen wir jeden einzelnen Beobachtungswert y_t, $t \in \{1,2,...,n\}$ als Realisation einer Zufallsvariable Y_t auffassen, die grundsätzlich noch andere, nicht beobachtete Realisierungsmöglichkeiten beinhaltet. Das ist in Gleichung (3.1.1) durch die stochastische Komponente, die Zufallsereignisse a_t, ausgedrückt worden. Zu fragen ist allerdings: Was kann man über die Wahrscheinlichkeitsverteilung einer Zufallsvariablen Y_t aussagen, für die zum Zeitpunkt t nur eine einzige Realisation vorliegt? Damit werden wir uns weiter unten ausführlich beschäftigen. Zuvor müssen wir etwas näher auf die eingangs gestellte Frage nach dem Stichprobencharakter beobachteter Zeitreihen eingehen. Wenn man eine Zeitreihe wie das Bruttosozialprodukt oder die Arbeitslosenrate eines Landes über einen bestimmten Zeitraum beobachtet hat, warum soll man sich dann noch Gedanken darüber machen, daß jedes einzelne y_t auch anders hätte ausfallen können? Gibt es überhaupt eine „Grundgesamtheit", aus der eine „Stichprobe" gezogen worden ist oder eine andere sich hätte ziehen lassen?

In den sozialwissenschaftlichen Einführungskursen zur „Statistik" werden die Begriffe des Zufallsexperiments und der Zufallsvariablen oft allzu konkretistisch allein auf den Vorgang der Stichprobenziehung aus einer empirischen Population bezogen. Hier kann man davon ausgehen, daß bei jeder „Ziehung" eines Elements aus der Grundgesamtheit ein gleichbleibendes Zufallsexperiment unter unveränderten Bedingungen wiederholt wird. Für eine Zufallsvariable (z. B. das Lebensalter der Befragten) liegen somit typischerweise mehrere Realisationen vor, die voneinander unabhängig sind. Auf ihrer Basis lassen sich dann Rückschlüsse auf die entsprechende Verteilung in der Grundgesamtheit ziehen. Will man allerdings etwas über bestimmte Kennwerte („Parameter") der Populationsverteilung aussagen, z. B. Konfidenzintervalle für das arithmetische Mittel schätzen, ist man genötigt, auf *theoretische* Modelle zurückzugreifen: mathematische Funktionen, die möglichen Ausprägungen von Stichprobenkennwerten (von denen man nur *eine* Realisation beobachtet hat) Wahrscheinlichkeiten (bzw. Wahrscheinlichkeitsdichten) zuordnen. Diese theoretischen Modelle sind gedankliche Konstruktionen über Häufigkeitsverteilungen, die man unter bestimmten Voraussetzungen erhielte, wenn man „unendlich oft" eine Stichprobenziehung wiederholte.[40] In der Stichprobe beobachtet man - zum Beispiel - nur ein einziges arithmetisches Mittel; beim Inferenzschluß geht man aber davon aus, daß die „möglichen" arithmetischen Mittel, die man beobachten würde, wenn man die Stichprobenziehung „unendlich oft" wiederholte, normalverteilt wären. Die Normalverteilung stellt einen hypothetischen Möglichkeitsraum dar, eine „konzeptuelle" Population. „Stichproben" sind somit „Ziehungen" aus einer theoretischen Verteilungsfunktion, z. B. der Normalverteilung. Bei „Signifikanztests" (oder anderen Formen des Überprüfens von Hypothesen) prüfen wir theoretische Annahmen (z. B. über den Zusammenhang zweier Variablen), indem wir sie mit beobachteten Daten vergleichen und dabei gewisse „zufallsbedingte" Schwankungen in Rechnung stellen. Die zu berücksichtigenden Zufallseinflüsse resultieren aber nicht nur aus der Stichprobenziehung (der Tatsache, daß wir aus der Menge möglicher Ereignisse nur einen kleinen Ausschnitt realisieren), sondern auch aus Meßfehlern und anderen unbekannten Einflußgrößen. Unsere theoretischen Annahmen müssen nicht auf bestimmte Populationen begrenzt sein, sondern können (sollten) gesetzesartige Aussagen darstellen, die zeitlich und räumlich nicht (eng) begrenzt sind. Zum Beispiel wäre die Hypothese „Menschen neigen um so eher zum Selbstmord, je stärker sie ungewollt sozial isoliert sind" nicht viel wert, sie wäre zumindest unvollständig, wenn sie nur für Deutschland (oder für andere einzelne Länder) gälte; sie wäre dann nur eine Tatsachenfeststellung, keine theoretische Aussage. Mit anderen Worten, die Theorie formuliert ein hypothetisches Universum, in dem (zum Beispiel) Selbstmordfälle in einer mehr oder weniger bestimmten Weise auf sozial unterschiedlich stark isolierte Menschen ungleich verteilt sind.

Ein einfaches Beispiel für Modelle in Gestalt von Wahrscheinlichkeitsfunktionen, das in den Anfangslektionen zur Inferenzstatistik häufig auftaucht, ist das Modell des Münzwerfens: Die Wahrscheinlichkeit, ein „Wappen" zu werfen, ist mit $P(W)$ = 0,5 genauso groß wie die Wahrscheinlichkeit $P(Z)$ = 0,5 für das Werfen der „Zahl". Das ist eine theoretische Annahme a priori, die im Falle „gezinkter" Münzen zu keinen optimalen Prognosen führen würde. Wenn wir eine solche Komplikation ausschließen, können wir gemäß unserer Annahme erwarten, daß bei 20 Würfen das Ereignis „Wappen" ebenso zehnmal eintritt wie das Ereignis „Zahl". Auch hier betrachten wir das wiederholte Zufallsexperiment als eine Stichprobe von $n = 20$ Versuchen, obwohl wir eine empirische „Population" nicht angeben können.

---

[40] Das Bild von den „unendlich oft wiederholten Zufallsexperimenten" ist in den Sozialwissenschaften populär, führt aber auch zu einigen Inkonsistenzen, die wir hier allerdings vernachlässigen können.

Die theoretische Verteilung $P(W) = 0,5$, $P(Z) = 0,5$ für den einzelnen Wurf (die binäre Stichprobenvariable) und, daraus abgeleitet, die Binomialverteilung für die Summenvariable (die diskrete Stichprobenfunktion) formulieren modellhaft einen Erzeugungsmechanismus, der aus einer *hypothetischen Population*, einem Möglichkeitsraum, unterschiedliche Ereignisse mit unterschiedlicher oder gleicher Häufigkeit auswählt. Auch in der Regressionsanalyse formulieren wir einen Erzeugungsmechanismus für die Werte (unterschiedliche Realisationen) einer abhängigen Variablen Y, wobei wir zwar eine deterministische Beziehung zwischen den bedingten Mittelwerten von Y und den Regressorvariablen X_1, X_2,...,X_k annehmen, aber die Einflußgewichte der einzelnen Regressoren sowie ihre „Standardfehler" usw. unter bestimmten Verteilungsannahmen für die stochastische Fehlerkomponente schätzen.

Ebenso versucht man in der univariaten Zeitreihenanalyse, einen Mechanismus zu abstrahieren, der die beobachteten Werte möglicherweise generiert hat und weitere, zukünftige Werte noch erzeugen könnte. Ein solcher Mechanismus ist z. B. der oben erwähnte autoregressive Prozeß 1. Ordnung. Wenn man ein derartiges Modell (das noch um Annahmen über die Verteilung der Zufallsereignisse a_t zu ergänzen wäre) testen oder per Induktionsschluß empirisch identifizieren will, muß man davon ausgehen, daß jedes Meßergebnis auch anders hätte ausfallen können. Das heißt, man betrachtet jedes Meßergebnis als Realisation eines Zufallsexperiments, das unter der Bedingung einer vorausgegangenen Realisation abläuft. Ginge man davon aus, daß keine anderen Realisationen möglich gewesen wären, könnte man ein eventuell konstruiertes Modell über die Abhängigkeit aufeinander folgender Werte y_t und y_{t-1} gar nicht im üblichen Sinne testen, weil man den sicherlich auftretenden Differenzen zwischen erwarteten und beobachteten Werten keinerlei Fehlerwahrscheinlichkeiten zuordnen könnte. Die Frage ist somit, wie können die *möglichen* Ergebnisse insgesamt charakterisiert werden, welche Mittelwerte und Streuungen zum Beispiel haben sie. Wie bereits erwähnt, kann man nicht davon ausgehen, daß die Realisation der Zufallsvariable Z_t unabhängig ist von der Realisation der anderen Zufallsvariablen Z_{t-k} (k=1,2,...). Das bedeutet, es sind die Parameter (Kennwerte) einer *multivariaten* Verteilungsfunktion zu schätzen. Darauf bezieht sich der Begriff des stochastischen Prozesses: *„A model which describes the probability structure of a sequence of observations is called a stochastic process"* (Box/Jenkins 1976: 21). Schlittgen/Streitberg (2001: 91) weisen darauf hin, daß ein stochastischer Prozeß auf zweierlei Weise interpretiert werden kann: (1) als „Ensemble" von Zeitreihen, von denen eine durch den Zufallsvorgang ausgewählt wird, (2) „als Folge von Zufallsvariablen, wobei jedem Zeitpunkt t eine Zufallsvariable zugeordnet ist". Die Autoren fahren fort: *„In den meisten zeitreihenanalytischen Anwendungen wird es schwierig sein, den zugrundeliegenden Zufallsvorgang substantiell zu spezifizieren. Ein stochastischer Prozeß dient dann als **Modellvorstellung**, in die bestimmte theoretische Annahmen über den Mechanismus eingehen, der die beobachtete Zeitreihe produziert hat"* (ebd., Hervorhebung im Original).

Die Idee, Zeitreihen als Realisationen stochastischer Prozesse zu deuten, läßt sich mit einem einfachen Beispiel veranschaulichen.[41] Nehmen wir an, mehrere Personen wetteifern beim Würfelspiel um die höchste Augensumme, die sie beim Werfen dreier Würfel erreichen (Regel 1). In einer langen Serie von Würfen notieren sie für jeden Versuch $t = 1,2,...$ eines jeden Spielers die erreichte Summe der Augenzahlen ε_{mt} (mit m sei ein beliebiger Spieler indiziert). Zu jedem Zeitpunkt t findet somit ein „Zufallsexperiment" statt, in dem die Zufallsvariable ε_{mt} („Summe der Augenzahlen beim Werfen dreier Würfel") Werte zwischen 3 und 18 realisieren kann. Die Wahrscheinlichkeitsverteilung für die einzelnen Werte verläuft symmetrisch um den Erwartungswert $E(\varepsilon_{mt}) = 10,5$. Die niedrigste Wahrscheinlichkeit kommt den Werten 3 und 18 mit $P(3) = P(18) = 1/216$ zu, die höchste den Werten 10 und 11 mit $P(10) = P(11) = 27/216$. Die Wahrscheinlichkeitsfunktion $f(\varepsilon_{mt})$ ist in Abb. 3.2.1 wiedergegeben.

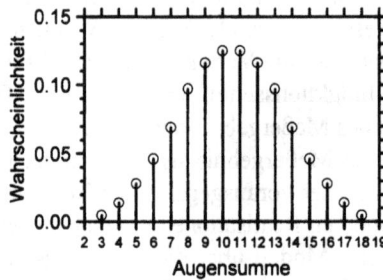

Abb. 3.2.1 *Wahrscheinlichkeitsfunktion für Augensumme beim dreifachen Würfelwurf*

Auf lange Sicht, theoretisch bei „unendlich oft" wiederholten Würfen, wird jeder Spieler eine mittlere Augensumme von 10,5 erreichen. Aber bei jedem einzelnen Wurf ist es „ziemlich" wahrscheinlich, daß die einzelnen Spieler unterschiedliche Augensummen erreichen, obwohl der Erzeugungsmechanismus, wie er in der Wahrscheinlichkeitsfunktion beschrieben ist, für alle Spieler und für alle Versuche gleich bleibt. Erst recht ist es „höchst unwahrscheinlich", daß bei einer endlichen Serie von Versuchen alle Spieler die gleiche Abfolge von Ergebnissen erzielen; die „Trajektorie" (sprich: Zeitreihe) der jeweils realisierten Ergebnisse wird bei den einzelnen Spielern eine unterschiedliche Gestalt annehmen; allerdings wird bei allen Zeitreihen, sofern sie eine hinlängliche Menge von Versuchen umfassen, eine gewisse Affinität zum Erwartungswert von 10,5 Punkten sichtbar sein. Abbildung 3.2.2 bringt zwei Beispiele: die für die Versuche Nr. 100 bis 150 beobachteten Augensummen zweier Spieler.

Die gestrichelten Linien markieren die Grenzen des „Ereignisraums" Ω, der die Menge aller *möglichen* (aber nicht gleichwahrscheinlichen) Realisationen umfaßt; die kleinen Vierecke bzw. Kreise stellen die vom jeweiligen Spieler erreichte

---

[41] Zum Folgenden siehe ausführlich Rahlf (1996b).

Augensumme dar. Wenn der Erzeugungsmechanismus (wie hier) tatsächlich konstant bleibt, kann man sich leicht vorstellen, daß die zweite Zeitreihe auch von dem ersten Spieler hätte realisiert werden können oder daß er sie in einer folgenden Sequenz von 50 Versuchen noch realisieren könnte. Wüßte man nichts über den (als konstant vorausgesetzten) Erzeugungsmechanismus und wollte man seine Natur aus den beobachteten Zeitreihen erschließen, wären also die Anzahl der Spieler, d. h. die Menge der simultan realisierten Zeitreihen, und die Länge der Zeitreihen bezüglich ihres Informationsgehaltes über die Natur des Erzeugungsprozesses untereinander substituierbar.

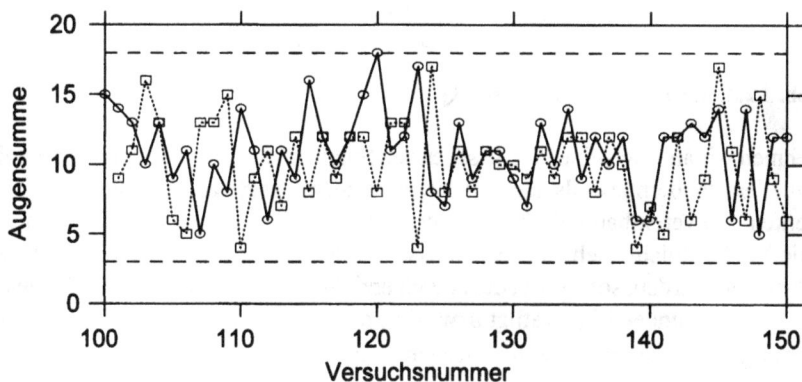

Abb. 3.2.2 *Zwei Realisationen des stochastischen Prozesses* $y_t = \varepsilon_t$

In dem bisherigen Beispiel konnten die Realisationen der einzelnen Zufallsexperimente (Werfen dreier Würfel) als voneinander unabhängig angesehen werden. Bei realen Zeitreihen wird dies aber in der Regel nicht der Fall sein; vielmehr werden die Realisationen, die zu einem bestimmten Zeitpunkt t beobachtet werden, mehr oder weniger stark von vorangegangenen Realisationen abhängig sein. Wir können diese Situation in unser Würfelbeispiel einbauen, indem wir das interessierende Ereignis umdefinieren, d. h., die Spielregel ändern. Statt nur die zu jedem Zeitpunkt erzielten Augensummen zu notieren, soll die Punktzahl eines jeden Spielers nun wie folgt ermittelt werden: Zu der aktuellen Augensumme ε_t wird die unmittelbar vorangegangene Augensumme ε_{t-1} addiert und die zwei Zeitpunkte zurückliegende Augensumme ε_{t-2} subtrahiert (Regel 2).[42] Die neue Zufallsvariable ist also $y_t = \varepsilon_t + \varepsilon_{t-1} - \varepsilon_{t-2}$. Die möglichen Werte für jeden Zeitpunkt schwanken nun zwischen -12 und +33. Abb. 3.2.3 zeigt die Ergebnisse eines Spielers für die Versuche Nr. 100 bis 150.

---

[42] Wir gehen davon aus, daß diese Regel, die alleine wohl kaum ein sinnvolles, geschweige denn ein spannendes Spiel zustande brächte, nur Teil eines umfassenderen Regelsystems ist, das wir aber nicht in Gänze kennen. Solch eine Situation ist typisch für die Vorgehensweise in der univariaten Zeitreihenanalyse.

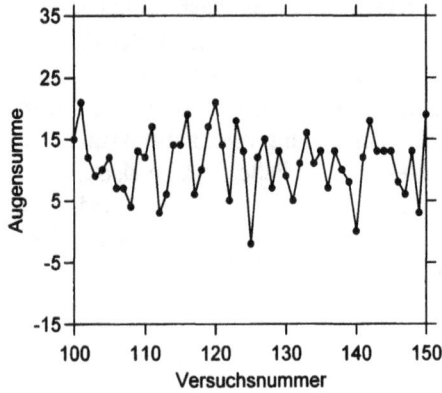

Abb. 3.2.3 *Realisation des stochastischen Prozesses* $y_t = \varepsilon_t + \varepsilon_{t-1} - \varepsilon_{t-2}$

Nehmen wir an, nach einer Weile sei es den Spielern zu mühsam, sich nicht nur den aktuellen, sondern jeweils auch die letzten beiden Ausgänge des Würfelwurfes zu merken. Sie vereinbaren deshalb folgende Regeländerung: nun (z. B. ab dem 152. Spiel) sollen nicht mehr die Ergebnisse der letzten beiden Würfe addiert bzw. subtrahiert werden, sondern zu der aktuell erzielten Würfelsumme sollen die beiden letzten Notierungen hinzugefügt bzw. abgezogen werden (Regel 3). Die „Punktewertung" zum Zeitpunkt t ergibt sich somit aus

$$y_t = \varepsilon_t + y_{t-1} - y_{t-2}$$

Die sich ab $t = 150$ ergebenden Werte sind in Abb. 3.2.4 dargestellt.[43] Durch die scheinbar geringfügige Änderung der Spielregel ergibt sich ein verblüffender Unterschied: die Punktewertungen weisen nun einen zyklischen Charakter mit einer Periode von $P=6$ und einer schwankenden Amplitude auf.

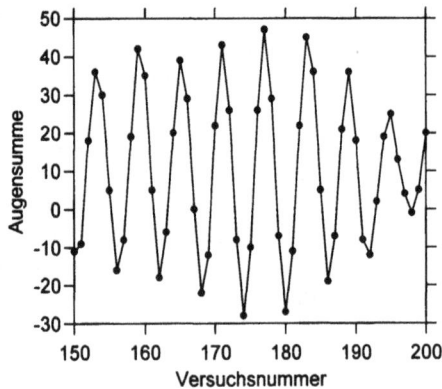

Abb. 3.2.4 *Realisation des stochastischen Prozesses* $y_t = \varepsilon_t + y_{t-1} - y_{t-2}$

---

[43] Die Werte für $t = 150$ und $t = 151$ wurden noch nach der alten Regel errechnet.

Wie kommt dieser gravierende Unterschied bei einer scheinbar geringfügigen Regeländerung zustande? Dazu sehen wir uns zunächst genauer an, welche Zufallsereignisse (Würfelakte) in die Punktewertung eingehen. In Regel 3 ist das Punktergebnis zum Zeitpunkt t-1 wiederum das Ergebnis des Würfelwurfes zum Zeitpunkt t-1, plus dem Punktergebnis zum Zeitpunkt t-2, minus dem Punktergebnis zum Zeitpunkt t-3 usw.:

$$y_t = \varepsilon_t + y_{t-1} - y_{t-2}$$

$$y_{t-1} = \varepsilon_{t-1} + y_{t-2} - y_{t-3}$$

$$y_{t-2} = \varepsilon_{t-2} + y_{t-3} - y_{t-4}$$

$$y_{t-3} = \varepsilon_{t-3} + y_{t-4} - y_{t-5}$$

$$y_{t-4} = \varepsilon_{t-4} + y_{t-5} - y_{t-6}$$

$$. = . . .$$

(3.2.1)

Setzen wir die zweite und dritte Zeile in die erste ein, erhalten wir

$$y_t = \varepsilon_t + (\varepsilon_{t-1} + y_{t-2} - y_{t-3}) - (\varepsilon_{t-2} + y_{t-3} - y_{t-4})$$

(3.2.2)

So können wir sukzessive alle y-Terme ersetzen und erhalten somit

$$y_t = \varepsilon_t + \varepsilon_{t-1} - \varepsilon_{t-3} - \varepsilon_{t-4} + \varepsilon_{t-6} + \varepsilon_{t-7} - \varepsilon_{t-9} - \varepsilon_{t-10} + \varepsilon_{t-12} + \dots$$

(3.2.3)

Die Punktzahl y_t zum Zeitpunkt t ergibt sich somit aus allen bis zu diesem Zeitpunkt ausgeführten Würfen seit Beginn des Spiels, bzw. seit Beginn der Anwendung von Regel 3. Auf lange Sicht betrachtet, bei $t \to \infty$ lassen sich für diesen Prozeßverlauf keine Unter- und Obergrenzen mehr angeben.

Die Abhängigkeitsbeziehung jeder einzelnen Realisation von den beiden vorangegangenen Realisationen würde von einem nicht informierten Betrachter wohl kaum schon beim ersten Blick erkannt werden, obwohl es sich hier um eine äußerst einfache mathematische Beziehung handelt. Bei der univariaten Analyse realer Zeitreihen geht es primär um die Identifikation der internen Abhängigkeitsstruktur als einem wesentlichen Element des Erzeugungsmechanismus, der die Zeitreihe hervorgebracht hat. Für die einzelnen ε_t wird dagegen eine theoretische Verteilung (in der Regel die Normalverteilung) einfach vorausgesetzt, ebenso die „Konstanz" des Erzeugungsmechanismus oder wenigstens einiger seiner charakteristischen Kenngrößen. Diesen Aspekt wollen wir im nächsten Abschnitt etwas näher betrachten.

3.3 „Stationarität" als allgemeine Modellvoraussetzung

Die Kennwerte, die bestimmte Eigenschaften einer Verteilungsfunktion darstellen, werden bekanntlich als „Momente" bezeichnet. Es sollen hier nur die beiden geläufigsten Momente einer Verteilung interessieren, also das arithmetische Mittel und die Varianzen/Kovarianzen. Auf der Basis einer Zeitreihe $\{Z_t\}$ die aus n zeitlich geordneten Werten (Realisationen von n Zufallsvariablen) besteht, müßten folglich n Mittelwerte und n^2 Varianzen bzw. Kovarianzen der Z_t und $Z_{t\pm k}$ $(k = 1,2 \ldots, n)$ geschätzt werden, die in der folgenden Matrix zusammengestellt sind:

$$\begin{bmatrix} \sigma_1^2 & \gamma_{1,2} & \gamma_{1,3} & \gamma_{1,4} & \cdots & \gamma_{1,n} \\ \gamma_{2,1} & \sigma_2^2 & \gamma_{2,3} & \gamma_{2,4} & \cdots & \gamma_{2,n} \\ \gamma_{3,1} & \gamma_{3,2} & \sigma_3^2 & \gamma_{3,4} & \cdots & \gamma_{3,n} \\ \vdots & & \ddots & & & \vdots \\ \gamma_{n,1} & \gamma_{n,2} & \gamma_{n,3} & \gamma_{n,4} & \cdots & \sigma_n^2 \end{bmatrix} \tag{3.3.1}$$

Die Varianzen sind mit σ_t^2 $(t = 1,2,...,n)$, die Autokovarianzen mit $\gamma_{t,k}$ $(t,k = 1,2,...,n;$ $k \neq t)$ bezeichnet. Beide Kennwerte sind als deskriptive Maßzahlen schon in Kap.2.1 definiert und erläutert worden. Als Schätzgröße ist die Autokovarianz wie folgt definiert:

$$\hat{\gamma}_k = \frac{1}{n}\sum_{t=1}^{n-k} (z_t - \bar{z}_t)(z_{t+k} - \bar{z}_t) \tag{3.3.2}$$

Diese Gleichung entspricht weitgehend der deskriptiv-statistischen Definitionsformel (2.1.5) für die Autokovarianz in Kap. 2.1 Daß man die Summe der Kreuzprodukte nun durch n und nicht durch $n-k$ dividiert, hat schätztechnische Gründe, die hier nicht zu erläutern sind. Wird $k=0$ gesetzt, wird aus der Autokovarianz die Varianz $\gamma_0 = \sigma_t^2$:

$$\hat{\gamma}_0 = \frac{1}{n}\sum_{t=1}^{n} (z_t - \bar{z}_t)^2 \tag{3.3.3}$$

Eine Serie von n Mittelwerten und n^2 Varianzen/Kovarianzen kann natürlich nicht mit nur n Beobachtungen geschätzt werden. Folglich muß eine Reihe restriktiver Annahmen eingeführt werden, die die Zahl der zu schätzenden Parameter reduziert.

Die erste Festlegung dieser Art ist, daß die arithmetischen Mittel $E(Z_t) = \mu$ für alle $t = 1,2,...,n$ gleich sind, formal:

$$E(Z_1) = E(Z_2) = \cdots = E(Z_n) = \mu \tag{3.3.4}$$

Ebenso sollen die Varianzen konstant sein:

$$E\left(Z_t - E(Z_t)\right)^2 = \sigma^2, \qquad t = 1,2,...,n \tag{3.3.5}$$

Darüber hinaus soll die Größe der Kovarianzen nur von der absoluten Größe des Verschiebeparameters $|k|$ in Gleichung (3.3.2) abhängen. Das bedeutet z. B., daß die Kovarianzen zwischen Z_3 und Z_5 genauso groß ist wie die zwischen Z_{11} und Z_{13} oder zwischen Z_{13} und Z_{11}; die Autokovarianzen sind also symmetrisch. Aus der Matrix (3.3.1) wird somit die Matrix (3.3.6), in der wir das Symbol σ^2 durch γ_0 ersetzen, da die Varianz formal nichts anderes ist als die Autokovarianz mit *Lag* $k = 0$.

$$\begin{bmatrix} \gamma_0 & \gamma_1 & \gamma_2 & \cdots & \gamma_{n-1} \\ \gamma_{-1} & \gamma_0 & \gamma_1 & \cdots & \gamma_{n-2} \\ \vdots & \vdots & \vdots & \cdots & \vdots \\ \gamma_{-(n-1)} & \gamma_{-(n-2)} & \gamma_{-(n-3)} & \cdots & \gamma_0 \end{bmatrix} \tag{3.3.6}$$

Die Indices geben jetzt nur noch den Verschiebeparameter k an, der positiv oder negativ (also nach „vorne" in die Zukunft oder „zurück" in die Vergangenheit gerichtet) sein kann. Wegen der schon festgestellten Symmetrie der Autokovarianzen sind die Einträge unterhalb der Diagonalen spiegelbildlich identisch mit denen oberhalb der Diagonalen. Die Zahl der zu schätzenden Parameter hat sich also auf $n + 1$ reduziert: Mittelwert, Varianz und $n - 1$ Kovarianzen. Das sind immer noch zu viele, so daß weitere Restriktionen einzuführen sind, die zweierlei beinhalten können:

(a) Autokovarianzen, die über einen bestimmten *Lag* hinausgehen, werden gleich Null gesetzt. Beispielsweise kann man annehmen, daß Zeitreihenwerte, die 6 oder mehr Meßzeitpunkte voneinander entfernt liegen, voneinander unabhängig sind.

(b) Autokovarianzen „höherer Ordnung", also mit größerem *Lag*, lassen sich analytisch aus Autokovarianzen niedrigerer Ordnung ableiten.

Die erste Gruppe von Restriktionen wird in den *moving average* (MA) Modellen, die zweite Gruppe in den *autoregressiven* (AR) Modellen formuliert, die in diesem Kapitel vorgestellt werden. Die genaue Form dieser Modelle wird nicht willkürlich oder allein auf Grund theoretischer Überlegungen gewählt, sondern anhand der jeweils vorliegenden Daten identifiziert.

Die MA- und AR-Modelle lassen sich nur dann adäquat identifizieren und schätzen, wenn die zuvor eingeführten Voraussetzungen konstanter Erwartungswerte und konstanter Varianzen/Kovarianzen erfüllt sind. (Konstante Kovarianzen heißt in diesem Kontext: abhängig nur von *Lag k*, aber unabhängig von *t*). Zeitreihen, die diese Voraussetzung erfüllen, bezeichnet man als „schwach stationär" oder „kovarianz-stationär". Zeitreihen, die nicht nur in den beiden ersten, sondern in allen Verteilungsmomenten konstant sind, bezeichnet man als (stark) „stationär". Die statistische Theorie stochastischer Prozesse fußt nicht nur auf den Stationäritätsannahmen, sondern setzt auch darüber hinaus die sog. „Ergodizität" voraus. Verkürzt ausgedrückt bedeutet dies, daß sich die Stichprobenmomente beobachteter Zeitreihen (d. h. zeitlich begrenzter Realisationen eines stochastischen Prozesses) mit zunehmender Länge (mit $n \to \infty$) den entsprechenden Populationsmomenten (also den Leitgrößen des „wahren" Erzeugungsmechanismus) annähern. Diese Voraussetzung ist mit einer endlichen Reihe nie zu prüfen, und soll uns deshalb auch nicht weiter beschäftigen. Man betrachtet sie in der Forschungspraxis als erfüllt, wenn die beobachtete Zeitreihe stationär ist. Viele sozialwissenschaftlich relevante Zeitreihen sind weder mittelwert- noch kovarianzstationär. Mit diesem Problem werden wir uns erst in Abschnitt 3.12 beschäftigen, so daß wir uns nun den schon erwähnten autoregressiven Modellen (Prozessen) zuwenden können.

3.4 Autoregressive Prozesse (AR-Modelle)

3.4.1 AR-Modell 1. Ordnung

Wir beginnen mit dem oben schon erwähnten Modell eines autoregressiven Prozesses 1. Ordnung, AR(1)-Modell, in dem lediglich unmittelbar benachbarte Werte direkt voneinander abhängen:

$$z_t = c + \varphi z_{t-1} + a_t \quad ; \quad t = 1,2,\dots \qquad (3.4.1)$$

Im Unterschied zu Gleichung (3.1.1) haben wir hier noch eine Konstante „*c*" eingeführt, die dem Ordinatenabschnitt in der Regressionsgleichung für Querschnittdaten entspricht. Die stochastische Fehler-Komponente a_t unterliegt Voraussetzungen, die ebenfalls denen entsprechen, die aus der statischen Regressionsanalyse bekannt sind:

$$
\begin{aligned}
E(a_t) &= 0 \\
E(a_t^2) &= \sigma_a^2 \\
Cov(a_t, a_{t\pm k}) &= 0 \quad \text{für } k \neq 0 \\
Cov(a_t, z_{t-1}) &= 0
\end{aligned}
\qquad (3.4.2)
$$

Die Residuen sollen sich im Mittel ausgleichen, eine konstante Varianz aufweisen und weder untereinander noch mit der Regressorvariablen Z_{t-1} korrelieren. Für inferenzstatistische Zwecke wird zusätzlich angenommen, daß die Störgrößen normalverteilt sind. Zeitreihen (ganz gleich, ob es sich dabei um Residuen oder originäre Beobachtungswerte handelt), die diese Voraussetzungen erfüllen, bezeichnet man als „weißes Rauschen", *white noise.*

Im Unterschied zur üblichen Regressionsanalyse haben wir es in der univariaten Zeitreihenanalyse aber nicht mit zwei substantiell unterschiedlichen Variablen zu tun. Dennoch läßt sich eine Regression durchführen, wenn wir die beobachtete Zeitreihe zweifach hinschreiben und dabei um ein Beobachtungsintervall verschieben. Diesen Vorgang haben wir in Kapitelabschn. 2.1 ausführlich erläutert. Wenn Gleichung (3.4.1) gilt, gelten auch die folgenden Gleichungen:

$$z_{t-1} = c + \varphi z_{t-2} + a_{t-1}$$

$$z_{t-2} = c + \varphi z_{t-3} + a_{t-2} \tag{3.4.3}$$

$$z_{t-3} = c + \varphi z_{t-4} + a_{t-3}$$

Somit läßt sich Gleichung (3.4.1) umformen zu

$$\begin{aligned} z_t &= c + \varphi(c + \varphi z_{t-2} + a_{t-1}) + a_t \\ &= c + \varphi c + \varphi^2 z_{t-2} + \varphi a_{t-1} + a_t \end{aligned} \tag{3.4.4}$$

Auch in dieser Gleichung kann z_{t-2} wiederum ersetzt werden, danach z_{t-3} usw. Schließlich erhält man durch fortgesetzte Substitution

$$\begin{aligned} z_t &= c(1 + \varphi + \varphi^2 + \cdots + \varphi^{k-1}) + \varphi^k z_{t-k} + \varphi^{k-1} a_{t-(k-1)} + \cdots \\ &\cdots + \varphi^2 a_{t-2} + \varphi a_{t-1} + a_t \end{aligned} \tag{3.4.5}$$

Unter der Stationaritätsvoraussetzung $\varphi < |1|$ und $k \to \infty$ läßt sich der erste Teil der rechten Gleichungsseite mit Hilfe der Summenformel für geometrische Reihen verkürzen zu:

$$c(1 + \varphi + \varphi^2 + \cdots) = \frac{c}{1 - \varphi} \tag{3.4.6}$$

Unter der gleichen Voraussetzung geht der Summand $\varphi^k z_{t-k}$ gegen Null, so daß Gleichung (3.4.1) schließlich folgende Form annimmt:

$$z_t = \frac{c}{1 - \varphi} + a_t + \varphi a_{t-1} + \varphi^2 a_{t-2} + \cdots \qquad (3.4.7)$$

Diese Form hätten wir mit viel weniger Aufwand unter Verwendung des Verschiebeoparators (*Backshift*) $B^m Z_t = Z_{t-m}$ und des Summenoperators $(1-B)^{-1} = (1+B+B^2+...+B^\infty)$ ableiten können, die in Anhang 2 erläutert werden:

$$(1 - \varphi B)z_t = a_t + c$$

$$z_t = (1 - \varphi B)^{-1} a_t + c(1 - \varphi B)^{-1}$$

$$= (1 + \varphi B + \varphi^2 B^2 + \cdots)a_t + \frac{c}{1 - \varphi} \qquad (3.4.8)$$

Gleichung (3.4.8) modelliert die beobachteten Werte z_t als Funktion einer Serie von Zufallseinflüssen, denen je nachdem, wie weit sie in die Vergangenheit zurückreichen, unterschiedliche Gewichte zugeordnet sind. In dem vorliegenden Falle bilden sie ein geometrisch abfallendes Muster. Nach einem berühmten Theorem der Statistik lassen sich alle nicht-deterministischen, schwach stationären stochastischen Prozesse als Linearkombinationen einer Folge nicht-korrelierter Zufallsvariablen darstellen, die die Struktur des *white noise* aufweisen (sog. *Wold-Theorem*). Sie unterscheiden sich nur in den Gewichten, die den verschiedenen a_{t-k} ($k=1,2,...,\infty$) zugeordnet sind. Gelegentlich interpretiert man das Muster dieser Gewichte als „Gedächtnisspur" des Systems. Im Falle stationärer autoregressiver Prozesse hat das System ein „unendlich langes" Gedächtnis, wobei die Einflußgewichte aber rasch gegen Null konvergieren, auch dann, wenn es sich um autoregressive Prozesse höherer Ordnung (s. unten, Abschn. 3.4.3) handelt. Da die univariaten Box/Jenkins-Modelle (von denen wir bisher in Gestalt des AR(1)-Modells nur eine spezifische Ausformung kennengelernt haben) Zeitreihenwerte stets als Funktion reiner Zufallseinflüsse darstellen, hat man sie polemisch auch „models of ignorance" genannt. Es sei jedoch schon an dieser Stelle darauf hingewiesen, daß diese Modelle um exogene Variablen, also substantiell interpretierbare Einflußgrößen, erweitert werden können (s. unten Kap. 5.5).

Im folgenden werden wir einige zusätzliche formale Modelleigenschaften darzustellen haben, die vielleicht etwas mühsam nachzuvollziehen sind; ihr Verständnis erleichtert jedoch die kompetente Handhabung dieser Modelle in der Forschungspraxis sowie die Lektüre der weiterführenden Literatur.

Gleichung (3.4.8) erlaubt die rasche Ableitung des Erwartungswerts[44] des Prozesses, wenn man sich erinnert, daß laut Modellvoraussetzung $E(a_{t-k}) = 0$ für alle $k \geq 0$ ist:

---

[44] Die Regeln des Rechnens mit Erwartungswerten sind z. B. dargestellt in Bortz (1979).

$$
\begin{aligned}
E(Z_t) &= E\left(\frac{c}{1-\varphi} + a_t + \varphi a_{t-1} + \varphi^2 a_{t-2} + \cdots \right) \\
&= \frac{c}{1-\varphi}
\end{aligned}
\tag{3.4.9}
$$

Der (nicht-bedingte) Erwartungswert ist also eine Konstante (vermöge der Restriktion $|\varphi| < 1$). Spätestens bei der Prognose (s. Kap. 6) benötigen wir aber auch den *bedingten* Erwartungswert, den wir oben schon eingeführt hatten: $E(Z_t | z_{t-1}) = \varphi z_{t-1}$. Rechnerisch etwas komplizierter gestaltet sich die Ableitung der Varianz und der Kovarianzen:

$$
E(Z_t - E(Z_t))^2
\tag{3.4.10}
$$

$$
= E\left(\frac{c}{1-\varphi} + a_t + \varphi a_{t-1} + \varphi^2 a_{t-2} + \cdots - \frac{c}{1-\varphi}\right)^2
\tag{3.4.11}
$$

$$
= E\left[(a_t + \varphi a_{t-1} + \varphi^2 a_{t-2} + \cdots)(a_t + \varphi a_{t-1} + \varphi^2 a_{t-2} + \cdots)\right]
\tag{3.4.12}
$$

$$
= E\left(\sum_{i=0}^{\infty} \varphi^i a_t a_{t-i}\right) + E\left(\sum_{i=0}^{\infty} \varphi \varphi^i a_{t-1} a_{t-i}\right) + E\left(\sum_{i=0}^{\infty} \varphi^2 \varphi^i a_{t-2} a_{t-i}\right) + \cdots
\tag{3.4.13}
$$

Da laut Voraussetzung die $\{a_i\}$ voneinander unabhängig sind, gilt für alle Erwartungswerte $E(a_{t-k} a_{t-i}) = 0$, wenn $k \neq i$. Die meisten Terme der letzten Gleichungsseite können also gleich Null gesetzt werden und es bleibt

$$
\begin{aligned}
E(Z_t - E(Z_t))^2 &= E(a_t^2) + \varphi^2 E(a_{t-1}^2) + \varphi^4 E(a_{t-2}^2) + \cdots \\
&= \sigma_a^2 (1 + \varphi^2 + \varphi^4 + \varphi^6 + \cdots) \\
\gamma_0 &= \frac{\sigma_a^2}{1 - \varphi^2}
\end{aligned}
\tag{3.4.14}
$$

Die bedingte Varianz ist mit

$$V(Z_t|z_{t-1}) = E[(Z_t - E(Z_t|z_{t-1})]^2$$
$$= E[(Z_t - \varphi z_{t-1}]^2$$
$$= E(a_t^2) \tag{3.4.15}$$
$$= \sigma_a^2$$

gegeben. Im Unterschied zum bedingten Mittelwert ist also auch die bedingte (ebenso wie die nicht bedingte) Varianz eines schwach stationären Prozesses eine Konstante. Die Autokovarianzen lassen sich mathematisch in ähnlicher Weise ableiten wie die Varianzen, was schließlich zur Formel

$$\gamma_k = \frac{\varphi^k \sigma_a^2}{1 - \varphi^2} = \varphi^k \gamma_0 \tag{3.4.16}$$

führt. Wenn $k = 0$, ist diese Gleichung identisch mit der Varianzgleichung (3.4.14). Damit lassen sich auch entsprechende Formeln für den Korrelationskoeffizienten unmittelbar angeben. Bekanntlich ist der Pearsonsche Korrelationskoeffizient als Quotient aus der Kovarianz und den beiden Standardabweichungen definiert, bezogen auf die Variablen Z_t und Z_{t-k}:

$$\rho_k = \frac{Kov(z_t, z_{t-k})}{\sigma_{z_t} \sigma_{z_{t-k}}} \tag{3.4.17}$$

Da $\sigma_{z(t)} = \sigma_{z(t-k)} = \sqrt{\gamma_0}$ ergibt sich unter Berücksichtigung von Gleichung (3.4.16)

$$\rho_k = \frac{\varphi^k \gamma_0}{\gamma_0} = \varphi^k \tag{3.4.18}$$

Bei einem AR(1)-Prozeß ist das Muster der theoretischen Autokorrelationskoeffizienten identisch mit dem Muster der Gewichte für die Zufallseinflüsse in Gleichung (3.4.7). Bei einem negativen φ oszillieren die Korrelationskoeffizienten zwischen positiven und negativen Werten. Die einzelnen Autokorrelationskoeffizienten lassen sich als Funktion des Verschiebeparameters k („Autokorrelationsfunktion" - AKF) ausdrücken und dementsprechend in einem Diagramm („Korrelogramm") darstellen (s. Abb. 3.4.1).

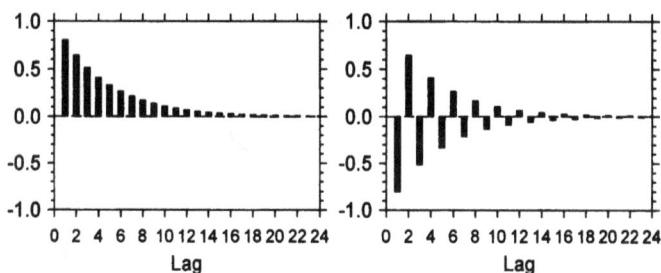

Abb. 3.4.1 *AKF der AR(1)-Prozesse:* $\varphi = 0.8$ *(linkes Bild) und* $\varphi = -0.8$ *(rechtes Bild)*

Damit erhalten wir ein Instrument, mit dem wir prüfen können, ob eine beobachtete Zeitreihe die Realisation eines autoregressiven Prozesses 1. Ordnung ist bzw. ob das AR(1)-Modell als eine adäquate Darstellung des erzeugenden Prozesses gelten kann. Dazu müssen wir für die beobachtete Zeitreihe die empirischen Autokorrelationskoeffizienten gemäß

$$\hat{\rho}_k = r_k = \frac{\dfrac{1}{n}\sum_{t=1}^{n-k} (z_t - \bar{z})(z_{t+k} - \bar{z})}{\dfrac{1}{n}\sum_{t=1}^{n} (z_t - \bar{z})^2} \qquad (3.4.19)$$

ermitteln und die daraus resultierende Stichproben-Autokorrelationsfunktion (SAKF) mit der theoretischen Autokorrelationsfunktion (AKF) vergleichen. Die empirischen Autokorrelationskoeffizienten dienen somit als Schätzer für die theoretischen Autokorrelationskoeffizienten. Die beiden Muster werden allerdings nie identisch sein, da die beobachtete Zeitreihe endlich ist, d. h. nur eine relativ geringe Zahl von Meßzeitpunkten umfaßt, die Modellvoraussetzungen in der Realität nicht vollkommen erfüllt sind und zudem die geschätzten Autokorrelationskoeffizienten selber untereinander korreliert sind (s. unten). Die folgende Abbildung 3.4.2a zeigt den Verlauf eines simulierten AR(1)-Prozesess ($\varphi = 0.8$, $\sigma_a = 2.0$) mit 100 Fällen; die dazugehörige SAKF ist in Abb. 3.4.2b wiedergegeben.[45]

Der exponentielle Abfall der Autokorrelationskoeffizienten ist zwar nicht perfekt, als Muster aber gut erkennbar. Das trifft auch auf die real beobachtete Zeitreihe der „Popularität" (*approval rate*) des U.S.-amerikanischen Präsidenten zu, die per Meinungsumfragen von Februar 1953 bis Dezember 1988 ermittelt wurde und in Abb. 3.4.3a wiedergegeben ist.[46]

---

[45] Wir werden die „einfachen" Box/Jenkins-Modelle durchgehend mit Hilfe simulierter Reihen darstellen, da reale Zeitreihen, die den Sozialwissenschaftler interessieren, in der Regel einer komplexeren Modellstruktur folgen. Wir müssen die einfachen Modelle aber ausführlich behandeln, weil sonst die komplexeren Modelltypen nicht verständlich dargestellt werden können.
[46] Diese Daten wurden uns freundlicherweise von Prof. Neal Beck, New York University, zur Verfügung gestellt.

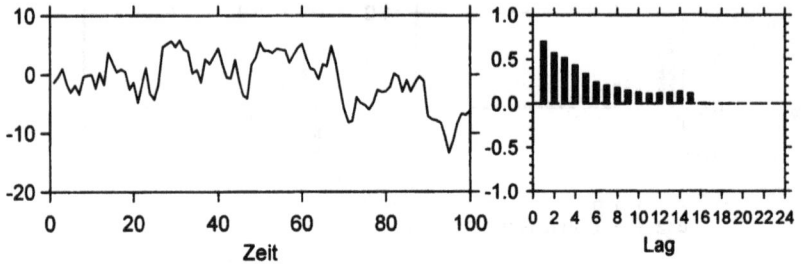

Abb. 3.4.2a *Simulierter AR(1)-Prozeß (φ = 0.8, σ_a = 2.0), n=100*
Abb. 3.4.2b *SAKF des simmulierten AR(1)-Prozesses*

Das Korrelogramm dieser Reihe (s. Abb. 3.4.3b) zeigt einen sehr allmählich abfallenden geometrischen Verlauf, der aber zumindest über eine Verzögerungsspanne von 10 Monaten recht gut dem Modell eines AR(1)-Prozesses mit $\rho_1 = 0,93$ entspricht. Wir werden uns mit dieser Zeitreihe in anderen Zusammenhängen noch ausführlicher beschäftigen.

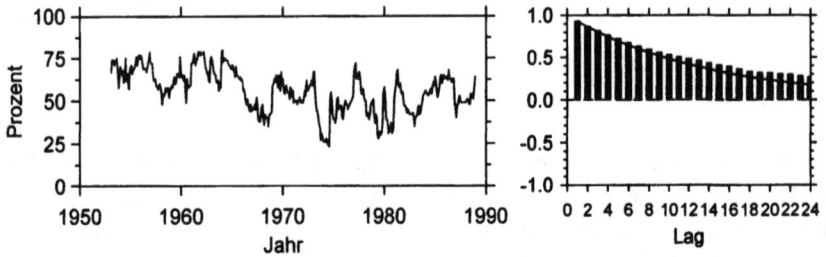

Abb. 3.4.3 a *Popularität des US-Präsidenten*
Abb. 3.4.3 b *SAKF der Popularitätsdaten*

Da sich anhand der SAKF aber häufig nicht entscheiden läßt, ob es sich um einen Prozeß erster, zweiter oder höherer Ordnung handelt, haben Box und Jenkins vorgeschlagen, die Partielle Autokorrelationsfunktion (PAKF) als weiteres Hilfsmittel heranzuziehen. Sie läßt sich aber besser mit Blick auf autoregressive Prozesse höherer Ordnung erläutern (s. unten Abschnitt 3.4.5).

3.4.2 AR-Modelle 2. Ordnung

Der autoregressive Prozeß 2. Ordnung ist wie folgt definiert.

$$z_t = c + \varphi_1 z_{t-1} + \varphi_2 z_{t-2} + a_t$$
$$(1 - \varphi_1 B - \varphi_2 B^2) z_t = c + a_t \tag{3.4.20}$$

Wie sonst auch in einer Regressionsgleichung stellen die Gewichte φ_1 und φ_2 *partielle* Regressionskoeffizienten dar. In einem AR(2) Modell wird also angenommen, daß z_{t-2} einen direkten „Beitrag" zu dem zwei Intervalle später beobachtbaren Wert z_t leistet. Das bedeutet, daß die Prognose zukünftiger Werte verbessert werden kann, wenn neben z_{t-1} auch z_{t-2} als Informationsbasis genutzt wird. Die Ableitung des Erwartungswertes sowie der Varianz und der Autokovarianzen verlangt jetzt einen etwas höheren Rechenaufwand und wird hier nicht dargestellt. Folgende Ergebnisse sind festzuhalten:

Der Erwartungswert ist (vgl. (3.4.9))

$$E(Z_t) = \frac{c}{1 - \varphi_1 - \varphi_2} \tag{3.4.21}$$

Die Varianz ist (vgl. (3.4.14))[47]

$$\sigma_z^2 = \frac{\sigma_a^2}{1 - \rho_1 \varphi_1 - \rho_2 \varphi_2} \tag{3.4.22}$$

Die Prozeßvarianz ist also auch hier größer als die Residualvarianz. Zwischen den beiden ersten Autokorrelationskoeffizienten und den *Phi*-Gewichten besteht folgende Beziehung:

$$\rho_1 = \frac{\varphi_1}{1 - \varphi_2}$$
$$\rho_2 = \varphi_2 + \frac{\varphi_1^2}{1 - \varphi_2} \tag{3.4.23}$$

Setzt man Gleichung (3.4.23) in Gleichung (3.4.22) ein, wird unmittelbar deutlich, daß das Verhältnis von Residual-(*noise*-) Varianz und Prozeßvarianz, somit auch das Bestimmtheitsmaß (der Determinationskoeffizient) nur von der Größe der (Auto-) Regressionsgewichte abhängt, und zwar in nicht-linearer Form. In diesem Punkt weichen Autoregression und multiple Regression voneinander ab.

---

[47] Es sei daran erinnert, daß beim AR(1) - Prozess $\varphi_1 = \rho_1$ ist.

Die Korrelationskoeffizienten für höhere *Lags* lassen sich rekursiv aus den beiden ersten Koeffizienten berechnen (s. Box/Jenkins 1976: 59):

$$\rho_k = \varphi_1 \rho_{k-1} + \varphi_2 \rho_{k-2} \quad ; \quad k > 2 \qquad (3.4.24)$$

Das führt zu einem weiter unten erläuterten Ansatz, die *Phi*-Parameter auf der Basis der empirischen Autokorrelationskoeffizienten zu schätzen.

Aus der Mathematik der Differenzengleichungen (s. Anhang 4) läßt sich ableiten, daß ein AR(2)-Prozeß schwach stationär ist, wenn die folgenden Ungleichungen erfüllt sind (notwendige und hinreichende Bedingungen):

$$\varphi_2 + \varphi_1 < 1$$
$$\varphi_2 - \varphi_1 < 1 \qquad (3.4.25)$$
$$-1 < \varphi_2 < 1$$

Daraus folgt, daß $|\varphi_1| < 2$ und $|\varphi_2| < 1$ sein müssen. Die möglichen Kombinationen der beiden Koeffizienten, die die Stationaritätsbedingung erfüllen, sind in dem Diagramm der Abb. 3.4.4 angedeutet.

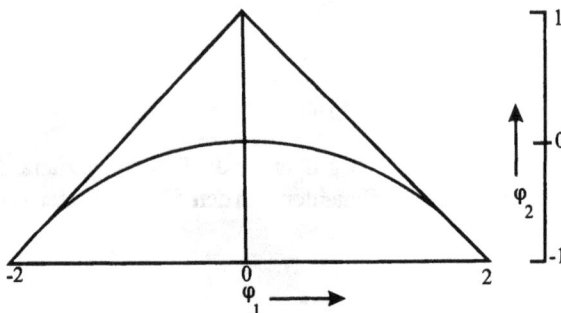

Abb. 3.4.4 *Stationaritätsdreieck für AR(2)-Prozesse (nach O.D. Anderson 1979: 25)*

Die Wertekombinationen unterhalb des Kreisbogens sind von besonderem Interesse, weil mit ihnen quasi-zyklische Prozesse darstellbar sind. Mit ihnen werden wir uns ausführlicher in Abschn. 3.4.4 beschäftigen. Abb. 3.4.5 stellt einen simulierten nicht-zyklischen AR(2)-Prozeß dar, Abb. 3.4.6a die dazu gehörende theoretische AKF und Abb. 3.4.6b die dazu gehörende empirische SAKF.

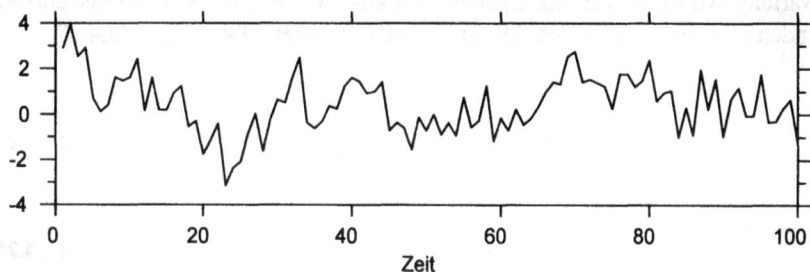

Abb. 3.4.5 *Simulierter AR(2)-Prozeß mit $\varphi_1 = 0,5$ und $\varphi_2 = 0,2$*

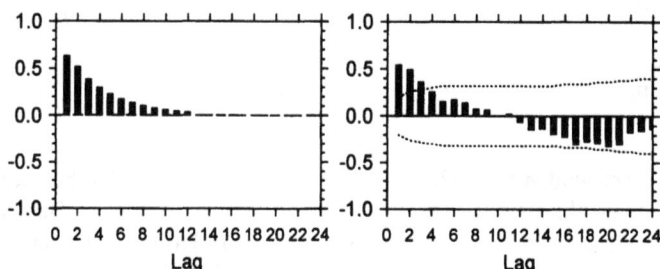

Abb. 3.4.6a *Theoretische AKF zum AR(2)-Prozeß der Abb. 3.4.5*
Abb. 3.4.6b *Empirische SAKF zum AR(2)-Prozeß*

Wenn wir die SAKF in Abb. 3.4.6b mit der SAKF des oben dargestellten AR(1)-Prozesses vergleichen (s. Abb. 3.4.2b) wird das schon erwähnte Problem deutlich, daß die SAKF allein oft nicht ausreichend klar zwischen AR-Prozessen verschiedener Ordnung unterscheiden kann. Bevor wir die schon angekündigte partielle Autokorrelationsfunktion als zusätzliches Erkennungsmittel erläutern (s. Abschn. 3.5), wollen wir die Übersicht über die formale Struktur der AR-Prozesse mit der allgemeinen Darstellung der AR(p)-Modelle beliebiger Ordnung abrunden.

3.4.3 AR-Modelle beliebiger Ordnung

Gelegentlich hat man es auch in den Sozialwissenschaften mit autoregressiven Prozessen höherer Ordnung zu tun, wobei wir von nun an den Ordnungsgrad allgemein mit dem Parameter $p \geq 1$ darstellen und folglich von AR(p)-Modellen sprechen:

$$z_t = c + \varphi_1 z_{t-1} + \varphi_2 z_{t-2} + \cdots + \varphi_p z_{t-p} + a_t$$
$$(1 - \varphi_1 B - \varphi_2 B^2 - \cdots - \varphi_p B^p)z_t = a_t \tag{3.4.26}$$

Erwartungswert und Varianz ergeben sich aus Verallgemeinerungen der entsprechenden Gleichungen für den AR(2)-Prozeß (vgl. oben (3.4.21) und (3.4.22)):

$$E(Z_t) = \frac{c}{1 - \varphi_1 - \varphi_2 - \ldots - \varphi_p} \qquad (3.4.27)$$

$$\sigma_z^2 = \frac{\sigma_a^2}{1 - \rho_1 \varphi_1 - \rho_2 \varphi_2 - \ldots - \rho_p \varphi_p} \qquad (3.4.28)$$

Es läßt sich zeigen, daß die Autokorrelationskoeffizienten und die *Phi*-Gewichte durch die Gleichung

$$\rho_k = \varphi_1 \rho_{k-1} + \varphi_2 \rho_{k-2} + \ldots + \varphi_p \rho_{k-p} \quad ; \quad k > 0 , \qquad (3.4.29)$$

miteinander verbunden sind. Diese Gleichung hat somit dieselbe Struktur wie die Prozeßgleichung ohne den Residualterm. Bevor man sie rekursiv zur Berechnung der ρ_k, $k > p$ einsetzen kann, müssen die ersten p Autokorrelationskoeffizienten bekannt sein. Formal ist Gleichung (3.4.29) auch für $k < p$ gültig, da $\rho_{k-p} = \rho_{p-k}$ und $\rho_o = 1$ ist. Setzt man schrittweise $k = 1,2,\ldots,p$ ein, erhält man ein System mit p Gleichungen, die als „*Yule-Walker* Gleichungen" in die Literatur eingegangen sind:

$$
\begin{aligned}
\rho_1 &= \varphi_1 && + \varphi_2 \rho_1 && + \varphi_3 \rho_2 && + \ldots + \varphi_p \rho_{p-1} \\
\rho_2 &= \varphi_1 \rho_1 && + \varphi_2 && + \varphi_3 \rho_1 && + \ldots + \varphi_p \rho_{p-2} \\
\rho_3 &= \varphi_1 \rho_2 && + \varphi_2 \rho_1 && + \varphi_3 && + \ldots + \varphi_p \rho_{p-3} \qquad (3.4.30) \\
& \quad \cdot \\
\rho_p &= \varphi_1 \rho_{p-1} && + \varphi_2 \rho_{p-2} && + \varphi_3 \rho_{p-3} && + \ldots + \varphi_p
\end{aligned}
$$

Für einen AR(2)-Prozeß z. B. wird das Gleichungssystem (3.4.30) zu

$$
\begin{aligned}
\rho_1 &= \varphi_1 + \varphi_2 \rho_1 \\
\rho_2 &= \varphi_1 \rho_1 + \varphi_2
\end{aligned} \qquad (3.4.31)
$$

Die erste Zeile in Gleichung (3.4.31) läßt sich unmittelbar umformen zur ersten Zeile in Gleichung (3.4.23). Löst man außerdem die erste Zeile in Gleichung (3.4.31) nach φ_1 auf und substituiert diese Lösung für φ_1 in der zweiten Zeile von Gleichung (3.4.31), ergibt sich daraus nach elementaren Umstellungen auch die zweite Zeile in Gleichung (3.4.23).

Allgemein läßt sich somit feststellen: Falls die φ-Koeffizienten eines AR(p)-Prozesses bekannt sind (falls man sie - zwecks Simulation - theoretisch festgelegt hat), kann man daraus nach den Regeln der Matrizenrechnung die p ersten Korrelationskoeffizienten ableiten. Die weiteren Koeffizienten ρ_k für $k > p$ können dann rekursiv nach Gleichung (3.4.29) ermittelt werden.

Auf diese Weise läßt sich die theoretische AKF eines autoregressiven Prozesses beliebiger Ordnung sukzessive ableiten. Andererseits: wenn man die theoretischen Autokorrelationskoeffizienten durch die empirischen Autokorrelationskoeffizienten ersetzt, lassen sich aus diesem Gleichungssystem vorläufige Schätzer für die φ-Gewichte gewinnen.

Die Stationaritätsbedingungen eines autoregressiven Prozesses können ebenfalls allgemein für jeden Ordnungsgrad p formuliert werden: Ein AR(p)-Prozeß ist stationär, wenn die Wurzeln des Polynoms $(1 - \varphi_1 B - \varphi_2 B^2 - ... - \varphi_p B^p)$ alle außerhalb des Einheitskreises liegen,[48] wenn sie in ihrem Absolutbetrag also größer 1 sind. Einige Programmpakete zur Zeitreihenanalyse bieten Routinen an, mit denen man die Wurzeln beliebiger Polynome errechnen kann (auch das im Vorwort erwähnte Programmpaket TISPA). Das ist u. a. deshalb nützlich, weil die Schätzalgorithmen in der Regel instabil werden und verzerrte Ergebnisse liefern, wenn die Schätzer nahe an die Stationaritätsgrenzen heranreichen. (Die in verschiedenen Programmpaketen implementierten Schätzalgorithmen können sich hinsichtlich ihrer Robustheit in solchen Grenzfällen erheblich unterscheiden).

Auch die AR-Prozesse höherer Ordnung lassen sich als Funktion bloßer Störgrößen umformen, so wie wir das schon für AR(1)-Prozesse gezeigt haben (s. oben Gleichung (3.4.8)):

$$(1 - \varphi_1 B - \varphi_2 B^2 - ... - \varphi_p B^p)z_t = a_t$$
$$z_t = (1 - \varphi_1 B - \varphi_2 B^2 - ... - \varphi_p B^p)^{-1} a_t \qquad (3.4.32)$$
$$z_t = (1 + \psi_1 B + \psi_2 B^2 + ... + \psi_\infty B^\infty)a_t$$

Der Einfachheit wegen haben wir die Konstante $c = 0$ gesetzt. Die algebraischen Regeln zur Inversion des Differenzenoperators und damit zur Bestimmung der ψ-Gewichte werden hier nicht erörtert (entsprechende Algorithmen sind in gängiger Software zur Zeitreihenanalyse enthalten). Die sog. „Psi-Gewichte-Form" wird u. a. zur Ableitung von Prognosegleichungen (s. Kap. 6), zur Bestimmung sog. Persistenzmaße (s. Abschnitt 3.8) und zur Modellierung von Ausreißereffekten (s. Thome 1995b) benötigt. Man bezeichnet sie, in ihrer zeitlichen Ordnung betrachtet, auch als *Impulsantwortfunktion*. Damit bezieht man sich auf den Tatbestand, daß in den univariaten Modellen die Entwicklung einer Zeitreihe Z_t allein aus der „Verarbeitung" von Zufallsgrößen (*random shocks*) „erklärt" wird. Man spricht davon, daß diese *shocks* einen „Filter" (in diesem Falle einen AR(p)-Filter) durchlaufen, der den

---

[48] Wie in Anhang 4 gezeigt, können die Lösungen der charakteristischen Gleichungen konjugiert komplexe Zahlen ergeben, die sich bekanntlich nicht auf einem (eindimensionalen) Zahlenstrahl abtragen lassen, sondern einer zweidimensionalen Darstellung bedürfen. Daher rührt die Rede vom „Einheitskreis". Konjugiert komplexe Wurzeln erhalten wir z. B. für AR(2)-Prozesse, die zyklisch verlaufen (s. unten Abschnitt 3.4.4).

„Input" (die *random shocks* a_t) in einen „Output" Z_t transformiert. Da die Zufallsgrößen nicht direkt beobachtbar sind, nimmt man für sie eine theoretische Verteilung,
meist die Normalverteilung an.[49] Sie bietet eine Reihe von mathematischen Vorteilen,
ist aber auch insofern plausibel, als die $\{a_t\}$ als Summe einer Vielzahl unbekannter
(und in diesem Sinne „zufälliger") Einflüsse angesehen werden können, von denen
keiner dominant ist. Solche Summen sind bekanntlich unabhängig von den Verteilungen der einzelnen Einflußkomponenten approximativ normalverteilt. Sollte eine
hervorstechende, systematische Einflußgröße gegeben sein, müßte das univariate
Modell verlassen und eine besondere Form des Regressionsmodells konstruiert
werden, in dem diese Größe explizit als Prädiktorvariable, als zusätzlicher Input,
auftritt (s. Kap. 5). Wir werden diese Vorstellungen in späteren Abschnitten immer
wieder aufgreifen und weiter verdeutlichen.

3.4.4 Autoregressive Modelle zur Darstellung
quasi-zyklischer Prozesse[50]

Die folgende Darstellung knüpft an die in Kapitelabschn. 2.4 gegebenen
Erläuterungen zur Analyse deterministischer Zyklen an. Wir setzen außerdem voraus,
daß der Begriff einer „Lösung" von Differenzengleichungen (s. Anhang 4) bekannt
ist. LeserInnen, die sich nicht für die Analyse stochastischer Zyklen interessieren,
können diesen Abschnitt überspringen. Wir werden zwar in Abschn. 3.6 die einzelnen
Arbeitsschritte zur Modellidentifikation u. a. anhand einer Zeitreihe erörtern, die einen
quasi-zyklischen Verlauf aufweist. Die dort gegebenen Erläuterungen zur Abfolge
der Analyseschritte in der Praxis sind jedoch im wesentlichen auch ohne die mathematischen Konzepte nachvollziehbar, die wir im vorliegenden Abschnitt vermitteln
möchten (und die ein tiefergehendes Verständnis ermöglichen sollen).
Wenn man trigonometrische Funktionen, wie wir sie in Abschn. 2.4 angewandt haben,
nicht kontinuierlich, sondern nur an diskreten, gleichabständigen Zeitpunkten
betrachtet, lassen sie sich als Differenzengleichungen zweiter Ordnung schreiben.
Diese grundsätzliche Möglichkeit, stetige Funktionen der Zeit in
Differenzengleichungen zu übersetzen, läßt sich im Falle einfacher Polynom- oder
Potenzfunktionen unmittelbar nachvollziehen. Ein Polynom 1. Ordnung (eine Gerade
also) kann z. B. wie folgt geschrieben werden:

$$y = at \approx y_t = y_{t-1} + a \ , \ t = 1,2,\dots \qquad (3.4.33)$$

---

[49] Sie übernimmt die Rolle, die in unserem Eingangsbeispiel (Abschn. 3.2) der Binominalverteilung
für die Augensumme beim Würfeln zukam. Offenkundig unterscheidet sich der AR(p)-Filter von
dem Filter, der durch die Regeln des Würfelspiels konstruiert wurde.

[50] Die folgende Darstellung beruht auf der wesentlich umfangreicheren Ausarbeitung von Rahlf
(1996b).

Mit jedem Zeitintervall wächst y um den Betrag a. Bei der folgenden Potenzfunktion vervielfacht sich der zu einem beliebigen Zeitpunkt t gegebene y-Wert bis zum nächsten Zeitpunkt $t + 1$ um den Faktor a:

$$y = a^t \approx y_t = ay_{t-1} \tag{3.4.34}$$

Eine *Sinus*-Funktion mit der Periode P und der Phase τ läßt sich in eine Differenzengleichung 2. Ordnung übersetzen, bei der die Funktionswerte y_t als *Linear*kombination der beiden unmittelbar vorangegangenen Werte y_{t-1} und y_{t-2} geschrieben werden:

$$
\begin{aligned}
y_t &= A \cdot \sin\left(\frac{2\pi}{P} t + \tau\right) \\
&= \varphi y_{t-1} - y_{t-2} \quad , \quad t = 1, 2, \dots
\end{aligned} \tag{3.4.35}
$$

$$mit \quad \varphi = \left(2 - 4\sin^2\left(\frac{\pi}{P}\right)\right)$$

Dabei ist zu beachten, daß im Koeffizienten φ nur noch die Periode enthalten ist, aber nicht mehr die Amplitude A der trigonometrischen Funktion. (Die Phase τ ergibt sich bei diskreten Zeitpunkten aus einer entsprechend gewählten zeitlichen Indexierung.) Die Transformation in die Differenzenschreibweise ist also nicht eindeutig. Es gibt unendlich viele „Lösungen" dieser Differenzengleichung, nämlich alle *Sinus*-Funktionen, deren Periode gleich P ist.[51] Die ursprüngliche Amplitude kann lediglich aus den „Startwerten" der Lösungsfunktion rekonstruiert werden: Sind die ersten beiden Werte gegeben, ist damit der weitere Verlauf der harmonischen Schwingung eindeutig festgelegt. Betrachten wir als Beispiel zwei *Sinus*-Funktionen mit einer Periode von 10. Die erste habe eine Amplitude von $A = 5$, die zweite von $A = 10$; beide harmonische Schwingungen sind in Abb. 3.4.7 veranschaulicht. Die obere Bildhälfte zeigt die Werte, die sich aus der rekursiven Berechnung mittels Gleichung (3.4.35, zweite Zeile) ergeben; die untere Hälfte zeigt die zugrunde liegenden (stetigen) Sinus-Funktionen. Die volle Amplitudenlänge wird nur in der stetigen Funktion im Intervall zwischen zwei diskreten Zeitpunkten abgebildet. Bisher haben wir rein deterministische Funktionen betrachtet. Im folgenden wollen wir untersuchen, auf welche Weise solch ein harmonischer Reihenverlauf durch zufällige Einflüsse gestört werden kann, um dann zur Modellierung „stochastischer" Zyklen überzugehen. Der entscheidende Unterschied zwischen den beiden Darstellungsformen in Gleichung (3.4.35) wird deutlich, wenn die Reihe durch ein Ereignis gestört wird. Yule's Beispiel zur Veranschaulichung dieses Unterschieds hat Berühmtheit erlangt:

---

[51] Andererseits läßt sich der Koeffizient φ eindeutig aus den ersten drei Werten bestimmen, wie man leicht durch Umformung von Gleichung (3.4.35) sieht: $\varphi = (y_t + y_{t-2})/y_{t-1}$.

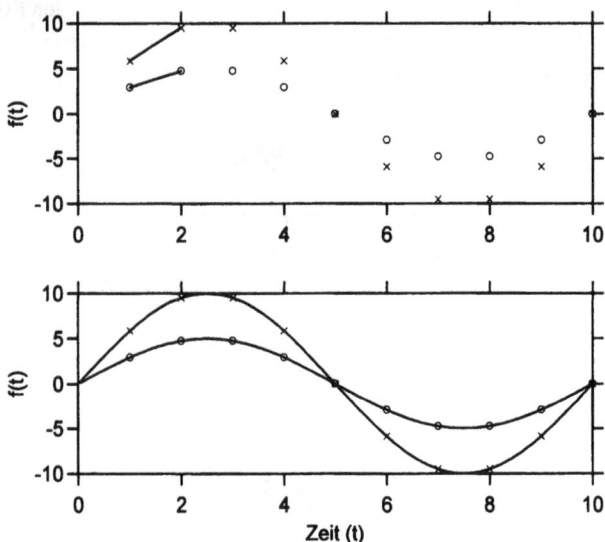

Abb. 3.4.7 *Verlauf zweier harmonischer Schwingungen*

Die Bewegung eines Pendels werde in gleichabständigen Intervallen gemessen, wodurch eine reine trigonometrische Schwingung beschrieben wird. Diese Messungen seien wegen nicht perfekter Meßinstrumente fehlerbehaftet, wobei die Fehler rein additiv und unabhängig voneinander auftreten („Situation 1"). Dann passiere folgendes: *The recording apparatus is left to itself, and unfortunately boys get into the room and start pelting the pendulum with peas, sometimes from one side and sometimes from the other. The motion is now affected, not by superposed fluctuations but by true disturbances, and the effect on the graph will be of an entirely different kind. The graph will remain surprisingly smooth, but amplitude and phase will vary continually* (Yule 1971: 390) („Situation 2").

Wir gehen im folgenden von der Reihe

$$y_{1t} = 5 \cdot \sin\left(2\frac{\pi}{10} t\right) \qquad (3.4.36)$$

aus und fügen eine Störung ε_t hinzu, die für $t = 20$ den Wert 5, für $t = 35$ den Wert 3 und sonst den Wert 0 aufweist. In Abb. 3.4.8 ist die störungsfreie Reihe mit einem Kreis, die gestörte Reihe mit einem „x" gekennzeichnet.

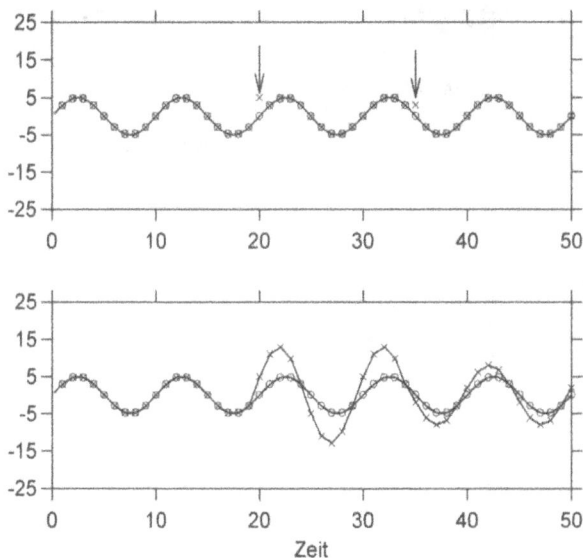

Abb. 3.4.8 *Auswirkung von Störungen auf den Schwingungsverlauf*

In der oberen Abbildung (Sinus-Darstellung gemäß Gleichung (3.4.36)) bewirken die Störungen nur geringfügige punktuelle Abweichungen zu den Zeitpunkten $t = 20$ und $t = 35$. In der unteren Darstellung (Differenzengleichungsdarstellung gemäß der zweiten Zeile in Gleichung (3.4.35) mit $\varphi = 1{,}61803$) bewirken sie durch die Differenzenschreibweise eine dauerhafte Veränderung der Amplitude. Es ist zu beachten, daß zwar beide Störungen positiv sind, die zweite jedoch eine Verringerung der Amplitude bewirkt. Entscheidend ist, ob die Störung in einer aufsteigenden oder einer absteigenden Verlaufsphase eintritt. Die Periodizität wird durch sie aber nicht berührt. Treten nun Störungen zu *jedem* Zeitpunkt und mit unterschiedlicher Intensität auf, so ergibt sich insgesamt ein unruhiger Verlauf, in dem je nach Stärke der Störungen die Zyklizität der Reihe nur noch mehr oder weniger deutlich zu erkennen ist. In vielen Situationen erweist es sich als sinnvoll, diesen Störungen eine bestimmte (konstante) Wahrscheinlichkeitsverteilung zu unterstellen, wobei das Modell der Normalverteilung am häufigsten herangezogen wird.

Wenn wir im folgenden von einem „Störterm" ε_t sprechen, so ist damit eine normalverteilte Zufallsvariable mit Erwartungswert Null und Standardabweichung σ_ε gemeint. Abb. 3.4.9 veranschaulicht die Wirkungen fortlaufender Zufallseinflüsse bei unterschiedlichen Schreibweisen und Varianzen des Störterms ε_t.

Wir gehen jeweils von einer harmonischen Schwingung mit einer Periode von $P = 10$ und gleicher Amplitude aus (die ersten 10 Werte in den vier Darstellungen in Abb. 3.4.9) und addieren zu dieser Reihe ab $t = 11$ Realisationen einer normalverteilten Zufallsvariablen ε_t. In *Z1* ist einer trigonometrischen Funktion ein *Noise*-Term mit der Standardabweichung von 0.1, in *Z2* ein *Noise*-Term mit der Standardabweichung von 1.0 hinzu gefügt worden.

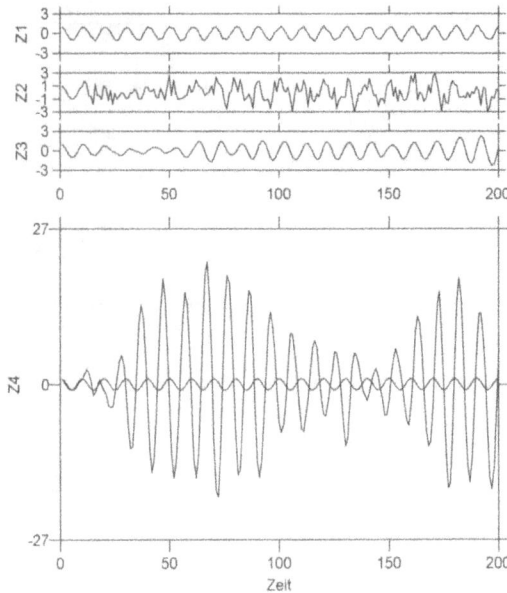

Abb. 3.4.9 *Wirkungen unterschiedlicher Zufallsschock-Einflüsse*

Der Verlauf der Sinusschwingung ist bei *Z2* nur noch schwer zu erkennen. Anders stellt sich die Situation bei *Z3* und *Z4* dar: Durch die Differenzenschreibweise sind die beobachtbaren Zyklen selbst manchmal kürzer, manchmal länger als die strukturell vorgegebene Periode von $P = 10$. Bei *Z4* sieht man außerdem, daß die permanent gestörte Reihe dazu neigt, unbegrenzt zu wachsen, da jede Störgröße einen permanenten Einfluß hat (s. o., Abb. 3.4.8).

In der Realität sieht man sich oftmals mit zyklischen Erscheinungen konfrontiert, deren Amplitude nicht unbegrenzt wächst, sondern langfristig sich in Grenzen hält oder sogar abnimmt. In der bisher betrachteten Situation sind Amplitude und Periode durch die Art des „Anstoßes" (Startwerte) gegeben. Wir setzen voraus, daß eine „Kraft" die Schwingung aufrecht erhält. Falls eine solche Kraft nicht existierte, würde der Ausschlag des Pendels schwächer werden und schließlich in einen Ruhe-Zustand übergehen. Auch diese Situation läßt sich in Form einer Differenzengleichung darstellen. Wenn wir z.B. in Gleichung (3.4.35, zweite Zeile) y_{t-2} nicht vollständig, sondern nur teilweise in y_t übergehen lassen, ergibt sich eine allmählich auslaufende Schwingung. Dazu führen wir einen zweiten Parameter φ_2 ein, der größer als -1 ist, also z.B. $\varphi_2 = 0,95$:

$$y_t = 1.61803 y_{t-1} - 0.95 y_{t-2} \tag{3.4.37}$$

Mit den Startwerten, die eine Amplitude von $A = 10$ ergeben (5.8779 für t_1, 9.5106 für t_2), erhält man die gedämpfte Schwingung, die in Abb. 3.4.10 gezeigt wird.

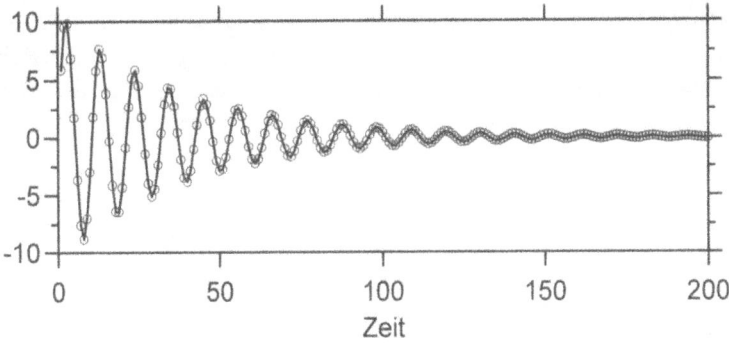

Abb. 3.4.10 *Gedämpfter Schwingungsverlauf gemäß Gleichung (3.4.37)*

Auch diese Form läßt sich entweder als Differenzengleichung oder als trigonometrische Funktion darstellen. Wenn wir einen Prozeß der Art von (3.4.37) allgemein betrachten, so ergibt sich die funktionale Darstellungsform als:[52]

$$y_t = D^{|t|} \frac{\cos\left(2\frac{\pi}{P} t - \tau\right)}{\cos(\tau)} \tag{3.4.38}$$

mit

$$D = \sqrt{-\varphi_2} \tag{3.4.39}$$

$$P = \frac{2\pi}{acos\left(\dfrac{\varphi_1}{2\sqrt{-\varphi_2}}\right)} \tag{3.4.40}$$

$$\tau = atan\left(\frac{1 - D^2}{1 + D^2} \tan\left(\frac{2\Pi}{P}\right)\right), \tag{3.4.41}$$

wobei D einen Dämpfungsfaktor, P die Periode und τ die Phase darstellt. Der Dämpfungsfaktor hängt somit lediglich von φ_2 ab.[53] D gibt an, um welchen Faktor die Amplitude der Funktion mit zunehmendem t sukzessiv verringert wird. In realen

---

[52] Wir übernehmen hier eine Form von Jenkins/Watts (1969: 166). Jenkins und Watts wählen diese Darstellung für die Autokorrelationsfunktion. Die Form ist aber auch für die Originalreihe anwendbar.

[53] Man beachte, daß wir den zweiten *Phi*-Koeffizienten in der Differenzengleichung als negative Größe eingesetzt hatten.

Zeitreihen wird diese Dämpfung nicht unmittelbar sichtbar, weil der Prozeß durch den fortlaufenden Input von Zufallsgrößen „in Schwung" gehalten wird. Wie sich die *random-shocks* auf eine gedämpfte Reihe auswirken, zeigen die folgenden Beispiele. Wenn wir einen „Stör"-Einfluß von $\varepsilon = 5$ bei $t = 125$ unterstellen, ergibt sich bei der gedämpften Reihe ein Verlauf, wie er in Abb. 3.4.11 dargestellt ist.

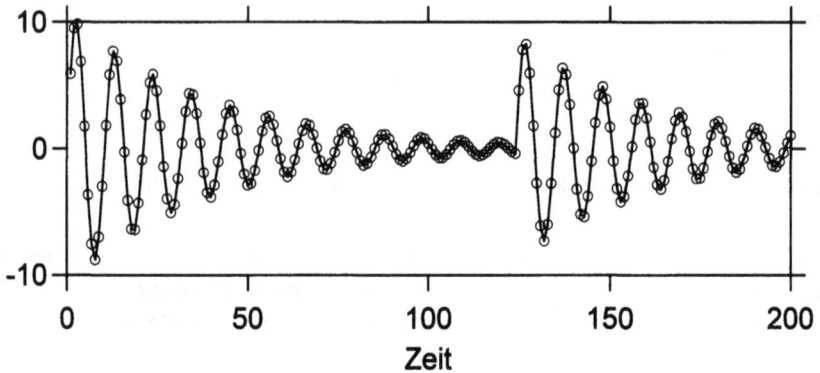

Abb. 3.4.11 *Gedämpfte Schwingung mit zusätzlichem Stör-Einfluß*

Wie in Abb. 3.4.8 bewirkt der Zufallseinfluß eine Niveauverschiebung. Diese ist jetzt aber nicht mehr permanent, sondern transitorisch. Mit der Parameterkombination φ_1 = 1,61803 und φ_2 = -0,95 wird ein Entwicklungșgesetz" vorgegeben, das auch das neue Niveau langfristig oszillierend mit abnehmender Amplitude in ein Gleichgewicht überführt. Falls solche Zufallseinflüsse zu jedem Zeitpunkt wirksam sind, ergibt sich der Verlauf einer *stochastischen* Schwingung, deren Amplitude langfristig nicht unbeschränkt wächst, sondern sich in Grenzen hält. Unterstellen wir z.B. eine normalverteilte Störgröße mit Erwartungswert 0 und Standardabweichung 0,5, ergibt sich der in Abb. 3.4.12 wiedergegebene Verlauf.

Wenden wir uns nun der Beziehung zwischen der Periodenlänge P und den Parametern der Differenzenschreibweise zu. Gleichung (3.4.40) zeigt, daß die Periode eine *nicht*lineare Funktion von φ_1 und φ_2 ist. Daraus ergeben sich einige aufschlußreiche Folgerungen.

Wenn z. B. der Wert φ_2 = -0,1 fixiert ist, führt φ_1 = 0,6321 zu einer Periode von P = 200; φ_1 = 0,6323 entspräche aber bereits einer Periode von P = 283,3. Wenn φ_2 = -0,9, entspricht φ_1 = 1,8964 einer Periode von P = 200; während φ_1 = 1,897 bereits eine Periode von P = 319,6 impliziert. Die Periode wird unendlich lang, wenn der Nenner in (3.4.40) Null wird, also der Bruch in der *acos*-Funktion gleich 1 ist, bzw. wenn $\varphi_1 = 2\sqrt{-\varphi_2}$.

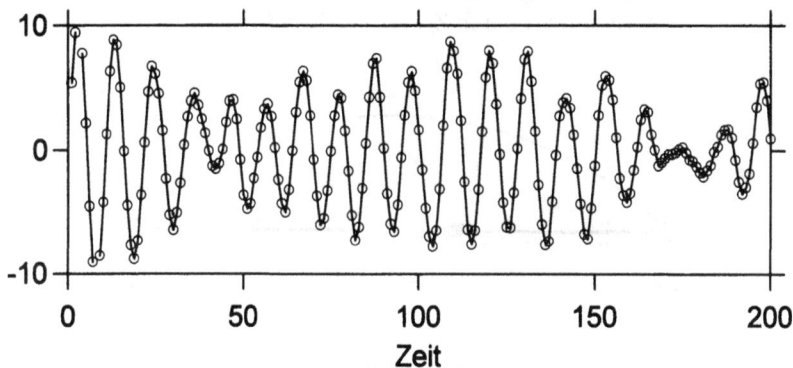

Abb. 3.4.12 *Prozeß 2. Ordnung mit normalverteilter Störgröße*

Ein ähnliches Bild erhalten wir, wenn wir φ_1 fixieren. Bei $\varphi_1 = 0,5$ und $\varphi_2 = -0,06256$ ergibt sich eine Periode von $P = 200$; $\varphi_2 = 0,06252$ entspräche bereits einer Periode von $P = 351,28$. Die Beispiele verdeutlichen, in welch hohem Maße die Beziehungen zwischen den Parametern und der Zyklenlänge nichtlinear sind. Dies schafft erhebliche Probleme bei der empirischen Identifikation der Prozeßstruktur, weil minimale Veränderungen in den Schätzgrößen der *Phi*-Parameter große Unterschiede in den geschätzten Periodenlängen implizieren können (s. das in Abschn. 3.6 präsentierte Beispiel).

3.5 Die partielle Autokorrelationsfunktion als Instrument der Modellidentifikation

Das Konzept der partiellen Korrelation ist aus der Elementarstatistik bekannt. Die partielle Korrelation $r_{13.2}$ zwischen zwei Variablen X_1 und X_3 „unter Konstanthalten" einer dritten Variablen, X_2, ist gleich der einfachen Korrelation der Residuen e_1 und e_3, die sich aus den separat durchgeführten bivariaten Regressionen von X_1 und X_3 auf X_2 ergeben. Da die beiden Residualvariablen keine Varianzanteile enthalten, die sich (linear) auf X_2 zurückführen lassen, bildet ihre Korrelation den „direkten", von X_2 unbeeinflußten Zusammenhang zwischen X_1 und X_3 ab. Formal kann dieses Konzept ohne weiteres auf die Autokorrelation von Zeitreihen übertragen werden. Nehmen wir als Beispiel einen autoregressiven Prozeß zweiter Ordnung:

$$z_t = \varphi_1 z_{t-1} + \varphi_2 z_{t-2} + a_t \qquad (3.5.1)$$

Die Variablen-Bezeichnungen X_1 und X_3 sind durch die Buchstaben Z_t und Z_{t-2}, die Variable X_2 durch die Variable Z_{t-1} ersetzt worden. Gesucht wird ein Koeffizient, der den partiellen (direkten) Zusammenhang zwischen den Zeitreihenwerten angibt, die um ein Intervall voneinander getrennt sind. Gefragt wird: Wie stark ist der „Einfluß" von Z_{t-2} auf Z_t, soweit er nicht durch Z_{t-1} vermittelt ist (s. Abb. 3.5.1).

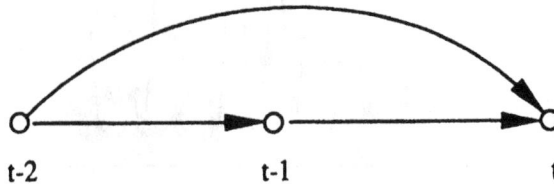

Abb. 3.5.1 *Schema der Partial-Autokorrelation*

Der obere Pfeil symbolisiert den direkten Einfluß von Z_{t-2} auf Z_t, während die unteren aneinandergereihten Pfeile den indirekten Einfluß darstellen, der über Z_{t-1} vermittelt wird. In der Zeitreihenanalyse tritt nun die Besonderheit auf, daß die bivariaten Regressionskoeffizienten, also die φ-Gewichte, identisch mit den entsprechenden Korrelationskoeffizienten sind. Bekanntlich unterscheiden sich Pearsons Korrelationskoeffizient und der Regressionskoeffizient im allgemeinen dadurch, daß die Kovarianz im ersten Fall durch das Produkt der Standardabweichungen der beiden beteiligten Variablen, im zweiten Fall durch die Varianz der Regressorvariable dividiert wird:

$$r_{x(1)x(2)} = \frac{cov(x_1,x_2)}{s_{x(1)}s_{x(2)}} \qquad b_{x(1)x(2)} = \frac{cov(x_1,x_2)}{var(x_2)} \qquad (3.5.2)$$

Die Standardabweichungen der Regressoren Z_t und Z_{t-2} (oder allgemein Z_{t-k}, $k<n$) sind aber identisch (sie repräsentieren einen einzigen stationären Prozeß), so daß das Produkt der beiden Standardabweichungen gleich der Varianz jeder der beiden „Variablen" ist. In einem AR(2)-Prozeß ist zudem der partielle Regressionskoeffizient $φ_2$ identisch mit dem partiellen Autokorrelationskoeffizienten für den direkten Zusammenhang zwischen Z_{t-2} und Z_t. Für den partiellen Korrelationskoeffizienten gilt allgemein (wenn wir die Variablen jetzt nur noch mit Ziffern bezeichnen):

$$r_{13.2} = \frac{r_{13} - r_{12}r_{23}}{\sqrt{(1-r_{12}^2)(1-r_{23}^2)}} \qquad (3.5.3)$$

Da bei Zeitreihen die bivariaten Korrelationskoeffizienten nur vom *Lag k* abhängen, somit $r_{12}=r_{23}=r$ ist, wird der Nenner zu $(1-r^2)$. Wenn man gleichzeitig bedenkt, daß bei Zeitreihen die bivariaten Korrelationskoeffizienten identisch sind mit den entsprechenden bivariaten Regressionskoeffizienten, dann wird deutlich, daß auch die *partiellen* Korrelationskoeffizienten nach Gleichung (3.5.3) identisch sind mit den *partiellen* Regressionskoeffizienten, denn deren Rechenformel ist allgemein mit

$$b_{13.2} = \frac{b_{13} - b_{12}r_{23}}{(1-r^2)} \tag{3.5.4}$$

gegeben. Entsprechendes gilt auch für die partiellen Koeffizienten höherer Ordnung. Im Unterschied zur vertrauten Terminologie aus der Querschnittanalyse bezeichnet man in einem AR(2)-Prozeß φ_2 als partiellen Korrelationskoeffizienten *zweiter* Ordnung (zum *Lag k* = 2), obwohl hier nur eine einzige Kontrollvariable, Z_{t-1}, vorliegt. In einem AR(3)-Prozeß ist φ_3 der partielle Autokorrelationskoeffizient 3. Ordnung, denn er repräsentiert die direkte Beziehung zwischen Z_t und Z_{t-3} unter Konstanthalten von Z_{t-1} und Z_{t-2}. Dagegen ist φ_2 in der Gleichung (3.5.5) nicht der partielle Autokorrelationskoeffizient zweiter Ordnung, denn er repräsentiert ja die direkte Beziehung zwischen Z_t und Z_{t-2} unter Konstanthalten von Z_{t-1} *und* Z_{t-3}, ist also wie φ_3 ein partieller Regressionskoeffizient 3. Ordnung.

$$z_t = c + \varphi_1 z_{t-1} + \varphi_2 z_{t-2} + \varphi_3 z_{t-3} + a_t \tag{3.5.5}$$

Den partiellen Auto-Korrelationskoeffizienten *zweiter* Ordnung für einen AR(3)-Prozeß erhält man, indem man mit den Daten dieses Prozesses die *Regressions*koeffizienten der Gleichung $z_t = c + \varphi_1 z_{t-1} + \varphi_2 z_{t-2} + a_t$ bestimmt. Das letzte *Phi*-Gewicht, φ_2, ist der gesuchte partielle Autokorrelationskoeffizient 2. Ordnung. Allgemein ermittelt man die partiellen Autokorrelationskoeffizienten erster bis *p*-ter Ordnung für einen AR(*p*)-Prozeß, indem man die *Yule-Walker* Gleichungen (s. oben (3.4.30)) schrittweise für k = 1,2,...,*p* nach den *Phi*-Koeffizienten löst. Auf diese Weise erhält man eine Serie von Regressionskoeffizienten φ_{kj}, wobei k = 1,2,...,*p* und j = 1,2,...,k. Die doppelte Indizierung wird eingeführt, um die Regressionskoeffizienten in ihrer Funktion als partielle Korrelationskoeffizienten von ihrer Funktion als Regressionsgewichte (Steigungskoeffizienten) zu unterscheiden: Als partielle Autokorrelationskoeffizienten erscheinen sie nur, wenn $j = k$. Für einen AR(3)-Prozeß sind also folgende Gleichungssysteme sukzessive zu lösen:

$$k = 1: \quad r_1 = \hat{\varphi}_{11} \tag{3.5.6}$$

$$k = 2: \quad \begin{bmatrix} r_1 \\ r_2 \end{bmatrix} = \begin{bmatrix} 1 & r_1 \\ r_1 & 1 \end{bmatrix} \times \begin{bmatrix} \hat{\varphi}_{2,1} \\ \hat{\varphi}_{2,2} \end{bmatrix} \tag{3.5.7}$$

$$k = 3: \quad \begin{bmatrix} r_1 \\ r_2 \\ r_3 \end{bmatrix} = \begin{bmatrix} 1 & r_1 & r_2 \\ r_1 & 1 & r_1 \\ r_2 & r_1 & 1 \end{bmatrix} \times \begin{bmatrix} \hat{\varphi}_{3,1} \\ \hat{\varphi}_{3,2} \\ \hat{\varphi}_{3,3} \end{bmatrix} \qquad (3.5.8)$$

Die jeweils letzten Gewichte des Vektors $(\hat{\varphi}_{k1}, \hat{\varphi}_{k2}, ..., \hat{\varphi}_{kk})'$, also die p-mal ermittelten $\hat{\varphi}_{kk}$ ($k = 1, 2, ...,p$) sind die partiellen Auto-Korrelationskoeffizienten erster bis p-ter Ordnung, im obigen Beispiel eines AR(3)-Prozesses also $\hat{\varphi}_{1,1}; \hat{\varphi}_{2,2}; \hat{\varphi}_{3,3}$. Für die Zwecke der Partiellen Autokorrelationsfunktion PAKF bzw. SPAKF definiert man den Koeffizienten φ_{11} als einen partiellen Korrelationskoeffizienten 1. Ordnung (zum *Lag* 1), obwohl er, wie schon erwähnt, die einfache Korrelation zwischen Z_t und Z_{t-1} ohne Konstanthalten irgendwelcher anderer Faktoren angibt. Die theoretische PAKF eines AR(p)-Prozesses hat Werte ungleich Null für $k = 1,2,...,p$ und danach (für höhere *Lags* $k > p$) nur noch Werte gleich Null.

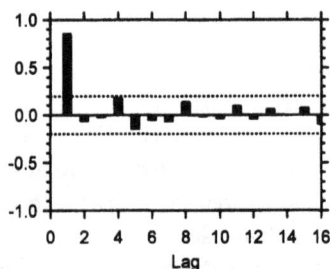

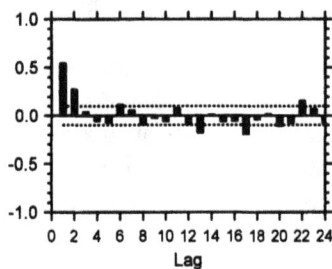

Abb. 3.5.2 *SPAKF des simulierten AR(1)* **Abb. 3.5.3** *SPAKF des simulierten AR (2)*
Prozesses mit $\varphi = 0.8$ *Prozesses mit* $\varphi_2 = 0,5$ *und* $\varphi_2 = 0,2$

Die Funktion der partiellen Autokorrelationskoeffizienten hat somit theoretisch einen klaren Abbruchpunkt; das macht sie als Instrument der empirischen Identifikation eines AR(p)-Prozesses besonders geeignet, obleich die *empirische* SPAKF einer endlichen Reihe $\{Z_t\}$ Koeffizienten $\hat{\varphi}_k \neq 0$ bei $k > p$ aufweisen kann. In Abb. 3.5.2 und 3.5.3 werden die SPAKF der in vorangegangenen Kapitelabschnitten simulierten AR(1) und AR(2)-Prozesse (s. Abb. 3.4.2a und 3.4.5) gezeigt.

Die PAKF-Muster der AR-Prozesse höherer Ordnung unterscheiden sich - wenn man die Vorzeichen der Koeffizienten einmal außer Betracht läßt - lediglich durch den späteren Abbruchpunkt von den PAKF-Mustern der AR-Prozesse niedrigerer Ordnung.

Aus Gründen der Systematik wäre es angebracht, nun zunächst die restlichen theoretischen Prozeß-Modelle vorzustellen. Unsere Lehrerfahrungen haben allerdings immer wieder gezeigt, daß HistorikerInnen und SozialwissenschaftlerInnen es vorziehen, spätestens an dieser Stelle die verschiedenen Schritte der Modellidentifikation an einem Beispiel mit realen Daten praktisch nachzuvollziehen.

Dies soll im nächsten Abschnitt geleistet werden. Weitere theoretische Prozeßmodelle werden danach in den Abschnitten 3.7 und 3.8 vorgestellt.

3.6 Modellidentifikation in der Praxis (zwei Beispiele)

Die Box/Jenkins-Methodologie der Zeitreihenanalyse sieht für ihren praktischen Vollzug drei Hauptstufen vor: (1) die empirische Identifikation der Modelle, (2) die Schätzung der Modell-Parameter und (3) die Modelldiagnose, d. h. die Evaluierung der Modellgüte anhand bestimmter Kriterien.

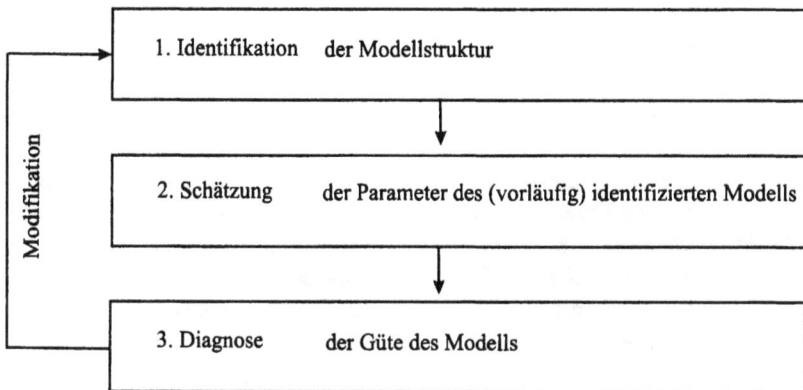

Abb. 3.6.1 *Das dreistufige Verfahren der Zeitreihenanalyse*

Bevor entschieden werden kann, welches theoretische Prozeß-Modell auf eine beobachtete Zeitreihe „paßt", muß zunächst festgestellt werden, ob die Zeitreihe nicht erkennbar die Voraussetzungen verletzt, die in die theoretischen Modelle eingebaut sind. Das betrifft vor allem die Stationaritätsannahme (konstanter Mittelwert, konstante Varianz). Auch einzelne Ausreißer können die Modellidentifikation erheblich stören. Die Analyse sollte also auf jeden Fall mit einer sorgfältigen Inspektion des *Plots* der Zeitreihe beginnen. Fehlende Werte lassen sich zunächst durch *Ad-hoc*-Verfahren (z. B. durch lineare Interpolation) ersetzen, die wir in Kap. 2 erwähnt haben. Aufwendigere Verfahren stützen sich auf den *Kalman-Filter* (hier nicht erläutert) oder auf andere rekursive Schätzverfahren (s. Thome 1995b). Die Modellierung nicht-stationärer Reihen wird in Kapitelabschn. 3.12 gesondert behandelt. Zur Modellierung instabiler Varianzen s. Thome (1994a). In der Forschungspraxis sind auch *Ad-hoc*-Verfahren zur Varianzstabilisierung, wie z. B. die Prozentuierung der Abweichungen vom Trend, durchaus gebräuchlich (s. z. B. Metz/Stier 1992a).

In diesem Abschnitt wollen wir uns etwas ausführlicher mit der Zeitreihe der Popularitätswerte der US-amerikanischen Präsidenten beschäftigen, die wir schon in

Abschn. 3.4.1 kurz vorgestellt hatten und hier noch einmal präsentieren (s. Abb. 3.6.2).

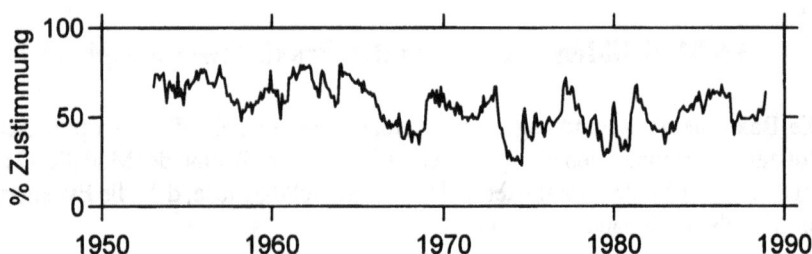

Abb. 3.6.2 *Popularität des US-Präsidenten*

Nach dem ersten Augenschein zu urteilen, ist die Stationarität dieser Reihe zumindest fraglich. Relativ kontinuierliche Auf- und Abwärtsbewegungen über eine Reihe von Monaten könnten auf lokale Trendentwicklungen hinweisen; ab Mitte der 60er Jahre scheint das mittlere Niveau der Reihe niedriger zu sein als im ersten Drittel des Beobachtungszeitraums. Mindestens ein renommierter Zeitreihenanalytiker (Beck 1991) stuft die Reihe dennoch auf der Basis formaler Tests (s. unten, Abschn. 3.12.4) als stationär ein. Auch die SAKF wird in der Forschungspraxis als heuristisches Instrument zur Erkennung von Nicht-Stationarität eingesetzt. Die etwas unpräzise Faustregel heißt: Fällt die Autokorrelationsfunktion nur „sehr allmählich und nahezu linear auf Null ab, ist der Prozeß nicht-stationär" (Box/Jenkins 1976: 174). Die SAKF der Popularitätsdaten fällt in der Tat nur sehr allmählich ab, der Rückgang der Koeffizienten verläuft aber nicht linear (s. Abb. 3.6.3 a u. b).

Das nahezu geometrisch abfallende Muster entspricht recht gut der Funktionsform eines AR(1)-Prozesses; der Ordnungsgrad $p = 1$ wird durch die SPAKF bestätigt, die nur einen einzelnen „signifikanten" Koeffizienten bei $k = 1$ ausweist. Es könnte sich also bei dieser Reihe um einen Grenzfall handeln mit einem sehr hohen Autoregressionskoeffizienten φ in der Nähe der Stationaritätsgrenze: $0{,}90 < \varphi < 1$.

Bei reinen autoregressiven Modellen können die Parameter nach dem üblichen Kleinstquadrateverfahren der Regressionsanalyse geschätzt werden (s. die Hinweise zu den Schätzverfahren in Abschn. 3.10). Das Ergebnis dieser Schätzung ist (Standardfehler in Klammern):

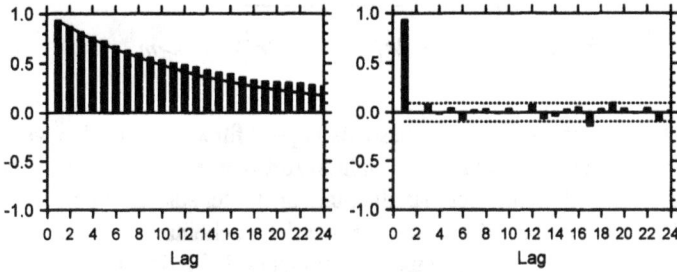

Abb. 3.6.3 a u. b *SAKF und SPAKF der Popularitätsdaten*

$$POP_t = 3,889 + 0,93 POP_{t-1} + a_t$$
$$(1,008) \quad (0,0176)$$
$$\hat{R}^2 = 0,866 \quad \hat{\sigma}_{a(t)} = 4,55 \tag{3.6.1}$$

Aus der Konstanten $\hat{c}$ = 3,889 und dem Koeffizienten $\hat{\phi}$ = 0,93 ergibt sich ein Schätzer für das arithmetische Mittel mit $\hat{\mu}$ = 3,889/(1-0,93) = 55,6, (s. Gleichung 3.4.9). Er stimmt bis auf Rundungsfehler mit dem deskriptiven Wert $\bar{x}$ = 55,8 überein.[54]

Auf die Popularitätsdaten werden wir in Kap. 5 zurückkommen, wenn wir sie als abhängige Variable in einem dynamischen Regressionsmodell einsetzen.

Das Muster der SPAKF und der SAKF ist stark durch die Länge der beobachteten Zeitreihe sowie durch einzelne Ausreißer oder temporäre Strukturverschiebungen beeinflußt. Je mehr Meßzeitpunkte die Reihe umfaßt, desto größer - *ceteris paribus* - ist die Chance, daß das empirische Muster das Muster der „wahren" Prozeßstruktur abbildet. Allerdings stehen für die sozialwissenschaftliche Forschungspraxis nur selten lange Zeitreihen von über zwei- oder dreihundert Fällen zur Verfügung, ohne daß sie markante Strukturbrüche aufweisen.

Obwohl die Mustererkennung bei der empirischen Modellidentifikation entscheidend ist, ist es gelegentlich nützlich, die Konfidenzintervalle der Autokorrelations- und der partiellen Autokorrelationskoeffizienten zu kennen. Unter der Voraussetzung, daß der Prozeß multivariat normalverteilt ist („Gauß-Prozeß") und eine „große" Zahl von Meßzeitpunkten vorliegt, sind auch die empirischen Autokorrelationskoeffizienten r_k (als Schätzer der theoretischen Autokorrelationskoeffizienten ρ_k) normalverteilt um den Erwartungswert ρ_k mit folgender Varianz (*Bartlett*-Formel):

$$Var(r_k) = \frac{1}{n} \sum_{i=-\infty}^{\infty} (\rho_i^2 + \rho_{i+k}\rho_{i-k} - 4\rho_k\rho_i\rho_{i-k} + 2\rho_k^2\rho_i^2) \tag{3.6.2}$$

Die gängigen Computerprogramme stützen sich bei der Berechnung der Varianz bzw. der Standardfehler $\hat{\sigma}(r_k)$ in der Regel auf eine Näherungsformel, die ebenfalls von *Bartlett* entwickelt wurde. Wir geben sie hier in einer Form wieder, in der die theoretischen Größen durch ihre Stichprobenschätzer ersetzt sind:

---

[54] Im SPSS-Ergebnisausdruck des ARIMA-Menüs erscheint als „Constant" nicht $\hat{c}$, sondern $\hat{\mu}$. In der Schreibweise $z = c + 1/(1 - \varphi B)a_t$ wird $c = \mu$ gesetzt; s. Gleichungen (3.4.8) u. (3.4.9).

$$\hat{\sigma}(r_k) = \sqrt{\frac{1}{n}(1 + 2r_1^2 + \cdots + 2r_m^2)} \quad , \quad k{>}m \qquad (3.6.3)$$

Sie bezieht sich auf die Nullhypothese, daß $\rho_k = 0$ für $k > m$ ist. Man weiß natürlich nicht im voraus, ab welchem *Lag* die wahren Autokorrelationskoeffizienten ρ_k gleich Null sind.[55] Deshalb berechnet man die Standardfehler sukzessive für $m = 0,1,2,3,...$ Das heißt, die Varianzen für $r_1, r_2, ... , r_k$ werden nacheinander mit dem Divisor n^{-1}, $n^{-1}(1+2r_1^2)$, $n^{-1}(1+2r_1^2+...+2r_{k-1}^2)$ usw. geschätzt (s. Mills 1990: 66). Die Schätzung der entsprechenden Konfidenzintervalle ist bei AR-Prozessen kaum relevant, da es ja hier lediglich um die Erkennbarkeit des exponentiell abfallenden Musters der SAKF geht; sie kann aber bei der Bestimmung der Ordnung eines *Moving-average*-Prozesses (s. unten Abschn. 3.7) durchaus hilfreich sein. Die Konfidenzintervalle werden mit zunehmendem *Lag* breiter (was angesichts sinkender Fallzahlen plausibel ist).[56] Außerdem ist zu beachten, daß Formel (3.6.3) nur für große *Lags* eine gute Annäherung an die wahren Werte liefert (man spricht von der *large lag variance*, s. auch unten, S. 137). Dies ist vor allem beim Test auf *white noise* zu bedenken. Beim Test der Hypothese, daß $\rho_k = 0$ für alle $k = 1,2,...$, reduziert sich Gleichung (3.6.3) zu

$$\hat{\sigma}(r_k) = \frac{1}{\sqrt{n}} \qquad (3.6.4)$$

Gleichung (3.6.4) liefert auch den Standardfehler für den partiellen Autokorrelationskoeffizienten,

$$\hat{\sigma}(\hat{\varphi}_{k,k}) \approx \frac{1}{\sqrt{n}} \quad , \quad k > p \qquad (3.6.5)$$

unter der Hypothese, daß ein autoregressiver Prozeß p-ter Ordnung vorliegt (s. Box/Jenkins 1976: 178).

Wir präsentieren nun eine zweite Beispielreihe, die prozentuierten Trendabweichungen der Realinvestitionen im Vereinigten Königreich von 1830 - 1979[57] (s. Abb. 3.6.4).

---

[55] Box u. Jenkins (1976: 35) interpretieren den *Lag* $k = m$ als jenen Punkt, „beyond which the theoretical autocorrelation function may be deemed to have 'died out'".
[56] In der Windows-Version von SPSS muß die *Bartlett*-Approximation als Option im Menüfenster GRAFIK/ZEITREIHEN/AUTOKORRELATIONEN explizit gewählt werden, da ansonsten die Berechnung auf $m = 0$ („weißes Rauschen") voreingestellt ist.
[57] Wir danken PD Dr. Rainer Metz, Zentrum für historische Sozialforschung, Köln, der uns diese Daten zur Verfügung gestellt hat. Das Verfahren der Trendbereinigung mittels linearer Filter, das hier angewandt wurde, wird u. a. in Metz/Stier (1992b) erläutert. Es wurden alle Schwingungslängen mit einer Periode von über 80 Jahren aus den Originaldaten eliminiert. Zum Zwecke der Varianzstabilisierung wurden die prozentuierten Abweichungen vom Trend als Basis für die Modellidentifikation verwendet.

10000
0
-10000
1830   1880   1930   1980

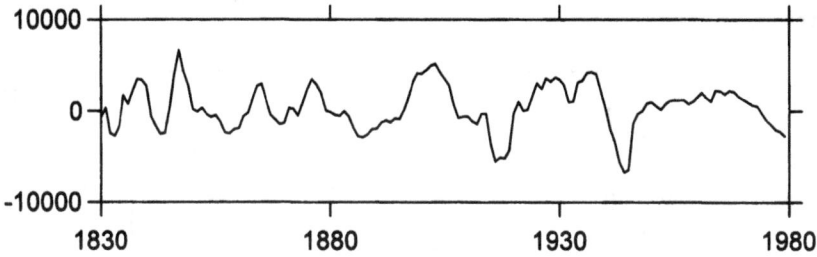

Abb. 3.6.4 *Realinvestitionen im Vereinigten Königreich, 1830-1979 (Prozentuierte Abweichungen vom Trend)*

Sie scheint eine zyklische Komponente zu enthalten, die allerdings sehr unregelmäßig verläuft. Die Periodizität zeigt sich deutlich in der SAKF und der SPAKF (s. Abb. 3.6.5a und 3.6.5b).

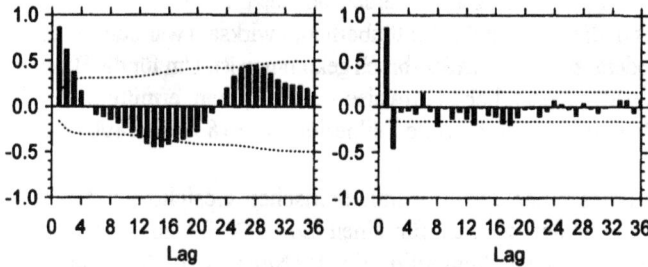

```
1.0                              1.0
0.5                              0.5
0.0                              0.0
-0.5                             -0.5
-1.0                             -1.0
    0  4  8 12 16 20 24 28 32 36      0  4  8 12 16 20 24 28 32 36
              Lag                               Lag
```

Abb. 3.6.5 a u. b *SAKF und SPAKF der britischen Realinvestitionen, 1830-1979*

Die Autokorrelationskoeffizienten entwickeln sich in Form einer gedämpften, sinusähnlichen Schwingung. Zeitreihen-Werte, die etwa 28 bis 30 *Lags* (Jahre) auseinanderliegen, korrelieren relativ stark positiv miteinander; Werte, die etwa 14, 15 Jahre voneinander entfernt sind, korrelieren relativ stark negativ miteinander. Die partielle Autokorrelationsfunktion (SPAKF) zeigt signifikante Koeffizienten für die beiden ersten *Lags* und fällt danach abrupt ab, hat bei größeren *Lags* nur noch einzelne Koeffizienten, die über die Grenzen des 95-Prozent-Konfidenzintervalls hinausragen. Die Muster von SAKF und SPAKF sprechen also für einen autoregressiven Prozeß zweiter Ordnung mit pseudo-periodischen Schwingungen, die sich über eine Basis-Periode von ca. 30 Jahren erstrecken.[58] Das Periodogramm (s. Kap. 2.4), das eine deutliche Spitze bei einer

---

[58] Zu beachten ist, daß in der Praxis (bei kurzen Zeitreihen), die SPAKF auch häufig dann keinen „signifikanten" Koeffizienten bei $k=2$ ausweist, wenn tatsächlich eine stochastische Schwingung vorliegt (s. Box/ Jenkins 1976: 66). Andererseits kann die SAKF ein schwingungsähnliches Muster annehmen, wenn der Prozeß keine relevante zyklische Komponente enthält. Die Identifikation von Schwingungen sollte sich also noch auf weitere Verfahren, insbesondere eine Periodogrammanalyse, stützen (s. oben, S. 61ff.).

Periodenlänge von 30 Jahren bzw. einer Frequenz von $^1/_{30}$ zeigt, bestätigt diesen Eindruck (Abb. 3.6.6)

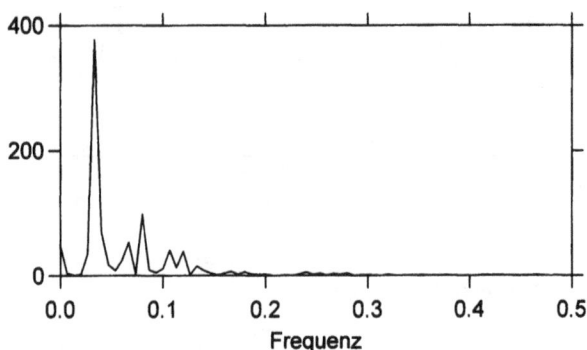

Abb. 3.6.6 *Periodogramm der britischen Realinvestitionen*

Im ersten Drittel der Zeitreihe scheint diese Basisschwingung durch mindestens eine weitere Schwingung überlagert zu werden, und letztlich ist unklar, ob ein dreißigjähriger Basiszyklus in diesem Zeitabschnitt überhaupt wirksam war oder ob es nicht Ende des 19. Jahrhunderts zu einem Strukturbruch gekommen ist. Um für die Beantwortung dieser Frage wenigstens zusätzliche Hinweise zu bekommen, ermitteln wir die SAKF und die SPAKF gesondert für die erste Teilperiode von 1830 bis 1890 (s. Abb. 3.6.7a und 3.6.7b).

Allerdings ist es unter stichprobentheoretischen Gesichtspunkten wenig sinnvoll, Autokorrelationskoeffizienten für einen *Lag k* > 20 zu schätzen, wenn nur 61 Meßzeitpunkte vorliegen. Immerhin zeigt das Muster der SAKF eine Aufwölbung bei ca. 28 Jahren, und die Koeffizienten der SPAKF entsprechen nicht nur im Muster, sondern auch in der Größenordnung denjenigen, die wir für die Gesamtreihe ermittelt hatten. Die SAKF deutet aber auch an, daß der dreißigjährige Zyklus in dieser Periode möglicherweise nicht dominant ist.

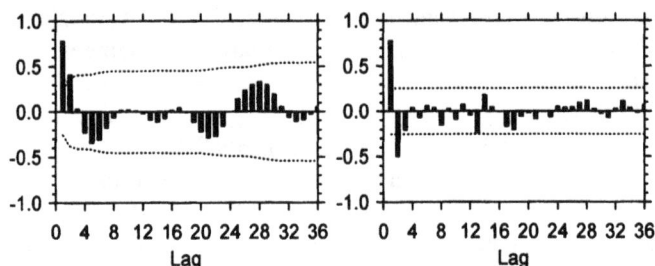

Abb. 3.6.7 a u. b *SAKF und die SPAKF gesondert für die erste Teilperiode von 1830 bis 1890*

Diesen Eindruck bestätigt das (hier nicht gezeigte) Periodogramm (das bei diesen Fallzahlen natürlich ebenfalls wenig aussagekräftig ist). Es weist zwar erneut eine Spitze bei 30 Jahren auf, daneben werden aber weitere Spitzen sichtbar. Insgesamt stützen diese Hinweise (trotz ihrer eingeschränkten Aussagekraft im einzelnen) die Annahme, daß die Realinvestitionen bis ca. 1890 zwar zusätzlichen Einflußgrößen unterlagen, daß aber eine durchgängige Basisschwingung von ca. 30 Jahren über den gesamten Zeitraum von 1830 bis 1979 wirksam war. Dieser stochastische Zyklus müßte sich auch in den geschätzten autoregressiven Parametern, den *Phi*-Koeffizienten, zu erkennen geben. Die Schätzung (die mit dem Kleinstquadratverfahren und dem *Maximum-likelihood*-Verfahren zu nahezu identischen Ergebnissen führt) bringt folgendes Resultat (Standardfehler in Klammern):

$$\hat{\varphi}_1 = 1{,}285 \ (0{,}072)$$

$$\hat{\varphi}_2 = -0{,}481 \ (0{,}072)$$

Diese Werte liegen klar unterhalb des Bogens, der im Stationaritätsdreieck für AR(2)-Prozesse (s. oben, Abb. 3.4.4) die Parameterkombinationen für stochastische Zyklen markiert. Der Bogen folgt der Parabelfunktion $\varphi_1^2 + 4\varphi_2 = 0$. Falls die Summe (wie in unserem Beispiel) kleiner Null ist, ist ein quasi-zyklischer Prozeß angezeigt. Nach der schon in Abschn. 3.4.4 gegebenen Formel läßt sich aus den *Phi*-Koeffizienten die Periodenlänge ermitteln

$$\hat{P} = \frac{2\pi}{\cos^{-1}\left(\frac{\varphi_1}{2\sqrt{-\varphi_2}}\right)} = \frac{6{,}28}{\cos^{-1}\left(\frac{1{,}285}{2\sqrt{+0{,}481}}\right)} \tag{3.6.6}$$

$$= 16{,}3$$

Das Ergebnis weicht erheblich von der Periodenlänge ab, die das Auto-Korrelogramm und das Periodogramm angezeigt haben. Das Problem ist nicht in einer an sich fehlerhaften Parameterschätzung, sondern in der extrem nicht-linearen Beziehung zwischen *Phi*-Koeffizienten und Periodenlänge begründet: in bestimmten Wertebereichen führen schon minimale Abweichungen in den geschätzten Koeffizienten zu erheblichen Veränderungen in der geschätzten Periodenlänge. Darauf ist schon in Abschn. 3.4.4 hingewiesen worden. Wenn statt der oben notierten Schätzer die Koeffizienten $\hat{\varphi}_1^* = 1{,}311$ und $\hat{\varphi}_2^* = -0{,}4522$ in Gleichung (3.6.6) eingesetzt werden, ergibt sich z. B. eine um mehr als 10 Jahre vergrößerte Periodenlänge von 27,9 Jahren. Diese (von Box/Jenkins 1976 nicht erwähnte) Problematik führt uns zu dem Schluß, daß es wenig sinnvoll ist, *lange* stochastische Zyklen mit einer Periode $P > 10$ als AR(2)-Prozesse zu modellieren. In einer solchen Situation wäre es sinnvoller, die entsprechende Schwingung mit einem geeigneten Filterverfahren aus der Reihe zu extrahieren[59] und die Restkomponente zu modellieren.

---

[59] Siehe hierzu die bereits erwähnte Arbeit von Metz/Stier (1992b). Eine ähnliches Filterverfahren („Hodrick/Prescott"-Filter) ist inzwischen in einigen Software-Paketen zur Zeitreihenanalyse implementiert worden, so z. B. in *Microfit 4.0* (s. Pesaran/Pesaran 1997).

Wir wollen am Schluß dieses Abschnittes noch einige weitere problematische Punkte
wenigstens kurz erwähnen, ohne sie im Rahmen dieses Einführungstextes eingehender
erörtern zu können:

- Im Prinzip lassen sich auch mehrere Zyklen, die sich überlagern, in AR($2\,m$)-
  Modellen (m=1,2,...) darstellen. Deren Stationaritätsgrenzen sind allerdings weitaus
  komplizierter zu bestimmen. Hamilton (1994: 107 f.) betrachtet als Alternative die
  Summe von mehreren AR(p)-Prozessen und zeigt, daß die Addition zweier
  unkorrelierter Prozesse AR(p_1) und AR(p_2) einen ARMA(p_1+p_2, max$\{p_1,p_2\}$) ergibt.
  (Zu den ARMA-Prozessen s. unten Abschn. 3.8).

- Ein AR(2)-Prozeß kann auch Teil eines stochastischen oder eines gemischt
  deterministisch-stochastischen Komponentenmodells sein. Siehe hierzu etwa
  Nerlove/Grether/Carvalho (1979).

- Transformationen wie Differenzen- oder Logarithmenbildung bewirken zwar keine
  Verschiebung der *Peaks* im Periodogramm, aber eine Veränderung der relativen
  Varianzanteile der einzelnen zyklischen Komponenten.

- Werden Zeitreihen „zeitlich" aggregiert, ändert sich im allgemeinen auch ihre
  Autokorrelationsstruktur (s. hierzu das Beispiel in Rahlf 1996b).

3.7. *Moving-Average*-Prozesse (MA-Modelle)

Autoregressive Modelle schreiben, wie wir sahen, gegenwärtige Werte z_t als Funktion
vergangener Werte z_{t-k}, k = 1,2,...p. Die treibende Kraft des Systems sind jedoch die
Zufallsereignisse a_{t-k} (k = 0,1,2,...,∞), die verhindern, daß die Zeitreihe in ihrem
Gleichgewichtsniveau verharrt. Die Einflußdauer der *random shocks* wird in dieser
Modellklasse (theoretisch) als „unendlich lang" (mit rasch abnehmenden Gewichten)
angenommen. Indem man aber auf der rechten Gleichungsseite nicht unendlich viele
„Input"-Terme $a_{t-1},...,a_{t-\infty}$ einsetzt, sondern statt dessen einen oder mehrere verzögerte
Terme der „endogenen" Variable (z_{t-1}, z_{t-2} usw.) einführt, erreicht man eine sparsamere
Parametrisierung des Modells, ohne seinen analytischen Gehalt, wie er in der *Psi*-
Gewichte-Form sichtbar wird (s. Gleichung (3.4.32)), zu verändern. Nun kann man
sich aber auch Systeme vorstellen, in denen ein Zufallsereignis, das zu einem beliebigen
Zeitpunkt auftritt, nicht in alle Zukunft hinein wirksam bleibt, auch nicht mit ständig
abnehmendem Gewicht. Solche Prozesse werden in den sog. *moving-average* Modellen[60]
dargestellt:

---

[60] Der Ausdruck „moving average" (Gleitender Mittelwert) ist insofern irreführend, als sich die
Gewichte nicht zum Betrag „1" summieren, insoweit also überhaupt keine Durchschnittsbildung
vorliegt.

$$z_t = c - \theta_1 a_{t-1} - \theta_2 a_{t-2} - \cdots - \theta_q a_{t-q} + a_t$$
$$= c + (1 - \theta_1 B - \theta_2 B^2 - \cdots - \theta_q B^q)a_t \qquad (3.7.1)$$

Für die Störgröße a_t gelten die gleichen Voraussetzungen wie beim AR-Prozeß, d. h., sie stellt „weißes Rauschen" dar. Die Konstante $c = \mu_z$ eines MA-Prozesses ist (im Unterschied zur Konstanten eines AR-Modells) identisch mit dem Erwartungswert. Der Ordnungsgrad des Prozesses wird durch den Parameter q angegeben, kurz MA(q)-Prozeß. Wenn sich die Wirkung nur über ein einziges Intervall erstreckt, handelt es sich um einen MA-Prozeß erster Ordnung, kurz MA(1):

$$z_t = \mu_z - \theta_{a_{t-1}} + a_t$$
$$= \mu_z + (1 - \theta_1 B)a_t \qquad (3.7.2)$$

Die negativen Vorzeichen und die Normierung $\theta_0 = 1$ beruhen auf einer Konvention, durch die das Polynom $(1-\theta_1 B-\cdots-\theta_q B^q)$ formal an das entsprechende Polynom $(1-\varphi_1 B-\cdots-\varphi_p B^p)$ der autoregressiven Prozesse angeglichen wird (was vorteilhaft ist, wenn wir sog. Mischprozesse betrachten, s. Abschnitt 3.8). In der Praxis muß man sich aber erst daran gewöhnen, positive Effekte (des Zufallsereignisses) mit Hilfe negativer θ's darstellen zu sollen („minus" mal „minus" ergibt „plus").

Der substantielle Unterschied zwischen einem MA(q) und einem AR(p) Modell mag durchaus so gering sein, daß er praktisch nicht ins Gewicht fällt: Die *Psi*-Gewichte - und damit die Autokorrelationskoeffizienten - eines AR-Prozesses können sehr rasch gegen Null gehen, während andererseits das „endliche Gedächtnis" des MA-Prozesses eine größere Zeitspanne umfassen kann. Über die Wahl von AR- und MA-Modellen entscheiden selten inhaltliche, sondern eher formal-statistische Gründe: Man wählt dasjenige Modell, das mit einer minimalen Anzahl von Parametern einen beobachteten Prozeß adäquat repräsentiert. Ob es überhaupt inhaltlich relevante Unterschiede zwischen verschiedenen Modellen gibt, hängt nicht nur von dem Modelltyp, sondern auch von der Größe und der Zahl der Parameter ab. Sichtbar wird ein etwaiger Unterschied, wenn das AR-Modell in seine Impuls-Antwort-Funktion übersetzt worden ist (s. Gleichung (3.4.32)); die *Psi*-Koeffizienten des AR-Prozesses können dann mit den *Theta*-Koeffizienten des MA-Prozesses verglichen werden.

Unabhängig von ihrem Ordnungsgrad und der Größe ihrer Parameter sind MA-Prozesse mittelwertstationär. Dies wird formal durch die Bildung des Erwartungswertes bestätigt:

$$E(Z_t) = E(\mu_z - \theta_1 a_{t-1} - \theta_2 a_{t-2} - \cdots - \theta_q a_{t-q} + a_t)$$
$$= \mu_z - \theta_1 E(a_{t-1}) - \theta_2 E(a_{t-2}) - \cdots - \theta_q E(a_{t-q}) + E(a_t) \qquad (3.7.3)$$
$$= \mu_z \; , \; da \quad E(a_{t-k}) = 0 \; \textit{für alle } k = 0,1,\cdots,q$$

Es ist also nicht nötig, die Größe der *Theta*-Koeffizienten zu begrenzen, um die Stationarität sicherzustellen (eine solche Restriktion wird aber, wie wir gleich sehen werden, aus anderen Gründen nötig). Bei der folgenden Ableitung der Varianz gehen wir aus rechentechnischen Gründen von mittelwertbereinigten Daten aus (ohne Änderung der Notation), so daß die Varianz als $E(Z_t^2)$ definiert werden kann:

$$
\begin{aligned}
E(Z_t^2) &= E(a_t - \theta_1 a_{t-1} - \theta_2 a_{t-2} - \cdots - \theta_q a_{t-q})^2 \\
&= E(a_t^2) + \theta_1^2 E(a_{t-1}^2) + \theta_2^2 E(a_{t-2}^2) + \cdots + \theta_q^2 E(a_{t-q}^2) \\
&= \sigma_a^2(1 + \theta_1^2 + \theta_2^2 + \cdots + \theta_q^2) = \gamma_0
\end{aligned}
\tag{3.7.4}
$$

Unter der Voraussetzung, daß $E(a_{t-k}^2) = \sigma_a^2$ für $k = 0,1,2,\ldots$ gilt, ist die Varianz $E(Z_t^2)$ ebenfalls endlich und konstant. Beim Ausmultiplizieren des Polynoms haben wir in der zweiten Gleichungszeile alle Kreuzprodukte $E(a_l a_m)$ mit $l \neq m$ ausgelassen, da die Kovarianzen der Störgrößen voraussetzungsgemäß gleich Null sind. Gleichung (3.7.4) kann auf einen MA-Prozeß beliebiger Ordnung angewandt werden; die Varianz für einen MA(1)-Prozeß ist somit

$$
\gamma_0 = \sigma_a^2(1 + \theta_1^2)
\tag{3.7.5}
$$

Die Autokovarianz ist durch folgende Gleichung gegeben:

$$
\begin{aligned}
E(Z_t Z_{t-k}) &= E[(a_t - \theta_1 a_{t-1} - \theta_2 a_{t-2} - \cdots - \theta_k a_{t-k} - \cdots - \theta_q a_{t-q}) \cdot \\
&\quad (a_{t-k} - \theta_1 a_{t-k-1} - \theta_2 a_{t-k-2} - \cdots - \theta_{q-k} a_{t-q} - \cdots - \theta_q a_{t-k-q})] \\
&= -\theta_k E(a_{t-k}^2) + \theta_1 \theta_{k+1} E(a_{t-k-1}^2) + \theta_2 \theta_{k+2} E(a_{t-k-2}^2) + \cdots \\
&\quad \cdots + \theta_{q-k} \theta_q E(a_{t-q}^2) \\
&= \sigma_a^2(-\theta_k + \theta_1 \theta_{k+1} + \theta_2 \theta_{k+2} + \cdots + \theta_{q-k} \theta_q) \, , \; k = 1,2,\ldots q \\
\gamma_k &= 0 \, , \; wenn \; k > q
\end{aligned}
\tag{3.7.6}
$$

Auch hier haben wir die Kreuzprodukte $E(a_l a_m) = 0$ ($l \neq m$) aus der Gleichung eliminiert. Mit $k = q$ ist das erste Element, $-\theta_k$, im Klammerausdruck der letzten Gleichungszeile gleichzeitig das letzte, denn $(-\theta_{q-k})(-\theta_q) = \theta_0(-\theta_k) = -\theta_k$, da $\theta_0 = 1$ und $\theta_k = 0$, wenn $k > q$. Die Kovarianz erster Ordnung eines MA(1)-Prozesses mit $k = q = 1$ ist somit

$$
\gamma_1 = \sigma_a^2(-\theta_1)
\tag{3.7.7}
$$

Aus den Gleichungen (3.7.6) und (3.7.4) ergibt sich unmittelbar der Autokorrelationskoeffizient $\rho_k = \gamma_k / \gamma_0$ mit

$$
\rho_k = \frac{-\theta_k + \theta_1 \theta_{k+1} + \theta_2 \theta_{k+2} + \cdots + \theta_{q-k} \theta_q}{1 + \theta_1^2 + \theta_2^2 + \cdots + \theta_q^2} \, , \; k \le q
\tag{3.7.8}
$$

Gemäß dieser Gleichung sind die Autokorrelationskoeffizienten für einen MA(2)-Prozeß zum Beispiel wie folgt bestimmt:

$$\rho_{k=1} = \frac{-\theta_1 + \theta_1\theta_2}{1 + \theta_1^2 + \theta_2^2}$$

$$\rho_{k=2} = \frac{-\theta_2}{1 + \theta_1^2 + \theta_2^2}$$ (3.7.9)

$$\rho_k = 0 \quad , \quad k>2$$

Definitionsgemäß sind alle θ_k mit $k > q$ gleich Null. Daraus folgt, daß auch alle Autokorrelationskoeffizienten ρ_k bei $k > q$ gleich Null sind. Das heißt: die Autokorrelationsfunktion eines MA(q)-Prozesses hat einen scharfen Abbruch an der *Lag*-Stelle $k=q$. Die empirische Autokorrelationsfunktion (SAKF) sollte also ein geeignetes Instrument sein, die Ordnung eines MA(q)-Prozesses aufzudecken (so wie oben die SPAKF herangezogen wurde, um die Ordnung eines AR-Prozesses zu identifizieren). Die folgende Abb. 3.7.1 stellt einen mit $\theta_1 = 0,3$ und $\theta_2 = 0,6$ simulierten MA(2) Prozeß dar; seine empirische Autokorrelationsfunktion (SAKF) ist in Abb. 3.7.2 wiedergegeben.

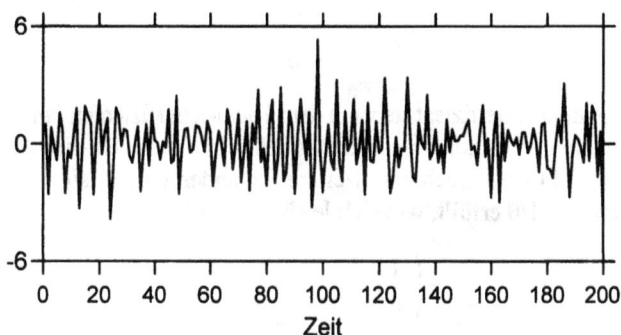

Abb. 3.7.1 *Simulierter MA(2)-Prozeß mit $\theta_1 = 0,3$ und $\theta_2 = 0,6$*

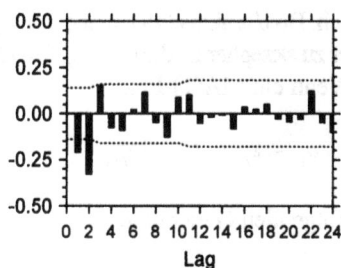

Abb. 3.7.2 *SAKF des simulierten MA (2) Prozesses*

Die Autokorrelationskoeffizienten r_k einer endlichen empirischen Reihe sind bei $k>q$ zwar nicht exakt Null (was sie bei einer endlichen, empirischen Zeitreihe nie sind), schwanken um diesen Betrag aber innerhalb gewisser Grenzen, die als Vertrauensintervall spezifizierbar sind (s. oben Abschn. 3.6). Einzelne dieser Koeffizienten können aber, wie bereits erwähnt, diese Grenzlinie überschreiten. Die empirische Autokorrelationsfunktion ist also auch hier weniger eindeutig als die theoretische. Zudem kommt es relativ häufig vor, daß $r_{k=2}$ unterhalb der üblichen Signifikanzgrenze liegt, auch wenn, ein MA(2)-Prozeß vorliegt. Je nach Parameterkonstellation können auch MA-Prozesse ein Verlaufsmuster zeigen, das weniger erratisch ausfällt als in Abb. 3.7.1.

Um die Gestalt der *partiellen* Autokorrelationsfunktion eines MA-Prozesses erläutern zu können, muß zuvor das Konzept der „Invertibilität" eines MA-Prozesses eingeführt werden. Dazu betrachten wir noch einmal die Autokovarianz eines MA(1)-Prozesses (q=1) zum *Lag* k=1, die sich unmittelbar aus Gleichung (3.7.6) ergibt:

$$\gamma_1 = -\theta_1 \sigma_a^2 \qquad (3.7.10)$$

Ebenso läßt sich der entsprechende Autokorrelationskoeffizient aus Gleichung (3.7.8) ablesen:

$$\rho_1 = \frac{-\theta_1}{1 + \theta_1^2} \qquad (3.7.11)$$

Der Autokorrelationskoeffizient steht mit dem *Theta*-Koeffizienten (anders als mit dem *Phi*-Koeffizienten des autoregressiven Modells) in einer *nicht*-linearen Beziehung. Gleichung (3.7.11) weist noch eine weitere Besonderheit auf; sie ist auch für einen Koeffizienten $\theta^* = 1/\theta$ erfüllt, wie sich leicht zeigen läßt:

$$\frac{-\left(\frac{1}{\theta}\right)}{1 + \left(\frac{1}{\theta}\right)^2} = \frac{-\theta}{1 + \theta^2} \qquad (3.7.12)$$

Das heißt, die Autokorrelationsfunktion ist durch die *Thetas* nicht eindeutig festgelegt; sie ist für θ und für $1/\theta$ gleich. Box/Jenkins (1976) haben vorgeschlagen, nur diejenigen *Thetas* als Modellparameter zu akzeptieren, die die sog. *Invertibilitätsbedingung* erfüllen. Was ist damit gemeint? Wenn ein MA(1)-Prozeß

$$a_t = z_t - \mu + \theta a_{t-1} \qquad (3.7.13)$$

vorliegt, gelten auch die folgenden Gleichungen

$$a_{t-1} = z_{t-1} - \mu + \theta a_{t-2}$$
$$a_{t-2} = z_{t-2} - \mu + \theta a_{t-3}$$
$$a_{t-3} = z_{t-3} - \mu + \theta a_{t-4} \qquad (3.7.14)$$
$$\vdots \qquad \vdots \qquad \vdots \qquad \vdots$$

Die erste dieser Gleichungen, in (3.7.13) eingesetzt, führt zu

$$a_t = z_t - \mu + \theta(z_{t-1} - \mu + \theta a_{t-2})$$
$$= z_t - \mu + \theta z_{t-1} - \theta\mu + \theta^2 a_{t-2} \qquad (3.7.15)$$

Der Term a_{t-2} läßt sich durch die zweite Gleichung in (3.7.14) ersetzen usw. Durch fortgesetzte Substitution erhält man schließlich:

$$a_t = z_t + \theta z_{t-1} + \theta^2 z_{t-2} + \cdots + \theta^{k-1} z_{t-k-1} + \theta^k a_{t-k} -$$
$$\mu(1 + \theta + \theta^2 + \cdots + \theta^{k-1}) \qquad (3.7.16)$$

Nur unter der sog. Invertibilitätsbedingung $|\theta| < 1$ wird daraus bei $k \to \infty$ ein *infiniter* autoregressiver Prozeß

$$a_t = z_t + \theta z_{t-1} + \theta^2 z_{t-2} + \cdots - \frac{\mu}{1 - \theta}$$
$$z_t = \frac{\mu}{1 - \theta} - \theta z_{t-1} - \theta^2 z_{t-2} - \cdots + a_t \qquad (3.7.17)$$

Das heißt, ein MA(1)-Modell und das (entsprechende) AR(∞)-Modell sind - unter der genannten Voraussetzung - zwei unterschiedliche Darstellungsweisen desselben Prozesses. Das gilt auch für die MA(q)-Prozesse höherer Ordnung. (Man zieht normalerweise das sparsamere Modell, das mit der geringeren Zahl von Parametern, vor.) Analog zur Gleichung (3.4.32) lassen sich alle invertiblen MA(q)-Prozesse in die sog. „*Pi*-Gewichte-Form", die *Inverse* Impuls-Antwort-Funktion, transformieren:

$MA(q) \to AR(\infty)$:

$$z_t = (1 - \theta_1 B - \theta_2 B^2 - \cdots - \theta_q B^q) a_t$$
$$(1 - \theta_1 B - \theta_2 B^2 - \cdots - \theta_q B^q)^{-1} z_t = a_t \qquad (3.7.18)$$
$$(1 + \pi_1 B + \pi_2 B^2 + \cdots + \pi_\infty B^\infty) z_t = a_t \quad , \quad \mu = 0$$

Im Falle eines MA-Prozesses 1. Ordnung erhält man

$$z_t = (1 - \theta B)a_t$$

$$(1 - \theta B)^{-1}z_t = a_t$$

$$(1 + \theta B + \theta^2 B^2 + \cdots)z_t = a_t \qquad\qquad (3.7.19)$$

$$(1 + \pi_1 B + \pi_2 B^2 + \cdots)z_t = a_t$$

Zwischen den π-Gewichten und den θ-Gewichten besteht also im Falle eines MA(1)-Prozesses die einfache Beziehung $\pi_j = -\theta^j$. (Bei Prozessen höherer Ordnung werden die Berechnungen ziemlich aufwendig, so daß man sie eher mit Hilfe geeigneter Computer-Programme durchführen wird, z.b. mit dem im Vorwort erwähnten TISPA-Programm). Falls entgegen der Invertibilitätsvoraussetzung $|\theta| > 1$ wäre, bedeutete dies, daß gegenwärtige z-Werte von vergangenen z-Werten um so stärker abhingen, je weiter sie in die Vergangenheit zurückreichten - eine ziemlich unplausible Vorstellung, die den Sinn der Invertibilitätsvoraussetzung unterstreicht. Die *Pi*-Gewichte-Form des MA(q)-Prozesses hat die gleiche Struktur wie die *Psi*-Gewichte-Form eines AR($p=q$)-Prozesses (s. oben Gleichung (3.4.32)). Während die *Psi*-Gewichte-Form eines stationären stochastischen Prozesses die Gestalt der Autokorrelationsfunktion prägt, hängt die Partielle Autokorrelationsfunktion von der *Pi*-Gewichte-Form ab.

Daraus folgt, daß die theoretische PAKF eines MA(q)-Prozesses keinen Abbruch hat, sondern nach dem *Lag* $k=q$ gegen Null abfällt. Die AKF eines AR(p)-Prozesses hat also die gleiche Struktur wie die PAKF des MA($q=p$)-Prozesses. Umgekehrt entspricht, wie wir schon sahen, das Muster der AKF eines MA(q)-Prozesses dem Muster der PAKF eines AR($p=q$)-Prozesses. Diese Beziehungen bezeichnet man auch als „Dualität" von AR- und MA-Prozessen (O.D. Anderson 1976: 42). Abb. 3.7.3 zeigt die SPAKF des simulierten MA(2) Prozesses aus Abb. 3.7.1.

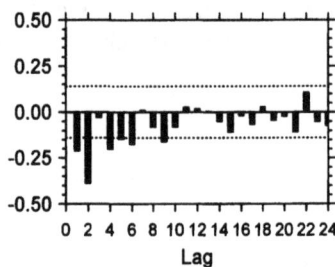

Abb. 3.7.3 *SPAKF des simulierten MA(2)-Prozesses*

In diesem Beispiel entspricht der Beginn des abfallenden Musters bei *Lag* $k = q = 2$ der theoretischen Vorgabe. Das ist aber nicht immer der Fall. Wie schon bei der SAKF des autoregressiven Prozesses festzustellen war, ist der Beginn des exponentiell abfallenden Musters in der empirischen S*P*AKF des MA-Prozesses häufig nicht klar erkennbar. Der Ordnungsgrad eines MA-Prozesses ist eher im Muster der SAKF zu erkennen. Am Schluß dieses Kapitels, in Tab. 3.13.7, sind die wesentlichen Unterschiede in der AKF und der PAKF verschiedener Modelltypen noch einmal gegenübergestellt.

Kehren wir kurz zu der Invertibilitätsbedingung des MA-Prozesses zurück. Sie stellt das mathematische Analogon zur Stationaritätsbedingung des AR-Prozesses dar. Das bedeutet, die Invertibilität eines MA-Prozesses ist gegeben, wenn alle Wurzeln des *Theta*-Polynoms, d.h. alle Lösungen der Gleichung

$$(1 - \theta_1 B - \theta_2 B^2 - \cdots - \theta_q B^q) = 0 \qquad (3.7.20)$$

außerhalb des Einheitskreises liegen. Für einen MA(2)-Prozeß läßt sich diese Bedingung in die folgenden Ungleichungen übersetzen (vergl. oben (3.4.25)):

$$\theta_2 + \theta_1 < 1$$
$$\theta_2 - \theta_1 < 1 \qquad (3.7.21)$$
$$-1 < \theta_2 < 1$$

Abbildung 3.7.4 stellt die „erlaubten" Wertebereiche für die *Theta*-Gewichte eines invertiblen MA(2)-Prozesses dar. MA-Prozesse höherer Ordnung ($q > 2$) werden in den Sozialwissenschaften selten identifiziert.

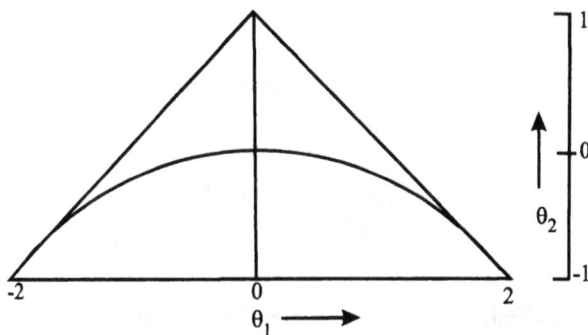

Abb. 3.7.4 *Invertibilitätsdreieck für MA(2)-Prozesse*

Der maximale Autokorrelationskoeffizient eines invertiblen MA(1)-Prozesses liegt also unterhalb des Wertes von $\rho = 0,5$. Dies ergibt sich unmittelbar aus Gleichung (3.7.11): aus $\theta = 1$ folgt $\rho = 0,5$.

3.8 Mischprozesse: ARMA-Modelle

Die Zeitreihen, die dem Historiker oder der Sozialwissenschaftlerin zur Verfügung stehen, sind in der Regel recht kurz, umfassen häufig weniger als 100 Meßzeitpunkte. Bei so wenigen Fällen wird die Schätzung der Modellparameter relativ unsicher; die Standardfehler werden mit jedem zusätzlichen Parameter, der zu schätzen ist, deutlich größer. Deshalb ist es wichtig, Modelle mit einer möglichst geringen Zahl von Parametern zu spezifizieren (Prinzip der *parsimony*). Bei einigen Prozessen kann die Zahl der Parameter weiter verringert werden, wenn man nicht „reine" AR- oder MA-Modelle, sondern sog. Mischmodelle verwendet, die sowohl eine (endliche) AR- als auch eine (endliche) MA-Komponente (man spricht auch von „Faktoren") enthalten. Man bezeichnet sie als ARMA(p,q)-Modelle. Die reinen AR- und MA-Modelle werden gelegentlich auch als ARMA($p,0$)- und ARMA($0,q$)-Modelle dargestellt. Die Mischmodelle sind (unter Weglassen der Konstante) wie folgt definiert:

$$(1-\varphi_1 B - \varphi_2 B^2 - \cdots - \varphi_p B^p)z_t = (1 - \theta_1 B - \theta_2 B^2 - \cdots - \theta_q B^q)a_t \quad \textbf{(3.8.1)}$$

Die Polynome schreibt man häufig nicht aus, sondern benutzt statt dessen eine Kurzform:

$$\varphi_p(B) = (1 - \varphi_1 B - \varphi_2 B^2 - \cdots - \varphi_p B^p)$$
$$\theta_q(B) = (1 - \theta_1 B - \theta_2 B^2 - \cdots - \theta_q B^q) \quad \textbf{(3.8.2)}$$

Soll der ARMA-Prozeß stationär und invertierbar sein, müssen die Nullstellen beider Polynome,

$$(1 - \varphi_1 B - \varphi_2 B^2 - \cdots - \varphi_p B^p) = 0$$
$$(1 - \theta_1 B - \theta_2 B^2 - \cdots - \theta_q B^q) = 0 \quad , \quad \textbf{(3.8.3)}$$

alle außerhalb des Einheitskreises liegen, d. h. die AR-Komponente muß stationär und die MA-Komponente muß invertierbar sein. Unter diesen Voraussetzungen ist ein ARMA(p,q)-Modell sowohl in einen unendlichen AR-Prozeß als auch in einen unendlichen MA-Prozeß überführbar:

ARMA(p,q) → MA(∞)

$$(1 - \varphi_1 B - \varphi_2 B^2 - \cdots - \varphi_p B^{\,p})z_t = (1 - \theta_1 B - \theta_2 B^2 - \cdots - \theta_q B^{\,q})a_t$$

$$z_t = \frac{(1 - \theta_1 B - \theta_2 B^2 - \cdots - \theta_q B^{\,q})}{(1 - \varphi_1 B - \varphi_2 B^2 - \cdots - \varphi_p B^{\,p})}a_t \qquad (3.8.4)$$

$$= \frac{\theta_q(B)}{\varphi_p(B)}a_t = \psi(B)a_t$$

ARMA(p,q) → AR(∞)

$$\frac{(1 - \varphi_1 B - \varphi_2 B^2 - \cdots - \varphi_p B^{\,p})}{(1 - \theta_1 B - \theta_2 B^2 - \cdots - \theta_q B^{\,q})}z_t = a_t$$

$$\frac{\varphi_p(B)}{\theta_q(B)}z_t = \pi(B)z_t = a_t \qquad (3.8.5)$$

Gleichung (3.8.4) liefert die *Impuls-Antwort-Funktion* (IAF) und Gleichung (3.8.5) die *Inverse Impuls-Antwort-Funktion* (IIAF) des allgemeinen Mischmodells. Die Umrechnungen mit Hilfe von Koeffizientenvergleichen sind in Anhang 5 erläutert. Das im Vorwort erwähnte Programmpaket TISPA enthält ein entsprechendes Menü. Die *Psi*-Gewichte sind, wie in jedem Regressionsmodell, *partielle* Gewichte, der Koeffizient ψ^k gibt also an, wie stark ein einzelnes Zufallsereignis der Größe „1" („Einheitsschock") nach k Beobachtungsintervallen (immer noch) auf die Reihe Z_t wirkt. Bei stationären Prozessen ist die Summe der Absolutbeträge der *Psi*-Gewichte endlich. Man benutzt die kumulierte IAF (die Summe der *Psi*-Gewichte), zur Definition sog. *Persistenzmaße*. Mit ihnen läßt sich die langfristige, permanente oder transitorische Wirkung eines „Einheitsschocks" auf den Verlauf der Zeitreihe Z_t quantifizieren. Diese Frage spielt insbesondere in der Erforschung ökonomischer Wachstumsprozesse eine erhebliche Rolle (s. Wolters 1991).

Bei der Konstruktion der ARMA-Modelle wird davon ausgegangen, daß die AR- und MA-Polynome keine gemeinsamen (gleichen) Wurzeln aufweisen. Um dieses Problem zu erläutern, betrachten wir einen ARMA(1,1)-Prozeß

$$(1 - \varphi B)z_t = (1 - \theta B)a_t$$

$$z_t = \frac{(1 - \theta B)}{(1 - \varphi B)}a_t \qquad (3.8.6)$$

Falls $\varphi = \theta$, ist der Quotient $(1-\theta B)/(1-\varphi B) = 1$ mit der Folge, daß $z_t = a_t$. Das heißt, es läge in Wirklichkeit kein ARMA(1,1), sondern ein *white noise* Prozeß vor. Bei der Schätzung der Prozeßparameter mit empirischen Daten werden wir zwar kaum identische φ- und θ-Schätzer erhalten; möglicherweise liegen sie aber so nahe zusammen, daß eine (Beinahe-)Parameter-Redundanz gegeben ist, die bei kurzen Zeitreihen zu sehr instabilen Schätzergebnissen führen kann. Erläuterungen hierzu finden sich in Pankratz (1983: 203 ff.). Im Falle nahe beieinander liegender Wurzeln, sollte man also stets prüfen, ob ein Modell mit einer geringeren Zahl von Parametern zu akzeptablen Ergebnissen führt. (Zu verschiedenen Kriterien der Modellgüte siehe Abschn. 3.11). Eine eventuelle Parameterredundanz ist nicht immer so leicht erkennbar wie im Falle des scheinbaren ARMA(1,1)-Modells. Box/Jenkins (1976: 248 ff.) geben folgendes Beispiel eines ARMA(2,1)-Modells:

$$(1 - 1.3B + 0.4B^2)z_t = (1 - 0.5B)a_t \qquad (3.8.7)$$

Die Parameterredundanz wird hier erst sichtbar, wenn das Polynom 2. Grades faktorisiert wird:

$$(1 - 0.5B)(1 - 0.8B)z_t = (1 - 0.5B)a_t \qquad (3.8.8)$$

Das heißt, es handelt sich in Wirklichkeit, um einen AR(1)-Prozeß. Wandelt man das Modell (3.8.8) leicht ab zu

$$(1 - 0.4B)(1 - 0.8B)z_t = (1 - 0.5B)a_t \qquad (3.8.9)$$

so heben sich die beiden Faktoren zwar nicht exakt auf; wie wenig sie ins Gewicht fallen, wird jedoch deutlich, wenn man das ARMA(2,1)-Modell (3.8.9) in die *Pi*-Gewichte-Form überführt:

$$(1 - 0.700B - 0.030B^2 - 0.015B^3 - 0.008B^4 - \cdots)z_t = a_t \qquad (3.8.10)$$

Die *Pi*-Gewichte $\pi_j, j > 1$, liegen nahe bei Null, so daß Modell (3.8.9) durch das AR(1)-Modell

$$(1 - 0.7B)z_t = a_t \qquad (3.8.11)$$

ersetzt werden kann. Dadurch lassen sich stabilere Schätzergebnisse (geringere Standardfehler) erzielen. Schlittgen/Streitberg (2001: 286) empfehlen, als Teil der Modelldiagnose (s. unten Abschn. 3.11) stets die Nullstellen der AR- und MA-Polynome zu berechnen (was aber nicht alle Standard-Programme zur Zeitreihenanalyse leisten, wohl aber das im Vorwort erwähnte TISPA). Liegen Nullstellen zu nahe beieinander oder sind sie sogar identisch, enthält das Modell zuviele Parameter (d. h., es ist unteridentifiziert). Es liegt dann eine ähnliche Situation vor wie im Falle der Multikollinearität im Regressionsmodell.

Mischprozesse sind relativ schwer identifizierbar, da weder die AKF- noch die PAKF-Muster an einer bestimmten Stelle einen Bruchpunkt aufweisen, sondern beide nur allmählich (mehr oder weniger verzögert und rasch) gegen Null gehen: die AKF nach *Lag* $(q-p)$, die PAKF nach *Lag* $(p-q)$. Die Übergangspunkte von einem unregelmäßigen zu einem regelmäßigen Muster sind bei empirischen r_k ($k=1,2,...$) allerdings kaum zu erkennen. Wenn *Phi*- und *Theta*-Koeffizient das gleiche Vorzeichen haben, zeigen AKF und PAKF jeweils ein Paar nahezu identischer Muster. Ist der *Phi*-Koeffizient negativ, der *Theta*-

Koeffizient positiv, nimmt die AKF einen oszillierend abfallenden, die PAKF einen glatt abfallenden Verlauf an. Umgekehrt ist es im Falle eines positiven *Phi-* und eines negativen *Theta*-Koeffizienten. Diese Informationen erlauben im allgemeinen, einen Mischprozeß von einem reinen AR- oder MA-Prozeß zu unterscheiden; der Ordnungsgrad der beiden Komponenten ist auf diese Weise in der Regel aber nicht identifizierbar. In der Praxis bedient man sich häufig eines Verfahrens nach „Versuch und Irrtum". Die in Abschn. 3.9 dargestellten Verfahren eröffnen hierfür weitere Möglichkeiten.

3.9 Zusätzliche Instrumente der Modellidentifikation

3.9.1 Die erweiterte Autokorrelationsfunktion

Wir haben in Abschn. 3.6 und 3.7 erläutert, wie die empirische Autokorrelationsfunktion (SAKF) und die empirische partielle Autokorrelationsfunktion (SPAKF) genutzt werden können, um den Ordnungsgrad der autoregressiven oder der *Moving-average*-Prozesse zu bestimmen. Im vorangegangenen Abschnitt ist deutlich geworden, daß diese Instrumente kaum geeignet sind, die Ordnungsgrade p und q in einem ARMA(p,q)-Modell zu identifizieren. Die erweiterte (*expanded*) Autokorrelationsfunktion (ESAKF) wurde von Tsay/Tiao (1984) vorgeschlagen, um diesem Mangel abzuhelfen. Das Verfahren beruht auf der Idee, ein zweidimensionales Erkennungsmuster zu konstruieren, in dem auch im Falle eines ARMA(p,q)-Prozesses Bruchpunkte sichtbar werden, an denen die Parameter p und q abgelesen werden können. Ein solches Muster kann konstruiert werden, wenn die Zeitreihe in AR- und MA-Komponenten zerlegt wird. Das Prinzip der Zerlegung läßt sich leicht anhand eines ARMA(1,1)-Prozesses verdeutlichen. Wenn man in diesem Falle zunächst ein AR(1)-Modell anpaßt, erhält man die Residuen w_t:

$$w_t = z_t - \varphi_1 z_{t-1} = a_t - \theta_1 a_{t-1} \qquad (3.9.1)$$

Diese Residuen enthalten (nur) noch eine MA-Komponente. Sie wäre erkennbar an der SAKF der Reihe w_t: sie müßte einen Bruchpunkt beim *Lag* $k=q=1$ aufweisen. Hätte es sich um einen ARMA(1,2)-Prozeß gehandelt, müßten die Residuen w_t eine MA(2)-Komponente enthalten; der Bruchpunkt der SAKF müßte sich folglich um einen *Lag* auf $k = 2$ verschieben. Das Problem ist natürlich, daß der korrekte Ordnungsgrad der AR-Komponente im Normalfall ebenso unbekannt ist wie derjenige der MA-Komponente. Dieses Problem allein ließe sich dadurch bewältigen, daß man mit der Anpassung niedriger AR(p')-Modelle ($p' = 1,2,...$) beginnen und die Ordnungsstufe sukzessive um jeweils einen Ordnungsgrad erhöhen würde. Solange der vorgegebene Ordnungsgrad p' kleiner als der wahre Ordnungswert bliebe, $p' < p$, träte in der SAKF der entsprechenden Residuen kein Bruchpunkt auf, denn die Residuen enthielten ja noch eine AR(p-p')-Komponente. Es scheint also eine sinnvolle Strategie zu sein, p' solange um eine Einheit zu erhöhen, bis überhaupt bei einem *Lag* $k=q$ ein Bruchpunkt in der SAKF$_{w(t)}$ aufträte. Diese auf den ersten Blick plausibel aussehende Methode hat einen gravierenden Nachteil: Wenn nicht das korrekte Prozeß-Modell an die gegebene Zeitreihe angepaßt wird, sind die Residuen kein *white noise*; die Regressionskoeffizienten $\hat{\varphi}_1, \hat{\varphi}_2,...$ und somit auch die Residuen können folglich mit der üblichen Kleinstquadratemethode (*OLS*) nicht konsistent geschätzt werden. Dies macht eine korrekte Modellidentifikation nach dem eben skizzierten Verfahren unwahrscheinlicher. Tsay/Tiao (1984) haben deshalb für jede AR(p')-Anpassung mit $p' > 0$ iterative Regressionsschätzungen vorgeschlagen, die konsistente Schätzer liefern sollen. Das Prinzip der Iteration[61] besteht darin, daß die *Phi*-Koeffizienten der AR(p')-Komponente in der ersten Runde $j = 0$ unter der Voraussetzung geschätzt werden, die Residuen $\hat{e}_t^{(0)}$ seien „weißes Rauschen". Falls diese Voraussetzung nicht erfüllt ist, müßten verzögerte Werte der Residualreihe noch „Informationen" über Z_t beisteuern können. Dies wird in der nächsten Schätzrunde $j = 1$ getestet, indem die verzögerte Residualreihe $\hat{e}_{t-1}^{(0)}$ als zusätzlicher Regressor in die Schätzgleichung eingeführt wird.[62] Falls sich $\hat{e}_{t-1}$ als signifikant erweist, wird im nächsten Durchgang ($j = 2$) auch $\hat{e}_{t-2}$ als zusätzlicher Prädikator in die Regressionsgleichung mit aufgenommen. Jede Runde führt zu einer neuen Schätzung der *Phi*-Gewichte. Die Iteration wird so lange fortgesetzt, bis die $e_t^{(j)}$ „weißes Rauschen" darstellen. Erst dann wird der Ordnungsgrad p um eine Stufe erhöht, und die Iteration beginnt von neuem. Allgemein ist die $j$te Iterationsschätzung der AR(p')-Regression somit wie folgt definiert:

$$z_t = \sum_{l=1}^{p'} \varphi_l^{(j)} z_{t-l} + \sum_{i=1}^{j} \beta_i^{(j)} \hat{e}_{t-i}^{(j-i)} + e_t^{(j)} \qquad (3.9.2)$$

Mit Hilfe dieser verbesserten Schätzung der *Phi*-Koeffizienten wird eine adäquatere Zerlegung der originären Zeitreihe Z_t in eine AR- und eine MA-Komponente möglich, indem die Restreihe

$$w_{p',t} = z_t - \sum_{l=1}^{p'} \varphi_l^{(j)} z_{t-l} \qquad (3.9.3)$$

für jeden sukzessiv erhöhten AR-Ordnungsgrad p' ermittelt wird. Wenn das wahre Modell ein ARMA(p,q)-Prozeß ist, muß die Restreihe $w_{p,t}^{(j)}$ einem MA(q)-Modell (asymptotisch) folgen. Damit kehren wir zu der eingangs skizzierten Strategie zurück. Für jede Restreihe $w_{p',t}^{(j)}$, $p' = 0,1,2,...$ wird die SAKF mit den Autokorrelationskoeffizienten $r_{p',k}$ ($k = 1,2,...$) ermittelt und nach einem Bruchpunkt abgesucht:

$r_{p',k} = 0$ für $k > q$ und $p' = p$
$r_{p',k} \neq 0$ für $k \leq q$ und $p' = p$

Die erste SAKF wird für die Originalreihe Z_t ermittelt, die nachfolgenden für die aus den iterierten Schätzungen hervorgegangene Restreihe $w_{p',t}^{(j)}$. Die in einer zweidimensionalen Tabelle angeordneten Autokorrelationskoeffizienten der transformierten Reihen bilden insgesamt die ESAKF (s. Tab. 3.9.1)

---

[61] Zu den Details siehe den Originalbeitrag von Tsay/Tiao (1984) oder die relativ ausführliche Darstellung in Wei (1990: 126-132).
[62] Die iterierten *Phi*-Schätzer sind konsistent für $j \geq q$ (Tsay/Tiao 1984: 87).

Tab. 3.9.1: *Schema der ESAKF-Tabelle*

	MA				
AR	0	1	2	3	$\rightarrow q'$
0	$r_{0,1}$	$r_{0,2}$	$r_{0,3}$	$r_{0,4}$	...
1	$r_{1,1}$	$r_{1,2}$	$r_{1,3}$	$r_{1,4}$	...
2	$r_{2,1}$	$r_{2,2}$	$r_{2,3}$	$r_{2,4}$	...
3	$r_{3,1}$	$r_{3,2}$	$r_{3,3}$	$r_{3,4}$	...
↓	⋮	⋮	⋮	⋮	
p'					

Die ESAKF-Tabelle läßt sich übersichtlicher gestalten, wenn die konkreten Autokorrelationskoeffizienten durch zwei Symbole ersetzt werden: $r_{p'k} = X$, wenn der Koeffizient statistisch signifikant ist, und $r_{p'k} = 0$, wenn er nicht signifikant ist.[63] Tab. 3.9.2 a bis c zeigt für drei verschiedene ARMA(p,q)-Prozesse, wie die jeweiligen ESAKF-Muster in idealer Form (also asymptotisch) aussehen.

Tab. 3.9.2: *Idealisierte ESAKF-Tabellen für verschiedene Mischmodelle*

a) ARMA (2,0)   b) ARMA (1,2)

	MA							
AR	0	1	2	3	4	5	6	7
0	X	X	X	X	X	X	X	0
1	X	X	X	X	X	X	X	0
2	0	0	0	0	0	0	0	0
3	X	0	0	0	0	0	0	0
4	X	X	0	0	0	0	0	0
5	X	X	X	0	0	0	0	0
.	.	.	.	.	.	.	.	.

	MA							
AR	0	1	2	3	4	5	6	7
0	X	X	X	X	X	X	X	0,3
1	X	X	0	0	0	0	0	0,3
2	X	X	X	0	0	0	0	0,3
3	X	X	X	X	0	0	0	0,3
4	X	X	X	X	X	0	0	0,3
5	X	X	X	X	X	X	0	0,3
.	.	.	.	.	.	.	.	.

---

[63] Die Standardfehler für den Signifikanztest können wiederum nach der in Abschn. 3.6 zitierten Bartlett-Formel geschätzt werden (s. Tsay/Tiao 1984: 87).

c) ARMA (2,1)

	MA							
AR	0	1	2	3	4	5	6	7
0	X	X	X	X	X	X	X	...
1	X	X	X	X	X	X	X	...
2	X	0	0	0	0	0	0	...
3	X	X	0	0	0	0	0	...
4	X	X	X	0	0	0	0	...
5	X	X	X	X	0	0	0	...
.	.	.	.	.	.	.	.	.

Wie läßt sich der Ordnungsgrad der ARMA-Modelle aus diesen Tabellen herauslesen? Beim ARMA(2,0) bzw. dem AR(2)-Modell enthalten die Originalreihe ($p' = 0$) und auch die erste transformierte Reihe $w_{p',t}^{(j)}$ ($p' = 1$) noch eine weitere autoregressive Komponente, so daß überhaupt kein Bruchpunkt in der Folge der Autokorrelationskoeffizienten auftritt. Die beiden ersten Zeilen zeigen also keinerlei Nullen. Die zweite gemäß (3.9.3) transformierte Reihe ($p' = 2$) enthält weder AR- noch MA-Komponenten, sie müßte also „weißes Rauschen" darstellen, folglich enthält die dritte Zeile lauter Nullen. (Wäre schon die originäre Reihe Z_t weißes Rauschen, wären sämtliche Einträge in der ESAKF-Tabelle Nullen.) Da der Ordnungsgrad p normalerweise nicht bekannt ist, empfiehlt es sich, relativ hohe maximale p' einzusetzen, so daß $p'_{max} > p$ ist. Dieses *overfitting* hat zur Folge, daß die zu „hoch" angesetzte AR-Komponente durch eine künstliche MA-Komponente neutralisiert wird (wie wir in Abschn. 3.8 sahen). Folglich wird in den Autokorrelationsfunktionen für die Residualreihen $w_{p',t}^{(j)}$ mit $p' > p$ der Bruchpunkt von *Lag* $k = q$ auf $k = q + (p' - p)$ verschoben. In Tab. 3.9.2a tauchen deshalb ab der vierten Zeile wieder X-Symbole in den ersten Spalten auf. Dies ist aber kein unerwünschter Effekt. Denn auf diese Weise formen die in der Tabelle eingetragenen Nullen ein charakteristisches Dreiecksprofil. Es ist in *realen* ESAKF-Tabellen für *endliche* Zeitreihen (die Nullen und X-Symbole auch an den theoretisch „falschen" Stellen aufweisen) leichter zu identifizieren als eine einzelne Tabellenzeile, die zwar idealiter lauter Nullen aufweist, realiter aber die Folge der Nullen durch unregelmäßig eingestreute X-Symbole unterbricht. Die entscheidende Information für die gesuchten Ordnungsgrade p und q liefert die „nord-westliche" Spitze des Nullen-Dreiecks. In Tab. 3.9.2a wird diese Spitze durch die Koordinaten $p' = 2$ und $q' = 0$ gebildet; folglich handelt es sich um einen ARMA(2,0)-Prozeß. In Tab. 3.9.2b finden wir diese Spitze bei $p' = 1$ und $q' = 2$, dort ist der Autokorrelationskoeffizient $r_{1,3}$ der transformierten Reihe $w_{1,t}^{(j)}$ gleich 0.[64] In Tab. 3.9.2c schließlich ist die Spitze durch den Koordinatenschnittpunkt $p' = 2$, $q' = 1$ lokalisiert und somit ein ARMA(2,1)-Modell indiziert.

---

[64] Man beachte, daß der *Lag* k des Autokorrelationskoeffizienten $r_{p',k}$ in der Spalte $q = k - 1$ eingetragen ist (s. Tab. 3.9.1).

Die folgende Tabelle 3.9.3 zeigt die schematisierte ESAKF der britischen Realinvestitionen, die wir in den Abschnitten 3.4.4 und 3.6 als AR(2)-Prozeß mit stochastischen Zyklen vorgestellt hatten.

Tab. 3.9.3: *ESAKF der Realinvestitionen*

AR	MA								
	0	1	2	3	4	5	6	7	8
0	X	X	X	0	0	0	0	0	0
1	X	X	0	0	0	0	0	0	0
2	0	0	0	X	0	0	X	0	0
3	0	0	0	0	0	0	0	0	0
4	X	X	0	0	0	0	0	0	0
5	X	X	X	0	0	0	0	0	0
6	X	X	0	0	0	0	0	0	0

Das reine autoregressive Modell AR(2) konnte mit Hilfe der SAKF und der SPAKF leichter identifziert werden (s. Abb. 3.4.6) als mit der ESAKF-Tabelle, in der entgegen den Erwartungen kein X im Schnittpunkt $p = 3$, $q = 0$ *(overfitting)* erscheint. Die Tabelle mit den präzisen Autokorrelationskoeffizienten (hier nicht abgebildet) zeigt jedoch einen deutlichen Anstieg der Koeffizienten beim Übergang von der dritten zur vierten Zeile, der sich in den folgenden Zeilen wegen des *overfitting* verstärkt.

Tab. 3.9.4 zeigt die ESAKF des simulierten ARMA(1,1)-Prozesses.

Tab. 3.9.4: *ESAKF des simulierten ARMA(1,1)-Prozesses*

AR	MA								
	0	1	2	3	4	5	6	7	8
0	X	X	X	X	0	0	0	0	0
1	X	0	0	0	0	0	0	0	0
2	X	0	X	0	0	0	0	0	0
3	X	X	0	0	0	0	0	0	0
4	X	X	0	0	0	0	0	0	0
5	X	X	0	0	0	0	0	0	0
6	X	X	0	0	0	0	0	0	0

Das eingezeichnete Null-Dreieck mit der Spitze im Schnittpunkt $p = 1$, $q = 1$ ist zwar das plausibelste; aber ohne Kenntnis des wahren Modells, ließe sich das Dreieck wohl kaum auf den ersten Blick identifizieren. Einen wichtigen Hinweis liefern auch hier wieder die präzisen Korrelationskoeffizienten. Sie zeigen, daß in der Zeile $p = 2$ der Indikator-Tabelle die Positionen der ersten Null und des zweiten X kaum auseinanderliegen, also „beinahe" auch vertauscht werden könnten, wodurch sich das Muster der Nullen und X-Symbole der idealen Form etwas besser nähern würde. Es bleibt aber irritierend, daß auch bei starkem *overfitting* die X-Zeichen durchgängig nur in den beiden ersten Spalten auftauchen. Unsere eigenen praktischen Erfahrungen mit der extendierten Autokorrelationsfunktion sind eher enttäuschend; sie erlaubt häufig keine eindeutige Identifikation des Ordnungsgrades von Mischprozessen. Inzwischen sind weitere Identifikationsinstrumente angeboten worden, von denen wir nur noch die sog. Vektor-Autokorrelation (s. Schlittgen/Streitberg 2001: 311ff.) vorstellen wollen.

3.9.2 Die Vektor-Autokorrelation[65]

Man kann sich die Vektor-Autokorrelation (oder kurz: Vektorkorrelation) als eine Art kanonische Korrelation vorstellen; es werden nicht nur einzelne Variablen, sondern Gruppen („Vektoren") von Variablen miteinander korreliert. Zu diesem Zweck definiert man bestimmte Segmente $_iS_t$ eines stochastischen Prozesses Z: $_iS_t = (Z_t, Z_{t+1},...,Z_{t+i-1})$ und $_iS_{t+j} = (Z_{t+j}, Z_{t+j+1},...,Z_{t+j+i-1})$, $j \in \mathbb{Z}$, $i \in \mathbb{N}$. Beide Vektoren, $_iS_t$ und $_iS_{t+j}$, umfassen i Elemente (haben die gleiche „Länge" i); sie unterscheiden sich aber in ihrer Lage innerhalb des stochastischen Prozesses: sie sind um j Intervalle gegeneinander (je nach der Größe von j auch ineinander) verschoben. Das folgende Schema (s. Abb. 3.9.1) soll diese Sachlage für folgende Vektoren verdeutlichen: $_3S_1 = (Z_1, Z_2, Z_3)$ und $_3S_5 = (Z_5, Z_6, Z_7)$.

Das jeweilige „Segment" umfaßt nicht einen bestimmten Abschnitt in der Reihe der beobachteten Werte, sondern eine Folge von Zufallsvariablen. Wenn $t=1$ ist, hat die Variable Z_t die Realisationen $z_1, z_2,...,z_n$, die Variable Z_{t+3} die Realisationen $z_3, z_4,...,z_n$ usw.

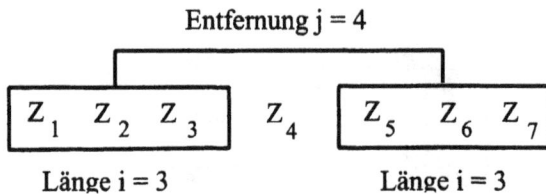

Abb. 3.9.1 *Schema der Segmentbildung in der Vektor-AKF*

Die Vektor-Autokorrelation $\lambda(_iS_t , _iS_{t+j})$ wird allgemein als ein Verhältnis von Determinanten der entsprechenden Kovarianz-Matrizen definiert:

$$\lambda(_iS_t, _iS_{t+j}): = \frac{\det[\text{kov}(_iS_t, _iS_{t+j})]}{\sqrt{\det[\text{kov}(_iS_t)]}\ \sqrt{\det[\text{kov}(_iS_{t+j})]}}$$

$$= \frac{\det \Gamma\ (i,j)}{\det \Gamma\ (i,0)}$$

(3.9.4)

---

[65] Die folgende Darstellung orientiert sich an Schableger (1995). Die Vektor-Autokorrelation läßt sich mit seinem Programmpaket TISPA (s. Vorwort) ermitteln.

Für den Zählerausdruck wird die Matrix aller Kovarianzen gebildet, die sich ergeben, wenn jedes Element des ersten Vektors (z. B. Z_t) mit jedem Element des zweiten Vektors (z. B. Z_{t+j+1}) „gepaart" wird. Für den Nennerausdruck werden nur die Elemente innerhalb des jeweiligen Vektors kreuzvariiert. Bei $i=1$ schrumpft die Vektorautokorrelation zur gewöhnlichen Autokorrelation mit *Lag* $|j|$. Bei $i>1$ treten an die Stelle von Varianzen und Kovarianzen die Determinanten der Kovarianzmatrizen, die sich aus den gepaarten Elementen innerhalb bzw. zwischen den einzelnen Vektoren ergeben. Bei $i=3$ zum Beispiel lassen sich *innerhalb* der Segmente die Autokovarianzen zum *Lag* $|k|$ mit $0 \le k \le 2$ und *zwischen* den Segmenten die Autokovarianzen zum *Lag* $|k|$ mit $j \le k < (j+i)$ bilden. Offensichtlich sind die internen Kovarianzmatrizen für $_t S_t$ und für $_t S_{t+j}$ identisch. Folglich kann man die Zähler- und Nenner-Matrizen einheitlich definieren als

$$\Gamma(i,j) = \begin{bmatrix} \gamma_j & \gamma_{j+1} & \cdots & & \gamma_{j+i-1} \\ \gamma_{j-1} & \gamma_j & \cdots & & \gamma_{j+i-2} \\ \gamma_{j-2} & \gamma_{j-1} & & & \vdots \\ \vdots & \vdots & \ddots & & \gamma_{j+1} \\ \gamma_{j-i+1} & \gamma_{j-i+2} & \cdots & \gamma_{j-1} & \gamma_j \end{bmatrix} \qquad (3.9.5)$$

Die Kovarianzen für die Nenner-Matrix ergeben sich aus $j = 0$ (die Varianz der Reihe Z liefert also die Diagonalelemente); die Kovarianzen für die Zähler-Matrix ergeben sich aus $j \ne 0$. Wenn $m, l = 1, ... , i$ die Abfolge der Zeilen und Spalten indiziert, dann erscheinen die Varianzen/Kovarianzen in ihren Schnittpunkten mit dem *Lag* $j+(l-m)$. Man führt nun noch einen Korrekturfaktor ein, um den Wechsel der Determinantenvorzeichen auszugleichen:[66]

$$\lambda(i,j) = (-1)^{i-1} \cdot \lambda(_t S_t , _t S_{t+j}) \qquad (3.9.6)$$

Damit wird eine direkte Vergleichbarkeit mit der vertrauten AKF ermöglicht. Bei gegebener Vektorlänge i ist die Vektorautokorrelation (VAKF) lediglich von der Entfernung j abhängig; die Wahl des Zeitpunktes t spielt keine Rolle.

Um von den Varianz/Kovarianz-Matrizen auf die entsprechenden Korrelationsmatrizen überzugehen, werden Zähler und Nenner der Definitionsgleichung (3.9.4) durch die Prozeßvarianz γ_0 dividiert, so daß sich bspw. für $i = 3, j = 4$ folgendes ergibt:

---

[66] Die Notation weicht geringfügig von Schlittgen/Streitberg (2001: 313) ab, die mit $p = i$-1 und $q = j$-1 indizieren.

$$\lambda\ (3,4)\ =\ (-1)^2\ \frac{\det \gamma_0^{-1}\ \cdot\ \Gamma\ (3,4)}{\det \gamma_0^{-1}\ \cdot\ \Gamma(3,0)}\ =\ \frac{\det \begin{bmatrix} \rho_4 & \rho_5 & \rho_6 \\ \rho_3 & \rho_4 & \rho_5 \\ \rho_2 & \rho_3 & \rho_4 \end{bmatrix}}{\det \begin{bmatrix} \rho_0 & \rho_1 & \rho_2 \\ \rho_{-1} & \rho_0 & \rho_1 \\ \rho_{-2} & \rho_{-1} & \rho_0 \end{bmatrix}} \qquad (3.9.7)$$

Die beiden Korrelationsmatrizen der Ordnung (i x i) im Zähler und im Nenner enthalten die vertrauten Autokorrelationskoeffizienten ρ_k des Prozesses Z_t für die Lags $k = j + (m\text{-}l)$. Die Zählermatrix enthält die Autokorrelationen, die sich ergeben, wenn jedes Element (jede Variable) des ersten Vektors mit jedem Element des zweiten Vektors korreliert wird; in diesem Fall, mit i = 3 und j = 4, ist $k = 6$ der maximale und k = 2 der kleinste Lag. Die Nennermatrix mit j=0 enthält die Korrelationen der Variablen innerhalb eines Vektors einschließlich der Korrelation des Prozesses mit sich selbst, ρ_0 = 1. Ebenso wie die Autokorrelationskoeffizienten ρ_k sind auch die Vektor-Autokorrelationskoeffizienten $\lambda_{i,j}$ symmetrisch und variieren zwischen den Beträgen -1 und 1.

Die empirischen Vektor-Autokorrelationen (als Schätzgrößen für die theoretische VAKF) werden für verschiedene i = 1,2,... und j = 1,2,... ausgerechnet und in Tabellenform nach folgendem Schema angeordnet:

Tab. 3.9.5: *Schema der Vektorautokorrelationskoeffizienten*

i\j	1 2 ... q - 1 q	q + 1 q + 2 ...
1		
2	Koeffizienten	Koeffizienten
⋮	ungleich 0	ungleich 0
p - 1		
p		
p + 1	Koeffizienten	Koeffizienten
p + 2	ungleich 0	gleich 0
⋮		

Die Zeilen der Tabelle repräsentieren die Länge i, die Spalten den zeitlichen Abstand j zwischen den Vektoren. In der ersten Zeile i=1 stehen die gewöhnlichen Autokorrelationen, in der ersten Spalte j=1 die gewöhnlichen partiellen Autokorrelationen. Die zweidimensionale VAKF liefert ein relativ leicht erkennbares Muster. Folgt Z_t einem ARMA(p,q)-Prozeß, tritt ab Position $i = p+1, j = q+1$ ein

Block von Nullen auf.[67] Man kann also die Ordnung eines ARMA-Prozesses identifizieren, indem man den Schnittpunkt dieser beiden Koordinaten in der empirischen SVAKF-Tabelle lokalisiert.

Zwei Beispiele, für die wir schon die ESAKF ermittelt hatten, sollen dies verdeutlichen. Tabelle 3.9.6 zeigt die SVAKF für die britischen Realinvestitionen (vergl. Tab. 3.9.3), Tabelle 3.9.7 die SVAKF für den simulierten ARMA (1,1)-Prozeß (die Korrelationskoeffizienten sind mit dem Faktor 1000 multipliziert).

Tab. 3.9.6: *SVAKF der britischen Realinvestionen*

i\j	1	2	3	4	5	6	7	8	9
1	860	621	374	163	-5	-88	-112	-143	-181
2	-455	-245	-149	-108	-55	-28	0	-1	1
3	-56	-15	-15	28	-8	-11	0	0	0
4	-40	3	-4	-6	-7	-4	0	0	0
5	-75	11	-2	0	-2	-2	0	0	0
6	144	-17	0	1	-1	-1	0	0	0
7	-48	33	-7	1	-1	0	0	0	0
8	-213	-45	-13	-4	-1	0	0	0	0
9	-13	-28	-2	-1	0	0	0	0	0

Tab. 3.9.7: *SVAKF des simulierten ARMA(1,1)-Prozesses*

i\j	1	2	3	4	5	6	7	8	9
1	419	424	360	232	189	158	143	69	3
2	302	-35	-38	17	1	2	-11	-5	4
3	146	33	6	2	0	0	1	1	1
4	-39	-5	0	0	0	0	0	0	0
5	-23	1	0	0	0	0	0	0	0
6	17	-1	0	0	0	0	0	0	0
7	-44	3	0	0	0	0	0	0	0
8	-51	-7	0	0	0	0	0	0	0
9	-100	12	-1	0	0	0	0	0	0

In Tabelle 3.9.6 kann man einen ziemlich geschlossenen Block niedriger Koeffizienten unterhalb der beiden ersten Zeilen und rechts der ersten Spalte erkennen. Seine „Nord-West" -Ecke liegt im Schnittpunkt $p+1 = 3$, $q+1 = 1$; d. h., wir haben es mit einem ARMA(2,0)-Prozeß zu tun.

---

[67] Das Korrelationsschema nach Tab. 3.9.5 wird in der Literatur auch mit den Koordinaten $p'/q' = 0,1,2,...$ angegeben, so daß die „nordwestliche" Ecke des Null-Blocks durch die Koordinaten $p' = p$ und $q' = q$ gegeben ist.

Noch einheitlicher gestaltet sich in Tabelle 3.9.7 der rechteckige Block niedriger Koeffizienten, dessen nordwestliche Ecke im Schnittpunkt von $p+1 = 2$, $q+1 = 2$ liegt und somit einen ARMA(1,1)-Prozeß indiziert. Dieses Ergebnis ist eindeutiger als die Resultate, die wir unter Zuhilfenahme der (Partial-)Autokorrelationsfunktion und der SEAKF erzielten (s. oben, S. 125).

Beobachtete Zeitreihen lassen sich aber auch mit dem Instrument der Vektor-Autokorrelationen nicht in jedem Falle eindeutig identifizieren. Gelegentlich bildet sich auch hier ein Muster, das mehrere „Kandidaten" für ein angemessenes Prozeßmodell anbietet; und manche real erzeugten Zeitreihen lassen sich überhaupt nicht in das Korsett eines ARMA-Modells pressen.

Die VAKF-Methode der empirischen Modellidentifikation ähnelt stark der sog. Ecken-Methode (*corner method*), die in einigen Programmpaketen implementiert ist. Auch sie erzeugt eine zweidimensionale Korrelationstabelle mit einem Nullblock ab der Position $i = p+1$, $j = q+1$. Bezüglich des Schnittpunkts dieser beiden Koordinaten spricht man von der „Nord-West-Ecke der größtmöglichen Süd-Ost-Submatrix" der Korrelationstabelle, deren Elemente gleich Null sind. Der Unterschied zwischen den Vektorautokorrelationen nach Streitberg (1982) und der Eckenmethode nach Beguin et al. (1980) liegt in dem Vorzeichenwechsel und der Normierung der Werte durch die Varianzmatrix, wodurch die Vergleichbarkeit der VAKF mit der AKF des ursprünglichen Box/Jenkins-Ansatzes gewährleistet ist.

3.10 Hinweise zur Schätzung der Modellparameter

Bei der Zeitreihenanalyse sind einerseits die *Moment*funktionen (Erwartungswerte, Varianzen, Auto-Kovarianzen, Auto-Korrelationen) und andererseits die *Prozeß*parameter (*Phi-* und *Theta*-Gewichte) zu schätzen. Die theoretischen Momente werden in der Regel mit Hilfe der entsprechenden empirischen Momente geschätzt. Damit wollen wir uns in diesem Abschnitt nicht weiter beschäftigen. Es tauchen dabei keine nennenswerten praktischen Probleme auf,[68] wenn auch die theoretische Begründung dieses Schätzverfahrens (auf der Basis der in Abschn. 3.3 erwähnten Ergodizitätsannahme) angesichts der fehlenden Unabhängigkeit der Zufallsvariablen recht kompliziert ist (s. Schlittgen/Streitberg 2001: 230 ff.).

Die Momentenschätzer können im Prinzip auch zur Schätzung der Prozeßparameter herangezogen werden, da, wie wir beispielsweise bei den *Yule-Walker*-Gleichungen sahen, unter den Stationaritäts- bzw. Invertibilitätsvoraussetzungen eindeutige Beziehungen zwischen den Momenten und den Prozeßparametern bestehen und die theoretischen durch die entsprechenden empirischen Momente ersetzt werden können. Für MA- und ARMA-Modelle ist diese Schätzmethode jedoch nicht empfehlenswert; sie ist zu kompliziert und führt zu erheblichen numerischen Problemen: „(Die Momentenschätzer) sind empfindlich gegenüber Rundungsfehlern und sollten nicht verwendet werden bei Prozessen, die nahe an der Grenze zur Nicht-Stationarität bzw. Nicht-Invertierbarkeit liegen, d. h. deren Polynomwurzeln dicht am Einheitskreis liegen" (Stier 1992: 57). Eine bessere Alternative stellen die *Maximum-Likelihood*-Verfahren dar (ML-Schätzung). Die „exakte" ML-Schätzung ist außerordentlich kompliziert und rechenaufwendig (s. Stier 1992: 57 ff.; Schlittgen/Streitberg 2001:269 ff.), wird aber inzwischen von den meisten gängigen Programmpaketen zur Zeitreihenanalyse angeboten. Häufig ist auch (oder ausschließlich) eine nicht-lineare Kleinst-Quadrate-Schätzung (KQS) im Angebot, die die ML-Schätzung um so besser approximiert, je länger die Zeitreihe ist.[69] Diese Methode soll hier kurz skizziert werden, weil ihre Kenntnis auch das Verständnis der ML-Methoden erleichtert.

Aus der gewöhnlichen Regressionsrechnung ist das Verfahren bekannt, die Regressionskoeffizienten über die Minimierung der Fehlerquadratsumme zu schätzen. Bei linearen Modellen („linear in den Parametern") ist das auf rein analytischem Wege mit Hilfe der Differentialrechnung möglich, die zu den sog. „Normalgleichungen" führt. Bei der Schätzung der Parameter stochastischer Prozesse läßt sich das Prinzip der Minimierung der Fehlerquadratsumme beibehalten; es läßt sich aber nicht mehr in jedem Falle rein analytisch realisieren. Die Schätzgleichungen sind im allgemeinen nicht-linear; zu ihrer Lösung bedarf es numerischer Verfahren, mit denen

---

[68] Einschränkend ist allerdings darauf hinzuweisen, daß die Schätzung des Erwartungswertes $E(Z_t)$ = μ durch das arithmetische Mittel der beobachteten Werte nicht die beste Schätzung ist, wenn Autokorrelation vorliegt. In diesem Falle ist es besser, μ als Modellparameter zu behandeln, der simultan mit den anderen Modellparametern nach dem *Maximum Likelihood* Prinzip zu schätzen ist (Schlittgen/Streitberg 2001: 272ff.).

[69] Die gewöhnliche Kleinst-Quadrate-Schätzung kommt nur bei reinen AR-Prozessen, nicht aber bei MA- oder Mischprozessen in Frage (s. Wei 1990: 147).

die Parameter iterativ, Schritt für Schritt, bestimmt werden. Wir wollen die verschiedenen Varianten dieses Verfahrens (häufig verwendet man den sog. „Marquardt"-Algorithmus) nicht näher erläutern[70], sondern nur einige Punkte erörtern, bei denen der Anwender gelegentlich Entscheidungen treffen muß. Verschiedene Computer-Programmsysteme erlauben eine Wahl zwischen der Methode der „Unconditional Least Squares" (ULS) und der „Conditional Least Squares" (CLS). Diese Alternative betrifft die Art und Weise, wie die Anfangswerte z_t ($t=1,2,...m$, $m<n$) einer Zeitreihe Z_t, ($t=1,2,...,n$) in den Schätzvorgang eingeführt werden. Das Problem läßt sich am Beispiel eines AR(1)-Prozesses verdeutlichen (wobei wir wiederum von mittelwertbereinigten Daten ausgehen):

$$z_t = \varphi_1 z_{t-1} + a_t \qquad (3.10.1)$$

Nehmen wir an, ein erster Schätzer $\hat{\varphi}$ sei gefunden worden und die Summe der Fehlerquadrate sei zu ermitteln. Die geschätzten Fehler $\hat{a}_t$ erhält man durch

$$\hat{a}_t = z_t - \hat{\varphi}_1 z_{t-1} \qquad (3.10.2)$$

Für das erste Residuum zum Zeitpunkt $t=1$, $\hat{a}_1 = z_1 - \hat{\varphi} z_0$, ist aber der Wert z_0 nicht bekannt (er wurde nicht beobachtet). Erst für $\hat{a}_2$ (bei Prozessen höherer Ordnung erst für $\hat{a}_3$, $\hat{a}_4$ usw.) sind die zur Fehlerschätzung benötigten Z-Werte bekannt:

$$\hat{a}_2 = z_2 - \hat{\varphi} z_1 \qquad (3.10.3)$$

Ein ähnliches Problem entsteht bei MA- und bei Mischprozessen. Betrachten wir noch den Fall eines (mittelwertbereinigten) MA(1)-Prozesses:

$$z_t = a_t - \theta a_{t-1}$$
$$\hat{a}_t = z_t + \hat{\theta} a_{t-1} \qquad (3.10.4)$$
$$\hat{a}_1 = z_1 + \hat{\theta} a_0$$

Hier ist a_0 nicht bekannt. Generell fehlen in unseren Beobachtungen die zur Fehlerschätzung eigentlich benötigten Größen z_0, $z_{-1},...$, z_{-p+1} sowie a_0, $a_{-1},...$, a_{-q+1} (Pindyck/Rubinfeld 1981: 540).[71] Eine Möglichkeit, dieses Problem zu lösen, besteht

---

[70] Eine recht anschauliche Darstellung des Verfahrens geben Pindyck/Rubinfeld (1981: 539 ff.) oder Pankratz (1983: 192 ff., 209 ff.). Im Prinzip werden nach einem bestimmten Suchprinzip verschiedene Kombinationen von Parameterwerten „ausprobiert", bis man diejenige Kombination gefunden hat, die die minimale Fehlerquadratsumme liefert.

[71] Ein stationärer ARMA(p,q)-Prozeß kann in guter Näherung als ein MA(r)-Prozeß mit genügend großem $r > q$ dargestellt werden (s. Schlittgen/Streitberg 2001: 280 f.).

darin, für die fehlenden Größen deren nicht-bedingte Erwartungswerte einzusetzen: $E(a_0) = E(a_{-m}) = 0$, $m=1,2,...$, und $E(z_t) = 0$ bei mittelwertbereinigten Daten.[72] Die weiteren Werte lassen sich dann rekursiv mit Hilfe der entsprechenden Modellgleichungen ermitteln. Dieses Verfahren läuft im allgemeinen unter der Bezeichnung „Conditional Least Squares" (CLS) Methode. Diese Bezeichnung mag zunächst mißverständlich klingen, da die unbeobachteten Vergangenheitswerte durch ihre *nicht*-bedingten, von $\{z_1, z_2, ..., z_n\}$ unabhängigen Erwartungswerte ersetzt werden. Dadurch wird aber die Kleinstquadratefunktion eine „bedingte" Funktion, nämlich abhängig von nicht beobachteten Größen, die unabhängig von den beobachteten Größen substituiert werden.

Der alternative Verfahrensvorschlag knüpft an den Tatbestand an, daß bei stationären Prozessen zwischen den beobachteten Werten $\{z_1, z_2, ..., z_n\}$ und den zukünftigen Werten $\{z_{n+m}; m=1,2,...\}$ die gleiche Wahrscheinlichkeitsbeziehung besteht wie zwischen der Menge der beobachteten Werte und der Menge der unbeobachteten Werte der Vergangenheit $\{z_{-m}, m=0,1,2,...\}$ (s. Box/Jenkins 1976: 199 f.). Folglich kann man auf der Basis der beobachteten Zeitreihenwerte und vorläufiger Schätzgrößen für die Modellparameter (zur Wahl der Anfangsschätzer siehe unten) die fehlenden Werte $z_0, z_{-1},...$ bzw. $a_0, a_{-1},...$ substituieren. Es werden soviele Werte z_0, $z_{-1},...$ „rückwärts prognostiziert" bis sie sich Null nähern. (Bei stationären Prozessen müssen sich die Voraussagen dem Erwartungswert der Reihe nähern). In der Box/Jenkins-Literatur wird dieser Vorgang als *backforecasting* oder *backcasting* bezeichnet. Die Fehlerquadratsumme wird auf diese Weise zu einer *Unconditional Least Squares Function* (ULS). Mit Hilfe der rückwärts prognostizierten Werte lassen sich die Modellparameter erneut schätzen. Mit ihnen kann man einen neuen Satz von *backward forecasts* errechnen usw. bis ein Konvergenzkriterium erfüllt ist (s. Pindyck/Rubinfeld 1981: 553). Bei langen Reihen, die keine Saisonkomponente enthalten, ist der Unterschied zwischen ULS und CLS-Schätzern relativ gering; andernfalls ist das ULS-Verfahren dem CLS-Verfahren im allgemeinen vorzuziehen (s. Box/Jenkins 1976: 211 ff.; Stier 1992: 61).

Iterative Schätzverfahren benötigen Vorgaben, Startwerte für die Parameterschätzer, mit denen eine erste Fehlerquadratsumme ausgerechnet werden kann. Bei AR(1)- oder MA(1)-Prozessen erhält man diese Startwerte, wie gezeigt, unmittelbar aus der empirischen Autokorrelationsfunktion. Für Prozesse 2. Ordnung bzw. ARMA(1,1)-Modelle liefern Box/Jenkins (1976: 518-520) Graphiken, aus denen sich Startwerte bei gegebenen Autokorrelationskoeffizienten ablesen lassen. In der Praxis verläßt man sich meist auf die Voreinstellungen des benutzten Programm-Systems und vertraut auf die Güte des dort implementierten Schätzalgorithmus. Es empfiehlt sich, Schätzungen mit verschiedenen Startwerten vorzunehmen; sie sollten bei konstant gehaltenem Konvergenzkriterium zu den gleichen Endschätzern führen. Einige Programmsysteme bieten eine GRID-Option an, mit deren Hilfe man überprüfen kann, ob die Endschätzer (innerhalb der näheren Umgebung) auch tatsächlich die niedrigste

---

[72] Bei nicht mittelwertbereinigten Zeitreihen wird das aus den beobachteten Werten errechnete arithmetische Mittel als (geschätzter) Erwartungswert eingesetzt oder man schätzt μ simultan mit den anderen Modellparametern (Box/Jenkins 1976: 210 f).

Fehlerquadratsumme geliefert haben. Die Algorithmen erlauben auch eine approximative Schätzung der Standardfehler, so daß t-Werte berechnet und Signifikanztests durchgeführt werden können (Pankratz 1983: 202). Wie schon erwähnt, bieten verschiedene Programmsysteme exakte Maximum-Likelihood-Schätzer an. Nach Schlittgen/Streitberg (2001: 280) sollten sie in folgenden Situationen angewandt werden a) bei kurzen Reihen, b) bei Modellen hoher Ordnung, c) bei saisonalen Modellen, d) bei Modellen, „die am Rand des Stationaritäts- oder Invertierbarkeitsbereichs liegen".[73] Die in den verschiedenen Systemen implementierten Schätzalgorithmen sind vor allem bezüglich des in d) genannten Problems nicht unbedingt von gleicher Güte.

Die *Maximum-Likelihood*-Methode zielt bekanntlich nicht auf die Konstruktion eines *möglichen* Stichprobenraums, sondern betrachtet einen möglichen Parameterraum für *gegebene* Stichproben-Daten. Für gegebene Daten wird untersucht, welcher Parameterkombination welche „Plausibilität" (*Likelihood*) zukommt. Dort, wo die *Likelihood*-Funktion ein absolutes Maximum annimmt, befinden sich in der Regel diejenigen Schätzer, die auf lange Sicht (d. h. für wiederholte Realisationen des Zufallsprozesses) die üblichen Optimalitätskriterien erfüllen.

Die Ähnlichkeit der Ergebnisse, die mit der OLS- und der ML-Methode im allgemeinen bei stationären Prozessen erzielt werden, veranschaulicht Rahlf (1996b). Auch das Realbeispiel eines pseudo-periodischen AR(2)-Prozesses, den wir in Abschn. 3.6 analysiert haben, führte in der Kleinstquadrateschätzung (OLS) und in der ML-Schätzung zu nahezu identischen Ergebnissen (s. Tab. 3.10.1).[74]

Tab. 3.10.1: *Parameterschätzungen des pseudo-periodischen AR(2) - Prozesses (britische Real-Investitionen)*

	OLS	ML
$\hat{\varphi}_1$	1,285	1,285
	(0.073)	(0.072)
$\hat{\varphi}_2$	-.481	-0,481
	(0.073)	(0.072)

3.11 Modellevaluierung („Diagnose")

Wir haben in vorangegangenen Abschnitten gesehen, daß die Erkennungsinstrumente der empirischen Modellidentifikation unscharf, ihre Ergebnisse unsicher sind. Wenn die Parameter eines Modells aber erst einmal geschätzt sind, ergeben sich zusätzliche Möglichkeiten, die Güte des gewählten Modells zu prüfen und gegebenenfalls

---

[73] Es gilt ganz allgemein, daß „bei 'fast instationären' Prozessen häufig ein radikal verändertes Verhalten der Statistiken zutage tritt" (Schlittgen/Streitberg 2001: 272).
[74] Die OLS-Schätzung erfolgte mit dem Programmpaket SPSS, die ML-Schätzung mit dem Programmsystem SCA.

Modell-Korrekturen vorzunehmen. Box/Jenkins (1976), aber auch einige andere Autoren haben hierzu eine Reihe von Kriterien entwickelt, von denen die gebräuchlichsten in diesem Abschnitt vorgestellt werden sollen. Diese „diagnostic checks" bieten zwar keine Garantie, daß das „wahre" Modell (also der tatsächliche Erzeugungsprozeß) schließlich auch erkannt wird (wenn es denn überhaupt einen stabilen Erzeugungsprozeß gibt), aber sie können helfen, bestimmte Mängel zu erkennen und ein besseres Modell zu finden. Das heißt, die Modellbildung kann die oben erwähnten drei Stufen (Identifikation, Schätzung und Diagnose) in Form einer Schleife mehrmals durchlaufen - u. U. mit dem Ergebnis, daß überhaupt kein adäquates ARMA-Modell für die vorliegende Zeitreihe konstruierbar ist. Als erstes werden diejenigen Prüfverfahren vorgestellt, die die Qualität der Parameterschätzer ins Visier nehmen, sodann jene, die sich auf Eigenschaften der Residuen beziehen.

Die Standard-Computerprogramme liefern mit den Parameterschätzern eine Reihe weiterer Informationen, die für eine Modellevaluierung nützlich sind. Dazu gehört der t-Wert, also der Quotient des Schätzers und seines geschätzten Standardfehlers. Mit ihm läßt sich analog zur Regressionsanalyse mit Querschnittdaten die statistische Signifikanz der einzelnen Schätzer ermitteln (bezogen auf die Nullhypothese, daß der wahre Parameterwert Null sei). Wenn das 5-Prozent-Signifikanzniveau erreicht werden soll, muß der Parameterschätzer mindestens etwa doppelt so groß sein wie sein Standardfehler, also $t \geq 2$. In unseren Analysebeispielen mit Realdaten (s. die Reihe der Popularitätswerte der US-Präsidenten oder die pseudo-periodische Reihe der Realinvestitionen in GB) hatten wir diesbezüglich keine Probleme: die geschätzten Parameter lagen erheblich über der konventionellen Signifikanzgrenze (s. z. B. oben, Tab. 3.10.1). In der Zeitreihenanalyse akzeptiert man gelegentlich auch einen Schätzer, der dieses Kriterium nicht erfüllt, dann nämlich, wenn anders die Modellresiduen nicht in „weißes Rauschen" überführt werden können (s. unten).

Die Schätzalgorithmen liefern nicht nur die Standardfehler, sondern die gesamte Varianz/Kovarianz-Matrix der Schätzer und, daraus abgeleitet, die Korrelation der Schätzer untereinander. Wenn diese Korrelation sehr hoch ist, sind die Schätzer entsprechend instabil, d. h. sie schwanken stark von Stichprobe zu Stichprobe, können sich also selbst bei konstantem Ezeugungsprozeß erheblich ändern, wenn die Zeitreihe durch neu gewonnene Beobachtungen verlängert wird. Die Effekte ähneln denen, die aus der Multikollinearität der Prädiktoren in der Regressionsanalyse erwachsen. Allerdings wird die Gefahrengrenze in der univariaten Zeitreihenanalyse höher angesetzt als bei der Regressionsanalyse mit Querschnittdaten. Pankratz (1983: 203) nennt als Daumenregel einen Korrelationskoeffizienten von $r > 0{,}9$. Im Falle der pseudoperiodischen Realinvestitionen wird für die beiden Phi-Parameter eine Korrelation von immerhin $r = -0{,}87$ ermittelt. Das könnte für einen Prozeß mit stochastischen Schwingungen schon ein Problem bedeuten, da, wie wir sahen, geringfügige Abweichungen in der Größenrelation der beiden Phi-Parameter schon zu erheblich veränderten Periodenlängen führen können. Die Zahl der Parameter zu reduzieren, wäre aber in unserem Beispiel keine Lösung, da das Modell dann überhaupt keine zyklische Struktur mehr abbilden könnte.

Instabile Schätzungen können sich auch ergeben, wenn die Parameter nahe an den Stationaritäts- bzw. Invertibilitätsgrenzen liegen. Das AR(1)-Modell für die Reihe der

US-Popularitätswerte rückte mit $\hat{\phi} = 0,93$ in die Nähe der Problemzone (s. Gleichung (3.6.1)); allerdings blieb auch die obere Grenze des 95-Prozent-Konfidenzintervalls mit $0,93 + 2(0,0176) = 0,965$ noch deutlich innerhalb des Einheitskreises. Auch die Parameterschätzer des AR(2)-Modells für die Realinvestitionen (s. Tab. 3.10.1) erfüllen klar die Stationaritätsvoraussetzungen, wie sie in den Ungleichungen (3.4.25) formuliert wurden. Zu Demonstrationszwecken sollen hier auch die beiden Wurzeln des pseudo-periodischen AR(2)-Prozesses ermittelt werden.[75] Die charakteristische Gleichung (s. Anhang 4) ist $(1-\varphi_1 B-\varphi_2 B^2) = 0$. Die Lösungsformel für eine solche quadratische Gleichung ist

$$(1 - \varphi_1 B - \varphi_2 B^2) = 0$$

$$B_{1,2} = \frac{\varphi_1 \pm \sqrt{\varphi_1^2 + 4\varphi_2}}{2(-\varphi_2)} \qquad (3.11.1)$$

$$= 1,3358 \pm 0,5429i$$

wobei $i = \sqrt{-1}$. Da die Wurzel negativ ist, bilden die beiden Lösungen in B konjugiert komplexe Zahlen mit der reellen Komponente $a = 1,3358$ und der komplexen Komponente $b = \pm 0,5429$. Der Absolutbetrag dieser komplexen Zahl ist deutlich größer als $|1|$:

$$r = \sqrt{a^2 + b^2}$$

$$= 1,442 \qquad (3.11.2)$$

Der Prozeß ist somit stationär.

Damit kommen wir zur zweiten Gruppe der Prüfkriterien, die sich mit Eigenschaften der Modellresiduen beschäftigen. Wenn das Modell korrekt identifiziert und geschätzt worden ist, sollten die Residuen einen *white noise* Prozeß repräsentieren; sie sollten also nicht miteinander korrelieren und keinerlei Systematik in ihrem zeitlichen Verlauf aufweisen. Andernfalls enthielten sie noch Informationen, die nicht in die Parameterschätzer eingegangen wären; das Modell würde dann z. B. keine optimalen Prognosen liefern. Die Residuen des AR(1)-Modells für die Reihe der Popularitätswerte der US-Präsidenten (s. Abb. 3.4.3) sind in Abb. (3.11.1) wiedergegeben.

---

[75] Die Stationaritäts-/Invertibilitätsvoraussetzungen sind ebenfalls mit dem im Vorwort erwähnten und über *Internet* erreichbaren TISPA-Programm überprüfbar.

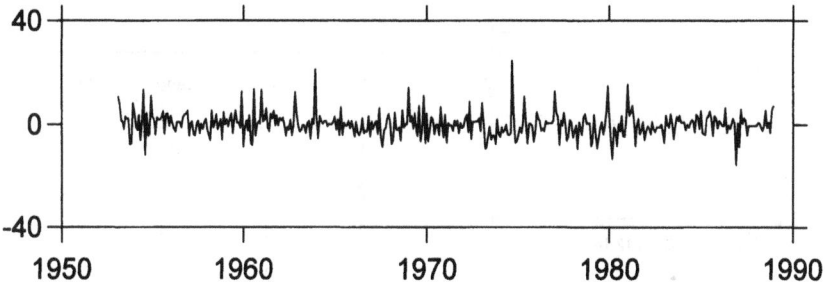

Abb. 3.11.1 *Residuen des AR(1)-Modells der Popularitätsdaten*

Die Berechnung der Residuen soll hier nicht allgemein erläutert werden, da sie in allen Standardprogrammen routinemäßig ausgeführt wird. Im Falle eines AR(1)-Prozesses ist die Berechnung allerdings so einfach, daß sie hier ohne weiteres als Beispiel angegeben werden kann:

$$z_t - \hat{\varphi} z_{t-1} = \hat{a}_t \qquad (3.11.3)$$

Zu beachten ist, daß es sich dabei um Schätzgrößen handelt (deshalb das „Hütchen" über dem Buchstaben a), deren Eigenschaften mit denen eines idealen *white noise* Prozesses nicht identisch sind. Die Autokorrelationen werden z. B. nicht alle exakt gleich Null sein; die Abweichungen von dieser Nullhypothese sind also statistisch zu testen.

Unter der Annahme, daß das wahre Modell (mit den wahren Parametern und damit den wahren Residuen) bekannt ist, sind die auf dieser Basis geschätzten Autokorrela-tionen $r_k(a)$ einer Menge von n Residualwerten unkorreliert und mit einem Standard-fehler von $1/\sqrt{n}$ normalverteilt um den Mittelwert Null (siehe oben, Gleichung (3.6.4)). Dieser Standardfehler ist aber nur eine grobe Approximation an den Standardfehler der Autokorrelationskoeffizienten, $r_k(\hat{a})$, der ohne diese Voraussetzung geschätzten Modellresiduen (Box/Jenkins 1976: 290). Vor allem für die ersten beiden *Lags* können die wahren Standardfehler erheblich geringer sein, d. h., die $r_k(\hat{a})$'s können auf dem 5-Prozent-Niveau signifikant sein, auch wenn sie kleiner sind als $1,96 n^{-\frac{1}{2}}$. Pankratz (1983: 228) schlägt vor, statt eines t-Wertes von 1,96 für die *Lags* 1, 2 „and perhaps 3" einen t-Wert von 1,15 als Signifikanzgrenze anzusetzen. Das Autokorrelogramm kann also irreführend sein, wenn man sich an den Konfidenzgrenzen orientiert, die dort üblicherweise auf der Basis der kumulativen Bartlett-Formel (s. Gleichung 3.6.2) eingezeichnet sind.[76] Abb. 3.11.2 zeigt das Autokorrelogramm mit den Autokorrelationskoeffizienten und den Bartlett-Signifikanzgrenzen auf dem 5 % Niveau.

---

[76] SPSS erlaubt auch eine Einstellung auf die nicht kumulative Bartlett-Formel (3.6.4).

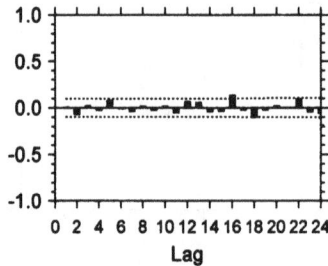

k	r_k	Stand. fehler	Q
1	0	0,05	0,01
2	-0,07	0,05	2,248
3	0	0,05	2,38
4	0	0,05	2,564
5	0,07	0,05	4,899

Abb. 3.11.2 *SAKF der Residuen der Popularitätsdaten*

Der zweite Autokorrelationskoeffizient r_2 = -0,07 überschreitet das Pankratz-Kriterium, aber der erste, dritte und vierte Koeffizient unterschreiten es deutlich. Auch läßt das Muster der AKF im weiteren Verlauf keine Systematik erkennen, so daß hier eine starke Evidenz für *white noise* Residuen vorliegt. Einzelne Autokorrelationskoeffizienten, die die Signifikanzgrenze überschreiten (außerhalb des Konfidenzintervalls liegen) sind tolerierbar. Vom statistischen Standpunkt aus ist es allerdings problematisch, eine Vielzahl von Koeffizienten nacheinander an den gleichen Daten zu testen. Ljung und Box haben deshalb (im Anschluß an einen Vorschlag von Box und Pierce) eine Prüfstatistik *Q* entwickelt, mit der sich eine Gesamtheit von Auto-Korrelationskoeffizienten gegen die Nullhypothese des *white noise* testen läßt (sog. *Portmanteau* Test):

$$Q(m) = n(n + 2)\sum_{k=1}^{m} \frac{r_k^2}{n-k} \qquad (3.11.4)$$

Fast alle Programmpakete zur Zeitreihenanalyse liefern diese Prüfstatistik automatisch mit dem Autokorrelogramm (s. Abb. 3.11.2). Sie ist χ^2-verteilt mit *m-q-p* Freiheitsgraden. Falls der gegebene *Q*-Wert bei einem bestimmten Signifikanzniveau α den in einer χ^2-Tabelle gegebenen Wert überschreitet, sollte man die *white noise* Hypothese zurückweisen. Bei der Wahl des Fehlerrisikos („Signifikanzniveaus") α ist allerdings zu beachten, daß die Nullhypothese des *white noise* in diesem Falle diejenige Hypothese ist, die man gerne beibehalten möchte. Bei den üblichen Signifikanztests geht es darum, eine „ungeliebte" Nullhypothese nach Möglichkeit zurückzuweisen. Nach der konventionellen Testlogik macht man sich diese zurückweisung möglichst schwer, indem man ein kleines *a priori* Fehlerrisiko α wählt. Bleibt man in der gleichen Testlogik, so muß man sich die Zurückweisung einer „geliebten" Nullhypothese leicht machen, also den β-Fehler möglichst gering halten, indem man den α-Fehler höher als sonst ansetzt. Dafür gibt es jedoch keine allgemein akzeptierten Regeln. Aber es ist klar, daß die Evidenz für einen *white noise* Prozeß um so stärker ist, je *höher* das empirische Signifikanzniveau α^*. Die Prüfgröße *Q* ist allerdings stark abhängig von der gewählten *Lag*-Spanne *m*. Eine Faustregel besagt, man solle $m = \sqrt{n}$ wählen[77]; in unserem Beispiel mit $n = 430$ ist $m = 21$. An dieser Stelle registrieren wir einen Wert $Q = 24,7$. Da nur ein Parameter geschätzt wurde, liegen $21-1 = 20$ Freiheitsgrade vor. Die χ^2-Tabelle weist dafür bei $\alpha = 0.05$ einen kritischen Wert von 31,4 aus, der in unserem Beispiel klar unterschritten wird. Einige Programmpakete zur Zeitreihenanalyse liefern neben dem Q-Wert auch automatisch die empirische Signifikanz; in unserem Beispiel ist sie $\alpha^* = 0,26$. Wir können also davon ausgehen, daß die (geschätzten) Residuen tatsächlich einen *white noise* Prozeß repräsentieren.[78]

Da die Parameter-Schätzungen und Test-Statistiken mit der Annahme normalverteilter Residuen arbeiten, sollte man auch diese Eigenschaft überprüfen. Üblicherweise führt man jedoch keine strengen Normalverteilungstests durch, sondern prüft lediglich anhand eines Histogramms, ob die Verteilung nicht allzu asymmetrisch ist und außerhalb des 95-Prozent-Intervalls nicht allzu viele (deutlich über 5 %) Fälle versammelt sind. In unserem Beispiel erhalten wir für die Modell-Residuen das in Abb. 3.11.3 präsentierte Histogramm.

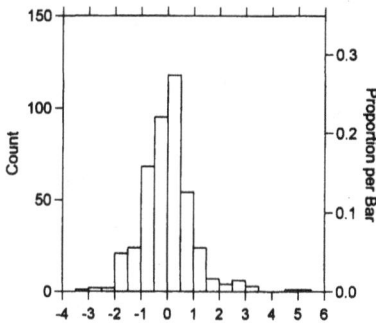

Abb. 3.11.3 *Histogramm der Residuen der Popularitätsreihe (z-Werte)*

Abweichungen vom Normalverteilungsmodell sind durchaus erkennbar, aber die Asymmetrie ist nicht allzu ausgeprägt, und weniger als 5 % der Fälle liegen mehr als 2 Standardabweichungen vom Mittelwert entfernt.

Gelegentlich findet man sich mit dem Tatbestand konfrontiert, daß mehrere Modelle die bisher genannten Prüfkriterien etwa gleich gut erfüllen. Als weiteres Wertungskriterium läßt sich in einem solchen Falle auch noch die Anpassungsgüte der verschiedenen Modelle miteinander vergleichen. Ein Maß hierfür ist die Standardabweichung der geschätzten Residuen:

---

[77] Box/Jenkins (1976: 291) empfehlen, die *Lag*-Spanne so zu wählen, daß die *Psi*-Gewichte ψ_j für alle $j \geq m$ nahe bei Null liegen.

[78] Hinzuweisen ist auf eine Aussage von Schlittgen u. Streitberg (2001: 330), die die Ljung/Box-Statistik bei „kurzen" Reihen ($n < 100$) für „nicht empfehlenswert" halten. Siehe auch die Bedenken in Maddala (1992: 541). In der sozialwissenschaftlichen Forschungspraxis setzt man sich aber regelmäßig über diese Bedenken hinweg. Eine alternative Strategie („Lagrange Multiplier Tests") wird von Mills (1990: 147 ff.) vorgestellt. Dieser Test ist bspw. in MICROFIT (s. Pesaran/Pesaran 1997) implementiert.

$$\hat{\sigma}_{\hat{a}} = \sqrt{\frac{1}{n - l}\sum \hat{a}_t^2}$$ (3.11.5)

Der Buchstabe l steht dabei für die Anzahl der geschätzten Modell-Parameter. Man bezeichnet die Standardabweichung auch als *adjusted RMS* oder *adjusted RMSE* (*Root Mean Square Error*).

Die Anpassungsgüte eines Modells steigt im allgemeinen mit der Zahl der geschätzten Parameter. Andererseits erhöhen überflüssige Parameter die Prognosefehler, so daß das Prinzip der „Sparsamkeit" (*parsimony*) zu beachten ist. Um beide Gesichtspunkte zu kombinieren, sind sog. *Informationskriterien* entwickelt worden, vor allem das *AIC* (*Akaike's Information Criterion*), das *BIC* (*Bayesian Information Criterion*, ebenfalls entwickelt von Akaike), das *SBC* (*Schwarz-Bayesian-Criterion*) und das *HQC* (*Hannan-Quinn-Criterion*). Diese Kriterien sollen hier nicht näher erläutert werden (s. Stier 1992: 70 f.; Schlittgen/Streitberg 2001: 335 ff.; Wei 1990: 151 ff.). Das *AIC* wird von Statistikern im allgemeinen nicht mehr als Kriterium der Modellselektion empfohlen, in der Standard-Software aber weiterhin angeboten. Die anderen eben genannten Kriterien sollen bei hinreichend großem n die wahre Modellordnung (p, q) ziemlich sicher finden lassen (Stier 1992: 71). Praktisch geht man dabei so vor, daß man dasjenige Modell bevorzugt, für das ein gewähltes Kriterium den niedrigsten Wert annimmt.[79] SPSS liefert das *AIC* und das *SBC*, die bei unseren Beispieldaten der britischen Realinvestitionen (s. Abschn. 3.6) für unterschiedliche Modelle die in Tab. 3.11.1 angegebenen Werte annehmen.

Tab. 3.11.1:   *Informationskriterien verschiedener Modellschätzungen*

	AIC	SBC
AR(2)	1143.91	1149.94
AR(1)	1180.20	1183.22
AR(3)	1145.92	1154.95
ARMA(2,1)	1145.92	1154.95

Nach beiden Kriterien schneidet das AR(2)-Modell (erwartungsgemäß) am besten ab. Wir hatten aber schon in Abschn. 3.6 das Problem angesprochen, daß die Reihe der Realinvestitionen möglicherweise einen Strukturbruch um 1890 aufweisen könnte. Bei ausreichend langen Zeitreihen kann man eine solche Vermutung überprüfen, indem man das Modell für beide (in anderen Fällen evtl. auch mehrere) Beobachtungsabschnitte getrennt schätzt. Wenn wir in unserem Beispiel das Jahr 1890 als

---

[79] Einige Programmpakete (wie MICROFIT 4.0) gehen jedoch nach einer anderen Rechenformel vor, nach der der höchste Wert zu suchen ist.

Ende des 1. Abschnittes festlegen, erhalten wir folgende Parameterschätzer (Standardabweichungen in Klammern):

<u>1. Abschnitt:</u> $\hat{\varphi}_{1,1} = 1{,}177 \ (0{,}111)$
            $\hat{\varphi}_{1,2} = -0{,}505 \ (0{,}112)$
<u>2. Abschnitt:</u> $\hat{\varphi}_{2,1} = 1{,}328 \ (0{,}094)$
            $\hat{\varphi}_{2,2} = -0{,}477 \ (0{,}094)$

Ob die Differenz zwischen $\hat{\varphi}_{1,1}$ und $\hat{\varphi}_{2,1}$ substantiell relevant ist, müßte unter Rekurs auf wirtschaftshistorische Hypothesen erörtert werden. Die statistische Signifikanz läßt sich leicht überprüfen, da die Varianz der Differenz zweier (unabhängiger) Zufallsvariablen gleich der Summe der beiden Einzelvarianzen ist. Somit erhält man für die Differenz von $\hat{\varphi}_{2,1} - \hat{\varphi}_{1,1} = 0{,}151$ die Varianz $0{,}094^2 + 0{,}111^2 = 0{,}021$. Daraus ergibt sich durch Wurzelziehen der Standardfehler von $0{,}145$; die Differenz der beiden Parameterschätzer wäre also nach den üblichen Kriterien nicht signifikant. Allerdings zeigt das Autokorrelogramm der Residuen des AR(2)-Modells für die *zweite* Periode ab 1891 (s. Abb. 3.11.4), daß dieses Modell nicht optimal an die Daten angepaßt ist.

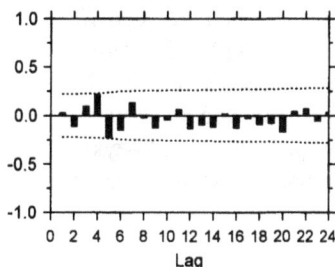

Abb. 3.11.4 *SAKF der AR(2)-Modellresiduen der 2. Periode der Realinvestitionen*

Es zeigen sich relativ starke Autokorrelationskoeffizienten bei *Lag* 4 und 5. Auch ist das empirische Signifikanzniveau der *Q*-Statistik (s. oben) ab *Lag* 5 mit $\alpha^* \le 0{,}05$ niedrig, d. h., die Nullhypothese, die Residuen stellten *white noise* dar, kann relativ risikolos zurückgewiesen werden. In solchen Fällen neigen die Statistiker dazu, die Modellanpassung durch entsprechende MA-Terme zu verbessern, auch wenn diese substantiell (zunächst) nicht interpretierbar sind. In diesem Falle würde man also statt des ARMA(2,0)-Modells ein ARMA(2,5)-Modell schätzen und dabei die ersten drei *Theta*-Gewichte auf „Null" restringieren.[80] Die beiden verbliebenen *Theta*-Gewichte erweisen sich allerdings als statistisch insignifkant, so daß wir eine weitere Veränderung vornehmen und nun ein ARMA(2,4)-Modell (wiederum mit der Null-Restriktion für die ersten drei *Theta*-Koeffizienten) schätzen. Das Ergebnis (mit Standardfehlern in Klammern) ist:

---

[80] Dies ist auch in der SPSS-Befehlssyntax (nicht aber über das Menüfenster) problemlos möglich.

$$\hat{\varphi}_1 = 1{,}368 \ (0{,}088)$$

$$\hat{\varphi}_2 = -0{,}564 \,(0{,}092)$$

$$\hat{\theta}_4 = -0{,}277 \,(0{,}119)$$

Die Residuen dieses Modells stellen nun offenkundig „weißes Rauschen" dar (s. Abb. 3.11.5).

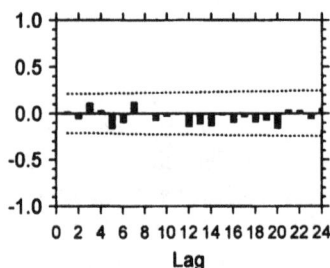

Abb. 3.11.5 *SAKF der Residuen des restringierten ARMA(2,4)-Modells für die 2. Periode der Realinvestitionen (ab 1891)*

Auch die beiden Informationskriterien, *AIC* und *SBC*, weisen günstigere (niedrigere) Werte auf als im Falle des ARMA(2,0)-Modells; der Standardfehler der Residuen sinkt von 10,25 auf 9,98. Die Schätzung der Basis-Periode (s. oben Gleichung (3.6.6)) wird durch die neuen $\hat{\varphi}_1$- und $\hat{\varphi}_2$-Gewichte allerdings nicht verbessert. Es bleibt dabei, daß lange Basisperioden pseudo-zyklischer Prozesse mit Hilfe von AR- oder ARMA-Modellen normalerweise nicht angemessen zu schätzen sind.

3.12 ARIMA-Modelle für nicht-stationäre Zeitreihen

Viele sozialwissenschaftlich relevante Zeitreihen sind nicht in dem Sinne stationär, wie wir das in den bisherigen Abschnitten vorausgesetzt haben. Ihr mittleres Niveau und/oder ihre Varianz ändern sich über die Zeit. Die Nicht-Stationarität kann unterschiedliche Formen annehmen. Glücklicherweise sind nicht-stationäre Prozesse häufig in dem Sinne „homogen", daß sich ihr Verhalten in verschiedenen Perioden nur dadurch unterscheidet, daß es sich auf unterschiedlichen, allmählich sich verschiebenden Niveaus (*levels*) und/oder mit lokal unterschiedlichen Trendneigungen (*slopes*) vollzieht. Abbildung 3.12.1 gibt hierfür ein Beispiel. Sie enthält eine Reihe mit unterschiedlichen Niveaus und sich verändernden, lokalen Trendbewegungen. Das Verhalten ist ansonsten relativ gleichförmig. Könnte man die Unterschiedlichkeit der Niveaus und der kurzfristigen Trendneigungen beseitigen, erhielte man offenkundig eine stationäre Zeitreihe, deren Verhaltensmuster über die Zeit stabil wäre.

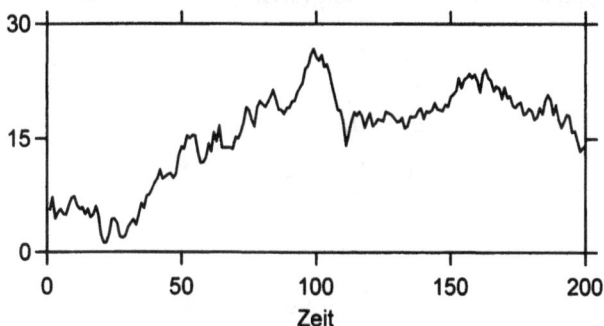

Abb. 3.12.1 *Zeitreihenverlauf mit nicht-konstanten Niveaus und lokalen Trends*

Die Differenzenbildung, die in Kapitel 2.3.8 ausführlich dargestellt wurde, ist ein Mittel, eben dies zu erreichen. Wenn dies gelingt (und nicht eine andere Methode der Trendbereinigung) benötigt wird, spricht man von „*homogener* Nichtstationarität". Wir können also definieren: Eine Zeitreihe wird als „homogen nicht-stationär" bezeichnet, wenn sie durch (evtl. wiederholte) Differenzenbildung in eine stationäre Reihe überführt werden kann. Nicht-homogen wäre z. B. ein exponentieller Trendverlauf.

Ein wesentlicher Baustein für die Modellierung homogen nicht-stationärer Prozesse sind die sog. *Random-Walk*-Prozesse (RWP), die wir im nächsten Abschnitt vorstellen.

3.12.1 Einfache *Random-Walk*-Prozesse

sind durch folgende Gleichung definiert:

$$z_t = z_{t-1} + a_t$$
$$(1 - B)z_t = a_t \tag{3.12.1}$$

Für die a_t, die *random shocks*, gelten die gleichen Bedingungen wie in den bisherigen ARMA-Modellen. Somit stellt der RWP formal einen autoregressiven Prozeß 1. Ordnung mit einem Koeffizienten $\varphi = 1$ dar. Er ist ein Grenzfall; die Nullstelle des AR-Polynoms liegt exakt auf dem Einheitskreis: $(1-B) = 0 \rightarrow B = 1$. (Wir erinnern uns: die allgemeine Stationaritätsbedingung lautete, alle Wurzeln liegen außerhalb des Einheitskreises; beim AR(1)-Prozeß impliziert dies: $\varphi < 1$) Derartige Prozesse bezeichnet man deshalb auch als „grenzstationär". Sie sind dadurch charakterisiert, daß zu jedem beliebigen Zeitpunkt t der weitere Verlauf der Reihe nur von dem nächsten Zufallsereignis a_t abhängig ist. Läßt man die Reihe zu irgendeinem Zeitpunkt $t = 0$ mit einem Startwert z_0 beginnen, dann ergibt sich der gesamte weitere Verlauf der Reihe aus der Summe der nachfolgenden Zufallseinflüsse. Dies läßt sich leicht erkennen, wenn man in Gleichung (3.12.1) die entsprechenden Terme substituiert:

$$z_1 = z_0 + a_1$$
$$z_2 = z_1 + a_2$$
$$ = z_0 + a_1 + a_2$$
$$z_t = z_0 + a_1 + a_2 + \ldots + a_t \qquad\qquad (3.12.2)$$
$$z_t = z_0 + \sum_{i=1}^{i=t} a_i$$

Abb. 3.12.2 zeigt schematisch die möglichen Zeitpfade eines RWP, von einem beliebigen Ausgangspunkt aus betrachtet, während Abb. 3.12.3 drei simulierte Realisationen darstellt.

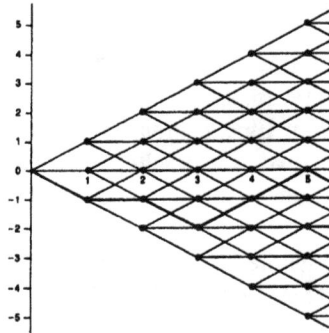

Abb. 3.12.2 *Mögliche Zeitpfade eines RWP (Quelle: Schlittgen/Streitberg 2001: 93)*

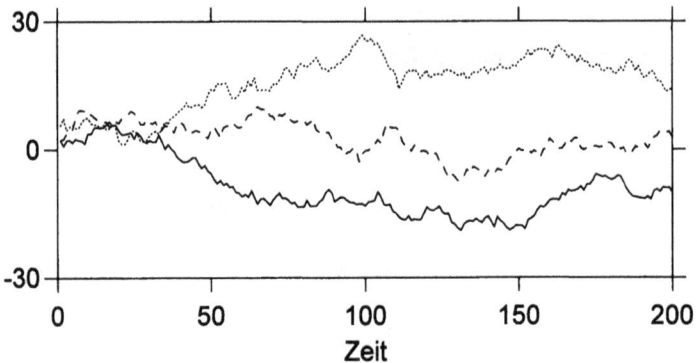

Abb. 3.12.3 *Drei simulierte Random Walk Prozesse*

Was man diesen Abbildungen entnehmen kann, läßt sich mit Hilfe der formalen Ableitungen des Erwartungswertes und der Varianz leicht präzisieren. Aus Gleichung (3.12.1) ergibt sich unmittelbar der bedingte Erwartungswert $E(Z_t|z_{t-1}) = z_{t-1}$, aus

Gleichung (3.12.2) der nicht-bedingte Erwartungswert $E(Z_t) = z_0$, da $E(a_t) = 0$ für alle i. Die Realisationen in Abb. 3.12.3 zeigen, daß der *random walk* - anders als ein stationärer Prozeß - nur eine schwache Affinität zu seinem Erwartungswert hat. Wie die letzte Zeile in Gleichung 3.12.2 verdeutlicht, bleibt der Einfluß jedes Zufallsereignisses (*random shock*) für alle Zeiten erhalten, die „Gedächtnisfunktion" ist eine Konstante.

Für die Prognose des weiteren Prozeßverlaufs muß man aber nicht das „Gedächtnis" bemühen; denn der für die Prognose von z_{t+s} ($s = 1,2,...$) relevante Informationsgehalt der Vergangenheit ist, wie wir sahen, in dem letzten realisierten Wert z_t vollständig aufbewahrt. Anders als bei einem stationären Prozeß ist in den RWP keine Tendenz eingebaut, nach einem *random shock* wieder zu einem Gleichgewichtsniveau zurückzukehren.

Da die *random shocks* als unabhängig voneinander vorausgesetzt werden, ergibt sich die Varianz der Summe aus der Summe der Varianzen σ^2 für die einzelnen Zufallsvariablen:

$$Var(Z_t) = Var\left(\sum_{i=1}^{t} a_i\right) = t \cdot \sigma^2 \qquad (3.12.3)$$

Das heißt, mit $t \to \infty$ wächst die Varianz des Prozesses ins Unendliche, sie ist nicht begrenzt. Der Prozeß pendelt in langfristigen, unregelmäßig unterbrochenen Bewegungen zwischen dem positiven und dem negativen Wertebereich (oberhalb und unterhalb des Erwartungswertes) und wiederholt dabei theoretisch erst im Unendlichen irgendeinen Wert, den er zuvor schon einmal realisiert hat (Mills 1990: 99). Dies ist gut verträglich mit dem intuitiven Gedanken eines „reinen" Zufallsprozesses; denn irgendeine Grenze oder ein sich im Endlichen exakt wiederholendes Ablaufmuster implizierte eine deterministische Komponente. Wegen der ständigen, aber unregelmäßigen Richtungswechsel spricht man von einem *stochastischen* Trendverlauf. Die Verlaufsform einer endlichen Realisation kann jedoch den Eindruck vermitteln, es handele sich um eine deterministische Trendbewegung oder einen zyklischen Prozeß. Die Unterscheidung dieser drei Prozeßtypen ist aber sehr bedeutsam; deshalb werden wir in Abschnitt 3.12.4 noch ausführlicher darauf eingehen. Akkumulierte Gewinnsummen beim Lotteriespiel und Preisbewegungen auf spekulativen Märkten (s. Aktienindex) folgen typischerweise der Prozeßdynamik eines RWP: zu jedem Zeitpunkt beginnt ein neues „Spiel". In den Geschichts- und Sozialwissenschaften hat man es häufig mit Zeitreihen zu tun, die zwar nicht in der „reinen" Form des RWP auftreten, aber stochastische Trendkomponenten enthalten (s. unten)

Wie schon betont, sind die Differenzenbeträge des RWP stationär:

$$w_t = z_t - z_{t-1} = a_t \tag{3.12.4}$$

Sie bilden in diesem Falle einen *white noise* - ARMA(0,0) - Prozeß. Abb. 3.12.4 zeigt die Differenzenbeträge der obersten Reihe in Abb. 3.12.3.

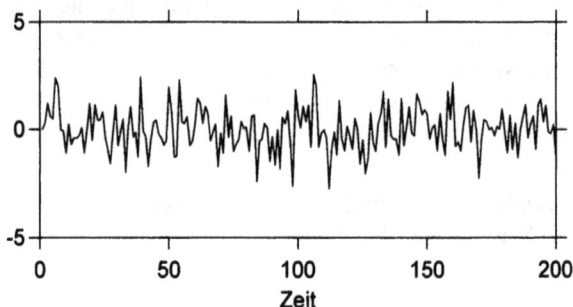

Abb. 3.12.4 *Erste Differenzen eines simulierten RWP*

Entscheidend für die Betrachtung sozialwissenschaftlicher Zeitreihen ist aber nicht die Frage, ob ihre Differenzenbeträge $w_t = z_t - z_{t-1}$ einen *white noise* Prozeß repräsentieren, sondern ob sie überhaupt einen stationären und invertiblen ARMA(p,q)-Prozeß bilden. Nur in diesen Fällen (einer homogenen Nicht-Stationarität in Z_t) lassen sich die Differenzen w_t nach der Methode modellieren, die in den vorangegangenen Abschnitten erläutert wurde. Bevor wir dies zum Thema des Abschnitts 3.12.3 machen, ist das Modell des einfachen RWP um eine Komponente zu erweitern, den sog. *drift*.

3.12.2 *Random-Walk*-Prozesse mit *Drift*

Die Komponente, die hier zusätzlich eingebaut wird, ist eine Konstante μ:

$$z_t = z_{t-1} + \mu + a_t \tag{3.12.5}$$

Sie besagt, daß der Erwartungswert der Zeitreihe in jedem Intervall um den Betrag μ ansteigt. Bei einem willkürlichen Startwert von z_0 ergibt sich somit

$$E(Z_t) = E(z_0 + \sum_{i=1}^{t} a_i + \mu \cdot t)$$
$$E(Z_t) = z_0 + \mu \cdot t \tag{3.12.6}$$

Abb. 3.12.5 zeigt eine Realisation dieses Prozesses mit $\mu = 2$, dem Anfangswert $z_0 = 10$ und $a_i \sim N(0,9)$.

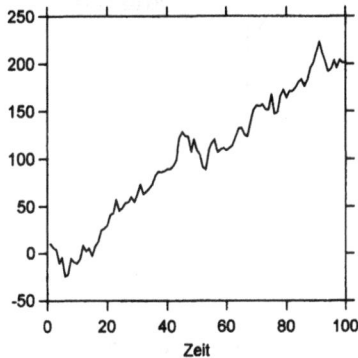

Abb. 3.12.5 *Random Walk mit drift*

Die Varianz (die Streuung um den Erwartungswert) ist weiterhin $t\sigma^2$ (s. oben, Gleichung 3.12.3). Die Konstante μ wird als *drift*-Parameter bezeichnet, denn sie führt eine deterministische Komponente in Form eines linearen Trends (mit μ als Steigungskoeffizient) in den Prozeß ein: die Zeitreihe entfernt sich - unter fortlaufenden stochastischen Schwankungen - zunehmend von ihrem Ursprungswert. Sie hat nur eine geringe Affinität zu der mit dem *drift*-Parameter μ gesetzten Trendlinie. Die durch die Zufallsereignisse a_t angestoßenen lokalen Trendbewegungen lassen die Reihe fortlaufend und unregelmäßig oberhalb und unterhalb der deterministischen Trendlinie hin und her pendeln. Der *drift*-Parameter beeinflußt den Reihenverlauf um so stärker, je größer der Quotient μ/σ^2_a. Aber auch der *random walk with drift* (RWD) läßt sich durch Differenzenbildung in eine stationäre Reihe transformieren; aus Gleichung (3.12.5) ergibt sich unmittelbar

$$w_t \equiv (1-B)z_t = \mu + a_t \qquad (3.12.7)$$

Wir modifizieren das *random walk* Modell noch einmal, indem wir annehmen, es läge ein RWD zweiter Ordnung vor, ein Prozeß also, der nur durch zweimalige Differenzenbildung in einen stationären Prozeß überführt werden kann:

$$(1-B)^2 z_t = \mu + a_t \qquad (3.12.8)$$

Die Abbildungen 3.12.6 und 3.12.7 zeigen zwei Realisationen eines solchen Prozesses, einmal mit $\mu = 0$ (also ohne *drift*) und zum anderen mit $\mu = 2$. Die Verlaufsform in Abb. 3.12.7 ist von derjenigen einer exponentiellen, deterministischen Wachstumskurve praktisch nicht mehr unterscheidbar. Selbst wenn der *drift*-Parameter auf Null gesetzt wird (Abb. 3.12.6) entsteht bei einer eng begrenzten Beobachtungsperiode leicht der Eindruck einer deterministischen Trendentwicklung (siehe z.B. in Abb. 3.12.6 die Zeitreihe zwischen $t = 30$ und $t = 70$).

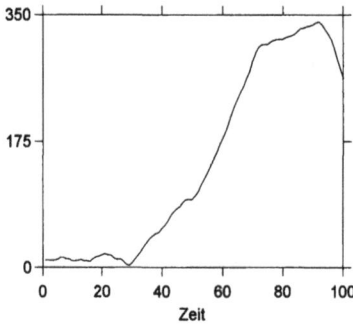

Abb. 3.12.6 *RWP 2.Ordnung ohne drift*   **Abb. 3.12.7** *RWP 2.Ordnung mit Konstante μ = 2*

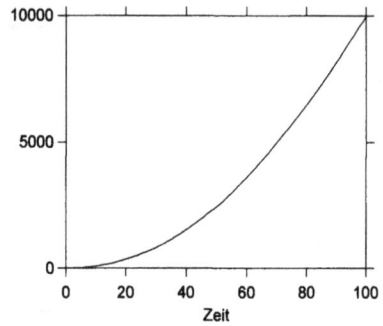

Das oben schon angesprochene Problem, deterministische und stochastische Trendentwicklung anhand der Daten zu unterscheiden, wird hier noch einmal verstärkt.

3.12.3 Allgemeine ARIMA-Modelle

Wie oben schon erwähnt, begegnet man in den Geschichts- und Sozialwissenschaften häufig Zeitreihen, die einen stochastischen Trendverlauf aufweisen, allerdings selten in Form „reiner" *random walk* Prozesse. Als Beispiel präsentieren wir in Abb. 3.12.8 den Prozentanteil der SPD-Anhänger in der bundesrepublikanischen Wählerschaft von Januar 1950 bis Dezember 1989.

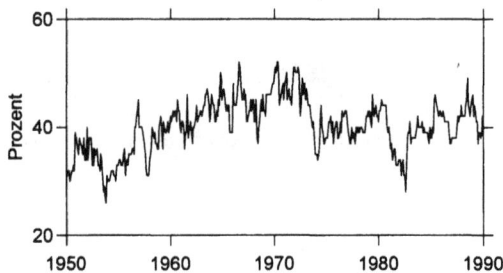

Abb. 3.12.8 *SPD-Anhänger, Jan. 1950 bis Dez. 1989 (Quellennachweis: s. Abb. 1.1.4)*

Diese Zeitreihe ist offensichtlich nicht-stationär. Ein deterministischer Trendverlauf, der die SPD-Präferenzen immer weiter in Richtung „Null" drücken oder auf einen Sättigungspunkt zusteuern würde, ist nicht plausibel. Somit wäre es nicht angemessen, den Trendverlauf mit Hilfe einer Polynomfunktion darzustellen und die Daten entsprechend zu bereinigen. Box/Jenkins (1976) schlagen statt dessen vor, die Klasse der ARMA-Modelle durch einen autoregressiven Faktor im Sinne einer *random walk* Komponente zu ergänzen. In technischer Hinsicht bedeutet dies, das allgemeine ARMA(p,q)-Modell der Gleichung (3.8.1) durch einen autoregressiven Faktor in Gestalt des Differenzenoperators (1-B) zu erweitern. Da eine einmalige Differenzenbildung nicht immer ausreicht, eine vorliegende homogen-nichtstationäre Zeitreihe in eine stationäre zu transformieren, wird der Differenzenoperator noch mit einem Exponenten $d \geq 1$ versehen, so daß die erweiterte Modellgleichung wie folgt aussieht:[81]

$$(1 - \varphi_1 B - \varphi_2 B^2 - \cdots - \varphi_p B^{\,p})(1 - B)^d z_t = c + (1 - \theta_1 B - \theta_2 B^2 - \cdots - \theta_q B^{\,q})a_t$$
$$\varphi(B)(\nabla^d)z_t = c + \theta(B)a_t \qquad (3.12.9)$$

Man bezeichnet sie als AR*I*MA(p,d,q)-Modell. Dabei steht der Buchstabe *I* für „Integrieren", was eine etwas mißverständliche Bezeichnung ist, da die Differenzenbeträge ja nicht im Sinne der Infinitesimalrechnung integriert, sondern addiert werden. Analytisch entspricht die Summenbildung bei diskreten Daten allerdings dem Integrieren bei kontinuierlichen Variablen. Durch die Differenzenbildung wird die Zeitreihe auf n-d Fälle gekürzt. „Notiert" man sich aber die Anfangswerte, lassen sich alle folgenden Werte z_{1+d} z_{2+d} ... z_n als Summe der jeweiligen Differenzenbeträge plus z_d rekonstruieren. Dies ist in Kapitelabschnitt 2.8 bereits ausführlich erläutert worden.

Homogen nicht-stationäre Prozesse, die durch d-fache Differenzenbildung in stationäre Reihen transformiert werden können, bezeichnet man auch als „integrierte Prozesse" d-ter Ordnung, kurz *I(d)*-Prozesse. Da sie durch autoregressive Polynome dargestellt werden, deren Wurzeln auf dem Einheitskreis liegen - z.B. (1 - φB) mit φ=1 - nennt man sie auch „Einheitswurzelprozesse" oder *unit-root processes*. Um sie von deterministischen Trendverläufen abzugrenzen, bezeichnet man sie außerdem noch als „*differenzen*stationäre Prozesse" im Unterschied zu den „*trend*stationären Prozessen" (was keine sehr glücklich gewählte Terminologie ist). Der *random walk* in Gleichung (3.12.1) stellt ein ARIMA(0,1,0)-Modell bzw. einen *I*(1)-Prozeß dar. In den Sozial- und Geschichtswissenschaften wird selten ein Differenzengrad $d > 2$ benötigt.

Für die Konstante c läßt sich wiederum die Beziehung angeben $c = \mu(1 - \Sigma_i \varphi^{i=1,p})$ mit der Maßgabe: falls $d = 0$, dann $\mu = \mu_z$ (dem Mittelwert der nicht-differenzierten Reihe), falls $d > 0$, dann $\mu = \mu_w$ (dem Mittelwert der d-fach „differenzierten" Reihe). Wie schon in Kapitelabschn. 3.7 erläutert, ist in MA-Modellen die Konstante c identisch mit dem Mittelwert. Bei AR-Prozessen bedeutet eine nicht-signifikante Konstante nicht unbedingt, daß auch der zu schätzende Mittelwert nicht signifikant ist. In einigen Programmpaketen (wie MFIT.4) läßt sich das leicht überprüfen. Signifikante Mittelwerte in Differenzenreihen implizieren einen *drift* in der Originalreihe.

Es stellt sich also die Frage, wie man mit einiger Sicherheit erkennen kann, ob eine Reihe a) inhomogen nicht-stationär, b) homogen-nichtstationär oder c) vielleicht doch

---

[81] Zum Rechnen mit dem Differenzenoperator siehe die Erläuterungen in Anhang 2 und 4.

schon stationär ist. Der Augenschein mag zwar einen ersten Hinweis geben, ob die Reihe stationär oder in irgendeiner Weise nicht-stationär ist, aber der Grad der notwendigen Differenzenbildung ist oft schwer zu erkennen, und eine Unterscheidung zwischen homogen und inhomogen nichtstationären Reihen ist auf diese Weise kaum zu treffen. Formale Testverfahren, die zu diesen Zwecken entwickelt worden sind, werden in Abschn. 3.12.4 kurz vorgestellt. Box/Jenkins (1976) haben ein relativ einfach zu handhabendes heuristisches Verfahren vorgeschlagen. Solange keine substanztheoretischen Gründe dagegensprechen, arbeitet man mit der Vermutung, daß eine im Plot der Reihe erkennbare Nicht-Stationarität homogen sei. Außerdem macht man sich die Tatsache zunutze, daß die Autokorrelationsfunktion einer nichtstationären Reihe nur allmählich (idealiter in nahezu linearer Form) bei zunehmendem *Lag k* gegen Null geht. Dies zeigt sich deutlich in der SAKF der SPD-Anhängerschaft (s. Abb. 3.12.9; vergl. Abb. 3.12.8).

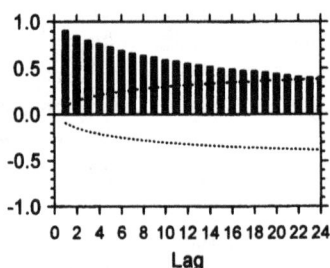

Abb. 3.12.9 *SAKF der SPD-Anhängerschaft*

Neben dem sehr gemächlichen Abfall der Korrelationskoeffizienten fällt auf, daß der erste Koeffizient, r_1, einen Wert in der Nähe von „1" annimmt. Auch dies ist für die AKF einer homogen nicht-stationären Reihe typisch, aber nicht zwingend; gelegentlich kann der Wert deutlich darunter liegen (s. Box/Jenkins 1976: 200). Da der Trend der SPD-Reihe die SAKF dominiert, sind eventuell vorhandene AR- oder MA-Komponenten auf dieser Basis nicht identifizierbar. Das wird anders, wenn wir die ersten Differenzen der SPD-Reihe bilden (s. Abb. 3.12.10) und anschließend das dazugehörende Autokorrelogramm (s. Abb. 3.12.11) betrachten.

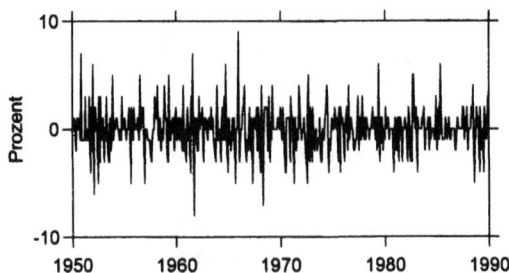

Abb. 3.12.10 *Erste Differenzen der SPD-Anhängerschaft*

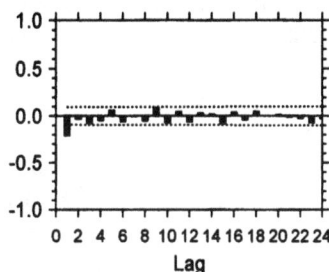

Abb. 3.12.11 *SAKF der ersten Differenzen der SPD-Anhängerschaft*

Die SAKF der ersten Differenzen zeigt nach *Lag k* = 1 einen Abbruch in Richtung Null, was auf eine MA-Struktur 1. Ordnung hinweist. Bei der Schätzung eines ARMA(0,1,1)-Modells erhalten wir folgendes Ergebnis (Standardfehler in Klammern):

$$SPD_t - SPD_{t-1} = 0{,}021 + (1 - 0{,}255B)a_t$$
$$\phantom{SPD_t - SPD_{t-1} = }(0{,}07) \quad\ (0{,}044)$$

(3.12.10)

Die Konstante ist nicht-signifikant, kann also eliminiert werden. Wäre die Konstante signifikant, würde sie, wie oben gezeigt, auf eine deterministische Trendkomponente hindeuten. Falls man eine solche Komponente aus theoretischen Gründen auch dann ausschließen möchte, wenn sie als statistisch signifikant erscheint, muß man die einfach „differenzierte" Reihe nochmals „differenzieren". Dies ist in unserem Beispiel mit den SPD-Daten nicht nötig; der Grad der Differenzenbildung mit *d* = 1 ist offensichtlich ausreichend.

ARIMA(0,1,1)-Modelle für Zeitreihen von Parteipräferenzen sind relativ häufig identifiziert worden. In diesem Falle läßt sich die univariate Modell-Struktur sogar inhaltlich deuten, nämlich aus der Theorie rationaler Erwartungsbildung ableiten (s. Kirchgässner 1991: 118 f. mit Literaturhinweisen).[82] Zwar kann die Varianz der Parteipräferenzen nicht *ad infinitum* wachsen (wie im RWP-Modell vorgesehen), aber es ist völlig plausibel anzunehmen, daß die Parteipräferenzen um so extremere Werte annehmen, je länger die historische Untersuchungsperiode dauert. Theoretische Deutungen univariater Zeitreihenmodelle sind in den Geschichts- und Sozialwissenschaften - mit Ausnahme der Wirtschaftsgeschichte[83] - bis heute aber eher die Ausnahme.

Schlittgen/Streitberg (2001: 297) schlagen vor, sich bei unsicherer Differenzenbildung eines weiteren heuristischen Verfahrens zu bedienen, das ursprünglich von

---

[82] Modelle der Erwartungsbildung werden auch in Kap. 5.2.1 vorgestellt.
[83] Siehe die Diskussionen über deterministische oder stochastische Wachstumsprozesse (Metz 2002).

Tintner vorgeschlagen wurde: die *Methode der variaten Differenzen*.[84] Sie beruht auf dem Tatbestand, daß die nicht-stationäre Originalreihe eine höhere Varianz aufweist als deren Differenzenbeträge, daß aber andererseits die Varianz zunimmt, wenn eine stationäre Reihe (weiter) differenziert wird. Bei der Wahl des Differenzengrades läßt sich somit das Verhältnis der Standardabweichungen s_y/s_z zu Rate ziehen, das sich jeweils in Abhängigkeit vom Differenzengrad d ergibt, wobei $y_t = (1-B)^d z_t$. Es soll derjenige Grad der Differenzenbildung gewählt werden, bei dem dieser Quotient den niedrigsten Wert annimmt. Man sollte nicht leichtfertig den Grad der Differenzen-bildung zu hoch ansetzen, da dadurch Artefakte entstehen und die Präzision der Prognose gemindert wird. Insbesondere führt die Differenzenbildung bei (bereits) stationären Prozessen zu nicht-invertierbaren MA-Komponenten. Wird z. B. ein *white noise* Prozeß einfach „differenziert" führt dies zu einem MA(1)-Prozeß mit einem Erwartungswert $E(\hat{\theta}) = |1|$. Der „starke", aber überflüssige autoregressive Faktor $(1 - \varphi B)$ mit $\varphi = 1$ wird durch einen entsprechenden MA-Faktor $(1 - \theta B)$ kompensiert. Dies ist ein Spezialfall des in Abschnitt 3.8 erläuterten Problems der Parameterredundanz. Überdifferenzierung kann also auch durch Autokorrelations-koeffizienten in der Nähe von $\hat{\rho}_1 = |0,5|$ angezeigt werden, denn (wie oben gezeigt) $\theta = |1| \rightarrow \rho_1 = |0,5|$.

Die Identifikation der ARIMA-Modelle läßt sich somit in zwei Schritten zusammen-fassen: (1) Zunächst muß mit Hilfe der SAKF und der Methode der variaten Diffe-renzen (evtl. auch mit Hilfe weiterer formaler Tests, s. den nächsten Abschnitt) der geeignete Grad der Differenzenbildung d ermittelt werden. Weitere AR- bzw. MA-Komponenten sind auf der Basis der d-fach differenzierten stationären Reihe mit den in den vorangegangenen Abschnitten erläuterten Methoden zu bestimmen. Im Prinzip kann die erweiterte Autokorrelationsfunktion ESAKF (s. Abschnitt 3.9.1) auch auf die nicht-stationäre (nicht-differenzierte) Originalreihe angewandt werden. In der Praxis ist dies jedoch nicht empfehlenswert (s. Wei 1990: 131), da der Ordnungsgrad p der stationären autoregressiven Komponente und der Integrationsgrad d der Reihe leicht konfundiert werden. Die ESAKF eignet sich im übrigen auch nicht zur Identifi-kation saisonaler Modelle (s. Abschn. 3.13).

Die besonderen Merkmale homogen nicht-stationärer Prozesse werden vielleicht noch deutlicher, wenn wir ihnen einen nicht-stationären Prozeß gegenüberstellen, der nicht durch Differenzenbildung stationär „gemacht" werden kann. Dies ist der Fall, wenn die Polynomwurzeln nicht auf, sondern innerhalb des Einheitskreises liegen. Als Beispiel kann ein AR(1)-Prozeß mit $\varphi > 1$ dienen:

$$z_t = 1,05 z_{t-1} + a_t \qquad\qquad (3.12.11)$$

---

[84] Realisieren läßt sie sich bspw. mit dem im Vorwort erwähnten TISPA-Programmpaket.

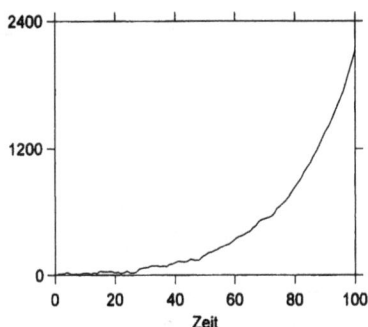

Abb. 3.12.12 *Nichtstationärer AR (1)-Prozeß, mit* $\varphi = 1,05$

Wenn man (willkürlich) einen Anfangswert $z_0 = 10$ und eine Verteilung $a_t \sim N(0,9)$ annimmt, ergibt sich daraus der Prozeßverlauf, der in Abb. 3.12.12 wiedergegeben ist. Der Verlauf ist „explosiv", mit $t \rightarrow \infty$ übersteigt der Betrag z_t jede Grenze:

$$z_t = z_0 \varphi^t + \sum_{i=0}^{t} \varphi^i a_{t-i} \qquad (3.12.12)$$

Der Einfluß der *random shocks* wird im Vergleich zu dem erreichten Niveau mit fortschreitender Zeit zunehmend geringer, der Prozeß entwickelt sich nahezu deterministisch in einer exponentiellen Wachstumskurve (Nelson 1973: 57). Solange die Stationaritätsbedingung nicht erfüllt ist, ändert sich an diesem Verlauf nichts Wesentliches, wenn weitere AR- oder MA-Komponenten hinzugefügt werden (Mills 1990: 96). Eine solche Zeitreihe ist durch Differenzenbildung nicht in einen stationären Prozeß überführbar. Formal ist das dadurch erkennbar, daß die Lösung der charakteristischen Gleichung in B kleiner als $|1|$ ist:

$$(1 - 1,05B) = 0 \Rightarrow B = 0,9524 \qquad (3.12.13)$$

Allerdings wird bei wiederholter Differenzenbildung mit endlichen Reihen irgendwann das Bild einer stationären Reihe erscheinen. In unserem Beispiel ist das schon bei der zweiten Differenzenbildung der Fall, wie Abb. 3.12.13 zeigt.

Auch die Varianzen σ_t können in einer Weise inhomogen sein, die durch Differenzenbildung nicht zu bearbeiten ist. Einen speziellen, aber nicht unüblichen Fall, bei dem sich die Varianzen proportional zum Mittelwert entwickeln und mit Hilfe einer Box/Cox-Transformation stabilisiert werden können, haben wir schon in Kap. 2.3.3.1 dargestellt. Die Veränderung der Varianzen ist nicht nur als Ärgernis zu betrachten, sondern kann auch analytisch interessant sein (s. Thome 1994a).

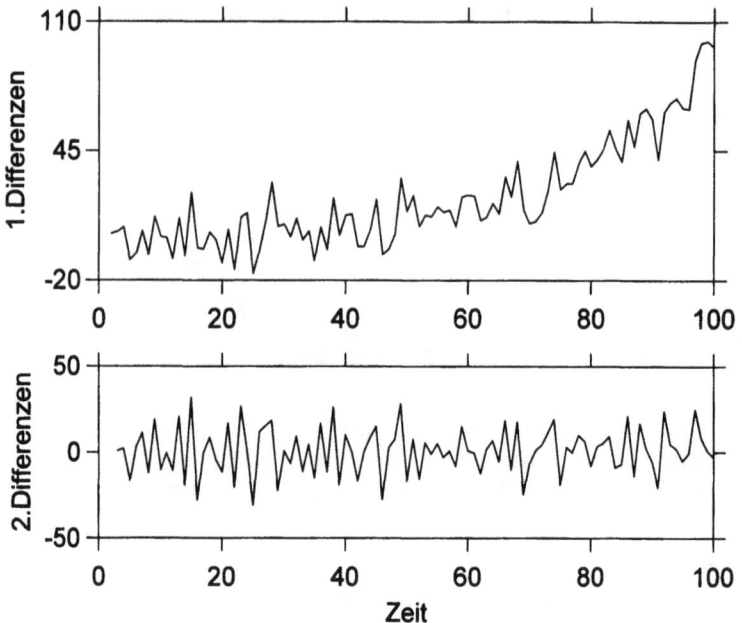

Abb. 3.12.13 *Erste und zweite Differenzen des simulierten nicht-stationären AR-Prozesses*

Bei der Diskussion integrierter Prozesse tauchen in der Literatur gelegentlich die Termini „Quasi-Differenzen" und „fraktionale Differenzen" bzw. „fraktional integrierte Prozesse" (sog. AR*FI*MA-Prozesse) auf. Bei den Quasi-Differenzen geht es um die Frage, ob in bestimmten Situationen ein „weicher" AR-Filter $(1 - \varphi B)$ mit einem *Phi*-Wert nahe „1", z. B. $\varphi = 0,98$, nicht adäquater sei als eine Differenzenbildung mit dem „harten" Filter $(1-B)$. Dieses Problem wird vor allem im Zusammenhang mit Langfrist-Prognosen diskutiert (s. Mohr 1987). Im ARFIMA-Modell wird der Wertebereich des Exponenten d im Differenzenoperator $(1-B)^d$ erweitert. Während er in den „normalen" ARIMA-Modellen ganzzahlig ist, werden nun auch gebrochene Zahlen, z. B. $d = 0,5$ zugelassen. Das sieht auf den ersten Blick ziemlich merkwürdig aus, weil man bei der Differenzenbildung augenscheinlich keine „halben" Sachen machen kann. Mathematisch ist ein solcher Exponent aber durchaus zu handhaben und im Prinzip auch als Parameter schätzbar. Seine Eigenschaften lassen sich jedoch am ehesten mit frequenzanalytischen Konzepten explizieren, die wir in diesem Einführungstext nicht behandeln (s. Sowell 1992). Während, wie wir sahen, die kumulierte Impuls-Antwort-Funktion etwas über den langfristigen Einfluß eines „Einheitsschocks" aussagt, sagt der fraktionale Differenzenparameter etwas über die Geschwindigkeit, mit der dieser Einfluß sich vermindert (ebd., S. 284). Er ist auch als Testinstrument einsetzbar, um zwischen einem deterministischen Trendverlauf und einem *random walk* mit *drift* zu unterscheiden.

3.12.4 Einheitswurzel-(*Unit-Root-*)-Tests

In vorangegangenen Kapitelabschnitten ist schon mehrmals betont worden, es sei wichtig zwischen deterministischen und stochastischen Trendverläufen („trend-stationären" und „differenzenstationären" Prozessen, *TSP* und *DSP*) zu unterscheiden. (Die Wichtigkeit dieser Unterscheidung wird in Kap. 5.6 weiter verdeutlicht.) Da sich die Verlaufsformen von *TSP* und *DSP* in ihrem optischen Erscheinungsbild innerhalb begrenzter Untersuchungsperioden oft ähneln, können sie per Augenschein nicht sicher auseinandergehalten werden. Deshalb sind hierzu verschiedene formale Testverfahren entwickelt worden, die natürlich auch nicht problemfrei anwendbar sind. Eine Klasse von Testverfahren bezeichnet man als „Einheitswurzeltests", weil sie in direkter Weise die Hypothese testen, daß der Prozeß eine Wurzel gleich „1" (*unit root*), also eine *random walk* Komponente, enthält. Aus dieser Klasse von Testverfahren betrachten wir wiederum nur einen Ansatz, den einfachen und den erweiterten (*augmented*) Dickey/Fuller-Test (*DF-* und *ADF-*Test).[85]

In der sozialwissenschaftlichen Forschungspraxis dominieren immer noch zwei Weisen, mit trendbehafteten Zeitreihen umzugehen: man ignoriert die Trendkomponente oder man eliminiert sie mittels Polynompassung, vorzugsweise mit einer einfachen Regression auf den Zeitindex *t* (s. Kapitelabschn. 2.3.4). Daß das erste „Verfahren" inadäquat ist, versteht sich von selbst, aber auch das zweite birgt starke Risiken. Wenn der Prozeß nicht trend-, sondern differenzenstationär ist, können u. a. folgende Effekte auftreten (s. Nelson/Kang 1981; 1984):

(1) Der Determinationskoeffizient wird überschätzt und die Signifikanztests (mit Students *t*-Statistik) werden unzuverlässig. Im Falle eines *random walk* ohne *drift* wurde in experimentellen Studien die *korrekte* Nullhypothese, der Steigungsparameter für den Zeitindex sei $\beta = 0$, bei einem nominellen Fehlerrisiko von 5 % in 87 % der Fälle abgelehnt (Quote ermittelt für einen Stichprobenumfang von 100).

(2) In der Residualreihe entsteht eine Struktur mit artifiziellen Autokorrelationen, deren Höhe von der Länge der Zeitreihe (dem Stichprobenumfang *n*) abhängt. Der Autokorrelationskoeffizient zum *Lag* 1 beträgt ca. $(1 - 10/n)$. Außerdem zeigt das Muster der geschätzten Autokorrelationen eine zyklische Schwingung mit einer Periode von $(2/3)n$, was zu der falschen Annahme verleiten könnte, einen zyklischen Prozeß entdeckt zu haben.

(3) Werden zwei einfache, voneinander unabhängige RWP

$$y_t = y_{t-1} + u_t$$
$$x_t = x_{t-1} + v_t$$
$$E(u_t v_t) = 0 \ \forall \ t \ ; \ E(u_t u_{t-k}) = E(v_t v_{t-k}) = 0 \ \forall \ k \neq 0$$

$(3.12.14)$

mit dem Kleinstquadratverfahren aufeinander bezogen:

---

[85] Eine umfassende Darstellung und ausführliche Diskussion der verschiedenen Testverfahren liefert Metz (2002); siehe auch den knappen Überblick in Cromwell et al. (1994b).

$$y_t = \beta_0 + \beta_1 x_t + \varepsilon_t \quad , \tag{3.12.15}$$

kommt es wegen der ignorierten stochastischen Trendkomponente zu „Scheinregressionen" (Granger/Newbold 1974). Banerjee et al. (1993: 74 ff.) berichten z. B., daß bei Simulationsstudien mit $n = 100$ Realisationen die *korrekte* Nullhypothese ($\beta_1 = 0$) in 75 % aller Fälle bei einem nominellen Signifikanzniveau von 5 % zurückzuweisen war. Die Ablehnungsquote nahm mit größerem Stichprobenumfang nicht ab, sondern weiter zu. Eine höhere Integrationsordnung der Prozesse ließ diese Quote nochmals ansteigen und die Korrelationskoeffizienten stark gegen $r = \pm 1$ tendieren. Das Problem ist nicht dadurch lösbar, daß man die Reihen vorgängig mit Hilfe einer Polynomfunktion trendbereinigt oder (was auf das gleiche hinausläuft) den Zeitindex t in gleicher Potenz als „Kontrollvariable" in die Regressionsgleichung einführt, zum Beispiel:

$$y_t = \beta_0 + \beta_1 x_1 + \gamma t + \varepsilon_t \tag{3.12.16}$$

Nelson/Kang (1984), die die Variante (3.12.16) ebenfalls in Simulationsstudien durchgespielt haben, kamen bei gleichen Signifikanz-Kriterien zu einer nur geringfügig niedrigeren Ablehnungsquote von 64 % und zu einem durchschnittlichen Determinationskoeffizienten von $r^2 = 0,50$.[86] Da in der realen Forschungspraxis a priori nicht bekannt ist, ob zwei Reihen strukturell miteinander verbunden sind, eine entsprechende Hypothese erst getestet werden soll, sind bei naiver Anwendung des üblichen Regressions- und Trendbereinigungsverfahrens gravierende Fehlschlüsse zu erwarten.

Das Problem der Scheinregression bei integrierten Prozessen kann vermieden werden, wenn die Parameter des Modells (3.12.15) nicht mit den Rohdaten, sondern mit den „differenzierten" Zeitreihen geschätzt werden:

$$\Delta y_t = \gamma + \beta_1(\Delta x_t) + u_t \quad , \quad u_t = \varepsilon_t - \varepsilon_{t-1} \tag{3.12.17}$$

Im allgemeinen sind weniger fatale Konsequenzen zu erwarten, wenn (umgekehrt) ein wahrer trendstationärer Prozeß durch Differenzenbildung transformiert wird (Maddala 1992: 261 f.). Die Koeffizienten des Trendpolynoms können nach der Differenzenbildung unverzerrt mit Hilfe der üblichen Kleinstquadratmethode geschätzt werden. Im Falle eines linearen Trends z. B. wird (wie in Kapitelabschn. 2.3.8 gezeigt) der Steigungskoeffizient zum Ordinatenabschnitt der einfach differenzierten Reihe. Die Differenzenbildung ist aber durchaus nicht zu empfehlen, wenn (a) eine nicht-integrierte Reihe eine zyklische Komponente enthält oder wenn (b) die strukturelle Beziehung zwischen Zeitreihen modelliert werden soll, die kointegriert sind. In

---

[86] Die korrekte Nullhypothese der Unabhängigkeit von der Zeit wird sogar in 83 % aller Fälle zurückgewiesen.

beiden Fällen eliminiert oder verzerrt die Differenzenbildung die entscheidenden Komponenten: den Zyklus oder den langfristigen strukturellen Zusammenhang. (Das Konzept der Kointegration wird in Kapitelabschnitt 5.6 erläutert.)

Die genannten Probleme dürften Grund genug sein, sich mit formalen Testverfahren zu beschäftigen, die einem helfen sollen, trend- und differenzenstationäre Prozesse zu identifizieren.[87] Die Einheitswurzeltests sind in vielerlei Varianten entwickelt und in Hunderten von Artikeln diskutiert worden. Bei der Anwendung all dieser Tests ist man mit einem grundsätzlichen Problem konfrontiert, dessen man sich stets bewußt sein sollte: Jede *endliche* Reihe von *n* Realisationen, die tatsächlich von einem Einheitswurzelprozeß generiert wurde (bspw. einem AR(1)-Prozeß mit φ = 1), läßt sich ebenso gut durch ein stationäres Prozeßmodell darstellen, in dem die entscheidenden Koeffizienten eine Wurzel in der Nähe von 1 implizieren, z. B. φ = 0.999 (s. Hamilton 1994: 444 ff.). Es gibt also stets lokale Alternativen, denen gegenüber der Test praktisch keine Trennschärfe hat - dies gilt im Prinzip für fast alle statistischen Tests. Bei kurzen Zeitreihen (Daumenregel: *n* < 100) ist die Trennschärfe aber auch gegenüber größeren Abweichungen von der Nullhypothese so gering, daß Kritiker die Einheitswurzeltests in diesen Fällen grundsätzlich für nicht sinnvoll einsetzbar halten (s. z. B. DeJong et al. 1992). Letztlich geht es um das relative Gewicht von *Alpha*- und *Beta*-Fehlern sowie von Konsistenz und Effizienz der Schätzungen. „The goal of unit root tests is to find a parsimonious representation that gives a reasonable approximation to the true process, as opposed to determining whether or not the true process is literally *I*(1)" (Hamilton 1994: 516).

Wie schon erwähnt, wollen wir uns in dieser Einführung auf die Standard-Tests beschränken, die Dickey und Fuller (Fuller 1976; Dickey/Fuller 1979; Dickey/Fuller 1981) vorgeschlagen haben. Sie sind für zwei unterschiedliche Situationen konzipiert worden: (a) für unabhängige Modell-Residuen („einfacher" DF-Test), (b) für autokorrelierte Residuen (erweiterter, *augmented* Test: ADF-Test). Beide Male wird eine Nullhypothese, wonach der vorliegende Prozeß differenzenstationär sei, gegen die Alternativhypothese, er sei stationär oder trendstationär, getestet. Zur Durchführung des Tests in der „einfachen" Version haben Dickey und Fuller drei elementare Schätzgleichungen vorgeschlagen, deren Parameter nach dem üblichen (OLS) Regressionsverfahren geschätzt werden:

$$y_t = \rho_a y_{t-1} + u_t \qquad (3.12.18)$$

$$y_t = \alpha_b + \rho_b y_{t-1} + u_t \qquad (3.12.19)$$

$$y_t = \alpha_c + y_c t + \rho_c y_{t-1} + u_t \qquad (3.12.20)$$

---

[87] Die folgende Ausarbeitung reproduziert Materialien aus Thome (1997).

Es wird angenommen, daß die Residuen jeweils unabhängig und identisch normalverteilt sind, $u_t \sim$ i.i.d. $N(0, \sigma^2)$.[88] Die Alternativhypothese (es liege ein stationärer Prozeß vor) impliziert die Annahme $\rho < 1$, die Nullhypothese die Annahme $\rho = 1$. (Der Regressionsparameter wird in diesem Kontext häufig mit ρ bezeichnet, da er bei einem AR(1) Prozeß mit dem Korrelationskoeffizienten identisch ist.) Unter der Nullhypothese sind die OLS-Schätzer $\hat{\rho}$ aber nicht normalverteilt. Ihre asymptotischen Eigenschaften sind davon abhängig, ob die Schätzgleichung eine Konstante und/oder einen Zeitindex als Regressor enthält und ob der wahre Prozeß einen *drift term* enthält oder nicht (Hamilton 1994: 501 f.). Dickey/Fuller (1981) haben in Monte-Carlo-Experimenten die Verteilungen von $\hat{\rho}$ unter verschiedenen Nullhypothesen (unterstellten „wahren" Prozessen) ermittelt; die kritischen Werte für unterschiedliche Signifikanzniveaus sind in Tabellenform in diversen Publikationen immer wieder reproduziert worden (besonders umfassend und übersichtlich in Hamilton 1994; siehe auch Banerjee et al. 1993). Die Nullhypothese des einfachen *RWP* kann sowohl mit der Schätzgleichung (3.12.18) als auch mit der Schätzgleichung (3.12.19) überprüft werden. In der Regel wählt man Gleichung (3.12.19), um gegenüber der Alternativhypothese möglichst „fair" zu sein (Hamilton 1994: 501; Banerjee et al. 1993: 100 ff.); denn das alternative AR-Modell wird zur Repräsentation einer beobachteten Zeitreihe in den meisten Fällen einen konstanten Term $\alpha \neq 0$ benötigen. Wolters (1991: 194) empfiehlt, generell den Test zunächst auch unter Einschluß eines Zeittrends (s. Gleichung (3.12.20)) durchzuführen.

Die Schätzgleichungen werden häufig auch in einer anderen Form eingesetzt, z.B. analog zu (3.12.18) mit: $\nabla y_t = \rho y_{t-1} + u_t$. Die Nullhypothese der Nichtstationarität ist dann $\rho = 0$. Bei stationären Reihen müßte $\rho < 0$ sein, da relativ hohen y-Werten der Tendenz nach relativ niedrige y-Werte folgen, die Differenz also negativ wird. Vorwiegend aus didaktischen Gründen bleiben wir aber bei der in den Modellen (3.12.18) bis (3.12.20) wiedergegebenen Fassung der Schätzgleichungen.

In einem ersten Beispiel wollen wir prüfen, ob die in Abb. (3.12.14) wiedergegebene Reihe „Einschätzungen zur allgemeinen wirtschaftlichen Lage" (AWL)[89] von Februar 1971 bis September 1982 differenzenstationär ist.

---

[88] Unter dieser Voraussetzung geben Fuller (1976) und Dickey/Fuller (1981) auf der Basis von Monte-Carlo-Experimenten die Verteilungen von $\hat{\rho}$ für kleine Stichproben. Im Falle großer Stichproben sind sie auch gültig, wenn die Fehler nicht normal-verteilt sind (s. Hamilton 1994: 502)

[89] Prozentanteil derer, die die wirtschaftliche Lage als „gut" oder „sehr gut" einschätzen. Diese Zeitreihe wurde uns von Prof. G. Kirchgässner mit Genehmigung des Bundespresseamtes zur Verfügung gestellt. Sämtliche Berechnungen wurden, wenn nichts anders vermerkt ist, mit dem Programmpaket MICROFIT® 4.0 (s. Pesaran/Pesaran 1997) durchgeführt. Für den ADF-Test liefert dieses Programm auch die kritischen Werte auf dem 5-Prozent-Niveau; für andere Niveaus müssen die erwähnten Tabellen konsultiert werden.

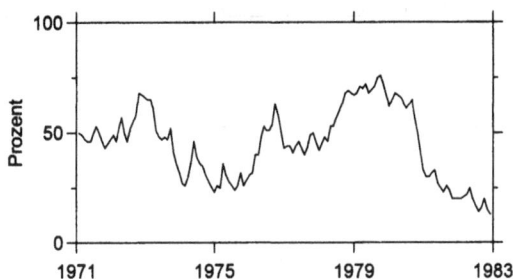

Abb. 3.12.14 *Einschätzung der allgemeinen wirtschaftlichen Lage, Februar 1971 - Dezember 1982*

Die OLS-Schätzung gemäß Gleichung (3.12.19) führt zu folgenden Ergebnissen (Standardfehler in Klammern)

$$AWL_t = .638 + .98AWL_{t-1} + u_t$$
$$(1.047) \ (.0218)$$

(3.12.21)

Die Nullhypothese $\rho = 1$ wird gegen die Alternativhypothese $\rho < 1$ in gewohnter Weise getestet, indem die Differenz $(\hat{\rho} - E(\hat{\rho}))$ ins Verhältnis zu dem Standardfehler des geschätzten Koeffizienten gesetzt wird. Da sie aber, wie erwähnt, nicht *Students* t-Verteilung folgt, bezeichnet man diese Teststatistik mit τ. In unserem Beispiel erhalten wir $\hat{\tau} = (0.98 - 1)/0.0218 = -0.91$. Laut Fuller-Tabelle ist der kritische Wert für diese Stichprobengröße mit $\tau = -2.89$ für das 5%-Signifikanzniveau und mit $\tau = -2.58$ für das 10%-Signifikanzniveau gegeben. Das bedeutet, die Nullhypothese ist nicht zurückzuweisen. Die allgemeinen wirtschaftlichen Erwartungen sind durch stochastische Trendverläufe gekennzeichnet; sie sind ein integrierter Prozeß 1. Ordnung, abgekürzt $I(1)$. Dieser Schluß wird durch den erweiterten Dickey/Fuller-Test (s. unten) bestätigt. In einem zweiten Beispiel betrachten wir die saisonal bereinigte Reihe der monatlichen Arbeitslosenzahlen (in Tausend) der BRD, ebenfalls für den Zeitraum von Febr. 1971 bis Dez. 1982 (Abb. 3.12.15). Die empirische Verlaufsform der Reihe wie auch substantielle Erwägungen sprechen gegen die Alternativhypothese, dieser Prozeß sei stationär. Folglich testen wir die Nullhypothese eines differenzenstationären Prozesses mit *drift* gegen die Hypothese eines trend-stationären Prozesses. In diesem Beispiel ist es jedoch nicht sinnvoll, Unabhängigkeit der Residuen im Testmodell (3.12.20) zu unterstellen. Zur Saisonbereinigung wurde das in Kap. 2.3.5 beschriebene Phasendurchschnittsverfahren angewandt, das eine konstante Saisonfigur unterstellt, eine wenig realistische Annahme.

Wir müssen also davon ausgehen, daß die auf diese Weise adjustierte Reihe eine serielle Korrelation über zwölf Monatsintervalle aufweist. (Eine ARIMA-Modellierung der Arbeitslosenreihe erfolgt im nächsten Kapitelabschn. 3.13.) Deshalb können wir nicht Gleichung (3.12.20), sondern müssen die erweiterte Schätzgleichung des *Augmented Dickey-Fuller*-Tests (ADF-Test) anwenden:

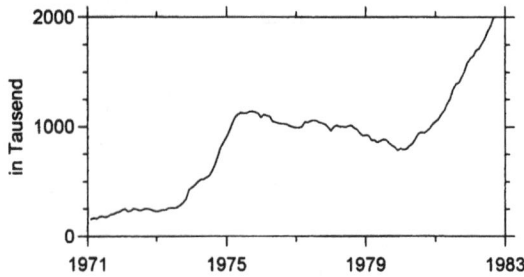

Abb. 3.12.15 *Saisonal bereinigte Arbeitslosenziffern, Februar 1971 - Dezember 1982 (in Tausend)*

$$y_t = \alpha + \gamma t + \rho y_{t-1} + \omega_1(\Delta y_{t-1}) + \omega_2(\Delta y_{t-2}) + \dots + \omega_{p-1}(\Delta y_{t-p+1}) + u_t \qquad (3.12.22)$$

Gleichung (3.12.22) resultiert aus einer Umformung der Gleichung *($y_t = \alpha + \beta t + \varphi_1 y_{t-1} + \varphi_2 y_{t-2} + \dots + \varphi_p y_{t-p} + u_t$)*. Es ist gängige Praxis, auch nicht-signifikante Terme y_{t-k} mit $0 < k < p$ auf der rechten Seite der Schätzgleichung mit zu berücksichtigen. Bei vorgegebener Saisonalität spricht allerdings nichts dagegen, die vorgelagerten Verzögerungsterme zu eliminieren. (Zur Bestimmung eines adäquaten Verzögerungs-parameters p siehe Hamilton 1994: 530).
Die Kleinstquadrate-Schätzung von Gleichung (3.12.22) mit $p = 12$ führt zu folgenden Ergebnissen (Standardfehler in Klammern):

$$\begin{aligned} y_t &= 3.937 + .2925t + .9711y_{t-1} + .364\Delta y_{t-1} + .193\Delta y_{t-2} + \dots + .178\Delta y_{t-11} + u_t \\ &\ \ (3.898)\ (.0956)\ \ \ (.00954)\ \ \ (.0869)\ \ \ \ \ \ (.0925)\ \ \ \ \ \ \ (.0917) \end{aligned} \qquad (3.12.23)$$

Für den Test der Nullhypothese H_0: $\rho = 1$ erhalten wir in gleicher Weise wie im vorigen Beispiel $\hat{\tau} = -3.03$. Der kritische Wert ist laut Dickey/Fuller-Tabelle -3.44 für das 5%- und -3.15 für das 10%-Signifikanzniveau. Die Nullhypothese wird folglich nicht zurückgewiesen, die Arbeitslosenzahlen scheinen eine stochastische Trendkomponente zu enthalten. Um eine deterministische Trendkomponente ausschließen zu können, müssen wir aber auch noch die verbundene Hypothese testen: $\rho = 1$ *und* $\gamma = 0$. Das geschieht analog zu dem üblichen *F*-Test; die entsprechende Teststatistik wird jedoch mit Φ bezeichnet, weil sie unter der Nullhypothese nicht *F*-verteilt ist. Um die Teststatistik zu ermitteln, muß das gemäß Nullhypothese restringierte Modell geschätzt werden - mit folgenden Ergebnissen:

$$\begin{aligned} y_t - y_{t-1} &= 2.468 + .399\Delta y_{t-1} + \dots + .101\Delta y_{t-11} + u_t \\ &\ \ \ (2.091)\ \ (.089)\ \ \ \ \ \ \ \ \ (.091) \end{aligned} \qquad (3.12.24)$$

Daß auf der linken Seite der Differenzenbetrag ($y_t - y_{t-1}$) steht, folgt aus der Hypothese $\rho = 1$. Die Teststatistik kann nun nach der üblichen Formel berechnet werden:

$$\Phi = \frac{(RSS_r - RSS_e)/m}{RSS_e/(n-k)} = \frac{(54647 - 50627)/2}{50627/124} = 4,92 \qquad (3.12.25)$$

Dabei bezeichnen RSS_r und RSS_e Fehlerquadratsummen *(Residual Sum of Squares)* des restringierten Modells (3.12.24) bzw. des erweiterten Modells (3.12.23); m und $(n-k)$ stehen für die jeweiligen Freiheitsgrade. Die von Dickey und Fuller ermittelten kritischen Werte für die Ablehnung der Nullhypothese sind $\Phi = 6,45$ für das 5%-Signifikanzniveau und $\Phi = 5,45$ für das 10%-Niveau; sie liegen also beide oberhalb des empirischen Wertes $\Phi = 4,92$. Die Nullhypothese wird somit beibehalten; die Arbeitslosenreihe enthält keine deterministische Trendkomponente im Sinne eines TSP. Anzumerken ist: Da in Gleichung (3.12.24) auf der linken Seite die Differenzenbeträge stehen, $\rho = 1$ fixiert ist und nicht geschätzt wird, sind für die Schätzer dieser Gleichung die üblichen t-Tests anwendbar. Die Arbeitslosen-Reihe ändert im Beobachtungszeitraum aber nicht nur ihr Niveau, sondern auch ihre Trendneigungen, sie könnte also auch einen integrierten Prozeß *zweiter* Ordnung - $I(2)$ - darstellen. In diesem Falle wären die ersten Differenzen nicht stationär, sondern repräsentierten einen $I(1)$-Prozeß. Wir wollen nun die Nullhypothese des $I(1)$-Prozesses für die ersten Differenzen gegen die Alternativhypothese eines stationären AR(p)-Prozesses testen. Die Partielle Autokorrelationsfunktion der Differenzenreihe deutet auf einen autoregressiven Prozeß zweiter Ordnung hin ($p=2$), so daß wir folgende Testgleichung schätzen

$$\Delta ARBL_t = 3.172 + .738\Delta ARBL_{t-1} - .266\Delta ARBL_{t-2} + u_t$$
$$(1.967) \qquad (.077) \qquad\qquad (.087) \qquad\qquad\qquad (3.12.26)$$

Daraus ergibt sich die Teststatistik $\hat{\tau} = (.738 - 1)/.077 = -3.40$ Dieser Betrag liegt unterhalb des kritischen Wertes von -2.88 für das 5%-Signifikanzniveau. Die Nullhypothese des Vorliegens einer Einheitswurzel in der Differenzenreihe kann somit zurückgewiesen werden. Wir gehen also davon aus, daß die saisonal bereinigten Arbeitslosendaten einen integrierten Prozeß *erster* Ordnung darstellen. Es ist allerdings darauf hinzuweisen, daß der ADF-Test recht sensibel auf eine Veränderung der Modellstruktur reagieren kann. Wenn wir z. B. die AR(2)-Struktur in Gleichung (3.12.26) durch eine AR(12)-Struktur ersetzen, erhalten wir einen $\hat{\tau}$-Wert, der über den kritischen Werten des 5%- oder 10%-Signifikanzniveaus liegt. In unserem Beispiel konnte das AR(12)-Modell aber mittels eines *Lagrange-Multiplier*-Tests ausgeschlossen werden.[90] Ein alternatives Test-Modell soll hier wenigstens noch erwähnt werden. Es stellt eine Mischform zwischen TSP und DSP dar, indem es von der Annahme ausgeht, daß der Trend *lokal* deterministisch verläuft, wobei die Trendfunktionen in unregelmäßigen zeitlichen Abständen („stochastisch") ihre Gestalt ändern („Struktur"- oder „Trendbruch"-Modell nach Perron 1989; Perron/Vogelsang 1992). Dies könnte gerade für historische und sozialwissenschaftliche Analysen eine interessante Alternative sein.

---

[90] Eine ausführlichere Analyse der Arbeitslosenrate unter Anwendung weiterer Modellvarianten liefert Funke (1992).

Das Perron-Modell sollte auch deshalb eingesetzt werden, weil im Falle realer Trend-
brüche die Einheitswurzeltests kaum noch aussagekräftig sind. Je schärfer der Trendbruch ist, um so geringer wird die Wahrscheinlichkeit, daß die Hypothese einer
Einheitswurzel (korrekterweise) zurückgewiesen werden kann, wenn sie tatsächlich
falsch ist.

3.13 Einbau saisonaler Komponenten: SARIMA-Modelle

Mit saisonalen Komponenten und ihrer möglichen inhaltlichen Interpretation, haben
wir uns schon in Kap. 2 beschäftigt. Dort wurden die jahreszeitlichen Schwankungen
unter der Voraussetzung modelliert (und aus der Zeitreihe eliminiert), daß sie in der
Untersuchungsperiode stabil seien. Diese Voraussetzung kann bei der Box/Jenkins-
Modellierung aufgegeben werden. Wir werden diese Methodik an den Beispieldaten
erläutern, die wir schon in Kap. 2 vorgestellt hatten: die Arbeitslosenzahlen der Bundesrepublik Deutschland von Januar 1972 bis Dezember 1982. In Abb. 3.13.1 ist diese
Zeitreihe nochmals wiedergegeben.

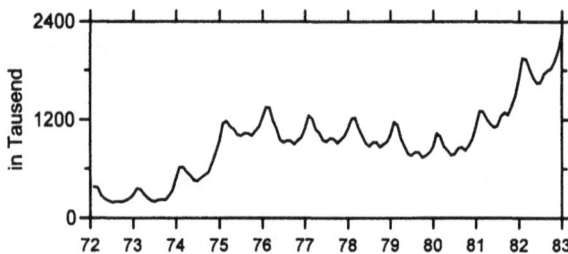

Abb. 3.13.1 *Arbeitslosendaten BRD, 1972 bis 1982 (wiederholt)*

Box/Jenkins (1976) haben vorgeschlagen, eine Zeitreihe, die saisonale Schwankungen
enthält, nicht vorgängig um diese Komponente zu bereinigen, sondern sie simultan mit
den anderen Komponenten der Reihe zu modellieren - nach dem gleichen dreistufigen
Verfahren (Identifikation, Schätzung und Evaluation eines Modells), das wir in vorangegangenen Kapitelabschnitten bereits dargestellt haben. Es ist also mit der Identifikation eines oder mehrerer vorläufiger Modelle mit Hilfe der SAKF und der SPAKF
zu beginnen.
Auf Grund der jahreszeitlichen Schwankungen sind relativ hohe, periodisch abneh-
mende Autokorrelationen zwischen Zeitreihenwerten zu erwarten, die ein Jahr, zwei
Jahre, drei Jahre etc. auseinanderliegen. Bezeichnen wir die Saisonlänge mit s, so ist
bei Monatsdaten eine saisonale *Lag*-Spanne $s = 12$, bei Quartalsdaten eine Spanne von
$s = 4$ gegeben. Wir erwarten also hohe Autokorrelationskoffizienten r_k bei den *Lags*
$k = s$, $k = 2s$, $k = 3s$ usw. Prüfen wir zunächst, ob diese Erwartungen durch das

Autokorrelogramm der wurzeltransformierten Arbeitslosendaten $x_t = \sqrt{z_t}$ bestätigt wird (s. Abb. 3.13.2)[91]

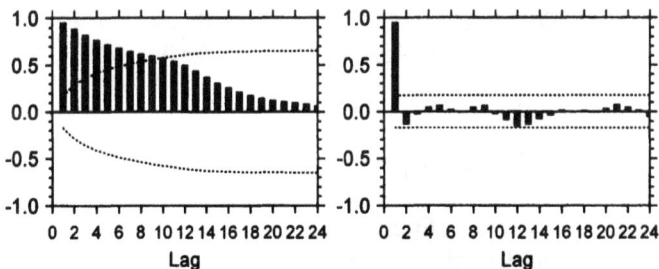

Abb. 3.13.2 *SAKF und SPAKF der wurzeltransformierten Arbeitslosendaten*

Offenkundig wird die Autokorrelationsfunktion durch eine nicht-saisonale Trendkomponente dominiert; das Muster der saisonalen Autokorrelationen ist nur schwach erkennbar. Das ändert sich bei der SAKF der 1. Differenzen $(1-B)x_t = \nabla x_t$ in Abb. 3.13.3

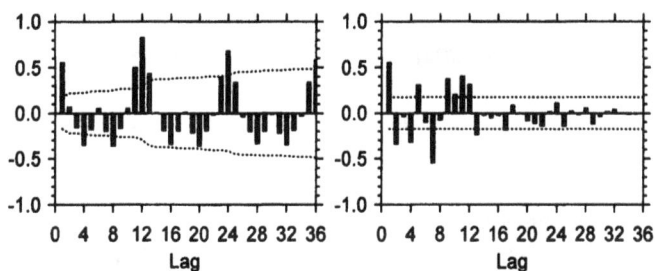

Abb. 3.13.3 *SAKF und SPAKF der ersten Differenzen der Arbeitslosendaten*

Jetzt sind die „Peaks" bei den saisonalen *Lags* k = 12, 24, 36 deutlich erkennbar, außerdem sind relativ hohe Autokorrelationskoeffizienten in den unmittelbar benachbarten *Lags* zu beobachten. Das Muster der r_k für die *Lags* k = 12, 24 usw. („saisonale *Lags*", „saisonale Autokorrelationskoeffizienten") ist in der gleichen Weise zu interpretieren wie das Muster der SAKF nicht-saisonaler Zeitreihen. Wir haben zunächst einmal festzustellen, daß die saisonalen Autokorrelationskoeffizienten nur ganz allmählich nach Null abfallen, also Nicht-Stationarität indizieren. Folglich muß neben der einfachen auch eine saisonale Differenzenbildung vorgenommen werden:

$$(1 - B)(1 - B^{12})x_t = \nabla_1 \nabla_{12} x_t \qquad (3.13.1)$$

---

[91] Die Wurzel-Transformation ist in Kapitelabschnitt 2.3.4.2.1 begründet wurden.

Wird ein Filter (in diesem Falle ein Differenzenfilter) auf eine bereits gefilterte Reihe angewandt, erzielt man den gleichen Effekt wie bei der Anwendung der multiplizierten Filter auf die Originalreihe. Inhaltlich bedeutet das „Hintereinanderschalten" von einfachem und saisonalem Filter, daß die Differenzen in den Werten benachbarter Monate um die Wertdifferenz „bereinigt" werden, die für die gleichen Monate ein Jahr zuvor beobachtet wurden. Durch Ausmultiplizieren der linken Seite von Gleichung (3.13.1) erhält man

$$(1 - B - B^{12} + B^{13})x_t = (x_1 - x_{t-1}) - (x_{t-12} - x_{t-13}) \qquad (3.13.2)$$

Für die einfach und saisonal „differenzierte" Zeitreihe erhalten wir die in den Abbildungen 3.13.4a und 3.13.4b wiedergegebenen Autokorrelogramme:

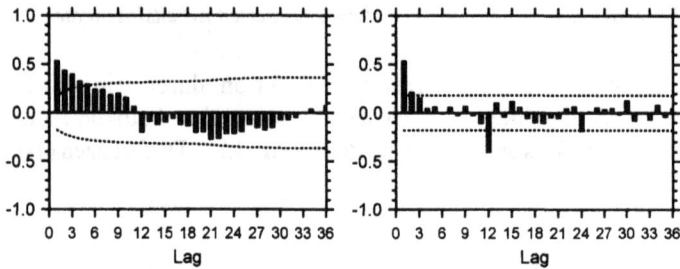

Abb. 3.13.4 a u. b *SAKF und SPAKF der einfach und saisonal diff. Reihe*

Betrachten wir nur die saisonalen *Lags*, so ist in der SAKF lediglich bei $k = 12$ (nicht bei $k = 24$ oder $k = 36$) ein signifikanter Autokorrelationskoeffizient festzustellen. Dies geht aus Abb. 3.13.4 allerdings nicht ohne weiteres hervor, denn die routinemäßig nach der Bartlett-Formel berechneten Standardfehler sind für die anfänglichen *Lags* überschätzt (s. oben, S. 106, 137). Pankratz (1991: 124) empfiehlt, einen seasonalen Autokorrelationskoeffizienten als signifikant zu betrachten, wenn er größer als das 1,25fache seines Standardfehlers ist. Das ist bei r_{12} = -,198 der Fall, denn der Standardfehler ist 0,159. Der Koeffizient bei $k = 24$ ist zwar noch etwas größer, verfehlt aber Pankratz' Kriteriuim, weil der Standardfehler relativ stärker zunimmt. Das spricht für eine MA(1)-Komponente in diesem Modellteil, zumal in der SPAKF ein geometrischer Abfall der Koeffizienten bei den *Lags* $k = 12, 24, 36$ festzustellen ist. Falls die Saisonfigur völlig starr wäre, d. h. sich von Jahr zu Jahr die gleichen Monatswerte wiederholten, wäre diese Figur durch den saisonalen Differenzenfilter (1 - B^{12}) ohne Rest bzw. ohne korrigierenden MA(12)-Term eliminiert worden. Die in dem Faktor (1-B^{12}) implizierte starre Saisonfigur wird durch die Hinzunahme des MA-Terms flexibilisiert. Insofern besteht zwischen dem nicht-stationären autoregression Faktor (mit φ_{12} = 1) und dem MA-Faktor ein Kompensationsverhältnis, mit dem die in Abschn. 3.8 zitierte Warnung vor Parameterredundanzen modifiziert wird. Generell läßt man die Kompensation *nicht*-stationärer Faktoren durch entsprechende MA-Faktoren zu, insbesondere bei der Modellierung von Saison-Komponenten. Wir nehmen also in unserem Beispiel für die Saisonkomponente ein ARIMA(0,1,1)-Modell an.

Das heißt, die nach der saisonalen Differenzenbildung weiterhin bestehende *jährliche* Abhängigkeitsbeziehung zum *Lag k* = 12 kann - als stochastische Komponente - mit der gleichen Modellogik formalisiert werden, mit der wir bisher schon die monatlichen (nicht-saisonalen) Abhängigkeiten einer Zeitreihe modelliert haben. Ein ARIMA(P,D,Q)$_{12}$-Modell nur für die Saisonkomponente läßt sich somit wie folgt schreiben:

$$\Phi(B^s)\nabla_s^D x_t = \Theta(B^s)\alpha_t \qquad (3.13.3)$$

Der Exponent D gibt den Grad der saisonalen Differenzenbildung an (meistens ist D = 1). Die saisonalen AR- und MA-Polynome

$$\Phi(B^s) = 1 - \Phi_1 B^s - \Phi_2 B^{2s} - \ldots - \Phi_P B^{Ps}$$
$$\Theta(B^s) = 1 - \Theta_1 B^s - \Theta_2 B^{2s} - \ldots - \Theta_Q B^{Qs} \qquad (3.13.4)$$

sind analog zu den nicht-saisonalen zu interpretieren: Der Grad der autoregressiven Saison-Komponente wird mit (groß) P, der Grad der *moving average* Komponente mit Q angegeben. Für die saisonalen Polynome gelten die gleichen Stationaritäts- und Invertibilitätsbedingungen wie für die nicht-saisonalen. Die Fehlerkomponente in Gleichung (3.13.3) ist nun mit α_t bezeichnet. Die „Fehler" α_t, die zu einem bestimmten Monat (z. B. „März") gehören, sind bei korrekter Bestimmung der saisonalen Komponente von Jahr zu Jahr unkorreliert. Korreliert sein können aber noch die Fehler der Monate, die näher benachbart sind, vor allem diejenigen der unmittelbar aufeinander folgenden Monate. Diese verbleibende Abhängigkeitsstruktur in der Reihe α_t kann nun ihrerseits durch ein zweites ARIMA(p,d,q)-Modell repräsentiert werden:

$$\varphi(B)\nabla^d \alpha_t = \theta(B)a_t \qquad (3.13.5)$$

Substituiert man diese Gleichung in Gleichung (3.13.3), erhält man das allgemeine multiplikativ-saisonale ARIMA-Modell, das auch als *S*ARIMA-Modell bezeichnet wird:

$$\varphi_p(B)\Phi_P(B^s)\nabla^d\nabla_s^D x_t = \theta_q(B)\Theta_Q(B^s)a_t \qquad (3.13.6)$$

Falls die Reihe auch noch eine deterministische Trendkomponente aufweist, kann dies durch eine Konstante θ_0 auf der rechten Gleichungsseite berücksichtigt werden. Nachdem wir in unserem Beispiel versuchsweise schon ein ARIMA(0,1,1)-Modell für die Saison-Komponente identifiziert haben, müssen wir nun für die Restreihe α_t ebenfalls ein entsprechendes (Teil-)Modell identifizieren. Dabei stützen wir uns vor allem auf das Muster der (partiellen) Autokorrelationskoeffizienten der *Lags k* = 1 bis k = 11. Die SPAKF der einfach und saisonal differenzierten Reihe (s. oben Abb. 3.13.4b) zeigt nur zwei signifikante Koeffizienten bei k = 1 und k = 2. Dies spricht für ein AR(2)-Modell in der nichtsaisonalen Komponente. Saisonale und nicht-saisonale

Komponente gemäß Gleichung (3.13.6) zusammengefügt führt somit zu einem SARIMA(2,1,0)(0,1,1)$_{12}$-Modell der Arbeitslosendaten:

$$(1 - \varphi_1 B - \varphi_2 B^2)(1 - B)(1 - B^{12})x_t = (1 - \theta B^{12})a_t \qquad (3.13.7)$$

Die Interpretation der SAKF in Abb. 3.13.4a ist aber unsicher, weil auch nach einfacher und saisonaler Differenzierung der Reihe die empirische Autokorrelationsfunktion immer noch recht langsam nach Null abfällt. Möglicherweise wäre hier ein nochmaliges Differenzieren (also $d = 2$) angebracht. Abb. 3.13.5a und 3.13.5b stellen die SAKF und die SPAKF der zweifach „differenzierten" Reihe $y_t = \nabla^2 \nabla_{12} x_t$ dar.

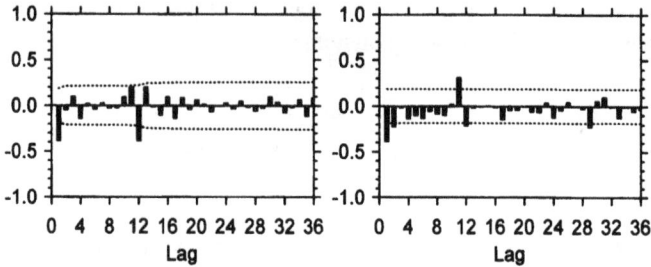

Abb. 3.13.5 a u. b *SPAKF u. SAKF der Arbeitslosenreihe, mit d=2, D=1 differenziert*

Die dort erkennbaren Muster legen für die nicht-saisonale Modellkomponente eine MA(1)-Struktur nahe, so daß sich insgesamt ein *SARIMA*(0,2,1)(0,1,1)-Modell ergibt:

$$(1 - B)^2(1 - B^{12})x_t = (1 - \theta B)(1 - \theta B^{12})a_t \qquad (3.13.8)$$

Beim Übergang von $d = 1$ zu $d = 2$ nimmt die Varianz nochmals geringfügig leicht ab. Wenn mit y die höher „differenzierte" und mit z die Originalreihe bezeichnet wird, läßt sich die Entwicklung der Streuungsverhältnisse anhand des Quotienten s_y/s_z darstellen (vergl. Kap. 3.12.3). In Tabelle 3.13.1 sind diese Quotienten für verschiedene Kombinationen von einfachen und saisonalen Differenzenfiltern dargestellt. Wenn der saisonale Filter $(1 - B^{12})$ mit dem Filter $(1 - B)^2$ statt mit $(1 - B)$ kombiniert wird, nimmt die Varianz der y-Reihe, somit auch das Verhältnis der Standardabweichungen (von 0,078 auf 0,075) leicht ab.

Tab. 3.13.1: *Quotient der Standardabweichungen s_y/s_z bei unterschiedlichen Graden der Differenzenbildung (Y: = Differenzenbeträge, Z: = Originale Arbeitslosenzahlen)*

	$(1 - B^{12})^0$	$(1 - B^{12})^1$	$(1 - B^{12})^2$
$(1 - B)^0$	1	0,56	0,6
$(1 - B)^1$	0,18	0,078	0,12
$(1 - B)^2$	0,17	**0,075**	0,13
$(1 - B)^3$	0,24	0,12	0,22

Die beiden Modelle werden mit folgenden Parametern geschätzt:

SARIMA (2,1,0)(0,1,1):

$$\hat{\varphi}_1 = 0.35 \qquad \hat{\varphi}_2 = 0.28 \qquad \hat{\theta}_{12} = 0.53$$

SARIMA (0,2,1)(0,1,1,):

$$\hat{\theta}_1 = 0.69 \qquad \hat{\theta}_{12} = 0.57$$

Alle Koeffizienten in beiden Modellen sind hoch signifikant. Wir ersparen uns eine ausführliche Darstellung der Diagnoseergebnisse, die in beiden Fällen akzeptabel sind. Nach den *AIC*- und *SBC*-Informationskriterien ist das zweite (höher differenzierte) Modell vorzuziehen. Wir werden einen weiteren Gütetest vornehmen, indem wir beide Modelle zur Prognose der Arbeitslosenzahlen ab Januar 1983 heranziehen (s. Kap. 6.1.7).

Das *multiplikative* Saison-Modell ist innerhalb der Box/Jenkins-Methode nicht zwingend vorgeschrieben. Box/Jenkins (1976: 323 f.) weisen selbst darauf hin, daß diese Art der Modellierung nicht bei allen Zeitreihen mit saisonalen Schwankungen erfolgreich ist und daß in manchen Fällen ein additives Modell erwägenswert sei. Was damit gemeint ist, wird deutlich, wenn man das SARIMA$(0,2,1)(0,1,1)_{12}$-Modell in den MA-Komponenten einmal ausmultipliziert:

$$\begin{aligned}(1 - B)^2(1 - B^{12})x_t &= (1 - \theta_1 B)(1 - \theta_{12}B^{12})a_t \\ &= (1 - \theta_1 B - \theta_{12}B + \theta_{13}^* B^{13})a_t\end{aligned} \qquad (3.13.9)$$

Für das Ausmultiplizieren kommen nur Faktoren des gleichen Typs infrage, also z. B. saisonaler MA- und nicht-saisonaler MA-Faktor, nicht aber saisonaler MA- und nicht-saisonaler AR-Faktor. In dem multiplikativen SARIMA$(0,2,1)(0,1,1)_{12}$-Modell ist der dem *Lag* k=13 zugeordnete *Theta*-Koeffizient auf den Wert $\theta_{13}^* = \theta_1\theta_{12}$ restringiert. In dem additiven Modell (s. zweite Zeile in Gleichung 3.13.9) wird der Schätzer für θ_{13} freigegeben. Das additive Modell empfiehlt sich also, wenn die Differenz $[\hat{\theta}_1\hat{\theta}_{12} - (- \hat{\theta}_{13})]$ „signifikant" ist. In der Praxis stößt man nur selten auf additive Modelle.

Abb. 3.13.6 stellt den Gang der Box/Jenkins-Modellbildung noch einmal im Überblick dar; Tab. 3.13.2 faßt die wesentlichen Regeln zusammen, nach denen die Muster der Autokorrelation und der partiellen Autokorrelationsfunktion bezüglich des auszuwählenden Modeltyps interpretiert werden.

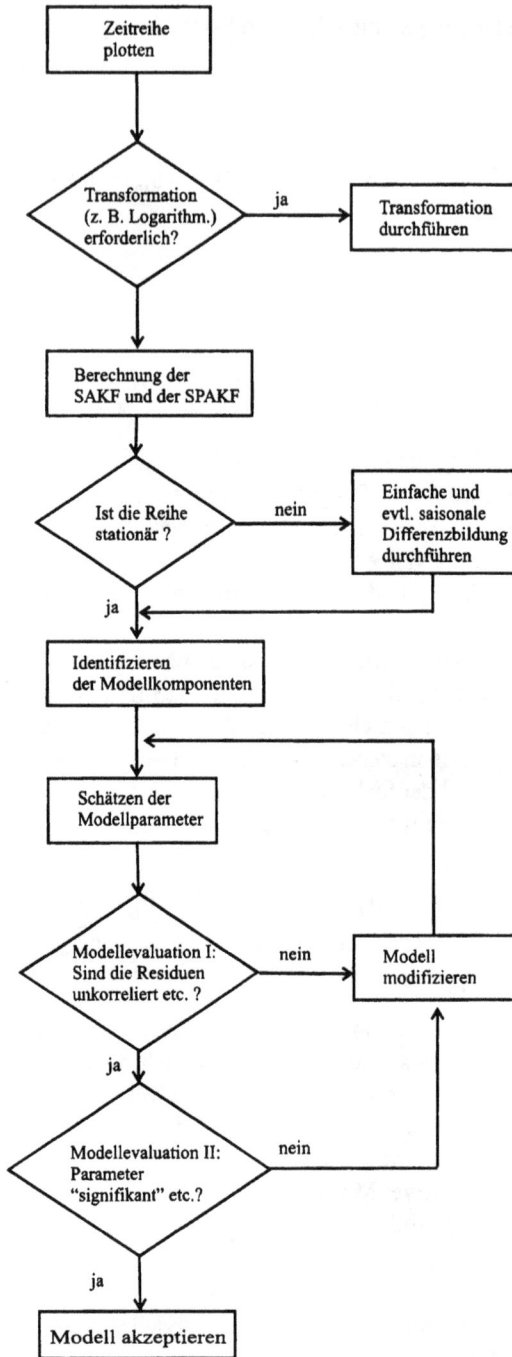

Abb. 3.13.6 *Gang der Box/Jenkins-Modellbildung (nach Hoff 1983: 240)*

Tab. 3.13.2: *Interpretationsregeln für nicht-saisonale und saisonale Modelle (in Anlehnung an Hoff 1983: 191)*

Modelltyp	Zahl und Ordnungs grad der Parameter	AKF-Muster	PAKF-Muster
ARMA(0,q)	q Paramteter der Ordnung 1,2,...,q: $\theta_1, \theta_2,...,\theta_p$	Koeff. ≠ 0 bei *Lags* 1 bis q, danach Koeff. = 0	Abfallendes Muster ab *Lag k* = 1. Falls q > 1, können gedämpfte Sinusschwingungen auftreten
ARMA(p,0)	p Paramteter der Ordnung 1,2,...p: $\varphi_1, \varphi_2,...,\varphi_q$	Abfallendes Muster ab *Lag k* = 1. Falls q > 1, können gedämpfte Sinusschwingungen auftreten	Koeff. ≠ 0 bei *Lags* 1 bis p, danach Koeff. = 0
ARMA(p,q)	p AR-Parameter der Ordnung 1,2,...p und q Paramteter der Ordnung 1,2,...,q	Unregelmäßiges Koeff.muster von *Lag* 1 bis q; die weiteren Koeff. folgen dem abfallenden Muster des AR-Prozesses	Wie bei der AKF, mit unregelmäßigem Koeff.muster von *Lag* 1 bis p
Reines saisonales MA-Modell: SARIMA $(0,0,0)_1(0,0,1)_s$	Q Parameter der Ordnung s, $2s$,...,Qs	Koeff. ≠ 0 bei *Lags* s, $2s$,...,Qs; Nullen an allen anderen Stellen	Exponentiell abfallende Koeff. bei den *Lags* s, $2s$, $3s$ usw.
Reines saisonales AR-Modell: SARIMA $(0,0,0)_1(1,0,0)_s$	P Parameter der Ordnung s, $2s$,...,Ps	Exponentiell abfallende Koeff. bei den *Lags* s, $2s$, $3s$ usw.	Koeff. ≠ 0 bei *Lags* s, $2s$,...,Qs; Nullen an allen anderen Stellen
Reines saisonales ARMA-Modell: SARIMA $(0,0,0)_1(1,0,1)_s$	P AR-Parameter der Ordnung s, $2s$,...,Ps und Q Parameter der Ordnung s, $2s$,...,Qs	Unregelmäßiges Koeff.muster von *Lag* 1 bis Q; die weiteren Koeff. folgen dem saisonalen AR-Modell	Wie bei der AKF, mit unregelmäßigem Koeff.muster von *Lag* 1 bis P

Kapitel 4

Interventionsanalyse nach Box und Tiao

Wir haben im vorangegangenen Kapitel Zeitreihen so dargestellt, als wären sie lediglich durch eine Menge unbekannter Einflußgrößen angetrieben, die uns im einzelnen nicht bekannt, in diesem Sinne also "zufällig" sind. Es wurde vorausgesetzt, daß jeder dieser Einflußgrößen nur ein geringes Gewicht zukommt und daß sich langfristig ihre positiven und negativen Wirkungen in der Summe ausgleichen. In den Sozialwissenschaften interessieren aber häufig ganz bestimmte Einflußgrößen, denen in einer historischen oder theoretischen Analyse eine systematische Bedeutung beigemessen wird. Eine besondere Klasse von Einflußgrößen sind einschneidende "Ereignisse", die gewollt oder ungewollt auftreten und das Niveau einer Zeitreihe dauerhaft oder vorübergehend, sprunghaft oder allmählich verschieben. Solche Ereignisse oder "Interventionen" sind z. B. gesetzgeberische Maßnahmen zur Senkung von Schadstoffemissionen (Widmer 1991), zur Beschleunigung von Gerichtsverfahren (Rottleuthner-Lutter 1989) oder zur Senkung der Unfallhäufigkeit durch striktere Geschwindigkeitskontrollen (Glass 1968). Andere Ereignisformen sind Naturkatastrophen (z. B. Überschwemmungen, die eine Ernte vernichten), politische Revolutionen, Kriege, neu eingeführte Produkte (z. B. Mittel zur Empfängnisverhütung, neue Kommunikationstechnologien), ein Börsencrash usw.

In diesem Kapitel wollen wir uns mit Modellen beschäftigen, die im weiteren Rahmen der Box/Jenkins-Methodologie entwickelt worden sind, um die Wirkung solcher Ereignisse, ihre Stärke und ihren zeitlichen Verlauf abschätzen, "evaluieren" zu können. (In der englischen Fachliteratur ist auch der Ausdruck "impact assessment" gebräuchlich.) Diese Modelle stellen einfache Erweiterungen der univariaten ARMA- oder ARIMA-Modelle dar, können aber nicht wie diese anhand von Musterfunktionen (wie der AKF) empirisch identifiziert werden. Das Testen von Modellparametern und die Einschätzung der Modellgüte gewinnen größeres Gewicht, da es bei der Interventionsanalyse auch um kausale Zuschreibungen geht, an denen oft nicht nur die Wissenschaftler, sondern auch PolitikerInnen und andere Akteure interessiert sind.

Man hat Interventionen, wie sie uns in diesem Kapitel beschäftigen werden, auch als "natürliche" oder "Quasi-Experimente" bezeichnet. Wir werden auf dieses Konzept in Kapitelabschn. 4.7 kurz eingehen. Zuvor wollen wir anhand von Beispielen verschiedene Ereignis- und Wirkungstypen unterscheiden (Abschn. 4.1) und anschließend Modelle vorstellen, mit denen die Typen formalisiert werden (Abschn. 4.2). Die Einsatzmöglichkeiten dieser Basismodelle werden sodann anhand zweier Beispielanalysen erläutert (Abschn. 4.4). In Abschn. 4.5 werden die Modelle so erweitert, dass sie auch auf nicht-stationäre Zeitreihen angewandt werden können. Eine Alternative bzw. Ergänzung zum Box/Jenkins-Ansatz der Interventionsanalyse wird in Abschn. 4.6 vorgestellt; sie kommt in Betracht, wenn bereits relativ präzise Hypothesen über den Verlauf der Ereigniswirkungen vorliegen.

4.1 Ereignis- und Wirkungstypen

Wir beginnen mit einer Beispielreihe, die in Abb. 4.1.1 wiedergegeben ist.

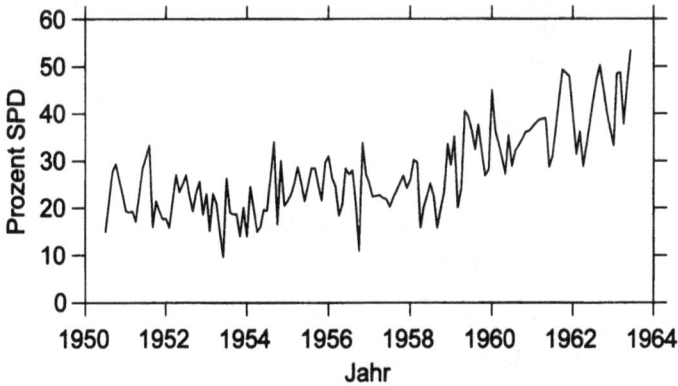

Abb. 4.1.1 SPD-Präferenzen in Berlin, Juli 1950 - Juni 1963 (Daten: s. Fn. 92)

Sie zeigt die Entwicklung der SPD-Präferenzen in West-Berlin von Juli 1950 bis Juni 1963.[92] Zwischen 1950 und Ende 1958 bewegen sich die SPD-Werte auf einem relativ niedrigen Niveau von etwa 20 % (bei starken Fluktuationen, die nicht zuletzt durch Stichprobenfehler verursacht sein dürften) und steigen danach allmählich bis zum Ende der Beobachtungsperiode an. Der Beginn des Anstiegs scheint mit einem Ereignis zusammenzufallen, das als "Chruschtschow-Ultimatum" in die Geschichte des Kalten Krieges eingegangen ist. Im Oktober/November 1958 forderte der sowjetische KP-Führer in mehreren Noten den Abzug aller Truppen binnen 6 Monaten und die Bildung einer "Freien Stadt West-Berlin", anderenfalls würden die für die Stadt überlebenswichtigen Zufahrtskontrollrechte an die DDR übergehen. Die Westberliner Bevölkerung fühlte sich bedroht und - so die weitere Interpretation - wendete sich wieder verstärkt der SPD zu, die sich in den ersten Nachkriegsjahren bis zum Ende der Berliner Blockade als diejenige Partei profiliert hatte, die den Attacken und Drohungen der kommunistischen Machthaber am entschiedensten widerstanden hatte. Die neuerliche östliche Bedrohung Ende 1958 leitete eine lang andauernde Krisenperiode ein, die im August 1961 im Bau der Berliner Mauer kulminierte. Man kann annehmen, daß der tradierte, um die SPD zentrierte "Widerstandskonsens" viele Berliner, die in der zwischenzeitlichen

---

[92] Die Daten wurden vom Allensbacher Institut für Demoskopie im Rahmen allgemeiner Bevölkerungsumfragen erhoben, wobei die Berliner Stichprobe etwa 100 Personen umfaßte. Die Frage lautete: "Welche Partei steht Ihren Ansichten am nächsten?" Die hier abgebildete Zeitreihe repräsentiert die monatlich ermittelten Prozentanteile derjenigen Befragten, die als Antwort die SPD nannten; fehlende Werte wurden linear interpoliert. Die Daten wurden von Prof. Dr. Harold Hurwitz, Freie Universität Berlin, erworben und im Rahmen seines "Berlin-Projekts" über die Entwicklung politischer Einstellungen der Berliner Bevölkerung nach 1945 aufbereitet (s. Hurwitz 1983; Rottleuthner-Lutter/ Thome 1983).

ökonomischen Krise zur CDU abgewandert waren, veranlaßte, zur SPD zurückzukehren. Diese Hypothese ergibt sich nicht aus der formalen Analyse, sondern aus
der Kenntnis des historischen Kontextes; sie scheint durch den Verlauf der Zeitreihe in Abb. 4.1.1 bestätigt zu werden. Die formale Interventionsanalyse, die wir
noch präsentieren werden, liefert zusätzliche Informationen, die für eine weiterge-
hende inhaltliche Analyse wichtig sein könnten: Sie präzisiert den quantitativen
Zuwachs und die zeitliche Dynamik der Zunahme der SPD-Präferenzen, die angesichts der Fluktuationen der monatlichen Zeitreihenwerte nicht einfach aus der Abbildung herauszulesen sind.

Die von dem sowjetischen Ultimatum ausgelöste Krisenperiode dauerte (minde-
stens) bis zum Ende der Untersuchungsperiode an; der allmähliche, langfristige
Anstieg der SPD-Präferenzen war sicherlich eine unbeabsichtigte Wirkung. Dieser
Wirkungsverlauf ist schematisch in Abb. 4.1.2a wiedergegeben, die mathematische
Modellierung wird in Abschn. 4.2 erläutert.

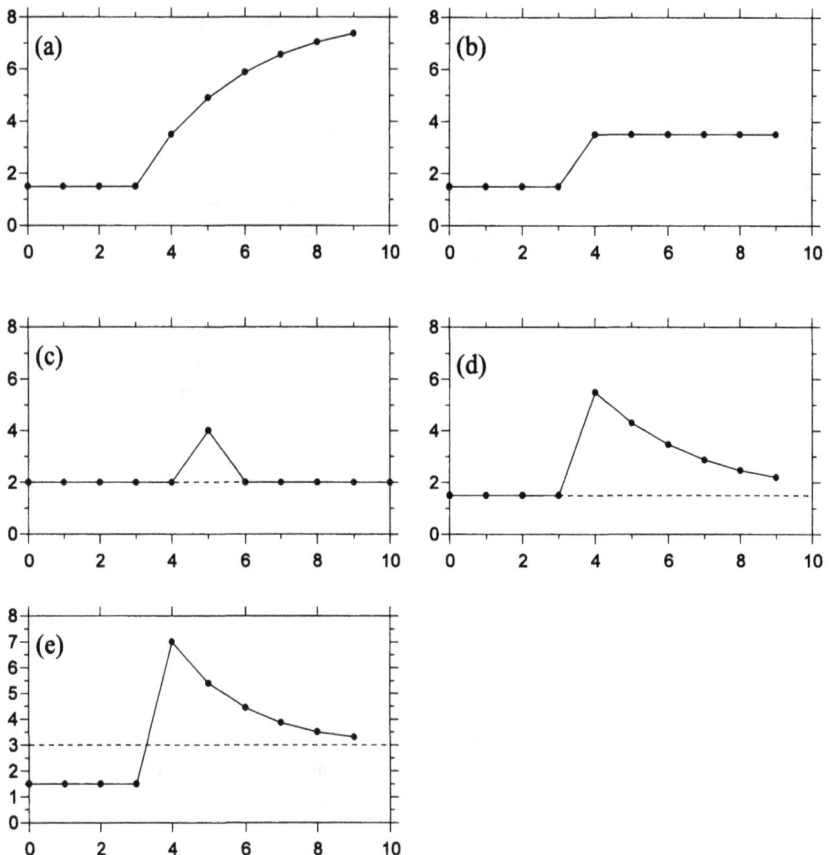

Abb. 4.1.2a - e Basismuster von Wirkungsverläufen bei trendfreien Zeitreihen

Abb. 4.1.2b stellt idealtypisch das Muster einer dauerhaften, aber nicht allmählich, sondern abrupt einsetzenden Niveauverschiebung dar. Ein Realbeispiel hierzu liefert Abb. 4.1.3.

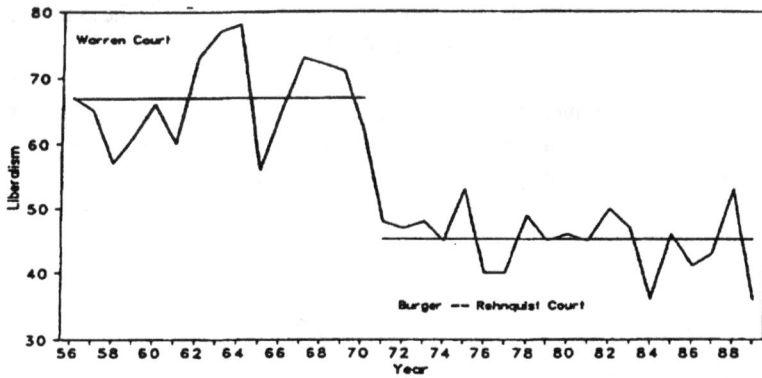

Abb. 4.1.3 „Liberalismus" von Entscheidungen des US Supreme Court (Quelle: Norporth/Segal 1994)

Die Verlaufsform dieser Zeitreihe modifiziert das Muster in Abb. 4.1.2b lediglich dadurch, daß die Niveauverschiebung in Abb. 4.1.3 ein negatives Vorzeichen aufweist. Die Abbildung ist einem Artikel der *American Political Science Review* entnommen, in der Veränderungen in der Entscheidungspraxis des *Supreme Court* der USA untersucht werden (Norpoth/Segal 1994). Die Urteile des Obersten Gerichtshofes der USA im Zeitraum von 1956 bis 1988 wurden nach einer Liberalismus-Skala bewertet. Dabei zeigte sich, daß die Entscheidungen vor 1971 wesentlich liberaler ausfielen als ab 1971. Für diesen Wechsel bietet sich eine plausible Erklärung an: Die 1969 ins Amt gekommene Nixon-Regierung ersetzte innerhalb von zwei Jahren vier der neun obersten Richter, wobei jeder der vier neuen (Burger, Blackmun, Powell, Rehnquist) konservativer war als die jeweiligen Vorgänger (Warren, Fortas, Black, Harlan). Auch in diesem Beispiel ist die Veränderung so deutlich, daß ihre Tatsächlichkeit nicht durch eine formale Analyse entdeckt oder bewiesen werden muß. Dennoch war eine formale Interventionsanalyse auch in diesem Falle sinnvoll. Die "Intervention" der Nixon-Regierung, die die Zusammensetzung des Gerichtshofes veränderte, mußte quantitativ-statistisch kontrolliert werden, um den Einfluß einer anderen Größe, nämlich der öffentlichen Meinung ("public mood"), auf die gerichtliche Entscheidungspraxis zuverlässiger ermitteln zu können (zu dieser Diskussion siehe neben dem erwähnten Artikel von Norpoth/ Segal auch Mishler/Sheehan 1994; 1993).

Nachdem wir zwei Basismuster *permanenter* Ereigniswirkungen kennengelernt haben, wollen wir als nächstes zwei Grundtypen *temporärer* Ereigniswirkungen vorstellen. Im Extremfall handelt es sich dabei um eine punkthafte Veränderung, die in Form eines "additiven Ausreißers" nur zu einem einzigen Meßzeitpunkt beobachtet werden kann (s. Abb. 4.1.2c). Ob die Wirkung nur ein Meßintervall überdauert oder etwas länger sichtbar bleibt, hängt natürlich auch von der Länge der Meßintervalle ab; monatlich oder wöchtentlich vorgenommene Messungen erlauben die Wirkungsdynamik feiner abzubilden, als dies mit viertel- oder ganzjährlich erhobenen Daten möglich ist. Ein Wirkungsmuster, das abrupt mit einem starken Effekt einsetzt, der dann mehr oder weniger rasch nachläßt, bis die Reihe zum Ausgangsniveau zurück gekehrt ist, wird in Abb. 4.1.2d skizziert.

In realen Zeitreihen ist es auch mit den Mitteln einer formalen Interventionsanalyse häufig schwierig, zwischen den verschiedenen Mustern in Abb. 4.1.2a bis 4.1.2e klar zu unterscheiden. Ein Beispiel hierfür liefert die Reihe in Abb. 4.1.4.

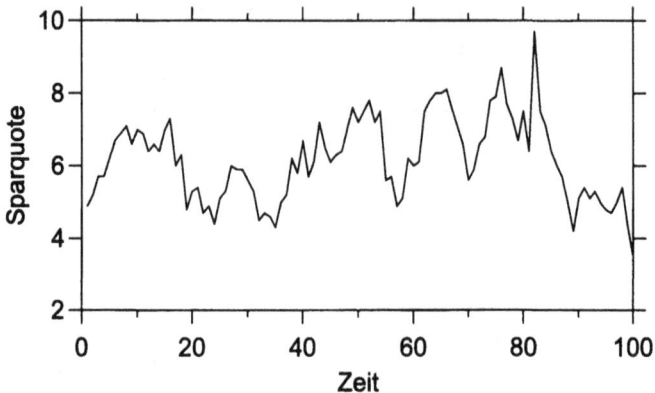

Abb 4.1.4 Sparquote in den USA, 1. Quartal 1955 - 4. Quartal 1979
(Quelle: Pankratz 1991)

Der US-Kongreß verfügte per Gesetz für das 2. Quartal 1975 ($t = 82$) eine einmalige Steuer-Rückvergütung, von der anzunehmen ist, daß sie die Sparquote vorübergehend ansteigen ließ. Pankratz (1991: 253 ff.) hat Modelle sowohl für das Wirkungsmuster 4.1.2c als auch für das Muster 4.1.2d geschätzt und evaluiert, ohne daß die Gütekriterien eine eindeutige Präferenz für eines der beiden Modelle nahelegten. Auch die Unterscheidung zwischen einer temporären, aber nur langsam nachlassenden Wirkung (Abb. 4.1.2d) und einer permanenten (Abb. 4.1.2b) ist in der Praxis oft kaum zu treffen. Ein Beispiel hierfür liefert die Analyse von Clarke et al. (1990) über die Auswirkungen des Falkland-Krieges im Frühjahr 1982 auf die Popularität der britischen Regierung unter Mrs. Thatcher. Auf einige Probleme der Auswahl und Bewertung von Modellen werden wir in nachfolgenden Abschnitten noch näher eingehen.

Zunächst soll ein weiteres Basismodell illustriert werden, das temporäre und permanente Wirkungskomponenten integriert (s. Abb. 4.1.2e). Zur Veranschaulichung dient eine zweite Zeitreihe aus dem schon erwähnten Berlin-Projekt. Abb. 4.1.5 zeigt den Verlauf der "symbolischen Unterstützungsmaßnahmen" der westlichen

Schutzmächte, über die die Westberliner Tagespresse berichtet hat.[93]

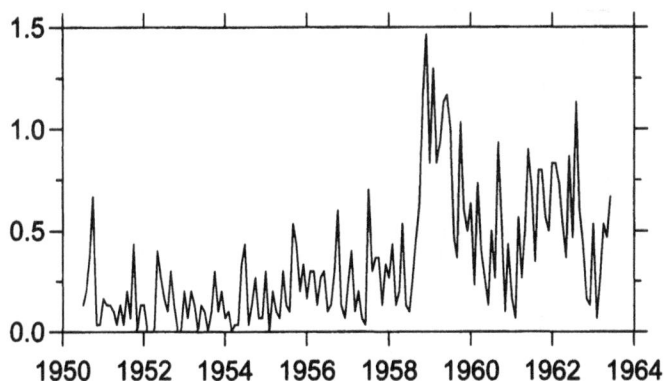

Abb. 4.1.5 Symbolische Unterstützungsmaßnahmen (Quelle: s. Fn. 92)

Der Verlauf der Zeitreihe läßt einen abrupten Anstieg der Stützungsmaßnahmen im November 1958 erkennen, die bei der andauernden Krise ziemlich rasch auf ein niedrigeres Niveau zurückgeführt werden, aber bis zum Ende der Erhebungsperiode deutlich über dem Niveau verharren, das vor dem Chruschtschow-Ultimatum zu beobachten war.

In unseren bisherigen Beispielen macht die graphische Darstellung einen Interventionseffekt gelegentlich so deutlich sichtbar, daß man sich fragen kann, ob dessen quantitative Präzisierung überhaupt den Arbeitsaufwand lohnt. Deshalb soll zum Schluß dieses Abschnitts noch ein Beispiel präsentiert werden, das einen Interventionseffekt enthält, der bei bloß visueller Inspektion der Zeitreihe nicht oder kaum sichtbar wird. Es handelt sich um eine in der Schweiz erhobene Zeitreihe der SO_2-Immissionen (s. Abb. 4.1.6)[94].

Die Schweizer Regierung hat mehrfach im Laufe der Untersuchungsperiode versucht, durch gesetzgeberische Maßnahmen die Immissionsmenge zu senken. Nur für eine dieser Maßnahmen konnte ab Januar 1986 ein relativ geringer, aber statistisch "signifikanter" Effekt, eine „permanente" Niveausenkung bis zum Ende der Beobachtungsperiode, nachgewiesen werden (s. Thome 1992: 62ff.). Per Augenschein wäre dieser Effekt wohl kaum identifiziert worden.

---

[93] Das Berlin-Projekt (s. Fn. 92) hat die Artikelüberschriften der ersten Seite der Berliner Zeitung „Der Tagesspiegel" von Tag zu Tag nach unterschiedlichen Gesichtspunkten kodiert (und monatlich aggregiert), u.a. nach der Visibilität von „symbolischen Stützungsmaßnahmen", mit denen die Westmächte sich zu einer fortdauernden Verteidigungs- und Unterstützungsverpflichtung gegenüber Westberlin bekannten.

[94] Die Daten sind mir von einem Schweizer Kollegen, Thomas Widmer, freundlicherweise zur Verfügung gestellt worden (s. Widmer 1991).

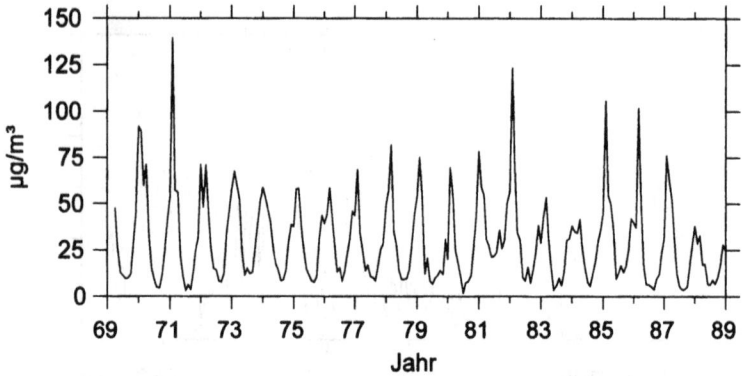

Abb. 4.1.6 Schweizer Zeitreihe mit Immisionsdaten, März 1969 - Dez. 1988
(Quelle: s. Widmer 1991)

Im folgenden Abschnitt wird gezeigt, wie die hier nur skizzierten Wirkungsmuster formalisiert, also in Modelle mit schätz- und testbaren Parametern übertragen werden können. Dabei werden auch einige zusätzliche Varianten von Wirkungsabläufen eingeführt.

4.2 Modelle für Ereigniswirkungen

Bei den univariaten Modellen haben wir die Zufallsgröße a_t als "Input" betrachtet, der einen ARIMA-Filter passiert und die Systemvariable Z_t antreibt. „Ereignisse" oder „Interventionen" lassen sich ebenfalls als Input-Variablen darstellen, die über einen Filter den Verlauf der Zeitreihe beeinflussen. Dieser Filter wird üblicherweise als "Transferfunktion" bezeichnet[95]; er weist formal die gleiche Struktur auf wie der ARIMA-Filter, den wir aus Kapitel 3 kennen. Schematisch sieht das wie folgt aus (s. Abb. 4.2.1):

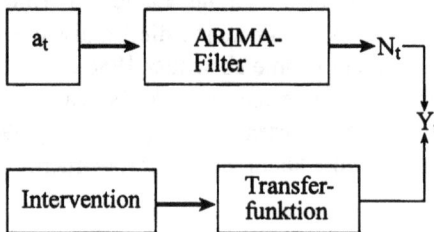

Abb. 4.2.1 Skizze des allgemeinen Interventionsmodells

Die beobachtete Zeitreihe ist nun mit Y statt Z symbolisiert, um anzudeuten, daß wir sie im Kontext der Interventionsanalyse als abhängige Variable behandeln. Als

---

[95] Dieses Konzept der "Transferfunktion" ist von dem gleichnamigen Konzept innerhalb der Spektralanalyse zu unterscheiden.

„Noise" N_t wird diejenige Komponente bezeichnet, die „übrig" bleibt, wenn der Interventionseffekt aus der Zeitreihe elimiert wird. Als erstes ist zu klären, wie Ereignisse (Interventionen) als Input-Variablen dargestellt werden und wie Transferfunktionen so zu konstruieren sind, daß die theoretisch anvisierten Wirkungsmuster (z. B. jene in Abb. 4.1.2a - 4.1.2e) daraus ableitbar sind. Zunächst zu den Input-Variablen. In der hier zu besprechenden Modellklasse werden Ereignisse generell mit Hilfe von binär kodierten Variablen, d.h. durch eine Folge von Nullen und Einsen dargestellt. Man unterscheidet zunächst einmal *Puls-* und *Stufen-*Input. Ein Ereignis, für das man eine vorübergehende Wirkung erwartet, wird durch eine Puls-Variable dargestellt; ein Ereignis, das eine permanente Wirkung vermuten läßt, wird als Stufen-Input kodiert. Die Puls-Variable erhält lauter Nullen außer einer "1" an der Stelle, an der das Ereignis bzw. die Ereigniswirkung eintrat (s. Abb. 4.2.2a). Die Stufen-Variable erhält Nullen für alle Meßzeitpunkte, die der Intervention zum Zeitpunkt $t = 3$ vorausgingen und Einsen für alle nachfolgenden Zeitpunkte (s. Abb. 4.2.2b).

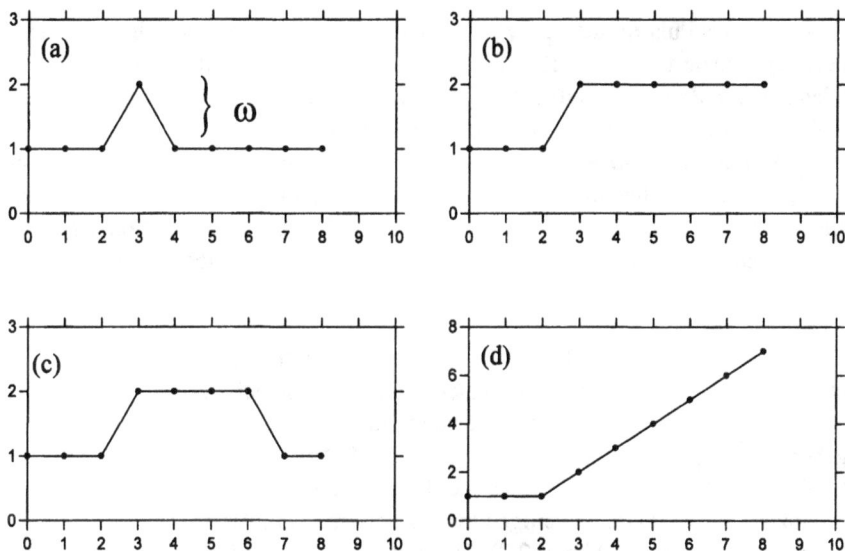

Abb. 4.2.2a-d Schematische Darstellung verschiedener Inputformen

Im folgenden werden wir die Puls-Variable mit P und die Stufen-Variable mit S darstellen und den Buchstaben X verwenden, wenn wir die Input-Form offenlassen. Wenn $t = i$ den Zeitpunkt der Intervention markiert, ist

$$\begin{aligned} P_t &= 0, t \neq i \\ &= 1, t = i \\ S_t &= 0, t < i \\ &= 1, t \geq i \end{aligned}$$

(4.2.1)

Gelegentlich ist es sinnvoll, eine (ziemlich) abrupt einsetzende und (ziemlich) abrupt endende Ereigniswirkung (s. Abb. 4.2.2c) in Form eines Block-Inputs zu ko-

dieren (aus Gründen, die noch verdeutlicht werden). Der in Abb. 4.2.2d dargestellte
Rampen-Input wird benötigt, wenn die Intervention einen neuen, deterministischen
Trendverlauf einleitet. Wenn wir den Block-Input mit *BS*, den Zeitpunkt seines Be-
ginns mit $t = i$, seines Endes mit $t = m$ und den Rampen-Input mit *RS* bezeichnen,
gilt

$$\begin{aligned} BS_t &= 0, \; i > t > m \\ &= 1, \; i \leq t \leq m \\ RS_t &= 0, \; t < i \\ &= t - i + 1, \; t \geq 1 \end{aligned} \qquad (4.2.2)$$

Den Block-Input kann man auch als aufeinanderfolgende Puls-Inputs mit identi-
schen Effekten interpretieren. Der Rampen-Input läßt sich als "Integration" des
Stufen-Inputs darstellen: $RS_t = (1-B)^{-1}S_t = (1 + 1B + 1B^2 + 1B^3 ...)S_t$ (s. Anhang 2).
Die einfachste Transferfunktion, die nur einen einzigen Parameter ω enthält, ist

$$Y_t^* = \omega X_t \qquad (4.2.3)$$

Im Falle eines Puls-Inputs $X_t = P_t$ wird in der Zeitreihe Y_t ein einzelner Ausreißer
bei $t=i$ produziert, der die Größe ω annimmt (s. Abb. 4.2.2a), da die Variable P_t zu
allen anderen Zeitpunkten den Wert "0" annimmt. Ob der Effekt auch (annähernd)
in dieser Größe in den Daten sichtbar wird, hängt noch von den jeweiligen Zufallseinflüssen und dem ARMA-Filter, also der *Noise*-Komponente ab (s. oben, Abb.
4.2.1), die wir in Gleichung (4.2.3) noch nicht mit aufgenommen haben. (Deshalb
sind die Y-Werte mit einem Sternchen versehen). Mit der Identifikation der *Noise*-
Komponente und damit des Gesamtmodells werden wir uns aber erst in Abschnitt
4.3 beschäftigen.

Es ist leicht nachvollziehbar, daß die Transferfunktion (4.2.3), verbunden mit
einem Stufen-Input S_t, eine permanente Niveauverschiebung um die Größe ω
produziert (s. Abb. 4.2.2b), während sie im Falle eines Block-Inputs eine vorübergehende, abrupt beginnende und abrupt endende Niveauverschiebung herbeiführt
(Abb. 4.2.2c). Das bedeutet, daß die Transferfunktion (4.2.3) Wirkungsmuster
produziert, die exakt der jeweiligen Input-Form (mit dem Parameter ω als Multiplikator) entsprechen (s. Abb. 4.2.2). Das gilt auch für den Rampeninput: Ab dem
Interventionszeitpunkt schlägt die vorher stationäre Zeitreihe einen linearen Trendverlauf ein, den man sich als Regressionsgerade (mit dem Zeitvektor t als Regressorvariable) vorstellen kann, die durch den Steigungskoeffizienten ω bestimmt ist
(s. Abb. 4.2.2d).
Puls- und blockförmige Interventionen können bei ein und derselben Zeitreihe
mehrmals an verschiedenen Stellen auftreten. Werden alle diese Interventionen
innerhalb einer einzigen Input-Variablen kodiert, bedeutet dies, daß man jedesmal
mit einer gleich großen vorübergehenden Niveauverschiebung ω rechnet. Wenn
man diese Restriktion nicht für sinnvoll hielte, müßte man für jede Intervention
getrennte Puls- bzw. Block-Variablen spezifizieren, so daß unterschiedliche
ω-Parameter geschätzt werden könnten.

Die Transferfunktion (4.2.3) läßt sich erweitern zu

$$Y_t^* = \omega_0 P_t + \omega_1 P_{t-1} + \ldots + \omega_s P_{t-s} \qquad (4.2.4)$$

Ein als Puls kodiertes Ereignis entfaltet demnach eine Wirkung, die sich über $s+1$ Intervalle erstreckt, wobei das Muster - je nach der Größe und Abfolge der ω-Gewichte - einen regelmäßigen (z. B. zunächst ansteigenden, dann abfallenden) oder unregelmäßigen Verlauf annehmen kann. Wird die gleiche Transferfunktion auf einen Stufen-Input angewandt, kumulieren die Partialeffekte ω_{t-k} ($k=0,1,2...s$) (s. Abb. 4.2.3).

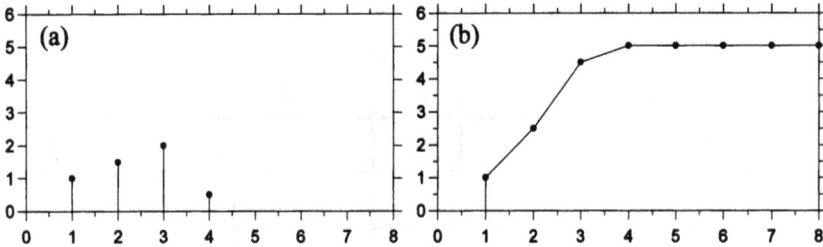

Abb. 4.2.3a u. b Wirkungsmuster einer Transferfunktion mit s=2 für Puls- und Stufeninput

Die Transferfunktion (4.2.4) hat offenkundig die gleiche Struktur wie der MA(q)-Filter in der univariaten Analyse, allerdings ist der Koeffizient für $P_{t=0}$ nicht auf "1" fixiert, sondern erhält den zu schätzenden Parameter ω_0; und der Input ist nicht mehr eine Zufallsgröße a_t, sondern eine von der Forscherin fixierte (deterministische) Variable P_t. In Kapitel 3 sahen wir, daß sich *moving average* oder autoregressive Modelle hoher Ordnung unter Stationaritäts-/Invertibilitätsbedingungen adäquat durch Mischmodelle mit geringer Parameterzahl ersetzen lassen. Die gleiche Logik kann auch innerhalb der Interventionsanalyse bei den Transferfunktionen ausgespielt werden. Das einfachste Beispiel ist eine dynamische Transferfunktion erster Ordnung,

$$Y_t^* = \frac{\omega}{1 - \delta B} \, P_t$$
$$Y_t^* = \omega(1 - \delta B)^{-1} P_t$$
$$= \omega(1 + \delta B + \delta^2 B^2 + \delta^3 B^3 + \ldots) P_t$$
$$= \omega P_t + \omega\delta P_{t-1} + \omega\delta^2 P_{t-2} + \omega\delta^3 P_{t-3} + \cdots$$
$$= \omega P_t \quad , \quad P_{t-k} = 0 \text{ für } k \neq 0 \qquad (4.2.5)$$
$$Y_{t+1}^* = \omega P_{t+1} + \omega\delta P_t = \omega\delta P_t$$
$$Y_{t+2}^* = \omega P_{t+2} + \omega\delta P_{t+1} + \omega\delta^2 P_t + \cdots = \omega\delta^2 P_t$$

deren exponentiell ansteigendes oder abfallendes Wirkungsmuster schon in Abb. 4.1.2a (für den Stufen-Input) und in Abb. 4.1.2d (für den Puls-Input) dargestellt wurde. Der Faktor $(1 - \delta B)$ entspricht einer AR(1)-Komponente in einem univariaten Modell. Die geordnete Folge der einzelnen Glieder $\omega\delta^s$, $s= 1,2,...$ läßt sich als

Impuls-Antwort-Funktion auffassen. Tab. 4.2.1 rekonstruiert dieses Wirkungsmuster Schritt für Schritt, indem alle Y-Werte vor der Intervention auf "0" gesetzt und
Zufallseinflüsse ausgeschlossen werden.

Tab. 4.2.1 *Transferfunktion 1. Ordnung: Werteentwicklung bei Puls- und*
Stufen-Input

$Y_t = 0,5Y_{t-1} + 2,5X_t$				
Puls - Input ($X_t = P_t$)			Stufen - Input ($X_t = P_t$)	
t	Y_t	P_t	Y_t	S_t
0	0	0	0	0
1	$\omega_0 = 2,5$	1	2,5	1
2	$\omega_0\delta = 1,25$	0	2,5 + 1,25 = 3,75	1
3	$\omega_0\delta^2 = 0,62$	0	3,75 + 0,62 = 4,32	1
4	$\omega_0\delta^3 = 0,31$	0	4,32 + 0,31 = 4,62	1
$\vdots$	$\vdots$		$\vdots$	$\vdots$
∞	0,0		$Y_g = \dfrac{2,5}{1-0,5} = 5,0$	

Im Falle eines Puls-Inputs fällt die Wirkung, die mit der Größe ω (positiv oder negativ) beginnt, geometrisch ab und tendiert mit $t \to \infty$ zu Null. Bei einem Stufen-
Input kumulieren sich die kleiner werdenden Zuwächse in Richtung eines neuen
Gleichgewichtswertes Y_g^*, eines theoretischen Grenzwerts, der weiter unten noch
erörtert wird. Die Differenz zwischen dem alten Gleichgewichtsniveau (vor der Intervention) und dem neuen Gleichgewichtsniveau (dem der Prozeß nach einer Intervention zustrebt, solange er nicht durch neue Ereignisse verändert wird)
bezeichnet man als "Gleichgewichtszuwachs" G. Wenn das Ausgangsniveau der
Reihe bei 0 liegt, ist der neue Gleichgewichtswert identisch mit dem Gleichgewichtszuwachs, $Y_g^* = G$. Die Geschwindigkeit, mit der sich die Reihe dem Wert
Y_g^* nähert, ist von dem Parameter δ abhängig; je größer δ, um so länger dauert dieser Anpassungsprozeß. Entsprechend gilt beim Puls-Input: Je größer δ, um so länger dauert es, bis der Prozeß nach einer Intervention zu seinem Ausgangsniveau
zurückkehrt.

Unter Verwendung des Verschiebeparameters und Anwendung der in Anhang 2
erläuterten Rechenregel erhalten wir unmittelbar die einzelnen Schritte, die beim
Stufen-Input nach Beginn des Interventionseffekts bei $t = i$ in Richtung Gleichgewichtszuwachs vollzogen werden (siehe auch Gleichung (4.2.5)):

$$(1 - \delta B)Y_t^* = \omega S_t \qquad (4.2.6)$$
$$Y_t^* = \omega(1 - \delta B)^{-1} S_t$$
$$= \omega(1 + \delta B + \delta^2 B^2 + \delta^3 B^3 + \ldots) S_t$$
$$= \omega S_t + \omega \delta S_{t-1} + \omega \delta^2 S_{t-2} + \omega \delta^3 S_{t-3} + \ldots$$
$$= \omega + \omega \delta + \omega \delta^2 + \omega \delta^3 + \ldots; \textit{ für } t > i \textit{ und } S_t = 1$$

Das Polynom auf der rechten Gleichungsseite stellt eine geometrische Reihe dar, für die die Summenformel

$$G = \sum_{s=0}^{\infty} \omega \delta^s = \frac{\omega}{1-\delta}, \ 0 < \delta < 1 \qquad (4.2.7)$$

gilt, die in jedem Mathematik-Handbuch nachzulesen ist. Auf diese Weise ist nebenbei einmal mehr die Nützlichkeit des Rechnens mit Verschiebe-Operatoren verdeutlicht worden.

Formal bereitet es keine Probleme, das Transferfunktionsmodell (4.2.6) durch weitere ω- und δ-Parameter zu ergänzen; schätztechnisch treten jedoch - insbesondere bei Zunahme der δ-Parameter - Probleme auf, weil die Schätzer dazu tendieren, relativ hoch miteinander zu korrelieren. Wir werden auf diesen Punkt zurückkommen. Das allgemeine Transferfunktionsmodell wird erst in Kap. 5.5 präsentiert. In Abb. 4.2.4 finden sich aber schon einige weitere Modellvarianten:

(a) $\qquad Y_t = \dfrac{2{,}0}{(1 - 1{,}30B + 0{,}40B^2)} P_t \qquad$ (Puls - Input)

(b) $\qquad Y_t = \dfrac{2{,}0}{(1 - 1{,}30B + 0{,}40B^2)} S_t \qquad$ (Step - Input)

(c) $\qquad Y_t = \left(2{,}5 - \dfrac{2{,}0}{1 - 0{,}7B}\right) P_t \qquad$ (Puls - Input)

(d) $\qquad Y_t = \dfrac{2{,}0 - 1{,}0B^4}{(1 - 0{,}7B)} S_t \qquad$ (Step - Input)

Die genaue Verlaufsform des dynamischen Modells in Abb. 4.2.4a u. b hängt von den Größenverhältnissen und Vorzeichen der beiden *Delta*-Parameter ab. Da das Polynom im Nenner als autoregressive Komponente zweiter Ordnung zu deuten ist, können auf diese Weise im Prinzip auch zyklisch oszillierende Wirkungsverläufe modelliert werden (mit den Problematiken, die in Kap. 3.4.4 erläutert worden sind). In Abb. 4.2.4c schlägt eine kurzfristig positive Reaktion unmittelbar in eine negative um, die allmählich gegen Null geht.

In Abb. 4.2.4d wird eine etwas länger anhaltende Aufwärtsbewegung gestoppt, die nach vier Intervallen in einen Abwärtstrend übergeht, der aber nicht zum Ausgangsniveau zurückführt, sondern den Grenzwert $(2,0 - 1,0)/(1 - 0,7) = 3,33$ ansteuert. Bevor wir uns zwei Fallbeispiele näher ansehen, müssen wir uns der Frage zuwenden, wie das Noise-Modell identifiziert werden kann.

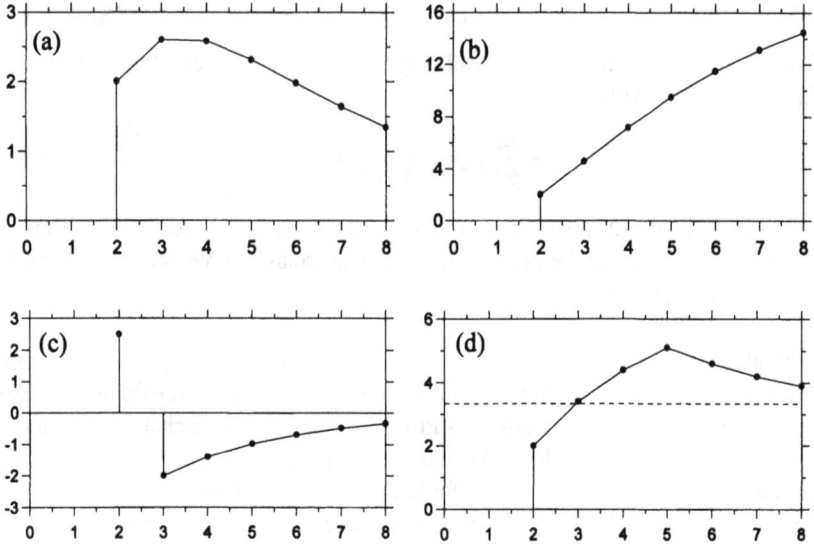

Abb. 4.2.4a-d Weitere Wirkungsmuster von Interventionen

4.3 Identifikation des Noise-Modells

Wie oben schon erläutert, besteht das Gesamtmodell der Interventionsanalyse aus zwei Komponenten: der Transferfunktion und dem univariaten ARMA-Modell für das *Noise*. Zur Identifikation des *Noise*-Modells setzen wir die Hilfsmittel ein, die in Kap. 3 vorgestellt worden sind. Die Frage ist allerdings, welche Zeitreihe wir der Identifikation und der Schätzung der Modellparameter zugrunde legen. Im allgemeinen geht man davon aus, daß die Intervention lediglich das Niveau der Reihe verändert, nicht ihre Varianz und nicht ihre interne Abhängigkeitsstruktur. Im günstigsten Falle umfaßt die Periode, die der Intervention vorangeht, ausreichend viele Meßzeitpunkte, so daß das *Noise*-Modell auf ihrer Basis identifiziert werden kann, ohne daß man befürchten muß, daß die Niveauverschiebung die Autokorrelationsstruktur der Stichprobendaten verändert. Oft ist die Vor-Interventionsphase allerdings zu kurz bemessen. In diesem Falle bleibt folgender Ausweg: Erstens, man schätzt ein Interventionsmodell zunächst unter der Annahme, daß die Störgröße "weißes Rauschen" darstellt. Für die so ermittelten Residuen wird - im zweiten Schritt - ein ARMA-Modell identifiziert und geschätzt. Danach werden die Parameter des Interventionsmodells unter der Annahme des korrigierten *Noise*-Modells erneut geschätzt, was auch eine Neuschätzung der Residuen mit sich bringt. Die Angemessenheit des jüngsten *Noise*-Modells wird sodann anhand der neueren Residuen überprüft und notfalls nochmals korrigiert. Diese Schleife kann so oft wiederholt werden, bis es zu keinen nennenswerten Änderungen der Parameterschätzer kommt. Diese Vorgehensweise läßt sich dadurch variieren, daß man ein vorläufiges *Noise*-Modell anhand der Autokorrelationsfunktion der Originalreihe (einschließlich der Nach-Interventionsperiode) identifiziert oder a priori ein autoregressives Modell niedriger Ordnung vorgibt (s. Pankratz 1991: 266); die weiteren Iterationsschritte können dann wie beschrieben vollzogen werden. Wenn die *Noise*-Komponente bspw. als ARMA(1,1)-Modell und der Interventionseffekt als allmähliche, dauerhafte Niveauverschiebung identifiziert werden, ergibt sich folgendes Gesamtmodell:

$$Y_t = f(S_t) + N_t \qquad (4.3.1)$$

$$Y_t = \frac{\omega}{1-\delta B} \, S_t + \frac{(1 - \theta B)}{(1 - \varphi B)} \, a_t$$

4.4 Zwei Beispielanalysen

In unserem ersten Beispiel wenden wir uns der schon oben (s. Abb. 4.1.1) vorgestellten Zeitreihe der SPD-Präferenzen zu. Nach dem Chruschtschow-Ultimatum steigen die SPD-Anteile deutlich an, bis sie gegen Ende der Beobachtungsperiode anscheinend ein neues Gleichgewichtsniveau erreicht haben. Dieser Anstieg läßt sich zum einen, wie schon angedeutet, historisch erklären: als "Rückkehr" zur tragenden Partei des Widerstandskonsenses, der sich in der Berliner Nachkriegssituation gebildet hatte. Zum anderen ist davon auszugehen, daß diese Rückkehrbewegung sich bei anhaltender Krise allmählich vollzieht, dabei aber eine strukturelle Grenze der SPD-Anhängerschaft nicht überschreiten kann. Dem entspricht das in Abb. 4.1.2a dargestellte Wirkungsmuster, das zudem durch das Bild der Zeitreihe bestätigt wird.

Da vor Beginn der Intervention, von Juli 1950 bis Oktober 1958, 100 Meßzeitpunkte vorliegen, soll das *Noise-Modell* anhand dieser Daten identifiziert werden. Die empirischen Autokorrelations- und partiellen Autokorrelationsfunktionen sind in Abb. 4.4.1 wiedergegeben.

Da in beiden Korrelogrammen nur der jeweils erste Koeffizient statistisch signifikant ist und sich weder in der SAKF noch in der SPAKF ein Muster allmählich abfallender Koeffizienten zeigt, kommen drei Modelle in die engere Wahl: ein AR(1)-, ein MA(1)- und ein ARMA(1,1)-Modell.

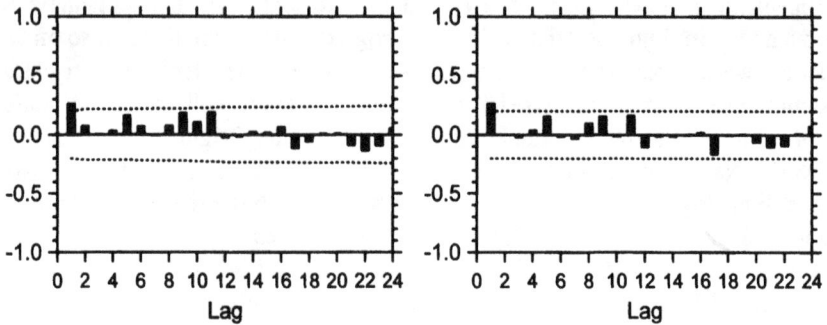

Abb. 4.4.1 AKF und PAKF der Berliner SPD-Reihe (Vorinterventionsphase)

Wir folgen in diesem Falle dem Vorschlag, den die automatische Identifikations-
prozedur des *SCA*-Programmsystems anbietet, und entscheiden uns für ein MA(1)-
Modell,[96] dessen Parameter wie folgt geschätzt werden:

$$SPD_t = 22,6 - 0,25a_{t-1} + a_t \qquad (4.4.1)$$

Die Diagnoseergebnisse sind zufriedenstellend, so daß sich das Gesamtmodell wie
folgt schreiben läßt:

$$SPD_t = c + \frac{\omega}{1 - \delta B} S_t + (1 - \theta B)a_t \qquad (4.4.2)$$

Die ML-Schätzung führt zu folgenden Parameterwerten mit den jeweiligen Standardfehlern in Klammern:[97]

$$
\begin{aligned}
\hat{c} &= 22,9 \quad (0,67) \\
\hat{\omega} &= 0,83 \quad (0,20) \\
\hat{\delta} &= 0,96 \quad (0,01) \\
\hat{\theta} &= -0,34 \quad (0,08)
\end{aligned}
\qquad (4.4.3)
$$

Zusätzlich zu den Diagnosekriterien, die aus der univariaten Analyse bekannt sind,
ist nun auch zu prüfen, ob das Transferfunktionsmodell "stabil" ist, d. h. der
δ-Schätzer innerhalb der Region $-1 < \delta < 1$ liegt. Dieses Stabilitätskriterium ist
analog zum Stationaritätskriterium für den AR(1)-Prozeß definiert. Es stellt sicher,
daß die Ereigniswirkung das Niveau der Reihe nicht unbegrenzt verschiebt, daß
also ein neues Gleichgewichtsniveau angepeilt und nicht überschritten wird. Das
geschätzte $\delta = 0,96$ liegt zwar sehr hoch, aber dennoch mehr als zwei Standardabweichungen von der Stationaritätsgrenze entfernt. Ein Rampen-Effekt mit $\delta = 1$
(s. Abb. 4.2.2d) wäre auch aus theoretischen Gründen nicht sinnvoll, da die Anhän-

---

[96] Auch die Vektorautokorrelation spricht eher für ein MA(1)- als für ein AR(1)- oder ein
ARMA(1,1)-Modell.

[97] Die Modellschätzungen dieses Kapitels wurden mit dem *SCA* Programmpaket (s. Liu/
Hudak 1992) durchgeführt.

gerschaft einer politischen Partei nicht beliebig wachsen kann. Die Residuenanalyse führt ebenfalls zu befriedigenden Ergebnissen. Der Parameterschätzer des vorläufigen *Noise*-Modells ($\theta = -0,25$) ist leicht nach unten ($\theta = -0,34$) korrigiert worden. Allerdings korrelieren die *Omega*- und *Delta*-Schätzer hoch miteinander: $\hat{\rho} = -0,95$, was bei diesen Modellen aber häufig nicht vermeidbar ist (Pankratz 1991: 212, 225 f.). Die Standardfehler sind hinlänglich gering, und aus dem Schätzergebnis läßt sich ein numerisch sinnvoller Gleichgewichtszuwachs ableiten. (Ein Interventionsmodells mit einer AR(1) Noise-Komponete führt bei der Schätzung der Interventionsparameter zu nahezu identischen Ergebnissen.)

Der Gleichgewichtszuwachs berechnet sich wie folgt (s. Gleichung (4.2.7))

$$\hat{G} = \frac{\hat{\omega}}{1 - \hat{\delta}} = \frac{0,83}{1 - 0,96} = 20,75 \qquad (4.4.4)$$

Als Folge des Chruschtschow-Ultimatums (bzw. der dadurch ausgelösten Krisenkonstellation) verschiebt sich das Niveau der SPD-Präferenzen langfristig um etwa 21 Prozent nach oben. Neben diesem neuen Gleichgewichtsniveau läßt sich ferner der Verlauf der allmählichen Aufwärtsbewegung für jeden beliebigen Zeitpunkt genau bestimmen. Für die geometrische Reihe $\omega + \omega\delta + \omega\delta^2 + ...$ (s. Gleichung (4.2.6)) gilt, für den endlichen Zeitbereich, die Summenformel

$$G_t^* = \omega \frac{1 - \delta^t}{1 - \delta} \; ; 0 < \delta < 1 \qquad (4.4.5)$$

Durch Auflösung der Gleichung nach t läßt sich für jeden beliebigen Zuwachs $G^*_t < G$ ausrechnen, in welcher Zeit er erreicht wird - bspw. ein Anstieg von 10,5% (der Hälfte des Gleichgewichtszuwachses im Niveau der SPD-Präferenzen):

$$1 - \delta^t = \frac{G_t^* (1 - \delta)}{\omega} \qquad (4.4.6)$$

$$\delta^t = 1 - \frac{10,5(1-0,96)}{0,83} = 0,49$$

$$t = \frac{\log 0,49}{\log 0,96} = 17,47$$

Die Hälfte des Gleichgewichtszuwachses wurde also nach etwa 17 Monaten erreicht ("Halbwertzeit").

Im zweiten Analysebeispiel wollen wir mit der Zeitreihe der "symbolischen Stützungsmaßnahmen (VSTSY)" erneut auf Daten des Berlin-Projekts zurückgreifen, die ebenfalls schon zu Beginn dieses Kapitels dargestellt wurden (s. Abb. 4.1.5). Die Reihe zeigt zum Zeitpunkt der Intervention einen abrupten Anstieg, fällt dann aber allmählich auf ein niedrigeres Niveau zurück, das aber offenkundig über dem Niveau der Periode vor der Krise liegt. Der Gesamteffekt setzt sich also aus zwei

Komponenten zusammen, einer *permanenten* und einer *vorübergehenden* Niveau-verschiebung:

$$Y_1 = \omega_1 S_t \qquad (4.4.7)$$

$$Y_2 = \frac{\omega_2}{1 - \delta B} P_t$$

Das Verlaufsmuster dieses zusammengesetzen Modells (*compound model*) wurde schon in Abb. 4.1.2e dargestellt. Das Wirkungsmuster ist angesichts der andauern-den Krisensituation plausibel. Allerdings zeigt die Zeitreihe nach 1958 einen eher wellenförmigen Verlauf und eine insgesamt gestiegene Varianz, die wir an dieser Stelle aber außer acht lassen. Ob das angenommene Modell haltbar ist, entscheiden wir anhand der Diagnoseergebnisse. Bei der Addition der beiden Interventions-komponenten kann man den Umstand nutzen, daß sich der Puls-Input in Form der ersten Differenzen des Stufen-Inputs darstellen läßt:

$$P_t = (1 - B) S_t \qquad (4.4.8)$$

Entsprechend erhält man den Stufen-Input bei Anwendung des inversen Differenzenfilters auf den Puls-Input. Das zusammengesetzte Interventionsmodell läßt sich also wie folgt schreiben:

$$VSTSY_t = c + \omega_1 S_t + \frac{\omega_2}{1 - \delta B} P_t + N_t \qquad (4.4.9)$$

$$= c + [\omega_1 + \frac{\omega_2(1-B)}{1 - \delta B}] S_t + N_t$$

Wir erwähnen die Schreibweise in der zweiten Zeile von Gleichung (4.4.9) hier nur, weil sie in der einschlägigen Literatur auftaucht. Die Standard-Software ver-langt eine Eingabe gemäß der ersten Zeile dieser Gleichung, also die Eingabe zwei-er Input-Variablen, S_t und P_t.

Das *Noise*-Modell bestimmen wir wiederum anhand der Vor-Interventionsperiode. Die Analyse, die wir hier nicht darstellen wollen, zeigt, daß es sich diesmal um "weißes Rauschen" handelt: $N_t = a_t$. Die Schätzergebnisse für das Gesamtmodell lauten:

$$\hat{c} = 0{,}195 \ (0{,}020)$$
$$\hat{\omega}_1 = 0{,}301 \ (0{,}043)$$
$$\hat{\omega}_2 = 0{,}894 \ (0{,}136)$$
$$\hat{\delta} = 0{,}852 \ (0{,}035)$$

Die Residuenanalyse bestätigt die *white noise* Annahme, so daß wir nunmehr die (geschätzten) Parameter des Interventionsmodells wie folgt interpretieren können: Der permanente Gleichgewichszuwachs mit $\omega_1 = 0{,}30$ läßt das vor dem Ultimatum bestehende Niveau ($c = \mu = 0{,}195$) um etwa 150 % ansteigen, das heißt, die durch-schnittlliche Visibilität der Stützungsmaßnahmen pro Tag erreicht ein Niveau von $Y_g^* = 0{,}495$. Vorübergehend ist der Zuwachs jedoch noch wesentlich stärker: er erreicht anfänglich einen Wert von $\omega_1 + \omega_2 = 1,195$. Diese vorübergehende Zuwachskomponente vermindert sich jedoch in dem Maße, wie sich der Ausdruck $\omega_2 \delta^s$ (s = 0,1,2,...) dem Wert "0" nähert.

Bei mehreren Input-Variablen ist ebenso zu verfahren wie beim *compound model*: Die einzelnen Effekte oder Teileffekte sind zunächst getrennt zu modellieren und dann additiv zusammenzusetzen[98]. Dabei muß insbesondere das Problem der Multikollinearität beachtet werden, das z. B. dann entsteht, wenn zwei Stufen-Inputs kurz hintereinander folgen (ein Extrembeispiel erörtert Pankratz 1991:273 ff.). Angenommen, ein erster Stufen-Input erfolgt zum Zeitpunkt $t = i$, ein zweiter bei $t = (i+3)$. Das zusammengesetzte Modell sähe demnach wie folgt aus:

$$Y_t = c + \omega_1 S_{1,t} + \omega_2 S_{2,t} + N_t \qquad (4.4.10)$$

mit $S_{1,t} = 0$ für $t < i$; $S_{1,t} = 1$ für $t \geq i$ sowie $S_{2,t} = 0$ für $t \leq (i+3)$; $S_{2,t} = 1$ für $t > (i+3)$. Offenkundig ist $S_{2,t} = B^3 S_{1,t}$. Folglich läßt sich Gleichung (4.4.11) mit einer einzigen Input-Variablen schätzen:

$$Y_t = c + (\omega_1 + \omega_2 B^3) S_{1,t} + N_t \qquad (4.4.11)$$

4.5 Interventionsanalyse mit nicht-stationären Zeitreihen

Bisher sind wir davon ausgegangen, daß die durch keine Intervention gestörte Reihe stationär ist. Diese Voraussetzung wollen wir jetzt lockern, indem wir Trendverläufe zulassen. Im Falle von deterministischen Trends entstehen insofern keine Probleme, als die jeweilige Reihe mit Hilfe der entsprechenden Trendfunktion (s. oben Kap. 2.3.4) bereinigt werden kann; alternativ dazu kann das Gesamtmodell um die entsprechenden Terme (ein Polynom in t) ergänzt werden. Stochastische Trends (integrierte Prozesse) können, wie wir in Kapitelabschn. 3.12 sahen, mit Hilfe von Differenzenoperatoren dargestellt werden. Der Differenzenoperator wird zunächst in die *Noise*-Komponente eingesetzt, die wir in Gleichung (4.5.1) als allgemeines ARIMA-Modell darstellen.

$$(1-B)N_t = c + \frac{\theta(B)}{\varphi(B)} a_t \qquad (4.5.1)$$

$$N_t = \frac{c}{(1-B)} + \frac{\theta(B)}{\varphi(B)(1-B)} a_t$$

Der Koeffizient c ist als Steigungskoeffizient (*drift*) zu interpretieren: $c(1-B)^{-1} = c (1+1+...)$, siehe Kapitelabschn. 3.12.2.

Der Differenzenoperator wirkt sich auch auf die Interventionskomponente aus, wie die folgenden Ableitungen zeigen, bei denen wir von einer einfachen, dauerhaften

---

[98] Man kann z. B. die Wirkung des Ultimatums und der symbolischen Stützungsmaßnahmen auf die SPD simultan betrachten. In diesem Falle wird man aber nicht die originären VSTSY-Daten, sondern die Residuen, die sich aus Modell (4.4.9) ergeben, als zweiten Regressor einsetzen (s. hierzu Rottleuthner-Lutter/Thome 1983: 134 ff.).

Niveauverschiebung ausgehen.

$$Y_t = \omega S_t + N_t \tag{4.5.2}$$

$$= \omega S_t + \frac{\theta(B)}{\varphi(B)(1 - B)} a_t + \frac{c}{(1 - B)}$$

$$(1 - B)Y_t = c + \omega(1\text{-}B)S_t + \frac{\theta(B)}{\varphi(B)} a_t$$

Wir sehen, daß nun auch der Stufeninput S_t zu einem Puls-Input $(1\text{-}B)S_t$ "differenziert" werden muß. Dies mag zunächst merkwürdig erscheinen, beinhaltet aber eine allgemeine Regel: Wird ein Filter auf eine Zeitreihe angewandt, die als abhängige Variable in einem Regressionsmodell fungiert, verändert sich die Interpretation der Modellparameter nur dann nicht, wenn der gleiche Filter auch auf die Regressoren (die unabhängigen Variablen) angewandt wird. Dieser Sachverhalt läßt sich anhand der folgenden Skizze (Abb. 4.5.1) veranschaulichen:

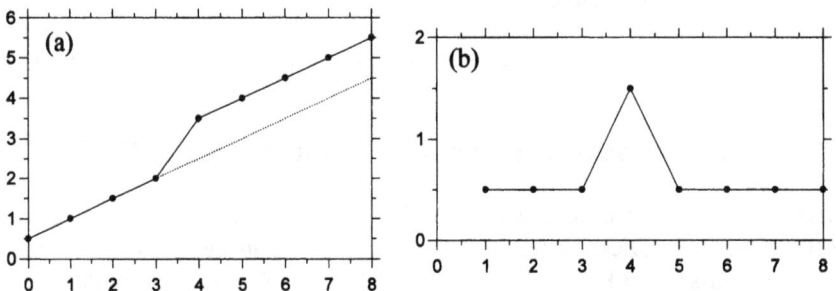

Abb. 4.5.1a u. b Niveauverschiebungen im aufsteigenden Trend: links die Originalreihe und rechts die differenzierte Reihe in anderem Maßstab (schematische Darstellung)

Abb. 4.5.1a zeigt schematisch eine linear aufsteigende Trendlinie mit $c = 0,5$, die sich nach einer Intervention, die eine dauerhafte positive Niveauverschiebung von $\omega = 1$ herbeiführt, fortsetzt. Wird auf diese Reihe ein einfacher Differenzenfilter angewandt, ergibt sich eine neue Reihe, deren Niveauverlauf (in anderem Maßstab) in Abb. 4.5.1b dargestellt wird: Sie ist stationär bis auf einen Ausreißer an der Stelle, wo die Niveauverschiebung stattgefunden hat. Dieser Ausreißer kann im Prinzip mit Hilfe eines Puls-Inputs modelliert und geschätzt werden. Seine Größe ω entspricht der Höhe der Stufenverschiebung. Abb. 4.5.2a u. b veranschaulichen dagegen eine permanente Niveauverschiebung, die sich allmählich vollzieht. Demgemäß muß die Transferfunktion für den Puls-Input bzw. den „differenzierten" Step-Input in Gleichung (4.5.2) erweitert werden zu $\omega /(1\text{-} \delta B)$.

In der Praxis werden die (glatten) Trendverläufe allerdings durch Zufallsgrößen überlagert, so daß die Schätzung einer dauerhaften Niveauverschiebung innerhalb eines *stationären* Prozesses mit deutlich geringeren Unsicherheiten behaftet ist als im Falle eines integrierten Prozesses, der durch Differenzenbildung stationär "gemacht" werden muß: Im zweiten Falle liegt nur eine einzige Meßgröße vor, die die

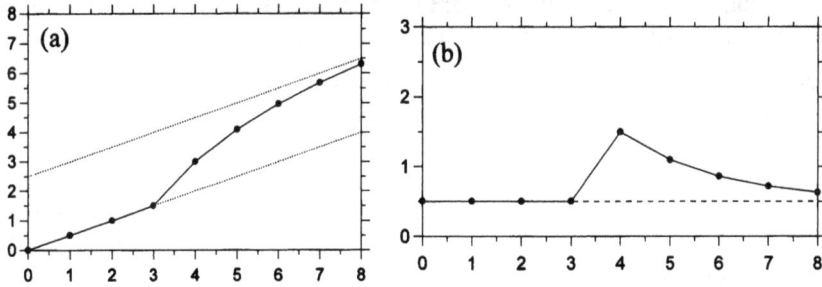

Abb. 4.5.2a u. b Linearer Trend mit geometrisch ansteigendem Interventionseffekt (links), differenzierte Reihe rechts.

Niveauverschiebung zu einem bestimmten Zeitpunkt anzeigen soll. Wenn sie durch gewichtige Störgrößen überlagert wird, muß die Schätzung des (permanenten) Interventionseffekts an der Zielgröße (dem wahren Wert) vorbeiführen. Schätztheoretisch wird dem (in begrenztem Maße) dadurch Rechnung getragen, daß der Puls-Input als Regressor eine niedrigere Varianz aufweist als der Stufen-Input, wodurch sich der Standardfehler des Regressionskoeffizienten (des Interventionsparameters) vergrößert. Dennoch bleibt die Situation unbefriedigend, vor allem dann, wenn der Zeitpunkt der Niveauverschiebung nicht ganz sicher ist. In solchen Fällen sollte man das Schätzergebnis durch eine weitere Analyse kontrollieren, in der man Designmatrizen einsetzt (s. unten, Abschn. 4.7).

Falls die Intervention das Niveau einer trendbehafteten Zeitreihe nur vorübergehend verschiebt, ist in Gleichung (4.5.2) der Step-Input S_t durch den Puls-Input P_t zu ersetzen (wie stets bei vorübergehenden Interventionseffekten). Gleichwohl muß der Differenzenfilter zum Zwecke der Trendmodellierung auch auf den Puls-Input angewandt werden: $(1 - B)Y_t = \omega(1 - B)P_t + N_t$. Falls die Intervention lediglich für einen einzigen Meßzeitpunkt $t = i$ zu einem positiven Ausreißer ω führt, erhält man in der differenzierten Reihe $(1-B)Y_t$ zu diesem Zeitpunkt ebenfalls einen positiven Ausreißer dieser Größe, dem aber im darauffolgenden Zeitpunkt $t = i+1$ ein negativer Differenzenbetrag folgen muß. Analog stellt sich die Situation für den Puls-Input und den „differenzierten" Puls-Input dar (s. Abb. 4.5.3).

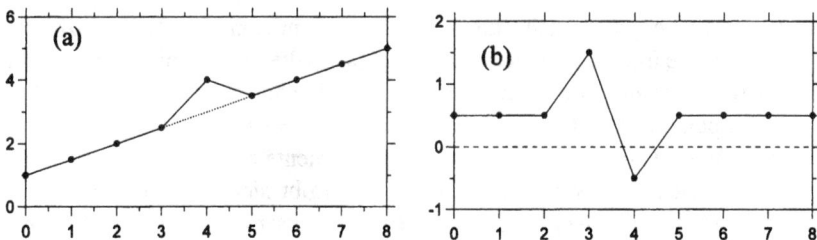

Abb. 4.5.3 Puls-Input und differenzierter Puls-Input

Die Abbildungen 4.5.4a und 4.5.4b veranschaulichen dagegen die Situation, die sich ergibt, wenn in der nicht-stationären Zeitreihe ein abrupter Interventionseffekt eintritt, der nur allmählich auf die Trendlinie zurückfällt.

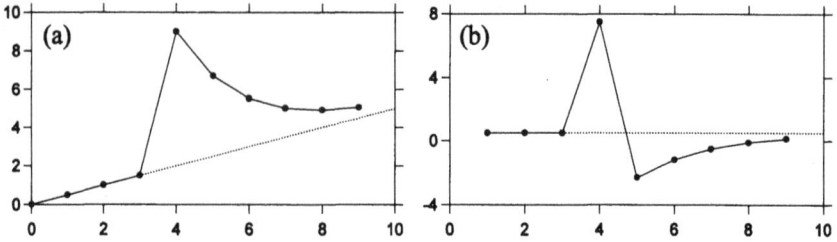

Abb. 4.5.4a u. b Linearer Trend mit geometrisch abfallendem Interventionseffekt links, differenzierte Reihe rechts

Auch hier muß in der differenzierten Y-Reihe $(1-B)Y$ zunächst ein positiver Ausreißer auftreten. Da der Interventionseffekt sofort wieder nachläßt, folgen ihm kleiner werdende Differenzbeträge, bis die positiven Trendzuwächse überwiegen. Die folgende Tabelle 4.5.1 präsentiert das zu Abb. 4.5.4 gehörende numerische Beispiel, wobei wir weiterhin einen linearen Trend mit einem Steigungskoeffizienten $c = (1-B)N_t = 0,5$ $\forall$ t ansetzen und die ARMA-Komponenten im *Noise* ausblenden.

Die Rechnung läßt sich wie folgt nachvollziehen:

$$Y_t = \frac{\omega}{1 - \delta B} P_t + N_t \qquad (4.5.3)$$

$$N_t = c(1-B)^{-1} = c(1+1+1+ \ldots)$$

$$Y_t = \frac{\omega}{1 - \delta B} P_t + \frac{c}{1 - B}$$

Wenn beide Seiten dieser Gleichung mit dem Operator $(1-B)$ multipliziert werden, ergibt sich

$$(1-B)Y_t = c + \omega(1 - \delta B)^{-1} P_t (1-B) \qquad (4.5.4)$$
$$= c + \omega(1 + \delta B + \delta^2 B^2 + \delta^3 B^3 + \ldots)P_t(1-B)$$
$$= c + (\omega + \omega\delta B + \omega\delta^2 B^2 + \omega\delta^3 B^3 + \ldots)P_t(1-B)$$

Die Y_t-Beträge ergeben sich durch das Aufsummieren der Differenzbeträge $(1-B)Y_t$. Falls die Intervention bei $t = 4$ erfolgt (s. Spalte c), sieht die Rechnung z.B. für $t = 7$ wie folgt aus. Die differenzierte Puls-Reihe hat zu diesem Zeitpunkt den Wert "0" (Spalte d). Der Term $\omega\delta^2 B^2$ bezieht sich aber auf $(1-B)P_{t-2} = -1$ und der Term $\omega\delta^3 B^3$ auf $(1-B)P_{t-3} = +1$; alle anderen Elemente des Polynoms sind mit einem Input gleich Null verbunden. Für $t = 7$ ergibt sich somit ein Effekt von $[\omega\delta^2(-1) + \omega\delta^3] = \omega\delta^2(\delta-1) = -1,01$ (Spalte e). Zu diesem Interventionseffekt muß die Konstante $c = 0,5$ noch hinzugefügt werden, um den entsprechenden Wert für die differenzierte Reihe $(1-B)Y_{t=7}$ zu erhalten (Spalte b).

Tab. 4.5.1 *Numerisches Beispiel für ein geometrisches Interventionsmodell bei nicht-stationärer Zeitreihe und Puls-Input*

$(1 - B)Y_t = 0{,}5 + \dfrac{7}{1-0{,}6B}(1 - B)P_t$				
t	a	b	c	d	e
	Y_t	$(1 - B)Y_t$	P_t	$(1 - B)P_t$	*Effekt*
0	0	-	0	-	0
1	0,5	0,5	0	0	0
2	1,0	0,5	0	0	0
3	1,5	0,5	0	0	0
4	9,0	7,5	1	1	$\omega = 7$
5	6,7	-2,3	0	-1	$\omega(\delta-1) = -2{,}8$
6	5,52	-1,18	0	0	$\omega\delta(\delta-1) = -1{,}68$
7	5,01	-0,51	0	0	$\omega\delta^2(\delta-1) = -1{,}01$
8	4,91	-0,10	0	0	$\omega\delta^3(\delta-1) = -0{,}60$
9	5,05	0,14	0	0	$\omega\delta^4(\delta-1) = -0{,}36$

Da die "differenzierte" Puls-Reihe *zwei* aufeinanderfolgende "Spikes" (1,-1) enthält, beginnt der geometrische Abfall des Interventionseffekts erst zwei Zeitpunkte nach der Intervention, also bei $t = 4+2$. Die Y_t - Werte bleiben nach der Intervention ständig oberhalb der Trendlinie $c \cdot t$, kommen dieser aber mit $t \to \infty$ immer näher. Ohne die Intervention wäre $Y_{t=8} = 4$ und $Y_{t=9} = 4{,}5$.

Zwei Analysebeispiele sollen diese Systematik weiter verdeutlichen. Das erste entnehmen wir Pankratz (1991). Abb. 4.5.5 zeigt die monatlichen Ladungen eines bestimmten Gutes, das per Schiff vom Hersteller zum Händler transportiert wird.

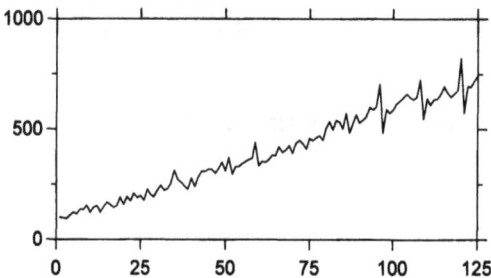

Abb. 4.5.5 Schiffsladungen, Jan. 1976 - Mai 1986 (Quelle: Pankratz 1991)

Jeweils gegen Ende der Jahre 1983, 1984 und 1985 übte der Produzent auf die Händler Druck aus, im Dezember eine höhere Ladung abzunehmen, um ein bestimmtes Jahresziel zu erreichen. Diese Maßnahmen waren umstritten, weil Teile des Managements damit rechneten, daß die Händler die höheren Ladungen im Dezember mit niedrigeren Ladungen in den folgenden Monaten kompensieren würden. Wir haben es also mit drei Interventionen zu tun, für die vorübergehende Effekte zu erwarten sind: in den genannten Dezember-Monaten jeweils ein positiver, für die folgenden Monate jeweils negative Effekte.
Die drei Puls-Variablen werden wie folgt kodiert

$$P_{1,t} = 1, \text{ wenn } t = \quad 96 \text{ (Dez. 1983)}, P_{1,t} = 0 \text{ sonst}$$

$$P_{2,t} = 1, \text{ wenn } t = 108 \text{ (Dez. 1984)}, P_{2,t} = 0 \text{ sonst}$$

$$P_{3,t} = 1, \text{ wenn } t = 120 \text{ (Dez. 1985)}, P_{3,t} = 0 \text{ sonst}$$

Dauer und Verlauf der kompensierenden negativen Effekte sind unbekannt; es scheint aber sinnvoll zu sein, sie mit höchstens drei Monaten anzusetzen. Bis November 1983 stehen genügend viele Zeitpunkte zur Verfügung, um ein vorläufiges Noise-Modell anhand der Vor-Interventionsperiode bestimmen zu können. Der Übung wegen gehen wir aber zunächst davon aus, daß die Reihe nach einer einfachen Differenzenbildung "weißes Rauschen", einen *random walk* mit *drift*, darstellt: $(1-B)N_t = c + a_t$. Geschätzt wird somit zunächst folgendes Modell, in dem auch die drei Puls-Variablen "differenziert" sind:

$$(1-B)SHIPM_t = c + (\omega_{1,0} + \omega_{1,1}B + \omega_{1,2}B^2 + \omega_{1,3}B^3)(1-B)P_{1,t} \qquad (4.5.5)$$
$$+ (\omega_{2,0} + \omega_{2,1}B + \omega_{2,2}B^2 + \omega_{2,3}B^3)(1-B)P_{2,t}$$
$$+ (\omega_{3,0} + \omega_{3,1}B + \omega_{3,2}B^2 + \omega_{3,3}B^3)(1-B)P_{3,t} + a_t$$

Laut Hypothese sind für jeden Puls-Input ein positiver Effekt ($\omega_{i,0}$) und drei negative Effekte ($\omega_{i,1}$; $\omega_{i,2}$; $\omega_{i,3}$) zu erwarten ($i = 1,2,3$). Die Schätzergebnisse, die wir hier nicht im einzelnen präsentieren wollen, zeigen denn auch signifikante positive Effekte für die drei Dezember-Interventionen und signifikante negative Effekte in den jeweils folgenden Januar-Monaten. Die Koeffizienten für die Februar- und März-Monate erhalten ebenfalls negative Vorzeichen, sind aber mit Werten $t < 1,0$ nicht signifikant.

Die empirischen AKF und PAKF der Residuen dieses Modells sind in Abb. 4.5.6 wiedergegeben.

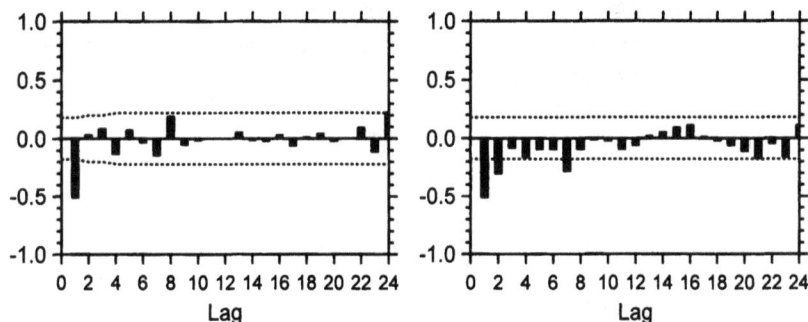

Abb. 4.5.6 Schiffsladungen: SAKF und SPAKF des Noise nach 1. Modellschätzung

Die Korrelogramme mit dem scharfen Abbruch bei Lag $k = 1$ im SAKF und dem allmählichen Rückgang der Koeffizienten im SPAKF weisen ziemlich eindeutig auf ein MA(1)-Modell für die Störgröße hin, so daß wir nunmehr (nach Eliminierung der nicht-signifikanten Interventionseffekte) folgendes Gesamtmodell schätzen:

$$(1-B)SHIPM_t = c + (\omega_{1,0} + \omega_{1,1}B)(1-B)P_{1,t} + (\omega_{2,0} + \omega_{2,1}B)(1-B)P_{2,t} \quad (4.5.6)$$
$$+ (\omega_{3,0} + \omega_{3,1}B)(1-B)P_{3,t} + (1 - \theta)a_t$$

Die Ergebnisse sind in der folgenden Übersicht wiedergegeben (Standardfehler in Klammern):

$\hat{c} = 5{,}04\ (0.35)$	$\hat{\omega}_{2,0} = 86{,}78\ (22{,}41)$	$\hat{\theta} = 0{,}844$
$\hat{\omega}_{1,0} = 119{,}54\ (22{,}3)$	$\hat{\omega}_{2,1} = -93{,}95\ (22{,}35)$	$R^2 = 0{,}985$
$\hat{\omega}_{1,1} = -106{,}08\ (22{,}6)$	$\hat{\omega}_{3,0} = 134{,}55\ (22{,}41)$	
	$\hat{\omega}_{3,1} = -121{,}09\ (22{,}48)$	

Sie bestätigen die Ausgangshypothese: Die höheren Lademengen in den drei Dezember-Monaten werden in den folgenden Januar-Monaten durch entsprechend niedrigere Ladungen ausgeglichen. SAKF und SPAKF der Residuen (hier nicht gezeigt) lassen keine Modelldefekte erkennen. Wir können dieses Beispiel auch als Hinweis darauf verstehen, daß sich Interventionsmodelle generell dazu eignen, "Ausreißer" in Zeitreihen zu modellieren. Dies ist als vorbereitender Analyse-Schritt besonders wichtig, wenn es darum geht, Strukturparameter zu schätzen und strukturelle Zusammenhänge zwischen Zeitreihen zu untersuchen. (Zur Ausreißer-Modellierung s. Thome 1995).

Ein weiteres Beispiel:
In einem weiteren Analyse-Beispiel referieren wir die klassische Studie von Box/ Tiao (1975), vor allem wegen der Komplexität des dort identifizierten Modells. Gegenstand der Analyse ist eine Zeitreihe der monatlichen Durchschnittswerte des Luftschadstoffs O_3, die von Januar 1955 bis Dezember 1972 für die Innenstadt von Los Angeles ermittelt wurden (s. Abb. 4.5.7).

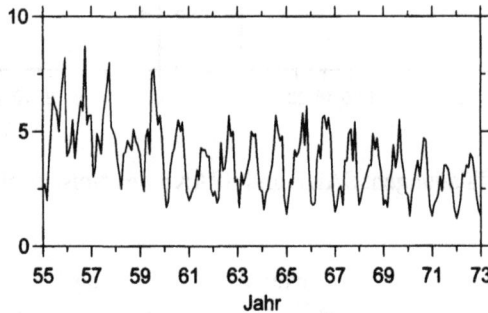

Abb. 4.5.7 Luftschadstoffe Los Angeles, 1955 - 1972 (Quelle: Liu/ Hudak 1992)

Von folgenden Ereignissen sind Interventionseffekte zu erwarten:
a) Mit Beginn des Jahres 1960 wird eine neue Autobahntrasse befahrbar, die die Innenstadt entlastet. Gleichzeitig tritt ein neues Gesetz in Kraft, das den Anteil reaktiven Kohlenwasserstoffs im Benzin vermindert. Beide Maßnahmen lassen eine dauerhafte Senkung des Schadstoffgehalts erwarten. Ihre Effekte sind jedoch, wegen der Gleichzeitigkeit der beiden Interventionen, nicht trennbar, sondern müssen gemeinsam durch einen Stufen-Input S_t dargestellt werden:

$$S_t = 0, t < \text{Jan. } 1960$$

$$S_t = 1, t \geq \text{Jan. } 1960$$

b) Von 1966 an sind die Autohersteller per Gesetz verpflichtet, die Motoren der Neuwagen so zu konstruieren, daß im Endeffekt der Schadstoffausstoß verringert wird. Da die Schadstoffproduktion von photochemischen Reaktionen und damit von Temperaturen und Sonnenintensität abhängt, ist davon auszugehen, daß die Effekte in den Sommer-Monaten anders ausfallen als in den Winter-Monaten. Deshalb konzipieren Box/Tiao (1975: 73) für diese Intervention zwei Input-Variablen in Blockform:

$BS_{1,t} = 1$ für die Monate Juni bis Oktober, beginnend 1966
$BS_{1,t} = 0$ für alle anderen Monate
$BS_{2,t} = 1$ für die Monate Nov. bis Mai, beginnend 1966
$BS_{2,t} = 0$ für alle anderen Monate

Eine weitere Komplikation entsteht dadurch, daß der Anteil der Neuwagen mit verringerter Schadstoffproduktion am Gesamtverkehr nicht bekannt ist. Box/Tiao (1975: 73) nehmen deshalb an, daß er innerhalb des Untersuchungszeitraumes näherungsweise linear wächst. Sie gehen also davon aus, daß von Jahr zu Jahr der Effekt jedes Monats innerhalb eines Inputblocks um einen konstanten Betrag, ω_1 (für die Sommermonate) bzw. ω_2 (für die Wintermonate) zunimmt. Für die Y-Komponente, die dieser Intervention zuzuschreiben ist, Y^*, soll also z. B. gelten:

$$Y^*_{\text{Juli } 68} = Y^*_{\text{Juli } 67} + \omega_1$$

Allgemein, für alle Zeitpunkte, gilt somit:

$$Y^*_t = Y^*_{t-12} + \omega_1 BS_{1,t} + \omega_2 BS_{2,t} \qquad (4.5.7)$$

Formal läßt sich diese Treppenfunktion auch dadurch darstellen, daß man den saisonalen Differenzenoperator invers auf den Block-Input anwendet. Aus Gleichung (4.5.7) wird somit[99]

$$(1-L^{12})Y^*_t = \omega_1 BS_{1,t} + \omega_2 BS_{2,t} \qquad (4.5.8)$$
$$Y^*_t = \omega_1(1-L^{12})^{-1}BS_{1,t} + \omega_2(1-L^{12})^{-1}BS_{2,t}$$
$$Y^*_t = \omega_1(1+L^{12} + L^{24} + ...)LS_{1,t} + \omega_2(1+L^{12} + L^{24} + ...)BS_{2,t}$$

Die Auflösung des inversen Differenzenoperators transferiert den Block-Input somit zu einer kumulativen Stufenfunktion. Für die Sommermonate der ersten drei Jahre läßt sich dies schematisch wie in Abb. 4.5.8 darstellen.

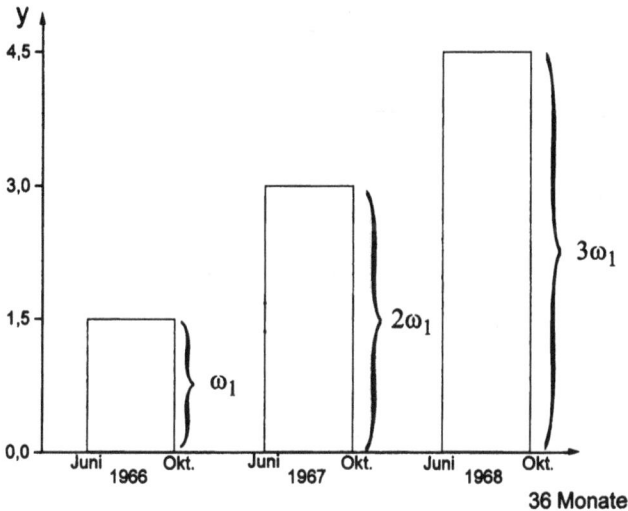

Abb. 4.5.8 Treppenfunktion des saisonalen Block-Inputs

---

[99] Den Verschiebeoperator bezeichnen wir im Folgenden nicht mit B, sondern mit L, um Konfusionen mit dem Kürzel BS_t (für „Block-Step") zu vermeiden.

In gleicher Weise wird eine Stufenfunktion für die Wintermonate hinzugefügt. Für das *Noise* ermitteln Box/Tiao (1975: 73) ein SARIMA $(0,0,1)(0,1,1)_{12}$ - Modell:

$$(1 - L^{12})N_t = (1 - \theta_1 L)(1 - \theta_{12} L^{12})a_t \qquad (4.5.9)$$

Wenn wir diese *Noise*-Komponente und den Block-Input (beide enthalten einen saisonalen Differenzenoperator) mit der ersten Intervention (Stufen-Input für neue Verkehrsstrasse und veränderte Zusammensetzung des Benzins) verbinden, ergibt sich folgendes Gesamtmodell (vergl. insbes. die zweite Zeile in Gleichung (4.5.8)):

$$Y_t = \omega_0 S_t + \frac{\omega_1}{(1 - L^{12})} BS_{1,t} + \frac{\omega_2}{(1 - L^{12})} BS_{2,t} \qquad (4.5.10)$$

$$+ \frac{(1 - \theta_1 L)(1 - \theta_{12} L^{12})}{(1 - L^{12})} a_t$$

$$(1 - L^{12})Y_t = \omega_0 (1 - L^{12})S_t + \omega_1 BS_{1,t} + \omega_2 BS_{2,t} + (1 - \theta_1 L)(1 - \theta_{12} L^{12})a_t$$

Die Gleichung enthält keine Konstante (keinen Ordinatenabschnitt), da die Summe der beiden Block-Inputs identisch ist mit einer Konstanten von "1".[100] Wird die erste Zeile der Gleichung mit dem Faktor $(1-L^{12})$ multipliziert, wird die frühere Transformation der Block-Variablen (s. Gleichung (4.5.7)) wieder rückgängig gemacht, ohne daß sich dadurch die Interpretation der Parameter ändert (denn alle Variablen werden mit dem gleichen Differenzenfilter multipliziert). Allerdings müssen nun die beobachtete Zeitreihe Y_t und der Stufeninput S_t saisonal differenziert werden. Aus dem Stufen-Input S_t wird somit ein Block-Input (s. Abb. 4.5.9).

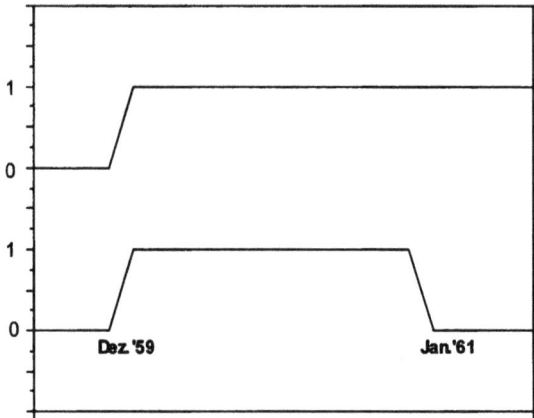

Abb. 4.5.9 Saisonal differenzierter Stufeninput

---

[100] Technisch gesprochen, handelt es sich hier um eine "Zellenmittelwertkodierung" (s. Rochel 1983).

Die *Maximum-Likelihood*-Schätzung der Gleichung (4.5.10) führt zu folgenden Ergebnissen (Standardfehler in Klammern):

$$\hat{\omega}_0 = -1,336 \; (0,195)$$
$$\hat{\omega}_1 = -0,239 \; (0,060)$$
$$\hat{\omega}_2 = -0,095 \; (0,056)$$
$$\hat{\theta}_1 = -0,265 \; (0,068)$$
$$\hat{\theta}_{12} = 0,770 \; (0,042)$$

Demnach hat das erste Interventionsbündel (Entlastung des innerstädtischen Verkehrs plus Veränderungen in der chemischen Zusammensetzung des Benzins) den O_3-Ausstoß permanent um 1,34 Meßeinheiten gesenkt. Die zweite Intervention, die technischen Veränderungen in der Konstruktion der Auto-Motoren, führte in den Sommermonaten zu einer progressiven Reduktion des Schadstoffausstoßes um jährlich 0,24 Meßeinheiten ($\omega_1 = -0,24$), bis Okt. 1972 also insgesamt zu einer Absenkung um 1,68 Einheiten. Der geschätzte Parameterwert für die Wintermonate ($\omega_2 = -0,10$) ist zwar ebenfalls mit einem negativen Vorzeichen versehen, liegt aber mit $t = -1,72$ etwas unterhalb des konventionellen Signifikanzniveaus (das aber nach einer Ausreißerbereinigung erreicht wird).

4.6 Zur Verwendung von Design-Matrizen

In der experimentellen Forschung (vor allem innerhalb der Psychologie) betrachtet man die planvoll eingesetzten Interventionen als *treatments* und bezeichnet die Matrix der Input-"Variablen" als "Design-Matrix". Bisher haben wir nur zwei Basis-Formen von Input-Vektoren kennengelernt: den Puls- und den Stufen-Input (der Block-Input läßt sich als eine Folge von Puls-Inputs darstellen). Durch die Transformation dieser Vektoren mit einfachen und saisonalen Differenzenoperatoren sind schon gestaltreichere Gebilde entstanden; im Prinzip läßt sich aber die Matrix der Input-Vektoren fast beliebig gestalten - solange es dafür eine theoretische Rechtfertigung gibt, es sich also um ein begründetes Untersuchung*design* handelt. Terminologisch zielt der Begriff "Designmatrix" darauf, die Interventionsanalyse analog zum Experiment zu betrachten (s. unten). Renn/Mariak (1984) stellen z. B. ein Design vor, mit dem sich eine Trendumkehr als Interventionseffekt modellieren läßt. Schematisch (ohne die durch die *Noise*-Komponente verursachten Fluktuationen) wird diese Situation in Abb. 4.6.1 dargestellt.

Dazu schlagen die Autoren folgende Schätzgleichung vor (wir übersetzen hierbei die von ihnen benutzte Matrizenschreibweise zunächst in die einfache Gleichungsform und modifizieren die Notation):

$$Y_t = c + ßt + \omega S_t + \lambda k + N_t \tag{4.6.1}$$

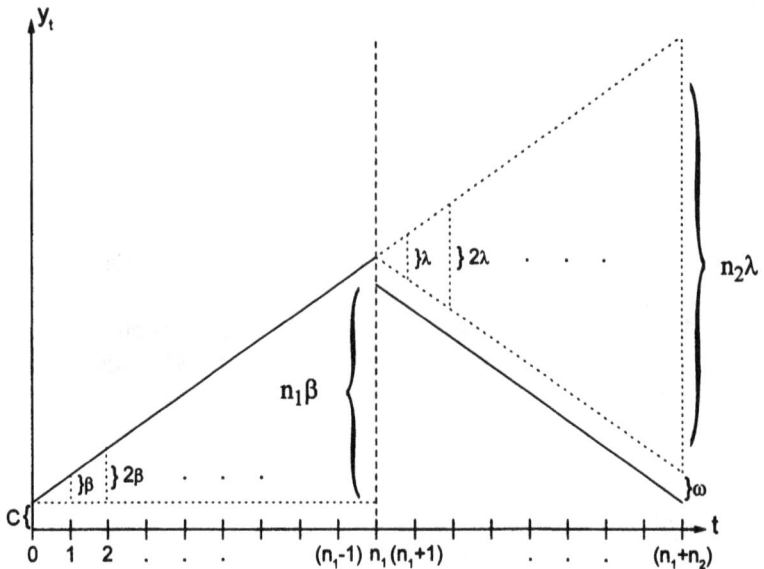

Abb. 4.6.1 Schematische Darstellung der Trendumkehr (nach Renn/ Mariak 1984)

Wenn $N_t = a_t$ mit $a_t = \mathrm{NIID}(0,\sigma^2)$, dann repräsentiert die Konstante "c" das Ausgangsniveau der abhängigen Variablen Y_t zum Zeitpunkt $t = 0$, ß den Steigungskoeffizienten des linearen Trends über die gesamte Untersuchungsperiode, ($t = 1,2,...,n_1, n_1+1, n+2, ..., n_1 + n_2$), ω die permanente negative Niveauverschiebung, die zum Zeitpunkt der Intervention ($t = n_1$) abrupt einsetzt, und λ die Steigungsänderung im Trendverlauf, die mit der Intervention ebenfalls in Gang gesetzt wird. Der Stufeninput S_t wird wie gewohnt durch eine 0/1-kodierte Variable repräsentiert, die abfallende Trendkomponente durch einen zweiten Zeitindex k dargestellt, der für die ersten n_1 Zeitpunkte lauter Nullen enthält und ab $t = n+1$ die Werte $\{1,2,3,...,n_2\}$ annimmt. Es handelt sich somit um einen Rampen-Input im oben erörterten Sinne. In Matrix-Schreibweise sieht die Gleichung wie folgt aus:

$$y = X\gamma + a \qquad\qquad (4.6.2)$$

X bezeichnet die Design-Matrix mit vier Inputvektoren (einschließlich dem 1-Vektor für den Ordinatenabschnitt c). Wenn die Fehler unabhängig voneinander sind, läßt sich dieses Regressionsmodell nach dem üblichen Kleinstquadratverfahren schätzen. Bei der Interpretation der Parameter ist zu beachten, daß λ nicht unmittelbar die (negative) Neigung des Trendverlaufs ab $t = n_1+1$ angibt, sondern die Trend*änderung*. Der Neigungskoeffizient ergibt sich aus (ß + λ) < 0, wobei λ im Absolutbetrag größer ist als ß, aber mit einem negativen Vorzeichen versehen sein muß, andernfalls würde der Trend nicht von einer positiven Steigung ß in eine negative umschlagen.

$$
\begin{bmatrix}
Y_1 \\
Y_2 \\
\cdot \\
\cdot \\
Y_{n-1} \\
Y_n \\
\ldots\ldots \\
Y_{n+1} \\
Y_{n+2} \\
\cdot \\
\cdot \\
\cdot \\
Y_{(n_1+n_2)}
\end{bmatrix}
\begin{bmatrix}
1 & 1 & 0 & 0 \\
1 & 1 & 0 & 0 \\
\cdot & \cdot & \cdot & \cdot \\
\cdot & \cdot & \cdot & \cdot \\
1 & (n_1-1) & 0 & 0 \\
1 & n_1 & 0 & 0 \\
\ldots\ldots\ldots\ldots \\
1 & (n_1+1) & 1 & 1 \\
1 & (n_1+2) & 1 & 2 \\
\cdot & \cdot & \cdot & \cdot \\
\cdot & \cdot & \cdot & \cdot \\
\cdot & \cdot & \cdot & \cdot \\
1 & (n_1+n_2) & 1 & n_2
\end{bmatrix}
\cdot
\begin{bmatrix}
c \\
\beta \\
\omega \\
\lambda
\end{bmatrix}
+
\begin{bmatrix}
a_1 \\
a_2 \\
\cdot \\
\cdot \\
a_{(n_1-1)} \\
a_{n_1} \\
\ldots\ldots \\
a_{(n_1+1)} \\
a_{(n_1+2)} \\
\cdot \\
\cdot \\
\cdot \\
a_{(n_1+n_2)}
\end{bmatrix}
$$

Die in der Design-Matrix fixierte linear-deterministische Trendkomponente stellt eine starke Modellrestriktion dar, die in den Sozialwissenschaften nur selten theoretisch begründbar ist und meistens nur durch die Plausibilität des Augenscheins, d. h. einen (näherungsweise) dem Modell entsprechenden Verlauf der Zeitreihen gerechtfertigt wird. Sollte der Trend tatsächlich nicht deterministischer, sondern stochastischer Natur sein, könnten durch die Vorgabe eines deterministischen Trendverlaufs erhebliche Verzerrungen eintreten (s. unten, Kap. 5.6.).

Andererseits vermeidet die Darstellung gemäß Gleichung (4.6.1) bzw. (4.6.2) die unsichere Schätzung des Interventionseffekts in Form eines Puls-Inputs (s. oben). Formal läßt sich Gleichung (4.6.1) allerdings leicht in ein Modell mit Puls- und Stufen-Input übersetzen, wenn man die *Noise*-Komponente als integrierten Prozeß auffaßt, der durch einfache Differenzenbildung in einen stationären Prozeß überführt werden kann:

$$
Y_t = c + \beta t + \omega S_t + \lambda k + \frac{\theta(B)}{(1 - B)\varphi(B)}\, a_t \tag{4.6.3}
$$

Durch Ausmultiplizieren mit dem Differenzoperator erhält man

$$(1 - B)Y_t = c(1 - B) + \beta(1 - B)t + \omega S_t(1 - B) + \lambda k(1 - B) + \frac{\theta(B)}{\varphi(B)} a_t \quad (4.6.4)$$

$$= 0 + \beta + \omega P_t + \lambda S_t + \frac{\theta(B)}{\varphi(B)} a_t$$

Durch die Differenzenbildung verschwindet die Konstante c; als neue Konstante fungiert der positive Steigungskoeffizient ß, da der "differenzierte" Zeitindex zu einem konstanten Vektor wird, der für alle Zeitpunkte ab $t = 1$ den Wert "1" annimmt. Auch die Trendänderung λ kann weiterhin geschätzt werden, da der Zeitvektor k (ursprünglich kodiert als Rampen-Input) durch die Differenzenbildung in einen Stufen-Input transformiert wird, der von $t = 1$ bis $t = n_1$ Nullen und für alle weiteren Zeitpunkte den Wert "1" erhält. Der Stufen-Input für die permanente Niveauverschiebung ω wird durch die Differenzenbildung zum Puls-Input.

Ein weiteres Beispiel für die Konstruktion einer Design-Matrix liefern de Beer/ van de Pol (1988). Sie untersuchen holländische Unfallzahlen zwischen Jan. 1969 und Dezember 1983. Im November 1974 trat ein Gesetz in Kraft, das den zulässigen Alkoholgehalt im Blut eines Kraftfahrers deutlich herabsetzte. Diese Maßnahme sollte die Zahl der Unfälle senken helfen. Gleichzeitig wurde aber auch eine Neuregelung eingeführt, die die Überprüfung des Alkoholgehalts direkt am Unfallort (statt in einem Labor) ermöglichte. Die Autoren vermuten, daß durch diese Maßnahme die Zahl der registrierten (nicht der realen) Unfälle, bei denen Alkohol im Spiel war, gestiegen sein muß. Sie halten es deshalb für günstiger, ein Interventionsmodell anhand einer Zeitreihe zu testen, die sämtliche Unfälle mit Verletzungsfolgen, nicht nur die alkoholbedingten, enthält (s. Abb. 4.6.2), weil hier ihrer Meinung nach der Verzerrungseffekt in geringerem Maße zu Buche schlagen sollte.

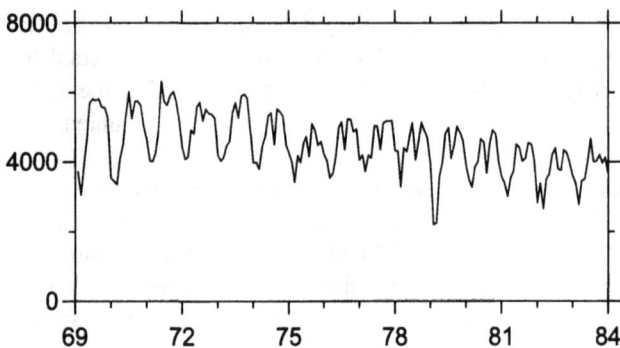

Abb. 4.6.2 Holländische Unfallzahlen (Quelle: de Beer/ van de Pol 1988, Serie C)

Allerdings, so läßt sich einwenden, wird in dieser Reihe der Anteil der alkoholbedingten Unfälle weniger sichtbar. Die Autoren konstruieren schließlich folgendes Interventionsmodell: Sie gehen davon aus, daß es ab November 1974 zu einem erheblichen Rückgang der Unfallzahlen kommt, der aber bis Dezember 1976 linear auf etwa 30 % seiner ursprünglichen Stärke zurückgeführt wird. Diesen Effekt modellieren sie direkt über einen kodierten Vektor D_1, der folgende Werte enthält:

...0 0 0 1 0,972 0,944 0,916 ... 0,356 0,328 0,3 0,3 ... 0,3 0,3

       ↑   ↑

    Nov. 74   Dez. 76

Außerdem ist eine Ausreißermodellierung nötig. Anfang 1979 bringt ein ungewöhnlicher Kälteeinbruch den Verkehr in der nördlichen Landeshälfte fast zum Erliegen. Deshalb wird in die Design-Matrix ein zweiter Vektor, D_2, aufgenommen mit $D_{2t} = 1$ in Jan. und Febr. 1979; $D_{2t} = 0$ in allen anderen Monaten. Die Autoren gehen davon aus, daß die Zeitreihe lang genug ist, um das vorläufige *Noise*-Modell mit den Daten der Gesamtreihe (von 1969 bis 1983) identifizieren zu können. Sie kommen dabei zu einem SARIMA$(1,0,0)(0,1,1)_{12}$-Modell: $N_t = c + (1-\theta_{12}B^{12})/$ $(1-\varphi B)(1-B^{12})a_t$. Nach Multiplizieren der gesamten Gleichung mit dem saisonalen Differenzenoperator ergibt sich folgendes Modell:

$$(1 - B^{12})Y_t = c(1 - B^{12}) + \omega_1(1 - B^{12})D_1 + \omega_2(1 - B^{12})D_2 \qquad (4.6.5)$$

$$+ \frac{(1 - \theta_{12}B^{12})}{(1 - \varphi_1 B)} a_t$$

Unsere *ML*-Schätzung führt zu folgenden Ergebnissen (Standardfehler in Klammern):[101]

$$\hat{c} = -79{,}79 \ (17{,}76)$$
$$\hat{\omega}_1 = -449{,}38 \ (150{,}56)$$
$$\hat{\omega}_2 = -1209{,}30 \ (201{,}30)$$
$$\hat{\theta}_{12} = 0{,}60 \ (0{,}06)$$
$$\hat{\varphi}_{12} = 0{,}44 \ (0{,}07)$$

Der Koeffizient von $\hat{\omega}_1 = -449$ besagt, daß das durchschnittliche Niveau von knapp 5000 Unfallen in der Vor-Interventionsperiode zunächst um 9 %, langfristig aber (s. die Kodierung von D1) lediglich um 3 % gesenkt werden konnte. Der vorübergehende Rückgang der Unfallzahlen auf Grund des Kälteeinbruchs wird mit 1209 Unfällen geschätzt. Die Konstante $\hat{c} = -79{,}8$ ist hier identisch mit dem geschätzten Mittelwert für die saisonal differenzierte Reihe, da die Schätzgleichung in der Rationalform mit $(1 - \varphi B)$ im Nenner des *Noise*-Faktors geschrieben wurde (was nicht alle Programmsysteme erlauben). Diese Schätzung besagt, dass die Unfallzahlen unabhängig von den Interventionseffekten jedes Jahr (alle 12 Monate) durchschnittlich um eben diesen Betrag, in 15 Jahren also um ca. 1200 Unfälle gesunken sind.[102] Die Autoren sehen ihr Modell bestätigt, nachdem sie auch andere Modelle mit einem exponentiellen (statt linearen) Interventionsverlauf und veränderten

---

[101] Die von de Beer/van de Pol (1988) mitgeteilten Ergebnisse weichen hiervon etwas ab, lassen sich aber durch die *unconditional* Kleinstquadrate-Methode (s. Kapitelabsch. 3.10) recht gut reproduzieren.

Nach-Interventionsniveaus (D_{lt} = 0,4 bzw. 0,2 bzw. 0,1 bzw. 0,0 statt 0,3 ab Januar 1977) geschätzt haben.

Der Gedanke liegt nahe, den Interventionseffekt mit einem zusammengesetzten Modell zu schätzen, das einen Stufen- und einen Puls-Input kombiniert (s. oben). Es wäre flexibler, da es keine Linearitätsannahme enthält, und das Endniveau nicht a priori fixiert; andererseits müßten zwei Parameter (darunter ein dynamischer) zusätzlich geschätzt werden. Es stellt sich heraus, daß ein solches Modell an die vorliegenden Daten nicht angepaßt werden kann. Bei volatilen Daten mit komplexen *Noise*-Modellen (inbesondere bei Einschluß von Differenzenoperatoren) erweist sich die Anpassung dynamischer Interventionsmodelle häufig als prekär. Die Verlagerung der dynamischen Modellierung in die Designmatrix (wodurch die Schätzung eines dynamischen Parameters für die verzögerte endogene Variable überflüssig wird) bietet sich in solchen Fällen als praktikable Alternative an.

4.7 Interventionen als Quasi-Experimente

Experimente gelten im allgemeinen als Königsweg kausalwissenschaftlicher Analyse. Im Labor werden dazu mindestens zwei Gruppen von Untersuchungseinheiten gebildet, die gezielt einer unterschiedlichen Behandlung ausgesetzt werden; bspw. wird der einen Gruppe (A) ein Medikamt, der anderen (B) ein Placebo verabreicht. Mit einem standardisierten Verfahren wird danach zu einem oder mehreren Zeitpunkten gemessen, ob sich die beiden Gruppen hinsichtlich eines bestimmten Merkmals (z. B. des durchschnittlichen Zuckergehalts im Blut) "signifikant" unterscheiden. Wenn dies der Fall ist, wird der Unterschied dem *treatment* als Wirkung zugeschrieben. Für die Validität dieser kausalen Zuschreibung ist - neben der korrekten Messung - entscheidend, daß die Gruppen sich lediglich hinsichtlich dieser experimentellen "Behandlung" unterscheiden. Diese Gleichheit kann (näherungsweise) auf zweierlei Weise erreicht werden: a) eine ausreichend große Zahl von Untersuchungseinheiten wird vor Applikation der "Behandlung" den beiden Gruppen per Zufallsprinzip zugeordnet ("Randomisierung"), oder b) jedem Individuum der einen Gruppe wird ein Individuum der anderen Gruppe so zugeordnet, daß beide in allen Merkmalen, von denen bekannterweise ein kausaler Einfluß ausgehen könnte, gleich sind ("Matching"). Durch *Randomisierung* oder *Matching* soll (weitgehend) sichergestellt werden, daß andere Faktoren als die experimentelle Behandlung in ihren potentiellen kausalen Einflüssen neutralisiert werden, d.h. in den beiden Gruppen in gleicher Weise wirken. - In der Soziologie spielen Laborexperimente nicht nur aus praktischen Gründen kaum eine Rolle. Bei den Personengruppen und Merkmalsdimensionen, die den Sozialwissenschaftler interessieren, muß auch damit gerechnet werden, daß das künstlich herbeigeführte Experiment als spezifische Situationsvariable die Wirkung des zu untersuchenden

---

[102] Die Autoren geben eine Konstante $\hat{c}$ = -43 an, weil sie die Gleichung in Linearform schreiben. Dividiert man diese Größe durch (1-0,44) ergibt sich daraus ein Betrag von -76,8.

Faktors (der *treatment* Variable) in einer nicht kontrollierbaren Weise beeinflußt. Sog. Quasi-Experimente finden dagegen in "natürlichen" Situationen ohne "Randomisierung" oder "Matching" statt. Sie gewinnen dadurch u. U. an "externer Validität" (die sich auf die Verallgemeinerbarkeit der Ergebnisse bezieht); ihre "interne Validität" (die sich auf die Haltbarkeit der kausalen Zuschreibung als solche bezieht) ist gegenüber dem Laborexperiment aber unsicherer. Die Logik von Experiment und Quasi-Experiment kann hier nicht ausführlich dargestellt werden; dazu ist auf die einschlägige Literatur zu verweisen (s. Cook/Campbell 1979; Caporaso 1973; zu neueren Diskussionen über das Kausalitätskonzept in der quantitativen Sozialforschung s. Sobel 1995; 2000).

Die Interventionsanalyse mit Zeitreihendaten ist in der Literatur als eine bestimmte Form des Quasi-Experiments dargestellt worden. Es ist ein Vorher-Nachher-Test mit vielfach wiederholten Messungen, wobei die Meßzeitpunkte die "Fälle" konstituieren und ein vom Forscher beobachtetes (nicht von ihm herbeigeführtes) Ereignis als (quasi-)experimenteller Eingriff (*treatment*) betrachtet wird, dessen Wirkung untersucht werden soll. Die mögliche Wirkung wird in den hier besprochenen Modellen als sofortige oder verzögerte, abrupte oder allmähliche, dauerhafte oder vorübergehende Niveauverschiebung klassifiziert. Andere Wirkungstypen, wie z. B. eine Erhöhung oder Verminderung der Variabilität der abhängigen Variablen oder eine Änderung der zeitlichen Dynamik (z. B. eine Änderung der Saisonfigur) werden hier nicht berücksichtigt.

Obwohl es um Niveauverschiebungen geht, kann der Test nicht über einen Vergleich der beobachtbaren Mittelwerte vor und nach der Intervention erfolgen. Der hierfür standardmäßig benutzte *t*-Test setzt bekanntlich die stochastische Unabhängigkeit der einzelnen Beobachtungen voraus, die bei Zeitreihendaten im Normalfalle nicht gegeben ist. Ein einfacher Mittelwertvergleich wäre auch nicht sinnvoll, wenn die Reihe einen Trend oder/und einen saisonalen Verlauf aufweist. Diese Komponenten können (und müssen), wie wir sahen, im Rahmen der *Noise*-Komponente getrennt modelliert werden. Kontinuierliche Wachstums- und Reifungsprozesse, die ein Vorher-Nachher-Design außerhalb der Zeitreihenanalyse problematisch machen, können auf diese Weise unter Kontrolle gehalten werden. Darin liegt ein wesentlicher Vorteil der Interventionsanalyse ("interrupted time series analysis"). Die korrekte Identifikation des *Noise*-Modells neutralisiert aber noch nicht alle Einflußfaktoren, die die beobachtbare Wirkung der Intervention verzerren können. Auf folgende Probleme sollte besonders geachtet werden (vergl. Cook/Campbell 1979, Kap. 5; Campbell 1973):

Die größte Problematik geht von dem "Faktor" aus, der auch für die positiven Möglichkeiten der Zeitreihenanalyse verantwortlich ist, der "Geschichte". Der historische Kontext, in dem sich eine einzelne Zeitreihe entwickelt, kann sich zwischen dem "Vorher" und dem "Nachher" einer Intervention auf unbekannte oder nicht erfaßte Weise verändern; insbesondere können parallel zum untersuchten Ereignis andere, nicht getrennt erfaßte Ereignisse auftreten, deren Wirkungen sich mit den

ins Auge gefaßten Interventionseffekten überlagern. In dem Beispiel der Schad-
stoffreduzierung in Los Angeles fiel z. B. die Umleitung von Verkehrsströmen mit
der Einführung neuer Benzinvarianten zeitlich zusammen. Gelegentlich wirken
bestimmte Maßnahmen sowohl direkt als auch indirekt mit unterschiedlicher zeitlicher Dynamik auf eine abhängige Variable. Die Einführung eines neuen Alko-
holtests kann die Zahl alkoholbedingter Unfälle z. B. dadurch mindern, daß
alkoholisierte Fahrer nun eher geneigt sind, das Autofahren in diesem Zustand zu
unterlassen - ein Effekt der sich möglicherweise langsam mit der Verbreitung entsprechender Nachrichten entfaltet. Der neu eingeführte Test kann außerdem die
Kontrollpräsenz und -kompetenz der Polizei erhöhen, die nun Unfälle als alkohol-
bedingt klassifiziert, die zuvor nicht als solche registriert wurden - ein Effekt, der
vielleicht schneller eintritt als die Änderung des Fahrverhaltens, möglicherweise
aber nur vorübergehend anhält, bis die Polizei wieder stärker mit anderen Aufgaben
betraut wird. Sind die Zeitreihendaten (z. B. Kriminalitätsraten) von statistischen
Ämtern zusammengestellt worden, kann sich zudem die Definition der Zählkatego-
rien ändern, was faktisch eine Intervention darstellt, die oft genug unbemerkt
bleibt.

Eine Kontrollgruppe, d. h. eine zweite Zeitreihe, auf die der gleiche historische
Kontext, aber nicht die explizierte Intervention einwirkt, steht in der Regel nicht
zur Verfügung. Offensichtlich können die Effekte einzelner Interventionen um so
eher isoliert werden, je kürzer das Meßintervall ist; innerhalb einer Woche geschieht weniger als innerhalb eines Monats oder innerhalb eines Jahres. Leider
liefern die statistischen Ämter auch noch im Zeitalter fortgeschrittener Kommuni-
kationstechnologie relevante Zeitreihen häufig nur in Form von Jahresdaten, auch
dann, wenn die Ursprungsdaten eine feinere zeitliche Einteilung erlaubten. Auch
sozialwissenschaftliche Forschungsstellen, die "Soziale Indikatoren" sammeln,
produzieren ihre Daten häufig auf einer zu hohen zeitlichen Aggregationsstufe.

Ein weiteres Problem kann sich aus der Selbstselektion der untersuchten Gruppe
ergeben. Angenommen man möchte mit Hilfe wöchentlicher Tests untersuchen, ob
eine Änderung der Lehrmethode in einem zweisemestrigen Volkshochschulkurs zu
einer Steigerung des Lernerfolgs führt. In einem solchen Falle kann es passieren,
daß die Änderung der Methode einen bestimmten Typ neuer Klienten anzieht,
gleichzeitig aber andere dazu bringt, die Gruppe zu verlassen. In dieser Situation
wird sich der Interventionseffekt mit dem Selektionseffekt überlagern.

Probleme können auch dadurch entstehen, daß zwar der Zeitpunkt der Intervention
bekannt ist, eine relevante Wirkung aber erst mit einer gewissen Verzögerung
eintritt. Wenn sich die Verzögerung nicht theoretisch begründen läßt, sollte man
auf jeden Fall die Möglichkeit prüfen, daß die ins Auge gefaßte Intervention überhaupt keine relevante Wirkung erzielt hat und die scheinbar verspätete Niveau-
änderung von einem anderen, zunächst nicht identifizierten Ereignis hervorgerufen
worden ist.

Kapitel 5

Dynamische Regressionsanalyse

5.1 Einleitung

Sozialwissenschaftler sind daran interessiert, strukturelle Zusammenhänge zwischen zwei oder mehr Variablen zu entdecken oder eine entsprechende Hypothese zu testen. Die Zusammenhänge werden meistens in Form eines linearen Regressionsmodells formuliert: mit einer "abhängigen" Variablen Y (dem *Regressanden*) und m "unabhängigen" Variablen (den *Regressoren* oder *Prädiktoren*) X_1, $X_2,...,X_m$. Falls nur ein Regressor vorgesehen ist, schreibt man:

$$Y_i = \alpha + \beta X_i + \varepsilon_i \ , i = 1, ..., n \qquad (5.1.1)$$

Die Linearitätsannahme ist nicht sonderlich restriktiv, da sie sich lediglich auf die Parameter und nicht auf die Variablen bezieht, die transformiert (z. B. quadriert oder logarithmiert) sein können. Damit die Parameter α (der Ordinatenabschnitt bzw. die "Konstante") und ß (der Steigungskoeffizient, *slope*) auf der Basis der Stichprobendaten (mit n Fällen) optimal mit Hilfe des üblichen Kleinstquadratverfahrens (*Ordinary Least Squares - OLS*) geschätzt werden können, müssen folgende Voraussetzungen erfüllt sein (vgl. Greene 1993: 143):

(1) Die Regressoren sind entweder (quasi-)experimentell "fixiert" (keine Zufallsvariablen) oder, falls stochastisch konzipiert, statistisch unabhängig von den Fehlern ε_i (Störgrößen). Falls sie lediglich nicht (linear) miteinander korreliert sind: $Cov[x_i, \varepsilon_j] = 0$ für alle i und j (i,j = 1,2,...,n), sind die gewünschten Schätzeigenschaften nur asymptotisch erfüllt. Eine Implikation dieser Voraussetzung ist, daß keine relevante Einflußgröße X_{m+1} (die mit einem oder mehreren der m berücksichtigten Regressoren sowie mit Y korreliert) aus der Gleichung ausgeschlossen bleibt (Problem der "Unterspezifikation" des Modells, *omitted variables*).

(2) Die Störgrößen ("Fehler") ε_i variieren konstant um den Erwartungswert Null: $E(\varepsilon_i) = 0; \ Var(\varepsilon_i) = \sigma_\varepsilon \ \forall \ i$.

(3) Die Störgrößen sind untereinander nicht korreliert: $Cov [\varepsilon_i , \varepsilon_j] = 0$ für alle i und j.

(4) Der Fehlerterm ε_i repräsentiert die Summe zahlreicher, individuell unbedeutender, positiver und negativer Einflußgrößen, für die der zentrale Grenzwertsatz in Anspruch genommen und somit Normalverteilung vorausgesetzt werden kann. Die Annahme der Normalverteilung wird benötigt, um die theoretische Verteilung der Regressionsschätzer (inbesondere deren Standardabweichung) ableiten und Signifikanztests durchführen zu können.

(5) Werden die Regressionskoeffizienten als Strukturparameter (als Indikatoren einer kausalen Beziehung) interpretiert, wird implizit vorausgesetzt, daß sich die Daten zum Zeitpunkt der Messung im Gleichgewicht befinden.

Es liegt nahe, dieses aus Querschnittanalysen vertraute Regressionsmodell auch auf Zeitreihendaten anzuwenden. Technisch ist das kein Problem; die Datenpaare (x_i, y_i) jeder Untersuchungseinheit der Querschnitterhebung werden durch die Datenpaare (x_t, y_t) jeder Zeiteinheit (jedes Meßzeitpunktes) ersetzt:

$$Y_t = \alpha + \beta X_t + \varepsilon_t \, , \, t = 1, ..., n \qquad (5.1.2)$$

Sie können gleichermaßen in einem Streudiagramm dargestellt werden, wie wir das schon in Kap. 2.2 gezeigt haben.

Bei der Regression mit Zeitreihendaten wird allerdings typischerweise die Annahme (3) verletzt: die Fehler sind häufig autokorreliert. Mit den Konsequenzen, die sich daraus für die Qualität der Schätzer ergeben, und mit entsprechend modifizierten Schätzmethoden werden wir uns in Abschnitt 5.1.1 beschäftigen. Die Annahme (5) wird in Querschnittanalysen meistens stillschweigend (wenn nicht sogar naiv) als erfüllt vorausgesetzt, was gar nicht so selten eine unrealistische Annahme sein dürfte. Beim Übergang von "statischen" zu "dynamischen" Regressionsanalysen kann diese Annahme fallengelassen werden; darin liegt ein wesentlicher Vorteil der Zeitreihenanalyse (den sie mit anderen dynamischen Analyseformen, wie der *event history analysis*, teilt). Wenn Daten in Form langer Zeitreihen vorliegen, wird es grundsätzlich möglich, die Wirkung einer Einflußgröße über Zeit, ihren Wirkungsverlauf, zu modellieren. Dies wird in Abschnitt 5.2 näher erläutert. Die übrigen Modellvoraussetzungen und entsprechende Prüfverfahren (insbesondere Spezifikationstests) werden wir hier nicht besprechen, da sie nicht spezifisch für die Zeitreihenanalyse gelten.

5.1.1 Das Problem autokorrelierter Störgrößen

Bei Querschnittanalysen betrachtet man alle Untersuchungseinheien als simultan gemessen, auch wenn dies nicht exakt zutrifft. (Bei Meinungsumfragen z.B. kann sich die Datenerhebung über mehrere Wochen erstrecken.) Das bedeutet, daß die Anordnung der Fälle beliebig ist und die Annahme der Nicht-Korreliertheit der Fehler somit nicht empirisch getestet werden kann (es sei denn, ein anderes Kriterium, wie z. B. das der räumlichen Nähe, stünde zur Verfügung). Anders verhält es sich bei Zeitreihendaten. Sie repräsentieren die Ergebnisse vielfach wiederholter Messungen, die an ein und derselben Untersuchungseinheit vorgenommen worden sind. Jede Messung ist mit einem Zeitindex $t \in \{1,2,...,n\}$ versehen; die beobachteten Werte können ihrem Zeitindex entsprechend in eindeutiger Weise angeordnet werden. Dadurch wird es möglich, empirisch zu prüfen, ob ein Fehler zum Zeitpunkt t mit Fehlern zum Zeitpunkt $t+1$, $t+2$, $t+3$ usw. korreliert. Dieses Konzept der Autokorrelation (oder "seriellen Korrelation") von Zeitreihen-Werten ist in vorangegangenen Kapiteln ausführlich erläutert worden, so daß wir es hier als bekannt voraussetzen und uns der Frage zuwenden können: Welche Konsequenzen haben autokorrelierte Fehler für die üblichen Kleinstquadratschätzer (OLS-Regression)? Wir werden die negativen Folgen lediglich aufzählen, ohne sie mathematisch abzuleiten (eine detaillierte Beweisführung entwickelt Hibbs 1974; vgl. Malinvaud 1966: 428ff.):

1. Die geschätzten Regressionskoeffizienten bleiben zwar erwartungstreu und konsistent, solange sich unter den Regressoren keine verzögerte endogene Variable (z. B. Y_{t-1}) befindet. Sie sind aber nicht effizient, das heißt, sie weisen im Vergleich zu anderen Schätzern nicht mehr die minimale Varianz auf. Das bedeutet, daß diese Parameter von Stichprobe zu Stichprobe erheblich streuen. Folglich ist damit zu rechnen, daß die jeweils ermittelten Konfidenzintervalle um ß-Werte zentriert sind, die relativ stark von den wahren Regressionskoeffizienten ß abweichen. Entsprechend weit müßten demnach die zu schätzenden Konfidenzintervalle gespannt sein. Häufig ist aber gerade das Gegenteil der Fall: die Konfidenzintervalle werden unterschätzt - aus Gründen, die unter Ziffer 3 erläutert werden.

2. In der Regel sind nicht nur die Fehler, sondern auch die exogenen (bzw. unabhängigen) Variablen autokorreliert. Wenn autokorrelierte Fehler mit Autokorrelationen gleicher Ordnung in den exogenen Variablen zusammentreffen, weicht der Erwartungswert der mit OLS geschätzten Varianz des Fehlers von der wahren Fehlervarianz σ_ε^2 ab. Ob diese über- oder unterschätzt wird, hängt von den Vorzeichen der Autokorrelationen der Fehler wie auch der Autokorrelationen der Prädiktorreihen ab. Wenn positive Autokorrelationen überwiegen, was in der Regel der Fall ist, wird die Fehlervarianz unterschätzt. Als Folge davon werden Determinationskoeffizient und F-Wert überschätzt. Diese Verzerrung wird mit zunehmender Länge der Zeitreihe geringer.

3. Eine fehlerhafte Schätzung der Residualvarianz σ_ε^2 impliziert auch eine verzerrte Schätzung der Varianz (bzw. des Standardfehlers) des Regressionskoeffizienten. Das ergibt sich unmittelbar aus der OLS-Schätzformel für den bivariaten Fall

$$\text{var}(\hat{\beta}) = \frac{\sigma_\varepsilon^2}{\sum (x_i - \bar{x})^2} \qquad (5.1.3)$$

oder allgemein, bei mehreren Regressoren

$$\text{var}(\hat{\beta}) = \sigma_\varepsilon^2 (X'X)^{-1}$$

Neben der fehlerhaften Schätzung der Residualvarianz tritt eine weitere Verzerrungskomponente auf. Die Schätzformel (5.1.3) ist nämlich unvollständig, wenn außer der Residualvariablen auch die Werte der Prädiktorvariablen autokorreliert sind. Die asymptotische $\text{var}(\hat{\beta})$ ist - im bivariaten Fall und bei Autoregressionen 1. Ordnung - näherungsweise durch die Gleichung

$$\text{var}(\hat{\beta}) = \frac{\sigma_\varepsilon^2}{\sum (x_i - \bar{x})^2} \left(\frac{1 + \gamma\lambda}{1 - \gamma\lambda} \right) \qquad (5.1.4)$$

gegeben (siehe Hibbs 1974; vgl. Greene 1993: 420 ff.).

Darin bezeichnet γ den Regressionskoeffizienten der autokorrelierten Residualreihe, λ den entsprechenden Koeffizienten der Prädiktorreihe. Da aber das gewöhnliche Kleinstquadratverfahren $var(\beta)$ nicht nach Gleichung (5.1.4), sondern nach
Gleichung (5.1.3) schätzt, läßt sich der rechte Klammerausdruck in (5.1.4) als Ver-
zerrungsfaktor interpretieren. Je nach der Größe der *Lambda*- und *Gamma*-Koeffi-
zienten und je nach Kombination ihrer Vorzeichen werden die Standardfehler der
Regressionskoeffizienten über- oder unterschätzt, was bei Signifikanztests zu erheblichen Fehlentscheidungen führen kann.

Dafür, daß man bei Regressionsanalysen mit Zeitreihendaten stets mit autokorrelierten Fehlern rechnen muß, lassen sich eine Reihe von Gründen nennen. Am
plausibelsten ist vielleicht der folgende: Der Fehlerterm repräsentiert u. a. jene Faktoren, die ebenfalls auf die abhängige Zeitreihe wirken, ohne daß sie im Modell explizit als Regressoren berücksichtigt worden sind. Man kann annehmen, daß
mindestens einige dieser unberücksichtigten Einflußgrößen eine serielle Korrelation aufweisen. Eine solche serielle Korrelation nicht berücksichtigter Prädiktorvariablen überträgt sich - in abgeschwächter, u. U. aber auch in kumulativer Weise
- auf die Residuen, in denen sie definitionsgemäß präsent sind. Außerdem ist damit
zu rechnen, daß bei wiederholten Messungen auch die "reinen" Meßfehler seriell
korreliert sind. Autokorrelationen können außerdem als Folge von Ausreißern und
Strukturbrüchen oder ganz allgemein als Folge von fehlspezifizierten Modellen
bzw. nicht erfüllten Modellannahmen entstehen. Das sei anhand des folgenden Beispiels demonstriert, in dem wir für den Zeitraum Febr. 1971 bis Sept. 1979 die aggregierten SPD-Präferenzen (Anhänger in Prozent) auf die saisonbereinigten
Arbeitslosenzahlen regredieren (s. Abb. 3.12.8 u. 3.12.15):

$$SPD_t = \alpha + \beta ARBLO + \varepsilon_t \qquad (5.1.5)$$

Die einfache OLS-Regression führt zu einem geschätzten Steigungskoeffizienten
von $\beta = -0.008$. Da die Arbeitslosenzahlen in Tausender-Einheiten gemessen wurden, würde dies bedeuten, daß die SPD rund 8 % Stimmen verliert, wenn die Zahl
der Arbeitslosen um 1 Million zunimmt. Abb. 5.1.1 zeigt die Modellresiduen und
Abb. 5.1.2 deren Autokorrelogramm.

10

SPD-Residuen

0

-10

1971   1975   1979   1983

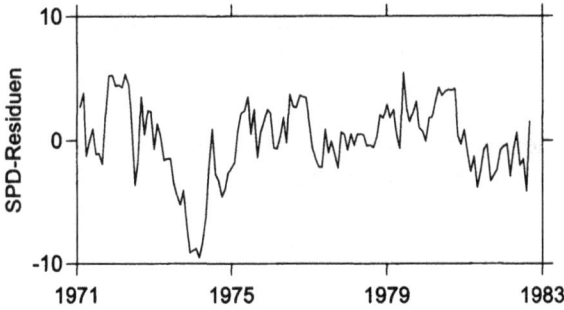

Abb.5.1.1 SPD-Residuen nach Regression auf saisonbereinigte Arbeitslosenzahlen

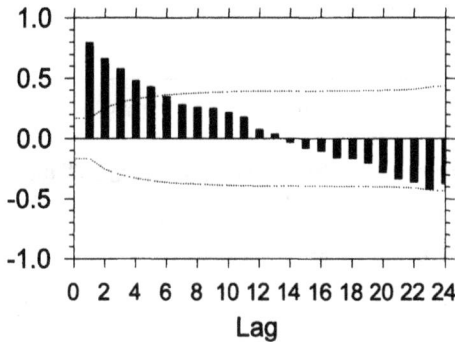

1.0

0.5

0.0

-0.5

-1.0

0 2 4 6 8 10 12 14 16 18 20 22 24
Lag

Abb. 5.1.2 AKF der SPD - Residuen aus Abb 5.1.1

Die Residuen sind hoch autokorreliert und offensichtlich nicht einmal stationär. Als erster Ursachekandidat für diesen Tatbestand kommt die Nicht-Stationarität der SPD- und der Arbeitslosenreihe in Betracht (s. Abb. 3.12.8 und 3.12.15). Das OLS-Regressionsmodell setzt grundsätzlich voraus, daß die beteiligten Zeitreihen stationär sind. Allerdings gibt es im Falle von integrierten (differenzenstationären) Prozessen (wie sie hier vorliegen) eine Ausnahmebedingung: die OLS-Regression führt auch bei Prozessen mit stochastischen Trendkomponenten zu konsistenten Schätzungen, wenn diese "kointegriert" sind, ein Konzept, das in Kapitelabschn. 5.6 erläutert wird. Eine zweite Ursache für die beobachteten Autokorrelationen könnte in Ausreißern und Strukturbrüchen liegen. So zeigen sich ungewöhnlich niedrige SPD-Werte in der letzten Phase der Brandt-Regierung, also von Ende 1973 bis Mai 1974 (bis zum Beginn der Kanzlerschaft von Helmut Schmidt). Wir können diese Phase einer besonderen politischen Ereignis-Konstellation *ad hoc* als eine Block-Intervention (s. oben Kap. 4) modellieren mit Hilfe einer Dummy-Variablen *BRANDT*, die von Februar 1971 bis Oktober 1973 sowie von Juni 1974 bis September 1979 Nullen und in den übrigen Monaten von November 1973 bis Mai 1974 Einsen enthält. Die entsprechende Modellgleichung wird mit folgenden Parametern geschätzt (Standardfehler in Klammern):

$$SPD_t = 48,76 - 9,076BRANDT_t - .009ARBLO_t - \varepsilon_t \qquad (5.1.6)$$
$$(.459) \quad (.952) \qquad (.00047)$$
$$\overline{R}^2 = 0.74 \quad DW = .716$$

Die Residuen dieses Modells scheinen stationär zu sein (s. Abb. 5.1.3), weisen aber immer noch eine gewisse Autokorrelation auf (s. Abb. 5.1.4).

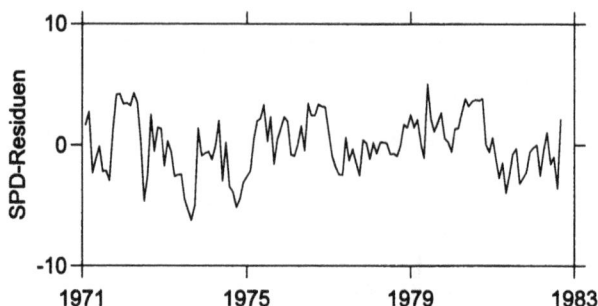

Abb. 5.1.3 Residuen der SPD-Regression auf BRANDT und ARBL

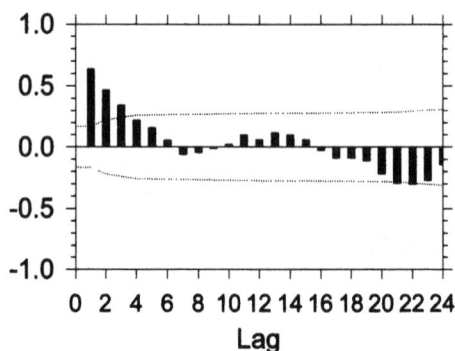

Abb. 5.1.4 AKF der Residuen aus Abb. 5.1.3

Die verbleibende Autokorrelation ist zumindest teilweise einer kurzfristigen Dynamik in der Beziehung von Arbeitslosigkeit und SPD-Präferenzen geschuldet, die im Modell (5.1.6) noch nicht spezifiziert worden ist, die wir aber in Kap. 5.6 noch einbauen werden. Die Analyse bis zu diesem Punkt reicht aber aus, um einen wichtigen Problemaspekt zu demonstrieren.

Falls die Residuen eines geschätzten Modells erheblich autokorreliert sind[103], sollte man nicht sofort danach trachten, dem Übel mit einem modifizierten Schätzalgorithmus beizukommen, der autokorrelierte Fehler in dieser oder jener Form berücksichtigt. Vorher ist zu prüfen, ob nicht eine Fehlspezifikation des Modells angezeigt ist. Erst wenn man diesen Defekt ausschließen kann bzw. behoben hat, sollte man daran gehen, die verbleibende Fehler-Autokorrelation in einem geeigneten Schätzverfahren zu berücksichtigen. Dazu werden wir in Kapitelabschn. 5.4 einige Hinweise geben. Wir möchten aber schon an dieser Stelle vor der häufig geübten Praxis warnen, die Autokorrelation der Fehler dadurch zu "eliminieren", daß man einen verzögerten endogenen Term Y_{t-1} in die Regressionsgleichung aufnimmt. Dadurch werden Fehlerkorrelation und dynamische Modellspezifikation miteinander vermengt, wie wir in Abschn. 5.3 noch ausführlicher erläutern werden. Damit kommen wir zum zweiten charakteristischen Merkmal der Zeitreihenanalyse, der Möglichkeit, von statischen zu dynamischen Modellen überzugehen und die häufig unrealistische Annahme aufzugeben, die Daten befänden sich zum Zeitpunkt der Messung in einem Gleichgewichtszustand.

5.1.2 Statische versus dynamische Analyseformen

Im vorangegangenen Abschnitt haben wir ein Regressionsmodell betrachtet, bei dem die Werte der unabhängigen Variablen den gleichen Zeitindex t aufweisen wie die Werte der abhängigen Variablen (s. Gleichung (5.1.5)). Ein erster Schritt zur dynamischen Analyseform besteht darin, die Regressorvariable zu "verzögern", also davon auszugehen, daß ihr kausales Gewicht, ausgedrückt im Steigungskoeffizienten, erst nach einer bestimmten Zahl von k Intervallen sichtbar wird. Denkbar wäre zum Beispiel, daß die Arbeitslosenrate AR eines Monats t die Popularitätsrate POP einer Regierung oder Partei nicht im gleichen Monat, sondern erst im darauffolgenden oder einem noch späteren Monat $t+k$ ($k = 1,2,...$) spürbar beeinflußt:

$$POP_{t+k} = \alpha + \beta_1 AR_t + \varepsilon_{t+k} \quad \Longleftrightarrow \quad POP_t = \alpha + \beta_1 AR_{t-k} + \varepsilon_t \quad (5.1.7)$$

Diese Gleichungsform wirft gegenüber der Gleichung (5.1.2) keine neuen statistischen Probleme auf. In ihr drückt sich insofern noch eine "statische" Betrachtungsweise aus, als nicht der gesamte Wirkungsverlauf über Zeit, sondern lediglich die Wirkung untersucht wird, die bis zu einem ganz bestimmten Zeitpunkt von einer Veränderung der Arbeitslosenrate (der Regressorvariable) ausgeht. (Man spricht in diesem Falle gelegentlich von Modellen "dynamisch in X"). Wenn sich die (sichtbare, signifikante) Wirkung tatsächlich um ein oder mehrere Intervalle verzögert, wird sich dies in den entsprechenden Steigungskoeffizienten niederschlagen. Ein Beispiel liefert die Zustimmungsrate (*approval rate*), mit der die US-amerikanische Wahlbevölkerung die Politik ihres Präsidenten befürwortet (s. oben, Kapitelabschn. 3.4.1, Abb. 3.4.3). Wenn man diese Zustimmungsrate (Prozentwerte) für den Zeitraum von April 1953 bis Oktober 1988 auf die monatliche Veränderung der Arbeitslosenrate (Differenzen von Prozentwerten)[104] regrediert, erhält man bei der rein statischen *OLS*-Regression mit $k = 0$ gemäß Gleichung (5.1.2) einen nichtsignifikanten Steigungskoeffizienten von $\beta = -4,40$ ($t = -1,6$); bei der Regression mit $k=1$ ergibt sich ein $\beta = -5,68$ mit $t = -2,09$. Man kann nun einen Schritt weiter-

---

[103] Im *OLS*-Schätzalgorithmus ist impliziert, daß die geschätzten Residuen auch dann in einem gewissen Umfang autokorreliert sind, wenn die "wahren" Störgrößen das nicht sind (Harvey 1981a: 58). Diese Autokorrelation fällt aber um so geringer ins Gewicht, je länger die Zeitreihen sind.

gehen und fragen, ob und wie sich die Wirkung einer Änderung der Regressorvariable (in diesem Falle einer Änderung in den monatlichen Differenzenbeträgen)
über *mehrere* Intervalle ausbreitet. Das Regressionsmodell, das helfen soll, diese
Frage zu beantworten, müßte allgemein folgende Form annehmen:

$$y_t = \alpha + \beta_0 x_t + \beta_1 x_{t-1} + ... + \beta_k x_{t-k} + \varepsilon_t \qquad (5.1.8)$$

Ein solches "dynamisches" Regressionsmodell bezeichnet man als *distributed lag
regression* (Regression mit verteilten Verzögerungen). Sehen wir vorläufig von
schätztheoretischen Problemen und weitergehenden Fragen der Modellspezifikation ab, so ist zunächst einmal zu entscheiden, welche Wirkungsdauer *k* festgelegt
werden soll. Wählen wir für unser Beispiel einmal willkürlich den Wert *k* = 5:

$$POP_t = \alpha + \beta_0(\delta AR_t) + \beta_1(\delta AR_{t-1}) + ... + \beta_5(\delta AR_{t-5}) + \varepsilon_t \qquad (5.1.9)$$

Für dieses Modell liefert die *OLS*-Schätzung folgende Ergebnisse:

$$\hat{\alpha} = 55,33$$

$$\beta_0 = -1,60 \qquad \beta_3 = -1,65$$

$$\beta_1 = -3,20 \qquad \beta_4 = -2,09$$

$$\beta_2 = -3,71 \qquad \beta_5 = -1,85$$

Lassen wir an dieser Stelle die Frage außer acht, welche Qualität den *OLS*-Schät-
zern der Regressionskoeffizienten in Gleichung (5.1.9) zukommt.[105] Nehmen wir
an, sie seien auf adäquate Weise ermittelt worden; wie wäre dann Gleichung (5.1.9)
zu interpretieren? Wenden wir an, was aus der Regressionsanalyse mit Querschnittdaten vertraut ist: Der Regressionskoeffizient β_j ($j = 0,1,...,k$) gibt an, um welchen
Betrag sich der Wert der abhängigen Variable im Durchschnitt ändert, wenn die unabhängige Variable X_j um eine Skaleneinheit zunimmt, während alle übrigen Regressoren "konstant gehalten" werden. Diese Interpretation bereitet vielleicht
anfangs Schwierigkeiten, weil bei der vorliegenden *distributed lag* (*DL*-)Regressi-
on nicht inhaltlich unterscheidbare Einflußgrößen als Regressoren auftauchen,
sondern substantiell gleiche Zeitreihen, die lediglich um $j = 0,1,...,k$ Intervalle gegenüber der abhängigen Zeitreihe nach "rückwärts" verschoben sind. Diese Ver-

---

[104] Wir folgen hier der Analyse von Beck (1991), der uns freundlicheweise auch die Daten
zur Verfügung gestellt hat. Aufgrund von Einheitswurzeltests (s. oben, Abschn. 3.12.4)
betrachtet Beck den Prozeßverlauf der Zustimmungsraten als stationär, die Entwicklung
der Arbeitslosenraten dagegen als einen integrierten Prozeß 1. Ordnung, dessen Differenzen stationär sind. Inhaltliche Gründe für die Verwendung der Differenzenbeträge in diesem Anwendungsfall liefert Kernell (1978).

[105] Da es uns in diesem Abschnitt vor allem um ein Verständnis der dynamischen *Spezifikation* des Wirkungsverlaufs externer Einflußgrößen X_t geht, ignorieren wir auch hier wieder die Autokorrelation der Fehler. Außerdem ist das Modell (wie schon erwähnt)
unterspezifiziert, weil relevante Einflußgrößen fehlen (s. unten). Bei Einbeziehung der
Kontrollvariablen wird für die OLS-Residuen ein Autokorrelationskoeffizient von $\hat{\rho}$ =
0,83 ermittelt.

vielfachung einer Zeitreihe zu mehreren Variablen ist in Kapitelabschn. 2.2.2 schon ausführlich dargestellt worden. Die inhaltliche Interpretation der partiellen Regressionsgewichte, wie wir sie aus der Querschnittanalyse kennen, bleibt formal gültig. So gibt z. B. der Koeffizient β_3 = -1.65 an, um wieviele Einheiten sich POP_t infolge einer 3 Monate zurückliegenden Einheitsänderung in δAR durchschnittlich geändert hat - unter der Voraussetzung, daß die δAR-Werte zu den Zeitpunkten t=0, t=1, t=2, t=4 und t=5 "konstant gehalten" wurden, sich also nicht verändert haben. Nehmen wir einmal an, die Arbeitslosenrate sei bis zum Zeitpunkt $t < i$ konstant gewesen; die Differenzenbeträge δAR hätten folglich auf dem Nullniveau verharrt. Zum Zeitpunkt $t = i$, so wollen wir weiter annehmen, habe sich die Arbeitslosenrate permanent um einen Prozentpunkt erhöht, folglich sei δAR zu diesem Zeitpunkt um eine Skaleneinheit gestiegen, bei $i + 1$ aber wieder für alle danach beobachteten Zeitpunkte zum Nullniveau zurückgekehrt. Offensichtlich hätten sich die Erwartungswerte von POP_t bei Gültigkeit des Modells (5.1.9) in Reaktion auf einen solchen *Puls*-Input wie folgt entwickelt (Tab. 5.1.1).

Tab. 5.1.1 *Entwicklung der Erwartungswerte von POP nach einem Puls-Input*

t	δAR	$E(POP_t)$
i - 1	0	55,53
i	1	55,53 - 1,60
i + 1	0	55,53 - 3,20
i + 2	0	55,53 - 3,71
i + 3	0	55,53 - 1,65
i + 4	0	55,53 - 2,09
i + 5	0	55,53 - 1,85
i +6	0	55,53

Die $\hat{\beta}_j$-Gewichte geben also unmittelbar den Verlauf der Veränderungen in der abhängigen Variablen an, die von einem *Puls*-Input in der Größe einer Skaleneinheit ausgelöst werden. Man kann die einzelnen $\hat{\beta}_j$-Gewichte über der Zeitachse eintragen und erhält damit ein Bild des Wirkungsverlaufs (s. Abb. 5.1.5).

Dies ist im Prinzip schon in Kap. 4 erläutert worden. In Abb. 4.1.2 z. B. sind eine Reihe von idealtypischen Wirkungsverläufen dargestellt worden, wie sie von geplanten und nicht geplanten Ereignissen ausgehen können. Das Modell des *Puls*-Inputs hilft, auch die Logik eines dynamischen Modells zu erfassen, das *stochastische* Regressoren (wie die Arbeitslosenrate) enthält, die sich fortlaufend (nicht nur bei einzelnen Interventionen) verändern. Die sich ändernden Werte können als eine Serie von *Puls*-Inputs unterschiedlicher Stärke aufgefaßt werden, deren Wirkungskomponenten sich zeitlich überlappen und addieren.

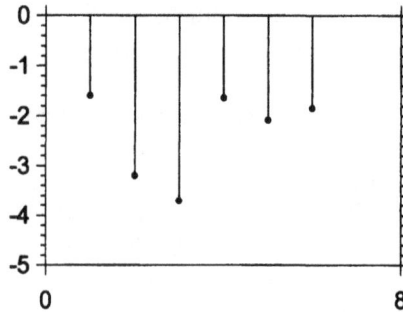

Abb. 5.1.5 Wirkungsverlauf ($\hat{\beta}$-Gewichte) des Modells (5.1.9)

Die Idee eines sich über mehrere Intervalle erstreckenden Wirkungsverlaufs wird deutlicher, wenn man das in (5.1.8) implizierte Gleichungssystem für mehrere Zeitpunkte ausschreibt:

$$y_t = \alpha + \beta_0 x_t + \beta_1 x_{t-1} + \beta_2 x_{t-2} + \ldots + \beta_k x_{t-k} + u_t \qquad (5.1.10)$$

$$y_{t+1} = \alpha + \beta_0 x_{t+1} + \beta_1 x_t + \beta_2 x_{t-1} + \ldots + \beta_k x_{t-k+1} + u_{t+1}$$

$$y_{t+2} = \alpha + \beta_0 x_{t+2} + \beta_1 x_{t+1} + \beta_2 x_t + \ldots + \beta_k x_{t-k+2} + u_{t+2}$$

$$y_{t+k} = \alpha + \beta_0 x_{t+k} + \beta_1 x_{t+k-1} + \beta_2 x_{t+k-2} + \ldots + \beta_k x_t + u_{t+k}$$

Wenn Gleichung (5.1.9) bzw. die erste Zeile von Gleichung (5.1.10) gilt, müssen - Stationärität und Stabilität der Prozesse vorausgesetzt - auch die folgenden Zeilen der Gleichung (5.1.10) gelten. Zwischen y_t und x_{t-3} besteht die gleiche funktionale Beziehung wie zwischen y_{t+3} und x_t; entscheidend ist nur der zeitliche Abstand zwischen der Y- und der X-Größe. Das bedeutet aber auch, daß sich das Regressionsgewicht β, das zu einer bestimmten Größe x_t gehört, von Intervall zu Intervall verändert, indem es von oben links nach unten rechts gleichsam durch das Gleichungssystem "wandert". Das heißt, eine einmalige Veränderung in X zu einem bestimmten Zeitpunkt t produziert zunächst die Wirkungskomponente $\hat{\beta}_0$ pro Einheitsänderung in X, im nächsten Intervall die Wirkungskomponente $\hat{\beta}_1$ usf. bis die Wirkung nach k Intervallen mit $\hat{\beta}_k$ ausläuft. Die abhängige Variable Y nimmt somit zu jedem Zeitpunkt die aneinandergereihten Veränderungsimpulse aus X auf, wobei jeder Veränderungsimpuls sich in einem anderen Stadium seiner Entfaltung befindet. Wir werden das später noch weiter verdeutlichen, auch die Analyse der Popularitätsdaten fortführen. Zuvor soll die grundlegende Differenz zwischen statischen und dynamischen Analyseverfahren noch aus einem anderen Blickwinkel beleuchtet werden.

Nehmen wir an, daß sich in einer bestimmten Situation die Wirkung einer Veränderung in X tatsächlich über Zeit verteilt. Wird in diesem Falle dennoch eine "statische" Regressionsanalyse gemäß Gleichung (5.1.2) durchgeführt, kann der einzige Steigungskoeffizient, der dabei berechnet wird, kaum sinnvoll interpretiert

werden, da seine Position im Gesamtmuster der über Zeit verteilten Wirkungs-
parameter unbekannt ist. Man weiß nicht, nach wievielen Intervallen die Wirkung
ihr Maximum erreicht hat, ob sie sich zu einem bestimmten Zeitpunkt t in auf-
steigender oder abfallender Linie, am Anfang oder am Ende ihres Entfaltungspro-
zesses befindet. Wir sind also in einer ähnlichen Situation wie in der Querschnittanalyse, wo die Daten von vornherein nur zu einem bestimmten Zeitpunkt erhoben
werden, ohne daß man weiß, in welche "Phase" des Kausalprozesses die Datenerhebung fällt. Idealisierend nimmt man deshalb bei der kausalen Interpretation der
Regressionskoeffizienten an, daß sich die Daten zum Zeitpunkt der Messung in
einer Art Ruhezustand (*Äquilibrium*) befanden. Diese Voraussetzung wird in den
querschnittanalytischen Studien (wie auch den statischen Zeitreihenanalysen) in
der Regel gar nicht explizit eingeführt und somit auch nicht problematisiert.

Wir wollen nun anhand eines fiktiven Beispiels die Konsequenzen aufzeigen, die
sich ergeben, wenn bei statischen Analysen die Gleichgewichtsvoraussetzung nicht
erfüllt ist. Damit wird ein wichtiges methodologisches Motiv erläutert, sich
überhaupt mit dynamischen Analyseformen zu beschäftigen.[106]

Stellen wir uns vor, es solle der strukturelle Zusammenhang zwischen dem
sozialen Status (unabh. Variable) und dem Grad der Sympathie für die "Grünen"
ermittelt werden. Wenn die Befragten während oder in zeitlicher Nähe zur Umfrage
bestimmte Ereignisse wahrnehmen (z. B. Nachrichten über eine Umweltkatastro-
phe), werden einige von ihnen das Ausmaß ihrer Sympathie als Reaktion auf dieses
Ereignis verändern. Dabei wollen wir annehmen, daß sich trotz individuell unterschiedlicher Reaktionen in jeder Statusgruppe ein für die Grünen positiver Aggre-
gateffekt ergibt. Die Wahrscheinlichkeit und die Geschwindigkeit, mit der die
einzelnen Personen ihre Bewertung ändern, wird vermutlich auch davon abhängen,
welcher Statusgruppe sie jeweils angehören; denn es ist zu erwarten, daß Wissens-
stand, Kommunikationsverhalten und Informationsverarbeitung zwischen Statusgruppen variieren. Der die Veränderungen auslösende Stimulus erscheint nicht
selbst als Regressor-Variable; er ist für alle "Versuchspersonen" objektiv gleich.
Aber die Befragten reagieren auf diesen Stimulus unterschiedlich, je nachdem, welchen Wert sie auf der Skala der unabhängigen Variablen einnehmen. Die folgende
Abbildung 5.1.6 soll diese Situation darstellen. Zur Vereinfachung nehmen wir an,
der Status sei intervallskaliert. Die Ergebnisse gelten aber im Prinzip für Variablen
mit beliebigem Skalenniveau.

---

[106] Wir orientieren uns hierbei an entsprechenden Erläuterungen in der Dissertation von
Erbring (1975).

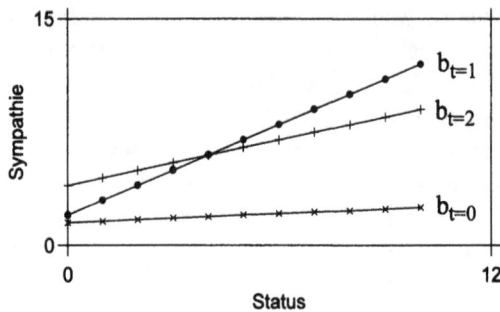

Abb. 5.1.6 Instabiler Steigungskoeffizient bei dynamischem Zusammenhang

Die unterste Regressionsgerade stellt die Situation kurz vor Eintreten des "disäquilibrierenden" Ereignisses dar; es gibt einen schwachen, positiven Zusammenhang zwischen Status und Sympathie. Wir gehen davon aus, daß die Angehörigen höherer Statusgruppen ihre Sympathiewerte für die Grünen deutlich rascher und stärker erhöhen als die Personen mit niedrigerem Sozialstatus (Steigung: $b_{t=1}$). Etwas später, zum Zeitpunkt $t=2$, haben letztere nachgezogen, während die höheren Statusgruppen ihre Sympathiewerte wieder etwas nach unten korrigiert haben (Vergessenseffekt). Die Steigungskoeffizienten der Regressionsgerade schwanken deutlich, je nachdem, in welche Phase des fortlaufenden Dis- und Reäquilibrierungsprozesses die Zeit der Datenerhebung (der Messung) fällt. Der strukturelle Zusammenhang zwischen sozialem Status und der Sympathie für die "Grünen" kann offenkundig nicht adäquat durch eine einzige Regressionsgerade abgebildet werden. Möglich wäre dies nur, wenn zum Zeitpunkt der Datenerhebung keine Dis- und Reäquilibrierungsprozesse abliefen oder die unterschiedlichen Anpassungsreaktionen nicht mit der Regressorvariablen in Zusammenhang stünden. Wenn die Veränderungsrate $\delta Y/\delta t$ mit der X-Variablen korreliert, muß sich die Steigung der Regressionsgerade von Zeitpunkt zu Zeitpunkt verändern. In diesem Falle vermitteln nur wiederholte Messungen und dynamische Analyseformen (wie die DL-Regression) ein adäquates Bild des Zusammenhangs.

Anhand dieses Beispiels sollte die in der sozialwissenschaftlichen Forschungspraxis immer noch vorherrschende Form der statischen Analyse sozialer Prozesse allgemein problematisiert werden. Die dynamische Regressionsanalyse bietet (neben verschiedenen anderen) eine bestimmte Modellierungsstrategie an, mit denen zeitabhängige Wirkungsverläufe erfaßt werden können. Dies gelingt um so eher, je kleiner die Zeitabstände zwischen den einzelnen Messungen sind. Sie ermöglicht grundsätzlich beides: (1) die Bestimmung zeitindizierter Steigungskoeffizienten ($\beta_0, \beta_1, ..., \beta_k$) und damit die Rekonstruktion des Wirkungsverlaufs über Zeit, (2) eine analytisch abgeleitete Bestimmung der strukturellen Beziehung zwischen X und Y im Gleichgewichtszustand, auch wenn dieser wegen ständig auftretender "Störungen" real nicht erreicht werden sollte. Dies läßt sich durch folgende Überlegungen verdeutlichen:

Wir hatten oben im Hinblick auf Gleichung (5.1.9) betont, daß die einzelnen β-Gewichte der dynamischen Regressionsgleichung *partielle* Gewichte darstellen, also die zeitpunktbezogenen Wirkungs*zuwächse* repräsentieren. Ihre Summe muß somit die Gesamtwirkung einer (oft nur hypothetisch) *dauerhaften* Änderung (um +1, eine Maßeinheit) in X angeben. Sie stellt das Äquivalent zu demjenigen Regressionskoeffizienten dar, den man in der Querschnittanalyse ohne zeitliche Spezifikation berechnet. Beide beantworten die Frage, um wieviele Einheiten sich Y "schließlich" (irgendwann) ändern würde ("Gleichgewichtszuwachs" Γ), falls X sein Niveau *permanent* um eine Einheit verschieben würde. Wenn wir den Gleichgewichtszustand in den einzelnen Variablen mit dem Index g kennzeichnen, können wir schreiben:

$$Y_g = \alpha + \Gamma X_g + \varepsilon \quad \text{mit } \Gamma = \sum_{m=0}^{k} \beta_m \qquad (5.1.11)$$

Die geordnete Folge der β_m-Gewichte wird (wie zuvor schon in der univariaten Analyse die Folge der ψ-Gewichte) als "Impuls-Antwort-Funktion" bezeichnet. Sie repräsentiert in ihren einzelnen Elementen unmittelbar den Verlauf der Wirkung, der von einem Einheits-Puls ausgeht. Die kumulierte Folge repräsentiert die Wirkung, die von einer permanenten Veränderung der Regressorvariablen, einem Stufen-Input, ausgeht. Wenn die Regressorvariable keinen Puls- oder Stufen-Input im Sinne der Interventionsanalyse, sondern einen stochastischen Prozeß mit fortlaufend sich verändernden Werten darstellt, repräsentiert die Impuls-Antwort-Funktion (IAF) lediglich ein abstrahiertes Muster des Wirkungsverlaufs. Ob eine permanente Verschiebung des X-Niveaus (im Sinne eines Stufen-Inputs) tatsächlich zu einer permanenten Verschiebung des Y-Niveaus führte, die identisch wäre mit der Summe der *distributed lag* Koeffizienten der IAF ist keineswegs sicher, da sowohl Gewöhnungs- als auch Sensibilisierungseffekte auftreten können. In historischen und sozialwissenschaftlichen Forschungskontexten ist die "Gleichgewichtsbeziehung" in der Regel nur ein analytischer Grenzfall. Dieses Konzept macht es aber leichter, die Einflußstärke unterschiedlicher Regressoren vergleichend abzuwägen. Dies wird im weiteren Verlauf unserer Erörterungen noch deutlicher werden.

5.2 Dynamische Regressionsmodelle 1. Ordnung

5.2.1 Die allgemeine Modellstruktur

Wie bei der statischen, so ist auch bei der dynamischen Regressionsanalyse die Spezifikation des Modells neben der Wahl einer geeigneten Schätzmethode entscheidend für die Qualität der Untersuchung. Ähnlich dem Vorgehen bei der Interventionsanalyse (s. Kapitel 4) sind zwei Komponenten zu modellieren: (a) die interne Abhängigkeitsstruktur der (autokorrelierten) Störgrößen, (b) die dynamische Wirkungszusammenhang zwischen den involvierten Zeitreihen. Diese beiden Ebenen dürfen nicht miteinander vermengt werden (s. hierzu Abschnitt 5.3). Im

Idealfall ist das Modell aus substanztheoretischen Hypothesen ableitbar. In den Geschichts- und Sozialwissenschaften liegen derartige Theorien häufig nicht oder nicht in ausreichender Präzision vor. Ein naheliegender Ausweg ist, eine Serie von verzögerten X-Termen, $X_{t-1}, X_{t-2}, X_{t-k}$, in die Regressionsgleichung aufzunehmen, wie schon in Gleichung (5.1.8) praktiziert. Aber es ist nicht nur die Wahl der Verzögerungsspanne k unsicher; es ist auch fraglich, ob sich aus der Folge der β_j-Gewichte ($j = 1,2,...,k$) ein Muster ablesen läßt; denn in der Regel sind aufeinanderfolgende X-Werte seriell korreliert, so daß die einzelnen β-Gewichte nicht stabil (zielgenau) geschätzt werden können. Hilfreich wäre es, begründete Vermutungen über die ungefähre Form des Wirkungsverlaufs (d. h. der IAF) zu hegen, z.B. anzunehmen, daß die Wirkung erst allmählich einsetzt, ansteigt und wieder abfällt oder daß sie sofort intensiv beginnt, dann aber sogleich nachläßt. Solche Muster kann man mit Hilfe geeigneter Parameter-Restriktionen vorgeben und im Prinzip anhand der Daten testen. Aus technischen Gründen ist es günstig, hierzu das Modell (5.1.8) zu einer allgemeinen, infiniten *Lag*-Struktur zu erweitern:

$$Y_t = \alpha + \beta_0 X_t + \beta_1 X_{t-1} + ... + \beta_\infty X_{t-\infty} + \varepsilon_t \qquad (5.2.1)$$

Vorläufig nehmen wir an, die Störgrößen seien unabhängig voneinander ("weißes Rauschen"). Es ist klar, daß man die unendlich große Zahl der Parameter eines solchen Modells nicht direkt schätzen kann. Man kann es aber als Basismodell benutzen, aus dem sich mittels Parameter-Restriktionen realistische Modelle gewinnen lassen. Wir wollen das schon erwähnte Muster einer geometrischen Abflachung der Wirkungskurve voraussetzen. Formal läßt es sich wie folgt darstellen:

$$\beta_k = \beta_0 \delta^k \; ; \; k = 1, 2, ..., 0 < \delta < 1 \qquad (5.2.2)$$

Nach der Anfangswirkung β_0 ergeben sich alle nachfolgenden β_k als Produkt aus β_0 und einer noch zu bestimmenden Potenzzahl δ. Wenn man die Koeffizientenrestriktion für die *Beta*-Gewichte gemäß Gleichung (5.2.2) in Gleichung (5.2.1) einführt, erhält man

$$Y_t = \alpha + \beta_0 X_t + \beta_0 \delta X_{t-1} + \beta_0 \delta^2 X_{t-2} + ... + \beta_0 \delta^\infty X_{t-\infty} + \varepsilon_t \qquad (5.2.3)$$

Dieses exponentiell abfallende Verlaufsmuster haben wir schon in der Interventionsanalyse kennengelernt (s. Kap. 4). Der Abschwung führt um so steiler gegen Null, je kleiner das Gewicht δ ist. Modell (5.2.3) enthält nur noch drei unbekannte Parameter: α, β_0 und δ. Wie können sie, wie kann insbesondere δ geschätzt werden? Die Schätzung wird durch eine Reparametrisierung (sog. *Koyck*-Transformation) der Gleichung (5.2.3) erleichtert. Wenn diese Gleichung gegeben ist, dann gilt auch

$$Y_{t-1} = \alpha + \beta_0 X_{t-1} + \beta_0 \delta X_{t-2} + ... + \varepsilon_{t-1} \qquad (5.2.4)$$

Gleichung (5.2.4) multipliziert mit dem Faktor δ führt zu

$$\delta Y_{t-1} = \alpha \delta + \beta_0 \delta X_{t-1} + \beta_0 \delta^2 X_{t-2} + ... + \delta \varepsilon_{t-1} \qquad (5.2.5)$$

Im nächsten Schritt subtrahieren wir Gleichung (5.2.5) von Gleichung (5.2.3)

$$Y_t - \delta Y_{t-1} = (\alpha - \delta\alpha) + \beta_0 X_t + (\varepsilon_t - \delta\varepsilon_{t-1}) \qquad (5.2.6)$$

Wenn wir $\alpha^* = (\alpha - \delta\alpha)$ und $\varepsilon^*_t = \varepsilon_t - \delta\varepsilon_{t-1}$ (Fehler-Autokorrelation 1. Ordnung, MA(1)-Prozeß) schreiben und die Ausdrücke in Gleichung (5.2.6) neu ordnen, erhalten wir die Schätzgleichung

$$Y_t = \alpha^* + \delta Y_{t-1} + \beta_0 X_t + \varepsilon^*_t \qquad 0 < \delta < 1 \qquad (5.2.7)$$

Wenn δ und β_0 bekannt bzw. geschätzt sind, lassen sich die einzelnen *Beta*-Gewichte der Ausgangsgleichung (5.2.1) gemäß Gleichung (5.2.2) ermitteln und somit das Anpassungsverhalten des Systems über die Zeit beschreiben. Durch den verzögerten endogenen Term Y_{t-1} wird in die abhängige Variable eine auto-regressive Struktur eingebracht; man bezeichnet dieses Modell deshalb auch als *Autoregressive Distributed Lag Model*, kurz *ARDL*-Modell. Das übliche Kleinst-quadratverfahren (OLS-Regression) ist auf Gleichung (5.2.7) nicht anwendbar. Wie schon in Abschnitt 5.1.1 betont, läßt die Kombination autokorrelierter Fehler und verzögerter endogener Variablen als Regressor auf der rechten Seite der Modellgleichung die OLS-Schätzer inkonsistent werden: Wie Gleichung (5.2.4) zu entnehmen ist, sind der Regressor Y_{t-1} und der Fehlerterm ε_{t-1} miteinander kor-reliert; eine wichtige Voraussetzung des OLS-Regressionsmodells ist damit ver-letzt. Die *Koyck*-Transformation zwingt einen (zusätzlichen) MA(1)-Faktor $(1-\delta B)$ in die Fehlerstruktur hinein: Falls die Fehler im ursprünglichen Modell (5.1.8) nicht korreliert sind, sind sie nach der *Koyck*-Transformation autokorreliert. Falls die Fehler im ursprünglichen Modell einen AR(1)-Prozeß darstellen mit $(1-\varphi B)\varepsilon_t = u_t => \varepsilon_t = 1/(1-\varphi B)u_t$ (was nicht selten der Fall ist), vermindert sich allerdings die Autokorrelation und verschwindet gänzlich bei $\varphi = \delta$ (die u_t sollen "weißes Rau-schen" darstellen). In diesem Falle wäre OLS wieder anwendbar (s. Greene 1993: 419f.; Maddala 1992:24f.). Wir werden das Thema später wieder aufgreifen.

An dieser Stelle wollen wir die inhaltliche Bedeutung des Modells (5.2.7) durch eine Beispielrechnung veranschaulichen, in der wir die erwartbare, zeitlich ge-streckte Reaktion von Y auf drei unterschiedliche Formen der Input-Änderung in X für das Modell

$$E(Y_t) = 0{,}5 Y_{t-1} + 2{,}5 X_t$$

ermitteln. Anhand der folgenden Tabelle 5.2.1 betrachten wir die Y-Reaktion auf (a) einen *Puls*-Input (Spalte *a*), der das X-Niveau zu einem bestimmten Zeitpunkt *t* vorübergehend von 0 auf 1 anhebt, (b) einen *Step*-Input (Spalte *b*), der das X-Niveau zu einem bestimmten Zeitpunkt *t* dauerhaft von 0 auf 1 erhöht, andere nicht-stochastische Input-Formen (Spalten *c* und *d*) sowie (e) einen allgemeinen, stochastischen Input mit ständig wechselnden X-Werten. Die Situationen (a) und (b) sind schon in früheren Tabellen (s. Kap. 4) dargestellt worden; wir erweitern sie hier um den Fall des allgemeinen, stochastischen Inputs.

Tab. 5.2.1 *Output-Entwicklung bei verschiedenen Input-Formen im Modell*
$$E(Y_t) = 0,5Y_{t-1} + 2,5X_t$$

	a		b		c		d		e	
t	x_t	y_t	x_t	y_t	x_t	y_t	x_t	y_t	x_t	y_t
	Puls Input	Output	Step Input	Output	Input	Output	Input	Output	Stoch ast. Input	Output
0	0	0	0	0	0	0	2,0	8,0	0	0
1	1	0	1	0	1,5	0	3,5	9,0	1,5	0
2	0	2,50	1	2,5	0,5	3,75	2,5	13,25	0,5	3,75
3	0	1,25	1	3,75	2,0	3,12	4,0	12,87	2,0	3,12
4	0	0,62	1	4,38	2,0	6,56	4,0	16,44	1,0	6,56
5	0	0,31	1	4,69	2,0	8,28	4,0	16,44	1,0	5,78
6	0	0,16	1	4,84	2,0	9,14	4,0	19,11	0,5	-3,36
7	0	0,08	1	4,92	2,0	9,57	4,0	19,56	1,0	0,43
.	.	.	.	.	.	.	.	.	.	.
.	.	.	.	.	.	.	.	.	.	.
∞	.	$Y_g{=}0,0$	.	$Y_g{=}5,0$ $={\Gamma}{\cdot}1$	.	$Y_g{=}10,0$ $={\Gamma}{\cdot}2$	.	$Y_g{=}20,0$ $={\Gamma}{\cdot}4$	.	.

Bei einem Puls-Input der Größe $|1|$ ist der Zeitpfad der Anpassungsreaktion in Y unmittelbar durch die Folge der β-Koeffizienten gemäß Gleichung (5.2.1) bzw. (5.2.3) gegeben, die sich über die Restriktionsgleichung (5.2.2) aus den Parametern unseres Beispielmodells berechnen lassen: $\beta_0 = 2,5$; $\beta_1 = \beta_0\delta = 1,25$; $\beta_2 = \beta_0\delta^2 = 0,62$; $\beta_3 = \beta_0\delta^3 = 0,31$ usw. Bei einem *Step*-Input paßt sich Y allmählich an ein neues Niveau, einen neuen Gleichgewichtswert Y_g an. Der Gleichgewichts*zuwachs* Γ pro Einheitszuwachs in X ergibt sich als Grenzwert aus der Addition der (partiellen) Steigungskoeffizienten, wie ein Vergleich der entsprechenden Ergebnisspalten in Tab. 5.2.1 (Spalten *a* und *b*) zeigt:

$$\Gamma = \beta_0 + \beta_1 + \ldots + \beta_\infty \qquad (5.2.8)$$
$$= \beta_0 \sum_{k=0}^{\infty} \delta^k \quad 0<\delta<1$$

Da die Summanden in Gleichung (5.2.8) eine geometrische Reihe bilden, läßt sich der Grenzwert unmittelbar aus den Parametern des reduzierten Modells (5.2.7) nach der schon zitierten Summenformel berechnen, für unser Beispiel:

$$\hat{\Gamma} = \frac{\hat{\beta}_0}{1-\hat{\delta}} = \frac{2,5}{1-0,5} = 5,0 \qquad (5.2.9)$$

Die Beispiele in den Spalten *c* und *d* der Tabelle 5.2.1 zeigen, daß (in einem linearen Modell) der Gleichgewichts*zuwachs* in *Y* pro dauerhaftem *X*-Zuwachs um 1 Einheit völlig unabhängig ist von den Anfangswerten der beiden Variablen und der numerischen Größe des Niveausprungs in *X*. Der erwartete Gleichgewichtswert Y_g läßt sich somit als Funktion des Gleichgewichtswerts X_g (falls existent) darstellen (vgl. Gleichung (5.1.2)):

$$E(Y_g) = \alpha + \Gamma X_g \qquad (5.2.10)$$

Der Koeffizient Γ entspricht also dem Steigungskoeffizienten ß im statischen Regressionsmodell für Querschnittdaten. Die drei Input-Formen von *X* führen zu unterschiedlich präzisen Schätzungen des Γ-Koeffizienten. Es ist auch damit zu rechnen, daß ein soziales System jeweils andere Anpassungsmechanismen entwikkelt, je nachdem, ob die Bedingungskonstellationen einmalig, dauerhaft oder ständig wechseln. Wie schon erwähnt, ist der errechnete Gleichgewichtszuwachs insbesondere bei stochastischen Input-Reihen eine analytische Konstruktion.

Wenn wir das Modell des exponentiell abfallenden Wirkungsverlaufs im Sinne der *Koyck*-Transformation auf die Analyse der Popularitätsdaten anwenden (vgl. oben Gleichung (5.1.9)), erhalten wir mit dem *OLS*-Verfahren folgende Schätzergebnisse (Standardfehler in Klammern):

$$POP_t = 6,47 + 0,897POP_{t-1} - 1,691(\delta AR)_{t-1} + KV_t + \varepsilon_t \qquad (5.2.11)$$
$$\quad\;\; (1,16) \quad (0,018) \qquad (0,798)$$

KV steht hier für eine Reihe von Kontrollvariablen (neben der Inflationsrate gehören dazu Dummy-Variablen, die Ereignisse wie den Vietnamkrieg oder den Watergate-Skandal repräsentieren), auf die wir in Abschnitt 5.5 zurückkommen. Werfen wir zunächst einen Blick auf den Ordinatenabschnitt $\alpha^* = 6,47$, der ja in die *Koyck*-Transformation mit einbezogen wird. Bei der Rücktransformation erhält man $\hat{\alpha} = \alpha^*/(1-\delta) = 6,47/(1-0,897) = 62,82$. Aus dem Regressionsgewicht $\delta = 0,897$ für den verzögerten endogenen Term POP_{t-1} und dem Koeffizienten $\hat{\beta}_0 = -1,69$ für δAR_{t-1} läßt sich folgender Gleichgewichtszuwachs schätzen: $\hat{\Gamma} = -1,69/(1-0,897) = -16,41$. Das heißt, für den Fall, daß die Arbeitslosenrate AR von Monat zu Monat um jeweils 1 % ansteigt (ein Stufen-Input in δAR), prognostiziert dieses Modell langfristig einen Rückgang der Popularität um etwa 16,5 %. Dies ist natürlich nur eine theoretische Größe. Wegen des hohen Wertes für δ würde sich der Anpassungsprozeß in Richtung eines neuen Äquilibriumwertes über einen langen Zeitraum erstrecken; nach 12 Monaten wäre die Popularität erst um 7 Prozentpunkte gefallen (s. in Kap. 4, Gleichung (4.4.5)). Würde der monatliche Differenzenbetrag der Arbeitslosenrate nur einmalig um 1 Punkt ansteigen (ein Puls-Input für δAR, ein Stufen-Input für die originäre Arbeitslosenreihe AR), fiele die Popularität im folgenden Monat um etwa 1,7 Prozentpunkte, ein Popularitätsverlust, der in den folgenden Monaten aber mit einer Rate von monatlich ca. 10 % (1 - δ) wieder wettgemacht würde. Abbildungen 5.2.1 zeigen den Verlauf der Anpassungreaktion, die (theoretisch) einer permanenten bzw. einer temporären Niveauverschiebung in δAR folgen würde (vgl. Tab. 5.2.1).

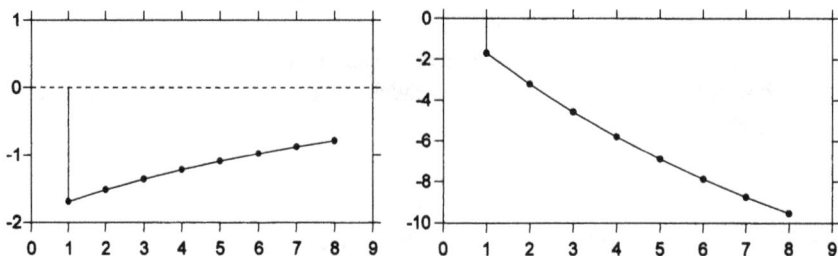

Abb. 5.2.1 Anpassungreaktionen auf temporäre (links) bzw. permanente (rechts) Input-Änderung gemäß Gleichung (5.2.11)

Für die Autokorrelation der Residuen sind verschiedene Teststatistiken entwickelt worden, die in Abschn. 5.4 besprochen werden. In unserem Beispiel führen sie zu dem Ergebnis, daß die Fehler nicht mehr seriell korreliert sind. Eine ursprüngliche Autokorrelation der Fehler (AR-1-Prozeß) ist durch die *Koyck*-Transformation eliminiert worden. Das OLS-Schätzverfahren ist also in diesem Falle anwendbar, trotz des verzögerten endogenen Terms auf der rechten Gleichungsseite. Das Regressionsgewicht für den endogenen Term (δ = 0,897) entspricht in etwa dem weiter oben registrierten Autoregressionskoeffizienten der Fehler von $\hat{\rho}$ = 0,83 in dem *distributed lag* Modell (5.1.9). Dies bedeutet, daß die nicht explizit gemessenen Zufallsereignisse mit einer ähnlichen Zeitdynamik (mit der gleichen Verfallsrate) auf die Popularität einwirken wie die Arbeitslosenrate (vgl. Beck 1991: 63). Anzumerken ist, daß auch eine Situation modelliert werden könnte, in der die Einflußgröße X_t zunächst über zwei oder mehr Intervalle ein unregelmäßiges Wirkungsmuster erzeugt und erst danach ein exponentiell abfallender Wirkungsverlauf sich einstellt. In diesem Falle müßte das Modell um weitere verzögerte Terme $X_{t-1},..., X_{t-m}$ ergänzt werden. Die Erweiterung des Modells um zusätzliche Regressorvariablen, die ebenfalls in dynamischer Weise auf die abhängige Variable wirken, wird in Abschnitt 5.2.3 behandelt.

Den Gleichgewichtszuwachs Γ bezeichnet man auch als "Gleichgewichts-Multiplikator" oder "Gesamtmultiplikator" (*long run* oder *total impact multiplier*), das Ausgangsgewicht β_0 als "sofortigen Multiplikator" (*immediate impact multiplier*) und die nachfolgenden *Beta*-Gewichte der *IAF* als "verzögerte Multiplikatoren" (*interim multipliers*).

Der dynamische Parameter δ in Gleichung (5.2.7) ist nicht nur über die *Koyck*-Transformation zu schätzen, sondern ist auch in einem "Koeffizienten-Suchverfahren" ermittelbar, das ohne die Einführung einer verzögerten endogenen Variablen auskommt (s. Assenmacher 1995: 170 f.). Die Fehlerstruktur und der Ordinatenabschnitt bleiben dabei unberührt; die inhaltliche Interpretation des Dynamik-Parameters δ verändert sich gegenüber dem *DL*-Modell nicht. Das Koeffizienten-Suchverfahren wird in der Software zur Zeitreihenanalyse allerdings nur selten als Routine angeboten und deshalb in diesem Einführungstext nicht weiter vorgestellt.

Bisher haben wir zwei Elemente des analytischen Gehalts der dynamischen Regressionsgleichung (5.2.7) herausgearbeitet:

(a) Sie läßt sich als Reparametrisierung der Gleichung (5.2.1) verstehen, wenn die ß-Koeffizienten in bestimmter Weise restringiert werden. Das bedeutet, das kausale Gewicht von X hängt nicht nur von dem Parameter β_0, sondern auch von dem Parameter δ ab und drückt sich summarisch in dem Gleichgewichtskoeffizienten Γ aus. Der endogene Regressor Y_{t-1} repräsentiert in dem *theoretischen* Modell (5.2.7) also keine externen Einflußgrößen außerhalb der Regressoren X. Falls aber Modell (5.2.7) unterspezifiziert ist, wird der Koeffizient δ einiges von dem Einflußgewicht der ausgelassenen Variablen aufnehmen, und zwar unabhängig davon, ob die ausgelassenen Größen mit X korrelieren oder nicht. Auch in diesem Punkt unterscheidet sich also das dynamische Modell (5.2.7), das formal eine stochastische Differenzengleichung darstellt, von Modell (5.1.8), in dem kein verzögerter endogener Term in der Regressionsgleichung auftritt. Laut Modell (5.2.7) wirken die ausgelassenen Faktoren - wie auch die Zufallsereignisse ε_{t-1} - über Y_{t-1} auf Y_t. Das Problem ausgelassener Variablen wird somit bei dieser Modellform besonders gravierend (Kernell 1978: 516). Falsch wäre es auch, den Regressor Y_{t-1} nur deshalb in das Schätzmodell einzuführen, um die Autokorrelation der Fehler zu verringern. Dazu unten mehr.

(b) Der zweite Aspekt des bisher herausgearbeiteten analytischen Gehalts bestand darin zu zeigen, wie der Zeitpfad der Wirkung von X auf Y sowie das neue (hypothetische) Gleichgewichtsniveau anhand der Modellparameter ermittelt werden können. Diese Informationen sind aus Querschnittanalysen nicht zu gewinnen.

Als nächstes ist zu erläutern, wie sich geometrische Lag-Modelle in Form der Gleichung (5.2.7) substanztheoretisch begründen lassen. Dabei geht es nicht um den spezifischen Inhalt einer substanzwissenschaftlichen Theorie, sondern lediglich darum, die Übersetzung theoretischer Überlegungen in dynamische Regressionsmodelle allgemein zu veranschaulichen.

5.2.2 Substanztheoretische Begründungen für geometrische *Lag*-Modelle

5.2.2.1 Das Modell korrigierter Erwartungen

In der Ökonomie, gelegentlich auch in der Soziologie und Politologie werden Verhaltensstrategien in bestimmen Situationen im Sinne eines adaptiven Erwartungsmodells (*adaptive expectation model*) gedeutet. Dessen Grundstruktur läßt sich wie folgt formalisieren:

$$Y_t = \alpha + \beta X^*_{t+1} + \varepsilon_t \qquad (5.2.12)$$

Die abhängige Variable Y_t (z. B. die gegenwärtig nachgefragte Gütermenge oder die Sympathie für eine politische Partei) soll von dem *erwarteten* Wert X^*_{t+1} der Prädiktorvariable (z. B. dem für die Zukunft erhofften persönlichen Einkommen) abhängen. Wenn man den erwarteten Wert nicht direkt beobachten kann, benötigt man eine theoretische Vorstellung, wie die Erwartungen sich als Funktion beobachtbarer Größen entwickeln. Es wird z. B. angenommen, daß sich das für die Periode *t+1* erwartete Einkommen als gewichteter Durchschnitt aus dem gegenwärtig, zum Zeitpunkt *t*, tatsächlich erzielten (X_t) und dem für diesen Zeitpunkt erwarteten Einkommen (X_t^*) ergibt:

$$X^*_{t+1} = \delta X^*_t + (1-\delta)X_t \quad , \quad \delta < 1 \qquad (5.2.13)$$

In diesem Sinne passen sich die Erwartungen teilweise an die tatsächlichen Ereignisse an. Offensichtlich gilt dann auch

$$X^*_t = \delta X^*_{t-1} + (1-\delta)X_{t-1} \qquad (5.2.14)$$

Durch Einsetzen von Gleichung (5.2.14) in Gleichung (5.2.13) erhält man

$$X^*_{t+1} = \delta[\delta X^*_{t-1} + (1-\delta)X_{t-1}] + (1-\delta)X_t \qquad (5.2.15)$$
$$= (1 - \delta)(X_t + \delta X_{t-1}) + \delta^2 X^*_{t-1}$$

Durch fortgesetzte Substitution der gesternten *X*-Terme ergibt sich

$$X^*_{t+1} = (1 - \delta)(X_t + \delta X_{t-1} + \delta^2 X_{t-2} + ...) \qquad (5.2.16)$$

Dieser Ausdruck, eingesetzt in Gleichung (5.2.12), führt unmittelbar zu dem geometrischen *Lag*-Modell

$$Y_t = \alpha + \beta(1 - \delta)(X_t + \delta X_{t-1} + \delta^2 X_{t-2} + ...) + \varepsilon_i \qquad (5.2.17)$$

das identisch ist mit Gleichung (5.2.3), wenn man den Koeffizienten $\beta(1-\delta) = \beta_0$ setzt.[107] Auf diese Gleichung ist die *Koyck*-Transformation anzuwenden, die, wie wir sahen, eine MA(1)-Komponente in die Fehlerstruktur einführt.

5.2.2.2 Das Modell partieller Anpassung

Eine zweite Interpretationsvariante bietet das Modell partieller Anpassung ("partial adjustment" bzw. "habit persistence model"), in dem ebenfalls eine verhaltenstheoretische Hypothese in ein geometrisches *Lag*-Modell übersetzt wird. Ausgangspunkt ist, daß eine nicht meßbare Zielgröße, ein präferierter Zustand Y_t^p von einer anderen (meßbaren) Größe X_t abhängig ist. Die Zielgröße kann z. B. ein bestimmter Betrag staatlicher Investitionen in den Bildungssektor, die Bedingungsgröße können diesbezügliche Festlegungen im Wahl-Programm der Regierungspartei sein (s. King/Laver 1993). Formal läßt sich eine solche Hypothese wie folgt darstellen:

$$Y_t^p = \alpha + \beta X_t \qquad (5.2.18)$$

Sodann wird eine zweite Hypothese eingefügt, wonach der präferierte Zustand nicht sofort erreicht, sondern nur sukzessive angesteuert werden kann, so daß der aktuelle Wert Y_t sich als gewichteter Durchschnitt aus dem vorangegangenen Wert Y_{t-1} und dem angestrebten Zielwert Y_t^p (sowie einer Störgröße) ergibt:

$$Y_t = \delta Y_{t-1} + (1 - \delta)Y_t^p + \varepsilon_t \quad \text{mit } 0 \le \delta < 1 \qquad (5.2.19)$$

Subtrahiert man auf beiden Gleichungsseiten Y_{t-1} erhält man

$$(Y_t - Y_{t-1}) = (1 - \delta)(Y_t^p - Y_{t-1}) + \varepsilon_t \qquad (5.2.20)$$

Ersetzt man in dieser Gleichung Y_t^p durch die äquivalente Größe, die Gleichung (5.2.18) liefert, folgt

$$Y_t = \alpha(1-\delta) + \beta(1-\delta)X_t + \delta Y_{t-1} + \varepsilon_t \qquad (5.2.21)$$

Diese Gleichung läßt sich wiederum vereinfachen zu

$$Y_t = c + \lambda X_t + \delta Y_{t-1} + \varepsilon_t \qquad (5.2.22)$$

mit $c = \alpha(1-\delta)$, $\lambda = \beta(1-\delta)$.

Das geometrische *Lag*-Modell folgt hier nicht aus der *Koyck*-Transformation eines *distributed lag* Modells, sondern ergibt sich unmittelbar aus der inhaltlichen Hypothese partieller Anpassung. Um die Impuls-Antwort-Funktion für X_t zu ermitteln,

---

[107] Da das Erwartungsmodell (5.2.13) zunächst auf der Individualebene formuliert wird, die Zeitreihendaten in der Regel aber für ein Kollektiv erhoben werden, müßte man zusätzliche Annahmen einführen, um das Modell auch auf der Aggregatebene begründen zu können (s. hierzu Kirchgässner 1986; 1991).

muß man Gleichung (5.2.22) in ein infinites *distributed lag* Modell umformen:[108]

$$(1 - \delta B)Y_t = c + \lambda X_t + \varepsilon_t \qquad (5.2.23)$$

$$Y_t = \alpha + \lambda(1 - \delta B)^{-1}X_t + (1- \delta B)^{-1}\varepsilon_t$$

$$Y_t = \alpha + \lambda \sum_{i=0}^{\infty} \delta^i X_{t-i} + \sum_{i=0}^{\infty} \delta^i \varepsilon_{t-i} \;\;, \;\; \alpha = c/(1- \delta)$$

Der geometrische Verlauf der IAF wird in dem Ausdruck $\lambda \Sigma_i \delta^i$ unmittelbar erkennbar. Durch diese Umformung entsteht auch ein infiniter MA-Prozeß in der Störgröße, die, wie wir in Kap. 3 sahen, in einen AR(1)-Prozeß transformiert werden kann.

$$u_t = \delta u_{t-1} + \varepsilon_t \qquad (5.2.24)$$

Nach dem Modell partieller Anpassung müssen also die Störgrößen mit der gleichen Verfallsrate $(1-\delta)$ auf die abhängige Variable wirken wie die systematische Einflußgröße X_t (falls ε_t in Gleichung (5.2.22) "weißes Rauschen" darstellt). Dies war in unserem Anwendungsbeispiel mit den Popularitätsdaten der Fall.

Weitere Ausführungen zu Modellen rationaler Erwartungsbildung sind in Judge et al. (1985: 377 ff.) oder Kmenta (1986: 529, 544 ff.) sowie (mit einem sozialwissenschaftlichen Anwendungsbeispiel) in Kirchgässner (1985a) zu finden. Zur Formalisierung von „Partial-Adjustment"-Modellen mit Hilfe von Differentialgleichungen s. Tuman/Hannan 1981, Kap. 11 u. 13.

5.2.3 Geometrische *Lag*-Modelle mit zwei Input-Variablen

Bisher haben wir geometrische *Lag*-Modelle lediglich für eine einzige Input-Variable X spezifiziert. Dieses Modell wollen wir nun um eine zweite Input-Variable Z erweitern, die ebenfalls mit geometrischer *Lag*-Struktur auf Y wirken soll (wir setzen zunächst Unabhängigkeit der Fehler voraus):

$$Y_t = \alpha + \beta_0(X_t + \delta X_{t-1} + \delta^2 X_{t-2} + \ldots) \qquad (5.2.25)$$
$$+ \gamma_0(Z_t + \lambda Z_{t-1} + \lambda^2 Z_{t-2} + \ldots) + \varepsilon_t \;\; ; \;\; 0<\delta<1, \; 0<\lambda<1$$

Zur Reduzierung der Zahl der Parameter muß die *Koyck*-Transformation - siehe oben Gleichungen (5.2.3) ff. - jetzt zweimal angewandt werden. Im ersten Schritt wird (5.2.25) um ein Intervall zurückversetzt, mit dem Faktor δ multipliziert und anschließend von der Ausgangsgleichung (5.2.25) subtrahiert. Dies führt zu

$$Y_t = \alpha(1 - \delta) + \delta Y_{t-1} + \beta_0 X_t \qquad (5.2.26)$$
$$+ \gamma_0[Z_t + (\lambda-\delta)Z_{t-1} + \lambda(\lambda-\delta)Z_{t-2} + \lambda^2(\lambda-\delta)Z_{t-3} + \ldots]$$
$$+ \varepsilon_t - \delta\varepsilon_{t-1}$$

---

[108] Die dabei angewandten Regeln für das Rechnen mit Differenzenoperatoren sind in Anhang 2 erläutert.

Wenn die Koeffizienten δ und λ gleich groß sind, wenn also Y auf die Veränderungen in X mit der gleichen Trägheit wie auf Veränderungen in Z reagiert, entfallen in Gleichung (5.2.26) alle verzögerten Z-Terme; sie reduziert sich zu

$$Y_t = \alpha^* + \delta Y_{t-1} + \beta_0 X_t + \gamma_0 Z_t + \varepsilon_t - \delta \varepsilon_{t-1} \qquad (5.2.27)$$

Dieses Modell findet man relativ häufig in der Forschungsliteratur; nicht immer scheint die implizite Parameter-Restriktion $\delta = \lambda$ bewußt gewählt worden zu sein. Gelegentlich wird das Modell überhaupt nicht als dynamisches Modell interpretiert, sondern der verzögerte endogene Term Y_{t-1} wird (fälschlicherweise) lediglich als Mittel eingesetzt, das Problem autokorrelierter Fehler zu vermeiden. Dazu mehr in Abschnitt 5.3.

Ein Anwendungsbeispiel liefern wiederum die schon in Abschnitt 5.2.2 analysierten Popularitätsdaten, indem wir aus dem Satz der Kontrollvariablen KV in Gleichung (5.2.11) eine herausziehen, nämlich die Inflationsrate $IFLA$ und somit folgendes Modell schätzen (Standardfehler in Klammern):

$$POP_t = 6.47 + .897 POP_{t-1} - 1.691(\delta AR)_{t-1} - .14 INFLA_t + KV_t + \varepsilon_t \qquad (5.2.28)$$
$$(1.16) \quad (.018) \qquad\qquad (.798) \qquad\qquad (.051)$$

Die Inflationsrate wurde als prozentuale Veränderung des monatlich notierten *Consumer Price Index (CPI)* in annualisierter Form wie folgt berechnet: $IFLA = [(CPI_t - CPI_{t-1})12/CPI_{t-1}]100.$[109]

Bei einer monatlichen Zunahme des *CPI* um $1/12$ % (0,083 %), d. h. einer annualisierten Zunahme von IFLA um 1 %, sinkt die Popularität des Präsidenten noch im gleichen Monat um ca. 0,14 % oder, anders ausgedrückt: bei einem monatlichen Zuwachs des *CPI* um 1 % sinkt die Popularität zunächst um 1,68 Prozent.[110] Der weitere Wirkungsverlauf einer permanenten oder nur vorübergehenden Änderung der Inflationsrate kann analog zu den Wirkungsmustern in Tab. 5.2.1 rekonstruiert werden.

Wenn die Restriktion $\delta = \lambda$ in Modell (5.2.25) nicht gelten soll, ist eine zweite *Koyck*-Transformation durchzuführen, indem man Gleichung (5.2.26) um ein Intervall zurückversetzt, sie sodann mit dem Faktor λ multipliziert und die neu erhaltene Gleichung von der Zwischengleichung (5.2.26) subtrahiert. Dies ergibt schließlich

$$Y_t = \alpha(1-\delta)(1-\lambda) + (\delta+\lambda)Y_{t-1} - \delta Y_{t-2} \qquad (5.2.29)$$
$$+ \beta_0 X_t - \beta_0 \lambda X_{t-1} + \gamma_0 Z_t - \gamma_0 \delta Z_{t-1} + \eta^*_t \, ,$$
$$\eta^*_t = \varepsilon_t - (\delta+\lambda)\varepsilon_{t-1} + \delta\lambda\varepsilon_{t-2}$$

Dieses Modell spezifiziert ein geometrisch abfallendes Zeitprofil für die Anpassungsreaktionen von Y auf *beide* Input-Variablen, sieht aber einen unterschiedlich

---

[109] Wir haben diese Berechnungsweise von Beck (1991) übernommen.

raschen Vollzug der Anpassungsreaktion vor, je nachdem, ob es sich um den
X- oder den Z-Input handelt. Die Anpassungsparameter δ und λ sind jedoch mit der
Schätzgleichung (5.2.29) nicht eindeutig zu bestimmen. Zwar lassen sich aus den
Koeffizienten für X_t und X_{t-1} bzw. Z_t und Z_{t-1} *Lambda*- und *Delta*-Koeffizienten
errechnen; wenn einer von ihnen bestimmt ist, stehen aber auch noch die Koeffizienten der beiden verzögerten Y-Terme zur Berechnung von δ bzw. λ zur Verfügung. Eine numerische Lösung dieses Problems (in einem iterativen Schätz-
verfahren) ist nur möglich, weil λ und δ nicht nur (beide) bezüglich Y_{t-1}, sondern
außerdem λ (ohne δ) bezüglich X_{t-1} und δ (ohne λ) bezüglich Z_{t-1} zu optimieren
sind. Wir werden im Rahmen der Transferfunktionsmodelle eine Regressionsglei-
chung schätzen, in der für die Arbeitslosenrate und die Inflationsrate unterschiedliche Anpassungsparameter vorgesehen sind (s. Kap. 5.5).

Die Gleichungen dynamischer Regressionsmodelle lassen sich viel einfacher ma-
nipulieren und interpretieren, wenn sie mit Hilfe des Verschiebe-Operators B
geschrieben werden. Das geometrische *Lag-Modell* (5.2.3) läßt sich z. B. wie folgt
reformulieren:

$$Y_t = \alpha + \beta_0 \, [1 + \delta B + (\delta B)^2 + (\delta B)^3 + \ldots] X_t + \varepsilon_t \qquad (5.2.30)$$

$$= \alpha + \beta_0 \, (1 + \delta B)^{-1} X_t + \varepsilon_t$$

$$= \alpha + \frac{\beta_0}{(1 + \delta B)} \, X_t + \varepsilon_t$$

$$(1 - \delta B) Y_t = \alpha(1 - \delta) + \beta_0 X_t + (1 - \delta B)\varepsilon_t \, ,$$

---

[110] Die Ergebnisse unserer *OLS*-Schätzung weichen etwas von denen ab, die Beck (1991: 65)
mitteilt. Beck gibt für die verzögerte Arbeitslosenrate einen augenblicklichen Multiplikator von -1,59 und für die Inflationsrate einen Multiplikator von -0,104 an. Aus seinem
Text geht nicht klar hervor, ob die Inflationsrate ebenfalls um einen Monat verzögert
wurde oder nicht (vgl. seine Hinweise auf S. 54 und 62). Da wir bei der verzögerten Inflationsvariable keinen signifikanten Koeffizienten ermitteln konnten, haben wir in unser
Modell die nicht verzögerte Rate eingesetzt. Auch Beck konnte die Frage der angemessenen Verzögerung in seinen Analysen letztlich nicht eindeutig klären (vgl. die Ergebnisse
in seiner Tabelle 2 mit denen in Tabellen 3 und 6). Der Grund hierfür dürfte in der Autokorrelationsstruktur von IFLA zu finden sein: In der Box/Jenkins-Schule würde diese
Reihe nicht als stationär betrachtet werden. Wir werden auf diese Problematik in Kapitelabschn. 5.5.2.2 zurückkommen. - Beck hat den dynamischen Prozeß mit jeder neuen Präsidentschaft durch Überspringen des ersten Monats der jeweiligen Amtsperiode neu
beginnen lassen, weil anzunehmen ist, daß die Ereignisse der vorangegangenen Periode
nicht dem neuen Präsidenten zugerechnet werden. Diese Behandlung des *Leakage*-Pro-
blems war mit der uns zur Verfügung stehenden Software nicht (oder nur mit unverhält-
nismäßig großem Aufwand) möglich. Als zweitbeste Lösung haben wir für jede
Präsidentschaft eine Dummy-Variable gebildet, der im ersten Monat der jeweiligen
Amtsperiode der Wert "1", in den übrigen Monaten Nullen zugewiesen wurden. Signifikante (positive) Gewichte erhielten aber nur die Dummy-Variablen der Präsidentschaften
von Johnson (nach der Ermordung Kennedys) und von Ford (nach dem Watergate-Skandal, der Nixon aus dem Amt getrieben hatte).

was exakt der Gleichung (5.2.6) entspricht, die zuvor relativ mühsam abgeleitet werden mußte. Man sieht in dieser Darstellung besonders deutlich, wie die *Koyck*-Transformation einen MA(1)-Faktor in die Fehlerstruktur einführt. Falls die Störgrößen schon im ursprünglichen Modell (1. Zeile der Gleichung (5.2.30) einem autoregressiven Prozess gemäß Gleichung (5.2.24) folgten, sähen die beiden letzten Zeilen wie folgt aus:

$$Y_t = \alpha + \frac{\beta_0}{(1 - \delta B)} X_t + \frac{1}{(1 - \varphi B)} \varepsilon_t \qquad (5.2.31)$$

$$(1 - \delta B)Y_t = \alpha (1 - \delta) + \beta_0 X_t + \frac{(1 - \delta B)}{(1 - \varphi B)} \varepsilon_t$$

Das heißt, die Autokorrelation der Störgrößen würde bei $\varphi = \delta$ völlig verschwinden. Ein Modell mit geometrischer Lag-Struktur für zwei Input-Variablen kann mit dem *Shift*-Operator ebenfalls ohne umständliche Ableitungen direkt formuliert werden:

$$Y_t = \alpha + \frac{\beta}{(1 - \delta B)} X_t + \frac{\gamma}{(1 - \lambda B)} Z_t + \varepsilon_t \qquad (5.2.32)$$

$$(1 - \delta B)(1 - \lambda B)Y_t = \alpha^* + (1 - \lambda B)\beta X_t + (1 - \delta B)\gamma Z_t + (1 - \delta B)(1 - \lambda B)\varepsilon_t$$

Nach Ausmultiplizieren der Klammerausdrücke erhält man Gleichung (5.2.29). Setzt man in Gleichung (5.2.32) die Parameter $\lambda = \delta$, so erhält man

$$Y_t = \alpha + \frac{\beta X_t + \gamma Z_t}{(1 - \delta B)} + \varepsilon_t \qquad (5.2.33)$$

$$(1 - \delta B)Y_t = \alpha^* + \beta X_t + \gamma Z_t + (1 - \delta B)\varepsilon_t \quad ; \quad \alpha^* = \alpha(1 - \delta)$$

Dieses Modell entspricht der Gleichung (5.2.27). Nun können wir auch leicht ein Modell angeben, das einen geometrischen *Lag* für eine der beiden Input-Variablen, für die andere aber eine nur instantane Wirkung spezifiziert:

$$Y_t = \alpha + \frac{\beta}{(1 - \delta B)} X_t + \gamma Z_t + \varepsilon_t \qquad (5.2.34)$$

$$(1 - \delta B)Y_t = \alpha(1 - \delta) + \beta X_t + \gamma Z_t(1 - \delta B) + \varepsilon_t(1 - \delta B)$$

$$Y_t = \alpha^* + \delta Y_{t-1} + \beta X_t + \gamma Z_t - \gamma \delta Z_{t-1} + \varepsilon^*_t$$

Das ausmultiplizierte Modell (5.2.34) unterscheidet sich von Modell (5.2.27) durch den verzögerten Term Z_{t-1}, dessen Koeffizient auf den negativen Betrag des Produkts $\lambda \delta$ restringiert ist. Es sollte folglich auch nur unter dieser Restriktion geschätzt werden, was in Programmsystemen, in denen das Modell nicht gemäß der 1. Zeile in Gleichung (5.2.34) eingegeben werden kann,[111] explizit angefordert werden muß.

---

[111] Diese Eingabe erlaubt z. B. das *SCA*-System (s. Liu/Hudak 1992).

5.3 Autokorrelatives Fehlermodell vs. dynamische Spezifikation des strukturellen Zusammenhangs der Variablen

Wie in Abschnitt 5.1.1 erläutert, führt die Methode der kleinsten Quadrate bei autokorrelierten Fehlern zu nicht-effizienten Schätzungen der Regressionsparameter und zu Verzerrungen in der Schätzung ihrer Standardfehler. Alternative Schätzmethoden beinhalten häufig Variablentransformationen, die im Endeffekt einen verzögerten endogenen Term in die Regressionsgleichung einführen. Vermutlich verführt diese Strategie manche Forschungspraktiker dazu, die Größe Y_{t-1} auch dann in die Regressionsgleichung einzuführen, wenn nicht eine geometrische *Lag*-Struktur für die Beziehung zwischen abhängiger und unabhängiger Variable postuliert, sondern lediglich eine autoregressive Fehlerstruktur bewältigt werden soll - wie etwa:

$$Y_t = \beta X_t + \varepsilon_t \qquad (5.3.1)$$

$$\varepsilon_t = \rho \varepsilon_{t-1} + u_t, \quad |\rho| < 1$$

(mit den Standard-Annahmen über den stochastischen Term u_t). Diese beiden Modellkomponenten sind jedoch konzeptuell und formal strikt getrennt. Für das häufig angewandte *Cochrane/Orcutt*-Schätzverfahren läßt sich dies z. B. in folgender Weise zeigen (vgl. Dhrymes 1971: 59 ff.; Kmenta 1986: 314 ff.): In einem ersten Schritt werden die Residuen ε_t in (5.3.1) durch die (geschätzten) OLS-Residuen e_t ersetzt, und der Koeffizient ρ wird anhand der Stichproben-Autokorrelation (unter Verlust des ersten Beobachtungswertes) geschätzt[112]:

$$\hat{\rho} = \frac{\sum e_t e_{t-1}}{\sum e_{t-1}^2} \quad t = 2, 3, ..., n \qquad (5.3.2)$$

Mit Hilfe dieses Schätzers wird die Regressionsgleichung transformiert, indem beide Gleichungsseiten mit dem Faktor $(1 - \hat{\rho}B)$ multipliziert werden:

$$Y_t = \alpha + \beta X_t + \varepsilon_t, \; \varepsilon_t = \rho \varepsilon_{t-1} + u_t \qquad (5.3.3)$$

$$(Y_t - \hat{\rho}Y_{t-1}) = \alpha - \hat{\rho}\alpha + \beta(X_t - \hat{\rho}X_{t-1}) + \hat{u}_t$$

$$Y^*_t = \alpha^* + \beta X^*_t + \hat{u}_t; \quad Y^*_t = Y_t - \hat{\rho}Y_{t-1}, X^*_t = X_t - \hat{\rho}X_{t-1}$$

Mit den so transformierten Daten ("generalized differences" oder "quasi-differences") können die Modellparameter $\hat{\alpha} = \hat{\alpha}^*/(1 - \hat{\rho})$ und β mit dem gewöhnlichen Kleinstquadratverfahren (OLS-Regression) geschätzt werden[113]. Die Transformation in Gleichung (5.3.3) hat die Struktur der Beziehung zwischen Y und X nicht verändert, da beide Variablen in gleicher Weise (mit dem gleichen "Filter") transformiert wurden; der Steigungskoeffizient β bleibt durch diese Operation unbe-

---

[112] Die OLS-Residuen sind bei kleinen Stichproben (Daumenregel: n<50) verzerrt; dennoch ist der Schätzer für ρ konsistent. Über die Eigenschaften verschiedener Schätzer siehe Judge et al.(1985: 182 ff. in Verbindung mit S. 212 ff.) sowie Kmenta (1986: 315).

rührt. Daß das statische Modell (5.3.3) mit (vor der Datentransformation) autoregressiver Fehlerstruktur gelegentlich mit einem dynamischen Modell verwechselt wird, liegt vermutlich an der möglichen Umstellung der Terme der zweiten Zeile in Gleichung (5.3.3), die sich wie folgt schreiben läßt:

$$Y_t = \alpha^* + \hat\rho Y_{t-1} + \beta X_t - \beta\hat\rho X_{t-1} + \hat u_t, \quad \alpha^* = \alpha - \hat\rho\alpha \quad (5.3.4)$$

Dieses Modell scheint sich formal von dem geometrischen *Lag*-Modell (5.2.7) nur durch die Hinzunahme des verzögerten Terms der exogenen Variablen zu unterscheiden. Man beachte aber die Parameterrestriktion: Der Koeffizient von X_{t-1} ist gleich dem negativen Produkt der Koeffizienten von X_t und Y_{t-1}. Was diese Restriktion inhaltlich bedeutet, läßt sich leicht erkennen, wenn man (unter Voraussetzung der Stationarität des Prozesses) Gleichung (5.3.3) um ein Intervall verschiebt:

$$Y_{t-1} = \alpha + \beta X_{t-1} + \varepsilon_{t-1} \quad (5.3.5)$$

Wenn wir diesen Ausdruck für Y_{t-1} in Gleichung (5.3.4) einsetzen, erhalten wir

$$\begin{aligned} Y_t &= \alpha^* + (\hat\rho\alpha + \hat\rho\beta X_{t-1} + \hat\rho\varepsilon_{t-1}) + \beta X_t - \hat\rho\beta X_{t-1} + \hat u_t \quad (5.3.6) \\ &= (\alpha - \hat\rho\alpha) + \hat\rho\alpha + (\hat\rho\beta - \hat\rho\beta)X_{t-1} + \beta X_t + \hat\rho\varepsilon_{t-1} + \hat u_t \\ &= \alpha + \beta X_t + \varepsilon_t \; ; \; \varepsilon_t = \hat\rho\varepsilon_{t-1} + \hat u_t \end{aligned}$$

Da Y_{t-1} selbst eine Funktion von X_{t-1} ist (s. Gleichung 5.3.5), heben sich die Koeffizienten $-\hat\rho\beta$ und $\hat\rho\beta$ als Gewichte für X_{t-1} gegenseitig auf. Das schein-dynamische Modell (5.3.4) ohne autokorrelierte Fehler eignet sich als Schätzgleichung für das statische Modell (5.3.1) mit autoregressiver Fehlerstruktur nur, wenn die angegebene Parameterrestriktion für X_{t-1} Bestand hat. Die Restriktion läßt sich testen, indem man sämtliche Parameter in Gleichung (5.3.4) nicht fixiert, sondern frei schätzt (s. Maddala 1992: 244):

$$Y_t = \alpha + \delta Y_{t-1} + \omega_0 X_t + \omega_1 X_{t-1} + \hat u_t \quad (5.3.7)$$

Zu testen ist dann die Nullhypothese H_0: $\delta\omega_0 = -\omega_1$ mit Hilfe eines Lagrange-Multiplier-(LM-)Tests, der in jedem ökonometrischen Programm-System implementiert ist.[114] Falls die Nullhypothese zurückgewiesen werden muß (man beachte, daß der Test in diesem Falle um so weicher ist, je kleiner das gewählte Fehlerniveau 1. Art ist), eignet sich Gleichung (5.3.4) nicht als Schätzgleichung für das Modell (5.3.1). In diesem Falle müßte man also das Cochrane/Orcutt- oder ein äquivalentes Schätzverfahren wählen.

---

[113] Die oft praktizierte Transformation $Y^*_t = Y_t - Y_{t-1}$ und $X^*_t = X_t - X_{t-1}$ (einfache Differenzenbildung) führt zu einer verzerrten Schätzung der Standardfehler des Steigungskoeffizienten, ist also nicht empfehlenswert, wenn ρ nicht tatsächlich in der Nähe von 1 liegt (s. Kmenta 1986: 322).

[114] Eine Erläuterung des Testprinzips findet sich z. B. in Maddala (1992: 250 ff.); vgl. Judge et al. (1985: 321 f.). Siehe auch unten Abschn. 5.4.

Die Problematik einer sauberen Trennung der Spezifikation der Fehlerstruktur und der Spezifikation des dynamischen Zusammenhangs wird weiter verdeutlicht, wenn man das folgende dynamische Modell (5.3.8) betrachtet, das eine geometrische Lag-Struktur enthält, die sich von der des Modells (5.2.7) lediglich durch die Hinzunahme des verzögerten Terms der *exogenen* Variablen, X_{t-1}, unterscheidet:

$$Y_t = \alpha + \delta Y_{t-1} + \beta_0 X_t + \beta_1 X_{t-1} + \varepsilon_t \qquad (5.3.8)$$

Es ist formal identisch mit der Schätzgleichung (5.3.7), unterscheidet sich also von dem schein-dynamischen Modell (5.3.4) lediglich durch die Freigabe aller Parameter. Der damit ausgedrückte Wirkungsverlauf eines *Puls*-Inputs ist in Tabelle 5.3.1 dargestellt.

Tab. 5.3.1 *Zeitpfad des Modells $E(Y_t) = \delta Y_{t-1} + \beta_0 X_t + \beta X_{t-1}$ bei einem Puls-Input*

Zeitperiode t	$E(Y_t)$	Y_{t-1}	X_t	X_{t-1}	Lag k
0	0	0	0	0	
1	β_0	0	1	0	0
2	$\beta_0\delta+\beta_1$	β_0	0	1	1
3	$(\beta_0\delta+\beta_1)\delta$	$\beta_0\delta+\beta_1$	0	0	2
4	$(\beta_0\delta+\beta_1)\delta^2$	$(\beta_0\delta+\beta_1)\delta$	0	0	3
5	$(\beta_0\delta+\beta_1)\delta^3$	$(\beta_0\delta+\beta_1)\delta^2$	0	0	4
.	...	...	.	.	.

Gegenüber dem Modell (5.2.7) beginnt der geometrische Abfall des Wirkungsmusters jetzt ein Intervall später. In Modell (5.3.8) ist der maximale *Lag* der *X*-Variable $k=1$; theoretisch könnte der maximale *Lag* irgendeinen Wert zwischen 0 und $t=n$ annehmen, $0 \leq k < n$. Allgemein gilt, daß der durch den Koeffizienten δ gesteuerte geometrische Abschwung bei dem Intervall $k+1$ beginnt. Der Unterschied zwischen einem autoregressiven Fehlermodell 1. Ordnung - wie in Gleichung (5.3.3) - und einem geometrischen *Lag*-Modell wie in Gleichung (5.3.8) wird durch Tab. 5.3.1 nochmals verdeutlicht: Im Falle der Koeffizientenrestriktion $\beta_1 = -\beta_0\delta$ wird die Summe $\beta_0\delta + \beta_1$ gleich Null; der *Puls*-Input verliert nach einem Intervall jegliche Wirkung, der Stufen-Input kann sie nicht steigern.

Bisher haben wir nur dynamische Modelle mit geometrischen Verzögerungsstrukturen behandelt. Man bezeichnet sie als dynamische Modelle 1. Ordnung, weil nur ein einziger verzögerter Term der endogenen Variablen, Y_{t-1}, als Regressor auftritt. Man kann diese Modelle aber formal leicht erweitern, indem man zusätzliche verzögerte Terme der endogenen und der exogenen Variablen in die Gleichung mit einbezieht:

$$Y_t - \delta_1 Y_{t-1} - \dots - \delta_r Y_{t-r} = \alpha + \beta_0 X_t + \beta_1 X_{t-1} + \dots + \beta_s X_{t-s} + \varepsilon_t \qquad (5.3.9)$$

Mit solchen Modellen kann im Prinzip fast jedes beliebige Zeitprofil der Wirkung von X auf Y spezifiziert werden, indem man eine geeignete Menge von *Delta-* und *Beta*-Parametern gleich Null bzw. ungleich Null setzt. Es ist Aufgabe des Forschers, auf der Basis theoretischer Hypothesen und/oder empirischer Daten die Parameter r und s zu bestimmen, also ein dem tatsächlichen Wirkungsverlauf entsprechendes Modell zu konstruieren. In der Praxis wird man selten Werte von r oder $s > 2$ benötigen. Üblicher sind Modelle mit $r \leq 1$. Mit dieser Thematik, einschließlich der Bestimmung der Prozeßstruktur von ε_t, werden wir uns in Kapitelabschnitt 5.5 ausführlich beschäftigen. Zuvor sind unsere gelegentlich eingestreuten Bemerkungen zu Test- und Schätzverfahren um einige weitere Hinweise zu ergänzen und zu systematisieren.

5.4 Hinweise zu Test- und Schätzverfahren

Einer der meistangewandten Tests in der Zeitreihenanalyse ist der *Durbin-Watson-(DW-)*Test auf Autokorrelation der OLS-Residuen $\hat{\varepsilon}_t$. Die *DW*-Prüfgröße ist wie folgt definiert:

$$d = \frac{\sum\limits_{2}^{n} (\hat{\varepsilon}_t - \hat{\varepsilon}_{t-1})^2}{\sum\limits_{1}^{n} \hat{\varepsilon}^2_t} \qquad (5.4.1)$$

Nach Umformen der Gleichung (5.4.1) läßt sich zeigen, daß zwischen dem Autokorrelationskoeffizienten $\hat{\rho}$ und der Prüfgröße d bei großen Stichproben näherungsweise folgende Beziehung besteht: $d = 2(1-\hat{\rho})$. Bei $\hat{\rho} = +1$ wird $d=0$; falls $\hat{\rho} = -1$, wird $d=4$ und bei $\hat{\rho} = 0$ ist $d = 2$. Die Residuen sind also hoch korreliert (im Sinne einer Autokorrelation 1. Ordnung), wenn d nahe bei 0 oder 4 liegt; sie sind nicht oder nur schwach korreliert, wenn d nahe bei 2 liegt. Die theoretische Stichprobenverteilung für d hängt von den Werten und der Zahl der Regressor-Variablen ab, so daß Durbin/Watson obere (d_U) und untere (d_L) Grenzwerte für verschiedene Signifikanzniveaus von d ermittelten. Eine entsprechende Tabelle befindet sich im Anhang 6 dieses Buches. Die Tabellenwerte beziehen sich auf einen Test der Nullhypothese $\rho = 0$ gegen die Alternativhypothese $\rho > 0$. Wenn $d > 2$ ist und die Hypothese $\rho = 0$ gegen $\rho < 0$ getestet werden soll, kann man die Prüfgröße d durch $4-d$ ersetzen und die *DW*-Tabellenwerte so benutzen, als ob man die Nullhypothese gegen die Alternativhypothese einer positiven Autokorrelation testen würde. Für den Test ergeben sich folgende Entscheidungsregeln:

Falls $d < d_L$, wird die Nullhypothese (keine Autokorrelation) zurückgewiesen.

Falls $d > d_U$, wird die Nullhypothese beibehalten.

Falls $d_L < d < d_U$, ist der Test nicht aussagekräftig.

Maddala (1992: 246) schlägt vor, das zuletzt genannte Intervall dem Ablehnungsbereich zuzuschlagen und generell den oberen Wert, d_U, als Signifikanzgrenze zu benutzen.

Beispiel: In Abschnitt 5.1.1 haben wir eine Regressionsanalyse mit den SPD-Präferenzen (abhängige Variable), den saisonbereinigten Arbeitslosendaten (unabhängige Variable) sowie einer Ereignisvariablen (zusätzlicher Regressor) durchgeführt. Der Stichprobenumfang (die Länge der Zeitreihen) betrug $n = 140$; für den DW-Test wurde ein Wert $d = 0,72$ ermittelt. In der Tabelle des Anhangs 6 ist für $n = 150$ und $k=2$ Regressoren der untere Wert mit $d_L = 1,71$ und der obere Wert mit $d_U = 1,76$ angegeben. Wegen $d < d_L$ wird, wie in unserem Beispiel, die Nullhypothese zugunsten der Alternativhypothese $\rho > 0$ verworfen.

Neben dem Unbestimmtheitsbereich bei $d_L < d < d_U$ hat der DW-Test zwei weitere Nachteile, die zu beachten sind. Er ist auf die Alternativhypothese eines AR(1)-Fehlerprozesses abgestimmt, und er ist nicht anwendbar, wenn sich ein verzögerter endogener Term, Y_{t-1}, unter den Regressoren befindet.[115] Das erste Problem ist weniger gravierend, solange der Fehlerprozeß eine signifikante Korrelation 1. Ordnung aufweist, was z. B. bei einem MA(1)-Prozeß gegeben ist oder bei Prozessen höherer Ordnung meistens der Fall ist. Wenn die Residuen allerdings lediglich eine saisonale Autokorrelation aufweisen, also mit einer Verzögerung von bspw. *Lag k* = 4 (bei Quartalsdaten) miteinander korrelieren, versagt der DW-Test in seiner Standardform. Allerdings läßt sich die Prüfgröße entsprechend anpassen (Harvey 1981a: 210):

$$d_4 = \frac{\sum_{4}^{n} (\hat{\varepsilon}_t - \hat{\varepsilon}_{t-4})^2}{\sum_{1}^{n} \hat{\varepsilon}^2_t} \qquad (5.4.2)$$

Generell ist also zu beachten, daß eine signifikante DW-Statistik nicht unbedingt eine AR(1)-Fehlerstruktur aufdeckt, sondern irgendeine Abhängigkeitsstruktur belegt (u. U. aber auch eine unentdeckt läßt). Für den Fall, daß die verzögerte endogene Variable als Regressor benutzt wird, hat Durbin einen modifizierten Test mit der Prüfgröße h vorgeschlagen, die ebenfalls aus den OLS-Residuen zu berechnen ist[116], die standard-normalverteilt ist und auch bei dynamischen Modellen höherer Ordnung gemäß Gleichung (5.3.9) anwendbar ist (s. Assenmacher 1995: 192):

$$h = \hat{\rho} \sqrt{\frac{n}{1 - n \cdot \hat{V}(\hat{\delta})}} \qquad (5.4.3)$$

$\hat{V}(\hat{\delta})$ steht für die geschätzte Varianz des OLS-Schätzers für den Regressionskoef-

---

[115] Streng genommen setzt er auch nicht-stochastische Regressorvariablen voraus (Greene 1993: 426).

[116] Es ist daran zu erinnern, daß Modelle wie Gleichung (5.2.7) nach der Kleinstquadrat-Methode geschätzt werden, wenn die Residuen nicht autokorreliert sind.

fizienten der verzögerten endogenen Variablen, n ist der Stichprobenumfang. Falls $n \cdot \hat{V}(\hat{\delta}) > 1$ ist, ist auch dieser Test nicht anwendbar. Für diesen Fall hat Durbin eine weitere Testmodifikation vorgeschlagen, die wir hier aber nicht mehr erläutern wollen (s. Maddala 1992: 249). Der Benutzer von Programmpaketen zur Zeitreihenanalyse sollte sich genau vergewissern, welche Testvariante in seinem Programm implementiert ist.

In den ökonometrischen Programmpaketen ist in der Regel ein *Lagrange-Multiplier-(LM-)*Test implementiert, dessen einfachste Form z. B. in Maddala (1992: 250ff.) und Greene (1993: 426 f.) beschrieben ist. Ausgangspunkt ist ein dynamisches Regressionsmodell mit einer AR(p)-Fehlerstruktur:

$$y_t = \sum_{i=1}^{m} \beta_i x_{i,t} + \varepsilon_t \; ; t = 1, 2, ..., n \qquad (5.4.4)$$

$$\varepsilon_t = \rho_1 \varepsilon_{t-1} + \rho_2 \varepsilon_{t-2} + ... + \rho_p \varepsilon_{t-p} + u_t$$

In Gleichung (5.4.4) können die $x_{i,t}$ auch verzögerte endogene Terme einschließen. Die zu testende Nullhypothese ist H_0: $\rho_1 = \rho_2 = ... = \rho_p = 0$. Der Test vollzieht sich in folgenden Schritten (s. Maddala 1992: 252): Zunächst schätzt man mit dem üblichen Kleinstquadratverfahren die Parameter β_i von Gleichung (5.4.4) so, als ob keine autokorrelative Fehlerstruktur vorläge. Die in diesem Schätzvorgang ermittelten Residuen $\hat{\varepsilon}_t$ bilden dann die abhängige Variable in einer zweiten Regression

$$\hat{\varepsilon}_t = \sum_{t=1}^{m} \gamma_i x_{i,t} + \sum_{i=1}^{p} \rho_i \hat{\varepsilon}_{t-i} + \eta_t \qquad (5.4.5)$$

in der die zu testenden Schätzgrößen für die ρ-Koeffizienten ermittelt werden. Die Nullhypothese wird getestet, indem man zunächst die Prüfgröße des üblichen F-Tests berechnet, dann aber das Produkt pF (p gleich Anzahl der ρ-Koeffizienten) als χ^2-Wert mit p Freiheitsgraden testet. Die Schätzgleichung ändert sich nicht, wenn die Fehlerstruktur einem MA- statt einem AR-Prozeß entspricht. Die Nullhypothese $\rho_1 = \rho_2 = 0$ ist für die MA(2)-Struktur, $\varepsilon = u_t + \rho_1 u_{t-1} + \rho_2 u_{t-2}$, dieselbe wie für den AR(2)-Prozess, $\varepsilon_t = \rho_1 \varepsilon_{t-1} + \rho_2 \varepsilon_{t-2} + u_t$. Das Problem bei diesem Test liegt lediglich in der Wahl des geeigneten Verzögerungsparameters p. Wird ein niedriger Wert gewählt, läuft man Gefahr, relevante Autokorrelationen höherer Ordnung nicht zu erfassen; wird ein zu hoher Wert gewählt, mindert man die Mächtigkeit des Tests durch eine Reihe von Koeffizienten, die in der Nähe von Null liegen (Harvey 1981a: 211).

Wer gewohnt ist, nach der Box/Jenkins-Methodologie zu arbeiten, kann die Problematiken vermeiden, wenn er ein ARMA-Fehlermodell mit Hilfe derjenigen Techniken identifiziert und evaluiert, die wir in Kap. 3 ausführlich erläutert haben. Ebenso wie auf originäre Zeitreihen können diese Verfahren auch auf die geschätzten Residuen eines Regressionsmodells zu Testzwecken angewandt werden (Harvey 1981a: 212; 1981b: 196).

Wenn man festgestellt hat, daß die Residuen eines geschätzten Regressionsmodells autokorreliert sind, ist zunächst zu prüfen, ob diese Autokorrelationen aus einer falschen Spezifikation des Modells resultieren (s. oben Abschn. 5.1.1). Substanztheoretische Überlegungen in dieser Richtung können durch entsprechende Tests ergänzt werden, die in ökonometrischen Programmpaketen angeboten und bspw. in Greene (1993) relativ ausführlich erläutert werden. Dazu gehört als sehr allgemeines Verfahren Ramseys RESET-Test, der sowohl auf fehlende Regressoren (*omitted variables*) als auch auf eine nicht adäquate funktionale Form (Abweichungen von der Linearitätsannahme) reagiert. Der Test besteht im wesentlichen aus drei Schritten (Maddala 1992: 478):

(1) Regrediere die abhängige Zeitreihe Y_t auf die $X_{i,t}$-Regressoren, um die Prognosewerte $\hat{y}_t$ zu erhalten.
(2) Regrediere $\hat{y}_t$ auf $x_{i,t}$, $\hat{y}^2_t$, $\hat{y}^3_t$, $\hat{y}^4_t$.
(3) Teste die Hypothese, daß die Regressionsgewichte von $\hat{y}^2_t$, $\hat{y}^3_t$ und $\hat{y}^4_t$ gleich Null sind. Falls diese Hyothese zurückgewiesen werden muß, ist eine Fehlspezifikation des Modells anzunehmen.

Auf eine wichtige Fehlspezifikation sind wir schon in Abschnitt 5.1.1 eingegangen: autokorrelierte OLS-Residuen aus *statischen* Regressionsmodellen können auf eine dynamische Beziehung zwischen der abhängigen und der (den) unabhängigen Variablen hinweisen. Wir haben oben gesehen, daß das statische Modell mit AR(1)-Fehlerstruktur

$$Y_t = \beta X_t + \varepsilon_t \quad mit \quad \varepsilon_t = \frac{u_t}{(1-\rho B)} \qquad (5.4.6)$$

identisch ist mit einem schein-dynamischen Modell

$$Y_t = \rho Y_{t-1} + \beta X_t - \beta \rho X_{t-1} + u_t, \qquad (5.4.7)$$

in dem die Restriktion

$$\beta + \beta \rho = 0 \qquad (5.4.8)$$

gilt. Wie schon im vorigen Abschnitt erwähnt, empfiehlt Maddala (1992: 255), generell vor der Festlegung auf ein bestimmtes Fehlermodell Gleichung (5.4.7) zu schätzen und die Restriktion (5.4.8) zu testen. Wenn die Nullhypothese dieser Restriktion zurückgewiesen werden kann (muß), liegt eine dynamische Beziehung zwischen den beiden Variablen vor; wenn die Restriktion im Test bestätigt wird, kann dagegen ein statisches Modell mit autokorrelativer Fehlerstruktur angenommen werden. Da es sich um eine nicht-lineare Restriktion handelt, muß dieser Test nach dem *Likelihood-Ratio-*, dem *Wald-* oder dem *Lagrange-Multiplier-*Prinzip erfolgen. Diese Testprinzipien werden hier nicht erläutert, entsprechende Tests für Parameter-Restriktionen stehen aber in den gängigen ökonometrischen Programmpaketen zur Verfügung. Wir werden in Abschnitt 5.5 eine allgemeinere Strategie im Rahmen der Box/Jenkins-Methodologie vorstellen, mit der man dynamische versus statische Modelle und sekundär dazu eine Fehlerstruktur identifizieren kann.

Wenn ein statisches oder dynamisches Modell mit autokorrelierten Fehlern akzeptiert ist, muß ein Schätzverfahren außerhalb der OLS-Regression gewählt werden. Der allgemeine Ansatz hierzu ist das Verallgemeinerte Kleinstquadrate-modell GLS (*generalized least squares*), das vorsieht, daß die Abhängigkeitsstruktur (eventuell auch die nicht-konstanten Varianzen) explizit in die Varianz/ Kovarianz-Matrix eingeht, die in der Schätzformel für die Regressionskoeffizienten benutzt wird. Da diese Struktur in der Regel aus den vorliegenden Daten geschätzt werden muß, spricht man auch von *E(stimated)*GLS-Schätzern (Judge et al. 1985). Greene (1993: 365 f.) bezeichnet sie als "feasable" *F*GLS-Schätzer. Bei einer AR(1)-Fehlerstruktur (wie auch bei bestimmten Formen instabiler Varianzen) können die komplexeren GLS-Verfahren umgangen werden, indem man bestimmte Datentransformationen durchführt und das übliche Kleinstquadratverfahren (OLS) auf die transformierten Daten anwendet. In diesem Sinne ist im vorigen Abschnitt schon die *Cochrane/Orcutt*-Prozedur ansatzweise vorgestellt worden: Man ermittelt zunächst die OLS-Residuen eines statischen Regressionsmodells und schätzt mit ihnen den Autokorrelationskoeffizienten 1. Ordnung, ρ. Sodann transformiert man sowohl die abhängige wie die unabhängigen Variablen mit dem Filter $(1-\rho B)$ und schätzt erneut die Koeffizienten des interessierenden Modells (s. oben Gleichung (5.3.3)). Das Verfahren wird iterativ eingesetzt, indem man die in der zweiten Stufe geschätzten Residuen für eine verbesserte Schätzung des Autokorrelationskoeffizienten nutzt, die zu einer modifizierten Datentransformation führt usw., bis das Verfahren konvergiert. Allerdings wurde festgestellt, daß dieses Verfahren relativ häufig bei einem lokalen Minimum (also abseits des wahren Wertes) konvergiert. Eine in dieser Hinsicht bessere Alternative ist das von Hildreth u. Lu vorgeschlagene *Grid*-Verfahren zur Schätzung des Autokorrelationskoeffizienten ρ (Maddala 1992: 239 f.). Eine weitere Modifikation des *Cochrane/Orcutt*-Ansatzes wurde von Prais u. Winsten ausgearbeitet (Kmenta 1986: 318 f.). Falls nicht ein statisches, sondern ein dynamisches Regressionsmodell mit autokorrelierten Fehlern zu schätzen ist, führen diese Verfahren zu inkonsistenten Schätzern. Abhilfe schaffen hier Schätzverfahren nach dem Prinzip der "instrumentellen Variablen" (*IV*), wobei verzögerte Terme der exogenen Variable als *IV* der verzögerten endogenen Variable dienen (Greene 1993: 436; Kmenta 1986: 532). Hatanaka (1974) hat ein auf dem *IV*-Prinzip aufbauendes zweistufiges Verfahren vorgeschlagen, das zu einem Schätzer führt, der asymptotisch die gleichen Eigenschaften wie ein *Maximum-Likelihood*-Schätzer aufweist. Wir werden auf all diese Verfahren hier nicht näher eingehen, da die speziell zur Zeitreihenanalyse entwickelten Programmsysteme heute in der Regel für alle diese Situationen exakte *Maximum-Likelihood*-Schätzer anbieten. Es kam uns hier lediglich darauf an, grundsätzliche Unterschiede in den schätztheoretischen Ausgangssituationen zu verdeutlichen.

5.5 Box/Jenkins-Transferfunktionsmodelle

5.5.1 Die allgemeine Form der Transferfunktionsmodelle

Wir wollen Gleichung (5.3.9) hier noch einmal in anderer Schreibweise präsentieren:

$$(1- \delta_1 B - ... - \delta_r B^r)Y_t = c^* + (\omega_0 + \omega_1 B + ... + \omega_s B^s)X_{t-b} + \varepsilon_t \qquad (5.5.1)$$

$$Y_t = c^* + \frac{(\omega_0 - \omega_1 B - ... - \omega_s B^s)}{(1- \delta_1 B - ... - \delta_r B^r)} X_{t-b} + N_t$$

$$Y_t = c + \frac{\omega(B)}{\delta(B)} X_{t-b} + N_t \quad , \quad c = \frac{c^*}{1 - \delta_1 - \delta_2 - ... - \delta_r}$$

Der Verzögerungsparameter b ist mit aufgenommen worden für den Fall, daß eine (sichtbare) Wirkung erst nach *b* Intervallen eintritt. Im folgenden setzen wir in der Regel b = 0. Im allgemeinen schreibt man - analog zum MA-Faktor bei univariaten Modellen - die Omega-Gewichte ω_1, ... , ω_s mit negativem Vorzeichen, so dass positive Effekte mit negativen Omega-Gewichten anzugeben sind.[117] Somit weisen alle Polynome in B die gleiche formale Struktur auf. Die Störgrößen werden, wie schon bei den Interventionsmodellen, mit N_t (Noise) bezeichnet, um anzudeuten, daß für sie ein ARMA(p,q)-Modell zu spezifizieren ist. Falls es sich dabei um "weißes Rauschen" handeln sollte (s. Kap. 3), ist $N_t = a_t$, sonst gilt allgemein

$$N_t = \frac{(1- \theta_1 B - ... - \theta_q B^q)}{(1- \varphi_1 B - ... - \varphi_q B^q)} a_t = \frac{\theta(B)}{\varphi(B)} a_t \qquad (5.5.2)$$

Terminologisch ist also zwischen der "Störgröße" N_t und den "Modellresiduen" a_t (die "weißes Rauschen" darstellen sollen) zu unterscheiden. Substituiert man Gleichung (5.5.2) in Gleichung (5.5.1), erhält man ein allgemeines dynamisches Regressionsmodell (hier allerdings noch mit einer einzigen externen Input-Variable X_t)

$$Y_t = c + \frac{\omega(B)}{\delta(B)} X_{t-b} + \frac{\theta(B)}{\varphi(B)} a_t \qquad (5.5.3)$$

Box/Jenkins (1976) bezeichnen es als "Transferfunktionsmodell". Es gibt an, wie der Einfluß einer exogenen *Input*-Variablen X_t über Zeit auf die abhängige Variable Y_t übertragen, "transferiert" wird. Dabei wird von vornherein damit gerechnet, daß die Störgrößen autokorreliert sein können und eine Prozeßstruktur im Sinne eines univariaten ARMA-Modells aufweisen. Formal werden die Zufallsereignisse a_t in gleicher Weise wie der Regressor X_t als *Input*-Variable behandelt; beide vermitteln ihren Einfluß über Filter, die die gleiche Struktur (rationale Polynome in *B*) haben: Das *Omega*-Polynom entspricht dem *Theta*-Polynom, das *Delta*-Polynom dem *Phi*-Polynom. Deshalb bezeichnet man die Transferfunktionsmodelle auch als *ARMAX*-Modelle; sie sind gleichsam eine "natürliche" Erweiterung der univariaten Modelle. Die Terminologie wird in der Fachliteratur aber nicht einheitlich gehand-

---

[117] Nicht alle Computer-Programme folgen dieser Konvention.

habt. Die Bezeichnung ARMAX wird gelegentlich auch für eine vereinfachte Modellversion reserviert, die die Restriktion $\delta(B) = \varphi(B)$ enthält:

$$Y_t = c + \frac{\omega(B)}{\delta(B)} + \frac{\theta(B)}{\delta(B)} + a_t \qquad (5.5.4)$$

$$\delta(B)Y_t = \delta(B)c + \omega(B)X_{t-b} + \theta(B)a_t$$

$$= c^* + \omega(B)X_{t-b} + \theta(B)a_t$$

Diese Restriktion impliziert die Annahme, daß die „random shocks" (unspezifizierte Einflußgrößen) mit der gleichen Verzögerung auf Y_t wirken wie die spezifizierten Input-Variablen. Der Ausdruck *Rational Distributed Lag (RDL-)Model*[118] wird ebenfalls nicht nur für das Gesamtmodell (5.5.3), sondern auch als spezielle Kennzeichnung für eine Version genutzt, in der die Restriktion $\theta(B) = \varphi(B)$ gilt:

$$Y_t = c + \frac{\omega(B)}{\delta(B)}X_{t-b} + a_t \qquad (5.5.5)$$

Wenn das ARMAX-Modell (5.5.4) noch weiter restringiert wird durch $\theta(B) = 1$ (Wegfall der MA-Fehlerkomponente), spricht man vom *Autoregressive-Dynamic (AD-)Model* oder auch vom *Auto-Regressive Distributed Lag (ARDL-)Model*:

$$\delta(B)Y_t = c^* + \omega(B)X_{t-b} + \theta(B)a_t \qquad (5.5.6)$$

$$Y_t = c + \frac{\omega(B)}{\delta(B)} X_{t-b} + \frac{1}{\delta(B)} a_t$$

Alle diese Modelle unterscheiden sich von den Interventionsmodellen, die wir in Kap. 4 kennengelernt haben, nur dadurch, daß die Input-Variable X_t jetzt als stochastisch angesehen wird. Es ist leicht erkennbar, daß das *Koyck*-Modell aus Abschnitt 5.2.1 hinsichtlich seiner dynamischen Spezifikation einen Spezialfall des Transferfunktionsmodells darstellt mit $r = 1$ und $s = 0$ (s. Gleichung (5.2.1)):

$$Y_t = \alpha + \frac{\omega}{(1 - \delta B)} X_t + \varepsilon_t \qquad (5.5.7)$$

$$(1 - \delta B)Y_t = \alpha(1 - \delta B) + \omega X_t + (1 - \delta B)\varepsilon_t$$

$$Y_t = \alpha^* + \delta Y_{t-1} + \omega X_t + \varepsilon^*_t$$

Wir hatten gesehen, daß das *Koyck*-Modell eine Transformation des Ordinatenabschnitts gemäß $\alpha^* = (1-\delta B)\alpha = (1-\delta)\alpha$ impliziert und in den Fehlerterm eine MA(1)-Komponente einführt: $\varepsilon_t^* = (1-\delta B)\varepsilon_t$. Das Transferfunktionsmodell mit $r=1$ impliziert die gleiche Impuls-Antwort-Funktion (IAF) wie das *Koyck*-Modell. Die unter dem Etikett *Transferfunktionsmodelle* beschriebenen Gleichungen gehen jedoch von einem etwas anderen Konstruktionsprinzip aus, bei dem die verzögerte endogene Variable direkt und nicht als Ergebnis einer (Koyck-)Transformation

---

[118] Der Ausdruck "rational" bezieht sich darauf, daß der Funktionsterm als Quotient (Verhältnis, *ratio*) zweier Polynome dargestellt wird (vgl. die Bezeichnung "*Ratio*-Skalen" für "*Verhältnis*-Skalen").

eingeführt wird (s. Harvey 1981a: 226 - 228).[119] Die darauf abgestellten Schätzalgorithmen produzieren somit Schätzer für die nicht-transformierten Residuen und
den nicht-transformierten Ordinatenabschnitt.

Das wird deutlich, wenn man die Schätzer für das *Koyck*-Modell (5.2.11) mit den
Schätzern des entsprechenden Transferfunktionsmodells vergleicht

$$POP_t = 63,59 - \frac{1,66}{1 - 0,91B} \, \delta AR_{t-1} + KV + \frac{1}{1 - 0,89B} \, a_t \qquad (5.5.8)$$

KV steht hier wiederum für eine Liste von Kontrollvariablen, die erst später
expliziert werden. Statt eines transformierten Schätzers $\alpha^* = 6,47$ für den Ordina-
tenabschnit (s. oben Gleichung (5.2.11)) erhält man nun den nicht-transformierten
Schätzer $\hat{\alpha} = 63,59$. Und die geschätzte Residualreihe enthält eine AR(1)-Kompo-
nente mit $\hat{\varphi} = 0.89$, denn sie ist noch nicht durch eine entsprechende MA(1)-Kom-
ponente mit $\delta \sim 0,90$ zu *white noise* transformiert worden. Die Legitimität dieser
Voraussetzung, die wir bei der OLS-Schätzung des *Koyck*-Modells gemacht hatten,
wird dadurch bestätigt, daß für die freigegebenen Parameter δ und φ nahezu identische Werte (ca. 0,90) geschätzt werden. Auch die übrigen *OLS*-Schätzer des
Koyck-Modells - einschließlich der hier nicht aufgelisteten Kontrollvariablen - liegen sehr nahe an den *ML*-Schätzern des Transferfunktionsmodells.

Allgemein gelten für das Transferfunktionsmodell folgende Voraussetzungen:

(1) Die kausale Beziehung ist asymmetrisch; sie verläuft von *X* nach *Y*, nicht umgekehrt; eine Rückkopplung ist ausgeschlossen. (Modelle mit *feedback* werden
in Kapitel 7 vorgestellt.)
(2) Die exogene Variable X_t ist unabhängig von den Störgrößen N_t (eine analoge
Voraussetzung gilt in jedem Regressionsmodell).
(3) Die abhängige Variable Y_t wie auch die unabhängige Variable X_t sind stationär
(evtl. nach geeigneten Transformationen wie der Differenzenbildung).
(4) Das dynamische System ist "stabil", eine Änderung in X_t führt nur zu einer begrenzten Veränderung in Y_t; eine explosive Entwicklung wird ausgeschlossen.
Diese Bedingung ist erfüllt, wenn die Summe der Transferfunktionsgewichte
endlich ist (s. unten).

Das Modell kann wie bei der statischen Regressionsanalyse auf mehrere exogene
Input-Variablen ausgedehnt werden:

$$Y_t = c + \frac{\omega_1(B)}{\delta_1(B)} X_{1,t} + \frac{\omega_2(B)}{\delta_2(B)} X_{2,t} + \dots + \frac{\omega_m(B)}{\delta_m(B)} X_{m,t} + \frac{\theta(B)}{\varphi(B)} \, a_t \qquad (5.5.9)$$

---

[119] Diese konzeptuelle und rechentechnische Differenzierung wird in der Literatur jedoch
nicht in jedem Falle terminologisch durchgehalten. Hiermit werden tieferliegende Probleme der Umsetzung von Verhaltenshypothesen in formale Strukturmodelle berührt, die
wir in diesem Einführungstext nicht erörtern (s. Hendry et al. 1984: 1027 ff.).

Die eben genannten Voraussetzungen gelten hinsichtlich jeder einzelnen der verschiedenen Input-Variablen $X_{i,t}$ ($i=1,2,...,m$). Prinzipiell kann für jede Input-Variable ein besonderer Trägheitsfaktor δ vorgesehen werden. Die speziell für die Box/Jenkins-Methodologie entwickelte Software erlaubt die Freigabe der verschiedenen *Delta*-Parameter und eine Modellspezifikation, die die entsprechenden Faktoren im Nenner beläßt. Es entfallen also die mühsamen Transformationen, mit denen man die Nenner-Ausdrücke ansonsten aufheben müßte (s. oben, Abschn. 5.2.3). Allerdings können die Schätzungen für mehrere *Delta*-Parameter recht instabil werden. Wir beschäftigen uns aber in den folgenden Abschnitten zunächst ausführlicher mit Modellen, die eine einzige exogene Variable enthalten.

Die Stabilitätsbedingung für das Transferfunktionsmodell entspricht formal der Stationaritätsbedingung des univariaten Prozesses: Alle Wurzeln (Lösungen) der Gleichung $(1 - \delta_1 B - ... - \delta_r B^r) = 0$ müssen außerhalb des Einheitskreises liegen. Im Falle von $r = 1$ bedeutet dies: $-1 < \delta_1 < 1$. Wir hatten in Kap. 3 gesehen, daß stationäre ARMA-Modelle in die *Psi*-Gewichte-Form übersetzt werden können (wir setzen die Konstante $c = 0$):

$$Z_t = \frac{1 - \theta_1 B - ... - \theta_q B}{1 - \varphi_1 B - ... - \varphi_p B}\, a_t = (1 - \psi_1 B - \psi_2 B^2 ...)a_t \qquad (5.5.10)$$

Die unendliche Folge der *Psi*-Gewichte, geschrieben als Funktion des *Lags*, war als Impuls-Antwortfunktion (IAF) bezeichnet worden. Unter Stationaritätsbedingungen konvergiert ihre Summe bei $t \to \infty$ gegen einen endlichen Wert. In gleicher Weise können wir unter der Stabilitätsbedingung auch die IAF für die Transferfunktion ermitteln:

$$Y_t = \frac{\omega_0 - \omega_1 B - ... - \omega_s B^s}{1 - \delta_1 B - ... - \delta_r B^r}\, X_t = (\beta_0 - \beta_1 B - \beta_2 B^2 - ...)X_t \qquad (5.5.11)$$

Allerdings wird im *Omega*-Polynom nicht $\omega_0 = 1$ gesetzt. Im Falle von $s = 0$ und $r = 1$ (*Koyck*-Modell) erhalten wir:

$$\frac{\omega_0}{(1 - \delta_1 B)}\, X_t = (\beta_0 - \beta_1 B - \beta_2 B^2 - ...)X_t \qquad (5.5.12)$$

$$\omega_0(1 - \delta_1 B)^{-1}X_t = (\beta_0 - \beta_1 B - \beta_2 B^2 - ...)X_t$$

$$\omega_0(1 - \delta_1 B - \delta_2 B^2 - ...)X_t = (\beta_0 - \beta_1 B - \beta_2 B^2 - ...)X_t$$

Wenn man die Koeffizienten für B^k mit demselben Exponenten $k = 1,2,...$ auf beiden Gleichungsseiten jeweils gleichsetzt, erhält man die (unendliche) Folge der geometrisch abfallenden Regressionsgewichte, wie wir sie schon aus Kapitelabschn. 5.2 kennen:

$$\omega_0 = \beta_0 \qquad\qquad\qquad (5.5.13)$$
$$\omega_0\delta_1 = \beta_1$$
$$\omega_0\delta^2_1 = \beta_2$$

Aneinandergereiht bilden die ß-Koeffizienten, die man in diesem Zusammenhang auch als "Transferfunktionsgewichte" bezeichnet, die Impuls-Antwort-Funktion (IAF) für den Input X_t. Abb. 5.5.1 zeigt die IAF für einige ausgewählte Transferfunktionsmodelle.[120]

Die IAF repräsentiert unmittelbar den Wirkungsverlauf eines *Puls*-Inputs (s. Kapitel 4), also die zeitlich gestreckten Veränderungen in Y_t, die aus einer einmaligen Veränderung um eine Maßeinheit (+1) in X_t resultieren. Die schrittweise *kumulierte* IAF repräsentiert den Wirkungsverlauf eines *Stufen*-Inputs, der ebenfalls im Kontext der Interventionsmodelle erläutert wurde. Der Wirkungsverlauf bei einer stochastischen Input-Variablen mit fortlaufend wechselnden Werten läßt sich rekonstruieren, wenn man die Veränderungen in X_t als Folge von *Puls*-Inputs auffaßt. Abb. 5.5.2 soll dies noch einmal verdeutlichen.

---

[120] Die Kringel markieren die sog. Startwerte für die Lösung der Differenzengleichungen (s. Anhang 4 und 5). Bei der Puls-Funktion werden jeweils r Startwerte benötigt, der letzte ist bei $b = s$ plaziert. Bei der Kumulation kommt ein weiterer Startwert hinzu (siehe auch Abb. 5.5.4).

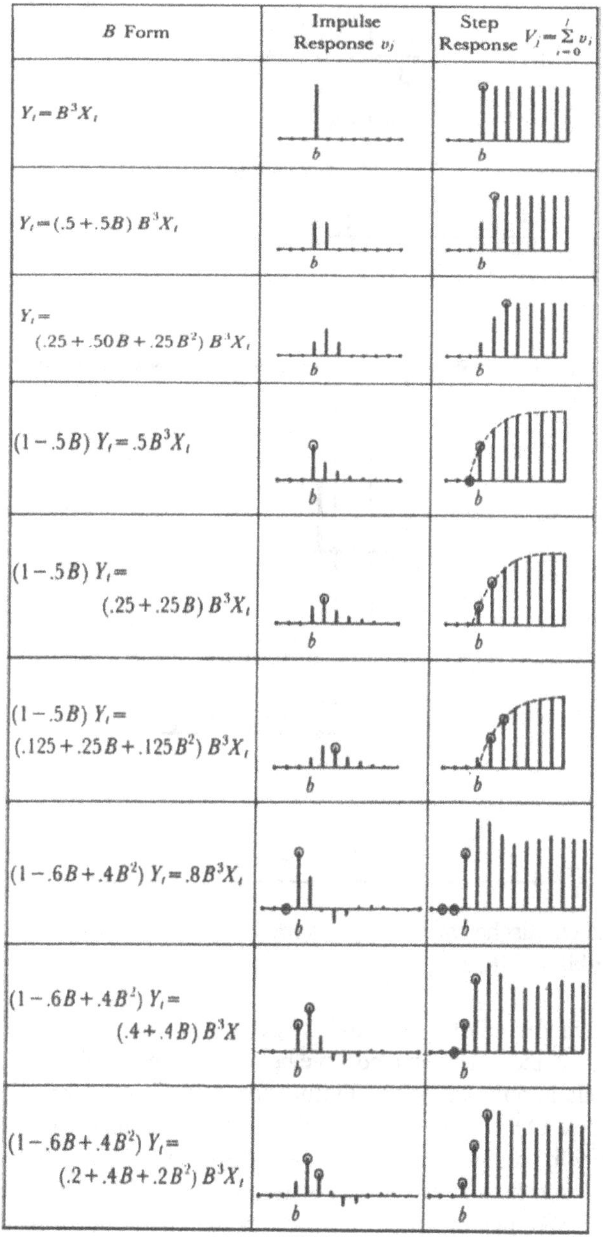

B Form	Impulse Response v_j	Step Response $V_j = \sum_{i=0}^{j} v_i$
$Y_t = B^3 X_t$		
$Y_t = (.5 + .5B)\, B^3 X_t$		
$Y_t = (.25 + .50B + .25B^2)\, B^3 X_t$		
$(1 - .5B)\, Y_t = .5B^3 X_t$		
$(1 - .5B)\, Y_t = (.25 + .25B)\, B^3 X_t$		
$(1 - .5B)\, Y_t = (.125 + .25B + .125B^2)\, B^3 X_t$		
$(1 - .6B + .4B^2)\, Y_t = .8B^3 X_t$		
$(1 - .6B + .4B^2)\, Y_t = (.4 + .4B)\, B^3 X$		
$(1 - .6B + .4B^2)\, Y_t = (.2 + .4B + .2B^2)\, B^3 X_t$		

Abb. 5.5.1 Impulsantwortfunktionen verschiedener Transferfunktionsmodelle (nach Box/Jenkins 1976:349)

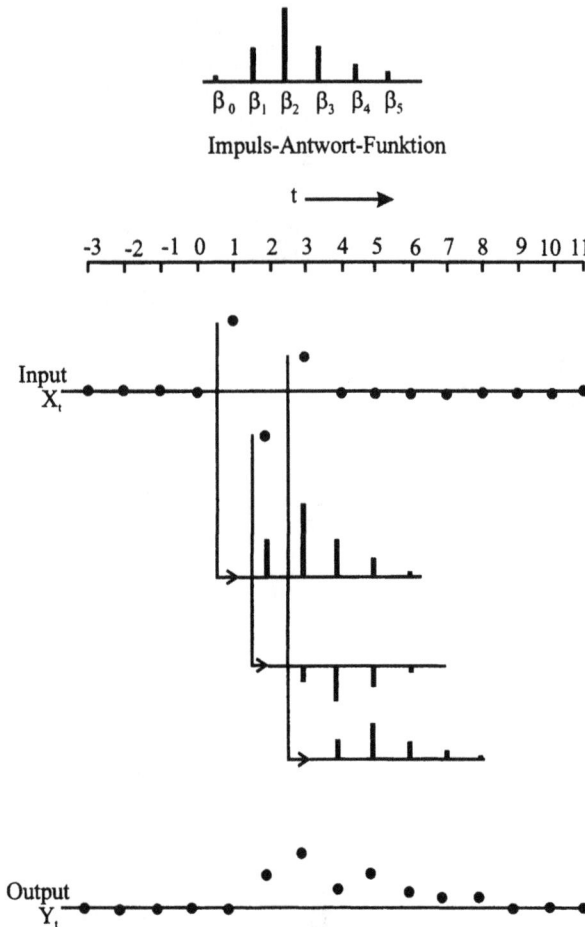

Abb. 5.5.2 Schematische Darstellung des Input-Output-Transfers
(nach Box/Jenkins 1976: 339)

Gezeigt wird ein kurze Folge von Änderungen in X_t: eine positive bei $t = 1$, eine
negative bei $t = 2$ und erneut eine positive bei $t = 3$. Jede einzelne dieser Veränderungen wirkt als Impuls, der seinen Einfluß auf Y_t sukzessive über die am oberen
Rand abgebildete IAF entfaltet. Die aktuelle Veränderung in Y_t ergibt sich (in dem
additiven Modell) aus der Summe der zu einem bestimmten Zeitpunkt t vorhandenen Wirkungskomponenten, die nicht nur von den β-Gewichten, sondern
auch von der Stärke des Impulses abhängen (s. die zwischen Input- und Output-
Achse plazierten Ablaufmuster). Weil β_0 einen Wert nahe Null aufweist, dauert es
ein Intervall, bis der erste Impuls (bei $t = 1$) eine sichtbare Wirkung zeigt
(bei $t = 2$). Bei $t = 3$ erzielt der erste Impuls eine größere Wirkung als zuvor (über
β_2); sie wird aber gemindert, durch die nun einsetzende Wirkung (über β_1) des
negativen (und betragsmäßig schwächeren) zweiten Impulses. Bei $t = 4$ sind erst-
mals die Wirkungskomponenten aller drei Impulse versammelt, nach $t = 5$ geht die

Wirkungssumme allmählich gegen Null.

Auch im Falle eines stochastischen Inputs ist es analytisch sinnvoll, einen Gleichgewichtszuwachs aus der Summe der Transferfunktionsgewichte zu bestimmen
(s. oben, Gleichung (4.2.6)):

$$\Gamma = \beta_0 + \beta_1 + \beta_2 + \dots \qquad (5.5.14)$$

$$= \frac{\omega_0 - \omega_1 - \dots - \omega_s}{1 - \delta_1 - \delta_2 - \dots \delta_r}$$

Er gibt die Gesamtwirkung einer (fiktiven) *permanenten* Anhebung des Niveaus
von X_t um eine Maßeinheit an. Er entspricht somit, wie schon in Abschn. 5.1.2 erläutert, dem Steigungskoeffizienten einer statischen Regressionsanalyse mit Querschnittdaten.

5.5.2 Identifikation von Transferfunktionsmodellen

Die ökonometrische Tradition der Zeitreihenanalyse sieht vor, daß die Spezifikation dynamischer Modelle aus einer inhaltlichen Theorie, bspw. aus einer
Theorie rationaler Erwartungsbildung (s. oben, Abschn. 5.2.1) abgeleitet und dann
anhand der beobachteten Daten überprüft werden kann. In den Geschichts- und
Sozialwissenschaften liegen, das wurde bereits betont, derartige Theorien oft nicht
oder nicht in ausreichend präziser Form vor. Deshalb muß versucht werden, auf der
Basis der gegebenen Daten ein Modell zu identifizieren und zu prüfen. Das ist der
allgemeine Ansatzpunkt der Box/Jenkins-Methodologie, den wir im Prinzip schon
in Kap. 3 kennengelernt haben. Von den Vertretern des klassischen ökonometrischen Ansatzes sind die Box/Jenkins-Modelle gelegentlich als "models of
ignorance" abqualifiziert worden (s. Hibbs 1977). Inzwischen hat sich die Debatte
versachlicht, weil man erkannt hat, daß das Box/Jenkins-Instrumentarium auch
dazu eingesetzt werden kann, Voraussetzungen und Implikationen theoretisch ab-
geleiteter Modelle zu überprüfen. Insofern liefert der Box/Jenkins-Ansatz auch bei
der dynamischen Regressionsanalyse einen allgemeineren Rahmen als die klassische Ökonometrie. In den beiden folgenden Teil-Abschnitten werden zwei
Strategien erläutert, mit denen Transferfunktionsmodelle empirisch (aus den Daten
heraus) identifiziert werden können. In Abschnitt 5.5.3 werden Diagnose-
instrumente vorgestellt, mit denen sich die Modelle evaluieren lassen, nachdem
ihre Parameter und Residuen geschätzt worden sind. Im Prinzip wendet man auch
hier die dreistufige Verfahrenslogik an, die schon die univariate Box/Jenkins-
Analyse (s. Kap. 3) gekennzeichnet hat: die Modelle werden a) identifiziert, b) geschätzt und c) evaluiert.

5.5.2.1 Identifikation mittels Kreuzkorrelationsfunktion und „prewhitening"

Die empirische Kreuzkorrelationsfunktion (KKF) ist schon in Kapitelabschnitt 2.2 dargestellt worden. Die dort präsentierten Ergebnisse für simulierte Reihen - siehe die Modellgleichung (2.2.4) sowie die dazugehörige KKF in der Abbildung (2.2.1) - lassen sich theoretisch nachvollziehen, indem man die entsprechenden Erwartungswerte formal ableitet. Wir zeigen dies anhand eines dyamischen Modells 1. Ordnung:

$$Y_t = \delta Y_{t-1} + \omega_0 X_{t-b} + N_t \qquad (5.5.15)$$

Es sei vorausgesetzt, daß beide Zeitreihen, Y_t und X_t, stationär um den Erwartungswert "null" verlaufen. Zunächst transformieren wir die Gleichung in ihre infinite Form zurück (vgl. die Ableitung des Koyck-Schemas in Kap. 5.2)

$$Y_t = \omega_0 \sum_i \delta^i X_{t-b-i} + N_t , \ i = 0,1, 2,...; \ 0<\delta<1 \ ; \ b\geq0 \qquad (5.5.16)$$

Die Kovarianz zwischen den mittelwertzentrierten Reihen X_{t-k} und Y_t ist

$$\gamma_k = E[(X_{t-k})(\omega_0 \sum \delta^i X_{t-b-i} + N_t)] \ , \ \ k = 0,1,2,... \qquad (5.5.17)$$

$$= E(\omega_0 \sum \delta^i X_{t-b-i} X_{t-k} + N_t) + E(X_{t-k}N_t)$$

$$= \omega_0\delta^0 E(X_{t-k}X_{t-b}) + \omega_0\delta^1 E(X_{t-k}X_{t-b-1})$$

$$+ \omega_0\delta^2 E(X_{t-k}X_{t-b-2}) + ... + \omega_0\delta^i E(X_{t-k}X_{t-b-i} + ...) + E(X_{t-k}N_t)$$

Unter der Voraussetzung, daß (a) die Input-Variable X_t und die Störgrößen N_t nicht miteinander korrelieren und (b) die Reihe X_t nicht autokorreliert ist, sind alle Terme dieser Gleichung gleich Null, falls $k<b$ ist. Wenn $k=b$ ist, ist auf der rechten Gleichungsseite der erste dieser Ausdrücke als einziger ungleich Null:

$$\gamma_k = \omega_0\sigma^2_x \ , \ (k = b)$$

Wenn $k=b+1$, dann wird der zweite Ausdruck als einziger der infiniten Reihe ungleich null:

$$\gamma_k = \omega_0\delta\sigma^2_x , (k = b+1)$$

Allgemein gilt: Wenn $k=b+i$, wird der $(i+1)$te Ausdruck ungleich null:

$$\gamma_k = \omega_0\delta^i\sigma^2_x \ , \ (\text{beliebige } k = b + i, \ i = 0,1,2...)$$

Dividieren wir nun die Kovarianzen durch das Produkt der Standardabweichungen der beiden Reihen, so erhalten wir die Kreuzkorrelationswerte:

$$\rho_{yx}(k) = 0 \qquad , k < b \qquad (5.5.18)$$

$$= \frac{\omega_0\delta^i\sigma_x}{\sigma_y} = \beta_i \frac{\sigma_x}{\sigma_y}, \ k = b+i \ , \ i = 0,1,2 ...$$

Der Ausdruck $\omega_0 \delta^i$ ($i=0,1,2,...$) entspricht den jeweiligen β_i-Gewichten in der Regressionsgleichung mit verteilten Verzögerungen: Korrelationskoeffizienten lassen sich bei orthogonalen Prädiktorvariablen errechnen aus den Regressionskoeffizienten multipliziert mit dem Quotienten der beiden Standardabweichungen (was aus der klassischen Regressionsrechnung schon bekannt ist).

Aus Gleichung (5.5.18) folgt auch, daß bei einer dynamischen Beziehung 1. Ordnung die KKF(k) bei $k > b$ exponentiell abfällt, und zwar nach dem gleichen Muster wie die Autokorrelationsfunktion (AKF) bei einem AR(1)-Prozeß. Ohne die Leser mit weiteren formalen Ableitungen der Erwartungswerte zu ermüden, wollen wir hier festhalten, daß diese Entsprechung zwischen dem Muster der Kreuzkorrelationsfunktion und dem Muster der Autokorrelationsfunktion auch für Prozesse höherer Ordnung gilt.

Bisher haben wir die KKF aus vorgegebenen theoretischen Modellen abgeleitet. Die Frageperspektive läßt sich aber auch umkehren, indem man versucht, aus dem Muster der *empirischen* KKF auf den Prozeß (das theoretische Modell) zu schließen, der sie generiert haben könnte - in ähnlicher Weise wie bei der Identifikation univariater ARIMA-Modelle (s. Kapitel 3).

Wenn man die theoretischen Kovarianzen und Standardabweichungen durch die entsprechenden empirischen Schätzgrößen ersetzt, ergibt sich

$$r_{yx}(k) = \frac{cov_{yx}(k)}{s_y s_x} \qquad (5.5.19)$$

als Schätzgröße der theoretischen Kreuzkorrelationsfunktion $\rho_{yx}(k)$. Da wir es in der Praxis mit fehlerbehafteten Daten zu tun haben, können die empirischen KKF-Muster von den idealtypischen Mustern der theoretischen KKF erheblich abweichen (s. unten). Eine gewisse Orientierungshilfe bieten die Standardfehler (und damit die statistischen Signifikanzgrenzen) der Korrelationskoeffizienten. Unter der Nullhypothese, daß kein Zusammenhang zwischen den beiden Reihen besteht und unter der Voraussetzung, daß eine der beiden Rehen (in unserem Falle X_t) "weißes Rauschen" darstellt (s. unten), sind die Standardfehler der Kreuzkorrelationskoeffizienten näherungsweise wie folgt bestimmt (s. Box/Jenkins 1976: 377; Wei 1990: 297 f.):

$$\sigma_{r(k)} = \sqrt{\frac{1}{n-k}} \qquad (5.5.20)$$

Gelegentlich identifiziert man die Transferfunktionsmodelle aber nicht direkt aus der KKF, sondern aus den "vorläufigen" Schätzern der β-Gewichte (Transferfunktionsgewichte). Dazu sehen wir uns noch einmal die Gleichung (5.5.18) mit $b = 0$ an. Die dort formulierte Beziehung zwischen den β-Gewichten und den Kreuzkorrelationskoeffizienten gilt allgemein, also auch für dynamische Modelle höher Ordnung:

$$\rho_{yx}(k) = \beta_k \frac{\sigma_x}{\sigma_y} \qquad\qquad (5.5.21)$$

$$\beta_k = \rho_{yx}(k) \cdot \frac{\sigma_y}{\sigma_x}$$

Wie bereits erwähnt, besteht dieser Zusammenhang zwischen Regressionskoeffizient und Korrelationskoeffizient nur, (a) wenn die Input-Reihe "weißes Rauschen" darstellt und (b) wenn sie außerdem von der Noise-Komponente unabhängig ist. Wenn wir die theoretischen Größen $\rho_{yx}(k)$, σ_y und σ_x durch die entsprechenden empirischen Schätzer ersetzen, erhalten wir vorläufige Schätzer für die β-Gewichte, die wir mit β^* bezeichnen wollen:

$$\beta_k^* = r_{yx}(k) \cdot \frac{s_y}{s_x} \qquad\qquad (5.5.22)$$

Die einzelnen β^*-Gewichte sind jedoch keine effizienten Schätzer, können also in Stichproben erheblich von ihren theoretischen Zielwerten abweichen. Eine effiziente Schätzung wäre nur dann möglich, wenn die (korrekte) Modellform der dynamischen Beziehung schon bekannt wäre (Box/Jenkins 1976: 386). Die nicht-effizienten Schätzgrößen für die β-Gewichte sind in ihrer Gesamtheit dennoch geeignet, die Form des dynamischen Modells, also die Parameter b, r, s in Gleichung (5.5.1) zu identifizieren.

Die Regeln, nach denen das Muster der β^*-Gewichte oder - in gleicher Weise - der empirischen Korrelationskoeffizienten $r_{yx}(k)$ - zwecks Modellidentifikation zu interpretieren ist, lassen sich wie folgt zusammenfassen.

1. Relativ leicht ist es, den Parameter b für die Wirkungsverzögerung[121] zu bestimmen, denn die b ersten $\beta^*(k)$-Gewichte, $k=0,1,...b-1$, müssen gleich Null sein, falls eine Verzögerung von b Zeitintervallen, $b \geq 1$, gegeben ist.

2. Als zweites versucht man herauszufinden, ob die $\beta^*(k)$ ab irgeneinem Intervall k ein allmählich abfallendes Verlaufsmuster bilden. Ist dies der Fall, kann man von einem dynamischen Modell (mit $r \geq 1$) ausgehen; anderenfalls, wenn die Koeffizienten ab irgendeiner Stelle abrupt auf (nahe) Null fallen, ist ein Modell ohne verzögerte endogene Variablen ($r = 0$) anzunehmen. Selbst wenn es relativ leicht sein sollte, sich für ein $r = 0$ oder ein $r > 0$ zu entscheiden, ist es in der Praxis fast nie möglich, den genauen Wert $r > 0$ aus dem abfallenden Koeffizienten-Muster (analog zum AKF-Muster) herauszulesen. In der Regel ist man in dieser Hinsicht auf die Methode von "Versuch und Irrtum" angewiesen, wobei es sich empfiehlt, mit der Annahme $r = 1$ zu beginnen. Dynamische Modelle zweiter oder gar höherer Ordnung sind in den Sozialwissenschaften unüblich. Selbst wenn die Wir-

---

[121] Der Ausdruck "Wirkungsverzögerung" ist nicht ganz angemessen, da es keine Distanzwirkung gibt. Gemeint ist also lediglich , daß es ein Weile dauern kann, bis die Wirkung so stark geworden ist, daß sie als "signifikant" erkennbar wird.

kungsintensität kurzzeitig (über eins, zwei Intervalle) ansteigt, bevor sie allmählich wieder abfällt, empfiehlt es sich in der Regel, diesen Anstieg mit Hilfe zusätzlicher *Omega*-Gewichte zu modellieren.[122]

3. Zwischen $k_1 = b\text{-}1$ (also dem Endpunkt der *dead time*) und $k_2=b+s+1$ (also dem Intervall des ersten Abschwungschrittes) liegen $s+1$ β^*-Gewichte, die der Zahl der *Omega*-Parameter entsprechen. (Die *Omega*-Gewichte sind von 0 bis s indiziert, siehe Gleichung (5.5.1)). Wenn man sich auf ein bestimmtes b und ein bestimmtes r (also den mutmaßlichen Grad des dynamischen Prozesses) festgelegt hat, hängt die Bestimmung von s allein davon ab, bei welchem Intervall k man den Beginn des AKF-Musters lokalisiert. Dabei ist zu beachten, daß die Gruppe der β^*-Gewichte zwischen k_1 und k_2 noch einmal unterteilt ist. Sie umfaßt (a) insgesamt $s+1\text{-}r$ Werte $\beta^*_b, \beta^*_{b+1}, \ldots, \beta^*_{b+s-r}$, die ein völlig unbestimmtes Muster abgeben, und (b) r sog. Startwerte $\beta^*_{b+s-r+1}, \ldots, \beta^*_{b+s-1}, \beta^*_{b+s}$ für die Differenzengleichung $(1-\delta_1 B-\ldots-\delta_r B^r)\beta_k=0$. Was es mit diesen Startwerten auf sich hat, wird im Anhang 4 erläutert. Hier ist nur folgendes wichtig: Der letzte Startwert bei $k = b+s$ markiert den Beginn des abfallenden Musters, das durch den Ordnungsgrad des dynamischen Prozesses bestimmt ist. Aber die davor liegenden β^*-Gewichte können sich u. U. mehr oder weniger glatt in dieses Muster einfügen, so daß es oft schwierig wird, den Punkt $k = b+s$ genau zu fixieren und damit die Anzahl $s+1$ der *Omega*-Parameter zu bestimmen. Man vergleiche z. B. die beiden letzten Modelle in Abb. 5.5.1, in der die Startwerte mit einem "Kringel" markiert sind.

Wir wollen diese Interpretationsregeln zunächst anhand von Analysebeispielen für drei simulierte Transferfunktionsmodelle verdeutlichen, deren empirische Kreuzkorrelationsfunktionen in Abb. 5.5.3a bis 5.5.3c wiedergegeben sind:

---

[122] Es sei denn, es ließe sich ein wellenförmiger (periodischer) Wirkungsverlauf annehmen; er wäre mit einem dynamischen Modell zweiter Ordnung ($r = 2$) darzustellen, so wie in der univariaten Analyse periodische Schwingungen mit Hilfe eines AR(2)-Prozesses modelliert werden können (s. Kap. 3.4.4).

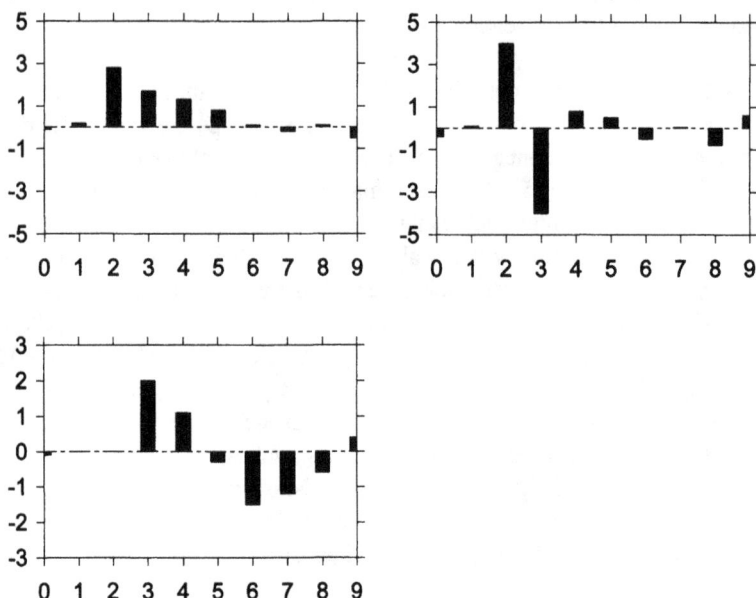

Abb. 5.5.3 a-c Beispiele für Transferfunktionsmodelle und ihnen zugeordnete KKF

Die Interpretation wird verständlicher, wenn man sich an der in Abb. 5.5.4 gegebenen Übersicht zu den verschiedenen Gruppen von Regressionskoeffizienten orientiert:

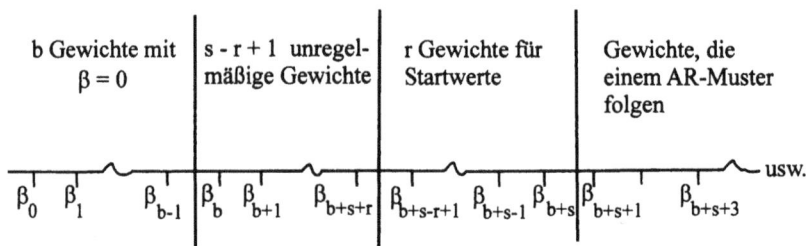

b Gewichte mit $\beta = 0$	s - r + 1 unregelmäßige Gewichte	r Gewichte für Startwerte	Gewichte, die einem AR-Muster folgen

$\beta_0 \quad \beta_1 \qquad \beta_{b-1} \quad \beta_b \quad \beta_{b+1} \qquad \beta_{b+s+r} \quad \beta_{b+s-r+1} \quad \beta_{b+s-1} \quad \beta_{b+s} \quad \beta_{b+s+1} \qquad \beta_{b+s+3}$ usw.

Abb. 5.5.4 Gruppen von Regressionskoeffizienten in der Impuls-Antwort-Funktion (nach Pack 1977:384)

Der Einfachheit wegen lassen wir von nun an das Sternchen-Symbol zur Kennzeichnung der vorläufigen β-Gewichte weg, interpretieren die KKF-Muster der Abb. 5.5.3a-c aber in diesem Sinne.

Abb. 5.5.3a zeigt, daß β_0 und β_1 nahe bei Null liegen vor einem abrupt hochschnellenden Wert β_2. Damit können wir ein $b=2$ ziemlich sicher identifizieren. Die Korrelationskoeffizienten bilden danach ein abfallendes Muster, wie es für die AKF eines AR(1)-Prozesses typisch ist; folglich ist $r=1$. Bei β_2 muß es sich also um den (einzigen) Startwert des Prozesses handeln, so daß für $k = 3 = b+s+1$ der erste Abschwungschritt zu notieren ist. Daraus errechnet sich ein $s = 3-2-1 = 0$, das heißt, es käme lediglich ein *Omega*-Gewicht (ω_0) ungleich Null vor. Nicht gänzlich auszuschließen, aber angesichts der Geschlossenheit des abfallenden Teilmusters unwahrscheinlich ist, daß der Startwert $\beta_{k=b+s}$ der Differenzengleichung nicht β_2, sondern β_3 ist. Das würde ein $s=1$, also zwei *Omega*-Gewichte implizieren und β_2 als einziges Element des unregelmäßigen Teilmusters festlegen. Die Hauptschwierigkeit bei der empirischen Modellidentifikation liegt in eben dieser Trennung von Koeffizienten der Gruppe 3 (Startwerte) und der Gruppe 4 (abfallendes Muster). Wenn man jedoch r aus dem abfallenden Teilmuster einigermaßen sicher bestimmt hat, kann man prüfen, ob sich die "sicheren" Teile des abfallenden Musters gut aus den fraglichen Startwerten errechnen lassen (s. Anhang 4), wobei man sukzessive die Startwerte näher an $\beta_{k=b}$ heranrückt. Wenn dies nicht der Fall ist, wird man die entsprechenden β-Gewichte eher als Teil des irregulären Musters der Gruppe 2 betrachten.

In Abb. 5.5.3b ist überhaupt kein Muster abfallender β-Gewichte zu entdecken, das der AKF eines autoregressiven Prozesses entsprechen könnte, folglich ist $r=0$. Es liegt also ein Modell vor, das lediglich (wegen der Verzögerung $b=2$) "dynamisch in X" ist. Die beiden einzigen signifikanten β-Gewichte gehören somit dem unregelmäßigen Muster der Gruppe 2 an: $s-r+1 = 2$. Daraus folgt $s = 2+r-1 = 1$. Das Modell scheint also mit zwei ($s+1$) *Omega*-Gewichten ausreichend identifiziert. Allerdings war in der Simulation ein Modell mit $s=2$ vorgegeben. Bei der empirischen Identifikation liegt der Kreuzkorrelationskoeffizient $r(k) = .151$ für $k=4$ nur knapp unter dem Betrag des doppelten Standardfehlers $s_{r(k)} = .09$. Bei solch knappen Signifikanzdefiziten sollte man immer auch das Alternativmodell durchrechnen.

Im letzten Beispiel (Abb. 5.5.3c) beginnen die signifikanten β-Gewichte erst mit β_3, so daß $b=3$. Das folgende Muster entspricht insgesamt einer gedämpften Sinusschwingung, wie wir sie von AR(2)-Prozessen mit konjugiert komplexen Wurzeln kennen. Es ist also ein $r=2$ anzunehmen. Alle β_k-Gewichte mit $k \geq 3$ gehören offensichtlich zu diesem Muster, so daß keine "unregelmäßigen" Koeffizienten der Gruppe 2 vorkommen und man β_3 und β_4 als die beiden Startwerte für die Differenzengleichung zweiter Ordnung ansehen muß. Das bedeutet, daß die vierte Gruppe von Koeffizienten mit β_5 beginnt, was $b+s+1 = 5$ impliziert und damit $s=1$, da $b=3$. Gedämpfte Sinusschwingungen könnten auch bei $r > 2$ auftreten. Eine solche Situation ist jedoch sehr selten. Man sollte deshalb mit einer Transferfunktion 2. Ordnung beginnen und den Ordnungsgrad erst dann erhöhen, wenn die Inspektion der Residuen (s. unten) das nahelegt.

Bei der Interpretation der Kreuzkorrelationsfunktion bzw. der daraus abgeleiteten β-Gewichte sind noch vier allgemeine Aspekte zu beachten:

1. Kreuzkorrelationsfunktionen, die nicht rasch gegen Null tendieren, weisen darauf hin, daß die beiden Reihen nicht stationär sind bzw. das System nicht stabil ist.

2. Bei der Interpretation der KKF ist es wichtig, das Grundmuster zu erkennen. Annahmen über theoretisch plausible Modelle sind dabei hilfreich. Einzelne Abweichungen können durch Stichproben- und Meßfehler, aber auch durch inadäquates "prewhitening" (s. den nächsten Kapitelabschnitt) verursacht worden sein. In diesem Zusammenhang ist des öfteren auch auf die Problematik verschiedener Methoden einer vorgängigen Saisonbereinigung hingewiesen worden (z. B. Sims 1972: 546; Sims 1974: 308f.). Auch sie können zu irregulären Werten im KKF- Muster führen. Selbst wenn "Ausreißer"-Werte der KKF formal signifikante Stärken annehmen, mögen sie inhaltlich irrelevant sein (s. z. B. Ashley/ Granger/Schmalensee 1980: 1158, 1162). Andererseits sollte man sie aber auch als Warnflaggen gegen voreilige Modellspezifikationen ernst nehmen (Sims 1974: 315).

3. Im allgemeinen sind die Kreuzkorrelationskoefizienten untereinander korreliert. Selbst dann, wenn die beiden Zeitreihen X_t und Y_t nicht miteinander korrelieren, ist zu erwarten, daß die Kreuzkorrelationskoeffizienten um Null mit einem Standardfehler von $(n-k)^{-\frac{1}{2}}$ schwanken und dabei autokorreliert sind. Die Stärke dieser Autokorrelation ist durch die beiden AKFs der Input- und der Output-Reihe bestimmt (Box/Jenkins 1976: 377). Nur wenn *beide* Reihen "white noise" darstellen, sind keine Autokorrelationen der Kreuz-Korrelationskoeffizienten zu erwarten. Dies ist bei der Interpretation im Auge zu behalten; ein bestimmtes $r_{yx}(m)$ kann auch ein "Nachhall" eines vorausgegangenen Kreuz-Korrelationskoeffizienten $r_{yx}(k)$, $0 \leq k < m$, sein.

4. Die Modellidentifikation wird oft dadurch erschwert, daß das "prewhitening" (s. den nächsten Abschnitt) die Meßfehleranteile an der Gesamtvarianz erhöht. Die Korrelationskoeffizienten werden somit tendenziell unterschätzt (s. Kirchgässner 1981). Die genaue Identifikation des Transferfunktionsmodells mittels der KKF ist auch aus diesem Grunde ein theoretisches Versprechen, das unserer Erfahrung nach in der sozialwissenschaftlichen Praxis häufig nicht eingelöst werden kann.

Bevor wir eine Beispielanalyse mit nicht-simulierten Daten präsentieren, ist noch das sog. *prewhitening* zu erläutern, eine Datentransformation, die vor Bestimmung der KKF durchzuführen ist, falls die Input-Variable nicht schon vorher "weißes Rauschen" darstellt.

5.5.2.1 Prewhitening

Die Überlegungen des vorigen Abschnitts gingen davon aus, daß die Input-Reihe X_t einen reinen Zufallsprozeß ("white noise") darstellt. Sozialwissenschaftliche Zeitreihendaten sind jedoch in der Regel autokorreliert. Welche Konsequenzen ergeben sich daraus für die Kreuzkorrelationsfunktion? Wenn man die Gleichung

$$Y_t = \beta_0 X_t + \beta_1 X_{t-1} + ... + \beta_k X_{t-k} + N_t \qquad (5.5.23)$$

Schritt für Schritt zuerst mit X_t, dann mit X_{t-1}, mit X_{t-2} usw., schließlich mit X_{t-k} durchmultipliziert und für die so entstandenen Kreuzprodukte die Erwartungswerte bildet, läßt sich zeigen, daß der Kreuzkorrelationskoeffizient $\rho_{yx}(k)$ in folgender Weise von den Autokorrelationskoeffizienten $\rho_{xx}(k-j)$, $j = 1,2,...,k$ der unabhängigen Variablen X_t abhängt:

$$\rho_{yx}(k) = \beta_0 \frac{\sigma_x}{\sigma_y} \rho_{xx}(k) + \beta_1 \frac{\sigma_x}{\sigma_y} \rho_{xx}(k-1) + ... + \beta_k \frac{\sigma_x}{\sigma_y} \qquad (5.5.24)$$

Statistisch signifikante Kreuzkorrelationen können somit - bei entsprechender Autokorrelation der unabhängigen Variablen - auch dann auftreten, wenn überhaupt keine kausale Beziehung zwischen den beiden Zeitreihen besteht (eine besondere Form der "Scheinkausalität"). Erst wenn $\rho_{xx}(k)=0$ für alle $k = 1,2,...$ gilt, reduziert sich Gleichung (5.5.24) zu der Gleichung, die wir schon im vorigen Abschnitt kennenlernten:

$$\rho_{yx}(k) = \beta_k \frac{\sigma_x}{\sigma_y} \quad , k = 0,1,2... \qquad (5.5.25)$$

Um den Einfluß der Autokorrelation der Input-Reihe auszuschalten, schlagen Box/ Jenkins (1976: 379f.) eine Datentransformation vor, die sie als "prewhitening" bezeichnen. Durch dieses "Vorweißen" wird eine autokorrelierte Input-Reihe X_t, die eine bestimmte ARIMA-Struktur aufweist, in einen reinen Zufallsprozeß $a_x(t)$ überführt. Box u. Jenkins bezeichnen sie als *Alpha*-Reihe, $\alpha(t)$. Praktisch geschieht das, indem nach einer univariaten Zeitreihenanalyse der ARIMA-Filter (einschließlich des evtl. vorhandenen Differenzenoperators) der X-Reihe in umgekehrter Richtung auf X_t angewendet wird. Die inverse Anwendung von ARIMA-Filtern ist bereits in Kap. 3 besprochen worden. In dem einfachen Fall eines AR(1)-Prozesses erhalten wir zum Beispiel

$$x_t - \varphi_1 x_{t-1} = a_x(t) \qquad (5.5.26)$$

Komplexere Filter, die eine MA-Komponente enthalten, führen zu komplizierteren Rechnungen, die hier nicht über das in Anhang 5 Gesagte hinaus erläutert werden müssen, da die Filter-Inversion in Programmpaketen zur Box/Jenkins-Zeitreihenanalyse Standardroutine ist.

Transformierte man auf diese Weise nur die externe Input-Reihe X_t, müßte sich die Struktur der Beziehung zur Output-Reihe Y_t (wie sie sich in den Transferfunktions-

gewichten darstellt) verändern. Um dies zu vermeiden, schlagen Box/Jenkins
(1976) vor, den aus dem ARIMA-Modell der Input-Reihe gewonnenen Filter auch
auf die Output-Reihe Y_t (und damit implizit auch auf die Noise-Reihe) anzuwenden; Box u. Jenkins bezeichnen sie als *Beta*-Reihe, $\beta(t)$. Auch wenn die Output-
Reihe dadurch im allgemeinen nicht zu "white noise" wird (da sie in der Regel eine
andere Prozeßstruktur bzw. andere Prozeßparameter aufweist als die Input-Reihe),
wird durch diese strukturerhaltende Doppel-Transformation eine Verzerrung der
Transferfunktion verhindert. Die Kreuzkorrelationsfunktion der so transformierten
Reihen, $a_x(t)$ und $a_y(t)$, kann dann als Instrument zur Identifikation des Transferfunktionsmodells eingesetzt werden. Analog zu Gleichung (5.5.22) ergeben sich
die vorläufigen Transferfunktionsgewichte β^* aus

$$\beta^*_k = \frac{r_{a(x)a(y)}(k)s_{a(y)}}{s_{a(x)}} \qquad (5.5.27)$$

Die endgültigen Schätzer der Transferfunktionsgewichte (und damit der Impuls-
Antwort-Funktion) werden später aus den geschätzten *Omega*- und *Delta*-
Gewichten errechnet. Die "vorläufigen" Schätzer dienen lediglich, wie schon oben
gezeigt, der Identifikation des Modells.

Wenn auch die zweite Zeitreihe Y_t "vorgeweißt" wird, kann die Kreuzkorrelationsfunktion als Kausalitätstest eingesetzt werden, ohne daß man eine Wechselwirkung
zwischen X_t und Y_t a priori ausschließt. Zu Kausalitätstests in der Zeitreihenanalyse
siehe Kirchgässner (1981); einen knappen Überblick liefert Thome (1988).

5.5.2.1.2 Identifikation eines vorläufigen Noise-Modells
Bevor man die Parameter der Transferfunktion schätzt, ist ein vorläufiges Modell
für die *Noise*-Komponente festzulegen. In der einschlägigen Literatur sind verschiedene Vorschläge zu finden, in welcher Weise vorläufige *Noise*-Modelle
bestimmt werden können. McCleary/Hay (1980: 241) empfehlen zum Beispiel, das
Transferfunktionsmodell zunächst unter der Annahme zu schätzen, N_t sei "weißes
Rauschen". Für die Residualreihe, die sich aus dem vorläufigen Gesamtmodell
ergibt, wird sodann ein ARMA-Modell bestimmt, das beim nochmaligen Schätzen
der Transferfunktionsparameter als (korrigierte) *Noise*-Komponente in die Modellgleichung mit aufgenommen wird. Box/Jenkins (1976: 383 f.) schlagen vor, die aus
der KKF abgeleiteten Regressionsschätzer β^*_k zu nutzen, um eine vorläufige *Noise*-Reihe zu generieren:

$$N^*_t = Y_t - \beta^*_0 X_t - \beta^*_1 X_{t-1} - \beta^*_2 X_{t-2} - \dots \qquad (5.5.28)$$

für die sodann mit den üblichen Methoden ein univariates (vorläufiges) ARMA-
Modell bestimmt werden kann. Liu/Hudak (1992-94) wiederum empfehlen,
generell für die Störgrößen zunächst ein AR(1)-Modell oder, im Falle saisonaler
Schwankungen, ein SARIMA$(1,0,0)(1,0,12)_{12}$ Modell anzunehmen. Wenn die
Störgrößen tatsächlich einem MA- oder einem Mischmodell folgen, ist
$(1-\varphi B)N_t = a_t$ eine bessere Vorgabe als $N_t = a_t$. Andererseits, wenn die Störgröße

nichts anderes ist als "weißes Rauschen", kann dies durch einen geschätzten *Phi*-Koeffizienten nahe Null angezeigt und das Modell entsprechend korrigiert werden. Außerdem kann mit der Annahme eines AR(1)-Fehlermodells noch einmal überprüft werden, ob eine Differenzenbildung vorzunehmen ist; dies wäre angezeigt, falls die Schätzung $\hat{\phi} \sim 1$ ergibt.

5.5.2.2 Test auf eventuelle Rückkopplungseffekte

Wie oben betont, setzen die Transferfunktionsmodelle eine asymmetrische Kausalbeziehung ohne Rückkopplungseffekte voraus. Für den Fall, daß solche Wechselwirkungen (*feedback*) nicht ausgeschlossen werden können, empfiehlt Pankratz (1991: 170 ff.) ein einfaches Testverfahren. Dabei wird die (mutmaßliche) Input-Reihe X_t sowohl auf eigene vergangene Werte als auch auf vergangene Werte der (mutmaßlichen) Output-Reihe Y_t regrediert:

$$X_t = c + b_1 X_{t-1} + \dots b_k X_{t-K} + d_1 Y_{t-1} + \dots + d_K Y_{t-K} + a_t \qquad (5.5.29)$$

Falls ein Rückkopplungseffekt von der *Y*-Reihe auf die *X*-Reihe vorliegt, sollte er sich in signifikanten Koeffizienten $d_1,...,d_K$ zeigen. Die Verzögerungsspanne *K* muß ausreichend groß gewählt werden, um jede denkbare Verzögerung im Rückkopplungsmechanismus erfassen zu können. Es ist ratsam, mehrere Regressionsmodelle mit unterschiedlichen *K*s zu schätzen. Es empfiehlt sich weiterhin, nicht nur die einzelnen *t*-Statistiken heranzuziehen, sondern auch den üblichen *F*-Test für die verbundene Nullhypothese H_o: $d_1 = d_2 = ... = d_K = 0$ durchzuführen. Eventuell vorhandene kontemporäre Rückkopplungseffekte ($K = 0$) können nicht erfaßt werden; eine signifikante Korrelation zum *Lag* k = 0 muß mit theoretischen Argumenten einer der beiden Variablen (die dann als Input-Variable fungiert) kausal zugeschrieben werden. Rückkopplungseffekte können auch artifiziell als Folge einer zeitlichen Aggregierung auftreten, wenn bspw. Wochen- zu Monatsdaten zusammengefaßt werden. Deshalb empfiehlt es sich, den hier besprochenen Test auf jeden Fall vorzunehmen, wenn die analysierten Zeitreihen aus einer derartigen Aggregierung hervorgegangen sind. *Feedback*-Beziehungen müssen in Mehrgleichungs-Systemen modelliert werden (s. unten, Kap. 7).

5.5.2.3 Ein Beispiel

Die Anwendung der eben erläuterten Methoden soll nun anhand eines sozialwissenschaftlichen Beispiels demonstriert werden, das wir einer Arbeit von Kirchgässner (1985b) entnehmen. In ihr wird der Zusammenhang zwischen der Einschätzung der allgemeinen wirtschaftlichen Lage (AWL) und den Parteipräferenzen (für CDU oder für SPD) untersucht. Die entsprechenden Zeitreihen mit monatlichen Intervallen sind demoskopischen Umfragen entnommen, die von "Infratest" (München) und dem Institut für Demoskopie Allensbach durchgeführt wurden. Sie umfassen die Periode von Februar 1971 bis April 1982 (135 Beobachtungen bzw. linear interpolierte Fälle).

Wir werden hier lediglich die Infratest-Daten zur allgemeinen wirtschaftlichen Lageeinschätzung (Prozentanteil derer, die sie als "gut" oder "sehr gut" ansehen) und zur SPD-Präferenz (Prozentanteil derer, die "am nächsten Sonntag" SPD wählen würden, falls Wahlen stattfänden) Schritt für Schritt reanalysieren.[123] Obwohl wir diese Daten schon in vorangegangenen Kapiteln vorgestellt haben, sollen sie hier noch einmal (in Abb. 5.5.5a-b) präsentiert werden.

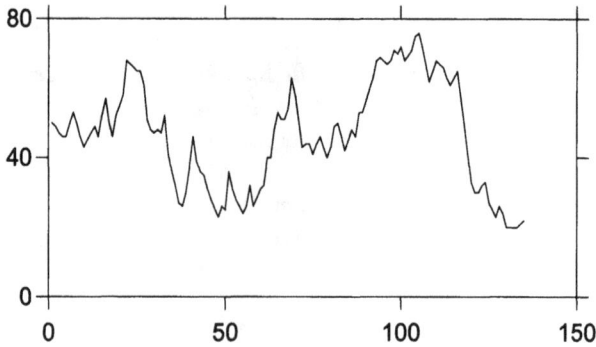

Abb. 5.5.5a Einschätzung der allg. wirtschaftlichen Lage als gut bzw. sehr gut

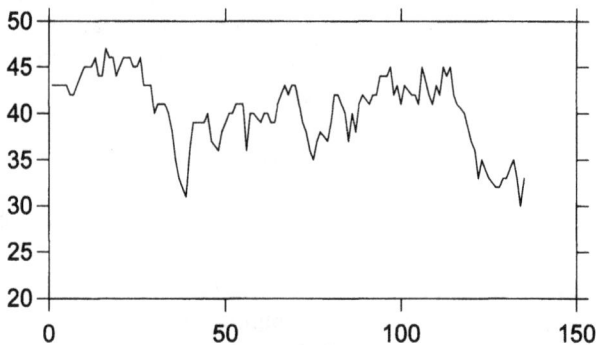

Abb. 5.5.5b SPD-Präferenzen

In beiden Reihen sind ausgeprägte lokale Trends erkennbar, die sich auch in nur langsam abfallenden Autokorrelationsfunktionen zeigen (hier nicht nochmals abgedruckt). Auch die Einheitswurzeltests nach Dickey u. Fuller (s. oben, Kap. 3.12.4) bestätigen, daß es sich um integrierte Prozesse 1. Ordnung handelt. Nach einfacher Differenzenbildung beider Zeitreihen können die Stationaritätsbedingungen als erfüllt gelten. Größere Anomalien (wie Ausreißer, Strukturbrüche, zeitlich instabile Varianzen) sind nicht erkennbar. Es ist zu vermuten, daß die Einschätzung der wirtschaftlichen Lage einseitig auf die Parteipräferenz wirkt und somit die bei Transferfunktionsmodellen vorausgesetzte asymmetrische Kausalbeziehung vorliegt. Damit ist AWL als Input-, SPD als Output-Reihe festgelegt.

---

[123] Wir danken Prof. G. Kirchgässner, der uns diese Zeitreihen mit freundlicher Genehmigung des Bundespresseamtes zur Verfügung gestellt hat.

Als nächstes ist ein ARIMA-Modell für die Input-Reihe AWL_t bzw. ein ARMA-Modell für die "differenzierte" Reihe δAWL_t zu identifizieren und zu schätzen. Die univariate Analyse führt zu einem ARIMA $(0,1,1)$-Modell mit $\hat{\theta} = 0{,}25$ für den MA-Term. Mit diesem Modell werden sowohl die AWL- als auch die SPD-Reihe transformiert ("prewhitening"). Das Kreuzkorrelogramm der beiden transformierten Reihen ist in Abb. 5.5.6 wiedergegeben.

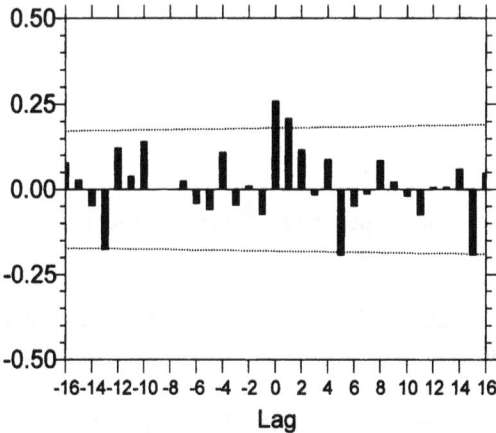

Abb. 5.5.6 KKF wirtschaftliche Lage-Einschätzung und SPD-Präferenzen

Es zeigt einen signifikanten Koeffizienten bei $k=0$ und ein darauf folgendes Muster mit abfallenden Werten. Es läßt sich im Sinne eines dynamischen Modells 1. Ordnung interpretieren. Wenn wir die oben erläuterten Interpretationsregeln anwenden, ergibt sich folgendes: Der erste abfallende Wert liegt bei $k = 1 = b+s+1$. Da die Verzögerung (*dead time*) $b=0$ ist, folgt daraus, daß auch $s=0$ sein muß, also nur ein einziges *Omega*-Gewicht anzunehmen ist. Nun tritt aber bei *lag* $k=5$ ein weiterer, diesmal negativer Koeffizient auf, der signifikant sein könnte und dem man mit etwas Phantasie ebenfalls ein abfallendes Muster zuordnen kann. Theoretisch ließe sich diese Konstellation im Sinne einer Anpassungsreaktion interpretieren: Eine positiv veränderte Einschätzung der ökonomischen Lage kommt zunächst der Regierungspartei SPD zugute. Dieser Effekt wird aber nach einer gewissen Zeit der Gewöhnung, hier nach etwa 4 Monaten, bei einem Teil der (potentiellen) Wähler wieder zurückgenommen. Eine solche Verlaufsform läßt sich schematisch wie in Abb. 5.5.7 darstellen.

Formal benötigen wir dazu ein zusammengesetztes Transferfunktionsmodell, das zwei Komponenten enthält: eine positive, $\omega_0/(1-\delta_1 B)$, und eine negative, $\omega_5/(1-\delta_2 B)$.

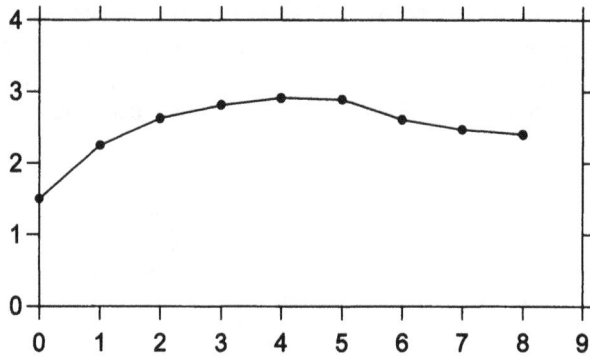

Abb. 5.5.7 Muster kumulierter positiver Effekte mit anschließender Korrektur durch negative Effekte

Setzt man, um die Effizienz der Schätzung zu erhöhen $\delta_1 = \delta_2 = \delta$, ergibt sich daraus folgendes Modell:

$$\text{Modell A: } \nabla SPD_t = \frac{\omega_0 - \omega_5 B^5}{1 - \delta B} \nabla AWL_t + N_t \quad , \quad \omega_5 < 0 \qquad (5.5.30)$$

Es ist allerdings nicht auszuschließen, daß der signifikante Koeffizient bei *lag* $k=5$ lediglich ein "Ausreißer" ist, dem keine systematische Bedeutung zukommt, ähnlich den Koeffizienten bei den *lags* $k = -13$ und $k = 15$. Deshalb ist es sinnvoll, ein alternatives Modell zu schätzen, das keine negative Transferkomponente enthält:

$$\text{Modell B: } \nabla SPD_t = \frac{\omega_0}{1 - \delta B} \nabla AWL_t + N_t \qquad (5.5.31)$$

Es ist zu hoffen, daß die Modellevaluation (s. Abschn. 5.5.3) Ergebnisse liefert, die eher das eine als das andere Modell bestätigen. Wir schätzen das Modell A zunächst unter der Annahme, daß die Störgrößen nicht autokorreliert sind: $N_t = a_t$. SAKF und SPAKF der so ermittelten Modellresiduen (hier nicht gezeigt) lassen eine MA(1)-Struktur erkennen, so daß wir in einer zweiten Runde Modell A mit $N_t = (1-\theta B)a_t$ schätzen. Die ML-Schätzung des so revidierten Modells führt zu folgenden Ergebnissen:[124]

---

[124] Die Ergebnisse weichen nur geringfügig von denen ab, die Kirchgässner (1985b: 166) präsentiert. Kirchgässners Datenreihen begannen nicht im Februar, sondern im Januar 1971.

Parameterschätzungen und t-Werte für Modell A

$\delta = .542, t = 5.82$ $\qquad \omega_0 = .131, t = 6.10$ $\qquad$ RSE = 1.40

$\theta = .364, t = 4.35$ $\qquad \omega_5 = -.055, t = 3.35$ $\qquad$ adj. $R^2 = .869$

Für Modell B übernehmen wir die *Noise*-Spezifikation aus Modell A mit folgendem Ergebnis:

Parameterschätzungen und t-Werte für Modell B

$\delta = .479, t = 4.19$ $\qquad \omega_0 = .129, t = 5.28$ $\qquad \theta = .284, t = 3.39$

$\qquad\qquad\qquad$ RSE = 1.46 $\qquad\qquad\qquad$ adj. $R^2 = .858$

Die Koeffizienten-Schätzer beider Modelle sind statistisch signifikant und liegen innerhalb der Stationaritätsregionen. Auch die Interkorrelationen der Parameter (hier nicht abgedruckt) sind in beiden Fällen zufriedenstellend. Die *t*-Werte lassen erkennen, daß die Parameterschätzungen für Modell A etwas stabiler zu sein scheinen als diejenigen für Modell B. Die angegebenen Determinationskoeffizienten beziehen sich nicht auf die "differenzierten", sondern auf die "integrierten" Reihen (für die Differenzenbeträge fallen sie erheblich niedriger aus). Ihre Stärke sagt relativ wenig aus, da sie ja nicht nur den Einfluß der Input-Variablen widerspiegeln, sondern in noch höherem Maße die Prognosegüte des ARIMA(0,1,1)-Modells für die Störgrößen repräsentieren. Um das Gewicht der Input-Variable grob abzuschätzen, kann man die Standardfehler der Modell-Residuen (RSE) miteinander vergleichen, die sich zum einem aus dem Transferfunktionsmodell und zum anderen aus dem univariaten Modell der abhängigen Variablen ergeben. In unserem Beispiel läßt sich die SPD-Reihe univariat am besten mit einem *random-walk*, einem ARIMA(0,1,0)-Modell darstellen,[125] für das ein RSE-Wert von 1,63 ausgewiesen wird. Der Standardfehler wird im Transferfunktionsmodell A somit um etwa 14 %, im Modell B um etwa 10,5 % verringert. Weitere Diagnoseergebnisse werden in Abschnitt 5.5.4 referiert. An dieser Stelle sollen die bisher vorliegenden Schätzergebnisse noch kurz interpretiert werden.

Sowohl die Input-Variable (AWL) als auch die Output-Variable (SPD) sind als Prozentanteile befragter Personengruppen gebildet worden. Da beide Variablen mit dem gleichen Differenzenfilter transformiert wurden, gelten die Parameter auch für die absoluten Niveaus der beiden Reihen. Die Größe $\omega_0 = 0,131$ besagt: Wenn der Prozentanteil von Personen, die die wirtschaftliche Lage als gut oder sehr gut einschätzen um 10 Prozentpunkte ansteigt, wächst innerhalb des gleichen Monats der Anteil der SPD-Präferenzen um 1,3 Prozentpunkte. Die positive Reaktion auf eine *anhaltende* Niveauverschiebung in AWL setzt sich bis nach dem vierten Monat

---

[125] Auch hier zeigt sich wieder, wie die Modellidentifikation durch die Länge der beobachteten Zeitreihe beeinflußt sein kann. In Kapitelabschn. 3.12.3 hatten wir für die "lange" SPD-Reihe von 1950 bis 1989 ein ARIMA(0,1,1)-Modell identifiziert.

fort. Die SPD-Präferenzen erreichen bis dahin eine Zuwachsgröße, die 26 % des Niveauanstiegs in AWL entspricht.

$$y_4 = \omega_0 (1 + \delta + \delta^2 + \delta^3 + \delta^4) \qquad (5.5.32)$$

$$= \omega_0 \frac{1 - \delta^4}{1 - \delta} = 0{,}131 \frac{1 - 0{,}542^4}{1 - 0{,}542} = 0{,}26$$

Das heißt, ungefähr ein Viertel derjenigen Personen, die ihre Einschätzung der wirtschaftlichen Lage im angegebenen Sinne ändern, ändern zunächst (innerhalb von vier Monaten) auch ihre Parteipräferenz zugunsten der SPD. Wenn der mit ω_5 indizierte Gegeneffekt nicht einträte, ließe sich langfristig ein (fiktiver) Äquilibriumszuwachs von

$$\Gamma^* = \frac{0{,}131}{1 - 0{,}542} = 0{,}28 \qquad (5.5.33)$$

ermitteln. Doch mit dem fünften Monat setzt ein Abschwungeffekt ein: einige Leute korrigieren ihre Präferenz*änderung*, so daß ab *t*=5 positive und negative Zuwachsbeträge addiert werden müssen. Für *t*=5 ergibt sich ein positives Inkrement von $\omega_0 \delta^5 = 0{,}061$ und ein negatives von $\omega_5 = -0{,}055$. Nach *t*=5 beginnt die Zuwachskurve zu fallen. Langfristig nähert sie sich einem (fiktiven) Äquilibriumszuwachs von.

$$\Gamma = \frac{0{,}131 - 0{,}055}{1 - 0{,}542} = 0{,}17 \qquad (5.5.34)$$

Das heißt, von 100 Personen, die ihre Einschätzung der wirtschaftlichen Lage "dauerhaft" ändern, ändern vorübergehend 26 und schließlich 17 dauerhaft auch ihre Präferenz für oder gegen die SPD. Kirchgässner (1985b) hat die gleiche Analyse auch für die CDU-Präferenzen durchgeführt und dabei ein fast spiegelbildliches Ergebnis erhalten: Die Zahl derjenigen Personen, die aufgrund einer veränderten Einschätzung der wirtschaftlichen Lage ihre Präferenz von der SPD abziehen, ist nahezu identisch mit der Zahl der Personen, die gleichzeitig zur CDU wandern.

Daß die empirische Identifikation und Schätzung eines Transferfunktionsmodells mit sozialwissenschaftlichen Daten so häufig nicht gelingt, ist vor allem dem Umstand zu verdanken, daß in vielen Fällen die Input-Variable im Vergleich zum *Noise* nur einen sehr geringen Teil der Output-Varianz erzeugt und zudem die Zahl der Meß-Zeitpunkte oft zu gering ist (s. Box/Jenkins 1976: 387; vergl. Downing/ Pack 1982: 235). Die Problemlage wird durch das *prewhitening* verschärft, weil durch diese Datentransformation der Anteil der Meßfehler an der Gesamtvarianz erhöht wird (s. Kirchgässner 1981). Zusätzliche Probleme entstehen, wenn Daten vorliegen, die bereits in irgendeiner Weise mit Verfahren außerhalb der Box/ Jenkins-Methode transformiert wurden. Die Daten können z. B. vorgängig saisonal bereinigt worden sein. Häufig führt das zu einer Verzerrung des strukturellen Zusammenhangs der beiden Variablen.

Schließlich sei noch auf einen weiteren Aspekt der Modellspezifikation hingewie-

sen: Aus der Regressionsanalyse mit Querschnittdaten ist das Problem der "ausgelassenen", in der Gleichung nicht berücksichtigten Variablen vertraut, die zu
inkonsistenten Schätzgrößen für die Regressionsgewichte führen. Dieses Problem
wird in der Zeitreihenanalyse durch die Spezifikation des Noise-Modells nicht ge-
löst (wie gelegentlich angenommen wird). Das Noise-Modell löst nur das Problem
autokorrelierter Fehler, nicht das der ausgelassenen Variablen, die mit den im
Modell berücksichtigten Input-Reihen korrelieren. Das heißt, die Annahme, daß
der Fehler nicht mit den Regressoren korreliert, bleibt auch in Transferfunktionsmodellen eine wichtige Voraussetzung. Nur unter dieser Annahme läßt sich das
Transferfunktionsmodell mit Hilfe der Kreuzkorrelationsfunktion korrekt identifizieren. Und nur wenn diese Voraussetzung erfüllt ist, können wir mit konsistenten
Schätzungen rechnen. Box/Jenkins (1976: 413) stellen ausdrücklich fest, daß eine
Verletzung dieser Annahme nicht durch die Datenanalyse selbst aufgedeckt
werden kann. "The only way it is possible to guarentee its truth is by deliberately
designing the experiment rather than using data which simply 'happened" - ein
Weg, der in den Sozialwissenschaften in der Regel nicht gangbar ist.

5.5.3 Die LTF-Methode

Die in Abschnitt 5.5.2 erläuterte Methode der Modellidentifikation ist nicht anwendbar, wenn mehrere Input-Variablen vorliegen, die miteinander korrelieren.
Nur wenn sie unabhängig voneinander sind (oder nur schwach miteinander korrelieren) kann das Verfahren sukzessive auf jede einzelne der Input-Variablen so
angewandt werden, als wäre sie die einzige, die im Modell zu berücksichtigen ist.
Die LTF-Methode ist als allgemein anwendbare Methode vorgeschlagen worden
(s. Liu/Hanssens 1982; Pankratz 1991; Liu/Hudak 1992-94), stößt aber bei zunehmender Zahl der zu berücksichtigenden Input-Variablen ebenfalls rasch an ihre
Grenzen, wenn die Zahl der Beobachtungszeitpunkte (die Länge der Zeitreihen)
nicht sehr hoch ist. Außerdem können die Koeffizienten-Muster erheblich verzerrt
sein, wenn die Input-Variablen hohe Autokorrelationen aufweisen.

LTF steht für eine *L*ineare *T*ransfer-*F*unktion, die lediglich ein Zähler-Polynom
enthält, also nicht in Form einer rationalen Funktion mit Zähler- *und* Nenner-
Polynom dargestellt wird. Bei zwei Input-Variablen sieht die Gleichung bspw. wie
folgt aus:

$$Y_t = c + (\beta_0 + \beta_1 B + ... + \beta_k B^k) X_t \qquad (5.5.35)$$
$$+ (\gamma_0 + \gamma_1 B + ... + \gamma_m B^m) Z_t + N_t$$

Der erste Schritt in der Identifikation des Transferfunktionsmodells besteht darin,
Gleichung (5.5.35) mit einer "ausreichend" großen Zahl von *Beta*- und *Gamma*-
Gewichten (also ausreichend großen Verzögerungsspannen k und m) und einem
"angemessenen" vorläufigen Modell für N_t zu schätzen. Die Wahl von k und m ist
problematisch, da sowohl Unter- als auch Überparametrisierungen die Verlaufsmuster erheblich verzerren können; Multikollinearitätseffekte lassen sich kaum ver-

meiden. Es empfiehlt sich, mit mehreren Verzögerungsspannen zu experimentieren.

Wir wollen dieses Verfahren auf die Daten anwenden, die wir schon in Kapitelabschn. 5.2.3 analysiert haben. Während wir dort ein dynamisches Modell für den strukturellen Zusammenhang zwischen der Popularität des US-Präsidenten und der Arbeitslosen- bzw. der Inflationsrate theoretisch vorgegeben (bzw. von Neal Beck übernommen) hatten, wollen wir nun versuchen, ein entsprechendes Modell empirisch zu identifizieren; möglicherweise sind mehrere Modelle angemessen. Für beide Input-Variablen (die Differenzenbeträge der Arbeitslosigkeit sowie die "undifferenzierte"[126] Inflationsrate) sehen wir hier eine maximale Verzögerungsspanne von 7 Monaten vor.[127] Tab. 5.5.1 präsentiert die geschätzten Koeffizienten[128] mit ihren Standardfehlern, Abb. 5.5.8 stellt sie graphisch dar.

Tab. 5.5.1 *LTF-Schätzer für Inflation und Arbeitslosigkeit*

Lag b	Inflation		δ Arbeitslosigkeit	
	$\hat{\gamma}_b$	$\hat{t}$	$\hat{\beta}_b$	$\hat{t}$
0	-.096	-.14	-.115	-.12
1	-.057	-.69	-1.559	-1.25
2	-.162	-1.91	-2.529	-1.93
3	-.259	-3.00	-1.034	-.78
4	-.140	-1.62	-1.335	-1.02
5	-.034	-.40	-.964	-.75
6	-.046	-.56	-.752	-.62
7	-.057	-.84	-.057	-.06

Zum Zweck der Modellidentifikation werden die Verlaufsmuster der LTF-Koeffizienten in der gleichen Weise interpretiert wie die Muster der Kreuzkorrelationskoeffizienten nach dem *prewhitening*. Die Schätzer für die Inflationsrate zeigen deutlich ein allmählich abfallendes Wirkungsmuster nach dem dritten Monat, legen also ein dynamisches Modell nahe.

---

[126] Die Annahme der Stationarität der Inflationsrate ist durchaus problematisch, s. die Bemerkungen am Schluß dieses Abschnitts. Wir folgen hier der Entscheidung von Beck (1991)

[127] Bei fünf- und sechsmonatigen Verzögerungsspannen ließen sich keine grundsätzlich anderen Verlaufsmuster feststellen.

[128] Das Modell enthält neben den hier betrachteten Variablen für Arbeitslosigkeit und Inflation noch einige binär kodierte Ereignisvariablen. Sie wurden, um die Zahl der zu schätzenden Parameter nicht allzuweit auszudehnen, ohne verzögerte Terme in die Gleichung mit aufgenommen; ihre Regressionsgewichte werden aber in Tab. 5.5.1 nicht gezeigt.

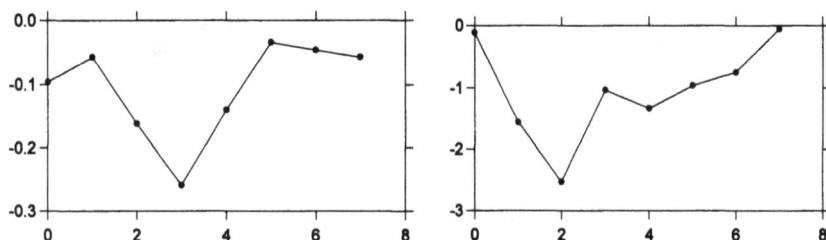

Abb. 5.5.8 LTF-Schätzer für Inflation (links) und Arbeitslosigkeit (rechts)

Auch eine Wirkungsverzögerung scheint sich abzuzeichnen; sie könnte mit dem dritten Monat ($b = 3$), evtl. aber auch mit dem zweiten ($b = 2$) beendet sein, da auch für $\hat{\gamma}_2$ eine t-Statistik von immerhin -1,91 ausgewiesen wird. Bei der "differenzierten" Arbeitslosigkeit ist eine Wirkungsverzögerung von $b = 2$ etwas deutlicher markiert (wobei zu berücksichtigen ist, daß Differenzenbeträge mit dem jeweils späteren der beiden Meßzeitpunkte eines Intervalls indiziert sind; $b = 2$ impliziert also eine Wirkungsverzögerung von drei Monaten). Allerdings ist für die "Arbeitslosigkeit" ein abfallendes Wirkungsmuster nicht eindeutig erkennbar: Nach dem Koeffizienten $\hat{\beta}_2 = -2.53$ nehmen die weiteren Koeffizienten nicht kontinuierlich ab, sondern fallen eher unregelmäßig. Das bisher vorausgesetzte dynamische Modell wird somit infrage gestellt, zumal auch für den höchsten Koeffizienten $\hat{\beta}_2 = -2.53$ eine t-Statistik von lediglich -1,93 festgestellt wird.[129] Allerdings ist ab $b=3$ ein (betragsmäßiger) Rückgang der Koeffizienten durchaus angezeigt. Das veranlaßt uns, in diesem Stadium der Analyse die dynamische Modellvariante (noch) nicht auszuschließen. Sollten die Ergebnisse der Modell-Evaluation aber negativ ausfallen, wäre auch ein nicht-dynamisches Modell zu testen. Die LTF-Methode liefert in unserem Anwendungsbeispiel (und nicht nur dort) kein klares Bild. Um die verschiedenen Unwägbarkeiten ausreichend berücksichtigen zu können, identifizieren wir zunächst vier verschiedene Transferfunktionsmodelle (die wir hier ohne Erwähnung weiterer Kontrollvariablen wiedergeben); X steht für die „differenzierte" Arbeitslosigkeit, Z für die Inflationsvariable und Y für die Popularitätsrate.

Modell A:

$$Y_t = c + \frac{\omega_{x,1}}{(1-\delta B)} X_{t-1} + \frac{\omega_{z,0}}{(1-\lambda B)} Z_t + \frac{(1-\theta_5 B^5)}{(1-\varphi_1 B)} a_t \qquad (5.5.36)$$

---

[129] Es sei aber nochmals betont, daß für die Modellidentifikation nicht die Signifikanz einzelner Koeffizienten wichtig ist, sondern das Muster als Ganzes.

Modell B:

$$Y_t = c + \frac{\omega_{x,2}}{(1-\delta B)} X_{t-2} + \frac{\omega_{z,2} + \omega_{z,3} B}{(1-\lambda B)} Z_{t-2} + \frac{(1-\theta_5 B^5)}{(1-\varphi_1 B)} a_t \qquad (5.5.37)$$

Modell C:

$$Y_t = c + \frac{\omega_{x,2}}{(1-\delta B)} X_{t-2} + \frac{\omega_{z,2}}{(1-\lambda B)} Z_{t-2} + \frac{(1-\theta_5 B^5)}{(1-\varphi_1 B)} a_t \qquad (5.5.38)$$

Modell D:

$$Y_t = c + \frac{\omega_{x,2}}{(1-\delta B)} X_{t-2} + \frac{\omega_{z,3}}{(1-\lambda B)} Z_{t-3} + \frac{(1-\theta_5 B^5)}{(1-\varphi_1 B)} a_t \qquad (5.5.39)$$

Die *Delta-* und *Lambda*-Parameter stellen die dynamischen Parameter (Trägheits-koeffizienten) dar, die X_t bzw. Z_t zugeordnet sind. Der zweite Index, der den *Omega*-Koeffizienten zugeordnet ist, bezieht sich auf den jeweiligen *Lag*. Modell A entspricht dem Beck-Modell; allerdings nutzen wir die Flexibilität der Transfer-funktionsmodelle und schätzen für die verschiedenen Input-Variablen (einschließ-lich der Ereignisvariablen) jeweils *spezifische* dynamische Parameter.[130] Modell B berücksichtigt zwei *Lag*-Terme für die mit $b=2$ verzögerte Inflationsvariable. In den Modellen C und D ist jeweils nur noch einer dieser beiden *Lag*-Terme enthal-ten. Es erwies sich als erforderlich, in allen Modellen einen (nicht-interpretierten) MA(5)-Term, θ_5, in das jeweilige *Noise*-Modell aufzunehmen, da anderenfalls keine *white noise* Residuen zu erreichen waren. Die Schätzergebnisse (nur für die beiden Hauptvariablen und die *Noise*-Komponenten) sind in Tab. 5.5.2 wiedergegeben (*t*-Werte in Klammern).

Solange wir die Modelle wie bisher schätzen, ohne uns um eventuelle Ausreißer zu kümmern, schneiden die Modelle A und C etwa gleich gut ab; in den beiden anderen Modellen werden die Transferfunktionsparameter weniger stabil ge-schätzt und liegen z. T. unterhalb des üblicherweise gewünschten Signifikanzni-veaus. Der Standardfehler der Residuen (RSE) liefert hier nur eine grobe Orientierung, da er für das Gesamtmodell (unter Einschluß der Ereignisvariablen) ermittelt wurde. Die Frage nach der angemessenen Verzögerung der beiden Input-Variablen bleibt also weiter unbeantwortet. Wenn wir simultan die "Ausreißer" in der abhängigen Variablen (Popularitätsreihe) modellieren (mit einem Verfahren, das in Thome 1995b vorgestellt wird) steigen generell die $\hat{t}$ Werte und Modell C schneidet insgesamt am günstigsten ab.

---

[130] Den Übergang von Becks ARDL-Modell (s. die Gleichungen (5.2.11) und (5.2.28)) zum Box/Jenkins-Transferfunktionsmodell hatten wir schon oben zu Beginn des Abschnitts 5.5.1 erörtert.

Tab. 5.2.2 *Schätzergebnisse der 4 Transferfunktionsmodelle für die Popularitätsreihe (t-Werte in Klammern)*

Komponenten	Modell A	Modell B	Modell C	Modell D
Konstante	67,93 (21,49)	67,36 (23,66)	67,53 (22,31)	67,46 (21,22)
Arb.losigk.				
$\omega_{x,1}$	-1,57 (-1,98)	-	-	-
$\omega_{x,2}$	-	-1,48 (-1,76)	-1,59 (-1,97)	1,48 (-1,76)
δ	-0,88 (5,97)	0,79 (2,89)	0,79 (3,09)	0,79 (2,87)
Inflation				
$\omega_{z,0}$	-0,11 (-2,86)	-	-	-
$\omega_{z,2}$	-	-0,10 (-1,74)	-0,12 (-2,97)	-
$\omega_{z,3}$	-	-0,05 (-0,82)	-	0,10 (-2,73)
λ	0,96 (68,47)	0,94 (40,80)	0,95 (58,08)	0,96 (65,97)
Noise				
θ_5	-0,15 (-2,94)	-0,14 (-2,79)	-0,14 (-2,80)	-0,14 (-2,80)
φ_1	0,86 (31,68)	0,86 (31,76)	0,86 (31,79)	0,86 (31,76)
RSE	3,43	3,42	3,42	3,43

Die Schätzer für die dynamischen Parameter (δ und λ) der Arbeitslosen- und der Inflationsrate liegen relativ weit auseinander, so daß eine Identitätsrestriktion nicht angemessen wäre. Die Wahlbevölkerung reagiert auf Änderungen der Inflationsrate deutlich langsamer als auf Änderungen im Trend der Arbeitslosenrate. Auch die Wirkung der hier nicht explizit aufgeführten Ereignisvariablen haben wir mit individuellen dynamischen Parametern geschätzt; sie liegen in einer Größenordnung zwischen 0,59 (Watergate) und 0,92 (Sammelvariable), sind also ebenfalls recht unterschiedlich. Nach Modell C lassen sich folgende (fiktive) Gleichgewichtszuwächse ermitteln: Für die "differenzierte" Arbeitslosenrate Γ_a = -1,59/(1-0,79) = -7,57; für die Inflationsrate Γ_i = -0,12/(1-0,95) = -2,40. Für den Fall, daß die Arbeitslosenrate von Monat zu Monat um jeweils 1 % anstiege (ein Stufen-Input in δARBL), prognostizierte Modell C einen langfristigen Rückgang der Popularität um ca. 7,5 % (das ist erheblich weniger, als wir in Abschn. 5.2 mit einem Modell geschätzt hatten, in dem für alle Input-Variablen ein gemeinsamer dynamischer Parameter geschätzt wurde). Bei einem permanenten monatlichen Anstieg des *Consumer-Price-Index* um 0,12 % (annualisiert um 1 %), würde die Popularität des Präsidenten langfristig um 2,40 % fallen. Wenn wir die Ausreißer mit berücksichtigen, steigen die Werte auf 8,3 % (Arbeitslosigkeit) und 2,6 % (Inflation). Wir lassen offen, ob man dieses geometrische *Lag*-Modell sinnvoll im Sinne eines rationalen Erwartungsmodells (s. Kapitelabschn. 5.2.1) interpretieren kann (Beck 1991: 22). Das Modell liefert vor allem Informationen darüber, mit welcher Intensität und mit welcher Trägheit oder Geschwindigkeit ein Kollektiv auf bestimmte (hier: ökonomische) Vorgänge (politisch) reagiert. Für Politologen wäre es wahrscheinlich interessant, Reaktionsprozesse für unterschiedliche Ereigniskomplexe, unterschiedliche Populationen und Gesellschaftssysteme zu identifizieren.

Bevor wir Modell C akzeptieren, müssen wir noch einen Blick auf die Autokorrelationsfunktion der Residuen und auf die Kreuzkorrelation zwischen den "vorgeweißten" Input-Reihen und der Residualreihe werfen (zu dieser Komponente der Modelldiagnose siehe ausführlicher den folgenden Abschn. 5.5.4). Die AKF der Modellresiduen (hier nicht gezeigt), weist für die ersten 20 *Lags* keine signifikanten Koeffizienten auf; das Muster entspricht insgesamt einem "weißen Rauschen". Die Koeffizienten der KKF zwischen den Residuen und der "vorgeweißten" Arbeitslosenreihe[131] sind für 10 *Lags* in Tabelle 5.5.3 wiedergegeben (der Standardfehler liegt durchgängig bei 0,05)

Tab. 5.5.3 *KKF zwischen vorgeweißten Arbeitslosendaten und den ausreißerbereinigten Residuen von Modell C*

Lag	1	2	3	4	5	6	7	8	9	10
r	-.09	.03	.03	-.03	-.01	-.01	.01	-.01	-.03	-.01

Sämtliche Koeffizienten $\hat{r}_k$ mit "Arbeitslosigkeit" als verzögerter Variable liegen unter dem zweifachen Betrag ihres Standardfehler. Allerdings liegt $r_1 = -0,09$ in der Nähe dieser Markierung. Die meisten anderen Koeffizienten liegen aber nahe Null, so daß das Modell insgesamt als akzeptabel erscheint.

Eine ähnliche Prüfung hinsichtlich der Inflationsrate können wir nicht vornehmen, da sie in der Schätzgleichung gemäß der Vorgabe von Beck (1991) als stationäre Reihe behandelt wurde, obwohl für sie nach den Regeln der Box/Jenkins-Methodologie ein nicht-stationäres Modell (als Filter für das „Vorweißen") zu schätzen gewesen wäre. (Die gesamte Prozeßstruktur scheint sich Anfang der 70er Jahre - nach Kündigung des *Bretton-Woods*-Abkommens - geändert zu haben). Wenn wir ersatzweise die *nicht*-gefilterte Inflationsvariable mit den Modellresiduen korrelieren, ergeben sich bei *Lag*-Spannen zwischen $k = -15$ und $k = 15$ keine signifikanten Koeffizienten.

Die zweifelhaften Stationaritätseigenschaften der Inflationsvariable (s. Abb. 5.5.9) dürften im übrigen für die Schwierigkeiten verantwortlich sein, mit denen wir es bei dem Versuch zu tun hatten, eine angemessene Verzögerungsspanne für die Wir-

---

[131] Das „Vorweißen" erfolgt mit einen AR(2)-Filter.

kung beider Input-Variablen zu identifizieren.

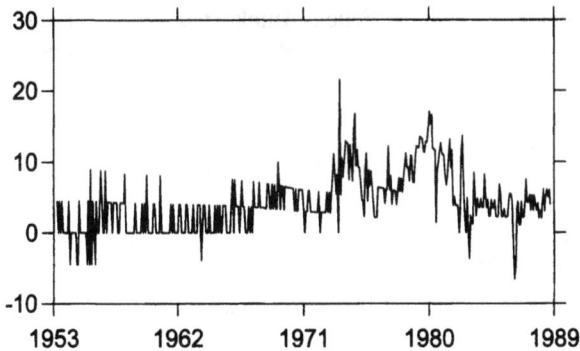

Abb. 5.5.9 Inflationsrate USA

Ein formaler Dickey/Fuller-Test (s. oben, Kapitelabschn. 3.12.4) führt zwar zur Zurückweisung der Hypothese eines integrierten Prozesses, aber die Autokorrelationsfunktion geht mit zunehmendem *Lag* nur sehr allmählich gegen Null. Da dies auch bei der Popularitätsreihe der Fall ist, ist die Kreuzkorrelationsfunktion beider Reihen über einen größeren *Lag*-Bereich nahezu stabil. Da trotzdem schließlich ein theoretisch plausibles Modell identifiziert werden konnte, scheint Becks Vorgehensweise letztlich gerechtfertigt - zumal sich herausstellte, daß mit der "differenzierten" Inflationsvariable kein adäquates Modell identifiziert werden konnte. Wir hielten es für sinnvoll, auch ein solches problematisches Beispiel in einem Einführungstext vorzustellen, denn derartige Sachlagen mit nicht eindeutigen Entscheidungssituationen sind in der Forschungspraxis durchaus nicht selten anzutreffen.

5.5.4 Evaluierung von Transferfunktionsmodellen

Wie bei der univariaten Analyse besteht auch in der Regressionsanalyse die dritte Stufe der Modell-Konstruktion darin, die Qualität vorläufig identifizierter Modelle nach bestimmten Kriterien zu prüfen. Wir haben in den vorangegangenen Kapitelabschnitten schon einige dieser Prüfverfahren kurz vorgestellt. Sie sollen nun anhand eines Beispiels noch einmal systematisch zusammengefaßt und um einige Komponenten ergänzt werden. Dazu greifen wir auf unsere Reanalyse der Kirchgässner-Daten zurück, für die wir in Abschnitt 5.5.2.3 zwei Transferfunktionsmodelle identifiziert und geschätzt hatten (s. Gleichungen (5.5.30) und (5.5.31)). Wir hatten dort bereits festgestellt, daß die Parameter-Schätzer alle signifikant sind und innerhalb der Stationaritätsgrenzen liegen. Auch die Interkorrelationen der Schätzer waren bei beiden Modellen zufriedenstellend. Bezüglich der Stabilität der Koeffizientenschätzer und der Anpassungsgüte ergab sich ein leichter Vorteil für Modell A. Wie in der univariaten Analyse ist auch bei der Bewertung der Transferfunktionsmodelle die statistische Signifikanz einzelner Koeffizientenschätzer weniger eindeutig angebbar und als Gütekriterium weniger bedeutsam als die

Qualität der Modell-Residuen, die "weißes Rauschen" darstellen sollen.

Die Autokorrelationen und partiellen Autokorrelationen für die Residuen aus Modell A sind in Abb. 5.5.10 wiedergegeben. (Weitere Komponenten der Residuenanalyse, wie sie in Kap. 3.11 erläutert wurden, führen wir hier nicht erneut vor.)

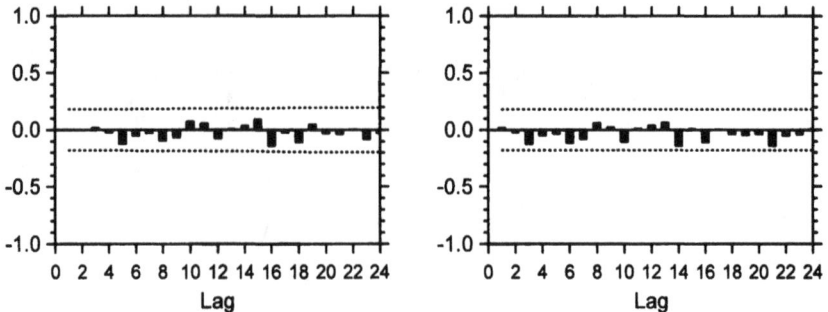

Abb. 5.5.10a-b SAKF und SPAKF der Residuen aus Modell (5.5.30)

Sie sind, insbesondere angesichts der beiden niedrigen Anfangswerte, akzeptabel, wenn auch die Musterung (überwiegend negative Koeffizienten) auf eine Strukturkomponente hindeutet, die das Modell nicht erfaßt hat. Die Ljung-Box Q-Statistik führt bei unterschiedlichen *Lags* zu folgenden Irrtumswahrscheinlichkeiten für die Ablehnung der Nullhypothese (daß die Residuen weißes Rauschen darstellen):

Lag K	Q	α
5	2.4	0.67
10	5.9	0.75
20	12.2	0.87

Autokorrelationen und Partialautokorrelationen für Modell B (s. Abb. 5.5.11a-b) sehen ähnlich gut aus. Die *Alpha*-Werte sprechen in beiden Fällen klar gegen eine Ablehnung der Nullhypothese (die hier gleichzeitig Forschungshypothese ist), so daß sich nach diesem Kriterium kein Vorteil des einen Modells gegenüber dem anderen ergibt.

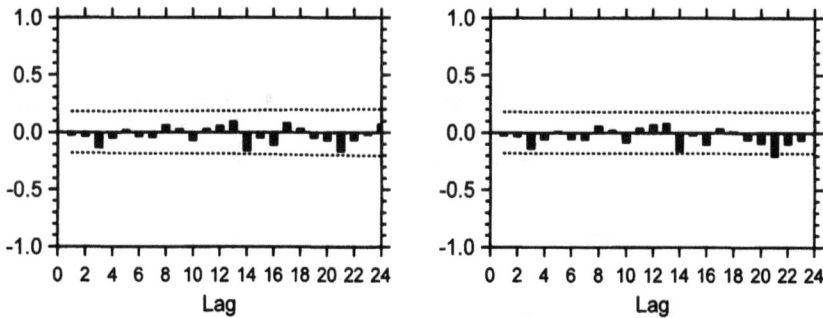

Abb. 5.5.11a-b, SAKF und SPAKF der Residuen aus Modell (5.5.31)

Lag K	Q	α
5	2.4	0.67
10	4.9	0.91
20	17.0	0.81

Abweichungen von der Norm des "weißen Rauschens" können in den Modell-residuen auftreten, wenn das *Noise*-Modell oder/und die Transferfunktion falsch spezifiziert wurden. Andererseits belegen *white-noise* Residuen alleine noch nicht die korrekte Spezifikation der Transferfunktion. Der entscheidende Test für die Güte eines bestimmten Transferfunktionsmodells liegt, wie im vorigen Abschnitt bereits erwähnt, in der Kreuzkorrelation zwischen den geschätzten Modellresiduen und der vorgeweißten Input-Reihe. Wenn die Residuen "weißes Rauschen" darstellen und dennoch signifikante Kreuzkorrelationskoeffizienten auftreten, ist dies als Hinweis auf eine fehlerhafte Spezifikation der Transferfunktion zu werten. Auch wenn das Transferfunktionsmodell ursprünglich nicht mit Hilfe der empirischen Kreuzkorrelationsfunktion, sondern mittels der LTF-Methode identifiziert wurde, verwendet man in diesem Test die "vorgeweißte" Input-Reihe. Abb. 5.5.12a zeigt das entsprechende Kreuzkorrelogramm (mit eingezeichneten Konfidenzintervallen) für Modell A, Abb. 5.5.12b dasjenige für Modell B.

Die Voraussetzungen und die Formel zur Berechnung des Standardfehlers der empirischen Kreuzkorrelationskoeffizienten sind schon in Kapitelabschn. 5.5.2.1 eingeführt worden:

$$\sigma(r_k) = \frac{1}{\sqrt{(n-k)}} \tag{5.5.40}$$

wobei n die Zahl der effektiven Beobachtungen ist, aus denen die KKF berechnet wurde.

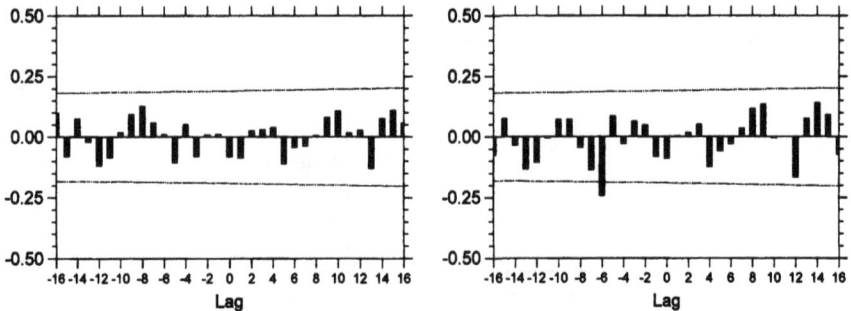

Abb. 5.5.12a-b Kreuzkorrelation der Residuen mit dem vorgeweißten Input aus Modell A (links) und Modell B (rechts)

Auch hier ist wiederum zu beachten, daß nach dieser Formel die Standardabweichung der Korrelationskoeffizienten für niedrige *Lags* tendentiell überschätzt wird (Box/Jenkins 1976: 394f). In Abb. 5.5.12a sind keinerlei signifikante Koeffizienten zu erkennen, und bei niedrigen *Lags* sind sie besonders niedrig. Auch wenn nicht nur einzelne Koeffizienten, sondern Gruppen von Koeffizienten getestet werden, ist keine statistische Signifikanz feststellbar: Analog zum Q-Test für die AKF der univariaten Analyse ist auch ein Portmanteau-Test für die KKF des "vorgeweißten" Inputs mit den Residuen des Gesamtmodells definiert (s. Wei 1990: 301):

$$Q(K) = m(m+2)\sum_{k=0}^{K} \frac{1}{m-k}\, r_{\alpha e}^2(k) \qquad (5.5.41)$$

Dabei steht α für die vorgeweißte Input-Reihe, e für die geschätzten Residuen des Transferfunktionsmodells; m bezeichnet die Zahl der tatsächlich verfügbaren Elemente der Residualreihe. Sie ist n-d-p-w. Dabei entspricht n der ursprünglichen Zahl von Meßzeitpunkten, d dem Grad der Differenzenbildung, p der Zahl der autoregressiven Parameter im Noise-Modell, und w ist gleich r oder gleich $s+b$, je nachdem, welcher Betrag größer ist.

In unserem Beispiel sind für Modell A $p=0$ und $s=5$ größer als $r=1$. Somit erhalten wir (nach einfacher Differenzenbildung) $m = 135-1-5 = 129$ effektive Fälle.[132] Klein k indiziert den jeweiligen *Lag*, groß K die Menge der insgesamt betrachteten *Lags* (Verzögerungsspanne). Die Freiheitsgrade errechnen sich nach $df = K+1$ minus der Zahl der gefitteten *Delta*- und *Omega*-parameter.

Für Modell A ergeben sich für verschiedene Verzögerungs-Spannen K die folgen-

---

[132] In verschiedenen Programmpaketen zur Zeitreihenanalyse können Schätzalgorithmen implementiert sein, die zu unterschiedlichen Mengen effektiver Fälle führen. Wir haben hier keine Korrektur für die uns unbekannte Zahl der linear interpolierten Fälle vorgenommen.

den Signifikanzwerte:

Lag K	Q	α
3	1.36	0.24
6	2.66	0.63
12	7.75	0.65

Die *Alpha*-Werte[133] zeigen klar, daß die Nullhypothese (kein Zusammenhang) beibehalten werden kann; die Transferfunktion des Modells A ist nach diesem Kriterium akzeptabel.

Anders sieht das Kreuzkorrelogramm für Modell B (Abb. 5.5.12b) aus. Die Koeffizienten der *Lags* $k = 5$ und 6 sind signifikant, und es zeigt sich ein abfallendes Verlaufsmuster. Die Q-Statistik legt ebenfalls eine Ablehnung der Nullhypothese nahe, wenn man bedenkt, daß es hier vor allem um einen minimalen *Beta*-Fehler, also um einen relativ hohen *Alpha*-Wert geht:

Lag K	Q	α
3	1.7	0.44
6	12.6	0.03
12	17.9	0.09

Damit zeigt sich, daß in Modell B die Transferfunktion nicht adäquat spezifiziert worden ist. Modell A schneidet bei der Diagnose eindeutig besser ab. (Die inhaltliche Interpretation wurde bereits in Abschnitt 5.5.2.1 gegeben.)

5.6 Kointegrierte Prozesse und Fehlerkorrekturmodelle

Bisher haben wir die Voraussetzung beibehalten, daß die Zeitreihen, deren struktureller Zusammenhang untersucht werden soll, jede für sich (ursprünglich oder nach Differenzenbildung), "stationär" sei. Unter bestimmten Bedingungen, die im Konzept der "Kointegration" formuliert sind, lassen sich aber auch trendbehaftete Zeitreihen mit regressionsanalytischen Mitteln modellieren, ohne daß die Trendkomponente vorgängig eliminiert bzw. durch Datentransformation beseitigt wird. Wenn diese Bedingungen vorliegen, ist es nicht einmal sinnvoll, lediglich den Zusammenhang zwischen den trendbereinigten Reihen zu betrachten. Das Konzept der kointegrierten Prozesse und daran anknüpfende Analyse-Strategien sollen in den ersten beiden Unterabschnitten dargestellt werden; im dritten wird auf Fehlschlüsse hingewiesen, die entstehen können, wenn man Regressionsanalysen mit trendbehafteten Zeitreihen durchführt, die keine kointegrierten Prozesse repräsentieren.[134]

---

[133] Die *Alpha*-Werte sind nicht exakt, sondern interpoliert worden.

272 Dynamische Regressionsanalyse

5.6.1 Das Konzept der Kointegration

Das Konzept der Kointegration knüpft an das Konzept der "integrierten" Prozesse
- und damit an die Unterscheidung von "deterministischen" und "stochastischen"
Trendverläufen - an, das in Kapitelabschnitt 3.12 erläutert worden ist. Man bezeichnet zwei (oder mehr) Prozesse als "kointegriert", wenn die folgenden Bedingungen erfüllt sind: Erstens müssen beide bzw. alle interessierenden Zeitreihen
Prozesse darstellen, die mit dem gleichen Ordnungsgrad d integriert sind; d. h., sie
müssen alle durch d-fache Differenzenbildung in stationäre Reihen transformiert
werden können.[135] Reihen, die mit einem unterschiedlichen Ordnungsgrad integriert sind, können keinen langfristigen linear-strukturellen Zusammenhang bilden,
da ihre Trendverläufe ja gerade nicht (positiv oder negativ) miteinander korrespondieren. Die zweite Bedingung ist, daß es für die gleichermaßen integrierten Prozesse mindestens eine (bei nur zwei Reihen genau eine) Linearkombination gibt, die
stationär ist. Dies ist nicht selbstverständlich, denn eine Linearkombination zweier
(oder mehrerer) $I(d)$-Prozesse ist im allgemeinen wiederum ein $I(d)$-Prozeß. Erst
wenn beide Bedingungen erfüllt sind, spricht man von "kointegrierten" Prozessen.

Eine stationäre Linearkombination nicht-stationärer Prozesse ist offensichtlich nur
dann auffindbar, wenn die (stochastischen) Trendbewegungen der einzelnen
Zeitreihen miteinander "korrespondieren", wenn eine Änderung des lokalen Trends
in X mit einer mehr oder weniger rapiden Anpassung des lokalen Trends in Y verbunden ist. Wenn zwei Zeitreihen korrespondierende *deterministische* Trendverläufe aufweisen, läßt sich die Frage nach ihrem kausalen Zusammenhang empirisch
nicht beantworten. Erst die beobachtete Korrespondenz von Trend*abweichungen*
bzw. Trend*änderungen* in X und Y liefert einen Beleg für einen eventuell bestehenden kausalen Zusammenhang.

Stochastische Trends sind per Definition sich verändernde Trends; ihre Korrespondenz (Kovariation) über mehrere Zeitreihen ist nicht determiniert, sondern empirisch offen; wird sie beobachtet, stützt sie die Hypothese eines kausalen
Zusammenhangs; wird sie nicht beobachtet, ist die Kausalhypothese widerlegt
(beides unter der Voraussetzung korrekter Modellspezifikation).[136] Wie im folgenden noch deutlich werden wird, läßt sich der langfristige strukturelle Zusammenhang als bewegliche Gleichgewichtsbeziehung deuten: Abweichungen vom
Gleichgewicht (dargestellt in den Residuen der statischen Regressionsgleichung)
führen zu Anpassungsreaktionen im System.

---

[134] Die folgende Darstellung beruht auf Thome (1997).

[135] Dies besagt nur, daß sich diejenigen Zeitreihen, für die ein linear-struktureller Zusammenhang spezifiziert werden soll, im gleichen Integrationsgrad befinden. Die Rohdaten
können einen unterschiedlichen Integrationsgrad aufweisen oder erst durch eine Transformation in eine DSP-Struktur überführt werden. Zum Beispiel wird der Preisindex häufig in Form der "Inflationsrate", also der "differenzierten" logarithmierten Werte, als
Regressorvariable eingesetzt (siehe unten).

Wir wollen die Idee kointegrierter Prozesse anhand eines negativen und eines positiven Beispiels näher erläutern. Dabei greifen wir auf zwei Zeitreihen zurück, die wir eben in Kapitelabschn. 5.5.2.3 schon analysiert haben: die Anhängerschaft der SPD, jetzt von Febr. 1971 bis September 1982 (s. Abb. 5.5.5b), und der Anteil derer, die die allgemeine wirtschaftliche Lage (AWL) positiv einschätzen (s. Abb.5.5.5a). Beide Zeitreihen sind als integrierte Prozesse erster Ordnung - $I(1)$ - identifiziert worden. Für die "differenzierten" Reihen haben wir zwei Transferfunktionsmodelle identifiziert und evaluiert. In diesem Abschnitt wollen wir prüfen, ob die beiden Prozesse kointegriert sind, ob nicht nur eine kurzfristige dynamische, sondern auch eine langfristige (bewegliche) Gleichgewichtsbeziehung im Sinne korrespondierender Trendverläufe vorliegt. Da wir bereits wissen, daß beide Zeitreihen $I(1)$-Prozesse darstellen, ist nur noch die Erfüllung der zweiten Voraussetzung zur Kointegration zu überprüfen. Praktisch geschieht dies dadurch, daß man die Residuen ε_t der OLS-Regression inspiziert.

$$SPD_t = \alpha + \beta AWL_t + \varepsilon_t \qquad (5.6.1)$$

Falls Kointegration vorliegt, liefert die übliche Kleinstquadat-Methode konsistente Schätzer für die Regressionsparameter.[137] Wenn die beiden Variablen nicht kointegriert sind, entstehen die weiter unten abgehandelten Probleme der "Scheinregression", und die OLS-Schätzer produzieren nicht-stationäre Residuen. Dieser Tatbestand kann nun für Testzwecke genutzt werden, indem man mit einem Einheitswurzeltest (s. Kapitelabschn. 3.12.4) prüft, ob die Residuen stationär sind oder

---

[136] Allerdings gibt es Vorschläge, das Konzept der Kointegration auf Zeitreihen auszudehnen, die eine gemeinsame deterministische Trendkomponente enthalten (s. Kang 1990). Hinzuweisen ist auch auf Vorschläge, kointegrierte Prozesse in ein umfassenderes Konzept der "balanced regression" einzuordnen (s. Banerjee et al. 1993: 164 ff.). Das entscheidende Kriterium hierfür ist nicht, daß alle Zeitreihen integrierte Prozesse des gleichen Grades darstellen, sondern daß die Regressoren auf der rechten Gleichungsseite eine Linearkombination bilden, die den gleichen Integrationsgrad aufweist wie der Regressand auf der linken Gleichungsseite.

[137] Die Konsistenz (genauer: Superkonsistenz) der OLS-Schätzer ist nicht nur an die Bedingung gebunden, daß alle in die Kointegrationsgleichung aufgenommenen Variablen den gleichen Integrationsgrad aufweisen; es darf - auch bei mehr als zwei Variablen - nur eine einzige Kointegrationsbeziehung vorliegen (Muscatelli/Hurn 1995). Die Konsistenz gilt unter dieser Voraussetzung auch bei autokorrelierten Fehlern (Hamilton 1994: 588). Die Schätzer sind aber nicht effizient und in kleinen Stichproben auch nicht erwartungstreu (*finite sample bias* der Ordnung *1/n*, s. Engle/Granger 1987: 262), da die statische Kointegrationsgleichung die kurzfristige Beziehungsdynamik nicht berücksichtigt; außerdem sind die üblichen *t*-Tests für die Signifikanz der einzelnen Regressoren nicht anwendbar (Muscatelli/Hurn 1995: 173). Zu beachten ist auch, daß der Determinationskoeffizient mit zunehmender Stichprobengröße gegen 1 tendiert (Hamilton 1994: 589). Das mindert seine Aussagekraft; andererseits gilt, daß in bivariaten Modellen die Verzerrung bei der Parameterschätzung um so geringer ist, je höher der Determinationskoeffizient (Muscatelli/Hurn 1995:173). Hinweise zu alternativen Schätzverfahren, insbesondere zum "Johansen-Verfahren" sind Muscatelli/Hurn (1995) zu entnehmen. In diesem einführenden Text konzentrieren wir uns auf das klassische Zwei-Stufen-Verfahren von Engle/ Granger (1987).

nicht. Der Test auf die Nullhypothese der *unit roots* in den Residuen impliziert also einen Test auf die Nullhypothese, daß *keine* Kointegration vorliegt. Der Kointegrationstest umfaßt somit zwei Stufen, in denen die Nullhypothesen entgegengesetzte strategische Positionen einnehmen. In der ersten Stufe geht es um den positiven Nachweis, daß beide Zeitreihen die gleiche Menge von Einheitswurzeln aufweisen (zum gleichen Grad integriert sind); in der zweiten Stufe geht es darum nachzuweisen, daß die Residualreihe keine Einheitswurzel (mehr) aufweist. Die Testsituation verändert sich in der zweiten Stufe außerdem dadurch, daß die Residuen nicht direkt beobachtet, sondern geschätzt werden. Aus alldem folgt, daß die Einheitswurzeltests mit den Residuen der Kointegrationsgleichung technisch zwar in der gleichen Weise durchgeführt werden können wie zuvor mit den beobachteten Originalreihen, daß aber andere kritische Werte für die jeweiligen Signifikanzniveaus gelten.

Die kritischen Werte variieren mit der Zahl der Regressoren und der Stichprobengröße sowie dem Ein- oder Ausschluß einer Konstanten in der Regressionsgleichung.[138] Die geschätzten Residuen, die sich in unserem Beispiel aus der Kointegrationsgleichung (5.6.1) ergeben, sind in Abb. 5.6.1 dargestellt.

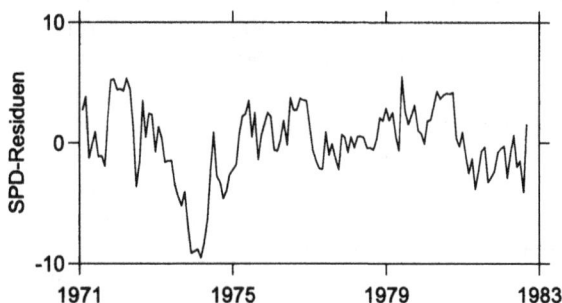

Abb. 5.6.1 Residuen der Kointegrationsgleichung

Sie sind offenkundig nicht-stationär, was der formale Test bestätigt. Die Hypothese einer langfristigen Gleichgewichtsbeziehung zwischen den aggregierten allgemeinen wirtschaftlichen Erwartungen und dem Anteil der SPD-Parteipräferenzen ist demnach zurückzuweisen (oder mit einer anderen Modellspezifikation, die möglicherweise bisher ausgeschlossene Variablen enthält, erneut zu überprüfen). Dies bedeutet, daß zwischen den beiden Zeitreihen lediglich der in Kap. 5.5.2.1.4 spezifizierte kurzfristige Zusammenhang anzunehmen ist. Da die Kointegrationsthese zurückgewiesen wird, ist es auch wenig sinnvoll, aus den geschätzten Parametern des Transferfunktionsmodells für die Differenzenbeträge einen Gleichgewichtszuwachs "hochzurechnen", wie wir das in Gleichung (5.5.34) getan haben.

[138] Die Testgleichung für die Residuen selbst enthält keine Konstante. Für einen zusammenfassenden Überblick einschließlich tabellierter kritischer Werte siehe Hamilton (1994: 598 ff). Ökonometrische Software zur Zeitreihenanalyse liefert standardmäßig die entsprechenden Testwerte.

Wir wollen nun untersuchen, ob die SPD-Parteipräferenzen mit objektiven ökonomischen Indikatoren, speziell den (saisonbereinigten) Arbeitslosenzahlen einen langfristigen strukturellen Zusammenhang bilden. Für die Arbeitslosenreihe (s. Abb. 5.1.1) wurde ebenfalls schon in Abschn. 3.12.4 ein stochastischer Trendverlauf im Sinne eines $I(1)$-Prozesses nachgewiesen. Eine erste OLS-Schätzung mit der SPD-Anhängerschaft als abhängiger Variable und den Arbeitslosendaten (ARBLO) als Regressor-Variable deutet darauf hin, daß das Modell unterspezifiziert ist, wenn der enorme Rückgang der SPD-Präferenzanteile in den letzten Monaten der Brandt-Kanzlerschaft nicht gesondert mit Hilfe einer entsprechenden Dummy-Variable PK ("Politischer Kontext") modelliert wird.[139] Bei Einschluß dieser Dummy-Variablen ergibt sich folgende Schätzung der Kointegrationsgleichung (mit Angabe der Standardfehler in Klammern):

$$SPD_t = 48.76 - 9.076 PK_t - .009\ ARBLO_t + \varepsilon_t \qquad (5.6.2)$$
$$(.459)\quad (.952)\qquad (.00047)$$
$$R^2 = 0.74 \quad DW = .716$$

Diese Gleichung hatten wir schon einmal in Kap. 5.1.1 "naiv" (außerhalb des Kontexts der Kointegration) geschätzt. Die mit diesem Modell erzielte Anpassung an die beobachtete Reihe der SPD-Werte ist in Abb. 5.6.2 wiedergegeben.

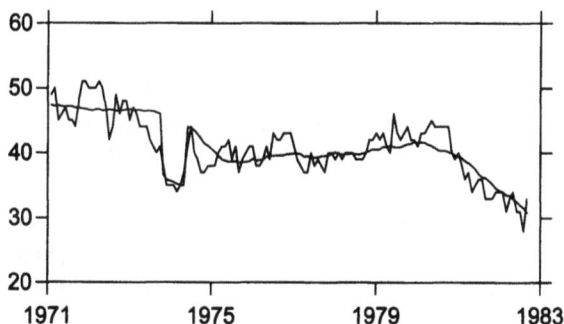

Abb. 5.6.2 Beobachtete und prognostizierte Werte des Kointegrationsmodells in Gleichung (5.6.2)

Obwohl das Modell den langfristigen Verlauf gut abbildet, sind Teilperioden systematischer Unter- oder Überschätzung der SPD-Werte erkennbar. Sie deuten darauf hin, daß es neben den Arbeitslosenzahlen noch weitere, im Modell nicht berücksichtigte relevante Einflußfaktoren gibt, zu denen temporär wirksame Ereig-

---

[139] Die Variable PK erhält den Wert 0 von Februar 1971 bis Oktober 1973 sowie von Juni 1974 bis September 1982 (dem Ende der sozialliberalen Koalition) und den Wert 1 von November 1973 bis Mai 1974. Das Verfahren ist natürlich *ad hoc* gewählt, eine politische Theorie der Ereigniswirkungen liegt unseres Wissens nicht vor. Der Einbau von Dummy-Variablen in die Kointegrationsgleichung ist in der ökonomischen Forschung gängige Praxis, aber auch umstritten (siehe hierzu Muscatelli/Hurn 1995: 182).

niskonstellationen gehören könnten (ähnlich der "Agonie" der letzten Phase der Kanzlerschaft von Willy Brandt, die wir hier mit einer Dummy-Variablen berücksichtigt haben). Die Frage der substantiell befriedigenden Modellspezifikation muß hier offenbleiben. (Die Inflationsrate verfehlte deutlich das übliche Signifikanzkriterium).

Die Modellresiduen sind in Abb. 5.6.3 wiedergegeben. Der spezifisch auf die Residuen von Kointegrationsgleichungen bezogene ADF-Test, bei dem wir eine Autokorrelation erster Ordnung mit berücksichtigen (s. Kapitelabschn. 3.12.4), bestätigt den visuellen Eindruck, daß die Residuen stationär sind.

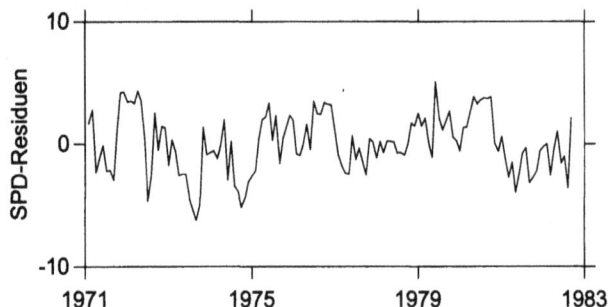

Abb. 5.6.3 Residuen des Kointegrationsmodells

Wir können also davon ausgehen, daß das Niveau der Arbeitslosigkeit und die Stärke der Anhängerschaft für die Regierungspartei SPD kointegriert sind.[140] Langfristig reduziert sich (in dieser Periode) bei einem Anstieg der Arbeitslosen um 1 Million die Anhängerschaft der SPD um 9 Prozent (Arbeitslose sind in Tausender-Einheiten gemessen). Eine Erweiterung des Modells um die Inflationsrate, weist für diese nur einen minimalen, statistisch nicht signifikanten Beitrag aus. Wenn man wegen der leicht erkennbaren Trendkomponenten beide Reihen vorgängig auf ihre Differenzenbeträge transformiert, kann dieser langfristige Zusammenhang gar nicht sichtbar werden (s. Abschn. 5.5.2.3).

5.6.2 Fehlerkorrekturmodelle

Die Kointegrationsgleichung bezieht sich auf Gleichgewichtsniveaus; sie ist folglich eine *statische* Regressionsgleichung. Sie macht keine Angaben über den zeitlichen Verlauf der Anpassungsreaktionen, mit denen ein temporär entstandenes

---

[140] Zu beachten ist, daß sich dieser Nachweis auf eine begrenzte Untersuchungsperiode bezieht. Wie schon oben angemerkt, sind die OLS-Schätzungen der Kointegrationsgleichung nicht optimal, insbesondere sind die Signifikanztests (t-Werte) nicht zuverlässig. Wir haben deshalb das OLS-Schätzergebnis mit dem (hier nicht dargestellten) *Johansen*-Verfahren, das auf dem *Maximum-likelihood*-Prinzip beruht (s. Johansen 1991), überprüft. Das Regressionsgewicht für ARBLO wird dabei nur leicht nach unten - auf etwa 8 % - korrigiert, die Nicht-Signifikanz der Inflationsrate wird bestätigt.

Ungleichgewicht reduziert wird. Sie macht auch keine Aussage darüber, ob die Reäquilibrierungsprozesse[141] durch kurzfristige Effekte überlagert werden. Diese dynamische Spezifikation erfolgt nun in einer zweiten Analysestufe mit Hilfe sog. Fehlerkorrekturmodelle (*Error Correction Models*). Sie haben folgende Gestalt:

$$\delta y_t = \alpha + \sum_{j=0}^{l} \delta_j (\delta y_{t-j}) + \sum_{j=1}^{k} \omega_j (\delta x_{t-j}) + \gamma z_{t-1} + \varepsilon_t \qquad (5.6.3)$$

Der Teil der Gleichung (5.6.3), der die Differenzenreihen δy_t, δx_{t-j} und δy_{t-j} umfaßt, stellt die allgemeine Form der *distributed lag* Regression für die Differenzenbeträge dar. Die Menge der benötigten Verzögerungsintervalle k bzw. l wird entweder theoretisch bestimmt oder datenanalytisch in der Weise ermittelt, daß die Residuen ε_t nicht mehr seriell korrelieren. Das Besondere dieser Gleichung liegt in dem Regressor z_{t-1}, hinter dem sich die geschätzten Residuen der Kointegrationsgleichung verbergen, also die Abweichungen vom Gleichgewichtspfad. Enthält die Kointegrationsgleichung (wie in (5.6.1)) nur einen Regressor X_t, dann gilt $z_t = (y_t - \beta x_t - \alpha)$. Der Koeffizient γ (erwartet wird ein $\gamma < 0$) in Gleichung (5.6.3) gibt den Anteil an, um den ein zum Zeitpunkt t bestehendes Ungleichgewicht bis zum Zeitpunkt $t+1$ abgebaut ist (darauf bezieht sich der Begriff "Fehlerkorrektur"). Ein $\gamma = -0.7$ besagt zum Beispiel, daß innerhalb eines einzigen Zeitintervalls 70 % des Ungleichgewichts abgebaut wird, im nächsten Intervall vom restlichen Ungleichgewicht nochmals 70 % usw. Das Ungleichgewicht kann sowohl durch eine Veränderung in X als auch durch eine von X unabhängige Veränderung in Y induziert werden. Betrachten wir ein einfaches Beispiel mit $\delta_j = 0$ und $\omega_j = 0$ für alle $j = 1,2,...$:

$$\delta y_t = 0.10 \delta x_t - 0.70 \underbrace{(y_{t-1} - 0.40 x_{t-1} - 2)}_{z_{t-1}} + \varepsilon_t \qquad (5.6.4)$$

Das System befindet sich im Gleichgewicht, $z_t = 0$, wenn $(y_t - 0.40 x_t) = 2$. Nehmen wir an, dieses Gleichgewicht sei zum Zeitpunkt $t = 0$ gegeben und werde zum Zeitpunkt $t = 1$ durch einen Zuwachs in X um 6 Punkte gestört (von $x = 20$ auf $x = 26$). In der folgenden Zeit bleibe X auf diesem Niveau stabil, und Y werde durch keine zusätzlichen Einflüsse gesteuert. Die Werteentwicklung in Y in Richtung des neuen Gleichgewichtsniveaus $y = (0,4 \cdot 26 + 2) = 12,4$ ist Tabelle 5.6.1 zu entnehmen.

---

[141] „Reäquilibrierung" meint hier die nach einer extern verursachten Störung einsetzende Rückkehrbewegung der abhängigen Variablen in Richtung ihres beweglichen Gleichgewichtsniveaus, das durch die sich verändernde unabhängige Variable gemäß Gleichung (5.6.2) festgelegt wird.

Tab. 5.6.1 *Darstellung eines Reäquilibrierungsprozesses mit* $\gamma = 0.7$

t	x	y	δx	δy	z
0	20	10	-	-	0
1	26	10.6	6	$0.1 \cdot 6 = 0.6$	2.4
2	26	11.68	0	$0.7 \cdot 2.4 = 1.68$	0.72
3	26	12.18	0	$0.7 \cdot 0.72 = 0.50$	0.22
4	26	...	0	...	...

Durch den Zuwachs in X entsteht im Zeitpunkt $t = 1$ ein Ungleichgewicht von $0.4 \cdot 6 = 2.4$ Punkten, das im folgenden schrittweise "abgebaut" wird. Noch im gleichen Intervall reagiert Y kurzfristig um $0.1 \cdot 6 = 0.6$ Punkte. Im folgenden Intervall, $t = 2$, wird das ursprüngliche Ungleichgewicht um 70 %, also um $0.7 \cdot 2.4 = 1.68$ Punkte reduziert, so daß das Rest-Ungleichgewicht 0.72 Punkte beträgt. Im nächsten Intervall, $t = 3$, erfolgt eine weitere Reduktion um 70 % auf einen Rest von 0.22 Punkten und so fort. Das Modell sieht also vor, daß sich kurzfristige Reaktionen (gesteuert durch die δ- und ω-Parameter in Gleichung (5.6.3)) und längerfristige Reäquilibrierungsprozesse (gesteuert durch den γ -Parameter) überlagern, wobei die Reäquilibrierung um so länger dauert, je kleiner $|\gamma|$.

Nach dem "Repräsentationstheorem" von Granger (s. Engle/Granger 1987) impliziert Kointegration eine Fehlerkorrekturdarstellung und umgekehrt.[142] Bei der empirischen Identifikation eines Fehlerkorrekturmodells für die SPD-Präferenzen zeigt sich, daß die δ-Gewichte in Gleichung (5.6.3) alle auf Null gesetzt werden können; außerdem sind die $\omega_j = 0$ für alle $j = 1,2,...$, so daß wir folgendes Modell schätzen:[143]

$$\delta \text{SPD}_t^* = \underset{(.176)}{.07} - \underset{(.006)}{.0148}(\delta \text{ARBLO}) \qquad (5.6.5)$$

$$- \underset{(.078)}{.384}(\text{SPD}_t - 48.76 + 9.076\text{PK}_t + .009\,\text{ARBLO})_{t-1} + \varepsilon_t$$

$$\bar{R}^2 = .167, \quad DW = 2.048$$

Es zeigt sich, daß in diesem Beispiel die kurzfristigen (kontemporären) Reaktionen

---

[142] Von Interesse ist auch, daß die Kointegration zwischen Y_t und X_t mindestens eine einfache "Granger-kausale" Beziehung zwischen diesen beiden Variablen impliziert (s. Granger 1988). Das Umgekehrte gilt nicht. Zur Erläuterung und Kritik der "Granger-Kausalität" s. Kirchgässner (1981).

[143] Die SPD-Reihe wird vor der Differenzenbildung um den oben geschätzten Politik-Effekt der letzten Monate der Kanzlerschaft Brandts bereinigt; deshalb das "Sternchen" in Gleichung (5.6.5).

auf Veränderungen der Arbeitslosenzahlen die langfristigen übersteigen. Bei einem monatlichen Zuwachs von 100.000 Arbeitslosen wenden sich zunächst einmal "spontan" fast 1,5 % der SPD-Anhänger von ihrer Partei ab; langfristig verliert sie aber bei einem Anstieg von 1 Million Arbeitslosen nicht 15 %, sondern, wie wir schon sahen, "nur" 9 % ihrer potentiellen Wähler. Die Reäquilibrierung vollzieht sich mit einer monatlichen Rate von 38,4 Prozent. Die *kurzfristigen* Fluktuationen der SPD-Anhängerschaft werden nur zu etwa 17 % (siehe R^2) von Veränderungen in den Arbeitslosenzahlen und dem daraus resultierenden Ungleichgewicht erklärt.[144]

Die kurzfristigen Effekt- und die langfristigen Gleichgewichtsparameter lassen sich auch simultan in einer einzigen Gleichung schätzen (s. Wolters 1995: 153):

$$\delta SPD_t^* = \alpha + \gamma SPD_{t-1}^* + \beta_0 (\delta ARBLO)_t - \beta_1 ARBLO_{t-1} + \varepsilon_t \quad (5.6.6)$$

Die Kleinstquadrate-Schätzung liefert den Gleichgewichtsparameter mit $\hat{g} = -\hat{\beta}_1 / \hat{\gamma}$. In unserem Beispiel erhalten wir $\hat{\beta}_1 = -.003158$, $\hat{\gamma} = -.38887$, folglich $\hat{g} = -.00827$. Das Ergebnis aus der ersten Stufe des Engle/Granger-Verfahrens wird also leicht nach unten korrigiert. Dagegen erhöht sich der kurzfristige Effekt von $\hat{\lambda} = -.0148$ (s. Gleichung (5.6.5))auf $\beta_0 = -.016$. Der Reäquilibrierungskoeffizient $\hat{\gamma} = -.3889$ ist praktisch identisch mit dem in der Schätzgleichung (5.6.5).

Es sei noch auf ein dreistufiges Verfahren von Engle/Yoo (1991) hingewiesen, das dem *Full Information Maximum Likelihood (FIML)* Prinzip entspricht. Eine Anwendung dieses Verfahrens auf unsere Beispieldaten bringt Thome (1997: 218).

5.6.3 Das Problem der Scheinregression

Bei kointegrierten Prozessen führt eine vorgängige Differenzenbildung zu einer Fehlspezifikation des Modells und u. U. zu der falschen Schlußfolgerung, zwischen den untersuchten Zeitreihen bestehe kein kausaler Zusammenhang (scheinbare Nicht-Kausalität). Schätzt man dagegen ein Regressionsmodell mit trendbehafteten Zeitreihen, die nicht kointegriert sind, kann es leicht zum gegenteiligen Fehlschluß scheinbarer Kausalität kommen, wenn die Trendkomponenten nicht zuvor mittels Differenzenfilter eliminiert wurden. Das von Granger/Newbold (1974) so bezeichnete Problem der *spurious regression* läßt sich anhand zweier *nicht* miteinander

---

[144] Die diagnostischen Tests (auf Autokorrelation der Residuen, Heteroskedastizität und Spezifikationsdefekte im Sinne von Ramseys einfachem RESET-Test) liefern zufriedenstellende Ergebnisse. Allerdings weist der CUSUMSQ-Test (der sich auf die kumulierte Summe der *quadrierten* Residuen bezieht) im Unterschied zum einfachen CUSUM-Test (s. Greene 1993: 216ff) auf leichte Modellinstabilitäten im mittleren Abschnitt der Untersuchungsperiode hin. Wir können auf diese Testmöglichkeiten im Rahmen dieses Einführungstextes nicht näher eingehen (s. Abschn. 5.4).

korrelierter *random walk* Prozesse (RWP) erläutern:

$$y_t = y_{t-1} + u_t \qquad (5.6.7)$$

$$x_t = x_{t-1} + v_t$$

$$E(u_t v_t) = 0 \, \forall \, t \; ; \; E(u_t u_{t-k}) = E(v_t v_{t-k}) = 0 \, \forall \, k \neq 0, \, k = 1, 2 \dots$$

Unter diesen Voraussetzungen führt die Kleinstquadrateschätzung des Regressionsmodells

$$y_t = \beta_0 + \beta_1 x_t + \varepsilon_t \qquad (5.6.8)$$

zu irregulären Ergebnissen, die wir bereits in Kapitelabschn. 3.12.4. dargestellt haben: sie suggerieren einen strukturellen Zusammenhang, der nicht besteht. Dort wurde auch schon darauf hingewiesen, daß das Problem der Scheinregression bei integrierten Prozessen vermieden werden kann, wenn die Parameter des Modells (5.6.8) nicht mit den Rohdaten, sondern mit den "differenzierten" Zeitreihen geschätzt werden:

$$\delta y_t = \beta_1 (\delta x_t) + u_t, \quad u_t = \varepsilon_t - \varepsilon_{t-1} \qquad (5.6.9)$$

Da δY und δX voraussetzungsgemäß stationäre Prozesse [*I(0)*] sind, müssen auch die Residuen (als Linearkombination zweier stationärer Prozesse) stationär sein; (5.6.9) ist folglich eine "legitime" Regressionsgleichung, sofern der gleiche Integrationsgrad, aber keine Kointegration vorliegt. Die Interpretation des Steigungskoeffizienten β_1 ist durch die Anwendung des Differenzenoperator $\delta = (1-B)$ auf beiden Seiten der Gleichung nicht berührt.

Es ist auch vorgeschlagen worden, das Problem der Scheinregression dadurch zu umgehen, daß man verzögerte Terme Y_{t-1} und X_{t-1} als Regressoren in die Gleichung (5.6.8) einbezieht. Dabei ist allerdings zu beachten, daß der entsprechende F-Test keine standardmäßige Grenzverteilung hat (Hamilton 1994: 562). Außerdem ist diese technisch gemeinte Korrektur mathematisch äquivalent mit einer substantiellen Neuspezifikation des dynamischen Zusammenhangs zwischen den beiden Variablen (s. oben, Kapitelabschn. 5.3) und deshalb nur zu empfehlen, wenn diese inhaltlich begründet werden kann.

Will man einen evtl. bestehenden strukturellen Zusammenhang zwischen trendbehafteten Zeitreihen untersuchen, empfiehlt sich also - in knapper Zusammenfassung - folgende Strategie: Bevor man über eine eventuelle Trendbereinigung entscheidet, sollte man zunächst prüfen, ob deterministische oder stochastische Trendverläufe vorliegen. Falls stochastische Trendkomponenten gleichen Grades festgestellt werden, sollte man als nächstes untersuchen, ob die beiden Prozesse außerdem kointegriert sind. Wenn nicht, kann allenfalls ein kurzfristiger struktureller Zusammenhang vorliegen, der mit Hilfe einer Transferfunktion für die "differenzierten" Zeitreihen zu modellieren wäre (wie in Kapitelabschn. 5.5.2 gezeigt). Falls kointegrierte Prozesse identifiziert werden, kann ihre langfristige Gleichgewichtsbeziehung mittels OLS-Regression oder in einem komplexeren Verfahren geschätzt werden (wie im vorigen Abschnitt gezeigt wurde). Eine eventuell gegebene kurzfristige Anpassungsdynamik kann dann mit Hilfe eines Fehlerkorrekturmodells zusätzlich spezifiziert werden. Diese Methodologie dürfte den Anwendungsbereich der Zeitreihenanalyse innerhalb der Geschichts- und Sozialwissenschaften erheblich erweitert haben.

Kapitel 6

Der Prognoseansatz von Box und Jenkins[145]

"Prognose heißt die Vorhersage zukünftiger Ereignisse aufgrund von Vergangenheitsinformation. Von der Wahrsagerei unterscheidet sich die Prognose durch die explizite Unterstellung eines Modells für den beobachteten Prozeß" (Schlittgen/ Streitberg 2001: 191).

Der gesellschaftliche Bedarf an Prognosen ist recht groß. Doch der sozialwissenschaftliche Beitrag zur Deckung dieses Bedarfs ist ziemlich bescheiden, wenn man von einigen Teilbereichen der Wirtschaftswissenschaften und der Demographie absieht. Es gibt zahlreiche mehr oder weniger vage Vermutungen über zukünftige gesellschaftliche Entwicklungslinien, aber nur in wenigen Fällen stützen sie sich auf einigermaßen gesichertes Wissen. Zwar lassen sich beobachtete Trendverläufe, z. B. Wachstumskurven, rechnerisch beliebig weit in die Zukunft verlängern, - ob der trenderzeugende Prozeß andauert, bleibt jedoch ungewiß. Dennoch sind solche Extrapolationen mit Hilfe deterministischer Modelle (evtl. unter Einschluß stochastischer Komponenten) unter bestimmten Voraussetzungen heuristisch sinnvoll. Das kann für Wachstumsprozesse zutreffen, deren Dynamik theoretisch geklärt ist; für die man z. B. erwartet, daß sie sich einem Sättigungsniveau nähern.

In diesem Kapitel wollen wir keinen Gesamtüberblick über unterschiedliche Prognoseverfahren geben.[146] Wir möchten hier lediglich den Prognose-Ansatz skizzieren, der sich aus der Box/Jenkis-Methode ergibt. Die Prognose kann auch als zusätzliches Element der Modellbewertung eingesetzt werden: Alternative Prozeßmodelle (univariate ARIMA-Modelle ebenso wie Transferfunktionen) lassen sich u.a. nach ihrem relativen Erfolg in der Prognose als "besser" oder "schlechter" einstufen. Außerdem können zukünftige Beobachtungswerte, die stark von den prognostizierten Werten abweichen, u. U. Hinweise auf zunächst nicht beachtete Ereignisse liefern, die auf den Prozeß eingewirkt haben. Jenseits unmittelbar praktischer Erwägungen vertieft die Beschäftigung mit Prognoseverfahren das Verständnis der ARIMA-Modellierung.

6.1 Univariate Prognose

Bei der Prognose geht es um die Schätzung zukünftiger Werte der Zeitreihe, die bei der Identifikation des Modells und der Schätzung seiner Parameter noch nicht vorlagen oder bewußt für Testzwecke reserviert wurden (*sample splitting*). Da es sich bei diesen zukünftigen Werten ebenfalls um Realisationen von Zufallsvariablen handelt, interessieren nicht nur die Punktschätzer, sondern auch die Konfidenzintervalle. Wir konzentrieren uns aber zunächst auf die Frage, wie man zu "optima-

---

[145] Bei der Ausarbeitung dieses Kapitels habe ich mich teilweise an Vandaele (1983) orientiert.

[146] Es sei auf das umfangreiche Kompendium von Makridakis et. al. (1998) verwiesen, das zahlreiche Analysebeispiele enthält.

len" Punktschätzungen bei unterschiedlichen ARIMA-Prozessen kommt. Alle Voraussetzungen der Modellkonstruktion, die wir in vorangegangenen Kapiteln erläutert haben, insbesondere die Stationarität bzw. Invertibilität der Zeitreihe, bleiben in Kraft. Der Prognose liegt die Annahme zugrunde, daß sich die Prozeßstruktur auch im Prognose-Zeitraum nicht ändert.

Bevor wir klären, was unter einer "optimalen" Prognose verstanden werden kann, müssen wir einige neue Begriffe einführen: Denjenigen Zeitpunkt $t = n$, von dem aus prognostiziert werden soll, bezeichnet man als *Prognoseursprung*. Die Zeitspanne h (die Zahl der Intervalle), über die prognostiziert werden soll, wird *Prognosehorizont* genannt. Angenommen, wir haben ein ARIMA-Modell für die Zeitreihe der monatlichen Arbeitslosendaten von Januar 1970 (z_1) bis Dezember 1982 (z_n) geschätzt (s. Kap. 3.13) und möchten auf dieser Basis die Zahl der Arbeitslosen für Mai 1983 (Z_{n+h}) prognostizieren. Dann ist der Dezember 1982 der Prognoseursprung, und der Prognosehorizont erstreckt sich über $h = 5$ Monate. Der Wert, den wir, von $t = n$ ausgehend, für die Zufallsvariable Z_{n+h} prognostizieren, bezeichnen wir durch das Kürzel $\hat{z}_n(h)$. $\hat{z}_n(1)$ wäre also die für die Zufallsvariable Z_{n+1} prognostizierte Arbeitslosenzahl für Januar 1983. Die Folge der Prognosewerte $\hat{z}_n(1),...,\hat{z}_n(h)$ bezeichnet man als *Prognoseprofil*.

Was ist nun eine "optimale" Prognose? Im allgemeinen benutzt man auch hier wieder ein Kriterium, das aus der üblichen Regressionsanalyse bekannt ist: die Summe der Fehlerquadrate soll minimal sein. Bei der Prognose spricht man vom *mean-square forecast error (MSFE)*, der formal wie folgt definiert ist

$$\text{MSFE} = 1/h\sum_{i=1}^{h}[z_{n+i} - \hat{z}_{n+i}]^2 \qquad (6.1.1)$$

Positive und negative Abweichungen der (später) beobachteten von den prognostizierten Werten erhalten in dieser Definition das gleiche Gewicht. Die Minimierung des MSFE ist aber nicht in jeder praktischen Entscheidungssituation das sinnvollste Kriterium zur Optimierung der Prognose. Ein Geschäftsmann oder ein Politiker mag z. B. die Folgekosten einer Überschätzung anders gewichten als die Kosten einer Unterschätzung. Will man jedoch ein *allgemeines* Prognoseverfahren begründen, ist es angebracht, zunächst keine asymmetrische Gewichtung nach der einen oder anderen Seite vorzunehmen. Der MSFE impliziert eine symmetrische Kostenfunktion.

In der (linearen) Regressionsanalyse werden die Koeffizienten a und b_k ($k = 1,2,...,m$) der Gleichung $\hat{y} = a + b_1x_1 + b_2x_2 + ... + b_mx_m$ so gewählt, daß die Summe der Fehlerquadrate $(y_i - \hat{y})^2$ minimiert wird. $\hat{y}$ ist als Erwartungswert $E(Y|X_1=x_1,X_2=x_2,...,X_m=x_m)$ einer bedingten Verteilung der abhängigen Variablen Y ein "optimaler" Prognosewert, wobei die Werte der ("festgehaltenen") Regressorvariablen die Bedingung darstellen.

Für die Prognose mit Zeitreihendaten gilt Entsprechendes. Auch hier läßt sich zeigen, daß der bedingte Erwartungswert $E(Z_{n+h}| z_1,...,z_n) = \hat{z}_n(h)$ $(h = 1,2,...)$ ein optimaler Schätzer im Sinne des MSFE ist. Als "Bedingung" fungieren bei der univariaten Prognoserechnung lediglich die vorangegangenen, beobachteten Werte der Zeitreihe, soweit sie relevant sind. Welche Werte relevant sind, ergibt sich aus dem ARIMA-Modell, das identifiziert und geschätzt wurde. Aus der bisherigen Betrachtung dieser Modelle lassen sich hinsichtlich ihrer Prognoseeigenschaften bereits einige allgemeine Schlußfolgerungen ziehen:

Es ist ein Definitionsmerkmal stochastischer Prozesse (siehe Kap. 3), daß Voraussagen um so unsicherer, fehlerbehafteter werden, je länger der Prognosehorizont ist, je weiter in die Zukunft hinein prognostiziert werden soll. Das bedeutet, die Vergangenheit wird zunehmend weniger informativ für die zukünftig erwartbaren Werte. Aus der "normalen" Regressionsrechnung mit Querschnittdaten wissen wir: wenn der Informationswert der "erklärenden" Variablen X gleich null ist, so ist der nicht bedingte Erwartungswert $E(Y) = \mu$, also das arithmetische Mittel der Y-Verteilung, der beste Prognosewert für die abhängige Variable. Gleiches gilt auch für die univariate Zeitreihenanalyse. Beim autoregressiven Modell z. B. nimmt der Informationswert vergangener Beobachtungen geometrisch ab. Daraus folgt: das Prognoseprofil entwickelt sich bei zunehmend ausgedehntem Prognosehorizont $h \to \infty$ gegen den nicht bedingten Erwartungswert $E(Z_t) = \mu_z$ der Zeitreihe Z_t. Bei einem *Moving-Average*-Prozeß q-ter Ordnung bricht, wie wir sahen, der Informationsgehalt zurückliegender Beobachtungen für gegenwärtige oder zukünftige Werte abrupt ab, so daß für alle Zeitpunkte $t = n+h$, $h>q$, der Erwartungswert μ_z als Prognosewert einzusetzen ist.

Im folgenden soll detaillierter dargestellt werden, wie diese Ergebnisse formal gewonnen werden. Wir beginnen mit "einfachen" stationären Prozessen und stellen später Prognoseprofile für nicht-stationäre Reihen vor.

6.1.1 Prognose mit AR(1)-Modellen

Während wir in vorangegangenen Kapiteln die Prozeßgleichungen in der Regel für zentrierte Daten formuliert haben, wollen wir sie in diesem Kapitel für die Rohdaten angeben. Statt

$$z_t = \varphi z_{t-1} + a_t \qquad (6.1.2)$$

schreiben wir also (vergl. Abschn. 3.4.1)

$$z_t - \mu = \varphi_1(z_{t-1} - \mu) + a_t \qquad (6.1.3)$$

$$z_t = \mu + \varphi_1 z_{t-1} - \varphi\mu + a_t$$

$$z_t = (1 - \varphi)\mu + \varphi z_{t-1} + a_t, \quad (1-\varphi)\mu = c \quad \text{(Ordinatenabschn.)}$$

wobei $\mu = E(Z_t)$ und $E(a_t) = 0$. Die a_t stellen identisch und unabhängig verteilte Zufallsgrößen (*random shocks*) dar. Analog zur Regressionsrechnung erhalten wir den Prognosewert $\hat{z}_n(1)$ für das unmittelbar auf z_n folgende Intervall ("Ein-Schritt-

Prognose"), indem wir (6.1.3) mit $t = n+1$ anwenden und den bedingten Erwartungswert für $E(Z_{n+1})$ bilden.

$$z_{n+1} = (1- \varphi)\, \mu + \varphi z_n + a_{n+1} \qquad (6.1.4)$$

$$\hat{z}_n(1) = E[(1 - \varphi)\mu + \varphi z_n + a_{n+1}]$$
$$= (1 - \varphi)\mu + \varphi z_n + E(a_{n+1})$$
$$= (1 - \varphi)\mu + \varphi z_n$$

Der unbedingte Erwartungswert für Z_n wäre $E(Z_n) = \mu$; z_n ist jedoch bereits beobachtet, gehört also zu den Bedingungen, unter denen $E(Z_{n+1})$ ermittelt werden soll. Der Fehler a_{n+1} ist dagegen noch nicht registriert; für ihn wird der (unbedingte) Erwartungswert $E(a_{n+1}) = 0$ eingesetzt. (Wir verwenden für den bedingten wie auch für den nicht bedingten Erwartungswert das Symbol E)

Wenn wir den Prognosezeitraum auf h > 1 verlängern, müssen wir für den nicht beobachteten Wert $z_{n+(h-1)}$ auf der rechten Seite der Gleichung den bedingten Erwartungswert, also den Prognosewert $\hat{z}_n(h-1)$, einsetzen:

$$\hat{z}_n(h) = (1 - \varphi)\mu + \varphi \hat{z}_n(h-1) \quad , h > 1 \qquad (6.1.5)$$

Das bedeutet, daß die Prognosewerte $\hat{z}_n(h)$ rekursiv, also Schritt für Schritt für $h = 1,2,3,...$ zu errechnen sind. Dabei wird fortlaufend die Voraussetzung herangezogen, daß sich die Prognosefehler im Mittel ausgleichen: $E(a_{n+h}) = 0$.

Nehmen wir als Beispiel einmal an, es seien $\varphi = 0{,}4$, $\mu = 40$ und $z_n = 30$ gegeben. Aus der Vergangenheit der Zeitreihe ist nur einer, der letzte der beobachteten Werte für die Prognose relevant. Dann läßt sich der erste Prognosewert (für $h=1$) wie folgt berechnen:

$$\hat{z}_n(1) = (1 - 0{,}4)40 + 0{,}4(30) = 24 + 12 = 36 \qquad (6.1.6)$$

Die weiteren Prognosewerte ergeben sich aus:

$$\hat{z}_n(2) = (1-0{,}4)40 + 0{,}4(36) = 24 + 14{,}4 = 38{,}4 \qquad (6.1.7)$$
$$\hat{z}_n(3) = 24 + 0{,}4(38{,}4) = 39{,}4$$
$$\hat{z}_n(4) = 24 + 0{,}4(39{,}4) = 39{,}8$$
$$\hat{z}_n(5) = 24 + 0{,}4(39{,}8) = 39{,}9$$

Bei negativem Vorzeichen des φ-Parameters erhalten wir:

$$\hat{z}_n(1) = [1-(-0,4)]40 - 0,4(30) = 56 - 12 = 44 \qquad (6.1.8)$$

$$\hat{z}_n(2) = 56 - (0,4)44 \quad = 38,4$$

$$\hat{z}_n(3) = 56 - (0,4)38,4 = 40,6$$

$$\hat{z}_n(4) = 56 - (0,4)40,6 = 39,8$$

$$\hat{z}_n(5) = 56 - (0,4)39,8 = 40,1$$

In der folgenden Tabelle 6.1 fassen wir die Entwicklung des Prognoseprofils noch einmal zusammen:

Tab. 6.1.1 *Prognoseprofil für einen AR(1) Prozeß mit $\mu = 40$, $\varphi \pm 0,4$ und $z_n = 30$*

h	0	1	2	3	4	5
$\varphi = + 0,4$, $z_n(h)$:	30	36	38,4	39,4	39,8	39,9
$\varphi = - 0,4$, $z_n(h)$:	30	44	38,4	40,6	39,8	40,1

Es ist leicht erkennbar, daß die Prognosewerte mit zunehmendem h gegen den Mittelwert der Reihe streben. Sie sind also über einen bestimmten Prognosehorizont $h = h^*$ hinaus kaum noch sinnvoll.

Daß sich die Prognosen mit erweitertem Horizont $h \to \infty$ dem Mittelwert der Reihe nähern müssen, läßt sich erkennen, wenn wir $\hat{z}_n(h)$ für beliebige $h > 0$ sukzessive als Funktion von z_n schreiben. Für $h = 2$ erhält man unter Anwendung von (6.1.3) bis (6.1.5):

$$z_n(2) = (1 - \varphi)\mu + \varphi z_n(1) \qquad (6.1.9)$$

$$= (1 - \varphi)\mu + \varphi[(1-\varphi)\mu + \varphi z_n]$$

$$= (1 - \varphi)\mu + (\varphi - \varphi^2)\mu + \varphi^2 z_n$$

$$= \mu - \varphi\mu + \varphi\mu - \varphi^2\mu + \varphi^2 z_n$$

$$= (1 - \varphi)(1 + \varphi)\mu + \varphi^2 z_n$$

Durch fortlaufende Substitution erhält man schließlich:

$$\hat{z}_n(h) = (1 - \varphi)(1 + \varphi + \varphi^2 + ... + \varphi^{h-1})\mu + \varphi^h z_n \qquad (6.1.10)$$

Die geometrische Reihe $(1 + \varphi + \varphi^2 + ... + \varphi^{h-1})$, $|\varphi| < 1$, strebt bei $h \to \infty$ gegen den

Grenzwert $1/(1-\varphi)$, so dass

$$\lim_{h \to \infty} \hat{z}_n(h) = \frac{1-\varphi}{1-\varphi} \, \mu + 0 = \mu \qquad (6.1.11)$$

Dies gilt auch für (stationäre) autoregressive Prozesse höherer Ordnung. Den allgemeinen Beweis wollen wir uns hier jedoch ersparen. Abb. 6.1.1 stellt das Prognoseprofil eines AR(1)-Prozesses dar mit $\varphi = 0{,}8$, $\mu = 1$ und $n = 7$.

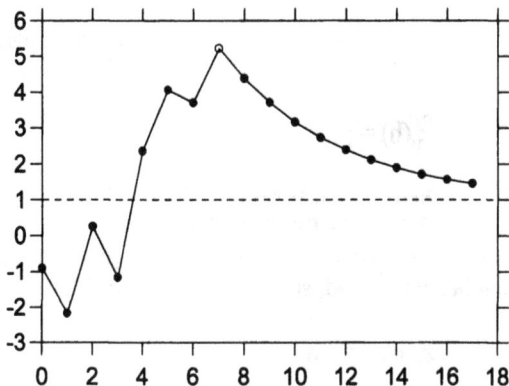

Abb. 6.1.1 Prognoseprofil eine AR(1)-Prozesses

Bei einem AR(1)-Prozeß ist der Verlauf des Prognoseprofils lediglich von dem φ-Koeffizienten und dem letzten beobachteten Wert der Reihe, z_n, abhängig. Allgemein gilt, daß bei AR(p)-Prozessen, die letzten p beobachteten Werte entscheidend sind (sog. *pivotal values*). Die Berechnung der Prognosegewichte wird bei $p > 1$ aufwendiger; sie entsprechen den in Kap. 3 erläuterten π-Gewichten.

6.1.2 Prognose mit MA-Modellen

Ein MA(1)-Prozeß ist allgemein definiert als

$$z_t = \mu + a_t - \theta a_{t-1} \qquad (6.1.12)$$

Für $t = n+1$ ergibt sich somit

$$z_{n+1} = \mu + a_{n+1} - \theta a_n \qquad (6.1.13)$$

Will man den Prognosewert $\hat{z}_n(1) = E(Z_{n+1})$ ermitteln, muß die Variable a_{n+1} durch ihren Erwartungswert $E(a_{n+1}) = 0$ ersetzt werden, da sie zum Zeitpunkt $t = n+1$ noch nicht realisiert ist. Folglich ist

$$\hat{z}_n(1) = \mu + 0 - \theta a_n \qquad (6.1.14)$$

Der Wert für a_n ist dagegen mit

$$a_n = z_n - \mu + \theta a_{n-1} \tag{6.1.15}$$

gegeben. Auf gleiche Weise läßt sich a_{n-1} aus z_{n-1} und a_{n-2} bestimmen und so fort. Letztlich ist es also nötig, auch a_1 zu kennen, um a_n zu bestimmen. Da wir aber über den ersten Beobachtungswert hinaus nicht weiter in die Vergangenheit der Reihe blicken können, operiert man bei der Bestimmung von a_1 wiederum mit dem Erwartungswert, also $E(a_0) = 0$, oder man schätzt $\hat{a}_0$ mit der in Kap. 3.10 erläuterten Technik des *back forecasting*.[147]

Bei einem Prognosehorizont von $h > 1$ reduziert sich die Prognosefunktion des MA(1)-Prozesses zu

$$\hat{z}_n(h) = \mu , \tag{6.1.16}$$

da die Residualgrößen $a_{n+1},...,a_{n+h-1}$, a_{n+h} unbekannt sind und durch ihre Erwartungswerte (Null) ersetzt werden müssen. Allgemein läßt sich zeigen, daß bei einem MA(q)-Prozeß nur die ersten q Werte eines Prognoseprofils durch vorangegangene Störgrößen bestimmt sind, so daß allgemein für MA(q)-Modelle gilt:

$$\hat{z}_n(h) = \mu , h > q \tag{6.1.17}$$

6.1.3 Prognose mit ARMA(p,q)-Modellen

Betrachten wir zunächst einen ARMA(1,1)-Prozeß:

$$z_t - \mu = \varphi_1(z_{t-1} - \mu) + a_t - \theta_1 a_{t-1} \tag{6.1.18}$$

Für $z_{t=n+1}$ folgt daraus

$$z_{n+1} = (1 - \varphi_1)\mu + \varphi_1 z_n + a_{n+1} - \theta_1 a_n \tag{6.1.19}$$

Unter Anwendung dessen, was wir im vorigen Abschnitt über die Bildung der Erwartungswerte gesagt haben, lassen sich somit die Prognosefunktionen sukzessive wie folgt ermitteln:

$$\hat{z}_n(1) = (1- \varphi_1)\mu + \varphi_1 z_n - \theta_1 a_n \tag{6.1.20}$$

$$\hat{z}_n(2) = (1- \varphi_1)\mu + \varphi_1 \hat{z}_n(1)$$

$$\hat{z}_n(h) = (1- \varphi_1)\mu + \varphi_1 \hat{z}_n(h-1) , h > 1$$

---

[147] Es sei aber daran erinnert, dass man endliche MA-Modelle in unendliche AR-Modelle transformieren kann (Umrechnung der *Theta*- in *Pi*-Gewichte, s. Kap. 3). Folglich lassen sich die Prognose-Werte der MA-Modelle auch aus den mit π_j $(j = 0,1,2,...)$ gewichteten z_{n-j}-Werten ermitteln.

Wie beim MA(1)-Prozeß wird nur $\hat{z}_n(1)$ durch vergangene Residuen a_n beeinflußt. Und wie beim AR-Prozeß strebt das Prognoseprofil auch hier mit h → ∞ gegen μ. Abb. 6.1.2 zeigt das Prognoseprofil eines ARMA(1,2)-Prozesses mit μ = 2,0, φ = 0,5, θ_1 = -0,1, θ_2 = 0,8 und dem Prognoseursprung bei t = 4.

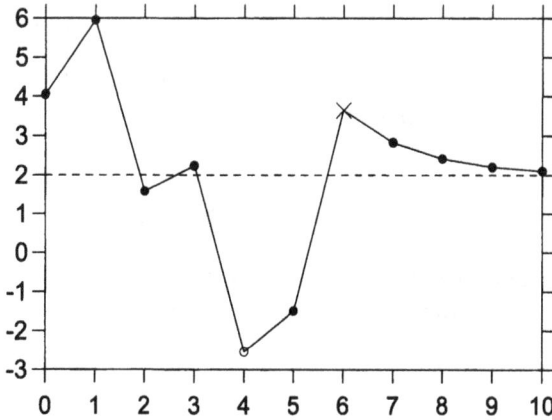

Abb. 6.1.2 Prognoseprofil eines ARMA(1,2)- Prozesses

Durch die MA(2)-Komponente sind die ersten q = 2 Prognosewerte mit bestimmt; der weitere abschwingende Verlauf ergibt sich aus $\hat{z}_n(2)$ und dem Gewicht φ = 0,5. Die einzelnen Werte des Prognoseprofils sind der folgenden Übersicht zu entnehmen:

h→	0	1	2	3	4	5	6
$\hat{Z}_n$(h)	-2,546	-1,493	3,646	2,823	2,412	2,206	2,103

Im Prognoseursprung ist ein Wert z_n = -2,546 gegeben (markiert durch einen Kreis). Die beiden ersten Prognosewerte sind wesentlich durch die vorangegangenen *random shocks* bestimmt und zeigen folglich kein bestimmtes Muster. Der zweite Prognosewert (markiert durch ein x) liefert den Ausgangspunkt (*pivotal value*) für den geometrisch abfallenden Verlauf des Prognoseprofils, das sich rasch dem Erwartungswert von μ = 2 nähert. Das Ausgangsniveau liegt 1,646 Punkte über dem Erwartungswert. Da φ = 0,5 ist, halbiert der nächste Prognosewert diesen Abstand auf 0,823, der folgende auf 0,4115 usw.

Für zukünftige Werte eines ARMA(p,q)-Prozesses gilt allgemein (wenn μ = 0):

$$z_{n+h} = \varphi_1 z_{n+h-1} + ... + \varphi_p z_{n+h-p} + a_{n+h} - \theta_1 a_{n+h-1} - ... - \theta_q a_{n+h-q}, \; h>0 \qquad (6.1.21)$$

Wenn alle Beobachtungen $z_1,...,z_n$ genutzt werden, sind die Prognosewerte $E(Z_{n+h})$ gemäß dieser Gleichung nach folgenden Regeln zu ermitteln:

1. Setze für alle gegenwärtigen und vergangenen Fehlerwerte a_{n-j} ($j = 0,1, 2,...$) die errechneten Residualwerte ein, die sich nach Schätzung der Parameter aus der Modellgleichung ergeben.

2. Ersetze die zukünftigen Fehlerwerte a_{n+j} ($0 < j \leq h$) durch ihre Erwartungswerte, also durch Null.

3. Gegenwärtige und vergangene Zeitreihenwerte z_{n-j} ($j = 0,1,2,...$) sind wie beobachtet einzusetzen.

4. Die zukünftigen Werte z_{n+j} ($0 < j \leq h$), sind durch ihre jeweiligen Prognosewerte $\hat{z}_n(j)$ zu ersetzen. Folglich müssen zunächst die Größen $\hat{z}_n(1),...,\hat{z}_n(h\text{-}1)$ ermittelt werden, bevor man $\hat{z}_{n+h}$ prognostizieren kann.

6.1.4 Prognose mit ARIMA-Modellen

Wir wollen auch hier wieder die allgemeinen Prinzipien zunächst anhand einfacher Modelle verdeutlichen. Beginnen wir mit einem ARIMA(0,1,1)-Prozeß:

$$z_t - z_{t-1} = \mu + a_t - \theta_1 a_{t-1} \qquad (6.1.22)$$

Dieser Prozeß ist stationär in den ersten Differenzen, nicht aber in den Werten $\{z_t\}$; μ ist nicht der Mittelwert der Originalreihe, sondern der Differenzenreihe. Wenn wir das Modell für $t = n+1$ schreiben, erhalten wir

$$z_{n+1} - z_n = \mu + a_{n+1} - \theta_1 a_n \qquad (6.1.23)$$
$$z_{n+1} = \mu + z_n + a_{n+1} - \theta_1 a_n$$

Zur Prognose müssen die Residuen bestimmt werden: Aus Gleichung (6.1.22) mit $t = n$ folgt

$$a_n = z_n - z_{n-1} - \mu + \theta_1 a_{n-1} \qquad (6.1.24)$$

Entsprechende Gleichungen lassen sich für $a_{n-1},...,a_1$ schreiben, wobei man das Problem des Startwerts wiederum löst, indem man an Stelle von a_0 den Erwartungswert $E(a_0) = 0$ einsetzt. Die Prognosefunktionen werden nun wieder schrittweise erzeugt:

$$\hat{z}_n(1) = E(\mu + z_n + a_{n+1} - \theta_1 a_n) , \text{ siehe } (6.1.23) \qquad (6.1.25)$$
$$= \mu + z_n - \theta_1 a_n , \ E(a_{n+1}) = 0$$
$$\hat{z}_n(2) = \mu + \hat{z}_n(1)$$
$$\hat{z}_n(h) = \mu + \hat{z}_n(h\text{-}1) , h > 1$$

Für $\hat{z}_n(h\text{-}1)$ kann man schreiben

$$\hat{z}_n(h\text{-}1) = \mu + \hat{z}_n(h\text{-}2) \qquad (6.1.26)$$

und folglich wird die letzte Zeile in (6.1.25) zu

$$\hat{z}_n(h) = \mu + \mu + \hat{z}_n(h\text{-}2) \, , \, h > 1 \qquad (6.1.27)$$

Diesen Substituierungsprozeß können wir fortsetzen, bis wir (6.1.27) umgeformt haben zu

$$\hat{z}_n(h) = (h\text{-}1)\mu + \hat{z}_n(1) \, , \, h > 1 \qquad (6.1.28)$$

Diese Form der Prognosegleichung läßt erkennen, daß das Prognoseprofil bei anwachsendem h eine Gerade mit dem Steigungsparameter μ bildet. Sie macht außerdem deutlich, daß sich bei einem veränderten Prognoseursprung z_{n+b}, $b > 0$, (nachdem also zusätzliche Beobachtungen vorliegen) der Ordinatenabschnitt und damit alle prognostizierten Werte um die Differenz $b \cdot \mu$ ändern.

Wohl gemerkt, das Prognoseprofil entwickelt sich auf diese Weise nur, wenn neben dem Differenzenfaktor $(1\text{-}B)$ auch noch eine Trendkonstante bzw. ein signifikanter Mittelwert μ in dem Modell verbleibt. Ist dies nicht der Fall, wird beim ARIMA(0,1,1)-Modell aus der Gleichung (6.1.28) die Beziehung $\hat{z}_n(h) = \hat{z}_n(1) = z_n - \theta_1 a_n$, das heißt: das Prognoseprofil bildet bei wachsendem h eine Gerade, die parallel zur Zeitachse verläuft und in dem ersten Prognosewert ihren Ursprung hat.

Dies erscheint auch intuitiv plausibel: Der Einbau eines Differenzenfilters ist ja geboten, wenn fortlaufende Niveauverschiebungen in der Reihe auftreten. Falls sie nur stochastischer Natur sind (die Trendkonstante also gleich Null gesetzt wird), kann man nicht wissen, ob demnächst eine (weitere) Niveauverschiebung nach oben oder nach unten stattfindet. Will man in dieser ungewissen Lage den Prognosefehler minimieren, schreibt man am besten das zum Prognoseursprung erreichte Niveau in etwa fort. Der Differenzenfaktor hebt also den "Zwang" auf, mit den Prognosen zum arithmetischen Mittel der bisher beobachteten Reihe zurückzukehren. Darin sehen viele Autoren einen besonderen Vorteil der Differenzenbildung: *"..., consider the choice between d=0 and d=1. If d=0 is chosen, the level of the forecasts will be for ever tied to the level of the series over the fitting period. But if d=1, updated forecasts will be able to adjust themselves to any future change in level"* (O. D. Anderson 1976: 116).

Bei zweifacher Differenzenbildung mit dem Filter $(1\text{-}B)^2$ wird das Prognoseprofil eines MA-Prozesses im allgemeinen auch ohne Trendkonstante zu einer Geraden, die proportional zur Zeitachse ansteigt oder abfällt. Für einen ARIMA(0,2,2)-Prozeß gilt z. B. folgendes:

Die MA(2)-Komponente bestimmt die beiden ersten Prognosewerte, $\hat{z}_n(1)$ und $\hat{z}_n(2)$. Das weitere Prognoseprofil ergibt sich - da keine AR-Komponente vorliegt - aus der Verlängerung der Geraden, die $\hat{z}_n(1)$ und $\hat{z}_n(2)$ verbindet (O. D. Anderson 1976: 117).

Damit kommen wir zu den autoregressiven Prozessen mit Differenzenbildung. Betrachten wir zunächst ein ARIMA(1,1,0)-Modell:

$$(1 - B)z_t = c + \varphi_1(1 - B)z_{t-1} + a_t \; , c = \mu(1 - \varphi) , \quad (6.1.29)$$

$$z_t - z_{t-1} = c + \varphi_1(z_{t-1} - z_{t-2}) + a_t$$

Gleichung (6.1.29) nach z_t aufgelöst führt zu

$$z_t = c + z_{t-1} + \varphi_1 z_{t-1} - \varphi_1 z_{t-2} + a_t \qquad (6.1.30)$$

$$= c + (1 + \varphi_1)z_{t-1} - \varphi_1 z_{t-2} + a_t$$

Die Prognosewerte lassen sich somit wieder sukzessive errechnen:

$$\hat{z}_n(1) = c + (1 + \varphi_1)z_n - \varphi_1 z_{n-1} \; , E(a_{n+1}) = 0 \qquad (6.1.31)$$

$$\hat{z}_n(2) = c + (1 + \varphi_1)\hat{z}_n(1) - \varphi_1 z_n$$

$$\hat{z}_n(h) = c + (1 + \varphi_1)\hat{z}_n(h - 1) - \varphi_1 \hat{z}_n(h - 2) \; , h > 1$$

Wie sich das Prognoseprofil entwickelt, erkennt man am leichtesten, wenn man zunächst das AR(1)-Modell der ersten Differenzen betrachtet. Wenn wir $D_t = z_t - z_{t-1}$ setzen, wird Gleichung (6.1.29) zu:

$$D_t = c + \varphi_1 D_{t-1} + a_t \qquad (6.1.32)$$

Wie in Kap. 3 erläutert, ist der Erwartungswert für AR(1)-Prozesse aus der Konstanten und dem autoregressiven Parameter zu schätzen. Wir erhalten also: $\mu_D = E(D_t) = c/(1 - \varphi)$. In Abschnitt 6.1.1 haben wir die Prognosefunktion für einen AR(1)-Prozeß schon abgeleitet.

$$\hat{D}_n(1) = \hat{\varphi}_1 \hat{D}_n + \hat{c} \qquad (6.1.33)$$

$$\hat{D}_n(h) = \hat{\varphi}_1 \hat{D}_n(h-1) + \hat{c}$$

Gleichung (6.1.33) können wir analog zu (6.1.10) und (6.1.11) und unter Berücksichtigung der Beziehung $\hat{\mu}_D = \hat{c}/(1 - \hat{\varphi})$ wie folgt umformen (wir sparen uns in den folgenden Gleichungen die Hütchensymbole zur Kennzeichnung der Prognosewerte):

$$D_n(h) = (1 - \varphi_1)(1 + \varphi_1 + \varphi_1^2 + ... + \varphi_1^{h-1}) \cdot \frac{c}{(1 - \varphi_1)} + \varphi_1^h D_n \qquad (6.1.34)$$

$$= (1 + \varphi_1 + \varphi_1^2 + ... + \varphi_1^{h-1}) c + \varphi_1^h D_n$$

$$\lim_{h \to \infty} D_n(h) = c/(1 - \varphi_1) = \mu_D$$

Bei größer werdendem h nähert sich das Prognoseprofil der Differenzenreihe D_t deren Mittelwert μ_D. Was dies bezüglich der Prognosewerte *für die Originalreihe* bedeutet, wird klar, wenn man sich daran erinnert, daß sich der Prognosewert $\hat{z}_n(h)$

aus dem Startwert z_n plus der Summe erwarteter Veränderungen ergeben muß:

$$\hat{z}_n(h) = z_n + \hat{D}_n(1) + \hat{D}_n(2) + ... + \hat{D}_n(h) \qquad (6.1.35)$$

Bei größer werdendem h nimmt das Prognoseprofil zunehmend die Form einer Geraden mit der Steigung μ_D an. Falls ein ARIMA (1,1, 0)-Modell mit $0 < \varphi < 1$ sowie $\mu_D > 0$ vorliegt und der Differenzenbetrag D_n im Prognoseursprung größer als μ_D ist, ergibt sich für die Z_t-Reihe ein Prognoseprofil, das bei zunehmendem Prognosehorizont h in schwächer werdendem Maße ansteigt, bis es in eine Gerade mit dem Steigungsparameter μ_D übergeht. Mit anderen Worten: die von Intervall zu Intervall prognostizierten Zuwächse sind zu Beginn der Vorhersageperiode absolut am größten, unterschreiten aber auch später nie den Betrag μ_D. Das Prognoseprofil nimmt eine andere Form an, wenn der letzte beobachtete Differenzenbetrag $D_n < \mu_D$ ist. In diesem Falle ergeben sich am Anfang geringere Zuwächse für $\hat{z}_n(h)$ *(h = 1,2,...)*, die dann aber allmählich auf μ_D ansteigen. Bei ausreichend negativem $D_n < 0$ kann das Prognoseprofil für $\hat{z}_n(h)$ sogar mit einem Abstieg (negativem Zuwachs) beginnen.

Tabelle 6.1.2 und Abb. 6.1.3, die wir Vandaele (1983: 151f.) in leicht modifizierter Form entnehmen, demonstrieren diese Situation für ein ARIMA(1,1,0)-Modell mit $\varphi = 0,5$, $c = 5$ und (folglich) $\mu_D = 10$.

Tab. 6.1.2 *Prognoseprofil eines ARIMA(1, 1, 0) - Modells mit $\varphi = 0,5$, $c = 5$*

t:	n-1	n	n+1	n+2	n+3	n+4	n+5	n+6	n+7	n+8
D_t		-12	-1	4.5	7.3	8.6	9.3	9.7	9.8	9.9
z_t	42	30	29	33.5	40.8	49.4	58.7	68.4	78.2	88.1
D_t			5	7.5	8.8	9.4	9.7	9.8	9.9	10.0
z_t			35	42.5	51.3	60.6	70.3	80.1	90.0	100

Die ersten beiden Zeilen der Tabelle stellen das Prognoseprofil für Originalreihe und Differenzenbeträge bei stark negativem D_n und dem Prognoseursprung z_n dar (durchgezogene Linien in Abb. 6.1.3). Die beiden letzten Zeilen geben das Prognoseprofil wieder, wenn der Ursprung ein Intervall später liegt und inzwischen der Wert $z_{n+1} = 35$ beobachtet wurde (gestrichelte Linie). Der Differenzenbetrag D_{n+1} ist nun nicht mehr negativ, liegt aber immer noch unterhalb von μ_D. (Die unterstrichenen Werte in Tab. 6.1.2 sind beobachtete, keine prognostizierte Größen.) Ein anderes Bild ergibt sich auch hier, wenn nach der Differenzenbildung die Trendkonstante $c = 0$ gesetzt werden kann. In diesem Fall nähert sich das Prognoseprofil eines ARIMA(1,1,0)-Prozesses einer Geraden, die parallel zur Zeitachse verläuft. Das ergibt sich unmittelbar aus Gleichung (6.1.34): Die zu prognostizierenden Differenzenbeträge gehen mit $h \to \infty$ gegen Null, ihre Summe also gegen einen Grenzwert von $D_n / (1 - \varphi)$.

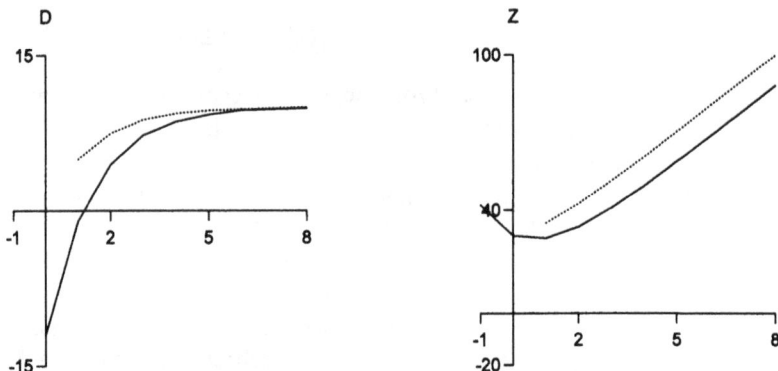

Abb. 6.1.3 Prognoseprofile eines ARIMA(1, 1, 0)-Modells gemäß Tab. 6.1.2

Für Mischprozesse ARIMA(p,d,q) ergeben sich keine grundsätzlich neuen Gesichtspunkte.

Das Einpendeln des Prognoseprofils auf die Steigungsgerade (oder die Parallele zur Zeitachse) wird ab $\hat{z}_n(q+1)$ durch die p Phi-Parameter eines ARIMA(p,d,q)-Modells gesteuert. Für diese Berechnung werden $p+d$ Ausgangswerte benötigt (die "Startwerte" oder *pivotal values* für die Lösungsfunktionen der entsprechenden Differenzengleichung). Allgemein sind diese Startwerte mit $\hat{z}_n(q)$, $\hat{z}_n(q-1)$, ..., $\hat{z}_n(q-p-d+1)$ anzugeben; falls $(p+d) > q$, wird die Menge der Startwerte aus den letzten beobachteten Größen der Zeitreihe aufgefüllt.

Zum Schluß noch eine Anmerkung zum Verfahren des **"exponentiellen Glättens"**, das häufig als Prognosemethode angewandt wird. Es kann als Spezialfall der Box-Jenkins-Methode interpretiert werden, ist aber nur für einen ARIMA(0,1,1)-Prozeß korrekt. Da das exponentielle Glätten in der Regel ohne Überprüfung dieser Voraussetzung und ohne empirische Schätzung des MA-Parameters angewandt wird, ist in diesem Falle von einer "ad hoc" Methode zu sprechen (Vandaele 1983: 160).

6.1.5 Saisonale Modelle

Saisonale Modelle bieten keine prinzipiell neuen Probleme, so daß wir uns hier mit den Ableitungen für ein $(0,1,1)(0,1,1)_{12}$-Modell bei Monatsdaten begnügen wollen (vgl. Nelson 1973: 195):

$$(1- B)(1 - B^{12})z_t = (1 - \theta_1 B)(1 - \theta_{12}B^{12})a_t \qquad (6.1.36)$$

$$z_t - z_{t-1} - z_{t-12} + z_{t-13} = a_t - \theta_1 a_{t-1} - \theta_{12}a_{t-12} + \theta_{13}a_{t-13}$$

Die zukünftigen Werte z_{n+h}, $h=1,2,...$, lassen sich wiederum unmittelbar aus der Form der Differenzengleichung entwickeln (Prognoseursprung: $t = n$), wobei nicht beobachtete Werte sukzessive durch prognostizierte Werte und die Fehler a_{n+h} durch ihre Erwartungswerte, also durch Null, zu ersetzen sind:

$$z_n = z_{n-1} + z_{n-12} - z_{n-13} + a_n - \theta_1 a_{n-1} - \theta_{12} a_{n-12} + \theta_{13} a_{t-13} \quad (6.1.37)$$

$$z_n(1) = z_n + z_{n-11} - z_{n-12} - \theta_1 a_n - \theta_{12} a_{n-11} + \theta_{13}\, a_{n-12}$$

$$z_n(2) = z_n(1) + z_{n-10} - z_{n-11} - \theta_{12} a_{n-10} - \theta_{13} a_{n-11}\,,$$

$$z_n(13) = z_n(12) + z_n(1) - z_n - \theta_{12} a_{n+1} - \theta_{13} a_n$$

Demgemäß kann das Prognoseprofil für die ersten Differenzen $D_t = z_t\text{-}z_{t-1}$ wie folgt abgeleitet werden:

$$z_n - z_{n-1} = z_{n-12} - z_{n-13} + a_n - \theta_1 a_{n-1} - \theta_{12} a_{n-12} + \theta_{13} a_{t-13} \quad (6.1.38)$$

$$D_n = D_{n-12} + a_n - \theta_1 a_{n-1} - \theta_{12} a_{n-12} + \theta_{13} a_{n-13}$$

$$\hat{D}_n(1) = D_{n-11} - \theta_1 a_n - \theta_{12} a_{n-11} + \theta_{13} a_{n-12}\,, \quad E(a_{n+1}) = 0$$

$$\cdot \qquad\qquad \cdot$$

$$\hat{D}_n(12) = D_n - \theta_{12} a_n + \theta_{13} a_{n-1}$$

$$\hat{D}_n(13) = \hat{D}_n(1) + \theta_{13} a_n$$

$$\hat{D}_n(14) = \hat{D}_n(2)$$

$$\cdot \qquad\qquad \cdot$$

$$\hat{D}_n(h) = D_n(h-12)\,, \quad h > 13$$

Die Prognose eines ARIMA$(0,1,1)(0,1,1)_{12}$ -Prozesses wird 13 Monate lang durch die MA-Komponente beeinflußt. Danach wiederholen sich die prognostizierten Veränderungsbeträge $D_n(h)$ alle 12 Monate (gemäß der saisonalen Periode). Die Prognosewerte für die Originalreihe ergeben sich aus der Summierung der Differenzenbeträge. Sie zeigen also ab $t = h \geq 14$ einen linearen Trendverlauf mit konstanter Saisonfigur. Ob dieser Trend positiv, negativ oder ein Nulltrend ist, hängt davon ab, ob die Summe der Differenzen positiv, negativ oder gleich null ist. Das heißt, die Prognosefunktion schreibt den Trendverlauf fort, der in der Saisonperiode zu beobachten ist, die im Prognoseursprung endete (siehe hierzu in Kapitelabschn. 6.1.7 die Abb. 6.1.5). Die Verlaufsformen weiterer Saisonmodelle sind in Box/Jenkins (1976: 326 ff.) dargestellt. Eine Beispielanalyse findet sich in Abschn. 6.1.7

6.1.6 Schätzung von Konfidenzintervallen

Um den Standardfehler der prognostizierten Werte zu ermitteln, greifen wir auf die in Kap. 3 eingeführte *Psi*-Gewichtsform eines stationären, linearen Prozesses zurück (hier wieder für zentrierte Daten):

$$z_t = a_t + \psi_1 a_{t-1} + \psi_2 a_{t-2} + \dots + \psi_\infty a_{t-\infty} \quad (6.1.39)$$

Für zukünftige Werte z_{n+h}, $h > 0$ lautet die Gleichung

$$z_{n+h} = a_{n+h} + \psi_1 a_{n+h-1} + \psi_2 a_{n+h-2} + \ldots + \psi_h a_n + \psi_{h+1} a_{n-1} + \ldots \qquad (6.1.40)$$

Die Werte der Psi-Gewichte sind durch das jeweilige ARIMA-Modell festgelegt. So sahen wir in Kap. 3, daß sich z. B. für einen AR(1)-Prozeß die Psi-Gewichte aus $\varphi^k = \psi_k$ (k = 1,2,...) ergeben.

Die Prognosewerte können ebenfalls in der Psi-Gewichtsform geschrieben werden. Die noch nicht beobachteten *random shocks* werden dabei wieder mit ihrem Erwartungswert Null eingesetzt, so daß nur die $\{a_t\}$ mit t ≤ n als Größen ungleich Null in der Gleichung bleiben.

$$\hat{z}_n(h) = \psi_h a_n + \psi_{h+1} a_{n-1} + \ldots \qquad (6.1.41)$$

Da der Prognosefehler durch

$$a_n(h) = z_{n+h} - \hat{z}_n(h) \qquad (6.1.42)$$

definiert ist, können wir ihn nach Anwendung von (6.1.40) und (6.1.41) auf die Terme der rechten Seite von (6.1.42) wie folgt ausdrücken:

$$a_n(h) = a_{n+h} + \psi_1 a_{n+h-1} + \ldots + \psi_{h-1} a_{n-1} + (\psi_h a_n + \psi_{h+1} a_{n-1} + \ldots) \qquad (6.1.43)$$

$$- (\psi_h a_n + \psi_{h+1} a_{n-1} + \ldots)$$

$$= a_{n+h} + \psi_1 a_{n+h-1} + \ldots + \psi_{h-1} a_{n-1} \ , \ h > 1$$

Der positive Klammerausdruck in der ersten Gleichungszeile und der negative Klammerausdruck in der zweiten Gleichungszeile heben sich wechselseitig auf. Der Prognosefehler ist somit generell als MA-Prozeß der Ordnung (*h*-1) darstellbar, und zwar unabhängig von der spezifischen Struktur desjenigen Prozesses, der prognostiziert wird (Nelson 1973: 161). Daraus folgt, daß die theoretische Autokorrelationsfunktion der Prognosefehler nur für *Lags* $k = 1,2,...,h$-1 Werte ungleich Null erwarten läßt. Die Fehler aus einer Folge von Ein-Schritt-Prognosen (*h*=1) stellen also bei optimaler Prognose weißes Rauschen dar. Diese Eigenschaft läßt sich bei der Bewertung der Güte eines ARIMA-Modells nutzen (s. Beispiel unten).

Unter der Voraussetzung, daß die Fehlergrößen a_{n+h-k}, $k = 1,2,...,h$-1, identisch und unabhängig voneinander um ihren Erwartungswert Null verteilt sind, wird aus (6.1.43) unmittelbar die Varianz der Prognosefehler abgeleitet:

$$\text{Var}[a_n(h)] = E[a_n(h) - E(a_n(h))]^2 \qquad (6.1.44)$$

$$= E[a_n^2(h)] \text{ , wegen } E[a_n(h)] = 0 \text{ , } h \geq 1$$

$$= E(a_{n+h} + \psi_1 a_{n+h-1} + \dots + \psi_{h-1} a_{n+1})^2 \text{ , laut } (6.1.43)$$

$$= E(a_{n+h}^2 + \psi_1^2 a_{n+h-1}^2 + \dots + \psi_{h-1} a_{n+1}^2) + E(Kreuzprodukte)$$

$$= \sigma_a^2 \sum_{j=0}^{h-1} \psi_j^2 \text{, mit } \psi_0 = 1$$

Erläuterung: Es wird Kovarianzstationarität (s. Kap. 3.3) vorausgesetzt. Die Erwartungswerte aller Kreuzprodukte, die sich beim Ausmultiplizieren des quadrierten Klammerausdrucks für Fehlergrößen mit ungleichem Zeitindex ergeben, sind gleich Null. Außerdem gilt: $E(a_n^2) = E(a_{n+h}^2) = \sigma_a^2$, $h = 1, 2 \dots$

Die Fehlervarianzen steigen monoton mit verlängertem Prognosehorizont an, bleiben aber praktisch konstant, wenn die Prognosewerte sich dem Mittelwert der stationären Reihe (oder einer anderen Geraden, je nach Differenzenbildung) bis auf nahezu Null-Abstand genähert haben. Die *Psi*-Gewichte müssen dann (nahezu) Null sein, die Vergangenheit liefert keine Informationen mehr, die für Prognosen nutzbar wären.

Wenn wir als zusätzliche Bedingung einführen, daß die Fehlergrößen nicht nur identisch, sondern normalverteilt sind,[148] können die üblichen Wahrscheinlichkeitsaussagen hinsichtlich der Konfidenzintervalle gemacht werden. Das 95-Prozent-Konfidenzintervall für $\hat{z}_{n+h}$ ist folglich (bei "großen" Stichproben) mit

$$\hat{z}_n(h) \pm 1{,}96\sigma(a_n(h)) \qquad (6.1.45)$$

gegeben; innerhalb seiner Grenzen wird sich der zukünftige Wert z_{n+h} mit 95 % Wahrscheinlichkeit realisieren. Die Standardabweichung des Prognosefehlers ergibt sich aus der Wurzel des entsprechenden Varianzausdrucks in Gleichung (6.1.44). In der Realanalyse sind die Modellparameter und Störgrößen nicht bekannt, sondern müssen aus der (endlichen) Datenreihe geschätzt werden. Folglich sind bei der Berechnung der Prognosefehler und Konfidenzintervalle die theoretischen Größen a_{n-i} *(i = 1,2,..)*, σ_a^2 und ψ_j^2 in den entsprechenden Formeln durch ihre jeweiligen Schätzer zu ersetzen.

In technischer Hinsicht besteht die Hauptarbeit bei der Bestimmung der Konfidenzintervalle im Umrechnen der Parameter des ARIMA-Modells in die *Psi*-Gewichte

---

[148] Schlittgen/Streitberg (1989: 371) resümieren einige Untersuchungen zur Robustheit der Prognoseintervalle gegen Abweichungen von der Normalverteilungsannahme: "Insgesamt kann also davon ausgegangen werden, daß die unter der Normalverteilungsannahme abgeleiteten Prognoseintervalle bei nicht zu kurzen Reihen und nicht zu kleinem α zumindest approximativ gelten."

(eine Arbeit, die heute allerdings die Computer mit der entsprechenden Software übernehmen).[149] Beim AR(1)-Prozeß ist dieser Vorgang (wie wir schon in Kap. 3 sahen) noch leicht nachvollziehbar, da bekanntlich $\psi_j = \varphi^j$ ist. Die Varianz der Prognosefehler ist somit, bei Anwendung von (6.1.44), durch

$$\text{Var}[a_n(h)] = \sigma_a^2[1 + \varphi^2 + \varphi^4 + ... + \varphi^{(h-1)^2}] \, , \, \varphi < 1 \qquad (6.1.46)$$

gegeben. Mit zunehmendem Prognosehorizont h nähert sich diese Größe dem Grenzwert $\sigma_a^2/(1-\varphi^2)$, der Varianz des AR(1)-Prozesses. Dies gilt allgemein für stationäre und invertierbare ARMA-Prozesse: Die Varianz des Prognosefehlers strebt mit wachsendem Prognosehorizont gegen die Prozeßvarianz, so wie auch die Prognosewerte selbst mit zunehmendem h sich immer mehr dem (nicht bedingten) Erwartungswert des Prozesses annähern.

Wenig Mühe macht die Berechnung der Varianz der Prognosefehler bei einem MA(1)-Prozeß, da das Ausgangsmodell schon der *Psi*-Gewichtsform entspricht:

$$z_t = \mu + a_t - \theta_1 a_{t-1} \qquad (6.1.47)$$

Somit ist $\psi_1 = -\theta_1$ und $\psi_j = 0$ für j > 1. Daraus folgt in Verbindung mit (6.1.44)

$$\text{Var}[a_n(1)] = \sigma_a^2 \cdot \psi_0 = \sigma_a^2 \, , \, \theta_0^2 = 1 \qquad (6.1.48)$$

$$\text{Var}[a_n(h)] = \sigma_a^2 \cdot (1 + \theta_1^2) \, , \, h > 1 \, , \, \psi_j = \theta_j = 0 \quad \textit{für } j > 1$$

Die Varianz ist also für $a_n(h)$, h > 1, konstant. Keine Schwierigkeiten bereitet auch ein ARIMA(0,1,1)-Prozeß:

$$z_t - z_{t-1} = a_t - \theta_1 a_{t-1} \qquad (6.1.49)$$

$$(1 - B)z_t = a_t - \theta_1 a_{t-1}$$

$$z_t = (1-B)^{-1}(a_t - \theta_1 a_{t-1})$$

$$= (1 + B + B^2 + ...)(a_t - \theta_1 a_{t-1})$$

$$= a_t - \theta_1 a_{t-1} + a_{t-1} - \theta_1 a_{t-2} + a_{t-2} - \theta_1 a_{t-3} + ...$$

$$= a_t + (1 - \theta_1)a_{t-1} + (1 - \theta_1)a_{t-2} + (1 - \theta_1)a_{t-3} + ...$$

Die Psi-Koeffizienten sind konstant $\psi_i = (1-\theta_1)$ für $i = 1,2,...$ Demgemäß ergibt sich - wiederum unter Anwendung von (6.1.44):

$$\text{Var}[a_n(h)] = \sigma_a^2[1+(h-1)(1-\theta_1)^2] \qquad (6.1.50)$$

Das heißt, bei einem nicht-stationären Prozeß nimmt mit h $\to \infty$ die Fehlervarianz unbegrenzt zu.

Weitere Modellrechnungen wollen wir hier nicht durchführen. Bei komplexeren

---

[149] Siehe auch das im Vorwort erwähnte TISPA-Programm.

ARIMA-Modellen wird der Aufwand größer, das Prinzip bleibt aber das gleiche: Zur Bestimmung der *Psi*-Gewichte multipliziert man die jeweilige Modellgleichung unter Anwendung der Regeln für das Rechnen mit dem *backshift* Operator aus und stellt die Ausdrücke mit gleichen *B*-Potenzen zusammen (s. Anhang 2 u. 5).

Wenn neue Beobachtungen verfügbar werden, lassen sich die Prognosen sukzessive auf den jeweils neuesten Stand bringen. Zwei Verfahren sind denkbar:

a) Man schätzt das ARIMA-Modell erneut mit den zusätzlichen Daten und geht dann in der gleichen Weise vor, wie oben beschrieben (sog. *sequentially updated forecasting*). Die neu geschätzten Parameter sollten nur geringfügig von den alten abweichen, da andernfalls die Stationarität des Prozesses bzw. die Stabilität des Modells nicht mehr als gegeben anzusehen sind.

b) Man schätzt das ARIMA-Modell nicht neu, sondern ändert lediglich den Prognoseursprung gemäß den neu vorliegenden Beobachtungsdaten (*adaptive forecasting*).

6.1.7 Ein Beispiel

Wenn schon zu Beginn der Analyse eine große Menge von Beobachtungen zur Verfügung steht, kann man bei der Identifikation und Schätzung des Modells einige Zeitpunkte am Schluß der Reihe aussparen und mit dem geschätzten Modell zu prognostizieren versuchen. Die Differenzen zwischen beobachteten und prognostizierten Größen können dann in die Modellbewertung mit eingehen.

Wir wollen dies nun anhand eines Beispiels veranschaulichen. In Kap. 2 wurde die Zeitreihe der Arbeitslosendaten der BRD von Januar 1970 bis Dezember 1982 (s. Abb. 2.3.1) mit den Mitteln der Komponentenzerlegung analysiert. In Kap. 3.13 haben wir für die gleichen (wurzeltransformierten) Daten zwei ARIMA-Modelle identifiziert und geschätzt:

Modell A:

$$(1 - B)(1 - B^{12})(1 - .35B - .28B^2)z_t = (1 - .53B^{12})a_t \qquad (6.1.51)$$

Modell B:

$$(1 - B)^2(1 - B^{12})z_t = (1 - .69B)(1 - .57B^{12})a_t \qquad (6.1.52)$$

Die beiden Modelle unterscheiden sich vor allem durch die zusätzliche Differenzenbildung in Modell B und die entsprechenden Modifikationen in den AR- und MA-Faktoren. Wir konnten feststellen, daß beide Modelle etwa gleich gut an die Daten angepaßt sind, daß beide die üblichen Gütekriterien erfüllen. Wir wollen nun prüfen, ob sie sich hinsichtlich ihrer Prognosefähigkeit unterscheiden. Dazu führen wir für jedes Modell zunächst Ein-Schritt-Prognosen[150] im Sinne des oben erwähnten *adaptive forecasting* von Januar 1983 bis Dezember 1985 durch. Für diesen Zeitraum liegen die Beobachtungsdaten (in Tausender-Einheiten) der Bundesanstalt für Arbeit vor, so daß wir die Prognosefehler empirisch ermitteln können.

Beide Modelle erweisen sich als äußerst adaptionsfähig. Für den Prognosezeitraum (Jan. 1983 bis Dezember 1985) ist der "Fit" zwischen prognostizierten und beobachteten Werten sogar noch etwas enger als in der vorangegangenen Beobachtungsperiode. Der durchschnittliche Fehler (RMS = Wurzel aus MSFE) vermindert sich für Modell A von RMS = 0,467 auf RMS = 0,327 und für Modell B von RMS = 0,472 auf RMS = 0,333. Schätzt man die Modelle erneut mit allen verfügbaren Daten (bis einschließlich Dezember 1985) ergeben sich denn auch nur geringfügige Änderungen in den Parametern.

Das entscheidende Testkriterium für die Angemessenheit der ARIMA-Modelle liefert die Autokorrelation der (Prognose-)Fehler. Wie oben ausgeführt, müssen die Prognosefehler, die aus Ein-Schritt-Prognosen resultieren, unkorreliert sein, wenn das Prognosemodell "optimal" ist.[151] Die Autokorrelogramme in Abb. 6.1.4a,b zeigen für beide Modelle - mit jeweils einer Ausnahme bei *Lag k*=8 - keine signifikanten Autokorrelationskoeffizienten. Die *Ljung-Box* Teststatistik deutet ebenfalls auf "weißes Rauschen"; die Q-Werte sind aber für Modell A anfangs etwas günstiger als für Modell B. Modell B zeigt sich leicht unterlegen, weil insbesondere der erste Autokorrelationskoeffizient (*Lag* k = 1) relativ groß ist. Insgesamt scheint also Modell A die vorhandenen Informationen besser zu nutzen als Modell B.

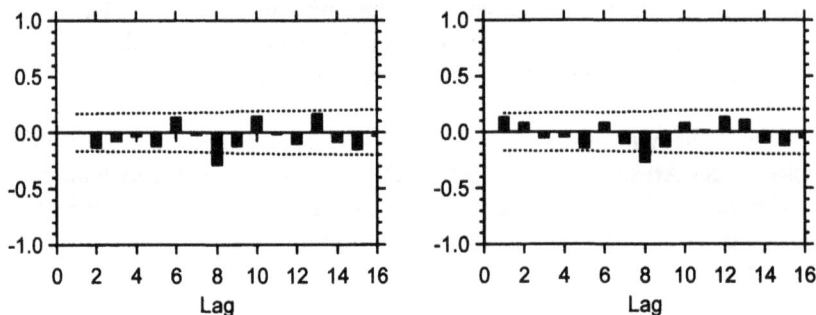

Abb. 6.1.4a u. b SAKF der Prognosefehler (links Modell A, rechts Modell B)

Als nächstes führen wir statt der Ein-Schritt-Prognosen Mehr-Schritt-Prognosen mit beiden Modellen für den Zeitraum von Januar 1983 bis Dezember 1985 durch. Abbildungen 6.1.5a und 6.1.5b zeigen das Prognoseprofil zusammen mit den beobachteten Daten und den Grenzen der 95-Prozent-Konfidenzintervalle.

[150] Es sei daran erinnert, daß die "Residuen" eines geschätzten ARIMA-Modells nichts anderes darstellen als Ein-Schritt-Prognosefehler.

[151] Bei Mehr-Schritt-Prognosen ist dies nicht der Fall, da keine Informationen aus unmittelbar vorangegangenen Beobachtungen genutzt werden.

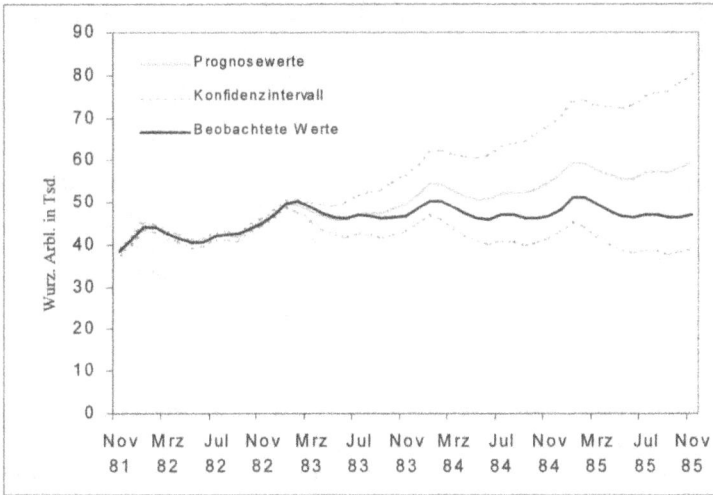

Abb. 6.1.5a Mehr-Schritt-Prognosen von Jan. 1983 bis Dez. 1985

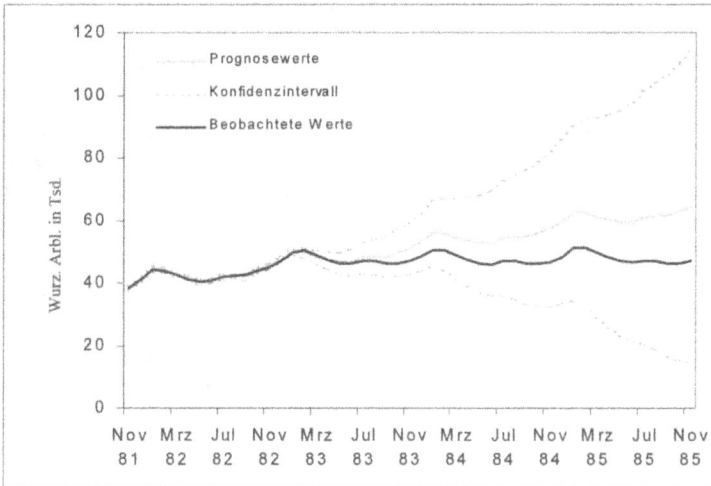

Abb. 6.1.5b Mehr-Schritt-Prognosen von Jan. 1983 bis Dez. 1985

Langfristige Prognosen mit Zeitreihen, die einen stochastischen Trend aufweisen (wie die Arbeitslosendaten), sind besonders riskant, da stets mit einer Veränderung der lokalen Trendneigung gerechnet werden muß. Genau dies ist in unserem Beispiel passiert. Wie Abb. 1.1.2 zeigt, setzt sich der seit 1980 aufwärts gerichtete Trend der Arbeitslosenrate nach 1982 nicht fort; die Prognoseperiode fällt in eine (wie wir inzwischen wissen: vorübergehende) Konsolidierungsphase. Dagegen führen beide Modelle (natürlich) den vor dem Prognoseursprung beobachteten Trendverlauf in optisch ähnlicher Weise fort. Die Modelle extrapolieren den (je nach Grad der Differenzenbildung linear oder quadratisch interpretierten) Trendverlauf, der etwa eine Saisonperiode vor dem Prognoseursprung zu beobachten ist. (Das ist in den Abb. 6.1.5a,b recht gut erkennbar.) Bei noch weiter ausgedehntem Prognosehorizont würde Modell B (mit zweifacher Differenzenbildung) einen weit gestreckten quadratischen Prognoseverlauf erkennen lassen.

Den besonderen Unsicherheiten, die sich aus stochastischen Trendmodellen ergeben, tragen die Modelle mit einem weit auseinanderlaufenden Prognosekanal Rechnung; die Varianz der Prognosefehler ab Jan. 1983 nimmt bei Modell B deutlich rascher zu als bei Modell A. In beiden Fällen liegen die real beobachteten Daten klar innerhalb der Konfidenzgrenzen; es kommt aber zu einer systematischen Überschätzung der Arbeitslosendaten. Bei Modell A beträgt der mittlere Fehler RMS = 6,79, bei Modell B ergibt sich ein RMS = 9,35.

Normalerweise wird man die Prognosewerte nicht nur in der transformierten, sondern auch in der ursprünglichen Metrik darstellen wollen. Es liegt also nahe, die aus der Wurzeltransformation [$\lambda = 0,5$] resultierenden Prognosewerte und Konfidenzintervalle zu quadrieren. Bei der *inversen* **Box/Cox-Transformation** (s. Kapitelabschn. 2.3.3.1) sind aber einige Komplikationen zu beachten. Wenn man den Prognosewert $\hat{z}_n(h)$ als Erwartungswert der Zufallsvariable Z_{n+h} schätzt, unterstellt man üblicherweise eine Normalverteilung dieser Zufallsvariable *in der jeweils gegebenen Metrik*. Weicht die ursprüngliche Metrik davon ab, muß auch deren Verteilungsform eine andere (nicht-symmetrische) sein. Wird z. B. für log-transformierte Daten eine Normalverteilung vorausgesetzt, gilt für die ursprüngliche Metrik eine *log-normale* Verteilung. Folglich stellt der "naiv" zurückgerechnete Prognosewert nicht das arithmetische Mittel (den Erwartungswert) der in ursprünglicher Metrik gemessenen Verteilung, sondern deren Median dar. Dies gilt nicht nur bezüglich der Log-Transformation, sondern auch für die anderen Box/Cox-Transformationen. Will man statt des Medians das arithmetische Mittel als Prognosewert in der ursprünglichen Metrik liefern, muß die naive Rücktransformation korrigiert werden. Im Falle der Log/Antilog-Transformation ist diese Korrektur recht einfach. Wenn $\hat{z}_n(h)$ den Erwartungswert in der log-transformierten Metrik und $\hat{x}_n(h)$ den Erwartungswert in der ursprünglichen Metrik darstellen sollen, gilt (s. Pankratz 1991: 338; vgl. Nelson 1973: 161 ff.):

$$\hat{x}_n(h) = \exp[\hat{z}_n(h) + \frac{1}{2} V(h)] , \qquad (6.1.53)$$

wobei *V(h)* als Kürzel für die Varianz des Prognosefehlers bei gegebenem Prognosehorizont *h* und "exp" für das Exponieren zur Basis der Eulerschen Zahl *e* steht (Antilog-Transformation). Bei anderen Box/Cox-Transformationen wird die Formel recht kompliziert, der Rechenaufwand erheblich (s. Pankratz 1991: 338). In vielen Fällen wird man sich diese Korrektur aber auch sparen können, wenn Median und arithmetisches Mittel nur geringfügig voneinander abweichen. Die Differenz wird um so größer, je näher der Exponent λ bei 0 liegt und je kleiner der Standardfehler des prognostizierten Werts (in der transformierten Metrik) ist. In unserem Beispiel wird mit Modell A für Dezember 1985 ein (wurzeltransformierter) Arbeitslosenwert (in Tausend) von 61,76 prognostiziert; sein Standardfehler wird auf 10,71 geschätzt. Daraus ergibt sich ein Quotient von 0,174. Laut einer in Pankratz (1991: 338) abgedruckten Tabelle liegt in diesem Falle der Median (3.814.000 Arbeitslose) nur um ca. drei Prozentpunkte (ca. 115.000) unterhalb des arithmetischen Mittels. Generell kann man davon ausgehen, daß die naive Rücktransformation unter der Bedingung -1 > $\lambda \geq 0,5$ zu Median-Prognosen führt, die nur geringfügig unterhalb des arithmetischen Mittels liegen. Außerhalb dieses Intervalls können erhebliche Differenzen auftreten. Im Falle einer Log-/Antilog-Transformation ($\lambda = 0$) empfiehlt sich grundsätzlich die Anwendung der Korrekturformel (6.1.53), wenn die optimale Prognose in einer Minimierung der Fehlerquadrate (nach üblicher Definition) gesehen wird.

Letztlich hängt es von der gewählten Verlustfunktion ab, ob der Median (der aus der naiven Rücktransformation resultiert) oder eher das arithmetische Mittel (als Resultat der korrigierten Rücktransformation) eine optimale Prognose liefert. Wenn die zu erwartenden Kosten eines Prognosefehlers linear von dem Absolutbetrag des Fehlers abhängen, ist der Median die optimale Prognose. Das arithmetische Mittel ist dagegen optimal, wenn die quadrierten Prognosefehler minimiert werden sollen, wenn also angenommen wird, daß die Kosten bei hohen Prognosefehlern überproportional wachsen.

6.2 Prognose mit Transferfunktionsmodellen

Bei der Prognose mit Transferfunktionsmodellen gelten die gleichen Prinzipien wie bei der univariaten ARIMA-Prognose. Insbesondere dient auch hier wieder der MSFE als Optimalitätskriterium. Die Prognosegleichungen werden allerdings etwas komplizierter.

Wie im vorangegangenen Kapitel erläutert, können wir ein Transferfunktionsmodell allgemein in folgender Form ausdrücken:

$$(1 - B)^{d^*} Y_t = \frac{\omega(B)}{\delta(B)} (1 - B)^d B^b X_t + \frac{\theta(B)}{\varphi(b)} a_t \qquad (6.2.1)$$

oder

$$Y_t = \frac{\omega(B)(1 - B)^d B^b}{\delta(B)(1 - B)^{d^*}} X_t + \frac{\theta(B)}{\varphi(B)(1 - B)^{d^*}} a_t \qquad (6.2.2)$$

Hinsichtlich der Modellvoraussetzungen und der Notation gelten die in Kap. 5 gegebenen Erläuterungen. Wenn Output- und Input-Reihe in gleichem Grade "differenziert" werden, ist $d^* = d$.

Wenn wir beide Seiten der Gleichung (6.2.1) mit den Nennerausdrücken multiplizieren, erhalten wir

$$\delta(B)\varphi(B)(1-B)^{d^*} Y_t = \omega(B)\varphi(B)(1-B)^d B^b X_t + \theta(B)\delta(B)a_t \qquad (6.2.3)$$

Nun lassen sich die Polynome für jede der drei Komponenten - Output, externer Input, Noise - ausmultiplizieren und dann für jede B-Potenz neu zusammenfassen (s. Anhang 5). Wenn wir $\delta(B)$ mit $\varphi(B)y_t$ multiplizieren: $(1-\delta_1 B-\delta_2 B^2 -...-\delta^r B^r)$ $(1-\varphi_1 B-\varphi_2 B^2-...-\varphi_p B^p)y_t$ erhalten wir z. B. für die 2. Potenz den Ausdruck

$$(\varphi_1\delta_1 B^2 - \delta_2 B^2 - \varphi_2 B^2)Y_t = (\varphi_1\delta_1 - \delta_2 - \varphi_2)B^2 Y_t \qquad (6.2.4)$$

$$= \delta_2^* B^2 Y_t, \quad \delta_2^* = \varphi_1\delta_1 - \delta_2 - \varphi_2$$

Wenn man den Differenzenoperator in gleicher Weise mit einbezieht, läßt sich Gleichung (6.2.3) vereinfacht darstellen durch

$$\delta^*(B)y_t = \omega^*(B)B^b x_t + \theta^*(B)a_t \qquad (6.2.5)$$

Die einzelnen Polynome werden wie folgt gebildet:

$$\delta^*(B) = \delta(B)\varphi(B)(1-B)^{d^*} = 1 - \delta_1^* B - \delta_2^* B^2 - ... - \delta_{r^*}^* B^{r^*} \qquad (6.2.6)$$

$$\omega^*(B) = \omega(B)\varphi(B)(1-B)^d = \omega_0^* - \omega_1^* B^2 - ... - \omega_{s^*}^* B^{s^*}$$

$$\theta^*(B) = \theta(B)\delta(B) = 1 - \theta_1^* B - ... - \theta_{q^*}^* B^{q^*}$$

Dabei ist $r^* = (r+p+d^*)$, s^* $(s+p+d)$, $q^* = (q + r)$

Demgemäß erhält man für den zukünftigen Wert y_{n+h} folgende Gleichung (wenn $b=0$):

$$y_{n+h} = \delta_1^* y_{n+h-1} + \delta_2^* y_{n+h-2} + ... - \delta_{r^*}^* y_{n+h-r} \qquad (6.2.7)$$

$$+ \omega_0^* x_{n+h} - \omega_1^* x_{n+h-1} - ... - \omega_{s^*}^* x_{n+h-s^*}$$

$$+ a_{n+h} - \theta_1^* a_{n+h-1} - ... - \theta_{q^*}^* a_{n+h-q^*}$$

Der Erwartungswert $E(Y_{n+h})$, mit dem wir y_{n+h} auf der Basis der Beobachtungsdaten von $t=1,2,...,n$ prognostizieren, wird nach den gleichen Regeln bestimmt wie $E(Z_{n+h})$ im univariaten Fall (siehe oben). Allerdings müssen nun auch noch die zukünftigen X-Werte prognostiziert werden.

Die Konstruktion des Erwartungswertes $E(Y_{n+h})$, $h=1,2,...$, folgt somit insgesamt folgendem Satz von Regeln:

1. Setze für gegenwärtige und vergangene Fehlergrößen a_{n-j} $(j=0,1,2...)$ die aus dem Modellfit errechneten Residualgrößen $\hat{a}_{n-j}$ ein. (Dies impliziert wiederum, daß man letztlich a_1 kennen oder durch $E(a_1)=0$ ersetzen bzw. durch *backcasting* schätzen muß, siehe oben).

2. Ersetze jeden zukünftigen Fehlerwert a_{n+j} $(0<j\leq h)$ durch seinen Erwartungswert Null.

3. Für x_{n+j} $(j<0)$ setze die beobachteten Werte ein.

4. Ersetze die zukünftigen Werte x_{n+j} $(0<j\leq h)$ durch die entsprechenden Prognosewerte.

5. Wende die Regeln 3 und 4 in analoger Weise auch auf die Y-Werte an.

Die Regeln ändern sich nicht, wenn das Modell saisonale Faktoren oder mehrere Input-Variablen enthält.

Bei der Varianz der Prognosefehler ist natürlich auch die Unsicherheit zu berücksichtigen, die mit der Voraussage zukünftiger Input-Werte verbunden ist. Wir wollen uns die entsprechende Ableitung sparen und lediglich das Ergebnis notieren:

$$Var(y_{n+h} - y_n(h)) = (v_0^2 + v_1^2 + \dots v_{n-1}^2)\sigma_{a(x)}^2 + (1 - \psi_1^2 + \dots \psi_{h-1}^2)\sigma_{a(x)}^2 \qquad (6.2.8)$$

Dabei steht $\sigma_{a(x)}^2$ für die Varianz der vorgeweißten Input-Reihe und σ_a^2 für die Varianz der "random-shocks". Was es mit den v- und ψ-Gewichten auf sich hat, ergibt sich aus folgendem:

Nehmen wir an, die Input-Reihe X_t sei durch ein ARIMA-Modell

$$(1 - B)^d X_t = \frac{\theta_x(B)}{\varphi_x(B)} a_x(t) \qquad (6.2.9)$$

repräsentiert. Wenn wir nach x_t auflösen und diesen Ausdruck in das Transferfunktionsmodell (6.2.2) einsetzen, erhalten wir

$$Y_t = \frac{\omega(B)\theta_x(B)B^b}{\delta(B)\varphi_x(B)(1 - B)^{d*}} a_x(t) + \frac{\theta(B)}{\varphi(B)(1 - B)^{d*}} a_t \qquad (6.2.10)$$

$$= v(B)a_x(t) + \psi(B)a_t$$

Dadurch, daß y_t und nicht die transformierte Output-Reihe $a_y(t)$ als abhängige Variable auftritt, sind die Polynome v(B) und ψ(B) im allgemeinen nicht identisch mit denen, die sich aus der vertrauten Gleichung (6.2.2) ergäben. Die v- und ψ-Gewichte lassen sich durch Ausmultiplizieren der entsprechenden Polynome (und Zusammenstellung der Terme mit gleichen B-Potenzen) errechnen (s. Anhang 5):

$$\delta(B)\varphi_x(B)(1-B)^{d*}v(B) = \omega(B)\theta_x(B)B^b \qquad (6.2.11)$$

$$\varphi(B)(1-B)^{d*}\psi(B) = \theta(B)$$

Zum Schluß sei noch die sog. "bedingte" Prognose erwähnt. Dabei werden die Erwartungswerte für y_{n+h}, $h = 1,2,\dots$ unter der Bedingung geschätzt, daß zukünftige Input-Werte bekannt sind oder hypothetisch angenommen werden. Dadurch ändert sich obige Regel 4 für die Berechnung der Prognosewerte. Statt der prognostizierten Größen für x_{n+j}, $j>0$, werden die a priori festgelegten zukünftigen X-Werte eingesetzt. Die Varianz der Prognosefehler wird dadurch verringert und ist nun mit

$$E\{[y_{n+h} - y_n(h)| x_{n+j}, 0<j \leq h]^2\} = (1 + \psi_1^2 + \dots + \psi_{h-1}^2) \qquad (6.2.12)$$

gegeben (vgl. (6.2.8)). Was die Normalverteilung der Prognosefehler anbelangt, so ist nun nicht mehr zu fordern, daß zusätzlich zur Störgröße a_t auch der Input X_t bzw. (bei vorgeweißter Reihe) $a_x(t)$ normalverteilt seien, denn die Prognosefehler werden ja nun unter der Bedingung ermittelt, daß zukünftige X-Werte bekannt bzw.

durch ein theoretisches Modell gegeben sind. Solche bedingten Prognosen eignen sich zur Bewertung der Güte von Transferfunktionsmodellen (s. das Beispiel in Kirchgässner 1985b: 166ff.).

Kapitel 7

Multivariate Analyse: Vektor-ARMA-Modelle

Das Thema dieses Kapitels verdiente eine besonders ausführliche Darstellung, da sich im Kontext der Vektor-ARMA-Modelle und ihres Vergleichs mit den Simultanen Gleichungssystemen der Ökonometrie grundlegende Fragen der Kausalanalyse (einschließlich des Testens auf "Kausalität" und "Exogenität" von Variablen) sowie des Verhältnisses von Substanztheorie und statistischen Modellen erörtern ließen. Eine solche Diskussion überschritte jedoch den vorgegebenen Umfang dieses Einführungstextes bei weitem. Wir müssen uns deshalb in diesem Kapitel mit einer besonders elementaren Darstellung begnügen. Sie sollte aber ausführlich genug sein, um den praktischen Umgang mit einfachen VARMA-Modellen anzuleiten und den Zugang zu fortgeschrittenen Texten (s. z. B. Mills 1990, Kap. 14; Freeman et al. 1989 mit zahlreichen Literaturhinweisen) zu erleichtern.

7.1 Grundelemente der VARMA-Modelle

Wie in Kap. 5 erläutert, postulieren Transferfunktionsmodelle eine asymmetrische Beziehung: Eine "abhängige" Variable wird als Funktion einer oder mehrerer "unabhängiger" Variablen betrachtet, deren "Wirkung" nicht augenblicklich erfolgen muß, sondern sich über mehrere Beobachtungsintervalle vollziehen kann. Diese Modelle sind nicht adäquat, wenn Rückkopplungsprozesse (*feedback*) zwischen zwei oder mehr Variablen auftreten.[152] Eine Möglichkeit, solche Rückkopplungen darzustellen, bieten die sog. Vektor-ARMA-Modelle, die aus Zwei- oder Mehrgleichungs-Systemen bestehen, die eine Menge von M Zeitreihen $Z_{m,t}$, $m = 1,2,...,M$ miteinander relationieren. Jeder augenblickliche Wert einer Zeitreihe $Z_{m,t}$ zum Zeitpunkt t wird im Prinzip als Funktion vergangener Werte der eigenen und der anderen Zeitreihen sowie der gegenwärtigen und vergangenen Zufallsschocks $a_{m,t-k}$ ($k = 0,1,..., q$) der eigenen und vergangener Zufallsschocks a_{t-k} ($k = 1,..., q$) der anderen Zeitreihen dargestellt. Im Falle von nur zwei Zeitreihen könnte das Modell also wie folgt aussehen:

$$Z_{1,t} = \varphi_{111}Z_{1(t-1)} + ... + \varphi_{p11}Z_{1(t-p)} + \varphi_{112}Z_{2(t-1)} + ... + \varphi_{p12}Z_{2(t-p)} \quad (7.1.1)$$
$$+ a_{1t} - \theta_{111}a_{1(t-1)} - ... - \theta_{q11}a_{1(t-q)} - \theta_{112}a_{2(t-1)} - ... - \theta_{q22}a_{2(t-q)}$$

$$Z_{2,t} = \varphi_{121}Z_{1(t-1)} + ... + \varphi_{p21}Z_{1(t-p)} + \varphi_{122}Z_{2(t-1)} + ... + \varphi_{p22}Z_{2(t-p)}$$
$$+ a_{2t} - \theta_{121}a_{1(t-1)} - ... - \theta_{q21}a_{1(t-q)} - \theta_{122}a_{2(t-2)} - ... - \theta_{q22}a_{2(t-q)}$$

Die Indizes, mit denen die verschiedenen *Phi*- und *Theta*-Koeffizienten versehen sind, beziehen sich - in dieser Reihenfolge - auf (1) die Verzögerungsspanne, (2) die "(abhängige") Variable auf der linken Seite der jeweiligen Einzelgleichung, (3) die prädeterminierte ("unabhängige") Variable auf der rechten Gleichungsseite. So

---

[152] Wir hatten allerdings in Kapitel 5.6 angemerkt, daß Kointegrationsprozesse laut dem Repräsentationstheorem von Granger eine besondere Form der Rückkopplung im Fehlerkorrekturprozeß implizieren (s. Mills 1990: 276).

z. B. gibt φ_{p12} an, in welchem Ausmaß die erste Zeitreihe, $Z_{1,t}$, bestimmt ist von den um jeweils p Intervalle zurückliegenden Werten der zweiten Zeitreihe, $Z_{2,t}$, während θ_{121} anzeigt, in welchem Maße die Werte der zweiten Zeitreihe von den ein Intervall zurückliegenden Zufallsschocks der ersten Zeitreihe bestimmt sind. Einige der *Phi-* und *Theta*-Koeffizienten könnten auch gleich Null gesetzt sein - entweder *a priori* aufgrund theoretischer Überlegungen oder als Ergebnis vorangegangener Schritte in der Datenanalyse (Techniken der Modellidentifikation werden in Abschn. 7.2 besprochen). Im Normalfall wird die VARMA-Modellierung ohne vorgängige Parameterrestriktionen begonnen, so daß auf der rechten Seite aller Einzelgleichungen der gleiche Satz von (prädeterminierten) Variablen steht. Es werden (anders als bei den Simultanen Gleichungssystemen der Ökonometrie) auch keine Variablen als "exogen" definiert, d. h., von keiner Variablen wird vorausgesetzt, daß sie nur von Faktoren außerhalb des betrachteten Systems determiniert sei.[153] Es kann aber im Verlauf der Analyse geprüft werden, ob eine solche Annahme für bestimmte Variablen zutreffen könnte (s. u.). Ein weiteres Charakteristikum ist, daß auf der rechten Gleichungsseite nur verzögerte Terme auftreten, dennoch können (wie wir noch sehen werden) anhand der Residuenanalyse auch kontemporäre Beziehungen identifiziert werden.[154]

Offensichtlich werden Darstellungen wie die in Gleichung (7.1.1) sehr unübersichtlich (und benötigen eine Menge Platz), wenn eine größere Zahl von Zeitreihen simultan zu betrachten ist. Deshalb bedient man sich üblicherweise der Matrix-Darstellung. Die Zeitreihen und die ihnen beigeordneten Zufallsschocks werden als Vektoren $Z_t = [Z_{1,t}, Z_{2,t}, ..., Z_{M,t}]'$ und $a_t = [a_{1,t}, a_{2,t}, ..., a_{M,t}]'$ dargestellt. Analog zum univariaten ARMA-Modell kann das VARMA-Modell wie folgt geschrieben werden.

$$Z_t - \Phi_1 Z_{t-1} - \Phi_2 Z_{t-2} - ... - \Phi_p Z_{t-p} = C + a_t - \Theta_1 a_{t-1} - \Theta_2 a_{t-2} - ... - \Theta_q a_{t-q} \quad (7.1.2)$$

C repräsentiert hier einen $M \times 1$ Vektor von Konstanten, die Φ's stellen p verschiedene Koeffizienten-Matrizen dar, mit denen die Elemente des Z_t-Vektors gewichtet werden, die Θ's benennen q verschiedene Koeffizienten-Matrizen, mit denen die Elemente des a_t-Vektors gewichtet werden. Die Koeffizienten-Matrizen sind alle quadratisch mit der Dimension $M \times M$:

$$\Phi_j = \begin{bmatrix} \varphi_{j11} & \cdots & \varphi_{j1M} \\ \vdots & \ddots & \vdots \\ \varphi_{jM1} & \cdots & \varphi_{jMM} \end{bmatrix}, j = 1, 2, ..., p \quad (7.1.3)$$

---

[153] Ausnahmen sind Indikatoren für Saison- und Trendkomponenten, die in die Gleichungen mit eingebaut werden können.

[154] In der Sprache der Ökonometrie sind VARMA-Modelle „Reduzierte-Form-Modelle", keine „Strukturmodelle".

$$\Theta_j = \begin{bmatrix} \theta_{j11} & \cdots & \theta_{j1M} \\ \vdots & \ddots & \vdots \\ \theta_{jM1} & \cdots & \theta_{jMM} \end{bmatrix}, j = 1, 2, ..., q \qquad (7.1.4)$$

In den realisierten Modellen können einzelne Koeffizienten gleich Null sein. Analog zu den univariaten ARMA-Modellen wird angenommen, daß es sich bei den Zufallsschocks $\{a_t\}$ um Serien von *white noise* Prozessen handelt, die identisch normal und unabhängig voneinander verteilt sind (*niid*) mit dem Mittelwertvektor $E(a_t) = 0$ und der M×M Varianz-/Kovarianzmatrix

$$V = E(a_t \, a'_k) = \begin{cases} \Sigma v \text{ (positiv definit), } t = k \\ 0, \qquad\qquad\quad t \neq k \end{cases} \qquad (7.1.5)$$

Im Modell wird also vorausgesetzt, daß die Zufallsschocks unterschiedlicher Zeitreihen nur kontemporär, ohne Verzögerung, miteinander korrelieren. Ein VARMA(2,2)-Modell ($p=2$, $q=2$) für zwei Zeitreihen läßt sich also wie folgt in Matrizenform darstellen (vergl. oben Gleichung (7.1.1)):

$$\left(\begin{bmatrix} 1 & 0 \\ 0 & 1 \end{bmatrix} - \begin{bmatrix} \Phi_{111} & \Phi_{112} \\ \Phi_{121} & \Phi_{122} \end{bmatrix} B - \begin{bmatrix} \Phi_{211} & \Phi_{212} \\ \Phi_{221} & \Phi_{222} \end{bmatrix} B^2 \right) \begin{bmatrix} Z_{1,t} \\ Z_{2,t} \end{bmatrix} \qquad (7.1.6)$$

$$= \left(\begin{bmatrix} 1 & 0 \\ 0 & 1 \end{bmatrix} - \begin{bmatrix} \theta_{111} & \theta_{112} \\ \theta_{121} & \theta_{122} \end{bmatrix} B - \begin{bmatrix} \theta_{211} & \theta_{212} \\ \theta_{221} & \theta_{222} \end{bmatrix} B^2 \right) \begin{bmatrix} a_{1,t} \\ a_{2,t} \end{bmatrix}$$

Die Varianz-/Kovarianzmatrix erhält folgende Gestalt:

$$V = \begin{bmatrix} var(a_{1,t}) & cov(a_{1,t}, a_{2,t}) \\ cov(a_{2,t}, a_{1,t}) & var(a_{2,t}) \end{bmatrix} \qquad (7.1.7)$$

Sie enthält in der Diagonalen die M Varianzen der Zufallsschocks jeder Reihe und in den anderen Feldern die Kovarianzen der simultan gemessenen Zufallsschocks der unterschiedlichen Paare von Reihen (bei $M=2$ läßt sich natürlich nur 1 Paar zeitlich simultan verlaufender Reihen bilden). Wie jede Kovarianz-Matrix ist auch diese symmetrisch, da cov $(a_{m,t}, a_{n,t})$ = cov $(a_{n,t}, a_{m,t})$, mit $m,n = 1,2,...,M$. Die (geschätzte) Kovarianzmatrix der Zufallsschocks ist u. a. deshalb von Bedeutung, weil sich in den Fehler-Kovarianzen evtl. bestehende kontemporäre Beziehungen zwischen zwei Zeitreihen niederschlagen, die explizit in dem VARMA-Modell (7.1.2) nicht spezifiziert werden (s. unten).

Der VARMA-Prozeß ist "stationär", wenn alle Wurzeln des Determinanten-Polynoms $|\Phi_p(B)|$ außerhalb des Einheitskreises liegen. Eine äquivalente Bedingung ist, daß alle Eigenwerte dieses Polynoms innerhalb des Einheitskreises liegen (s. Wei 1990: 340). In diesem Falle kann der VARMA-Prozeß in einen infiniten Vektor-MA-Prozeß transformiert werden (analog zur *Psi*-Gewichte-Form der univariaten ARMA-Modelle). Zu beachten ist, daß die Stationarität des multivariaten Prozesses voraussetzt, daß alle beteiligten Zeitreihen, für sich betrachtet, stationär sind. Andererseits garantiert eine Menge univariat stationärer Prozesse nicht, daß sie gemeinsam einen stationären multivariaten Prozeß bilden (Wei 1990: 333). Der VARMA-Prozeß gilt als "invertibel", wenn alle Wurzeln des Determinanten-Polynoms $|\Theta_q(B)|$ außerhalb des Einheitskreises liegen (bzw. die entsprechenden Eigenwerte im Absolutbetrag kleiner als 1 sind). In diesem Falle kann der VARMA-Prozeß - wiederum analog zum univariaten ARMA-Prozeß - in einen infiniten VAR-Prozeß (*Pi*-Gewichte-Form) transformiert werden (s. Pankratz 1991: 345 ff.). Die für univariate Prozesse registrierte "Dualität" von endlichen AR-Prozessen und infiniten MA-Prozessen - und umgekehrt - gilt jedoch nicht in gleicher Weise für multivariate Prozesse. Das heißt, bestimmte Vektor-Prozesse lassen sich als finiter VAR-Prozeß, gleichzeitig aber auch als finiter Vektor-MA-Prozeß wie auch als finiter VARMA-Prozeß darstellen (Wei 1990: S. 347 f.). Damit sind bestimmte Identifikationsprobleme verbunden, die wir hier nicht diskutieren können. Für Modelle mit Nullen in ihren Koeffizienten-Matrizen kann aber folgende Faustregel zur Modellidentifikation zitiert werden: Von der Menge äquivalenter Modelle wähle man dasjenige oder diejenigen mit einem minimalen Ordnungsgrad *q* für die MA-Komponente. Unter den übriggebliebenen wähle man dasjenige mit einem minimalen Ordnungsgrad *p* für die AR-Komponente (Wei 1990: 337 unter Hinweis auf Arbeiten von Hannan).[155] Reine VAR-Modelle haben gewisse praktische Vorteile, vor allem bleiben OLS-Schätzmethoden oder leichte Modifikationen der OLS-Methode anwendbar (Mills 1990: 308); anderenfalls sind *Maximum-Likelihood*-Methoden erforderlich.

Aus der *Psi*-Gewichte-Form lassen sich die Impuls-Antwort-Funktionen gewinnen. Auf diese Weise wird es möglich zu ermitteln, wie sich ein Zufallsschock $a_{m,t}$, der in einer bestimmten Zeitreihe zum Zeitpunkt *t* auftritt, auf zukünftige Werte z_{t+k}, $k = 1,2,...$, in irgendeiner der miteinander verbundenen Zeitreihen auswirkt (ein Beispiel und Literaturhinweise sind Freeman et al. 1989 zu entnehmen).

Bevor wir zur praktischen Seite der Modell-Identifikation kommen, soll anhand eines VAR(1)-Prozesses, der Unterschied zwischen der Klasse der Vektor-Prozesse und den Transferfunktionsmodellen verdeutlicht werden. Dazu betrachten wir das folgende Modell, in dem aus Gründen der Vereinfachung die Konstanten gleich Null gesetzt und die Indizes für den *Lag* ausgelassen sind:

---

[155] Zur Einbeziehung von Differenzenoperatoren (die für die einzelnen Zeitreihen einen unterschiedlichen Ordnungsgrad aufweisen können) und multiplikativen Saison-Komponenten siehe ebenfalls Wei (1990).

$$\begin{bmatrix} 1 - \varphi_{11}B & 0 \\ -\varphi_{21}B & 1 - \varphi_{22}B \end{bmatrix} \begin{bmatrix} Z_{1,t} \\ Z_{2,t} \end{bmatrix} = \begin{bmatrix} a_{1,t} \\ a_{2,t} \end{bmatrix} \qquad (7.1.8)$$

bzw.

$$Z_{1,t} = \frac{1}{(1 - \varphi_{11}B)} \, a_{1,t} \qquad (7.1.9)$$

$$Z_{2,t} = \frac{\varphi_{21}B}{(1 - \varphi_{22}B)} \, Z_{1,t} + \frac{1}{(1 - \varphi_{22}B)} \, a_{2,t}$$

Da der Koeffizient $\varphi_{12} = 0$ gesetzt wurde, scheint das Gleichungssystem (7.1.8) bzw. (7.1.9) identisch zu sein mit einem Transferfunktionsmodell, in dem die Zeitreihe $Z_{1,t}$ mit einer Verzögerung von einem Intervall auf die Zeitreihe $Z_{2,t}$ einwirkt. (Die erste Gleichung würde dann lediglich das univariate AR(1)-Modell für die Input-Variable darstellen.) Diese Interpretation ist aber nicht korrekt, wenn eine kontemporäre Beziehung zwischen den Fehlertermen $a_{1,t}$ und $a_{2,t}$ besteht. Das folgende Pfaddiagramm stellt die in den Gleichungen (7.1.9) postulierten Beziehungen unter dieser Voraussetzung dar (Abb. 7.1.1):

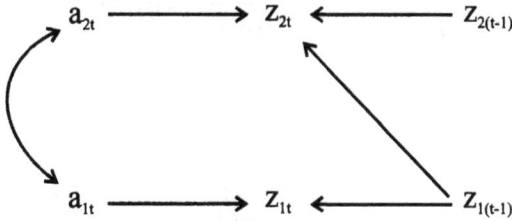

Abb. 7.1.1 Pfaddiagramm des VAR-Modells (7.1.9)

Ihm ist - unter Anwendung der Koeffizientenregel der Pfadanalyse (s. Asher 1983: 33 ff.) - unmittelbar zu entnehmen, daß das vorliegende Modell u.a. eine Korrelation zwischen $a_{2,t}$ und $Z_{1,t}$ impliziert, was eine wesentliche Voraussetzung des (a-symetrischen) Transferfunktionsmodells verletzt, denn Input-Reihe und Noise-Reihe sollen unabhängig voneinander sein. Im übrigen entsteht auf diese Weise eine zweite Komponente kontemporärer Korrelation zwischen $Z_{1,t}$ und $Z_{2,t}$. Kontemporäre Korrelationen sind mit unterschiedlichen Kausalrelationen verträglich: $Z_{1,t}$ könnte einseitig auf $Z_{2,t}$, $Z_{2,t}$ aber auch einseitig auf $Z_{1,t}$ einwirken und schließlich könnte auch eine zweiseitige Kausalrelation, ein kontemporärer *feedback*, zwischen beiden Reihen bestehen.

Letztlich muß man hier eine theoretische Entscheidung treffen.[156] Falls nicht ausschließlich kontemporäre Korrelationen beobachtet werden, liegt es allerdings nahe, die kontemporäre Korrelation in das Muster der Kreuzkorrelationsfunktion mit verzögerten Variablen einzuordnen, also z. B. eine asymmetrische Beziehung von

$Z_{1,t}$ auf $Z_{2,t}$ anzunehmen, wenn signifikante Korrelationen zwischen $Z_{2,t}$ und $Z_{1,t-k}$, k = 1,2,...; aber keine zwischen $Z_{1,t}$ und $Z_{2,t-k}$ auftreten. In diesem Fall kann das Vektor-Modell in ein Transferfunktionsmodell übertragen werden, wie die folgenden Ableitungen zeigen. Angenommen, zwischen den kontemporären Fehlertermen bestünde folgende *asymmetrische* Beziehung:[157]

$$a_{1,t} = \varepsilon_{1,t} \qquad (7.1.10)$$

$$a_{2,t} = \beta a_{1,t} + \varepsilon_{2,t}$$

wobei vorausgesetzt wird, daß der "neue" Fehlerterm $\varepsilon_{2,t}$ unabhängig von der Regressorvariable $a_{1,t}$ ist. Gleichung (7.1.10) in die untere Gleichungszeile von (7.1.9) eingesetzt, führt zu folgenden Ableitungsschritten:

$$Z_{2,t} = \frac{\varphi_{21}B}{(1 - \varphi_{22}B)} Z_{1,t} + \frac{1}{(1 - \varphi_{22}B)} a_{2,t} \qquad (7.1.11)$$

$$= \frac{\varphi_{21}B}{(1 - \varphi_{22}B)} Z_{1,t} + \frac{1}{(1 - \varphi_{22}B)} (\beta a_{1,t} + \varepsilon_{2,t})$$

$$= \frac{\varphi_{21}B}{(1 - \varphi_{22}B)} Z_{1,t} + \frac{\beta}{(1 - \varphi_{22}B)} a_{1,t} + \frac{1}{(1 - \varphi_{22}B)} \varepsilon_{2,t}$$

$$= \frac{\varphi_{21}B}{(1 - \varphi_{22}B)} Z_{1,t} + \frac{\beta}{(1 - \varphi_{22}B)} (1 - \varphi_{11}B)Z_{1,t} + \frac{1}{(1 - \varphi_{22}B)} \varepsilon_{2,t}$$

$$= \frac{\beta + (\varphi_{21} - \beta\varphi_{11})B}{(1 - \varphi_{22}B)} Z_{1,t} + \frac{1}{(1 - \varphi_{22}B)} \varepsilon_{2,t}$$

Beim Übergang von der dritten zur vierten Gleichungszeile wird die Identität $a_{1,t} = (1 - \varphi_{11}B)Z_{1,t}$ aus (7.1.9) benutzt. Das Ergebnis zeigt, daß das Vektor-Modell (7.1.8) in ein äquivalentes Transferfunktionsmodell übersetzt werden kann, in dem die Input-Variable $Z_{1,t}$ kontemporär mit dem Gewicht β und nach einem Intervall mit einem zusätzlichen Effektgewicht $(\varphi_{21} - \beta\varphi_{11})$ auf die Output-Variable $Z_{2,t}$ einwirkt. Aus der (geschätzten) Varianz-/Kovarianzmatrix $\mathbf{V}_a$ des Fehlervektors $[a_{1,t}, a_{2,t}]'$ läßt sich unmittelbar der kontemporäre Koeffizient schätzen, denn es gilt (s. Wei 1990: 339):

$$\beta = \frac{\sigma_{12}}{\sigma_{11}} \qquad (7.1.12)$$

Wenn die in (7.1.10) definierte Abhängigkeitsbeziehung gegeben ist, ist das in der zweiten Zeile von (7.1.9) formulierte Transferfunktionsmodell umso irreführender, je stärker die Kovarianz der beiden *Noise*-Reihen im Verhältnis zur Varianz der *Input*-Reihe ist. Nicht nur beim Vektor-AR(1) Prozeß, sondern allgemein gilt: Wenn

---

[156] Die Schwierigkeiten nehmen weiter zu, wenn man bedenkt, daß zweiseitige Korrelationen auch aus einer zeitlichen Aggegierung der Meßergebnisse resultieren können (s. Wei 1990: 404 ff.).

[157] Zum folgenden siehe Wei (1990: 338 f.).

sich die Zeitreihen eines VARMA-Prozesses so anordnen lassen, daß die Matrizen Φ_p und Θ_q eine Dreiecksgestalt annehmen mit lauter Nullen oberhalb der Diagonalen, lassen sich die VARMA-Modelle in Transferfunktionsmodelle (unter Einschluss eines kontemporären Effekts) transformieren.[158] Noch allgemeiner: Wenn diese Koeffizienten block-triangular sind, können die Zeitreihen in Input- und Output-Reihen getrennt werden, auch wenn innerhalb der Menge der Input-Reihen und innerhalb der Menge der Output-Reihen symmetrische Beziehungen vorliegen. Die Blickrichtung läßt sich auch umkehren: Die Hypothese einer asymmetrischen Beziehung läßt sich testen, indem man das entsprechende Transferfunktionsmodell zu einem VARMA-Modell erweitert und prüft, ob sich die Koeffizienten, die eine symmetrische Beziehung repräsentieren, nicht "signifikant" von Null unterscheiden. Nach dieser Logik sind wir auch in Abschn. 5.5.2.1.3 vorgegangen.

Wir wollen nun anhand zweier simulierter Reihen erläutern, wie ein VARMA-Modell im Prinzip empirisch identifiziert werden kann. Danach werden wir aus der Literatur ein Realbeispiel zitieren, in dem konkurrierende strukturelle Hypothesen mit Hilfe eines VAR-Modells getestet wurden.

7.2 Instrumente der Modellidentifikation

Wir übernehmen hier das von Liu/Hudak (1995: 12 ff.) dargestellte Beispiel eines Vektor-MA(1)-Prozesses.[159] Zwei Datenreihen mit jeweils 250 Beobachtungswerten wurden nach folgendem Modell generiert:

$$\mathbf{Z_t} = \mathbf{C} + (\mathbf{I} - \mathbf{\Theta B})\mathbf{a_t} \text{ , mit} \qquad (7.2.1)$$

$$\mathbf{C} = \begin{bmatrix} 17,0 \\ 25,0 \end{bmatrix}, \mathbf{\Theta} = \begin{bmatrix} 0,2 & 0,3 \\ -0,6 & 1,1 \end{bmatrix}, \mathbf{V_a} = \begin{bmatrix} 4,0 & 1,0 \\ 1,0 & 1,0 \end{bmatrix}$$

Durch Ausmultiplizieren der Matrizen erhält man folgende Einzelgleichungen

$$Z_{1,t} = 17,0 + a_{1,t} - 0,2a_{1,t-1} - 0,3a_{2,t-1} \qquad (7.2.2)$$
$$Z_{2,t} = 25,0 + a_{2,t} - 0,6a_{1,t-1} - 1,1a_{2,t-1}$$

---

[158] Diese Systematik ist aus den rekursiven im Unterschied zu den nicht-rekursiven Pfadmodellen vertraut.

[159] Sämtliche Berechnungen erfolgen mit dem SCA-Programmsystem (Liu/Hudak 1992-1994).

Die beiden Reihen sind in Abb. 7.2.1 dargestellt.

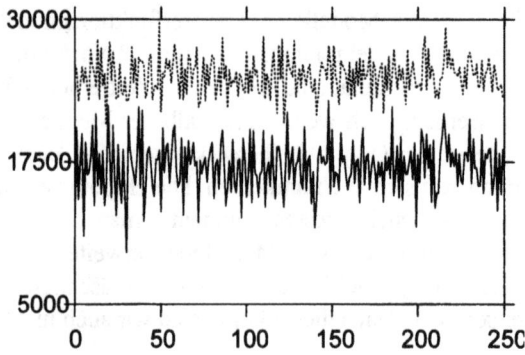

Abb. 7.2.1 Simulierte Reihen eines VMA(1)-Prozesses

Obwohl das Modell, nach dem die Daten erzeugt wurden, bekannt ist, gehen wir im folgenden so vor, als wäre der erzeugende Prozeß unbekannt. Das erste Instrument zur Modellidentifikation ist eine einfache Erweiterung der empirischen Autokorrelationsfunktion (SAKF) und der empirischen Kreuzkorrelationsfunktion (SKKF). Wie in Kap. 3 gezeigt, läßt sich die Ordnung q eines univariaten MA(q)-Prozesses anhand des Musters der Autokorrelationsfunktion bestimmen: Die Reihe der "signifikanten" Autokorrelationskoeffizienten $r_k, k = 0,1,2,...$, bricht bei einer Verzögerungsspanne von $k = q$ ab. Bei einem Vektor-MA-Prozeß mit M Zeitreihen lassen sich M SAKF's und $M!/2!(M-2)!$ paarweise SKKF's berechnen. Zusammen ergeben sie eine (empirische) Kreuzkorrelationsmatrix SKKM. Und zwar gibt es für jeden *Lag* eine Matrix, die in der Diagonalen die M Autokorrelationskoeffizienten und außerhalb der Diagonalen die $M(M-1)$ paarweise ermittelten Kreuzkorrelationskoeffizienten enthält. Bei zwei Zeitreihen, Z_1 und Z_2, erhält man für *Lag* 1 somit folgende Matrix:

$$\begin{vmatrix} r_{11} & r_{12} \\ r_{21} & r_{22} \end{vmatrix} \qquad (7.2.3)$$

Die Koeffizienten r_{11} und r_{22} stellen die Autokorrelationskoeffizienten von Z_1 und Z_2 dar; r_{12} gibt den Wert der SKKF an, wenn die zweite Reihe gegenüber der ersten um ein Intervall verzögert ist; r_{21} gibt den Wert der SKKF an, wenn die erste Reihe gegenüber der zweiten um ein Intervall verzögert ist. Für weitere Verzögerungsintervalle $k = 2,3,...$ lassen sich die Auto- und Kreuzkorrelationskoeffizienten in der gleichen Weise angeben. Ein Vektor-MA(q)-Modell läßt sich identifizieren, wenn die Folge der "signifikanten" Koeffizienten der SKKM nach q Intervallen abrupt abbricht, nach *Lag* $k = q$ also nur noch Koeffizienten nahe Null auftreten. Die *Matrix* der Koeffizienten bei einem bestimmten *Lag* wird nur dann als "nicht-signifikant" angesehen, wenn *alle* ihre Werte nicht signifikant sind. Um die Übersichtlichkeit zu erhöhen, druckt das *SCA*-System die Koeffizienten in Form von Indikatormatrizen aus, in denen Minus- und Plus-Zeichen für signifikante negative und positive Koeffizienten, Punkte dagegen für nicht-signifikante Koeffizienten stehen. In unserem Simulationsbeispiel werden für die ersten 12 *Lags* die folgenden Indikator-Matrizen ausgedruckt

        LAGS 1 bis 6   LAGS 7 bis 12

    - - .. .. -   .. ..

    + - .. ..- .. ..

Wie zu erwarten war, werden für *Lag* $k = 1$ vier signifikante Koeffizienten ausgewiesen: zwei SAKF-Koeffizienten in der Diagonale und zwei SKKF-Koeffizienten außerhalb der Diagonalen für die zweiseitige Beziehung zwischen Z_1 und Z_2. Nach $k = q = 1$ folgt ein klarer Abbruch, was den (in diesem Falle vorgegebenen) VMA(1)-Prozeß belegt. Der einzelne signifikante Kreuzkorrelationskoeffizient bei *Lag* 7 ist ebenso auf Stichprobenschwankungen zurückzuführen wie der einzelne signifikante Autokorrelationskoeffizient der zweiten Reihe bei *Lag* 8. Zur besseren Veranschaulichung seien die präzisen Werte für die *Lags* 1 bis 4 sowie *Lags* 7 bis 10 in der folgenden Tab. 7.2.1 dargestellt:

Tab. 7.2.1: *Präzise SKKM-Werte*

Lag	1	2	3	4
r_{11} , r_{12}	-.28 -.21	.03 .02	.04 .01	-.11 -.03
r_{21} , r_{22}	.37 -.19	.08 .01	.03 .08	.04 .09

Lag	7	8	9	10
r_{11} , r_{12}	-.11 -.17	.09 .03	.01 .08	.00 .01
r_{21} , r_{22}	.01 -.06	-.12 -.16	-.06 .10	.02 -.04

In Kap. 3 hatten wir festgestellt, daß sich univariate MA-Prozesse (zumindest dem Prinzip nach) mit Hilfe des Abbruch-Kriteriums über die empirische Autokorrelationsfunktion bestimmen lassen. Die Ordnung eines autoregressiven Prozesses ist dagegen eher über die partielle Autokorrelationsfunktion (SPAKF) zu bestimmen. Entsprechendes gilt auch für Vektor-Prozesse: Mit Hilfe der SKKM läßt sich feststellen, ob die Folge der Koeffizienten bei einem bestimmten *Lag* abbricht oder nicht. Bricht sie nach zwei, drei Koeffizienten abrupt ab, liegt ein MA-Prozeß vor; bricht sie nicht nach wenigen *Lags* ab, ist dies ein Hinweis darauf, daß der Prozeß entweder ein reiner AR-Prozeß oder ein Mischprozeß ist.

Dessen Ordnungsgrad ist aber auf diese Weise nicht zu erkennen. Zur weiteren Modell-Identifikation benötigt man zusätzliche Instrumente. Wir wollen die Problematik anhand zweier Datenreihen demonstrieren, die in der Literatur als "Lydia

Pinkham Data" berühmt geworden sind. Es handelt sich um die jährlichen Verkaufserlöse (SALES) eines Firmenprodukts und die jährlichen Ausgaben (ADVS)
der gleichen Firma für Werbung (in Tausenden von Dollar), jeweils von 1906 bis
1960 (s. Abb. 7.2.2)[160]

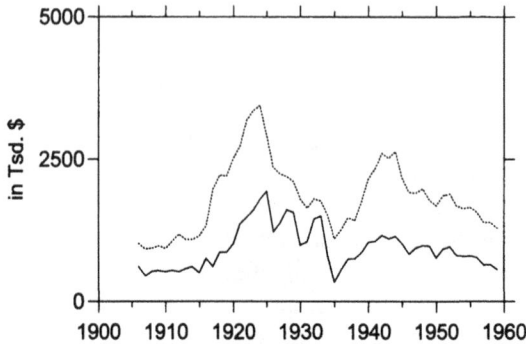

Abb. 7.2.2 Lydia Pinkham Data

Für diese Reihen sind von verschiedenen Autoren sowohl Transferfunktionsmodelle (mit ADVS als Input-Variable) wie auch Vektormodelle identifiziert
worden, meistens nach einfacher Differenzenbildung (s. z. B. Vandaele 1983; Wei
1990: 302 ff., 364 ff.). Liu/Hudak (1995: 34) ziehen es in Anbetracht der Kürze der
Reihen vor, die Daten nicht zu differenzieren (kommen aber zu einem qualitativ
gleichen Ergebnis wie Wei 1990). Die Indikatormatrizen der SKKM sehen wie
folgt aus:

LAGS 1 bis 12

++ ++ ++ ++ ++ ·+ ·· ·· ·· ·· ·· − −

++ ++ ++ ·+ ·· ·· ·· −· − − − − − − − −

Es gibt keinen abrupten Abbruch nach wenigen *Lags*, ein reiner MA-Prozeß niedriger Ordnung kann infolgedessen nicht angenommen werden. Die signifikanten
Koeffizienten auf beiden Seiten außerhalb der Diagonalen deuten auf *feedback* hin,
so daß ein Vektor-Modell zu spezifizieren ist. Die Verkaufserlöse hängen anscheinend nicht einseitig von den Werbeausgaben, sondern die Werbeausgaben hängen
auch von den Verkaufserlösen ab. Zur weiteren Modellidentifikation schlagen Liu/
Hudak (1995) die Methode einer *schrittweisen autoregressiven Modellanpassung*
(im folgenden SAM) vor. In Kap. 3 war gezeigt worden, daß sich die Partielle Autokorrelationsfunktion (PAKF) bei univariaten Prozessen regressionsanalytisch
interpretieren läßt. Die partiellen Korrelationskoeffizienten für zunehmende Verzögerungsspannen können per schrittweiser (Auto-)Regression ermittelt werden:
sie sind identisch mit den Regressionskoeffizienten für den höchsten *Lag*-Term in

---

[160] Wir übernehmen die von SCA im *Workspace* zur Verfügung gestellten Daten.

der jeweiligen Regressionsgleichung. Die Identität zwischen partiellem Regressionskoeffizient und partiellem Korrelationskoeffizient gilt für das multivariate Modell jedoch nicht.[161] Die mathematischen Einzelheiten sollen hier jedoch nicht dargestellt werden. Der für die Praxis wichtigste Punkt ist wiederum, eine Abbruchstelle in den schrittweise ermittelten Regressionskoeffizienten zu finden. Dabei orientiert man sich aber nicht nur an der statistischen Signifikanz der zu den verschiedenen (jeweils höchsten) *Lags* ermittelten Koeffizienten, sondern auch an *Chi*-Quadrat bzw. *Likelihood-Ratio*-Tests sowie an Informationskriterien wie denen von *Akaike* oder *Schwarz*, die die Güte des Gesamtmodells widerspiegeln. In Tab. 7.2.2 sind die entsprechenden Informationen für die Lydia-Pinkham-Daten zusammengestellt, wie sie das *SCA*-Programmsystem ausgibt.

Tab. 7.2.2 *Partielle-Regressionsfunktion der Pinkham-Daten*

LAG	Residual-Varianz	Chi-Quadrat Test	AIC	Signifikanz der partiellen AR-Koeffizienten
1	.357E + 05	112.99	21.091	++
	.473E + 05			- +
2	.340E + 05	10.16	21.005	· ·
	.376E + 05			· ·
3	.243E + 05	16.15	20.764	· ·
	.372E + 05			· ·
4	.235E + 05	3.64	20.820	· ·
	.365E + 05			· ·
5	.224E + 05	2.84	20.893	· ·
	.342E + 05			· ·

Bei *Lag* 1 (also bei Anpassung eines VAR(1)-Modells) sind alle Koeffizienten signifikant, die Zweiseitigkeit der Beziehung wird insofern bestätigt. Bei den folgenden *Lags* treten nur noch nicht-signifikante Koeffizienten auf.[162] Dennoch entscheiden sich Liu/Hudak (1995: 38) nicht für ein AR(1)-Modell, denn die anderen Indikatoren sprechen eher für ein AR(3)-Modell. In der ersten Spalte ist die Residualvarianz jeder der beiden Reihen eingetragen, die natürlich mit der steigenden Zahl der Modellparameter abnimmt. (Das Eigenwertkriterium der Varianz/Kovarianzmatrix lassen wir außer Betracht.) Die entsprechende *Chi*-Quadrat-Statistik

---

[161] Wei (1990: 356 ff.) stellt neben der Partiellen Autokorrelationsfunktion auch eine von Heyse und Wei definierte *Partial Lag Correlation Matrix Function* vor.

[162] Die Signifikanz der Koeffizienten kann sich ändern, wenn der maximale *Lag*, über den die Modelle angepaßt werden (und damit die effektive Zahl der Fälle, die zur Verfügung steht) geändert wird.

(s. Box/Tiao 1981: 807)[163] zeigt einen deutlichen Sprung bei *Lag* 3. Bei höheren *Lags* ist *Chi*-Quadrat nicht mehr signifikant. An dieser Stelle erreicht auch das *Akaike* Informationskriterium (AIC) seinen niedrigsten Wert.[164] Auf dieser Basis entscheiden sich Liu/Hudak (1995: 39) für ein (vorläufiges) VAR(3)-Modell.

7.3 Zur Schätzung von Vektor-Modellen

Sofern die Programmsysteme Module für eine VARMA-Modellierung eingerichtet haben, bieten sie in der Regel *Maximum-Likelihood*-Methoden für die Parameterschätzung an. Auf die entsprechenden Funktionen und Algorithmen wollen wir hier nicht eingehen. Es sei aber auf folgende Problematik hingewiesen: In einem univariaten ARMA(p,q)-Modell sind $p+q+1$ Parameter zu schätzen. In einem (nicht-restringierten) Vektor-Modell ist aber jeder AR- oder MA-"Parameter" als Matrix mit M x M Koeffizienten definiert (wobei M für die Zahl der Zeitreihen steht). Folglich sind in einem VARMA(p,q)-Modell insgesamt $\{M^2 (p+q) + M\}$ Parameter zu schätzen (abgesehen von der Varinaz/Kovarianz-Matrix der Fehler). Bei einem VAR(1) oder VMA(1) Modell für $M=2$ Zeitreihen sind somit 6 Parameter zu schätzen, deren Zahl auf 12 ansteigt, wenn $M=3$ ist. Wenn die Zeitreihen nicht sehr "lang" sind, gerät man also rasch in eine Situation, in der die Schätzungen recht instabil werden. Um ihre Effizienz zu verbessern, sollte man erwägen, ob sich nicht einige Parameter auf "0" fixieren oder in anderer Weise restringieren lassen. Für *a priori* Restriktionen fehlen aber (in den Sozialwissenschaften) häufig genug ausreichend bewährte Theorien. Als datenanalytische Ersatzmethode bleibt der Ausweg, nach einer ersten Schätzung des vollen Modells sukzessive nicht-signifikante Parameter auf Null zu fixieren. Es empfiehlt sich dabei nicht, sämtliche Koeffizienten, deren Schätzer das konventionelle 5-Prozent-Kriterium verfehlen (deren Absolutbetrag also kleiner ist als das Zweifache ihres Standardfehlers) in einem einzigen Schritt zu eliminieren. Sinnvoller ist es, zunächst ein weicheres Kriterium zu wählen, z. B. zunächst nur diejenigen Koeffizienten gleich "0" zu setzen, deren Absolutbeträge kleiner sind als das 1,65fache ihrer jeweiligen Standardfehler. Das sei am Beispiel der Pinkham-Daten verdeutlicht.

Eine ML-Schätzung des vollen VAR(3)-Modells führt zu folgenden Ergebnissen mit den *t*-Werten in Klammern (Tab. 7.3.1): ·

---

[163] Vereinfacht ausgedrückt, wird hierbei jeweils festgestellt, ob bei schrittweiser Erhöhung des Ordnungsgrades (d. h. bei einem zusätzlichen Modellparameter), die Summe der Fehler-Quadrate bzw. der Fehler-Kreuzprodukte signifikant verringert wird (im Vergleich zu dem Modell geringerer Ordnung). Die Zahl der Freiheitsgrade ist identisch mit dem Quadrat der Anzahl M der modellierten Zeitreihen: df = M^2 (s. Tiao/Box 1981:807).

[164] Manche Programmpakete gehen von einer anderen Definition des AIC aus mit der Folge, dass der *maximale* AIC-Wert gesucht wird (s. Pesaran/Pesaran 1997: 357).

Tab. 7.3.1 *Geschätzte Phi-Koeffizienten des vollen VAR(3)-Modells für die Lydia-Pinkham-Daten (t-Werte in Klammern)*

	LAG		
	1	2	3
φ_{k11} φ_{k12}	.519 .586	-.339 -.536	.274 .264
	(3.87) (4.61)	(2.16) (2.81)	(1.94) (1.95)
φ_{k21} φ_{k22}	.162 1.366	.280 -.370	.519 .586
	(.97) (8.65)	(1.43) (1.28)	(.55) (.02)

Für die Indizierung werden die Werbungsaufwendung ADVS als erste Zeitreihe, $Z_{1,t}$, die Verkaufserlöse SALES als zweite Zeitreihe, $Z_{2,t}$, behandelt. Wie oben schon erläutert, bezeichnet die erste Indexziffer den jeweiligen *Lag k*, die zweite Indexziffer die in der entsprechenden Gleichung linksseitige, die dritte Indexziffer die jeweilige rechtsseitige Variable. Der Koeffizient $\hat{\varphi}_{112}$ = .586 gibt also an, mit welchem Gewicht eine Veränderung der Verkaufserlöse nach einem einzigen Verzögerungsintervall auf die Werbeausgaben einwirkt. Nach dem "weichen" Kriterium werden für die zweite Schätzrunde folgende Koeffizienten auf "0" fixiert: $\hat{\varphi}_{121}$, $\hat{\varphi}_{221}$, $\hat{\varphi}_{222}$, $\hat{\varphi}_{321}$, $\hat{\varphi}_{322}$. Die verbleibenden Koeffizienten werden mit folgenden Beträgen geschätzt (s. Tab. 7.3.2):

Tab. 7.3.2 *Geschätzte Phi-Koeffizienten des restringierten VAR (3)-Modells aus Tab. 7.3.1 (t-Werte in Klammern)*

1		2		3	
.584	.404	-.226	-.414	.584	.404
(5.03)	(3.61)	(1.66)	(2.51)	(1.93)	(2.25)
0	.912	0	0	0	0
	(17.54)				

Die autoregressiven Koeffizienten $\hat{\varphi}_{211}$ und $\hat{\varphi}_{311}$ sind nach dem 5-Prozent-Kriterium nicht signifikant. Wenn man sie ebenfalls auf "0" setzt und das Modell erneut schätzt, erhält man (diesmal in Gleichungsform) folgendes Ergebnis (vgl. Liu/Hudak 1995: 85f):

$$ADVS_t = -61,95 + 0,53 ADVS_{t-1} + (0,41B - 0,53B^2 + 0,40B^3)SALES_t + a_{1,t} \qquad (7.3.6)$$
$$SALES_t = 171,6 + 0,91 SALES_{t-1} + a_{2,t}$$

Dieses Ergebnis zeigt, daß ein Transferfunktionsmodell mit SALES als Output-

und ADVS als Input-Variable nicht adäquat ist, daß vielmehr zurückliegende SA-LES-Werte die Investitionen in die Werbung mit bestimmen.[165] Die Varianz-/Ko-varianz-Matrix der (kontemporären) Fehlerterme sieht wie folgt aus:

$$\begin{vmatrix} 28823.59 & \\ 22851.89 & 53304.03 \end{vmatrix} \tag{7.3.7}$$

Daraus ergibt sich folgender Koeffizient für die kontemporäre Korrelation:

$$r = \mathrm{cov}\,(\,a_{1,t}\,;\,a_{2,t}\,)\,/\,(\sigma^2_{a(1,t)}\,\sigma^2_{a(2,t)})^{1/2} \tag{7.3.8}$$
$$= 22851,89/[(28823,59)(53304,03)]^{1/2}$$
$$= 0,58$$

Unter der Nullhypothese, daß die theoretische (Populations-) Korrelation gleich Null sei, ist die folgende Teststatistik t-verteilt (s. Pankratz 1991: 355):

$$t = r\,[(n - p_{max} - 2)\,/\,(1 - r^2)]^{1/2} \tag{7.3.9}$$
$$= 0,58[54 - 3 - 2)\,/\,(1 - 0,336)]^{1/2}$$
$$= 4,98$$

Dabei steht n für die ursprüngliche Fallzahl und p_{max} für den maximalen *Lag* des VAR-Modells. Für SALES und ADVS ist also eine signifikante kontemporäre Beziehung zu beobachten. Will man nun doch eine Wechselwirkung zwischen den beiden Variablen annehmen, obwohl die zweite Gleichungszeile (7.3.6) keinen ADVS-Term auf der rechte Seite enthält, muss man diese *kontemporäre* Korrelation als Resultat einer kausalen Beziehung interpretieren, die von ADVS zu SALES verläuft: Eine Erhöhung der Werbemaßnahmen führt im gleichen Jahr zu einer Erhöhung der Verkaufserlöse, während die Rückkopplung von SALES nach ADVS (primär) verzögert verläuft.[166]

7.4 Modellevaluation

Nach den eben erläuterten Kriterien der Modellselektion entscheidet letztlich die Qualität der Residuen darüber, ob das gewählte Modell akzeptabel ist oder nicht. Analog zur Modelldiagnose in der univariaten Zeitreihenanalyse sollte die Kreuz-korrelationsmatrix der residualen Zeitreihen dem Muster eines *white noise* Prozesses entsprechen, d. h., die Residuen sollten weder innerhalb der eigenen Reihe noch zwischen den verschiedenen Reihen zu irgendeinem *Lag k* > 0 miteinander korreliert sein. Mit anderen Worten, die SKKM sollte ingesamt nicht signifikant sein;

---

[165] Eine Interpretation des Vorzeichenwechsels (negativer Koeffizient für *Lag k*=2) konnten wir in der einschlägigen Literatur nicht finden.

[166] Wei (1990: 364 ff.), der ein VAR-Modell für die "differenzierten" Reihen von ADVS und SALES schätzt, ermittelt für beide Gleichungen signifikante Terme beider Variablen auf der rechten Gleichungsseite.

einzelne (wenige) signifikante Koeffizienten können (auf Grund von Zufallseinflüssen) dennoch auftreten, sollten aber kein interpretierbares Muster bilden, z. B. nicht periodisch auftreten. Für die Residuen des VAR(3)-Modells (7.3.6), RSALES und RADVS, ist diese Bedingung erfüllt. Bei einer auf 24 *Lags* angelegten SKKM ergeben sich signifikante Koeffizienten nur für die Autoregression von RSALES bei $k=1$ und $k=13$.

7.5 Ein weiteres Anwendungsbeispiel aus der Literatur

Freeman et al. (1989) diskutieren in ihrem Artikel zwei zumindest teilweise miteinander konkurrierende Theorien über die Bestimmungsgründe für das Ausgabeverhalten von Regierungen. Ausgangspunkt ist die z. B. von Alt/Chrystal (1983) vetretene These, daß das staatliche Ausgabeverhalten entscheidend von Planungsgruppen bestimmt wird, die bestrebt sind, die Regierungsausgaben (*GC, government consumption*) in verschiedenen Bereichen fortlaufend an die Entwicklung des Nationaleinkommens (in Gestalt des Bruttosozialprodukts, *GDP*) so anzupassen, daß das Verhältnis beider Größen langfristig in etwa konstant ist. Formal läßt sich diese Hypothese in einem einfachen *Koyck*-Modell (s. Kapitel 5.2) darstellen:

$$GC_t = c + \beta_1 GC_{t-1} + \beta_2 GDP_t^* + e_t \qquad (7.5.1)$$

Das Bruttosozialprodukt wird hier als "Instrumenten-Variable", GDP^*, eingesetzt, also nicht mit den ursprünglich beobachteten Werten, sondern mit den Erwartungs- bzw. Prognosewerten, die sich ergeben, wenn eine Regressionsanalyse mit der abhängigen Variable GDP_t sowie verschiedenen unabhängigen Variablen - unter ihnen die aggregierten Investitionen ($INVEST_t$) und Exporterlöse ($EXPORT_t$) - durchgeführt wird. (Die technischen Aspekte der Konstruktion von *instrumental variables* brauchen hier nicht erörtert zu werden.) Tatsächlich enthält das Modell von Alt und Chrystal nicht nur die Gleichung (7.5.1), sondern mindestens noch eine weitere Gleichung mit den als exogen vorausgesetzten Variablen $INVEST_t$ und $EXPORT_t$.

Anders als Alt/Chrystel schlagen Frey/Schneider (1978, 1979) vor, daß das staatliche Ausgabeverhalten entscheidend durch die politischen Interessen der Regierungspartei bestimmt wird (*political manipulation thesis*, PM-These): Die konsumtiven Ausgaben werden erhöht, wenn die Regierungspartei in der Wählergunst (Popularität) gegenüber der wichtigsten Oppositionspartei hinter die gewünschte Zielgröße ($LEAD_t^*$) zurückfällt.[167] Die Wählerschaft wird, so die Vermutung, mit Ausgabeprogrammen geködert. Sowohl Alt & Chrystal als auch Frey

---

[167] Willkürlich wird der kritische Popularitätswert der Regierungspartei in der Periode unmittelbar nach den Wahlen mit 8 % unterhalb des demoskopisch ermittelten Wertes für die Oppositionspartei angenommen. Kurz vor der Wahl möchte die Regierungspartei mindestens 8 % vor der Oppositionspartei liegen. Liegt die Regierungspartei unterhalb dieser beweglichen Zielgröße, so die Hypothese, werden die Ausgaben entsprechend erhöht. Das Modell enthält noch weitere Bestimmungsgrößen, die wir hier unerwähnt lassen.

& Schneider legen Ergebnisse ihrer Regressionanalysen vor, die ihre Hypothesen zu bestätigen scheinen. Freeman et al. (1989) schlagen vor, für die Schlüsselvariablen beider Modelle ein gemeinsames Vektor-Autoregressives-Modell zu spezifizieren, das die theoretisch hergeleiteten Restriktionen beider Ausgangsmodelle aufhebt und sie somit testbar macht. Das heißt, das VAR-Modell wird eingesetzt, um besser zwischen zwei konkurrierenden Theorien entscheiden zu können. Das VAR-Modell sieht wie folgt aus:

$$
\begin{bmatrix} EXP_t \\ INV_t \\ GDP_t \\ Lead_t \\ GC_t \end{bmatrix} = \begin{bmatrix} A_{11}(B) \ A_{12}(B) \ A_{13}(B) \ A_{14}(B) \ A_{15}(B) \\ A_{21}(B) \ A_{22}(B) \ A_{23}(B) \ A_{24}(B) \ A_{25}(B) \\ A_{31}(B) \ A_{32}(B) \ A_{33}(B) \ A_{34}(B) \ A_{35}(B) \\ A_{41}(B) \ A_{42}(B) \ A_{43}(B) \ A_{44}(B) \ A_{45}(B) \\ A_{51}(B) \ A_{52}(B) \ A_{53}(B) \ A_{54}(B) \ A_{55}(B) \end{bmatrix} \begin{bmatrix} EXP_{t-1} \\ INV_{t-1} \\ GDP_{t-1} \\ Lead_{t-1} \\ GC_{t-1} \end{bmatrix} + \begin{bmatrix} e_{1t} \\ e_{2t} \\ e_{3t} \\ e_{4t} \\ e_{5t} \end{bmatrix} \qquad (7.5.2)
$$

Die Kurzform $A_{ij}(B)$, $i,j = 1,2,...,5$, steht für die jeweiligen *Lag*-Polynome in der dynamischen Regression der i-ten auf die j-te Variable, die von oben nach unten zeilenweise durchnumeriert sind. $A_{13}(B)$ repräsentiert also die strukturelle dynamische Beziehung zwischen EXP_t (als endogener) und GDP_{t-k}, $k = 1,2,...K$ (als prädeterminierter Variable). *Lag*-Polynome mit $i = j$ repräsentieren autoregressive Beziehungen. Falls z. B. die Hypothese zutrifft, EXP_t sei in diesem System eine exogene Variable, müßte sich bei der Analyse herausstellen, daß $A_{12}(B) = A_{13}(B)$ $= A_{14}(B) = A_{15}(B) = 0$ ist.[168] Nach der *PM*-Hypothese von Frey & Schneider müßte $A_{54}(B) \neq 0$ sein, während Alt & Chrystal vermuten, daß $A_{54}(B) = 0$ ist. Die Analyseergebnisse, die Freeman et al. (1989) vorlegen, bestätigen in diesem Punkt Alt & Chrystal: die Regierungsausgaben sind nicht signifikant durch wahrgenommene Popularitätsdefizite der Regierungsparteien bestimmt. Andererseits widerlegen sie deren Annahme, *INV* und *EXP* seien exogene Variablen. Freeman et al. (1989) spezifizieren weitere Hypothesen, die sie mit ihrem VAR-Modell überprüfen. Hier sollte jedoch nur die generelle Möglichkeit demonstriert werden, die theoretisch vorgegebenen Restriktionen simultaner Strukturgleichungssysteme mit Hilfe von VAR- (bzw. VARMA-)Modellen testbar zu machen. Allerdings ist das schon oben erwähnte Problem zu beachten, daß die in den Sozialwissenschaften verfügbaren Zeitreihen häufig nicht lang genug sind, um in einem VARMA-Modell negative Konsequenzen einer Überparametrisierung zu vermeiden, nämlich einen erheblichen Präzisionsmangel bei den individuellen Schätzgrößen. Deshalb gewinnen Bayessche Schätzmethoden bei der VARMA-Modellierung an Bedeutung, da sie engere Konfidenzintervalle ermöglichen, wenn man bereit ist, *a priori* Anahmen über das relative Gewicht verschiedener *Lag*-Koeffizienten einzuführen (s. Freeman et al. 1989: 873).

---

[168] Zum Zusammenhang der Konzepte "Exogenität" und "Kausalität" siehe Mills (1990: 295 f.).

Hinzuweisen ist auch auf die Möglichkeit, die VARMA-Modelle als Spezialfall einer allgemeinen Modellklasse aufzufassen, die in der Literatur als *Simultaneous Transfer Functions* (*STF*-Modelle) bezeichnet wird (s. Grillenzoni 1999). Darauf können wir in diesem Einführungstext aber nicht mehr eingehen.

Anhang 1

Regressionsansatz zur Bestimmung
der Gewichte für gleitende Durchschnitte

Im Haupttext haben wir in Abschn. 2.3.7 das Verfahren der gleitenden Durchschnitte auf den Regressionsansatz zurückgeführt. Diese Darstellung wird im Folgenden mit Hilfe der Matrizen-Schreibweise verallgemeinert. Sie ermöglicht es, das gewünschte Gewichtungsschema für die gleitenden Durchschnitte auf einfache Weise zu errechnen.

Für das Regressionsmodell gilt allgemein:

$$\begin{aligned}
\mathbf{y} &= \mathbf{X\beta} + \mathbf{e} \\
\hat{\mathbf{y}} &= \mathbf{X\beta} \quad , \quad \hat{\mathbf{y}} = \mathbf{y} - \mathbf{e} \\
\mathbf{\beta} &= (\mathbf{X'X})^{-1}\mathbf{X'y}
\end{aligned} \qquad (A1.1)$$

Die fettgedruckten Großbuchstaben stehen für Matrizen, die Kleinbuchstaben für Vektoren.

Bei den gleitenden Durchschnitten treten als X-Variablen die Polynome der t-Werte $(t^0, t, t^2, ..., t^p)$ eines Stützbereichs $n = (2q + 1)$ auf. Bei einem Stützbereich von $n = 5$ Meßzeitpunkten und einem Polynom mit dem Ordnungsgrad $p = 2$ beispielsweise erhält man die folgende Matrix der Regressoren (dabei ersetzen wir X durch T):

$$T = \begin{array}{c} \begin{matrix} t^0 & t & t^2 \end{matrix} \\ \begin{pmatrix} 1 & -2 & 4 \\ 1 & -1 & 1 \\ 1 & 0 & 0 \\ 1 & 1 & 1 \\ 1 & 2 & 4 \end{pmatrix} \end{array} \quad \text{sowie den Vektor } \mathbf{\beta} = \begin{pmatrix} \beta_0 \\ \beta_1 \\ \beta_2 \end{pmatrix}$$

Als y-Vektor sind die beobachteten Zeitreihenwerte $z_{-q}...,z_0,...,z_q$ des Stützbereichs zu verwenden. Folglich gilt analog zu (A1.1):

$$\begin{aligned}
\mathbf{z} &= \mathbf{T\beta} + \mathbf{e} \\
\hat{\mathbf{z}} &= \mathbf{T\beta}
\end{aligned} \qquad (A1.2)$$

und

$$\mathbf{\beta} = (\mathbf{T'T})^{-1}\mathbf{T'z} \qquad (A1.3)$$

Wollte man diese Koeffizienten zur Gewichtung verwenden, müßte man für den wandernden Stützbereich bei jedem Haltepunkt einen neuen β-Vektor berechnen, da sich der z-Vektor mit jeder Verschiebung des Stützbereichs ändert. Da aber die Elemente der T-Matrix (wegen der fortlaufenden Zentrierung des Zeitindexes im jeweiligen Stützbereich) gleich bleiben, läßt sich das Verfahren dennoch so vereinfachen, daß man mit einem konstanten Gewichte-Vektor rechnen kann. Dazu setzen wir (A1.3) in (A1.2) ein:

$$\hat{z} = T\beta = T(T'T)^{-1}T'z = [T(T'T)^{-1}T']z \qquad (A1.4)$$

Die Multiplikation läßt sich durchführen, da die Zahl der Spalten ($p + 1$) in T mit der Zahl der Elemente des Vektors β identisch ist. Der Klammerausdruck vor dem z-Vektor wird zu einer neuen Matrix zusammengefaßt:

$$A = T(T'T)^{-1}T' \qquad (A1.5)$$

Sie hat ($2q + 1$) Zeilen und ($2q + 1$) Spalten. Somit wird aus (A1.4)

$$\hat{z} = Az \qquad (A1.6)$$

Um den Prognosewert $\hat{z}_0$ (den lokalen Trendwert) zu bestimmen, muß man lediglich die Beobachtungswerte z_t, $t = -q,...0,...+q$ mit der mittleren Zeile der Gewichte-Matrix A multiplizieren. Das wird deutlich, wenn wir die einzelnen Spalten und Zeilen von (A1.6) für unser Beispiel mit $p = 2$ und ($2q + 1$) = 5 ausschreiben:

$$
\begin{pmatrix} \hat{z}_{-2} \\ \hat{z}_{-1} \\ \hat{z}_0 \\ \hat{z}_1 \\ \hat{z}_2 \end{pmatrix}
=
\begin{pmatrix}
a_{1,1} & \cdots & \cdots & \cdots & a_{1,5} \\
\cdots & \cdots & \cdots & \cdots & \cdots \\
a_{3,1} & \cdot & a_{3,3} & \cdot & a_{3,5} \\
\cdots & \cdots & \cdots & \cdots & \cdots \\
a_{5,1} & \cdots & \cdots & \cdots & a_{5,5}
\end{pmatrix}
\cdot
\begin{pmatrix} z_{-2} \\ z_{-1} \\ z_0 \\ z_1 \\ z_2 \end{pmatrix}
\qquad (A1.7)
$$

Das mittlere Element $\hat{z}_0$ des z-Vektors läßt sich also aus den beobachteten Zeitreihenwerten wie folgt berechnen:

$$\hat{z}_0 = a_{3,1}z_{-2} + a_{3,2}z_{-1} + a_{3,3}z_0 + a_{3,4}z_1 + a_{3,5}z_2 \qquad (A1.8)$$

$\hat{z}_0$ ist damit eine lineare Funktion aus den Beobachtungen $z_{-q},...,z_q$. Die A-Matrix kann gemäß Gleichung (A1.5) mit Standard-Computerprogrammen erzeugt werden, wenn man den Stützbereich (also $2q+1$) und den Ordnungsgrad des Polynoms festgelegt hat. Das Gewichtungsschema ergibt sich jeweils aus der mittleren Zeile dieser Matrix.

Anhang 2

Verschiebeoperator und Differenzenfilter

Der Verschiebeoperator wird im Englischen als *Shift-Operator* bezeichnet und meistens für eine rückwärtige Verschiebung der Zeitreihe $\{Z_t\}$ benutzt. In dieser Funktion bezeichnet man ihn (auch in deutschen Texten) als *Back-, Backshift-* oder als *Lag*-Operator, den man mit B oder L abkürzt. Wir verwenden im folgenden den Buchstaben "B" und folgende Definition:

$$BZ_t = Z_{t-1} \qquad \text{(A 2.1)}$$

Dem *Backshift*-Operator BZ_t steht der *Forward-shift*-Operator

$$\text{B}^{-1}Z_t = Z_{t+1} \qquad \text{(A 2.2)}$$

zur Seite. Allgemein gilt:

$$\text{B}^{\,p}Z_t = Z_{t-p} \qquad \text{(A 2.3)}$$

Für $p > 0$ ergeben sich Rückwärts-, für $p < 0$ Vorwärtsverschiebungen, für $p=0$ ist die Identität

$$\text{B}^{\,0} = 1 \qquad \text{(A 2.4)}$$

festgelegt. Bei der Anwendung des Verschiebeoperators auf eine Konstante c bleibt diese offenkundig erhalten: $B^p c = c$. Mit "B" kann man wie mit normalen Potenzzahlen rechnen. Will man z. B. zunächst eine Verschiebung um p Intervalle vornehmen und danach eine weitere um q Intervalle, so gilt: $B^p B^q = B^{p+q}$. Der Differenzenfilter läßt sich mit Hilfe des Verschiebe-Operators wie folgt schreiben:

$$
\begin{aligned}
\nabla &= (1-B) \\
\nabla Z_t &= (1-B)Z_t \\
&= Z_t - Z_{t-1}
\end{aligned}
\qquad \text{(A 2.5)}
$$

Man erhält also wiederum ein sinnvolles Ergebnis, wenn man "B" als algebraische Größe behandelt. Das zeigt sich auch beim Differenzenfilter 2. Ordnung, der sich als Binomialkoeffizient darstellen läßt:

$$
\begin{aligned}
\nabla^2 Z_t &= (1-B)^2 Z_t \\
&= (1-2B+B^2)Z_t \\
&= Z_t - 2Z_{t-1} + Z_{t-2}
\end{aligned}
\qquad \text{(A 2.6)}
$$

Dies entspricht genau der in Abschnitt 2.3.8 besprochenen "Faltung" des Differenzenfilters. Der Exponent des Differenzenoperators gibt an, wie oft der (einfache) Differenzenfilter angewandt werden soll.

Der Differenzenfilter p-ter Ordnung kann mit Hilfe des binomischen Satzes wie folgt entwickelt werden. Bekanntlich ist (s. Courant/Robbins 1967: 14f.)

$$(a+b)^p = \binom{p}{0}a^p b^0 + \binom{p}{1}a^{p-1}b + \cdots + \binom{p}{p-1}ab^{p-1} + \binom{p}{p}a^0 b^p$$

$$= \sum_{s=0}^{p}\binom{p}{s}a^{p-s}b^s \quad, \text{ wobei } \binom{p}{s} = \frac{p!}{s!(p-s)!} \quad,$$

(A 2.7)

so dass

$$\nabla^p = (1-B)^p = (1+(-1)B)^p = \sum_{s=0}^{p}\binom{p}{s}(-1)B^s \qquad (A\,2.8)$$

Auf diese Weise läßt sich jeder Differenzenfilter beliebiger Ordnung sofort in eine Rechenvorschrift übersetzen.

In Kap. 2.3.9 wird gezeigt, daß das Summieren die zur Differenzenbildung inverse Operation darstellt. Es soll nun überlegt werden, wie sich diese inverse Operation mit Hilfe des *Shift*-Operators darstellen läßt. Dabei führen wir keine mathematisch exakten Ableitungen vor, sondern wollen Definitionen und Regeln lediglich veranschaulichen.[1]

Um aus der differenzierten Reihe ∇Z_t ein bestimmtes $z_{t=i}$ mit $i > 1$ zu entwickeln, müssen alle Differenzenbeträge von ∇z_i über ∇z_{i-1} bis ∇z_2 plus Startwert z_1 addiert werden:

$$z_i = \nabla z_i + \nabla z_{i-1} + \cdots + \nabla z_2 + z_1 \quad, i>1 \qquad (A\,2.9)$$

Unter Verwendung des Verschiebe-Operators läßt sich Gleichung (A 2.9) wie folgt schreiben:

$$z_i = \nabla z_i(1 + B + B^2 + \cdots + B^{i-2}) + z_1 \qquad (A\,2.10)$$

Wir verändern die Summe z_i nicht, wenn wir das Polynom in B bis "unendlich" erhöhen:

$$z_i = \nabla z_i(1 + B + B^2 + \cdots + B^{i-1} + B^i + B^{i+1} + \cdots + B^\infty) \quad, \qquad (A\,2.11)$$

also formal bis zu dem nicht beobachteten "Ursprung" der Reihe zurückgehen. Dadurch wird auch der Anfangswert z_1, der in Gleichung (A2.10) noch isoliert stand, in das B-Polynom mit einbezogen. Das ist sinnvoll, weil sich ja auch der erste Beobachtungswert z_1 als Summe aller vorausgegangenen, aber nicht beobachteten Veränderungen verstehen läßt, die einer fiktiven Ursprungsgröße $z_{-\infty} = 0$ hinzugefügt wurden. Wir definieren also allgemein:

---

[1] Zur Algebra der Verschiebe-Operatoren siehe ausführlicher z. B. Dhrymes (1971) und Assenmacher (1995:173ff.)

$$z_i = \sum_{s=0}^{\infty} \nabla z_i B^s \qquad , \ i \geq 1 \qquad\qquad \text{(A 2.12)}$$

Wird die Differenzenbildung mit $\nabla Z_t = (1-B)Z_t$ bezeichnet, kann die inverse Operation des Summierens formal analog mit

$$\nabla^{-1}(\nabla Z_t) = (1-B)^{-1}(1-B)Z_t = Z_t \qquad\qquad \text{(A 2.13)}$$

angegeben werden. Der inverse Differenzenoperator $(1-B)^{-1}$ leistet also formal dasselbe wie das Polynom in B der Gleichung (A 2.10). Es liegt somit nahe, die Identität

$$(1-B)^{-1} = (1+B+B^2+\cdots+B^{\infty}) \qquad\qquad \text{(A 2.14)}$$

anzusetzen. Wenn man den B zugeordneten Koeffizienten nicht auf "1" fixiert, erhält man als allgemeinere Form

$$(1-\alpha B)^{-1} = (1+\alpha B+\alpha^2 B^2+\ldots) = \Sigma_j \alpha^j B^j \ , \ j=0,1,2,\ldots \qquad \text{(A 2.15)}$$

Bei der Zeitreihenanalyse werden insbesondere Koeffizienten $\alpha < |1|$ benötigt.

Unter Verwendung von Gleichung (A 2.14) läßt sich Gleichung (A 2.13) wie folgt schreiben:

$$
\begin{aligned}
(1-B)^{-1}\nabla Z_t &= \nabla Z_t(1+B+B^2+\cdots+B^{t-2}+\cdots+B^{\infty}) \\
&= (Z_t-Z_{t-1})+(Z_{t-1}-Z_{t-2})+\cdots+(Z_2-Z_1)+(Z_1-Z_0)+\cdots = Z_t
\end{aligned}
\qquad \text{(A 2.16)}
$$

Bis auf die Größe Z_t heben sich alle Werte auf. Dieses Ergebnis bestätigt den Sinn der Identität (A 2.14).

Mit einer Differenzenbildung läßt sich nicht nur ein polynomialer Trend, sondern auch eine starre Saison eliminieren:

$$\nabla_{12}Z_t = (1-B^{12})Z_t = Z_t-Z_{t-12} \qquad\qquad \text{(A 2.17)}$$

Dies können wir leicht nachvollziehen, wenn wir in unserem Beispiel aus Kap. 2.3 die aus den Originalwerten extrahierte konstante Saisonfigur der Arbeitslosenreihe (s. Abb. 2.3.13) betrachten. Die Subtraktion $S_t - S_{t-12}$, $t = 13,14,\ldots,n$ führt zu einer Folge von Nullen; denn $S_t = S_{t-12}$. In Kap. 3 wird gezeigt, wie durch den Differenzenfilter in Kombination mit anderen Komponenten des sog. ARIMA-Modells saisonale Daten modelliert werden können, deren Saisonfigur nicht konstant ist. Der Index s des Differenzenoperators ∇_s^d nennt die "Spanne" oder "Periode", also die Zahl der Meßzeitpunkte, über die eine Differenzenbildung vorgenommen wird. Der Exponent d ($d = 1,2,\ldots$) steht für den Ordnungsgrad der Differenzenbildung, gibt also an, wie oft dieser Differenzenoperator hintereinander angewendet wird. (Der Exponent d=1 wird in der Regel nicht geschrieben.) Dem Differenzenoperator ∇_s^d entspricht der Verschiebe-Operator $(1-B^s)^d$. Zu beachten ist, daß eine isolierte Anwendung der saisonalen Differenzenbildung auf eine trendbehaftete Zeitreihe den Trendverlauf in der Regel verändert (verzerrt).

Die Differenzenfilter für Trend und Saison lassen sich auch hintereinanderschalten ("falten"). Dabei bewährt sich erneut die mit dem *Shift*-Operator gegebene Berechnungsmöglichkeit:

$$\nabla\nabla_{12}Z_t = (1-B)(1-B^{12})Z_t = (1-B-B^{12}+B^{13})Z_t$$
$$= Z_t - Z_{t-1} - Z_{t-12} + Z_{t-13} = (Z_t - Z_{t-1}) - (Z_{t-12} - Z_{t-13}) \qquad \text{(A 2.18)}$$

Man vergleicht also die Änderung gegenüber dem Vormonat mit der entsprechenden Änderung im Vorjahr.

Ein Unterschied zwischen der Differenzenbildung und dem in Kap. 2.3 erläuterten Verfahren der Komponentenzerlegung ergibt sich vor allem dadurch, daß bei der Differenzenbildung die Restkomponente mit "differenziert" wird (s. Gleichung (2.3.63)). Die allgemeine mathematische Beziehung zwischen der Differenzenbildung und der Trendelimination mittels Polynomanpassung ist in Leiner (1982: 38ff.) dargestellt. Inhaltlich liegt der Unterschied vor allem in folgendem: Beim Glätten einer Reihe werden kurzfristige Schwankungen eliminiert, bei der Differenzenbildung werden sie dagegen akzentuiert. Das zeigt sich dadurch, daß eine Abweichung vom Trend der Originalreihe zu einer entsprechenden positiven *und* negativen Abweichung in der differenzierten Reihe führt (s. Gleichung (2.3.64)). Man spricht in diesem Zusammenhang auch vom "Aufrauhen" einer Zeitreihe durch Differenzenbildung.

Anhang 3

Darstellung deterministischer Zyklen mit Hilfe trigonometrischer Funktionen

Ein wichtiges mathematisches Hilfsmittel für die Darstellung von Zyklen sind trigonometrische Funktionen der Form

$$y = A \cdot \sin(\omega x + \tau) \; ; \; A, \omega > 0, \; \tau \geq 0 \qquad (A \, 3.1)$$

oder

$$y = A \cdot \cos(\omega x + \tau)$$

Um dies zu zeigen, vereinfachen wir zunächst die "allgemeine" Sinuslinie der Gleichung (A3.1), indem wir A=ω=1 und τ=0 setzen. Dadurch erhalten wir die sog. **Normalkurve** oder "gewöhnliche" Sinuslinie

$$y = \sin(x) \qquad (A3.2)$$

In gleicher Weise können wir hinsichtlich der Kosinusfunktion verfahren. Die Variable x gibt das Bogenmaß an, das ein beliebig weit (beliebig oft) nach links gedrehter Vektor mit Ursprung in "Null", dessen Vektorspitze auf dem Einheitskreis liegt, ausmißt. Die Größe $sin(x)$ ist dann die Länge der Projektion dieses Vektors auf die Y-Achse, $cos(x)$ ist die Länge seiner Projektion auf die X-Achse. Mit dem Satz des Pythagoras liefert dies auch sofort die Beziehung: $sin^2(x) + cos^2(x) = 1$. Die Größe $sin(x)$ stellt die "Gegenkathete" a bzw. b, $cos(x)$ die "Ankathete" c bzw. d und der Vektor mit der Länge $r = 1$ die "Hypothenuse" eines rechtwinkligen Dreiecks dar (s. Abb. A3.1 und A3.2).

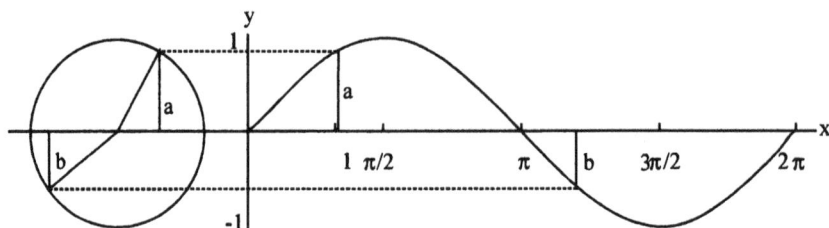

Abb. 3.1: Sinus-Normalkurve

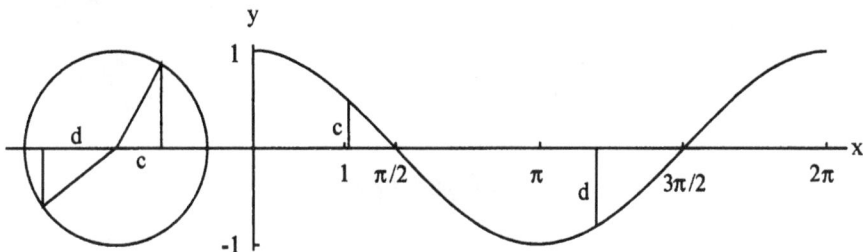

Abb. 3.2: Normalkurve der Kosinuslinie

Da der Kreisumfang 2π beträgt, wiederholen sich Sinus- und Kosinuskurve der Normalfunktion mit der **Periode** $P=2\pi$. Es gilt also für alle $x \in \mathbb{R}$

$$sin(x) = sin(x + P) \text{ und } cos(x) = cos(x + P).$$

Ganz allgemein bezeichnet man eine Funktion $f: \mathbb{R} \rightarrow \mathbb{R}$ als eine periodische Funktion mit Periode P, falls $f(x) = f(x + kP)$ für alle ganzen Zahlen k. Wieviele Perioden passen in das Einheitsintervall $[0,1]$? Offensichtlich $f = 1/P$ viele. Man nennt f die "Frequenz" der durch $sin(x)$ gegebenen Schwingung.

Wie lassen sich trigonometrische Funktionen benutzen, um Schwingungsverläufe in Zeitreihen darzustellen, bzw. sie an beobachtete Zeitreihen anzupassen? Wir können die Überlegungen damit beginnen, daß wir das Bogenmaß x mit der Normalperiode $P=2\pi$ (360°) in ein Zeitmaß t ($t \in \mathbb{R}$) mit der Periode $P=T$ übertragen. Eines unserer Untersuchungsziele besteht ja darin, die Periodizität einer empirischen Zeitreihe (falls vorhanden) zu identifizieren. Nehmen wir einmal an, eine Zeitreihe mit monatlichen Meßergebnissen weise eine stabile Schwingung mit der Periode $T=6$ Monate auf. Dann ergeben sich zwischen der Zeitachse t und dem Bogenmaß x folgende Entsprechungen:

$$
\begin{array}{ccccccl}
3 & 6 & 9 & 12 & 15 & 19 & \cdots \\
\hline
& & & & & & \rightarrow t \\
\hline
& & & & & & \rightarrow x \\
\pi & 2\pi & 3\pi & 4\pi & 5\pi & 6\pi & \cdots
\end{array}
$$

Wir suchen nun nach einer Konstanten F, so daß gilt: $t \cdot F = x$ für alle t und x. Das heißt, wir suchen nach einer Möglichkeit, die numerische Größe des Bogenmaßes in die Zeitskala zu übersetzen. Wir finden diese Transformationskonstante in dem Ausdruck $F = 2\pi/T$. In unserem Beispiel ergeben sich somit folgende Transformationen:

t •	F	$= x$
3 •	$(1/6)2\pi$	$= \pi$
6 •	$(1/6)\,2\pi$	$= 2\pi$
9 •	$(1/6)\,2\pi$	$= 3\pi$

Wenn wir weitere Beispielreihen mit unterschiedlich langen Perioden T heranziehen, werden wir feststellen, daß der Transformationsfaktor $F = 2\pi/T$ stets beibehalten werden kann.

Die schon oben eingeführte **Frequenz**

$$f = \frac{1}{T} \tag{A 3.3}$$

können wir nun interpretieren als den Bruchteil des Zyklus, der in einer Zeiteinheit abläuft. In unserem Beispiel mit $T=6$ durchläuft der Zyklus innerhalb eines Monats ein Sechstel seiner Schwingungsperiode. Die Frequenz liefert somit ein Maß für die "Geschwindigkeit", mit der sich eine Schwingung (Welle) entlang der Zeitachse entwickelt. Offenkundig ist die Geschwindigkeit um so geringer, je größer die Zeit T, die für eine komplette Welle (Periode) benötigt wird. Deshalb ist es sinnvoll, die Frequenz als Reziprokwert der Periode zu definieren.

Die gewöhnliche Form der Sinuslinie (oder Kosinuslinie) liefert in der Regel keine adäquate Darstellung einer zyklischen Zeitreihenkomponente. Die ersten Beobachtungswerte mögen nicht mit dem Beginn der Schwingung zusammenfallen, sondern einer anderen **Phase** angehören; unterschiedliche Zeitreihen können unterschiedliche Wellenlängen aufweisen; ihre maximalen Auslenkungen parallel zur Y-Achse, die **Amplituden** der jeweiligen Zyklen, müssen nicht gleich groß sein. Denkbar ist auch, daß sich in einer Zeitreihe mehrere Zyklen überlagern. Um die hier geforderte Flexibilität zu erreichen, müssen wir auf die schon erwähnte allgemeine Form der trigonometrischen Funktion zurückgreifen, die weitere Parameter (A,ω,τ) zur Verfügung stellt. Dabei betrachten wir zunächst nur die Sinusfunktion, was aber keine Einschränkung bedeutet, da die Kosinusfunktion identisch ist, mit einer um $\pi/2$ (phasen-)verschobenen Sinusfunktion.[1]

$$y = A \cdot \sin(\omega t + \tau) \quad , \quad \text{(A3.1) } \textit{wiederholt} \tag{A 3.4}$$

---

[1] In die Gleichung läßt sich noch ein „Dämpfungsfaktor"einbauen, z.B. $y = A^{-kt} \sin(\omega t + \tau)$, $k \in \mathbb{R}$. Mit ihm läßt sich darstellen, in welchem Maße die Amplitude über Zeit geringer wird. Wir wollen uns mit dieser Möglichkeit hier aber nicht weiter beschäftigen.

Die Parameter ω und τ haben folgende Bedeutung:

Gegenüber der Normalkurve $y=sin(x)$ wird die neue Sinuslinie (A3.4) mit dem Faktor $1/\omega$ entlang der x-Achse kontrahiert und um die Strecke τ/ω nach links verschoben. Bei $\omega=2$ z. B. ist die Periode nur noch halb so lang wie zuvor bei $\omega=1$. Dies bedeutet, daß die Sinuswerte, die in der Normalkurve ($\omega=1$) einem 90 Grad entsprechenden Bogenmaß ($\pi/2$) zugeordnet sind, nun einem Bogenmaß $x = \pi/4$ zugeordnet werden, das bei einem Winkel von 45 Grad gegeben ist. Die Periode entspricht also nicht mehr dem 2π der Normalkurve, sondern

$$ T = \frac{1}{\omega}2\pi \qquad\qquad (A 3.5) $$

Den Parameter ω bezeichnet man als **Kreisfrequenz**. Sie ist mit der oben definierten **Frequenz** durch folgende Beziehung verbunden:

$$ f = \frac{1}{T} = \frac{1}{\frac{2\pi}{\omega}} = \frac{\omega}{2\pi} \quad ; \quad \omega = \frac{1}{T}2\pi = f\cdot 2\pi \qquad (A3.6) $$

Wir erkennen somit in ω den Faktor F wieder, mit dem wir oben schon in induktiver Weise die t-Werte bei gegebenen Zeitskalen und Periodenlängen in die entsprechenden Bogenmaße (oder umgekehrt) transformiert haben. In ω ist somit die Periodenlänge impliziert. Den Parameter τ bezeichnet man als **Anfangsphase**.

Der Koeffizient A, die **Amplitude**, gibt an, um welchen Faktor die Kurve gegenüber der Normalform in Richtung der y-Achse gestreckt bzw. gestaucht ist. Die folgende Abbildung (A3.3) verdeutlicht die Funktion der einzelnen Parameter. Zum Maßstab der Normalkurve von Abb. A3.1 stellt sie die Funktion $y = 2,2\cdot sin(3x + 2,5)$ dar.

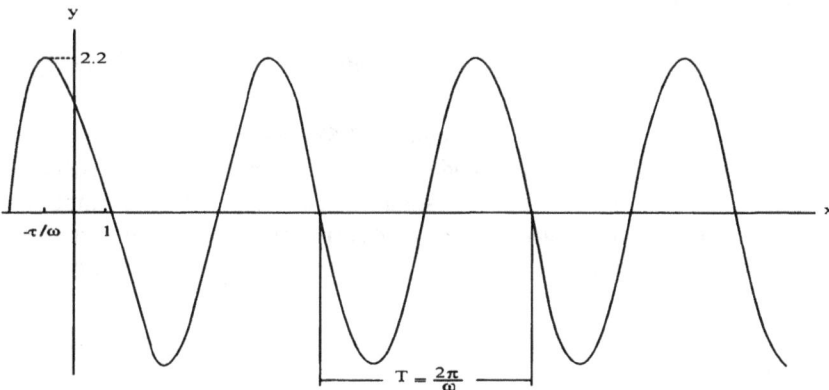

Abb. 3.3: Sinusschwingung mir der Amplitude A = 2.2, der Kreisfrequenz ω = 3 und der Anfangsphase τ = 2,5.

Wenn wir die (deterministische) Zykluskomponente einer Zeitreihe wiedergeben wollen, müssen wir also drei - zunächst unbekannte - Parameter bestimmen: die Amplitude A, die Kreisfrequenz ω (und damit die Periode T) sowie die Anfangsphase τ.

Um diese Parameter in einem regressionsanalytischen Ansatz schätzen zu können, nehmen wir einige trigonometrische Theoreme zu Hilfe, die wir hier ohne Ableitung einführen. Aus Abb. A3.1 und A3.2 ist, wie bereits erwähnt, ersichtlich, daß wir die allgemeine Sinusfunktion durch eine entsprechende Kosinusfunktion mit veränderter Anfangsphase ersetzen können. Von dieser Möglichkeit machen wir Gebrauch, weil dann einige der nachfolgenden Rechenvorgänge durchsichtiger bleiben. Aus formalen Gründen setzen wir außerdem die Anfangsphase mit einem Minuszeichen ein:

$$y = A \cdot \cos(\omega t - \tau) \qquad (A\ 3.7)$$

Aus dem trigonometrischen Theorem

$$\cos(a - b) = \cos(a)\cos(b) + \sin(a)\sin(b) \qquad (A\ 3.8)$$

läßt sich ableiten

$$\begin{aligned} A \cdot \cos(\omega t - \tau) &= A[\cos(\omega t)\cos(\tau) + \sin(\omega)\sin(\tau)] \\ &= \alpha\cos(\omega t) + \beta\sin(\omega t) \end{aligned} \qquad (A\ 3.9)$$

wobei

$$\alpha = A \cdot \cos(\tau) , \quad \beta = A \cdot \sin(\tau) \qquad (A\ 3.10)$$

Wenn wir noch eine Konstante c zur Anpassung an das Niveau der Zeitreihe und einen stochastischen Fehlerterm ϵ_t hinzufügen, erhält der aus (A3.7) entwickelte Ausdruck (A3.9) die Form einer üblichen Regressionsgleichung, in der $cos(\omega t)$ und $sin(\omega t)$ als Regressoren fungieren:

$$y_t = z_t = c + \alpha \cdot \cos(\omega t) + \beta \cdot \sin(\omega t) + \epsilon_t \qquad (A\ 3.11)$$

Wenn Periode T und damit nach Gleichung (A3.6) die Kreisfrequenz ω gegeben sind, lassen sich die Parameter c, α und β als Regressionskoeffizienten nach dem üblichen Kleinstquadrat-Algorithmus bestimmen (siehe Kap. 2.4). Die Amplitude A und die Anfangsphase τ aus Gleichung (A3.9) können sodann auf der Basis weiterer trigonometrischer Theoreme abgeleitet werden: Aus dem Theorem

$$\cos^2(a) + \sin^2(a) = 1 \qquad (A3.12)$$

sowie (A3.10) folgt

$$\alpha^2 + \beta^2 = A^2[\cos^2(\tau) + \sin^2(\tau)] = A^2 \rightarrow A = \sqrt{\alpha^2 + \beta^2} \qquad \text{(A 3.13)}$$

Ferner führt - unter Anwendung von (A 3.10) - der Quotient

$$\frac{\beta}{\alpha} = \frac{A \cdot \sin(\tau)}{A \cdot \cos(\tau)} = \frac{\sin(\tau)}{\cos(\tau)} = \tan(\tau) \qquad \text{(A 3.14)}$$

zur Bestimmung der Phase

$$\tau = \arctan\left(\frac{\beta}{\alpha}\right). \qquad \text{(A 3.15)}$$

Anhang 4

Autoregressive Prozesse und Differenzengleichungen

In Kap. 3 werden die Stationaritätsbedingungen autoregressiver Prozesse über die Lösungseigenschaften sog. charakteristischer Gleichungen - Nullstellen von Polynomen bestimmter Ordnung - formuliert. Im folgenden soll gezeigt werden, wie dieses Stationaritätskriterium zu begründen ist. Dazu müssen wir einige Elemente aus der Mathematik der Differenzengleichungen darstellen. Das geschieht hier allerdings nur in stark vereinfachender Weise. Wer sich genauer und umfassender informieren will, sei bspw. an Rommelfanger (1977) verwiesen. Grundkenntnisse auf diesem Gebiet sind erforderlich, wenn man die weiterführende statistische Fachliteratur zur Zeitreihenanalyse verstehen will. Die folgenden Ausführungen sollen den Zugang erleichtern.

Autoregressive Prozesse werden durch spezielle Differenzengleichungen definiert. Im allgemeinen bezeichnet man sie als "stochastische" Differenzengleichungen, weil in sie Zufallsgrößen eingehen. So ist z.B. der AR(1)-Prozeß

$$z_t = \varphi z_{t-1} + a_t + c \quad , \quad t = 0,1,2,... \tag{A 4.1}$$

eine lineare Differenzengleichung erster Ordnung mit konstantem Koeffizienten φ, nicht-konstanter, zufälliger "Inhomogenität" (a_t) und konstanter Inhomogenität c (dem Niveau der Reihe). Allgemein schreibt man solche Differenzengleichungen in der Form

$$y_t - \beta_1 y_{t-1} - ... - \beta_n y_{t-n} = I_t \quad , \quad t = 0,1,2,...,... \tag{A 4.2}$$

oder

$$y_t = \beta_1 y_{t-1} + \beta_2 y_{t-2} + ... + \beta_n y_{t-n} + I_t$$

Gleichung (A4.1) erhält man aus (A4.2) mit $n = 1$, $\beta_1 = \varphi$ und $I_t = a_t + c$. Die "Ordnung" n einer Differenzengleichung entspricht der Ordnung der höchsten Zeit-Differenz, die in dieser Gleichung enthalten ist (sie ist also identisch mit der Ordnung des autoregressiven Prozesses). Wir betrachten hier "lineare" Differenzengleichungen insofern, als die verzögerten Terme lediglich in der ersten Potenz auftreten. Ihre Koeffizienten sind "konstant", weil sie sich in der Untersuchungsperiode nicht ändern, also nicht mit einem Zeitindex gekoppelt sind. Die Gleichung (A4.2) ist "homogen", wenn $I_t = 0$ und "inhomogen", wenn $I_t \neq 0$. Die Inhomogenität kann sowohl eine konstante (c) als auch eine variable Komponente (a_t) enthalten.

Wir wollen nun zunächst erläutern, was es bedeutet, eine sog. *Lösungsfunktion* für eine Differenzengleichung zu konstruieren. Dazu betrachten wir als erstes den Fall einer linearen, *homogenen* Differenzengleichung 1. Ordnung:

$$y_t - \beta y_{t-1} = 0 \qquad \text{(A 4.3)}$$

Wenn wir einen beliebigen Anfangswert $y_0 = A > 0$ setzen, können wir die einzelnen Werte der Zeitreihe wie folgt entwickeln:

$$y_0 = A$$

$$y_1 = \beta y_0 = \beta A$$

$$y_2 = \beta y_1 = \beta(\beta A) = \beta^2 A \qquad \text{(A 4.4)}$$

$$y_3 = \beta y_2 = \beta(\beta^2 A) = \beta^3 A$$

$$\cdot \qquad \cdot \qquad \cdot$$

$$y_t = \beta^t A, \; t \in \mathbb{N} \qquad \text{(A 4.4a)}$$

Der Ausdruck (A4.4a) ist die *allgemeine Lösung* der Differenzengleichung (A4.3), denn setzt man (A4.4a) in (A4.3) ein, so ergibt sich für alle $t \in \mathbb{N}$ und beliebige Anfangsbedingungen A

$$\beta^t A - \beta(\beta^{t-1})A = 0 \qquad \text{(A 4.5)}$$

Bei gegebenem Startwert A kann man mit Hilfe der Funktion (A4.4a) den Wert y_t für beliebige t errechnen, ohne ihn sukzessiv aus allen vorangegangenen Gliedern der Folge entwickeln zu müssen. Offensichtlich ist der weitere Verlauf der Folge $\{Y_t\}$, $t = 1,2,...$, nur von der Größe des Koeffizienten β abhängig. Sechs Situationen lassen sich unterscheiden (siehe Abb. A4.1).

Die in den Graphiken c) und d) dargestellten Situationen entsprechen offensichtlich den in Kap. 3 erörterten Charakteristiken stationärer Zeitreihen. Wie weit auch immer die Reihe sich auf Grund eines externen Einflusses von ihrem "Gleichgewichtswert" (hier 0) entfernt hat, sie nähert sich - aufgrund ihrer "inneren" Dynamik - langfristig immer wieder diesem Basiswert. Auch die in den Diagrammen a) und e) dargestellten Fälle mit $|\beta|=1$ scheinen auf den ersten Blick stationäre Prozesse zu repräsentieren. Soweit keine "Störungen" auftreten, die in Gleichung (A4.3) ja nicht vorgesehen sind, trifft dies auch zu. Andererseits ist offenkundig, daß diese Prozesse keine interne Dynamik aufweisen, die "Störungen" in irgendeiner Weise "korrigieren" würde, falls sie aufträten: jede Abweichung vom bisherigen Niveau würde immer weiter fortgeschrieben; nur eine neuerliche, gegenläufige Abweichung (die ihrerseits wieder fortgeschrieben würde) könnte eine Annäherung an das alte Niveau herbeiführen.

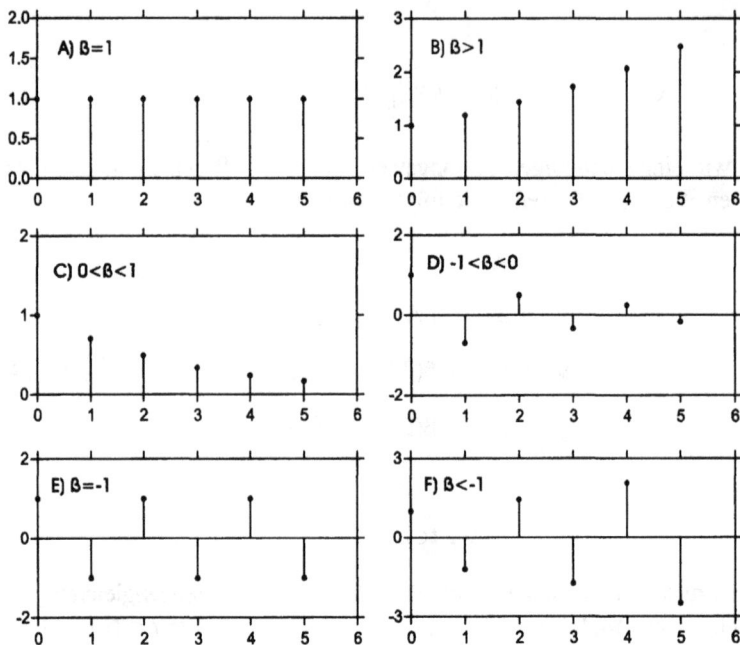

Abb. A 4.1 *Verlaufsformen von (Y_t) in Abhängigkeit von Beta (s. Rommelfanger 1977: 730f.)*

Betrachten wir nun eine Differenzengleichung, die eine stochastische Störgröße a_t ("nicht-konstante Inhomogenität") und eine konstante Inhomogenität c enthält. Mit anderen Worten, wir untersuchen nun die Dynamik eines AR(1)-Prozesses:

$$y_t = \beta y_{t-1} + c + a_t \qquad\qquad (A\ 4.6)$$

Wenn der Startwert wiederum mit $y_0 = A$ gegeben ist, lassen sich aus (A 4.6) die weiteren Werte wie folgt entwickeln:

Daraus ergibt sich die Lösungsfunktion

$$y_0 = A$$

$$y_1 = \beta y_0 + c + a_1 = \beta A + c + a_1$$

$$y_2 = \beta y_1 + c + a_2 = \beta(\beta A + c + a_1) + c + a_2$$

$$= \beta^2 A + \beta c + \beta a_1 + c + a_2 \qquad\qquad (A\ 4.7)$$

$$y_3 = \beta y_2 + c + a_3 = \beta(\beta^2 A + \beta c + \beta a_1 + c + a_2) + c + a_3$$

$$= \beta^3 A + \beta^2 c + \beta^2 a_1 + \beta c + \beta a_2 + c + a_3$$

$$= \beta^3 A + \beta^2 c + \beta c + c + \beta^2 a_1 + \beta a_2 + a_3$$

Diese Lösungsfunktion besteht aus drei Komponenten. Die erste entspricht der

$$y_t = \beta^t A + c\sum_{i=0}^{t-1} \beta^i + \sum_{s=0}^{t-1} \beta^s a_{t-s} \qquad (A\,4.8)$$

"allgemeinen" Lösungsfunktion (A 4.4a) für eine homogene Differenzengleichung 1. Ordnung. Die beiden anderen kann man als "partikuläre" Lösungen zu (A 4.6) rekonstruieren, was wir hier aber nicht zeigen wollen (siehe Rommelfanger 1977: 39 ff.). Generell gilt, daß die allgemeine Lösung einer *inhomogenen* Differenzengleichung aus der allgemeinen Lösung der entsprechenden *homogenen* Gleichung ("Komplementärfunktion") plus einer speziellen ("partikulären") Lösung der inhomogenen Gleichung resuliert.

Wir wollen nun die beiden partikulären Lösungskomponenten aus (A 4.8) etwas näher betrachten und beginnen mit derjenigen Komponente, die sich der *konstanten* Inhomogenität verdankt. Die erste Summe in Gleichung (A 4.8), ist eine endliche geometrische Reihe:

$$c\sum_{i=0}^{t-1} \beta^i = c + c\beta + c\beta^2 + \cdots + c\beta^{t-1} \qquad (A\,4.9)$$

Unter Anwendung der entsprechenden Summenformel für solche Reihen (siehe Huang/Schulz 1979: 34, 167) ergibt sich:

$$c\sum_{i=0}^{t-1} \beta^i = \begin{cases} c\dfrac{1-\beta^t}{1-\beta} & , \text{ für } \beta \neq 1 \\ ct & , \text{ für } \beta = 1 \end{cases} \quad t = 1,2,\ldots \qquad (A\,4.10)$$

Wenn die Differenzengleichung eine konstante Inhomogentität enthält, wächst Y_t unter der Bedingung ß=1 im Verlauf der Zeit (bei größer werdendem *t*) ständig, ohne Limit. Dies unterscheidet sie deutlich von der entsprechenden homogenen Differenzengleichung (s. Abb. A4.1a). Die verschiedenen Verlaufsmöglichkeiten für ß≠1 ergeben sich unmittelbar aus (A4.10) und müssen hier wohl nicht alle erläutert werden. Festzuhalten ist insbesondere, daß sich der Ausdruck bei $0 < \beta < 1$ und $t \to \infty$ in Richtung des Grenzwerts c/(1-β) entwickelt.

Eine andere Sachlage ergibt sich bei *stochastischer* Inhomogenität

$$\sum_{s=0}^{t-1} \beta^s a_{t-s} = a_t + \beta a_{t-1} + \beta^2 a_{t-2} + \ldots + \beta^{t-1} a_1 \,, \qquad (A\,4.11)$$

die wir mit Stationaritätseigenschaften charakterisieren wollen. Wenn wir einen konstanten Erwartungswert $E(a_t) = E(a_{t-s}) = \mu_a$ für den Fehlerterm (die stochastische Störgröße) annehmen, gilt:

Es läßt sich sofort erkennen, daß dieser Erwartungswert Null ist, wenn $\mu_a = 0$ gilt,

$$E(\sum_{s=0}^{t-1} \beta^s a_{t-s}) = \mu_a(1 + \beta + \beta^2 + \cdots + \beta^{t-1}) = \begin{cases} \mu_a \dfrac{1-\beta^t}{1-\beta} & , \beta \neq 1 \\ \mu_a \cdot t & , \beta = 1 \end{cases} \qquad \text{(A 4.12)}$$

und zwar unabhängig von der Größe des Koeffizienten β. $E(a_t) = 0$ ist zwar eine Voraussetzung, die wir in die Definition autoregressiver Prozesse mit aufgenommen haben (s. Kap. 3); damit ist jedoch die Mittelwertstationarität der Reihe nicht gesichert, falls $c \neq 0$ (siehe A 4.10)). In diesem Fall ist $|\beta| < 1$ notwendige Bedingung auch schon für die Stationarität erster Ordnung. Aber selbst bei einem Prozeß mit $E(a_t) = 0$ *und* $c = 0$ mußte, wie wir in Kap. 3 sahen, die Bedingung $|\beta| < 1$ eingeführt werden, um die Stationarität *zweiter* Ordnung zu sichern. (Es sei an den *random walk* Prozeß erinnert, dessen Varianz bei $|\beta| = 1$ ständig zunimmt.)

Wir kommen nun zu AR(2)-Prozessen, also zu Differenzengleichungen zweiter Ordnung, und untersuchen zunächst die homogene Form:

$$y_t - \beta_1 y_{t-1} - \beta_2 y_{t-2} = 0 \qquad \text{(A 4.13)}$$

Wir konstruieren die Lösungsfunktion zu (A4.13) jetzt nicht mehr induktiv durch schrittweise Entwicklung der Werte $y_0, y_1, \dots, y_t$, sondern bedienen uns des Instruments der sog. "charakteristischen Gleichungen". Der Gedankengang ist, stark verkürzt, folgender:

Man „probiert" zunächst den Lösungsansatz

$$y_t = q^t \quad , \quad t = 0,1,2,\dots \qquad \text{(A 4.14)}$$

wobei $q \neq 0$ eine noch zu bestimmende Konstante sein soll. Dieser Ansatz erscheint nicht als gar zu weit hergeholt, wenn wir uns an die Lösungsfunktion (A4.4a) der homogenen Differenzengleichung erster Ordnung erinnern. Wenn (A4.14) tatsächlich eine Lösung von (A4.13) ist, muß sie, eingesetzt in (A4.13), zur Identität führen:

$$q^t - \beta_1 q^{t-1} - \beta_2 q^{t-2} = 0 \qquad \text{(A 4.15)}$$

Die Frage ist nun, ob bzw. welche nicht trivialen Lösungen q die Gleichung (A4.15) hat; denn diese Lösungen müssen dann auch die Differenzengleichung (A4.13) erfüllen. Wir dividieren Gleichung (A4.15) durch q^{t-2} und erhalten

$$q^2 - \beta_1 q - \beta_2 = 0 \qquad \text{(A 4.16)}$$

Den Ausdruck (A4.16) bezeichnet man als *charakteristische Gleichung* der Differenzengleichung 2. Ordnung. Die Lösungsformeln quadratischer Gleichungen lauten[1]

$$q_1 = \frac{\beta_1}{2} + \sqrt{\frac{\beta_1^2}{4} + \beta_2} \quad , \quad q_2 = \frac{\beta_1}{2} - \sqrt{\frac{\beta_1^2}{4} + \beta_2} \qquad \text{(A 4.17)}$$

Je nachdem, welchen Wert der Ausdruck unter der Wurzel annimmt, sind drei Gruppen von Lösungen zu unterscheiden:

(a)   Handelt es sich bei dem Betrag unter dem Wurzelzeichen um eine positive reelle Zahl, dann sind q_1 und q_2 zwei verschiedene reelle Zahlen.

(b)   Ist der Betrag unter dem Wurzelzeichen gleich Null, so sind q_1 und q_2 reelle Zahlen gleicher Größe ("Doppellösung").

(c)   Wenn der Betrag unter dem Wurzelzeichen negativ ist, handelt es sich bei q_1 und q_2 um konjugiert komplexe Zahlen (zur Erläuterung s. unten).

Erörtern wir zunächst den *Fall (a)*, in dem die Lösung der charakteristischen Gleichung aus reellen ungleichen Wurzeln besteht. Die Lösungen $q_1 \neq q_2$ müssen nicht nur die Differenzengleichung (A 4.13) erfüllen, sondern auch die beiden für eine spezifische Reihe gegebenen Anfangswerte "treffen". Zur Lösung dieses Problems greifen wir auf einen Lehrsatz zurück, den wir hier unbewiesen einführen (s. Huang/Schulz 1979: 172):

Erfüllen sowohl die Funktion $f_1(t)$ als auch die Funktion $f_2(t)$ jeweils die Differenzengleichung, dann erfüllt auch eine Linearkombination von $f_1(t)$ und $f_2(t)$, z. B. $\lambda_1 f_1(t) + \lambda_2 f_2(t)$, die Differenzengleichung, wobei λ_1 und λ_2 willkürlich gewählte Konstanten sind.

Wenn q_1^t und q_2^t jeweils eine Lösung der Differenzengleichung bilden, muß folglich auch die Beziehung

$$y_t = \lambda_1 q_1^t + \lambda_2 q_2^t \quad , \quad t = 0,1,2,... \qquad \text{(A 4.18)}$$

gelten (vgl. Gleichung (A4.14) in Verbindung mit (A4.17)). Zur Ermittlung der numerischen Lösung ziehen wir nun noch die Anfangswerte $y_0 = A_0$ und $y_1 = A_1$ heran, die zu dem folgenden Gleichungssystem führen:

---

[1] Oft werden die Differenzengleichungen und somit auch die ihnen zugeordneten charakteristischen Gleichungen mit anderer Vorzeichenkonvention geschrieben: $q^2 + \beta_1 q + \beta_2 = 0$. Dann ändern sich auch die Vorzeichen der ß-Werte in der folgenden Gleichung (A 4.17).

$$A_0 = \lambda_1 q_1^0 + \lambda_2 q_2^0 = \lambda_1 \lambda_2$$

$$A_1 = \lambda_1 q_1 + \lambda_2 q_2$$

(A 4.19)

Da q_1, q_2 (aufgrund von (A 4.17)) sowie A_0, A_1 bekannt sind und $q_1 \neq q_2$, lassen sich die beiden Unbekannten λ_1 und λ_2 eindeutig bestimmen. Damit wäre dann eine allgemeine Lösungsformel für den Fall (a) gefunden.

Für den *Fall (b)* mit reellen gleichen Wurzeln, $q_1 = q_2 = q$ muß noch ein weiterer Lehrsatz herangezogen werden, wonach bei Gültigkeit der Lösung $y_t = q^t$ auch $y_t = tq^t$ eine Lösung der entsprechenden Differenzengleichung ist. Aus der Lösungsgleichung (A 4.18) wird somit (siehe Rommelfanger 1977: 58; Huang/Schulz 1979: 174):

$$y_t = (\lambda_1 + \lambda_2 t)q^t$$

(A 4.20)

wobei λ_1 und λ_2 wiederum Konstanten sind, die über die Anfangswerte zu bestimmen sind.

Etwas ausführlicher wollen wir den *Fall (c)* besprechen, in dem der Ausdruck unter dem Wurzelzeichen von Gleichung (A4.17) negativ ist. Dazu ist ein kleiner

Exkurs über das Rechnen mit komplexen Zahlen

angebracht. Um mit negativen Wurzelbeträgen rechnen zu können, haben Mathematiker die *imaginäre Einheit* $i := \sqrt{(-1)}$ definiert, die mit sich selbst multipliziert den Wert -1 ergibt: $i^2 = -1$. Folglich ist z.B. $\sqrt{(-9)} = \sqrt{9}(-1) = \sqrt{9}\sqrt{(-1)} = 3i$.

Bei den Lösungen (q_1, q_2) der charakteristischen Gleichung treten zu den gelegentlich imaginären Wurzeln noch reelle Zahlen, nämlich $\beta_1/2 \neq 0$ hinzu - siehe (A4.17). Eine Verbindung von reeller und imaginärer Zahlenkomponente nennt man eine *komplexe Zahl* $z = a+bi$ ($a,b \in \mathbb{R}$). Diese Darstellungsweise wird als *Normalform* der komplexen Zahl bezeichnet. In der Lösung der charakteristischen Gleichung treten die nicht reellen Wurzeln stets in sog. konjugierten Paaren bzw. als *konjugiert komplexe Zahlen* auf. Ist $a+bi$ die eine Wurzel, so ist $a-bi$ die andere Wurzel, wobei in unserem Anwendungsfall der Realteil $a = \beta_1/2$ und der Imaginärteil $b = \sqrt{(\beta_1^2/4 + \beta_2)}$ ist, mit $\beta_2 < 0$ und $|\beta_2| > |\beta_1^2/4|$ - siehe Gleichung (A 4.17).

Komplexe Zahlen lassen sich auch in der sog. *Polarform* $z = r(cos\theta + sin\theta i)$ mit dem Absolutbetrag $|z| = r = \sqrt{(a^2+b^2)}$ darstellen. Das wird aus der folgenden Abbildung A4.2 ersichtlich:

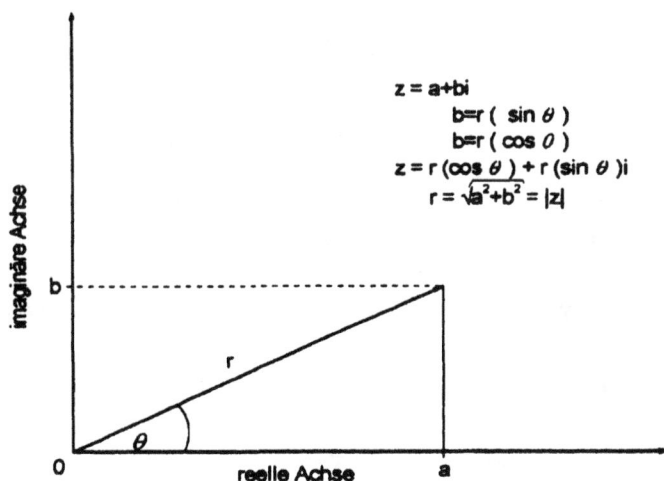

Abb. A4.2 *Darstellung komplexer Zahlen*

Für die konjugiert komplexen Lösungen q_1 und q_2 der charakteristischen Gleichung können wir also schreiben

$$q_1 = r(\cos\theta + i\cdot\sin\theta) \, , \, r = \sqrt{a^2+b^2}$$
$$q_2 = r(\cos\theta - i\cdot\sin\theta)$$

(A 4.21)

Nach einem berühmten Lehrsatz von Moivre (siehe Rommelfanger 1977: 199f., 60) gilt dann auch

$$q_1^{\,t} = r^{\,t}[\cos(t\theta) + i\cdot\sin(t\theta)] \, , \, t = 0,1,2,...$$
$$q_2^{\,t} = r^{\,t}[\cos(t\theta) - i\cdot\sin(t\theta)]$$

(A 4.22)

Die allgemeine Lösungsfunktion (A4.18) nimmt somit für den Fall, daß q_1 und q_2 konjugiert komplexe Zahlen darstellen, die folgende Form an:

$$y_t = \lambda_1 q_1^{\,t} + \lambda_2 q_2^{\,t}$$
$$= \lambda_1[r^{\,t}(\cos(t\theta) + i\cdot\sin(t\theta))] + \lambda_2[r^t(\cos(t\theta) + i\cdot\sin(t\theta))]$$

(A 4.23)

Die Werte r und θ lassen sich über $r = \sqrt{(a^2+b^2)}$ und $\theta = arctan(b/a)$ errechnen (siehe Abb. A 4.2). Nun taucht aber noch eine weitere Schwierigkeit auf: Es muß sichergestellt werden, daß die allgemeine Lösung (A4.23) in allen t-Werten reelle Zahlen annimmt. Dies wird dadurch erreicht, daß man die Konstanten λ_1 und λ_2 so wählt, daß auch sie konjugiert komplex sind (Rommelfanger 1977: 59). Das ergibt sich aus folgender Überlegung:

Gleichung (A 4.23) kann man unter Zuhilfenahme trigonometrischer Theoreme (s. Anhang 3 sowie Huang/Schulz 1979: 178) umformen zu

$$y_t = r'[(\lambda_1 + \lambda_2)\cos t\theta + i(\lambda_1 - \lambda_2)\sin t\theta] \qquad (A\ 4.24)$$

Setzen wir $(\lambda_1+\lambda_2) = k_1$ und $i(\lambda_1-\lambda_2) = k_2$, so wird deutlich, daß k_1 und k_2 reelle Zahlen sein müssen, wenn λ_1 und λ_2 konjugiert komplexe Paare ($\lambda_1 = a+bi$, $\lambda_2 = a-bi$) bilden; denn es gilt $k_2 = i[(a+bi)-(a-bi)] = i(2bi) = -2b$ und $k_1 = a+bi+a-bi = 2a$. Für (A 4.24) kann man folglich schreiben

$$y_t = r^t(k_1\cos t\theta + k_2\sin t\theta) \qquad (A\ 4.25)$$

Summe und Differenz der Konstanten λ_1 und λ_2 sind durch k_1 und k_2 ersetzt worden, die imaginäre Komponente ist nicht mehr vorhanden. Die Werte k_1 und k_2 lassen sich aus den Anfangswerten $y_0 = A_0$ und $y_1 = A_1$ sowie dem Absolutbetrag r und dem Winkel θ der Polarform von q errechnen:

$$y_0 = A_0 = r^0(k_1 \cdot \cos t\theta + k_2 \cdot \sin t\theta), \quad t = 0$$

$$A_0 = k_1 \ , \ denn \ \cos(0) = 1 \ , \ \sin(0) = 0$$

$$y_1 = A_1 = r(k_1 \cdot \cos t\theta) + r(k_2 \cdot \sin t\theta), \ t = 1 \qquad (A\ 4.26)$$

$$= k_1(r \cdot \cos\theta) + k_2(r \cdot \sin\theta)$$

Über k_1 und k_2 können auch λ_1 und λ_2 berechnet werden.

Gleichung (A4.23) läßt sich unter Anwendung der oben bereits zitierten trigonometrischen Theoreme auch in die Form

$$y_t = Ar^t \cdot \cos(t\theta + \delta) \qquad (A\ 4.27)$$

bringen. Zu diesem Zweck überführt man die konjugiert komplexen Zahlen λ_1 und λ_2 in ihre Polarform mit dem Winkel δ und dem Absolutbetrag $|z| = A/2$ (Rommelfanger 1977: 60). Wie die einzelnen Parameter in (A 4.27) zu deuten sind, wird in Kapitelabschn. 2.4 erläutert. Zu erinnern ist auch an Abschnitt 3.4.4, wo gezeigt wird, wie die quasi-periodische Schwingung eines AR(2)-Prozesses mit Hilfe der Polarform seiner konjugiert komplexen Wurzellösungen bestimmt werden kann.

Stellen wir nun noch einmal die drei Lösungsfunktionen der homogenen Differenzengleichung 2. Ordnung zusammen:

(a)   Lösung mit *ungleichen reellen* Wurzeln q_1, q_2

$$y_t = \lambda_1 q_1^t + \lambda_2 q_2^t \ , \quad t = 0,1,2,\ldots \tag{A 4.28}$$

(b)   Lösung mit *gleichen reellen* Wurzeln

$$y_t = (\lambda_1 + \lambda_2 t) q^t \ , \quad t = 0,1,2,\ldots \tag{A 4.29}$$

(c)   Lösung mit *nicht reellen* Wurzeln

$$y_t = A r^t \cos(t\theta + \delta) \ , \quad t = 0,1,2,\ldots \tag{A 4.30}$$

Die Verlaufsform von y_t läßt sich nun für alle drei Lösungsgruppen leicht überblicken:

Zu (a):   Die reellen Wurzeln kommen als Potenzen in der Lösungsfunktion vor. Für $|q_1| \neq |q_2|$ und, wie wir ohne Einschränkung der Allgemeinheit annehmen wollen, $|q_1| > |q_2|$ hat die Lösungsfolge $\{\lambda_1 q_1^t + \lambda_2 q_2^t\}$ bei wachsendem t das gleiche Konvergenzverhalten wie die Folge $\{\lambda_1 q_1^t\}$, wenn $\lambda_1 \neq 0$. Die Folge konvergiert also, wenn die größere der beiden Wurzeln im Absolutbetrag kleiner als 1 ist.

Zu (b):   Wenn $q_1 = q_2 = q$ und $\lambda_2 \neq 0$, dominiert in Gleichung (A4.29) der Lösungsbeitrag $\lambda_2 t q^t$, da mit wachsendem t gilt: $|\lambda_1| << |\lambda_2 t|$. Die Folge $\{\lambda_1 q^t\}$ divergiert offensichtlich bei $|q| \geq 1$ und konvergiert bei $|q| < 1$, denn es läßt sich beweisen, daß $t q^t$ stets gegen Null konvergiert für $t \to \infty$, wenn $|q| < 1$.

Zu (c):   Bei konjugiert komplexen Wurzeln ist die Potenzzahl r^t der dominierende Ausdruck in den Lösungsfunktionen (A4.25) oder (A 4.27). Er konvergiert offensichtlich gegen Null, wenn $r < 1$. Da r der Absolutbetrag einer komplexen Zahl ist (siehe Abb. A 4.2), also $r = |q_1| = |q_2|$, kann man die Konvergenzvoraussetzung auch mit $|q_1| < 1 > |q_2|$ angeben.

Diese Ergebnisse lassen sich nun wie folgt zusammenfassen: Eine notwendige und hinreichende Bedingung dafür, daß die Lösungsfolge $\{y_t\}$ der homogenen Differenzengleichung 2. Ordnung für alle Anfangswerte y_0 und y_1 gegen den Grenzwert Null konvergiert, ist $max(|q_1|,|q_2|) < 1$, wobei q_1 und q_2 die Wurzeln der charakteristischen Gleichung sind (Rommelfanger 1977: 72, 88). Diese Bedingung gilt entsprechend auch für Differenzengleichungen höherer Ordnung.

Die Konvergenzbedingungen lassen sich alternativ hierzu auch über die Restriktion der β-Koeffizienten formulieren: Die Bedingungen

$$\beta_2 + \beta_1 < 1$$
$$\beta_2 - \beta_1 < 1$$
$$-1 < \beta_2 < 1 \tag{A 4.31}$$

sind notwendig und hinreichend dafür, daß die absoluten Beträge der beiden

Wurzeln der quadratischen Gleichung $q^2 - \beta_1 q - \beta_2 = 0$ kleiner als 1 sind.[2]

Für Differenzengleichungen höherer Ordnung sind die Ungleichungen im Sinne von (A4.31) zu verschiedenen Kriterien erweitert worden (siehe hierzu Rommelfanger 1977: 88 ff.), die wir hier aber nicht erläutern wollen. Alle diese Konvergenzbedingungen gelten auch, wenn man von *homogenen* zu *inhomogenen* Differenzengleichungen übergeht. Betrachten wir zunächst eine konstante Inhomogenität bei Differenzengleichungen zweiter Ordnung:

$$y_{t+2} - \beta_1 y_{t-1} - \beta_2 y_t = c \qquad \qquad \text{(A 4.32)}$$

Wie bereits bei der Betrachtung der Differenzengleichung 1. Ordnung erwähnt, erhalten wir die allgemeine Lösung y_t einer inhomogenen Differenzengleichung als Summe aus der allgemeinen Lösung y_h der zugehörigen homogenen Differenzengleichung und einer partikulären Lösung y_p der inhomogenen Differenzengleichung: $y_t = y_h + y_p$. Im Falle einer konstanten Inhomogenität c ergibt sich auch eine konstante partikuläre Lösung, nämlich

$$y_p = \frac{c}{1 - \beta_1 - \beta_2} \qquad \qquad \text{(A 4.33)}$$

Der Beweis läßt sich führen, indem man diese Lösung in die Gleichung (A4.32) einsetzt:

$$\frac{c}{1-\beta_1-\beta_2} - \beta_1 \frac{c}{1-\beta_1-\beta_2} - \beta_2 \frac{c}{1-\beta_1-\beta_2} = \frac{c}{1-\beta_1-\beta_2}(1-\beta_1-\beta_2) = c \quad \text{(A 4.34)}$$

Die allgemeine Lösung der Differenzengleichung 2. Ordnung mit konstanter Inhomogenität ist also (im Falle reeller ungleicher Wurzeln)

$$\begin{aligned} y_t &= y_h + y_p \\ &= \lambda_1 q_1^{\,t} + \lambda_2 q_2^{\,t} + \frac{c}{1-\beta_1-\beta_2} \end{aligned} \qquad \text{(A 4.35)}$$

Wenn die β-Koeffizienten die Bedingung (A 4.31) erfüllen, strebt die Reihe $\{y_t\}$ mit zunehmendem t gegen den Wert $y_p = c/(1-\beta_1-\beta_2)$, vorausgesetzt der Nennerbetrag ist ungleich Null. Diesen Ausdruck bezeichnet man als *stationären Gleichgewichtswert* der Differenzengleichung (A 4.32).

Er stimmt mit dem Erwartungswert $E(Z_t)$ stationärer Zeitreihen überein. Da $E(Z_t) = E(Z_{t-1}) = E(Z_{t-2}) = \mu$ und $E(a_t) = 0$ gilt, erhalten wir bei einem AR(2)- Prozeß:

---

[2] Bei anderer Vorzeichenkonvention (s. Anm. 1) lauten die Stabilitätsbedingungen $1 + \beta_1 + \beta_2 < 0$; $1 - \beta_1 + \beta_2 < 0$; $1 - \beta_2 < 0$ (s. Rommelfanger 1977: 74).

$$z_t = c + \varphi_1 z_{t-1} + \varphi_2 z_{t-2} + a_t$$

$$E(z_t) = E(c + \varphi_1 z_{t-1} + \varphi_2 z_{t-2} + a_t)$$

$$= c + \varphi_1 E(z_{t-1}) + \varphi_2 E(z_{t-2}) + E(a_t) \qquad \text{(A 4.36)}$$

$$\mu - \varphi_1 \mu - \varphi_2 \mu = c$$

$$\mu = c/(1 - \varphi_1 - \varphi_2)$$

Allgemein gilt für einen autoregressiven Prozeß p-ter Ordnung (unter den Bedingungen, die wir in Kap. 3 eingeführt haben):

$$E(Z_t) = \mu = \frac{c}{1 - \varphi_1 - \cdots - \varphi_p} \qquad \text{(A 4.37)}$$

Wenn der Differenzengleichung eine *stochastische* Inhomogenität a_t hinzugefügt wird, ändert sich also an dem Konvergenzverhalten der Reihe Z_t nichts, falls $E(a_t)$ = 0 ist - eine Voraussetzung, die wir in Kap. 3 stets benutzt haben. Wenn $E(a_t) \neq 0$ wäre, ergäbe sich kein konstantes Äquilibrium, sondern unter den Bedingungen (A4.31) ein sog. *Gleichgewichtspfad* ("moving equilibrium").

Mancher Leser wird sich schon gefragt haben, was denn die hier erörterte Form der charakteristischen Gleichung mit jenen Polynomen zu tun hat, die wir in Kap. 3 als charakteristische Gleichung bezeichnet haben. Wir müssen also noch zeigen (am Beispiel der Differenzengleichung zweiter Ordnung), in welcher Weise das Polynom

$$1 - \varphi_1 B - \varphi_2 B^2 = 0 \qquad \text{(A 4.38)}$$

der allgemeinen charakteristischen Gleichung

$$q^2 - \varphi_1 q - \varphi_2 = 0 \qquad \text{(A 4.39)}$$

entspricht - siehe (A 4.16).

Man erhält Gleichung (A 4.38), indem man die homogene Gleichungsform eines AR(2)-Prozesses durch z_t dividiert, d. h.:

$$z_t - \varphi_1 B z_t - \varphi_2 B^2 z_t = 0 \quad |{:}z_t$$
$$1 - \varphi_1 B - \varphi_2 B^2 = 0 \qquad \text{(A 4.40)}$$

Wenn (A 4.38) gleich (A 4.39) sein soll, muß $B = 1/q$ gelten:

$$1 - \varphi_1 \frac{1}{q} - \varphi_2 \frac{1}{q^2} = 0 \quad , \quad \frac{1}{q} = B \qquad \text{(A 4.41)}$$

Multipliziert man (A 4.41) mit q^2, erhält man die allgemeine charakteristische Gleichung

$$q^2 - \varphi_1 q - \varphi_2 = 0 \qquad \text{(A 4.42)}$$

Wenn wir die Wurzeln eines autoregressiven (oder eines *moving average*) Prozesses ausrechnen wollen, können wir also die allgemeine Lösungsformel (A 4.17) anwenden mit $\beta_1 = \varphi_1$ (oder θ_1) und $\beta_2 = \varphi_2$ (oder θ_2). Andererseits ist auch eine spezielle Lösungsformel für die Form (A4.38) gegeben:[3]

$$B_{1,2} = \frac{\varphi \pm \sqrt{\varphi_1^2 + 4\varphi_2}}{2(-\varphi_2)} \qquad (A\,4.43)$$

Wenn man die Konvergenzbedingungen auf diese Lösungsformel beziehen will, müssen sie entsprechend umformuliert werden. Voraussetzung für die Konvergenz der Reihe ist dann nicht mehr, daß für die Wurzeln $|q_{1,2}| < 1$ gilt, sondern daß für die Wurzeln gilt $|B_{1,2}| > 1$. In dieser Weise ist die Konvergenzbedingung in der Box/Jenkins-Literatur formuliert.

Zum Schluß möchten wir noch auf Arbeiten von Harder (1994) und von Huckfeldt/Kohfeld/Likens (1982) hinweisen, die allgemein erläutern, wie man mit Hilfe von Differenzengleichungen sozialwissenschaftliche Hypothesen formalisieren kann. Häufig werden solche Hypothesen aber zunächst in Form von Differentialgleichungen gefaßt. Nielsen/Rosenfeld (1981) zeigen exemplarisch, wie sich Differenzengleichungen als Lösungen für Differentialgleichungen ergeben. Ob sozialwissenschaftliche Hypothesen eher mit Hilfe von Differential- oder eher mit Hilfe von Differenzengleichungen zu formalisieren seien, wird in der Literatur kontrovers diskutiert. Siehe hierzu Tuma/Hannan (1984, insbes. Kap. 11 u. 13) sowie Diekmann (1980); ein Anwendungsbeispiel bieten Miethe et al. (1991).

---

[3] Fußnote 1 gilt entsprechend.

Anhang 5

Zur Bestimmung der Impulsantwortfunktion
mittels Koeffizientenvergleich

In Kap. 3.8 haben wir die Impuls-Antwort-Funktion (*IAF*) für ARMA-Modelle (s. Gleichungen 3.8.4 und 3.8.5) und in Kap. 5.5 die *IAF* für Transferfunktionsmodelle (s. Gleichung 5.5.11) eingeführt. Die Kurzform dieser Gleichungen lautet:

$$\frac{\theta_q(B)}{\varphi_p(B)} a_t = \psi(B) a_t \qquad (A5.1)$$

$$\frac{\omega_s(B)}{\delta_r(B)} x_t = \beta(B) x_t \qquad (A5.2)$$

In „Langschrift" übersetzt wird das Gewichte-Schema in Gleichung (A 5.2) zu

$$(1 - \delta_1 B - \delta_2 B^2 - \cdots - \delta_r B^r)(\beta_0 + \beta_1 B + \beta_2 B^2 + \beta_3 B^3 + \cdots)$$
$$= \omega_0 B^b - \omega_1 B^{b+1} - \cdots - \omega_s B^{b+s} \qquad (A 5.3)$$

Analoges ergibt sich für die Langschrift von Gleichung (A 5.1). Die Frage ist also, wie die *Psi*- und die *Beta*-Gewichte der *IAF* aus den vorausgesetzten oder geschätzten *Phi*- und *Theta*- bzw. aus den *Omega*- und *Delta*-Gewichten zu bestimmen sind. Da die beiden Impuls-Antwort-Funktionen identische Strukturen aufweisen, erläutern wir den Rechengang anhand eines einzigen Beispiels, eines Transferfunktionsmodells mit drei *Omega*-Parametern (also *s=2*), zwei *Delta*-Parametern (also *r=2*) sowie einer Wirkungsverzögerung von *b=3*:

$$(1 - \delta_1 B - \delta_2 B^2)(\beta_0 + \beta_1 B + \beta_2 B^2 + \beta_3 B^3 + \cdots) = \omega_0 B^3 - \omega_1 B^4 - \omega_2 B^5 \qquad (A 5.4)$$

Durch Ausmultiplizieren der linken Seite von (A5.4) erhält man:

$$\beta_0 + \beta_1 B + \beta_2 B^2 + \beta_3 B^3 + \cdots - \beta_0 \delta_1 B - \beta_1 \delta_1 B^2 - \beta_2 \delta_1 B^3 - \cdots - \beta_0 \delta_2 B^2 - \cdots$$
$$= \omega_0 B^3 - \omega_1 B^4 - \omega_2 B^5$$

oder $\qquad (A 5.5)$

$$\beta_0 + \beta_1 B + \beta_2 B^2 + \beta_3 B^3 + \cdots$$
$$= \beta_0 \delta_1 B + \beta_1 \delta_1 B^2 + \beta_2 \delta_1 B^3 + \cdots + \beta_0 \delta_2 B^2 + \beta_1 \delta_2 B^3 + \cdots + \omega_0 B^3 - \omega_1 B^4 - \omega_2 B$$

Um die unbekannten *β*-Gewichte aus den bekannten *ω*- und *δ*-Gewichten berechnen zu können, greifen wir auf ein mathematisches Theorem zurück, wonach aus der Identität

$$\sum ax^i = \sum bx^i \quad , \quad i = 0,1,2,... \tag{A 5.6}$$

folgt, daß für alle i die Koeffizienten a und b gleich sein müssen. Dabei können die Koeffizienten a und b für komplexere mathematische Ausdrücke stehen - wie das bei unseren dynamischen Modellen der Fall ist.

Wir betrachen nun B wiederum als algebraische Größe, so daß wir gemäß (A 5.6) feststellen können: für jede Potenzgröße B^i $(i=0,1,2,...)$ müssen die Koeffizienten bzw. Koeffizientensummen auf beiden Seiten der Gleichung (A 5.5) identisch sein.

Wir berechnen nun die β_i-Koeffizienten für verschiedene $i \geq b$. Die Ableitungen für β_i, $i<b$, sparen wir uns, da diese β_i gemäß Voraussetzung gleich null sind (Wirkungsverzögerung). Wir beginnen also mit $i=b=3$:

Auf beiden Seiten der Gleichung stellen wir die Summanden zusammen, in denen B^3 vorkommt. Gemäß Theorem (A5.6) müssen sie eine Identität bilden. Die Gleichheit ist hergestellt, wenn die Koeffizienten gleich sind, also

$$\begin{aligned}
\beta_3 B^3 &= \beta_2\delta_1 B^3 + \beta_1\delta_2 B^3 + \omega_0 B^3 \\
\beta_3 &= \beta_2\delta_1 + \beta_1\delta_2 + \omega_0 = \omega_0 \quad , \quad da \ \beta_2 = \beta_1 = 0
\end{aligned} \tag{A 5.7}$$

Für $i=b+1=4$ ergibt sich (wenn man den gemeinsamen Faktor B^4 wegkürzt und nur noch die Koeffizientengleichung für die 4. Potenz hinschreibt):

$$\begin{aligned}
\beta_4 &= \beta_3\delta_1 + \beta_2\delta_2 - \omega_1 \\
&= \omega_0\delta_1 - \omega_1 \quad , \quad da \ \beta_2 = 0 \ und \ \beta_3 = \omega_0
\end{aligned} \tag{A 5.8}$$

Für $i = b + s = 5$ erhält man

$$\begin{aligned}
\beta_5 &= \beta_4\delta_1 + \beta_3\delta_2 - \omega_2 = (\omega_0\delta_1 - \omega_1)\delta_1 + \omega_0\delta_2 - \omega_2 \\
&= \omega_0\delta_1^2 - \omega_1\delta_1 + \omega_0\delta_2 - \omega_2
\end{aligned} \tag{A 5.9}$$

Und für $i \geq 6$ lautet die Gleichung

$$\beta_6 = \beta_5\delta_1 + \beta_4\delta_2 \Rightarrow \beta_6 - \delta_1\beta_5 - \delta_2\beta_4 = 0$$

allgemein: $\quad\quad\quad\quad\quad (1 - \delta_1 B - \delta_2 B^2)\beta_i = 0 \quad , \quad i>b+s \tag{A 5.10}$

Damit ist die Form einer homogenen Differenzengleichung zweiter Ordnung erreicht. Wie in Anhang A4 erläutert, ergeben sich somit die Werte β_i für $i>b+s$ aus der entsprechenden Lösungsfunktion, wenn die Startwerte vorliegen. Als Startwerte dienen in unserem Beispiel die Koeffizienten β_4 und β_5, allgemein: $\beta_{b+s-r+1},...,\beta_{b+s}$. Die Lösungsfunktion für die homogene Differenzengleichung zweiter Ordnung entspricht im übrigen dem Bildungsgesetz für die AKF eines AR(2)-Prozesses (s. Box/Jenkins 1976: 59).

Wir können somit 4 Gruppen von β_i-Gewichten unterscheiden:

(1) $\beta_i = 0$, $i<b$

(2) s-r+1 Koeffizienten β_b, β_{b+1},...,β_{b+s-r} die keinem bestimmten Muster folgen. In unserem Beispiel mit s=r war das nur ein Koeffizient, nämlich β_b=β_3=ω_0. (Wenn s<r, entfällt dieser Typ von β-Gewichten völlig.)

(3)   Ab β_i mit $i \geq b$+s-r+1 folgen r Startwerte für die entsprechende Differenzengleichung r-ter Ordnung. Sollten wegen r > s+1 Startwerte β_i mit i<b ermittelt werden, würden sie gleich Null gesetzt.

(4)   Weitere β_i-Gewichte mit i > b+s+1, die dem Muster der AKF eines AR(r)-Prozesses entsprechen.

Die hier erläuterte Methode des rekursiven Koeffizientenvergleichs kann man natürlich auch anwenden, um Gleichungen abzuleiten, mit denen aus gegebenen vorläufigen β-Gewichten (errechnet aus den empirischen Kreuzkorrelationskoeffizienten) entsprechende Startwerte für die *Delta*- und *Omega*-Gewichte ermittelt werden können.

Anhang 6

5% Signifikanzpunkte für Durbin-Watson-Test

n	K=1 d_L	K=1 d_U	K=2 d_L	K=2 d_U	K=3 d_L	K=3 d_U	K=4 d_L	K=4 d_U	K=5 d_L	K=5 d_U
15	1.08	1.36	0.95	1.54	0.82	1.75	0.69	1.97	0.56	2.21
16	1.10	1.37	0.98	1.54	0.86	1.73	0.74	1.93	0.62	2.15
17	1.13	1.38	1.02	1.54	0.90	1.71	0.78	1.90	0.67	2.10
18	1.16	1.39	1.05	1.53	0.93	1.69	0.82	1.87	0.71	2.06
19	1.18	1.40	1.08	1.53	0.97	1.68	0.86	1.85	0.75	2.02
20	1.20	1.41	1.10	1.54	1.00	1.68	0.90	1.83	0.79	1.99
21	1.22	1.42	1.13	1.54	1.03	1.67	0.93	1.81	0.83	1.96
22	1.24	1.43	1.15	1.54	1.05	1.66	0.96	1.80	0.86	1.94
23	1.26	1.44	1.17	1.54	1.08	1.66	0.99	1.79	0.90	1.92
24	1.27	1.45	1.19	1.55	1.10	1.66	1.01	1.78	0.93	1.90
25	1.29	1.45	1.21	1.55	1.12	1.66	1.04	1.77	0.95	1.89
26	1.30	1.46	1.22	1.55	1.14	1.65	1.06	1.76	0.98	1.88
27	1.32	1.47	1.24	1.56	1.16	1.65	1.08	1.76	1.01	1.86
28	1.33	1.48	1.26	1.56	1.18	1.65	1.10	1.75	1.03	1.85
29	1.34	1.48	1.27	1.56	1.20	1.65	1.12	1.74	1.05	1.84
30	1.35	1.49	1.28	1.57	1.21	1.65	1.14	1.74	1.07	1.83
31	1.36	1.50	1.30	1.57	1.23	1.65	1.16	1.74	1.09	1.83
32	1.37	1.50	1.31	1.57	1.24	1.65	1.18	1.73	1.11	1.82
33	1.38	1.51	1.32	1.58	1.26	1.65	1.19	1.73	1.13	1.81
34	1.39	1.51	1.33	1.58	1.27	1.65	1.21	1.73	1.15	1.81
35	1.40	1.52	1.34	1.58	1.28	1.65	1.22	1.73	1.16	1.80
36	1.41	1.52	1.35	1.59	1.29	1.65	1.24	1.73	1.18	1.80
37	1.42	1.53	1.36	1.59	1.31	1.66	1.25	1.72	1.19	1.80

38	1.43	1.54	1.37	1.59	1.32	1.66	1.26	1.72	1.21	1.79
39	1.43	1.54	1.38	1.60	1.33	1.66	1.27	1.72	1.22	1.79
40	1.44	1.54	1.39	1.60	1.34	1.66	1.29	1.72	1.23	1.79
45	1.48	1.57	1.43	1.62	1.38	1.67	1.34	1.72	1.29	1.78
50	1.50	1.59	1.46	1.63	1.42	1.67	1.38	1.72	1.34	1.77
55	1.53	1.60	1.49	1.64	1.45	1.68	1.41	1.72	1.38	1.77
60	1.55	1.62	1.51	1.65	1.48	1.69	1.44	1.73	1.41	1.77
65	1.57	1.63	1.54	1.66	1.50	1.70	1.47	1.73	1.44	1.77
70	1.58	1.64	1.55	1.67	1.52	1.70	1.49	1.74	1.46	1.77
75	1.60	1.65	1.57	1.68	1.54	1.71	1.51	1.74	1.49	1.77
80	1.61	1.66	1.59	1.69	1.56	1.72	1.53	1.74	1.51	1.77
85	1.62	1.67	1.60	1.70	1.57	1.72	1.55	1.75	1.52	1.77
90	1.63	1.68	1.61	1.70	1.59	1.73	1.57	1.75	1.54	1.78
95	1.64	1.69	1.62	1.71	1.60	1.73	1.58	1.75	1.56	1.78
100	1.65	1.69	1.63	1.72	1.61	1.74	1.59	1.76	1.57	1.78
150	1.72	1.75	1.71	1.76	1.69	1.77	1.68	1.79	1.67	1.80
200	1.76	1.78	1.75	1.79	1.74	1.80	1.73	1.81	1.72	1.82

K nennt die Zahl der Regressorvariablen (ohne Konstante). Eine ausführliche Tabelle bietet z. B. Greene (1993:738 ff.)

Anhang 7

Hinweise zu Software-Paketen

Der Markt für Computer-Software ist selbst in einem Teilsegment wie dem der Zeitreihenanalyse kaum noch zu überblicken. Detaillierte Beschreibungen drohen schon in der Spanne zwischen Niederschrift und Veröffentlichung zu veralten. Die folgenden Hinweise vermitteln deshalb nicht mehr als eine erste, grobe Orientierung.

Die angebotenen Programmpakete oder Module lassen sich in drei Gruppen einteilen: erstens allgemeine Programmsysteme, die Instrumente zur Zeitreihenanalyse anbieten, sich aber nicht auf dieses Gebiet spezialisiert haben; zweitens Software-Pakete, die speziell für Zwecke der Zeitreihenanalyse entwickelt worden sind. Diese Gruppe läßt sich noch einmal unterteilen (a) in Pakete, die sich auf Modelle und Verfahren konzentrieren, die der ökonometrischen Tradition zuzuordnen sind, (b) in Pakete, die auf die Box/Jenkins-Methodologie zugeschnitten sind. Allerdings haben die meisten Programmanbieter in den letzten Jahren ihr Spektrum zunehmend erweitert und ihre Systeme für alternative „Schulen" und Strategien geöffnet.

SPSS:

Das in den Geschichts- und Sozialwissenschaften am häufigsten benutzte Programmpaket ist wohl immer noch *SPSS*. Die Bemerkungen in diesem Abschnitt beschränken sich deshalb auf dieses Programmsystem (derzeit in der Version 11.5) mit dem speziell für Zeitreihenanalyse entwickelten Zusatzpaket SPSS-Trends. (Entsprechende, zum Teil auch umfassendere Module zur Zeitreihenanalyse bieten auch andere allgemeine Programmsysteme wie SAS, STATA und SYSDAT an). SPSS stellt brauchbare Routinen sowohl für die univariate Zeitreihenanalyse (klassische Komponentenzerlegung und Box/Jenkins-Modelle) als auch für die statische Regressionsanalyse (einschließlich der Berücksichtigung autokorrelierter Fehler) bereit. Hervorzuheben ist, dass es für die "Schätzung" fehlender Werte nicht nur die *ad hoc* Standardverfahren anbietet, sondern innerhalb der (statischen) Regressionsanalyse und der ARIMA-Modellierung die Eingabe von Zeitreihen mit fehlenden Werten erlaubt, die dann "automatisch" mit einem statistisch anspruchsvollen Verfahren geschätzt werden, das auf dem sog. *Kalman*-Filter basiert. Allerdings können nur statische, keine dynamischen Regressionsmodelle geschätzt werden. In die ARIMA-Modelle können lediglich nicht-stochastische (fixierte) Regressorvariablen im Sinne einer rudimentären Interventionsanalyse eingesetzt werden.

Die Menüführung ist in einigen Punkten ziemlich gewöhnungsbedürftig. So z. B. findet man die "Spektralanalyse" insgesamt nicht im Menüfenster ANALYSIEREN/ZEITREIHEN, sondern im Menü GRAFIKEN/ZEITREIHEN. Dort sind auch die Auto- und Kreuzkorrelationsfunktionen rubriziert. Die Schätzung der ARIMA-

Modelle erfolgt dagegen im Menü ANALYSIEREN/ZEITREIHEN. Nicht unbedingt zu erwarten ist, daß man einen Plot der Zeitreihe im Menü GRAFIK nicht über das Untermenü ZEITREIHE, sondern über SEQUENZ erhält. Zu beachten ist auch, dass bei der univariaten ARIMA-Modellierung die Konstante innerhalb der autoregressiven Modelle nicht als Ordinatenabschnitt, sondern als Mittelwert ausgegeben wird. Über das Menüfenster sind nicht alle Befehle abrufbar, die in einer Syntax-Datei eingegeben werden können. So z. B. kann man über das Menüfenster bei einem ARMA-Modell höherer Ordnung mit $p > 1$, $q > 1$ die Parameter niedrigerer Ordnung nicht auf Null setzen, was gleichwohl im Syntax-Befehl möglich ist.

Eine gut gelungene Einführung in die Zeitreihenanalyse mit SPSS liefert Scheufele (1999); sie ist auch für die neueren SPSS-Versionen nicht überholt.

Ökonometrisch orientierte Programmsysteme

Ein sehr kompaktes, gut handhabbares und preiswertes System, *Microfit 4.0*, ist an der University of Cambridge (UK) entwickelt worden (s. Pesaran/Pesaran 1997). Es bietet ein breites Spektrum von Modellen und Verfahrenstechniken an, einschließlich einer großen Vielfalt von Test- und Diagnoseverfahren. Dazu gehören auch *Unit-Root-Tests*, Kointegrationsmodelle und Vektor-Autoregressive Modelle. Univariate ARIMA-Modelle sind spezifizierbar, nicht aber Box/Jenkins-Transferfunktionsmodelle. Informationen zu dem Programmpaket bietet die Internet-Adresse *http://www.intecc.co.uk/camfit/*. Von dort ist auch eine kostenlose Demonstrationsversion über *Download* verfügbar.

Breiter ausgelegt (und teurer) ist das Programmsystem *EViews 5.0*, das auch die in diesem Lehrbuch nicht behandelten Ansätze des *State-Space-Modelling* und der *Pooled Time Series-Cross Section Models* inkorporiert. Hersteller-Firma ist *Quantitative Micro Software* (Irvine, Kalifornien). Offizielle Vertriebsfirma für Deutschland ist *Dr.Ziewes QWS*, Bremkerlinde 5, D-58840 Plettenberg; siehe im Internet unter *http://www.ziewes.com*; außerdem jetzt auch in Deutschland: Timberlake Consulting GmbH, Altenhofer Str. 91, D-42719 Solingen mit einer breiten Palette von Angeboten (*http://www.timberlake-consulting.de*). Im Internet stößt man (bei Eingabe des entsprechenden Suchbegriffs) auf zahlreiche Texte und Dateien, die in das Arbeiten mit *EViews* einführen.

Programmsysteme, die von der Box/Jenkins-Methodologie ausgehen

Der wichtigste Unterschied dieser Pakete im Vergleich zu den ökonometrisch orientierten Programmsystemen ist die Möglichkeit, Transferfunktionsmodelle in ihrer Rationalform einzugeben, also für unterschiedliche Input-Variablen spezifische Dynamik-Parameter schätzen zu lassen, ohne aufwendige Modell-Linearisierungen vornehmen zu müssen. Die beiden hier vorgestellten Systeme bieten außerdem Routinen für die Simulation und die automatische Identifikation von Modellen an.

Ausschließlich im Bezugsrahmen der Box/Jenkins-Methodik operiert das Programmsystem AUTOBOX, beziehbar von „Automatic Forecasting System", P.O. Box 563, Hatboro, PA 19040, USA. Informationen hierzu sind über *www.autobox.com* verfügbar. Über diese Adresse ist auch eine abgespeckte Version per *Download* kostenlos beziehbar.

Umfangreicher ist das Programmsystem *SCA*, das unmittelbar aus der Box/Jenkins-Schule heraus entwickelt worden ist, inzwischen aber auch wichtige Modelle aus der ökonometrischen Tradition (wie LOGIT, PROBIT und TOBIT) eingebaut hat. Das Gesamtsystem besteht aus mehreren Teil-Paketen, die individuell zusammengestellt werden können. Vertreiberfirma ist: Scientific Computing Associates Corp., 1410 N. Harlem Ave., Suite F, River Forest, IL 60305, USA. Informationen sind über *www.scausa.com* abrufbar.

Verzeichnis der Abkürzungen

ADF-Test	*Augmented Dickey/Fuller-Test*
AIC	*Akaike's Information Criterion*
AKF	*Autokorrelationsfunktion*
AR	*Autoregressives (Modell)*
ARDL	*Autoregressive Distributed Lag (Regression)*
ARFIMA	*Autoregressives fraktional integriertes moving-average (Modell)*
ARIMA	*Autoregressive-integrated-moving average (Modell)*
ARMA	*Autoregressive-moving-average (Modell)*
AWL	*Allgemeine wirtschaftliche Lage*
CLS	*Conditional Least Squares (Schätzmethode)*
CPI	*Consumer Price Index*
DF-Test	*Dickey/Fuller-Test*
DL	*Distributed-Lag (Regression)*
DSP	*Differenzenstationärer Prozeß*
DW-Test	*Durbin/Watson-Test*
EGLS	*Estimated Generalized Least Squares (Schätzmethode)*
ESAKF	*Erweiterte Stichproben-Autokorrelationsfunktion*
FGLS	*Feasable Generalized Least Squares (Schätzmethode)*
FIML	*Full Information Maximum Likelihood (Schätzmethode)*
GLS	*Generalized Least Squares (Schätzmethode)*
HQC	*Hannan-Quinn-Information Criterion*
IAF	*Impuls-Antwort-Funktion*
IIAF	*Inverse Impuls-Antwort-Funktion*
KKF	*Kreuzkorrelationsfunktion*
KKM	*Kreuzkorrelations-Matrix*
LM-Test	*Lagrange-Multiplier-Test*
LTF	*Linear-Transfer-Function (Model)*
MA	*Moving-average (Model)*
MFIT	*Microfit (Software-Paket zur Zeitreihenanalyse)*
ML	*Maxium-Likelihood (Schätzmethode)*
MSFE	*Mean Square Forecast Error*
n.i.i.d	*(auch NIID) normally-identically-independently-distributed (Zufallsvariable)*
OLS	*Ordinary Least Squares (Schätzmethode)*
PAKF	*Partielle oder Partial-Autokorrelationsfunktion*
RDL	*Rational-Distributed-Lag (Regression)*
RMS	*Root-Mean-Square*
RMSE	*Root-Mean-Square Error*
RSE	*Residual Standard Error*
RSS	*Residual Sum of Squares*
RWD	*Random-Walk with Drift*
RWP	*Random-Walk Process*
SAKF	*Stichproben-Autokorrelationsfunktion*

SAM	*Schrittweise autoregressive Modellanpassung*
SAQ	*Summe der Abweichungsquadrate*
SARIMA	*Saisonales ARIMA-Modell (s. oben)*
SBC	*Schwarz-Bayesian-Information-Criterion*
SCA	*Scientific Computing Associates (Software-Paket)*
SKKM	*Stichproben-Kreuzkorrelations-Matrix*
SLP	*Spread-versus-Level Plot*
SPAKF	*Stichproben-Partial-Autokorrelationsfunktion*
STF	*Structural-Transfer-Function (Model)*
SVAKF	*Stichproben-Vektor-Autokorrelationsfunktion*
TISPA	*Time Series Package*
TSP	*Trendstationärer Prozeß*
ULS	*Unconditional Least Squares (Schätzmethode)*
VAKF	*Vektor-Autokorrelationsfunktion*
VARMA	*Vector-Autoregressive-Moving-Average(-Model)*
WLS	*Weighted Least Squares (Schätzmethode)*
ZA	*Zentralarchiv für empirische Sozialforschung*
ZUMA	*Zentrum für Umfragen, Methoden und Analysen*

Verzeichnis der Abbildungen

Verzeichnis der Tabellen

Literatur

Abraham, B./Ledolter, J. (1983). *Statistical methods for forecasting.* New York: Wiley.

Alt, J. E./Chrystal, K. A. (1983). *Political economics.* Berkeley: University of California Press.

Anderson, T. W. (1971). *The statistical analysis of time series.* New York u.a.: Wiley.

Anderson, O. D. (1976). *Time series analysis and foreasting, the Box-Jenkins approach.* London: Butterworth.

Andreß, H. J. (1992). Einführung in die Verlaufsanalyse. Statistische Grundlagen und Anwendungsbeispiele zur Längsschnittanalyse kategorialer Daten. *Historical Social Research/Historische Sozialforschung,* Supplement No 5.

Aoki, M. (1987). *State space modeling of time series.* Heidelberg u.a.: Springer.

Asher, H. B. (1983). *Causal Modeling.* Sage University Paper Series on Quantitative Applications in the Social Sciences, no 3. Beverly Hills u. a: Sage.

Ashley, R./Granger, C. W. J./Schmalensee, R. L. (1980). Advertising and aggregate consumption. *Econometrica, 48,* 1149-1167.

Assenmacher, W. (1995). Einführung in die Ökonomie. Oldenbourg Verlag, München Wien. [5. Auflage].

Banerjee, A./Dolado, J. J./ Galbraith, J. W./ Hendry, D. F. (1993). *Co-Integration, error correction, and the econometric analysis of non-stationary data.* Oxford: Oxford University Press.

Beck, N. (1983). Time-varying parameter regression models. *American Journal of Political Science, 27,* 557-600.

Beck, N. (1989). Estimating dynamic models using Kalman filtering. In J. A. Stimson (Hg.), *Politcial Analysis,* (Bd. 1, S. 121-156). Ann Arbor: Michigan University Press.

Beck, N. (1991). Comparing dynamic specifications: The case of presidential approval. In J. A. Stimson (Hg.), *Political Analysis* (Bd. 3, S. 51-87). Ann Arbor, Mich.: Michigan University Press.

Beck, N./Katz, J. N. (1995). What to do (and not to do) with time-series cross-section data. *American Political Science Review, 89,* 634-647.

Beer, de J. A. A./Pol van de F.J. R. (1988). Time series analysis with intervention effects: Method and application, in: W. F. Saris/I. N. Gallhofer (Hrsg.), *Sociometrie Research* (Vol. 2, S. 3-23). Houndmills u. London: Macmillan.

Beguin, J. M./Courieroux, C./Montfort, A. (1980). Identification of a mixed autoregressive moving average process: The corner method. In O. D. Anderson (Hg.), *Time series* (S. 423-435). Amsterdam u. a.: North Holland.

Blinkert, B. (1988). Kriminalität als Modernisierungsrisiko? *Soziale Welt, 39,* 397-412.

Blossfeld, H. P./Hamerle, A./Mayer, K. U. (1986). Ereignisanalyse. Frankfurt/M.: Campus.

Bohley, P. (1985). *Statistik.* München und Wien: Oldenbourg. [7. Auflage 2000].

Borchardt, K. (1982). Trend, Zyklus, Strukturbrüche, Zufall: Was bestimmt die deutsche Wirtschaftsgeschichte des 20. Jahrhunderts? In K. Borchardt, (Hg.),

Wachstum, Krisen, Handlungsspielräume der Wirtschaftspolitik. Studien zur Wirtschaftsgeschichte des 19. und 20. Jahrhunderts. (S. 100-124) Göttingen: Vandenhoeck & Ruprecht.

Bornschier, V. (1988). *Westliche Gesellschaft im Wandel.* Frankfurt a. M.: Campus.

Bortz, J. (1979). *Lehrbuch der Statistik für Sozialwissenschaftler.* Berlin, Heidelberg, New York: Springer. [6. Auflage 2005].

Box, G. E. P./Cox, D. R. (1964). An analysis of transformations. *Journal of the Royal Statistical Society B, 26,* 211-252.

Box, G. E. P./Tiao, G. C. (1975). Intervention analysis with applications to economic and environmental problems. *Journal of the American Statistical Association, 70,* 70-79.

Box, G. E. P./Jenkins, G. M. (1976). *Time series analysis: Forecasting and control (2nd edition).* San Francisco: Holden-Day. [3. Auflage 1994 mit einem weiteren Koautor: G. C. Reinsel]

Campbell, D. T. (1973). Reforms as experiments. In J. A. Caporaso/L. L. Roos, Jr. (Hg.), *Quasi-experimental approaches. Testing theory and evaluating policy* (S. 187-225). Evanston: Northwestern University Press.

Caporaso, J. A. (1973). Qusai-experimental approaches to social science: Perspectives and problems. In J. A. Caporaso/L. Roos, Jr. (Hg.), *Quasi-experimental approaches. Testing theory and evaluating policy* (S. 3-38). Evanston: Northwestern University Press.

Chen, C. W. S./Lee, J. C. (1997). On selecting a power transformation in time-series analysis. *Journal of Forecasting, 16,* 343-354.

Clarke, H. D./Mishler, W./Whiteley, P. (1990). Recapturing the Falklands: Models of conservative popularity, 1979-83. *British Journal of Political Science, 20,* 63-81.

Cleveland, W. S. (1994). *The elements of graphing data,* Summit, N. J.: Hobart Press [2. Aufl.].

Cleveland, W. S./Devlin, S. J./Terpenning, I. J. (1982). The SABL seasonal and calender adjustment procedures. In: O. D: Anderson, *Time series analysis: Theory and practice* (Vol. 1, S. 539-564). Amsterdam: North-Holland.

Cook, R. D./Weinberg, S. (1982). *Residuals and influence in regression.* London usw.: Chapman u. Hall.

Cook, T. D./Campbell, D. T. (Hg.) (1979). *Quasi-experimentation. Design and analysis issues for field settings.* Chicago: Rand McNally.

Courant R./Robbins, H. (1967). *Was ist Mathematik?* Berlin u.a.: Springer. [2. Auflage].

Cromwell, J. B./Labys W. C./Terraza, M. (1994a). *Univariate tests for time series models.* Sage University Paper Series on Quantitative Applications in the Social Sciences, no. 99. Thousand Oaks u. London: Sage

Cromwell, J. B./Hannan, M. J./Labys, W. C./Terraza, M. (1994b). *Multivariate tests for time series models.* Sage University Paper Series on Quantitative Applications in the Social Sciences, no.100. Thousand Oaks u. London: Sage.

DeJong, D./Nankervis, J. C./Savin, N. E./Whiteman, C. H. (1992). The power problems of unit root tests in time series with autoregressive errors. *Journal of Econometrics 53*, 31-50.

Dhrymes, Ph. J. (1971). *Distributed lags. Problems of estimation and formulation.* San Francisco: Holden-Day.

Dickey, D. A./Fuller, W. A. (1979). Distribution of estimators for autoregressive time series with a unit root. *Journal of the American Statistical Association 74*, 427-431.

Dickey, D. A./Fuller, W. A. (1981). Likelihood ratio statistics for autoregressive time series with a unit root. *Econometrica 49*, 1057-72.

Diekmann, A. (1980). *Dynamische Modelle sozialer Prozesse.* München u. Wien: Oldenbourg.

Downing, D. J./Pack, D. J. (1982). The vanishing transfer function. In O. D. Anderson (Hg.), *Time series analysis: Theory and practice* (Vol.1, S. 227-246). Amsterdam, North Holland.

Durbin J./Murphy, M. J. (1975). Seasonal adjustment based on a mixed additive-multiplication model. *Journal of the Royal Statistical Society* A,138, 385-410.

Eisner, M. (1995). Socio-economic modernization and long-term developments of crime. Theories and empirical evidences in Europe. In Council of Europe (Hg.), *Crime and economy* (S. 13-52). Strasbourg: Council of Europe Publishing.

Eisner, M. (1997). *Das Ende der zivilisierten Stadt? Die Auswirkungen von Modernisierung und urbaner Krise auf Gewaltdelinquenz.* Frankfurt/New York: Campus.

Eisner, M. (2002). Langfristige Gewaltentwicklung: Empirische Befunde und theoretische Erklärungsansätze. In W. Heitmeyer/J. Hagan (Hg.), *Internationales Handbuch der Gewaltforschung* (S. 58-80). Opladen: Westdeutscher Verlag.

Emerson, J. D./Stoto, M. A. (1983). Transforming data. In D. C. Hoaglin/F. Mosteller/J. W. Tukey (Hrsg.) *Understanding robust and exploratory data analysis* (S. 97-127). New York usw.: Wiley.

Engle, R. F./Granger, C. W. J. (1987). Co-integration and error correction. Representation, estimation, and testing. *Econometrica 55*, 251-276.

Engle, R. F./Yoo, S. (1991). Cointegrated economic time series. An overview with new results. In R. F. Engle/C. W. J. Granger (Hrsg.), *Long-run economic relationsships. Readings in cointegration* (S. 237-266). Oxford: Oxford University Press.

Erbring, L. (1975). *The impact of political events on mass publics. The time dimension of public opinion and an approach to dynamic analysis.* Dissertation, University of Michigan, Ann Arbor.

Fajnzylber, P./Lederman, D./Loayza, N. (2002). What causes violent crime? *European Economic Review, 46*, 1323-1357.

Fischer, B./Planas, Ch. (2000). Large scale fitting of regression models with ARIMA errors. *Journal of official Statistics, 16*, 173-184.

Freeman, J. R./Williams, J./Lin, T. (1989). Vector autoregression and the study of politics. *American Journal of Political Science, 33*, 843-877.

Frey, B. S./Schneider, F. (1978). A political-economic model for the United Kingdom: *Economic Journal, 88, 53-243.*

Frey, B. S./Schneider, F. (1979). An econometric model of the United Kingdom: *Public Choice,* 34, 243-253.

Fuller, W. A. (1976). *Introduction to statistical time series.* New York: Wiley.

Funke, M. (1992). Time-series forecasting of the German unemployment rate. *Journal of Forecasting,* 11, 111-125.

Gartner, R. (1990). The victims of homicides: A temporal and cross-national comparison. *American Sociological Review, 55,* 92-106.

Glass, G. V. (1968). Analysis of data on the Connecticut speeding crackdown as a time-series quasi-experiment. *Law and Society, 3,* 55-76.

Gottmann, J. M. (1981). *Time-series ananlysis. A comprehensive introduction for social scientists.* Cambridge u. a.: Cambridge University Press.

Granger, C. W. J. (1988). Some recent developments in the concept of causality. *Journal of Econometrics, 39,* 199-211.

Granger, C. W. J./Newbold, P. (1974). Spurious regressions in econometrics. *Journal of Econometrics, 2,* 111-120.

Greene, W. H. (1993). *Econometric analysis (2nd ed.).* New York usw.: Macmillan Publishing Company. [5.ed. 2003].

Grillenzoni, C. (1991). Simultaneous transfer functions versus vector ARMA models. *Journal of Forecasting, 10,* 477-499.

Hamilton, J. D. (1994). *Time series analysis.* Princeton: New University Press.

Harder, T. (1994). *Dynamische Analyse. Eine Einführung in die mathematischen Grundlagen für Sozialwissenschaften.* Regensburg: Friedrich Pustet.

Hartung, J./Elpelt, B./Klösener, K.-H. (1986). *Statistik. Lehr- und Handbuch der angewandten Statistik.* München, Wien. Oldenbourg [13. Auflage 2002].

Harvey, A. C. (1981a). *The econometric analysis of time series.* Oxford: Philip Allan. [2. ed. 1995].

Harvey, A. C. (1981b). *Time series models.* New York u. a.: Philip Allan. [2. Ed. 1996].

Harvey, A. C. (1989). *Forecasting, structural time series models and the Kalman filter.* Cambridge: Cambridge University Press. [Reprint 1996].

Harvey, A. C./Jäger, A. (1993). Detrending, stylized facts and the business cycle. *Journal of Applied Econometrics, 8,* 231-247.

Hatanaka, M. (1974). An efficient estimator for the dynamic adjustment model with autocorrelated erros. *Journal of Econometrics, 2, 199-220.*

Hendry, D. F./Pagan, A. R./Sargan, J. D. (1984). *Dynamic Specification.* In Z. Grilliches/M.D. Intriligator (Hrsg.), *Handbook of Econometrics.* (Vol. 2, S. 1023-1100). Amsterdam: North-Holland.

Hibbs, D. A., (1974). Problems of statistical estimation and causal inference in time-series regression models. In H. L. Costner (Hg.) *Sociological methodology* (S. 252-308). San Francisco u.a.: Jossey-Bass.

Hibbs, D. A., (1977). On analysing the effects of policy interventions. Box-Jenkins and Box-Tiao vs. structural equation models. In D. Heise (Hg.), *Sociological* methodology (S. 137-179). San Francisco u. a.: Jossey-Bass.

Hirschman, C. (1994). Why fertility changes. *Annual Review of Sociology 20*: 203-233.

Hochstädter D. (1991). *Statistische Methodenlehre. Ein Lehrbuch für Wirtschafts- und Sozialwissenschaftler*. Thun: Verlag Harri Deutsch (7. Aufl.).

Hofer v. H. (1991). Criminal statistics over three centuries. SCB, *Statistics Sweden*: Prememoria 1991,3.

Hoff, J. C. (1983). *A practical guide to Box-Jenkins forecasting*. Belmont, Cal: Wadsworth.

Huang, D. S./Schulz, W. (1979). *Einführung in die Mathematik für Wirtschaftswissenschaftler*. München und Wien: Oldenbourg. [9. Auflage 2002].

Huckfeldt, R. R./Kohfeld, C. W./Likens, T. W. (1982). *Dynamic modeling. An introduction*. Sage University Paper Series on Quantitative Applications in the Social Science, 27, Beverly Hills u. London: Sage.

Hujer, R./Rendtel, U./Wagner, G. (1997) (Hg.). Wirtschafts- und sozialwissenschaftliche Panel-Studien. Sonderheft zum Allgemeinen Statistischen Archiv. Göttingen: Vandenhoeck und Ruprecht.

Hurwitz, H. (1983 ff.). *Demokratie und Antikommunismus in Berlin nach 1945* (mehrere Bände). Köln: Verlag Wissenschaft und Politik.

Isaac, L. W./Griffin, L. J. (1989). Ahistoricism in time-series analyses of historical process: Critique, redirection, and illustrations from U. S. labor history. *American Sociological Review*, 54, 873-890.

Jaccard, J./Turrisi, R./Wan, C. K. (1990). *Interaction effects in multiple regression*. Sage University Paper Series on Quantitative Applications in the Social Sciences, 72. Beverly Hills u. a.: Sage.

Jenkins, G. M./Watts D. G. (1969). *Spectral analysis and its applications*. San Francisco: Holden Day [2. Auflage].

Jenkins, G. M. (1979). *Practical experiences with modelling and forecasting time series*. St. Helier (Jersey, Channel Islands): Jenkins and Partners.

Johansen, S. (1991). Estimation and hypothesis testing of cointegration vectors in Gaussian vector autoregressive models. *Econometrica 59*, 1551-1580.

Judge, G. G./Griffiths, W. E./Lee, T./Lütkepol, H. (1985). *The theory and practices of econometrics* . New York: Wiley.

Kang, H. (1990). Common deterministic trends, common factors and cointegration. In Th.B. Fomby/ G.F. Rhodes, Jr. (Hrsg.), *Advances in econometrics*, Vol. 8. (S. 249-269). Greenwich, Conn. u. London: Jai Press.

Kendall, M. G. (1973). *Time-Series*. New York: Hafner. (3. Auflage 1990, Koautor: J. K. Ord)

Kerlinger, F. N./Pedhazur, E. J. (1973). *Multiple regression in behavioral research*. New York: Holt.

Kernell, S. (1978). Explaining presidential popularity. How ad hoc theorizing, misplaced emphasis, and insufficient care in measuring one's variables refuted common sense and led conventional wisdom down the path of anomalies. *The American Political Science Review*, 72, 506-522.

King, G./Laver, M. (1993). Party platforms, mandates, and government spending.

American Political Science Review, 87, 744-747.

Kirchgässner, G. (1981). *Einige neuere Verfahren zur Erfassung kausaler Beziehungen zwischen Zeitreihen.* Göttingen: Vandenhoeck und Ruprecht.

Kirchgässner, G. (1985a). Rationality, causality, and the relation between economic conditions and the popularity of parties. An empirical investigation for the Federal Republic of Germany 1971-1982. *European Economic Review 28*, 243-268.

Kirchgässner, G. (1985b). Causality testing of the popularity function: An empirical investigation for the Federal Republic of Germany, 1971-1982. *Public Choice 45*, 155-173.

Kirchgässner, G. (1986). Economic conditions and the popularity of West German Parties: A survey. *European Journal of Political Research 14*, 421-439.

Kirchgässner, G. (1991). Economic conditions and the popularity of West German parties: Before and after the 1982 government change. In H. Norpoth/ M. S. Lewis-Beck/J.-D. Lafay (Hrsg.) *Economics and politics. The calculus of support* (S. 103 - 122). Ann Arbor, Mich.: The University of Michigan Press.

Klages, H. (1985). *Wertorientierungen im Wandel.* Frankfurt a. M.: Campus. (2. Auflage).

Kmenta, J. (1971). *Elements of econometrics.* New York: Macmillian (Neuauflage: 1986).

Kühnel, S.-M./ Krebs, D. (2004). *Statistik für die Sozialwissenschaften. Grundlagen, Methoden, Anwendungen* (2. Aufl.) . Reinbek: Rowohlt.

Kühnel, S. M. (1993). *Zwischen Boykott und Kooperation.* Frankfurt a. M.: Campus.

Leiner, B. (1982). *Einführung in die Zeitreihenanalyse.* München und Wien: Oldenbourg. [3. Auflage 1991].

Liu, L. M./Hanssens D. M. (1982). Indentification of multiple-input transfer function models. *Communications in statistics A 11*, 297-314.

Liu, L. M./Hudak, G. B. (1992-94). *Forecasting and time series analysis using the SCA statistical System.* Oak Brook, Ill.: Scientific Computing Associates Corp.

Liu, L. M./Hudak, G. B. (1995). *The SCA statistical system. Vector ARMA modeling of multiple time series.* Oak Brook, Ill.: Scientific Computing Associates Corp.

Maddala, G. S. (1992). *Introduction to econometrics (2nd edition).* New York: Macmillan. [3. ed. 2004].

Makridakis, S./Wheelwright, S. C./Hyndman, R. J. (1998). *Forecasting. Methods and applications (3rd. edition).* New York u. a.: Wiley.

Malinvaud, E. (1966). *Statistical methods of econometrics.* Amsterdam und London: North-Holland.

McCleary, R./Hay, Jr. (1980). *Applied time series analysis for the social sciences* (with E. E. Meidinger and D. McDowall). Beverly Hills und London: Sage.

Metz, R. (1988). Ansätze, Begriffe und Verfahren der Analyse ökonomischer Zeitreihen. *Historical Social Research / Historische Sozialforschung 13, 3*, 23 - 103.

Metz, R. (1995). *Stochastische Trends und langfristige Wachstumsschwankungen. Neue Forschungsansätze und ihre theoretische und empirische Relevanz für die Wirtschaftsgeschichte.* Habilitationsschrift. Universität St. Gallen.

Metz, R. (2002). *Trend, Zyklus und Zufall. Bestimmungsgründe und Verlaufsformen langfristiger Wachstumsschwankungen.* Wiesbaden: Steiner.

Metz, R./Stier, W. (1991). *NULFIL- Ein Programm zum Filtern im Frequenzbereich mit Spektralminimierung.* Historical Social Research / Historische Sozialforschung. Supplement No. 4, 139-144.

Metz, R./Stier, W. (1992a). Modelling the long wave-phenomena. *Historical Social Research/Historische Sozialforschung 17, No. 3,* 43-62.

Metz, R./Stier, W. (1992b). Filter design in the frequency domain. In A. Kleinknecht/E. Mandel/I. Wallerstein (Hg.), *New findings in long-wave research* (S. 45-79). London: St. Martin's Press.

Metz, R./Watteler, O. (2002). Historische Innovationsindikatoren. *Historical Social/Research, Historische Sozialforschung,* 27, No. 1, 4-129.

Miethe, T./Hughes, M./ McDowall, D. (1991). Social change and crime rates. An evaluation of alternative theoretical approaches. *Social Forces* 70, 165-185.

Mills, T. (1990). *Time series techniques for economists.* Cambridge: Cambridge University Press. [Reprint 1998].

Mishler, W./Sheehan, R. S. (1993). The supreme court as a countermajoritarian institution? The impact of public opinion on supreme court decisions, in: *American Political Science Review, 87,* 87-101.

Mishler, W./Sheehan, R. S. (1994). Popular influence on supreme court decisions. Response. *American Political Science Review, 88,* 716-723.

Mohr, W. (1980). Grobidentifikation und Modellvergleich bei ARIMA-Modellen (mit einer Fallstudie für die Reihe der Arbeitslosen in der BRD). *Allgemeines Statistisches Archiv, 64,* 164-183.

Mohr, W. (1983). Untersuchungen zur Anwendung der Box-Cox Transformation in der Zeitreihenanalyse. *Allgemeines Statistisches Archiv, 67,* 177-198.

Mohr, W. (1987). Zur automatischen Konstruktion quasi-nichtstationärer Zeitreihenfilter. *Allgemeines Statistisches Archiv,* 71, 157-176.

Muscatelli, V. A./Hurn, S. (1995). Econometric modelling using cointegrated time series, in: L. Oxley/D. A. R. George/C. J. Roberts/S. Sayer (Hrsg.). *Surveys in econometrics* (S.171-214). Oxford: Blackwell.

Namenwirth, J. Z./ Weber, R. P. (1987). *Dynamics of culture.* Boston: Allen & Unwin.

Nauck, B.(2001). Der Wert von Kindern für ihre Eltern. „Value of Children" als spezielle Handlungstheorie des generativen Verhaltens. *Kölner Zeitschrift für Soziologie und Sozialpsychologie 53*: 407-435.

Nelson, Ch. R. (1973). *Applied time series analysis for manegerial forecasting.* San Francisco u. a.: Holden-Day.

Nelson, Ch. R./Kang, H. (1981). Spurious periodicity in inappropriately detrended time series. *Econometrica,* 49, 741-751.

Nelson, Ch. R./Kang, H. (1984). Pitfalls in the use of time as an explanatory variable in regression. *Journal of Business & Economic Statistics*, 2, 73-82.

Nerlove, M./Grether, D. M./Carvalho, J. L. (1979). *Analysis of economic time series.* New York: Academic Press.

Newbold, P./Bos, T. (1985). *Stochastic parameter regression models.* Sage

University Paper Series on Quantitative Applications in the Social Sciences, *No. 51.* BeverlyHills, London: Sage.

Nielsen, F./Rosenfeld, R. A. (1981). Substantive interpretation of differential equation models. *American Sociological Review 46,* 159-174.

Norpoth, H./Lewis-Beck, M. S./Lafay, J. D. (1991) (Hg.). *Economics and politics. The calculus of support.* Ann Arbor: University of Michigan Press.

Norpoth, H./Segal, J. A. (1994). Popular influence on supreme court decisions. Comment. *American Political Science Review, 88,* 711-716.

Pack, D. J. (1977). Concepts, theories and techniques. Revealing time series interrelationships. *Decision Scienes, 8,* 377-402.

Pankratz, A. (1983). *Forecasting with univariate Box-Jenkins models, concepts and cases.* New York: John Wiley u. Sons.

Pankratz, A. (1991). *Forecasting with dynamic regression models.* New York: John Wiley.

Parzen, E. (1984) (Hg.). *Time series analysis of irregularly observed data.* New York: Springer.

Perron, P. (1989). The great crash. The oil price shock, and the unit root hypothesis. *Econometrica, 57,* 1361-1401.

Perron, P./Vogelsang, T. J. (1992). Testing for a unit root in a time series with a changing mean. Corrections and extensions. *Journal of Business and Economic Statistics, 10,* 467-470.

Pesaran, M. H./Pesaran, B. (1997). *Workung with Microfit 4.0. Interactive econometric analysis.* Oxford: Oxford University Press.

Pindyck, R. S./Rubinfeld, D. L. (1981). *Econometric models and econometric forecasts.* New York: McGraw-Hill. [4. Auflage 1998, Bosten u.a.]

Rahlf, Th. (1996a). *Getreide in der Sozial- und Wirtschaftsgeschichte vom 16. bis 18. Jahrhundert. Das Beispiel Köln im regionalen Vergleich.* Trier: Auenthal Verlag.

Rahlf, Th. (1996b). *Zur Modellierung stochastischer Zyklen als AR(2)-Prozeß. Der Hallesche Grauhreiher* 96-3. Martin-Luther-Univ. Halle-Wittenberg.

Rahlf, Th. (1998). *Deskription und Inferenz Methodologische Konzepte in der Statistik und Ökonometrie.* Historical Social Research/Historische Sozialforschung. Supplement No. 9. Köln: Zentrum für Historische Sozialforschung.

Renn, H./Mariak, V. (1984). Interventionsanalyse kriminologischer Zeitreihen. In: H. Kury (Hg.), *Methodologische Probleme in der kriminologischen Forschungspraxis* (S. 153-219). Köln u. a.: Heymanns.

Rochel, H. (1983). Planung und Auswertung von Untersuchungen im Rahmen des allgemeinen linearen Modells. In D. Albert, K. Pawlik, K.-H Stapf, W. Stroebe, (Hg.) *Lehr- und Forschungstexte Psychologie,* Band 4, Springer Verlag: Berlin, Heidelberg u. a.

Rommelfanger, R. (1977). *Differenzen- und Differentialgleichungen.* Mannheim/Wien/Zürich: B. I.-Wissenschaftsverlag.

Rottleuthner-Lutter, M. (1989). Evaluation einer legislativen Maßnahme. Ein Beispiel für den Einsatz von Zeitreihenanalysen in der Evaluationsforschung. *Zeitschrift für Soziologie, 18,* 392-404.

Rottleuthner-Lutter, M./Thome, H. (1983). Wirkung von Ereignissen auf kollektive Einstellungen. Ein Anwendungsbeispiel für Tranferfunktionsmodelle nach Box und Jenkins. *Zeitschrift für Sozialpsychologie 14*, 118-138.

Sayrs, L.W. (1989). *Pooled time series analysis.* Quantitative applications in the social sciences. A Sage University Paper Series, No. 70. Thousand Oaks u. a.: Sage.

Schableger, K. (1995). *Vektorautokorrelation zur Bestimmung der Modellordnung in der ARIMA-Modellierung im Zeitreihenprogramm TISPA.* Skript zum ZHSF-Workshop 1995 in Köln: Zentrum für historische Sozialforschung.

Scheufele, B. (1999). *Zeitreihenanalysen in der Kommunikationsforschung. Eine praxisorientierte Einführung in die uni- und multivariate Zeitreihenanalyse mit SPSS for Windows,* Stuttgart: edition 451.

Schips, B./Stier, W. (1993). *Das CENSUS-X-11-Verfahren. Derstellung, Kritik, Alternativen.* Bern: Bundesamt für Statistik.

Schlittgen, R./Streitberg, B. H. J. (2001). *Zeitreihenanalyse.* (9. Auflage) München u. Wien: Oldenbourg [auch zitiert nach der 3. Aufl. 1989].

Schmidt, R. (1984). *Konstruktion von Digitalfiltern und ihre Verwendung bei der Analyse ökonomischer Zeitreihen.* Bochum: Studienverlag Brockmeyer.

Schmitz, B. (1987). *Zeitreihenanalyse in der Psychologie.* Weinheim: Beltz.

Schmitz, B. (1989). Einführung in die Zeitreihenanalyse. *Methoden der Psychologie,* B. 10, Bern: Verlag Hans Huber.

Schneider, W. (1986). *Kalmanfilter als Instrument zur Diagnose und Schätzung variabler Parameter in ökonometrischen Modellen.* Heidelberg u. Wien: Physica Verlag.

Schulte, H. (1981). *Statistisch-methodische Untersuchungen zum Problem langer Wellen.* Königstein/Ts: Hanstein.

Sims, C. A. (1974). Distributed lags. In M. D. Intriligator/ D. A. Kendrick (Hg.), *Frontiers of Quantitative Economics* (Vol. II, S. 288-338). Amsterdam: North-Holland.

Sims, C. A. (1972). Money, income and causality. In *American Economic Review 62,* 540-552.

Sobel, M. E. (1995). Causal inferences in the social and behavioral sciences. In G. Arminger/C. C. Clogg/M. E. Sobel (Hg.), *Handbook of statistical modeling for the social and behavioral sciences* (S. 1-38). New York: Plenum Press. *American Statistical Association, 95,* 647-651.

Sobel, M. E. (2000). Causal inference in the social sciences. *Journal of the American Statistical Association, 95, 647-651.*

Sorokin, P. A. (1927). A survey of the cyclical conceptions of social and historical process. *Social Forces, VI,* 28-40.

Sowell, F. (1992). Modeling long-run behavior with the fractional ARIMA model. *Journal of Monetary Economics, 29,* 277-302.

Spree, R. (1991). Lange Wellen wirtschaftlicher Entwicklung in der Neuzeit. *Historical Social Research/Historische Sozialforschung,* Supplement 4. Köln: Zentrum für Historische Sozialforschung.

SPSS for Windows: Trends, Release 6.0 (1993). Chicago: SPSS Inc.

Stier, W. (1978). *Konstruktion und Einsatz von Digitalfiltern zur Analyse und Prognose ökonomischer Zeitreihen.* Opladen: Westdeutscher Verlag.

Stier, W. (1980). *Verfahren zur Analyse saisonaler Schwankungen in ökonomischen Zeitreihen.* Berlin u. a.: Springer.

Stier, W. (1991). Grundlagen der modernen Zeitreihenanalyse. In H. Best/H. Thome (Hg.), *Neue Methoden der Analyse historischer Daten (Historisch-Sozialwissenschaftliche Forschungen 23)* (S. 269-301). St. Katharinen: Scripta Mercaturae.

Stier, W (1992). *Multivariate Zeitreihenanalyse.* Skript zum Frühjahrsseminar 1992 des Zentralarchivs für Empirische Sozialforschung an der Universität zu Köln.

Stier, W. (2001). *Methoden der Zeitreihenanalyse.* Berlin u. a.: Springer.

Stimson, J. A. (1985). Regression in space and time: A statistical essay. *American Journal of Political Science, 29,* 914-947.

Streitberg, B. H. J.·(1982). *Vector correlations of time series and the Box-Jenkins approach to ARMA identification.* Diskussionsarbeit Nr. 4, Institut für Quantitative Ökonomik und Statistik der Freien Universität Berlin.

Thome, H. (1988). Probleme des Identifizierens und Testens von Kausalbeziehungen in der statistischen Zeitreihenanalyse. In F. Meier (Hg.), *Prozeßforschung in der Sozialwissenschaft. Anwendungen zeitreihenanlytischer Methoden* (S. 93-117). Stuttgart und New York: Fischer.

Thome, H. (1990). *Grundkurs Statistik für Historiker. Teil II: Induktive Statistik und Regressionsanalyse.* Historical Social Research/Historische Sozialforschung, Supplement No 3. Köln: Zentrum für Historische Sozialforschung.

Thome, H. (1991). Modelling and testing interactive relationships within regression analysis. *Historical Social Research/Historische Sozialforschung,* Vol. 16, H. 4, 21-50.

Thome, H. (1992). Ausreißer und fehlende Werte in der Zeitreihenanalyse: Ihre Modellierung im Rahmen des Box/Jenkins-Ansatzes. *ZA-Information 31,* S. 37-69.

Thome, H. (1994a). Berücksichtigung instabiler Varianzen in der Zeitreihenanalyse. *ZA-Informationen, 35,* S. 82-109.

Thome, H. (1994b). *Soziologische Zyklentheorien zwischen Spekulation und Empirie.* Der Hallesche Graureiher 94-5. Forschungsbericht des Instituts für Soziologie. Martin-Luther-Universität Halle-Wittenberg.

Thome, H. (1995a). Modernization and crime: What is the explanation? *Bulletin of the International Association for the History of Crime and Criminal Justice* No. 20, S. 31-48.

Thome, H. (1995b). A Box-Jenkins approach to modeling outliers in time series analysis. *Sociological Methods and Research 23,* 442-478.

Thome, H. (1996). Dubious cycles: A methodological critique of the Namenwirth-Weber thesis on cultural change with an indoduction into filter design methods (with Thomas Rahlf). *Quality and Quantity, 30*: 427-448.

Thome, H. (1997). Scheinregressionen, kointegrierte Prozesse und Fehlerkorrekturmodelle: Eine Strategie zur Modellierung langfristiger Gleichgewichtsbeziehungen und kurzfristiger Effekte am Beispiel aggregierter

Parteipräferenzen und Arbeitslosendaten. *Zeitschrift für Soziologie, 26,* 202-221.

Thome, H. (2004). Theoretische Ansätze zur Erklärung langfristiger Gewaltkriminalität seit Beginn der Neuzeit. In W. Heitmeyer/H.-G. Soeffner (Hg.), *Gewalt. Entwicklungen, Strukturen, Analyseprobleme* (S. 315-345). Frankfurt: Suhrkamp.

Tiao, G. C./Box, G. E. P. (1981). Modeling multiple time series with applications. *Journal of the American Statistical Association, 76,* 802-816.

Tsay, R. S./Tiao, G. C. (1984). Consistent estimates of autoregressive parameters and extended sample autocorrelation function for stationary and nonstationary ARMA Models. *Journal of the American Statistical Association, 79,* 84-96.

Tuma, N. B./Hannan, M. T. (1984). *Social dynamics. Models and methods.* Orlando u. a.: Academic Press.

Vandaele, W. (1983). Applied time series and Box-Jenkins models. New York u. a.: Academic Press.

Wei, W. S. (1990). *Time series analysis. Univariate and multivariate methods.* Redwood City usw.: Addison-Wesley.

Widmer, T. (1991). *Evaluation von Massnahmen zur Luftreinhaltepolitik in der Schweiz. Eine quasi-experimentelle Interventionsanalyse nach dem Ansatz von Box/Tiao.* Zürich: Rüegger.

Wolters, J. (1991). Alternative Ansätze zur Messung der Persistenz in ökonomischen Zeitreihen. *Allg. Statistisches Archiv 75,* 184-196.

Wolters, J. (1995). Kointegration und Zinsentwicklung im ESW. Eine Einführung in die Kointegrationsmethodologie und deren Anwendung. *Allgemeines Statistisches Archiv 79,* 146-169.

Wright, G. H. von (1974). *Erklären und Verstehen,* Frankfurt a. M.: Athenäum.

Yule, G. U. (1971). On a method of investigating periodicities in disturbed series, with special reference to Wolfer's sunspot numbers. In: A. Stuart/M. G. Kendall (Hg.), *Statistical papers of George Udny Yule* (S. 389-420). London: Hafner Press. [Erstveröffentl. 1927].

Sachregister

Akaikes Informations-Kriterium (AIC) 318
Aliasing 66
Amplitude 55,58,332
ARFIMA 154
ARIMA-Modelle 158
Augmented Dicky-Fuller-Test 157,160,161
Ausreißer 6,34,103
Auto-Korrelationsfunktion 17,19,206,207
Auto-Kovarianz 16,26,78
autoregressive Modelle 79f.
adaptive expectation model 224
adaptive forecasting 299
Alpha-Reihe 253
Antilog-Transformation 302
Äquilibrium 221
ARMAX-Modelle 238
Ausreißer 173,178, 188, 193, 197, 201, 208, 209
autokorrelierte Störgrößen 206
Auto-Regressive Distributed Lag (ARDL-)Model 219,239

Baby-Boom 8
back forecasting 288
Backshift 82,326
balanced regression 273
Bartlett-Formel 105,137
Bayes'sches Informations-Kriterium (BIC) 140
Bayes'sche Schätzmethoden 322
bedingte Prognose 305
bedingter Erwartungswert 70
Berlin-Projekt 171
Berliner Verfahren 47f.
Beta-Reihe 254
Block-Input 177, 178, 195
Box/Cox-Transformation 27f.,30,302
Bretton-Woods-Abkommen 266

Census-X-11-Verfahren 48
charakteristische Gleichung 91,340,347
Conditional Least Squares (CLS) 132f.
Corner Method 130
Chi-Quadrat 317

Chruschtschow-Ultimatum 171, 175,183
Cochrane/Orcutt-Schätzverfahren 230,237
Compound Model 186
Consumer-Price-Index 265
CUSUMSQ-Test 279

Dämpfungsfaktor 97
dead time 249, 257
Design-Matrizen 197
deterministischer Trend 187
deterministischer Zyklus 55
Diagnosekriterien 134,184
Dickey/Fuller-Test (DF, ADF), 155,157267
Differenzenfilter 51,188,326f.
Differenzengleichung 92,336ff.
differenzenstationärer Prozess 149
Disäquilibrierungsprozess 216
Distributed Lag Regression 212
Drift 146 187, 192
Dummy-Regression 44
Durbin-Watson-Test 233
dynamische Analyseform 211

Einheitswurzel Test 155,256,273
Ereignisdatenanalyse 2f.
effiziente Schätzer 207
Ein-Schritt-Prognose 284,299,300
Einheitswurzelprozess 149
empirische Momente 14
Ereignisraum 74
Ergodizität 80
Erwartungsbildung 226
erwartungstreue Schätzer 207
Erwartungswert 82,246
erweiterte Autokorrelationsfunktion (EAKF) 121
Eulersche Zahl 36,302
Evaluationsforschung 6
Event History Analysis 3,207
exogene Variable 308

Korrelationskoeffizient 15f.
Korrelogramm 17
Kosinus 55,330
Kostenfunktion 283
Kovarianz 15,19,246
Kovarianz-Stationarität 80
Koyck-Modell 239f., 321
Koyck-Transformation 218,219,221,222,226
Kreisfrequenz 56,333
Kreuzkorrelationsfunktion 17,19,246
Kriminalitätsrate 9
scheinbare Nicht-Kausalität 279

Lag 16f.
Lagrange Multiplier Test 139,161,235,236
Lange Wellen 24,68
Leakage 66
Leakage-Problem 228
Likelihood-Ratio-Prinzip 236
Likelihood-Ratio-Test 317
Ljung/Box-Statistik 138,268,300
log-normale Verteilung 302
Log-Transformation 30
logistische Trendfunktion 37
lokale Trends 256
lokale Trendbestimmung 50
Lösungsfunktion (Diff. gleichung) 337
LTF-Methode 261ff.

Maskierungseffekt (aliasing) 66
Matching 202
Maximum-Likelihood 131,134,237
Mean-Square Forecast Error 283
Median-Prognose 303
Mehr-Schritt-Prognose 300
Total Impact 222
Mischmodelle 47,118
Mittelwertstationarität 111
Modellevaluierung 134
Modellidentifikation 103,121
Modulus 44
Moivre-Lehrsatz 343
Momentenschätzer 131
Monte-Carlo-Experiment 158
Moving-Average-Modelle 9,110

multiplikatives Saison-Modell 167
multiplikatives Modell 45

natürlicher Logarithmus 31
Nicht-Stationarität 163,142,209
Normalkurve 330
Noise 176f.,254
Noise-Modell 182, 186, 254, 269
Nyquistfrequenz 58

ökonometrische Tradition 5
omitted Variables 205, 236

Partielle Autokorrelationsfunktion 99,101
Phasendurchschnittsverfahren 41,45
Panelanalyse 2
Parsimony 118,140
Partial Adjustment 225
Partial Lag Correlation Matrix Function 317
partielle Regressionsgewichte 213,217
Periode 97
Periodogramm 61f.,62,65,107
Periodogrammanalyse 5,25,55,61
Persistenzmaße 119
Phase 56,58,97,332
Pi-Gewichte 287 310
Pi-Gewichte-Form 116,120
Polarform 342
Pivotal Values 287,289,294
Polynom 35
Polynomialfunktion 25
Pooled Time-Series Analysis 3
Popularität 85,104,136f.
Popularitätsdaten 221
Population 69
Portmanteau-Test 138,270
Potenztransformation 31
Prädiktoren 205
Prais u. Winsten 237
Prewhitening 246, 252,253,260
Produkt-Moment-Korrelations-Koeffizient 19
Prognose 70,282